A STUDY OF BUREAUCRATIC POLITICAL SYSTEM
IN ANCIENT CHINA

中国古代官僚政治制度研究

吴宗国 主编

北京大学出版社
PEKING UNIVERSITY PRESS

图书在版编目(CIP)数据

中国古代官僚政治制度研究 / 吴宗国主编. -- 北京：北京大学出版社，2024.10. --ISBN 978-7-301-35549-7

Ⅰ.D691.42

中国国家版本馆 CIP 数据核字第 2024DX5507 号

书　　　　名	中国古代官僚政治制度研究
	ZHONGGUO GUDAI GUANLIAO ZHENGZHI ZHIDU YANJIU
著作责任者	吴宗国　主编
责 任 编 辑	刘书广　刘　方
标 准 书 号	ISBN 978-7-301-35549-7
出 版 发 行	北京大学出版社
地　　　　址	北京市海淀区成府路 205 号　100871
网　　　　址	http://www.pup.cn　　新浪微博：@北京大学出版社
电 子 邮 箱	编辑部 wsz@pup.cn　　总编室 zpup@pup.cn
电　　　　话	邮购部 010-62752015　发行部 010-62750672
	编辑部 010-62755217
印 　刷 　者	北京中科印刷有限公司
经 　销 　者	新华书店
	650 毫米×980 毫米　　16 开本　　35.5 印张　　578 千字
	2024 年 10 月第 1 版　　2024 年 10 月第 1 次印刷
定　　　　价	138.00 元

目　录

绪　论

吴宗国

中国古代官僚政治制度是中国传统政治文化的组成部分,凝聚了中国人几千年的政治智慧,留下了丰富的经验和教训。

对官僚政治与制度的界定,分歧较大。国外主要由德国社会学家马克斯·韦伯提出的"官僚政治"或"官僚制"概念,从法律规章、职业分工、权力分层、专职化与人事任用上的考核任免与薪俸等方面,对官僚政治制度做了若干较为严格的界定。不过,中国学者更愿意从较为宽泛的意义上理解与使用官僚政治制度等概念。而对中国古代官僚政治制度的研究,同样也深化了对官僚政治制度这一范畴的认识。

中国古代官僚政治制度源远流长,古代贵族政治中其实已经孕育演生出官僚政治制度的若干因素。但一般而言,官僚政治更是由封建贵族政治向帝国皇权政治转化的产物,是皇权政治赖以运行的基本政治体制。

构成官僚政治主要有三个要素,一是政治体制和官僚机构,亦即本书主要加以论述的官僚政治制度。二是官僚机构的运行机制,这将由祝总斌教授所撰《中国古代官僚机器运行机制研究》加以论述。三是官僚,本书将适当加以论述。

一　官僚政治制度的发展历程

中国古代政治具有早熟性。三代政治社会中已经初备官僚制度的早期发展模式,尽管它们与后代官僚制度差异明显,但商周政治体制中的若干制度因素,其实已开中国古代官僚制度的先声。

春秋战国的社会变革,使早期官僚制度渐渐脱离了贵族政治的纠缠,在国家体制发展进入一个新阶段后,全新意义上的官僚体制也得以逐步建立。伴随着封建制和世卿世禄制度的衰落,出现了郡县制、客卿制度,这些变革对新型官僚制度的确立至关重要。所以,不妨把战国时代视为官僚政治制度真正的产生时期。

封建贵族政治是基于宗法血缘关系的,通过层层分封,权力分散在各级贵族当中,并且世袭享有这种特权。因此,战国时代李悝和吴起变法,都企图削弱贵族的世袭特权。秦国的军功爵,其目的更是要取消世卿世禄制度。强调军功而淡化世袭身份,是后来一些民族由贵族制向官僚制转化时常用的一种手段。

秦汉是官僚政治制度全面展开的时期,官僚政治的各个要素都发展到了相当的高度。

秦始皇统一全国,建立皇帝制度,国家的决策权、行政权以及军权、财权和司法权都集中在皇帝一人之手。地方上实行郡县制,国家通过郡县对百姓实行最直接的统治和调发,对民力的调发可以达到无以复加的程度。

西汉初年,地方郡国并行,中央则是以功臣列侯为相。一直到汉武帝元朔五年前,担任丞相仍是由功臣子弟袭任的列侯的特权。郡国并行表面上是吸取秦朝孤立、二世而亡的教训,而实际上则是因为当时中央无力对全国实行直接有效的控制。西晋大封诸王,隋文帝、唐高祖之以亲王为总管出镇地方,实际上也是分封的一种变形。出发点都是为了加强中央对地方的控制。屏藩王室,封建子孙之议一直到唐朝中叶才基本解决。柳宗元的《封建论》对此作了相当深刻的总结。而列侯为相则是皇帝与功臣集团共掌政权。汉武帝任用布衣公孙弘为相,东汉光武帝、曹操努力摆脱功臣、豪强的控制,虽在当时收到成效,但都未能持续下去,最终都没有成功。皇权始终依托于当时最有势力的集团或阶层,总是要依靠他们来进行统治,让他们担任宰相和高官;皇帝总是要和当时最有势力、最有影响的贵族集团或豪强大族联姻,以加强皇权和他们的联系。皇后的废立成为国家大事。外戚干政也是在这样的背景下产生的。这种情况随着江南士族、山东士族和关陇集团的先后衰落,在南北朝时已发生变化。但直到唐高宗听从了李勣的意见,把皇后废立作为皇帝"家事"处理,废王皇后,立武则天为皇后,并贬黜其舅父长孙无忌,才基本上告一段落。

从形式上看,分封和依靠某个集团或阶层,都具有封建贵族政治残余的色彩。若从政府机构来看,秦和汉初中央政府中皇家事务与国家事务尚未分离,九卿不仅从职掌上来说是皇帝家务与国家政务没有分离,而且"卿"这个称呼本身即带有家臣意味,宰相和百官也具有浓厚的为皇帝个人服务的色彩。国家还保持了古老的家国不分、家国一体的传统和形式。

汉武帝时设立中朝官,汉初以来丞相奏请皇帝批准出诏的简单做法行不通了。许多事务和文书需皇帝亲自处理。于是出现了顾问性质的中朝官和属于皇帝秘书处性质的尚书。

秦汉还逐步建立起一套从中央到地方的政务运行系统,并逐步形成一套严密的法律、法规作为政务运行的准则。政务的运行通过文书运行来操作,有严格的文书编制运用和保管(档案)制度。受过法律和文书训练的文法吏构成帝国的行政骨干。

东汉至魏晋,官僚政治制度的发展进入了一个特殊的新阶段。

东汉豪强大族逐步控制了从地方到中央的行政大权。地方佐官由豪强大族担任,四世三公、外戚专权,乃至察举只看门第,这些都是豪强大族在发展过程中利用原有制度实现的,并没有形成制度,更没有取得法律上的认可。

西晋时九品中正制为豪强士族所利用,门阀制度开始形成。至东晋达到高潮,出现了典型的门阀政治。

但门阀不同于上古的贵族,门阀政治不同于上古的贵族政治。贵族政治来源于氏族贵族转化为国家贵族,而门阀政治则来源于豪强士族,形成了稳定的、强大的经济势力和政治势力。门阀政治实际上仍然是官僚政治的变形。尽管门第逐步形成了做官的前提条件,但构成门第、门阀等级的最基本因素还是当朝和累世冠冕。东汉就经历了由豪右而学门,由学门而官族的发展进程。豪强大族正是利用由经济实力而形成的文化优势,利用官僚政治发展的不完备、不成熟,利用官僚政治制度中的某些环节来达到自己的目的。

在门阀政治下仍然存在着官僚体系,其特点是清而不要,要而不清。政务官由门阀把持,负责具体事务处理的事务官则由"寒门"担任。而新的官僚机构则发展起来。

北朝在官僚政治制度发展上是一个不可忽略的阶段。

士族门阀开始衰落。鲜卑族建立的北魏王朝统一北方,更加速了士族衰落并使之失去了政权的庇护,而只能成为新王朝的依附者并走向官僚化。北魏孝文帝改革标志着北魏已越过了早期家长贵族体制而进入皇帝—官僚政治时期,也反映了民族融合和士族的地位都进入了一个新的阶段。官僚政治在北朝强劲发展。值得注意的是,参加北魏政权的汉族士族成为许多重大改革的推动者,而这些改革都是针对原来士族门阀的。北朝强调军功以抗衡贵族,军功吏治取向成为官僚政治复兴的动力和起点,支撑官僚政治的各种制度,如官僚的考选、考课、学校、法律等制度在北朝都有较大发展。

南朝寒人掌握政权其实也是通过军功这一道路。南朝在新的官僚政治制度的形式上作出了自己独特的贡献。

隋文帝废三公府僚,令中书令和侍中知政事,隋炀帝又把司进御之职的五局移出门下省。原来在禁中协助皇帝决策和行政的秘书咨询机构移出禁中,侍御和皇家事务则归入殿中省和寺监,隋代终于摆脱了家国一体的体制,在外朝形成了与皇家事务彻底分离的,以处理国家事务为主的,包括决策、审议和行政机构在内的政权机关,皇帝成为政府的最高负责人。

隋代出现的指派一些官员共掌朝政的做法,到唐初发展为知政事官制度。侍中、中书令、仆射等三省长官及以他官参知政事者,这些知政事官构成一个法定的决策群体,也就是一般所说的宰相。他们在政事堂议事、论决军国之务是一个法定的决策程序,这固然扩大了参与决策的人数,但其意义主要还在于把决策工作由禁中(内廷)移到外朝,使之成为政权机构工作的一部分。同时,这样也就最终摆脱了"前主所是著为律,后主所是疏为令"(《汉书》卷六〇《杜周传》)的原始做法。立法和决策需经过一定的机构和程序,最后由皇帝批准执行。从隋文帝到唐太宗可以看到这个转变过程。

但从政治制度发展的历史来看,隋和唐初的制度毕竟还是一种过渡,是帝制从前期向后期的一种过渡。尽管从精神上、实质上来看是属于后代的,但形式上是对前代制度的总结和扬弃,即《隋书·百官志》下所云,"高祖既受命,改周之六官。其所制名,多依前代之法"。是官的名称沿用前代,而不是照搬前代机构,不是复归。因此,政治体制、政治制度的不断调整成为唐朝政治制度的一个显著特点。

唐代虽属过渡,但为后代官僚政治制度奠定了基础,规划了基本的构架和运行模式。而其核心内容则为政府机构按职能分工而不断加以调整,包括政务处理的程式化、四等官制的确立(后代虽无此提法,但长官、通判、判官、主典的模式则没有变化)、吏的系统的建立,以及各种制度和法令的规范。

宋代官僚政治制度从体制上看,最重要的变革是军政和行政的分离,财政使司的设立以及宰相被定位为行政首脑,而包括枢密使、副使在内的宰执则构成中央决策群体。盛唐以来的各个使职在北宋按职能被规整为若干使职系统,其行政权的扩大和处理政事的灵活性为元丰改制后重新设立六部奠定了基础。唐朝后期地方上条块结合的组织形式,在宋代也逐步规整。

祖宗之法是北宋政治和政治制度中的一个突出特点。对祖宗之法不能只做消极理解。防弊只是一种现象,实质上大有创新。解决了一些过去没有解决的问题,在体制上更加科学一些。首先是军事指挥系统的建立和独立。其次是财政系统的独立和突出。最后是政务、事务机关进入同一使职系统,为二者合一创造了条件。

从官僚本身来看,士大夫综合型官僚的形成和与这个群体血肉相连的士人家族的出现,其范围远远超出唐朝后期的举人层,而向着明代绅士发展,从而使官僚政治建立在更深、更广的土壤之上。

金元作为少数民族建立的政权,其政治制度有一个从原始状态、低级状态向高级状态发展的过程。在一定意义上可以说是前代制度发展过程的浓缩。尽管就国家体制而言,元代始终还停留在以家臣政治为主要表现的阶段,但是仍经历了从早期的家长制贵族制到家国一体的官僚政治的发展历程。这样理解,可能更便于我们把握整个制度发展的脉络。

元代制度对明代影响最大的莫过于行省制度。汉、唐、宋一直未能跨越的地方三级制在明代终于成为现实。而明初的中书省和丞相并非直接继承元制,而是由吴的行中书省发展起来的。

明代,历来都是强调其皇权的强大、皇帝的专制独裁,其实,过分强调皇权的强大未必合乎明朝的实际。

明代的特点与其说是集权,不如说是分权,是中央决策群体的扩大、行政权的进一步增大和政务处理的高度程式化。正因为这样,才可以取消宰相并把权力集中到皇帝手中。皇帝几十年不见大臣,这在过去是不可想象的,而在明代却成为一个现实。在日常政务处理中,皇帝似乎可以不必亲自出面,似乎是形成了一个可以没有皇帝的政务运行系统。其原因就在于六部行政权的增大和政务处理的高度程式化。除了制度变革、长官任免和一些重大情况需要皇帝当面决断,许多事务均可按一定的程式处理。而这本身又反映,至少明中叶以后,制度的变革,新情况、新问题的解决都停滞下来了。朝廷除了维持日常运转,已失去前进的活力。

清代是中国古代官僚政治制度的终结时期。一方面,官僚制度继续沿着宋元以来的方向向前发展。另一方面,满族以少数民族成为最高统治者,也给新的制度以深刻影响,注入了新的活力。清朝初期政治制度的贵族制特色是一个自然发展过程,而对传统的官僚政治制度来说,这是一种回归。伴随着清朝统治的稳定,皇帝作为最高统治者和政府首脑的地位空前加强。清朝皇帝都亲理朝政,这在历代最高统治者中也是少有的。地方上,随着督抚完成地方化,省一级有了统一的军政首长,省成为名副其实的一级地方政权机关。而各级地方官的师爷和豪绅官僚家族又成为影响地方政治的两个重要因素。

二 中央政治体制的演变

1. 行政、决策合理化的过程

商周政治社会中王权已有相当发展,经历了春秋战国社会变革,新型君主集权体制重新得以确立。秦始皇时"天下事无大小皆决于上",进一步奠定君主拥有国家最高权力的基础。祝总斌先生在《两汉魏晋南北朝宰相制度研究》一书"简短的结论"中指出:"君主握有对一切政务的最后决定权和否决权,但一般不直接统领百官,处理政务;宰相负责直接统领百官,处理政务,然而原则上只能'助理万机',并无最后决定权和否决权。"

"助理万机",是说宰相还只是皇帝的助理,宰相不通过皇帝,没有皇帝的批准,是不能处理和决定任何国家大事的。这就是说,宰相没有决策权,行政权也是不完整的,行政权还没有完全从君权中分离出来。正因为如此,君主直接处理政务,取代宰相执行最高行政机关职能的事时有发生。

随着社会进步,统治事务越来越繁杂。为适应新的形势,西汉的中朝官与尚书,东汉的尚书诸官,魏晋南北朝的门下省与中书省等皇帝的秘书咨询机构建立并发展起来。它们是弥补宰相缺陷的一些重要机构,与宰相是相互配合、并行不悖的。君相之争是这类机构建立、发展的一个原因,但决非主流。

试看尚书机构的发展。

祝总斌先生在上引书中指出,秦和汉初,尚书的任务仅为传递文书,武帝时增加保管文书的职能。西汉末年领尚书事权力扩大,尚书任务亦开始增多,机构也相应扩大。

东汉时出于行使君权的需要,尚书机构继续发展,天下文书皆上尚书,诏书起草、下达之权也由御史大夫转归尚书。尚书形成集议制度、谏诤制度和劾奏制度。

值得注意的是,尚书的职掌开始一般是按上奏文书者的身份加以分工的,如吏曹主公卿事、二千石曹主郡国二千石事等,到东汉中后期,逐步转向按任务的性质分工,如吏曹主选举、斋祀。

宰相名义上"助理万机",但实际上只是一种笼统的说法,除了谋议、选举这些职掌比较固定,并没有规定其他具体任务。而诸卿只有太常、卫尉和少府等是有关国家政务的。这样在政务处理上便留下了许多空白。随着社会的发展,新出现的问题便通过公卿、二千石和庶民上书禁中送达皇帝。原来负责传递文书的尚书便逐步发展为协助皇帝处理文书的机构,任务分工逐步明确。其中,吏曹主选举、斋祀,民曹主缮治、功作、盐铁,二千石曹主辞讼,客曹主外国四夷事,而三公曹主岁尽课州郡事。他们的这些任务,多属行政范围,其中大部分原来是没有官员和机构掌管的。

由此可见,尚书台之逐步转向行政是原来从宰相到诸卿的行政系统不足以应付新的社会事务的结果,它的职掌不是从宰相和诸卿那里转移来的。它不是取代原有的丞相诸卿,而是为了弥补他们原有职掌的不足,是为了填补政务中出现的空白。

总之,西汉尚书的发展,东汉尚书权力的扩大,到魏晋时成为宰相机构,反映了政务范围的扩大和行政机构的逐步合理化。

祝总斌先生还指出,尚书长官成为宰相后,随着社会进步,各地交通联系进一步加强,全国统治事务更加复杂,君主在审批尚书奏请时,为了保证质量和效率,不得不在更接近自己的禁中,设立更高档次的秘书、咨询机构——门下与中书。与尚书主要是协助皇帝处理行政政务不同,门下与中书更多的是协助皇帝审批决策。

尚书、门下、中书三省发展到隋朝,最后形成了三省体制,并在唐初得到了完善。三省体制不仅是三省发展的产物,更重要的是作为宰相机构尚书省职能的分化和皇帝权力的分化的产物。门下和中书由皇帝身边走了出来,同时也把原来属于皇帝的一部分决策权力带出,成为政权机关中书省和门下省的权力。南北朝时期的尚书省分为上省和下省。隋以后,尚书上省的谋议权或决策权转移到门下省、中书省和政事堂。下省的行政权保留下来,尚书省向职能化方向发展。

三省体制的形成,反映了决策合理化的进程。在三省体制下,决策不再是单纯的皇帝个人行为,皇帝的最后决定权包含在政务运行的程式中。原来宰相的谋议也演变为议决而不仅是皇帝决策时的参考。决策也根据性质和重要性的不同,分化为若干层次,分别由皇帝、宰相和各级机构来完成。

2. 唐宋以后官僚政治体制的变化

唐初的三省有别于南北朝三省,是一个完整的体系,但仍然是一种过渡。第一,唐初的三省是建立在广大小农基础之上的,随着小农的分化,自然不再适应了。第二,设官分职,职掌固定。这种制度只适用于经济不很发达,小农占多数的时期。第三,尚书各部掌政令,是以唐初所定令式为依据,也不适应急速变化的经济、政治和军事形势。问题越来越多,其中有些问题需要通过制度和法令的改变来解决,有些则是需要通过行政手段去解决,因而出现了有些事情无令式可循、无部门去管的情况。因此,武则天以后出现了越来越多的临时差遣,以及为了解决具体问题而颁发的制敕。作为临时差遣的使职发展为固定的使职,制敕中指明"以为永式"的成为令式的一部分。而三省的权力则逐步向政事堂靠拢集中。尚书、门下地位不断下降,并逐步丧失部分职权。

在行政事务不断增多的情况下:第一,政事堂改为中书门下。一般都认为这是实现了决策与行政合一。但这只是表面的,其实质是行政权的扩大。第二,宰相往往兼任仆射和六部尚书职务,宰相实际上成为行政首脑。第三,宰相人数减少。人多,着重于政务的议决;人少,则重在政务的处理,也就是审议、裁决和施行合一。第四,中书门下设房,处理庶政。第五,使职系统开始发展,财政使职开始突出。

唐宋以后官僚政治体制的重大变化之一是行政权的扩大和分化。从形式上看,唐宋的皇帝由后台走上前台,成为政府的负责人,皇帝的集权越来越严重,而实际上却是权力的层层下放。这是因为事情越来越多,日常事务只能分层负责并依靠程式化的方式处理。

(1) 唐以前,不论是宰相(行政首脑)还是最高行政机构的行政权都是不完整、不充分的。他们不能独立做出直接发往下级的决定。所有的下行文书都必须以皇帝制敕的方式发出。祝总斌先生所说的宰相只有谋议权正是这个意思。

《旧唐书·姚崇传》记载,姚崇对玄宗说:"此事请不烦出敕,乞容臣出牒处分。"说明宰相已具有直接发令权,这是一个具有划时代意义的变化,说明皇帝权力的进一步分化。

(2) 在宰相的行政权扩大的同时,宰相的事权开始下移。决策层次增多,分层决策进一步发展。

封建前期,国家的事务不断向宰相集中。唐宋以后,宰相的相权不断向行政系统转移。唐的三使司开其端,唐后期宰相兵权有所扩大,而宋朝使职系统化以后,宰相的财权、兵权分别转移到三司和枢密院。元丰改制以后,六部权力比唐朝扩大许多,但仍保留枢密院。明太祖洪武十三年废中书省,六部直属皇帝,皇帝"总理庶务"(《典故纪闻》卷四),"自是中书之政,分于六部"(《万历会典》卷二),六部分割了原来属于宰相的相权,六部权力比宋更大。至清朝六部仍具有"大事上奏,小事便决"的权力。

(3)宰相权力的下移不是单纯的权力转移,而是财政、军事这两大部门事务增加,职掌扩大的结果。它们在行政系统中越来越处于突出的地位,到宋代终于独立出来,形成了中书门下、枢密院和三司并存的体制。

(4)行政系统权力(行政权)扩大的结果,是宰相所需要决定的事情,只剩下军国大事、高级官吏的任免和新出现的重大事务,而这些都是需要经过皇帝批准的,宰相逐渐变得多余。因此,明初取消宰相,表面上是宰相权力太大,而实际上是宰相事权下移,行政各部门权力扩大的必然结果。唐宋以后,皇帝权力越来越集中,相权日益削弱,最后乃至于被取消的秘密就在于此。

唐宋以后官僚政治体制变化之二是中央决策、立法群体的扩大和决策立法的外廷化、制度化。

汉代的廷议由皇帝临时决定召开,人员不固定,时间不固定,所议仅供皇帝参考,还只是一种习惯性的做法,而不是一种法定的程序。魏晋南北朝时期逐步形成了中书草诏,门下审署下达的制度,但二者还是作为皇帝秘书咨询机关来进行活动。

隋时知政事官的制度逐步形成,至唐而完善。知政事官在政事堂议决军国之务,成为决策过程中的一个必须经过的程序。除了皇帝最后批准颁行这一程序,其余工作都是在外廷按照一定程序完成的。《贞观政要》卷一记载了唐太宗的一段话:"以天下之广,四海之众,千端万绪,须合变通,皆委百司商量,宰相筹画,于事稳便,方可奏行。"在这个问题上已经有了很明确的认识,做出了理论性的概括。这样就摆脱了内廷决策,外廷执行的传统模式。

北宋宰相、执政议决大政,中书舍人院草诏、审议,基本上是沿着唐代的程式发展。而宰执包括平章政事、参知政事和枢密使、副,人员比起唐朝后期的宰相扩大了。

明代朝议制度仍是沿着唐代政事堂议决军国之务、宋代宰执议政的路子发展。参加者范围进一步扩大,人数增加,也是决策过程中一个法定的不可缺少的程序。皇帝虽然成为决策和行政的最高负责人,但其决策都是建立在集体讨论、决议的基础之上的。

变化之三是在行政权力扩大的同时,国家对行政的监察也逐步加强。独立的国家监察机构魏晋时虽然已经设立,但其作用时高时低,还不稳定。隋唐时它才完善起来并持续发展下去。唐御史台不仅对中央和地方的官员进行监察,还对礼仪、尚书各部和司农寺、太府寺等进行监察。武则天设立拾遗、补阙后,谏官也不单是对皇帝个人进行谏诤,而是以整个朝廷作为谏议的对象。而到宋台谏都负有监察朝廷的职能。

明代从中央到地方都有两套监察体系并行,在中央是科、道并行,地方是监察御史与按察司、巡抚与巡按并存。

变化之四是地方政府职能的转变。

地方政府的基本职能是控制人口,主要是控制农民与土地,保证国家的税源与兵源;维持社会治安,实现社会保障和生产保障,并进行教化,以维持社会的稳定与发展。这些职能自秦至清前后没有什么变化,但在实现的方式与重点上则有很大变化,所谓职能转变,指的就是这些方面的变化。

地方政府职能转变的关键是农村经济形态和社会结构的变化以及手工业、商业及城市的发展。

西汉初年,农村人口以自耕小农为主,基于这种情况,控制与保护小农是地方政府的基本职能。户籍制与乡里制是当时国家控制小农的主要形式。通过这种形式,把分散的小农纳入帝国官僚体系,负担国家的赋税、徭役和兵役。国家同时采取各种保护性措施,防止小农分化和农民流散逃亡,如假民公田、赋民公田、赈灾、防灾,加强水利建设等。而对土地兼并问题,尽管从晁错到董仲舒都大声疾呼,从汉武帝到王莽都力图解决,但土地兼并仍势不可挡地向前发展。东汉初年度田失败以后,国家就放弃了这个方面的努力。

北魏冯太后、孝文帝改革,实行均田制和三长制,恢复国家直接控制农民的编户齐民制度。这种情况持续了不到两个世纪,公元 7 世纪中叶以后,土地兼并加速发展,自耕农比重逐步下降,佃客比重上升。随着这种比重的变化,地方政府的基本职能转变为对农民进行控制和协调。唐的两税法虽然废除了按人丁征收赋税的原则,改为按土地、户等收税,但唐代后期户等仍然是按财产和人丁确定的,故仍保留了人丁因素。不过对小农已经不像西汉那样分别由中央和地方政府出面,采取一些保护小农性质的措施,力图使小农形态继续存在。政府职能的一个重要方面已经成为协调自耕农、佃客、地主、国家几个方面的关系。王安石变法中的青苗法和方田均税法,张居正丈量土地,都是为了解决这一类问题。至于越来越多的狱讼乃至替地主催租,更成为地方政府特别是县一级政府的日常事务。据《宋史·职官三》和《宋会要辑稿·职官卷》记载,宋代县令的职掌为"掌总治民政,平决狱讼,有德泽禁令,则宣布于境";"催租劝率,民讼刑禁"。唐代县令也有"审察冤屈,躬亲狱讼"的职掌,但那是作为"务知百姓疾苦"的一部分,还没有摆脱古老的"爱民"老套,而宋代"平决狱讼",则是作为总治民政的一部分。

至于原来主要由政府直接负责亲自办理的赈灾、水利和修路等社会事务,往往是由政府出面号召而由民间操办。有些是官督民办,有些则径直由地方或宗族操办。地方政府成为纯粹的政务机关,解决民事、刑事纠纷成为其重要的内容。

三　中央与地方的关系

中央与地方的关系包括:中央与地方的权力分配,亦即中央集权的程度问题;中央对地方的控制问题,包括控制能力和控制手段如制度等,其中包括中央对地方的监督问题。

商周时,内服王畿地为王室直接管辖,中央对外服之地虽大多享有统领权,往往还同时派有监督人员,但受封建贵族政治的制约,其控制力有限。中央派往各地的官员,因此同时也成为一方诸侯或其属员。春秋列国体制的出现,其实也正是地方逐步独立于中央的产物,原有王朝体制因此崩解。东周新国家体制中,各诸侯国内部同样存在中央与地方关系的问题,早期贵族当政,权力下替,而经过变法运动后,君主与中央权力得以加强。西汉初年郡国并行,中央并未建立起对全国的有效控制。削藩后,地方长官虽由中央任免,但地方佐官仍由长官辟署。郡县长官是有用人权的。

隋代以地方佐官中央辟署为契机,将地方的用人权收归中央。中央对财政、司法方面的控制也加强了。但官以下又出现了一个胥吏系统。胥吏的任用权仍在地方。唐代在监察系统独立的基础上,对地方的监察不断加强。汉代的御史大夫是副相,其属于行政系统内部的监察职能,不是独立于行政系统之外的监察机构。唐太宗设立道作为大的监察区,派使经常巡按,没有超出西汉州刺史的范围。

自汉到宋,中央对地方的关系出现了几次反复。

西汉设立刺史,目的是解决新出现的各种社会问题,如强宗豪右、田宅逾制,以及加强对地方官吏的监察以澄清吏治。因此,州刺史是负有监察任务的中央派出人员,而不是纯粹的监察官员。唐代的道、宋代的路都是在这个框架中运作的。

东汉末年的州牧、刺史,唐朝代宗、德宗时期的某些前线节度使、五代的节度使,都是发展过程中出现的暂时现象。它一方面反映了一个越来越尖锐的矛盾:由于国土开发,各地区经济的发展,郡县越来越多,全都由中央直接管辖越来越困难。因此,有了在中央与州之间增加一级行政机构的趋向。另一方面则反映了郡县之上这一级如果具有完整的军政财权,则有可能成为与中央对抗的力量。因此,在正常的情况下,直到宋代没有一个朝代敢于迈出这一步。

但是,矛盾是客观存在的。特别是从隋开始,中央对地方的控制加强了,地方的用人权、司法权集中到了中央,中央要管的事越来越多。因此,从唐玄宗开始,就对这个问题进行了新的探索。一是新设立的采访处置使具有代表中央处理一些问题的权力(停刺史务,开仓赈济),并监察地方官员。二是某些财政使职,开始涉及地方事务,从最早的劝农使到稍后的转运使,都是沿着这个方向发展。

安史之乱后出现了两个系统。

一个系统是道的节度使、观察使。它们没有与六部和州县对应的机构、官员和职权,仍然是中央派出机关并兼管监察地方官吏。其职权基本是由采访处置使发展而来的。至于那些军政合一的割据半割据的沿边据点则另当别论,这里是就全国一般情况而言。

另一个系统是盐铁、转运使——巡院。这是中央垂直机构。虽然它们与地方的关系尚待研究,但其开条块分开的先声则是没有问题的。

宋在清理五代节度使权力以后,在州之上设立了十五路。这路与唐代的道有如下不同点:第一,路的数量少,辖区扩大,开元代行省的先河。第二,路没有统一的机构。先后设立的四监司各司其职,直属于中央有关部门,是按系统代表中央管辖和处理某些事务并监察地方官员的机构。至元明,发展到了一个新的阶段。元在统一全国后,路的辖区缩小,数量增多,逐步演变为行省之下的一级行政机构。元代行省的设立,一方面确立了它作为大区行政单位的地位,同时仍具有中央派出机构的性质,但它所以能起到维护中央集权的作用,是以民族统治作为前提的。从中央控制地方的角度看,在制度上还存在许多问题,因此,明朝保留了行省的建制,但统治机构则改为三司。而三司分立,对突发事件缺乏应变能力,于是临时设立督抚以总其事。至清,督抚制度化,但也是满汉分授,且以满人为主。从制度上来说,中央对地方的控制问题,并没有完全解决。

四　官僚构成与用人体制

西汉的任子、訾选,是以当朝官位的高低和财产多少为根据的。辟举和察举在开始的时候,是以才能或德行为标准的,东汉以后逐步和门第挂钩,晋的九品中正制更是把门第作为任官的先决条件。南北朝时期,为了突破门第限制,军功和才学的原则被先后提出。隋代科举制终于从察举制的母体中脱胎而出,成为国家纯粹按才学标准选拔文士担任官僚的考试制度。随着从军功到才学到科举的用人路线的发展,门阀政治被打破。

至唐朝,不论何种出身,做官的首要条件是必须通过各种出身考试,获得做官的资格。然后还要参加铨选，通过身、言、书、判的考试。做官必须通过考试，这是才学标准的具体表现，在官僚政治的制度史上具有划时代的意义。

而随着科举逐步成为高级官吏的主要来源，才学标准也有了更加合适的形式，因此到了宋代实现了出身、入仕的合一。进士出身的不需要经过再考试，直接授官。

科举成为中高级官吏主要来源，对于官僚政治制度具有深远影响。

第一，官吏世代担任高官由少到无。汉代门生、故吏是长官的属吏，是人身依附关系在官僚制度上的反映。唐后期高级官吏利用科举和辟举相结合，世代担任高官。这些由科举而产生的进士高官家族，与原来意义上的世袭不同。他们得以世代担任高官主要不是来自社会地位和父祖官品。父祖官品只是入仕之门，而要不断升迁，除了依靠由此产生的文化优势，亦即获得文化的优越条件，更重要的则是子弟自身的努力，不肖子是入仕无门的。出现这种进士高官家族的情况，根本原因是制度的不成熟和不完善。宋代就很少父子相继担任高官的，虽然宋代恩荫之制有过于唐朝，父子同朝也不乏其例。

第二，上下交流的活跃。中下层地主官僚，乃至普通百姓通过科举，不仅可以进入官场，而且可能厕身高层。黄粱梦说明成功者毕竟是少数，但是梦中经历并非没有现实根据。而高官子弟很难把家族的荣誉维持几代。

第三，增加了政府的活力。唐以后的名相以及有作为的官僚，往往来自中下层。宋代不少名臣来自南方。官吏的家族背景和来源地区都发生了很大的变化。他们的政绩也主要是在中青年时代和刚刚进入高官行列之际创造的。

科举出身的文士担任中高级官吏以后，也出现了一些新问题。唐太宗时科举出身的人数不多。武则天以文学取士，但不是以文学用人，从科举出身的人中提拔起来的中高级官吏不仅富有文学才能和政治才干，有的还文武双全，能出将入相。

玄宗时文学、吏治分途。科举出身的官吏沿着文学的道路上升，由于他们缺乏在基层的政治实践，普遍缺乏政务处理能力，因而在开元时期的文学、吏治之争中一败涂地。玄宗最后重用李林甫，终于导致吏治派官吏独掌政权的局面。一些官吏缺乏政治经验的问题，开始引起注意和重视，这也是"不历州县不拟台省"任官原则出现的背景。

事实上，隋唐以后随着社会的发展，政府工作内容的扩大，在政务处理的过程中不仅是政策性加强了许多，而且事务性的和技术性的工作也大为增加。从隋唐开始，历代都是从制度上解决这些问题的。第一，职官制度上。在中央各部门，除了掌政令的官员，还有负责事务和技术工作的官员，以及由吏组成的具体办事系统；在地方，有幕僚、幕府、师爷等协助长官处理政务的人员，以及由低级官员和吏组成的办事系统。第二，官僚选用上，隋唐时主要是强调才学。随着科举逐步成为官吏的主要来源，官吏的实际从政经验，越来越引起重视。科举出身的官员，在提升为高级官员时，要求有在地方州县历官的经验。担任地方基层官吏，这既是官吏升迁途径，也是担任高级官吏的条件。中下级官吏，由明经、恩荫或杂色出身，除了一定的文化水平，还要求有吏干能力。第三，在具体运作上，程式化的加强，除了保证政务运行的效率和规范性，也便于各级官吏进行操作。

五 政治体制的演进和调整

政治体制演进的核心问题是权力结构和权力的分配。历来都把君权和相权的矛盾、内廷机构出为外廷机构作为政治体制演变的主要内容。其实，在政治体制演变中，政府职能的扩大、权力的分化和重组才是核心的内容。权力的分化和重组包括决策权由集中于皇帝手中到分层决策，决策、行政的分离以及政务、事务从分离到重新结合几个方面。隋唐政务和事务的分离，为国家政务和皇家事务的分离走完了最后一步，而宋以后，政务和事务的重新结合则使行政进一步合理化。在演变过程中，皇帝、宰相、各部门官员的地位和职责都相应发生变化。宰相就经历了以谋议参与决策到成为决策机构成员再到主要行政首脑的变化。

行政主导在政治体制演变中始终起着主要作用，这是因为任何政权的实际运行都离不开行政系统。南北朝时仆射为宰相，隋炀帝设立给事郎审读奏案,唐初门下居于三省之首,侍中执政事笔,张说改政事堂为中书门下,都体现了行政主导。而行政系统的变化又总是和行政事务的扩大分不开的。正是社会事务的不断增加导致了各级政府行政职能的扩大和行政机构的变化。而这种变化总是循着以下几个方向:

第一,下层、地方的变化,引起上层中央的变化。汉的郡国并行到削藩,隋的地方佐官中央任免,宋初稍夺其权,制其钱谷,收其精兵,明初的行中书省到三司,这些地方上的变化,都成为政治制度变化的开始,推动了中央制度的变化。

第二,军事、财政先行。局部的变化,由这两个部门开始。这两个部门本身也是先后突出。至宋设立为枢密院和三司,元丰改制后,使职系统归于六部,但枢密院依然保留。

行政主导和行政决策权的扩大和加强,以及中央决策群体的不断扩大,最后导致权力向六部和皇帝两极集中。原来集中在宰相手中的行政决策权分散到六部,而最高决策权则集中到皇帝手中。

政治体制的变化,当旧的制度已经满足不了需要而新的体制尚未形成的时候,不是把旧的制度一脚踢开,而是在原有制度、机构之外新设一些最初是临时的而最后成为国家机关的机构,作为旧制度的补充。而这些补充往往成为新制度的萌芽。新旧两种制度,可能并存相当长的一个时期,到一定的时间,才会在新的基础上重新整合,成为新的系统。有时在形式上似乎是一种回归,而实质上是新的制度。尚书、中书、门下的相继从内朝出为外朝,三省六部到使职系统,到重新回到六部,都是属于这种情况。正是因为有这种形式上的回归,如果只看到君相矛盾就会忽略其基本内容和变化的原因。

在旧制度腐朽的情况下,新制度有时也以政治腐败或暴政的形式首先出现,比如北齐赐佞幸卖官,敕授郡功曹,实际上是隋的地方佐官中央任免的先导。这是因为旧的制度赖以存在的基础和条件已经动摇,或正趋于崩溃,而这种新制度产生的条件已经出现。

君相、君臣、中央与地方、集团、阶层或阶级之间的利害冲突,则往往是政治制度变化的动因。正是统治阶级内部以及阶层、阶级之间的矛盾和斗争推动了政治制度的变化。而向什么方向变化或变成什么,那是受客观条件和政治制度本身内在的规律决定和影响的。

政治体制的调整,可分为环节性调整和结构性调整两大类。

新的事务需要调整原有机构的职权范围或设立新的机构。这种调整职权范围不是每一个时期都能做到的,这受到政治体制机制的制约,有的体制是比较封闭的,僵死的,少有弹性。每一个部门的职能都是范围固定,职能有限,超出其职责范围的事情就无权过问,也无法应付。唐代以前基本上都是属于这种情况。因此,往往要设立新的职务和部门来应付新出现的局面。最初是临时的,最后则成为常设的。唐代以后这种情况依然存在。这些都属于环节性的。

环节性的调整最终会导致结构性的调整。南北朝时期三省的发展最后导致三省体制。唐代的使职差遣的发展导致中书门下体制,最后又发展为宋代二府三司和使职系统。元丰改制则是将北宋制度又一次整合,它既包括了宋代进行的环节调整,也符合政治制度须要整齐划一的要求,也是一次结构性的调整。就行政而言,政务、事务的合一是一大要点。就体制而言,这些调整都赋予这些体制下各个机构更大的弹性。

政治体制、政治机构适时的调整,是政府活力的表现,也是保持社会持续发展的必要前提。这种调整是一个漫长的过程。哪一个时期调整得快一点,整个经济和文化的发展也就会快一点。这在汉武帝时期、唐前期表现得尤为突出。

政治制度调整过程之所以漫长,首先是由于政治体制的任何变动,都会受到旧体制下既得利益者的反对和阻挠。各个利益集团,有的反对,有的支持。如北魏实行三长制的过程,就是一个鲜明的例证。

其次是传统思想的影响。从萧规曹随到汉武帝更化;从唐太宗“千端万绪,须合变动”到唐代前期政治制度的不断调整;从宋的祖宗之法到王安石变法,可以看到各种思想传统,对变革的影响是很大的。

再次,即使在不存在任何阻力的情况下,认识还需要有一个过程。怎样调整需要经过不断的摸索,不可能一步到位,也不可能十全十美。

最后,还有条件是否全部成熟,从刚刚出现变革的需要,开始提出变革的设想,到条件成熟并实现变革,是一个很长的过程。

帝国开端时期的官僚政治制度
——秦汉

阎步克

秦汉王朝是帝国时代的开端,具有开创奠基的意义,无论历代制度发生什么变化,秦汉政治体制都范定了其最基本的特征、倾向以及变迁的范围和幅度。而秦汉帝国的最基本特征,则是君主专制、中央集权和官僚制度。同时,作为中华帝国的初级阶段,秦汉的官僚政治也必然有其特有的现象与问题;中华帝国的一些基本特征,也不是最初就是如此,秦汉仍是这些特征的形成时期。下面的叙述,将包括官僚帝国体制的奠基、文吏体制和律令秩序、尊儒改制与儒吏分合、官僚阶级的士族化等四个方面。

一　官僚帝国体制的奠基

1. 皇帝—官僚统治阶级的形成

西周春秋的政治体制具有浓厚的贵族政治色彩,并且是一种分权体制。无论在王廷之上还是列国之中,世卿世禄的贵族都拥有巨大的传统权力,周王远没有力量把其意志充分贯彻到列国、各个采邑,遑论各地井田村社中的农民了。但另一方面,历史早期的政治体制依然已包含着某些因素,得以在战国时代孕育出变法运动,并在秦国取得了最大成功,确立了专制君主和行政官僚的巨大权力,为延续两千年统一帝国的大厦,奠定了基石和骨架。

最高的权势属于君主。嬴政自以为"德高三皇,功过五帝",采三皇五帝之名而成"皇帝"之号。这个后人耳熟能详的名号,在当时给人的却必定是耳目一新的观感。一系列尊君卑臣的制度,逐渐建立起来了。皇帝命为制,令为诏,自称曰朕;臣民称之曰陛下,车马衣服器械百物曰乘舆,所在曰行在所,所居曰禁中或省中,印曰玺,所至曰幸,所进曰御,臣吏上书自称"昧死言",或"顿首死罪上尚书","诚惶诚恐、顿首顿首、死罪死罪上尚书"。甚至皇帝的死都有与众不同的说法,像大行、殂落、晏驾、山陵崩等等。与秦不同,刘邦创业集团本是一群草莽英雄。但叔孙通为汉廷定朝仪,汉高帝七年于长乐宫初行其礼,百官无敢欢哗失礼者,便令刘邦由衷感到"吾乃今日知为皇帝之贵也!"

君主自称"受命于天",利用"君权天授说"自我神化。秦始皇"推终始五德之传",自以为"方今水德之始",根据所谓"水德"改定正朔、服色、度数,更名黄河曰"德水",甚至把"刚毅戾深,事皆决于法,刻削毋仁恩和义"的政治方针,也说成是"合五德之数"的。不过"法律神授"观念在中国古代却没有出现,"前主所是著为律,后主所是疏为令",法权与法律的渊源都出自皇帝。立法、司法、军权、财权等等大权,也都掌握在皇帝手里。秦始皇事必躬亲,"天下之事无小大皆决于上,上至以衡石量书,日夜有呈,不中呈不得休息"。①

君位之继承,嫡长子继承制被认为最为合理。立子以嫡不以长、立嫡以长不以贤,倒也有助避免皇位纷争而导致的动乱。汉文帝时有司请早立太子,而文帝惺惺作态,说是要"博求天下贤圣有德之人而嬗天下焉"。有司遂据"理"力争,强调"立嗣必子"乃"天下之大义",文帝便名正言顺立刘启为太子了。皇权传承时不允许"贤者为帝",但理论上皇帝仍被假定为大圣大贤,在制度上则以皇子教育来保证储君的称职,儒家对"教世子必以礼乐"经常大声疾呼。汉昭帝、宣帝以后,太子师傅大抵任以硕学名儒,他们中的许多人,在太子即位后就迁到了丞相、三公。太子宫官的设置有意与朝官比拟,比如太子率更令职比光禄,太子家令职

---

① 《史记》卷六《秦始皇本纪》。

比司农、少府,太子仆职比太仆,太子门大夫职比郎将,太子中庶子职比侍中,太子洗马职比谒者,太子庶子职比三署中郎,太子舍人比三署郎中。中庶子、庶子、洗马、舍人等多以官贵子弟或名士为之,他们由于与太子的特殊关系,未来仕途是很光明的。

皇帝是编户齐民的最大役使者和剥削者。他拥有雄伟的宫殿、巨大的陵寝和繁多的祠庙。始皇帝为了修建骊山墓、阿房宫等,不惜动员 150万以上的劳动力,"男子力耕不足粮饷,女子纺绩不足衣服,竭天下之资财以奉其政"。① 西汉窦太后为中山王刘焉修陵,"凡征发动摇六州十八郡"。② 史称"汉天子即位一年而为陵,天下供赋三分之,一供宗庙,一供宾客,一充山陵",③虽属夸张,当有事实根据。④ 西汉王朝设在各地的神祠曾达 630 多所;成帝时皇后、太子寝园 30 余所,先帝宗庙则达 167 所,如按每处一年祭祀 25 次计算,则有 4175 所,相应的耗费当然惊人。⑤ 大司农和少府都掌管财政,前者掌国家收入,后者掌山海池泽之税,以给供养,属于皇帝个人收入。少府也称"小府",虽然称"小",可所藏财富一点不少。西汉元帝时,大司农的属官都内藏钱 40 万万,水衡钱 25 万万,少府钱 18 万万。⑥ 少府、水衡钱合计 43 万万,多于都内,皇帝的私奉养是如此巨大。皇室子弟照例要封王封侯,公主、后妃则给予汤沐邑,他们在王国、封邑之内,也享受着"山川园池市井租税之入",可以征收渔税、盐铁税、商税等。汉初的王国一度"跨州连郡,连城数十",诸侯王常由经营铸钱、冶铁、煮盐而致富。西汉哀帝时朝臣有限田限奴婢之议,其具体办法包括,奴婢的占有诸王不超过 200 人,列侯、公主 100 人,吏民 30 人。可见诸王、列侯和公主是特权的最大享有者。东汉明帝分封诸子,定制岁给 2000 万,自以为不宜与先帝之子比肩,犹多至此数。东汉顺帝时诸侯王国有 20 个,有户 179 万余,有口 1090 万余,竟然占到了编户的四分

---

① 《汉书》卷二四《食货志》。
② 《后汉书》卷四二《中山王刘焉传》。
③ 《晋书》卷六〇《索綝传》。
④ 孙毓棠:《两汉国家财政与帝室财政》,《孙毓棠学术论文集》,中华书局,1995 年。
⑤ 马大英:《汉代财政史》,中国财政经济出版社,1983 年,第 264—265 页。
⑥ 《汉书》卷八六《王嘉传》。

之一强。①

庞大的官吏队伍,是皇帝"家天下"的屏障、治天下的臂膀,不能不保障其权益以换取效忠。桓谭《新论》:"汉宣以来,百姓赋敛,一岁为四十余万万,吏俸用其半,余二十万万,藏于都内,为禁钱。少府所领园地作务之入十三万万,以给宫室供养诸赏赐。"②国家赋税的一半,被用来支付各级官吏的薪俸。西汉末年官吏总数12万余人,以俸20万万计,则官吏的平均俸禄约1380余钱。秦汉官员以"若干石"的禄秩确定尊卑,从中二千石到斗食、佐史十七八等,等级森严。丞相、三公等高官待遇优厚,月俸350斛或钱6万;中二千石月钱2万;二千石月1万6千,或月俸120斛。③ 除了俸禄之外,高级官员还常能得到巨额赏赐。东汉在腊赐时,大将军、三公钱各20万,牛肉200斤,粳米200斛。④ 汉代低级吏员的俸禄是较微薄的,往往不足以代耕,但他们可以贪污受贿、取给于民,所谓"乡官部吏,职斯禄薄,车马衣服,一出于民,廉者取足,贪者充家"。⑤ 酷吏杜周初作廷史时,所有不过一马;后来官至三公,"家訾累数巨万矣"。⑥ 官僚凭借权势巧取豪夺、强买田地、奴婢是很常见的。名相萧何就曾在关中"贱强买民田宅数千万"。⑦ 通过权势占有财富,是官僚帝国体制下的突出现象;相应地,官僚地主,就成了各类地主之中最有权势的阶层。

王朝依照等级向官员授予各种特权。例如,六百石以上官吏,拥有免役权;⑧六百石以上官吏拥有"先请"权,就是说在犯罪收系前必须得

---

① 柳春藩:《秦汉封国食邑赐爵制》,辽宁人民出版社,1984年,第155页。

② 《太平御览》卷六二七引。按少府之"入十三万万"原作"八十三万万",田余庆认为"八"当作"入"。《中国史纲要》,人民出版社1995年第2版,第112页。

③ 黄惠贤、陈锋主编:《中国俸禄制度史》,武汉大学出版社,1996年,第47页。

④ 《后汉书》卷四三《何敞传》注引《汉官仪》。

⑤ 《后汉书》卷六一《左雄传》。

⑥ 《史记》卷一二二《酷吏列传》。

⑦ 《史记》卷五三《萧相国世家》。

⑧ 《汉书》卷二《惠帝纪》:"今吏六百石以上父母妻子与同居,及故吏尝佩将军、都尉印将兵及佩二千石官印者,家唯给军赋,他无有所与。"

到朝廷的特批；①爵五大夫、吏六百石以上及因接近皇帝而知名的官僚，有罪皆"颂系"而不加械具；②六百石以上官员拥有子弟优先入学权，东汉质帝曾令大将军至六百石皆遣子入学受业，又令千石、六百石、四府掾属、三署郎、四姓小侯能通经者给予赏赐、许其仕进。③ 二千石以上长官任职如满三年，便有资格任其子弟一人为郎。④ 尽管这任子制屡遭儒生批评，西汉后期也曾一度被废罢，但到东汉它仍以"诏拜"形式继续存在，⑤还经常有普授官僚子弟为郎、舍人之事。⑥ 权贵姓族子弟还能由皇帝或太子的侍从，即侍中、中常侍、黄门侍郎、给事中、太子中庶子等步入仕途，⑦这是更优越的起家方式。权贵子弟往往"襁褓受宠位"而为侍中。霍去病年十八为侍中，汉武帝宠臣金日磾的儿子金赏、金建八九岁即为侍中，与昭帝共卧起；其后金氏世为侍中，"七世内侍，何其盛也！"张汤、张安世后代，亦世代为侍中、散骑。晋人因有诗云："金、张借旧业，七叶珥汉貂。"官僚特权在汉代以后还在与日俱增。⑧

据统计，汉初分封的同姓王侯、功臣、外戚约 150 人，连家属共约 1200 人，占当时编户的 0.01%。西汉末异姓功臣虽有减少，但同姓王及外戚封侯者却在增加；宗室总人数 10 多万，加上功臣、外戚共约 12 万，

---

① 《汉书》卷八《宣帝纪》："吏六百石位大夫，有罪先请。"《后汉书》卷一上《光武帝纪》建武三年诏："吏不满六百石，下至墨绶长相，有罪先请。""先请"的范围又再度扩大了。

② 《汉书》卷二《惠帝纪》。

③ 《后汉书》卷六《质帝纪》。

④ 《汉书》卷一一《哀帝纪》注引《汉仪注》。

⑤ 张兆凯《任子制新探》一文将"任子"与"酌情诏拜"区分开来。西汉以"任子"为盛，东汉以"酌情诏拜"为盛，故"哀帝时废除任子令，不能认为徒具空文"。《中国史研究》1996 年第 3 期。

⑥ 如《后汉书》卷三四《梁统传》："拜太中大夫，除四子为郎。"同书卷三七《桓荣传》："显宗即位，尊以师礼，甚见亲重，拜二子为郎。"同书卷五《安帝纪》建光元年诏："以公卿、校尉、尚书子弟一人为郎、舍人。"同书卷九《献帝纪》："赐公卿以下至黄门侍郎家一人为郎。"

⑦ 《后汉书》卷四三《朱穆传》："汉家旧典，置侍中、中常侍各一人，省尚书事；黄门侍郎一人，传发书奏。皆用姓族。"注"姓族"："士人有族望者。"《初学记》卷十二"侍中"条："贵游子弟及幸臣荣其官，至襁褓受宠位。……张辟强年十五，霍去病年十八，并为侍中。"《北堂书抄》卷五八："给事中常侍从左右，无员，位次侍中、中常侍。或名儒，或国亲。"卷六六引班彪："窃见国家故事，选公卿、列侯子弟卫太子家，为中庶子。"

⑧ 参看瞿同祖《中国法律与中国社会》，第三章"阶级"，第四章"阶级（续）"，中华书局，1981 年。

是汉初的100倍。西汉末吏员自佐史至丞相12万多人,连其家属估计有100万人。二者合计占总人口的2%。此外还有边兵20余万人,再加上皂隶奴仆等,有人估计其时非生产性人口大概在人口总数的5%—10%,每两三户劳动者就要负担一个非生产性人口的消费。① 总之,皇帝、贵族和官僚们,凭借国家机器的组织化力量,构成了社会中最大的权势利益集团。这种政治格局,由此一直延续到中华帝国的末年。

2. 中枢权势的分割与争夺

在专制制度下,重大政治决策出自皇帝,在某些时候则是权臣。同时,有集思广益之功的"朝议",也是一种重要决策方式。秦汉参议朝政者一般包括以下几类人:首先是丞相、御史大夫和中二千石诸卿,他们是行政首长和主要政务官,参与朝议是很自然的。还有将军,其军政权势决定了其政治地位;还有列侯,其议政资格来自其崇高的爵位;还有一类是由士人担任的大夫、博士、议郎等,因其文化教养而被赋予了朝议资格。具体事例,如霍光建废黜昌邑王之议,参加者为"丞相、御史(大夫)、将军、列侯、中二千石、大夫、博士";② 汉元帝时,多次为庙祭之事而令"其与将军、列侯、中二千石、博士、议郎议",令"其与将军、列侯、中二千石、二千石、诸大夫、博士议"。③ 帝国政治决策的形成并不复杂,真正复杂多变的是君臣间及各种官署、各种势力之间的权势争夺。

秦汉建立了丞相制度。"相"的本意是辅助,在战国后期,"相"逐渐变成了百官之长,尊之则称"相国"。但出土器物所见多称"相邦",史称"相国"者,盖避汉高帝刘邦名讳而改。如置二相则有左右之分,但秦尊左而汉尊右,如汉文帝以周勃为右丞相,位次第一;陈平为左丞相,位次第二。至如"宰相",在古代的大多数时期不是正式官名,而是一位或数位最高行政长官之称,其官称因时而异,甚至何为宰相,古人亦时有异说。大致说来,所谓宰相"必须拥有议政权,及必须拥有监督百官执行权",前者包括进宫与皇帝共议国家大事,出谋划策。后者是指形成决策

① 赵文林、谢淑君:《中国人口史》,人民出版社,1988年,第562页。
② 《汉书》卷六八《霍光传》。
③ 《汉书》卷七三《韦玄成传》。

之后,由宰相来监督百官执行,以及执行后的考课、黜陟、赏罚等。① 皇帝代表帝国的最高主权,而宰相代表行政总管,对皇帝负责。这是帝国体制最有特色的方面之一,所以历来为政治史的研究者所瞩目。

秦汉的三公,起先是丞相、太尉和御史大夫。但秦朝有无太尉尚无定说,汉武帝以后太尉改称大司马并被用作加官,当其加于大将军之上,如"大司马大将军"之时,才算是最高军职。这三官本来不是比肩并列的,丞相、太尉确实居于"公"位,而御史大夫秩中二千石,位在上卿而不是"公"。所以这种"三公"不过是习惯上的泛称而已。汉初御史大夫晁错、张汤、杜周,都曾被称作"三公"。

汉初的丞相一度位望隆重,权势颇大,对皇帝直言不讳,甚至言所不当言。这与当时丞相由功臣勋旧担任,君、相关系尚未定型有关。曹参为丞相时无所事事,在汉惠帝对无所事事的曹参表示不满时,曹参竟宣告"陛下垂拱,参等守职"而不改初衷;②汉文帝倖臣邓通对丞相申屠嘉礼仪怠慢,申徒嘉严斥邓通,并对文帝说:"陛下幸爱群臣,则富贵之;至于朝廷之礼,不可以不肃。"③汉武帝时的丞相田蚡专横专断,"荐人或起家至二千石,权移主上",以至武帝曾质问他:"君除吏尽未?吾亦欲除吏。"④可见当时君主与丞相在权力分配上矛盾不小。

汉武帝时帝国业已恢复元气,他兴发了各种宏大事业,推出了新的政策和制度。他的统治长达 53 年,几占西汉历史四分之一。一个铁腕君主,当然不会容忍强有力的宰相。汉武帝改用布衣出身的公孙弘为相,封平津侯,丞相封侯自此始,但相权却大为削弱了。皇帝对丞相动辄斥责甚至处死,公孙弘后 6 相,获罪自杀 2 人,下狱处死 3 人。以至公孙贺在拜相时不受印绶而顿首涕泣,视丞相为畏途。

汉武帝从文学之士中选拔出严助、朱买臣、吾丘寿王、主父偃等人,让他们以加官出入禁省,顾问应对。逐渐地,以加官侍中、左右曹、诸吏、散骑、中常侍、给事中等身份侍从左右者,多至数十人,并由于时时被皇

---

① 参看祝总斌:《两汉魏晋南北朝宰相制度研究》,中国社会科学出版社,1990 年,第 5 页。
② 《史记》卷五四《曹相国世家》。
③ 《汉书》卷四二《申屠嘉传》。
④ 《汉书》卷五二《田蚡传》。

帝垂询而得参大政。其中左右诸曹还有平议尚书事的责任,诸吏则有权纠举不法。同时,宫中传发书奏的尚书,也开始参与机密,操持机柄,如以宦官传发书奏则称中书。一个宫中决策的圈子就这样形成了,时称"中朝"或"内朝",与丞相为首的"外朝"相制衡。武帝曾令严助等"与大臣辩论,中外相应以义理之文,大臣数诎"。① 武帝临终前用外戚霍光做大司马大将军,领尚书事,为内朝之主。丞相权力开始低落,一种新体制初露端倪,这就是领尚书事体制、将军(外戚)辅政体制。

在秦代尚书属于少府,掌通章奏,最初只是文书小吏而已。汉廷的文书入宫后先交御史中丞审查,再由尚书上达皇帝审批,在用玺、登录之后,回达御史大夫和丞相之手。汉武帝后尚书机构的权力与日俱增,逐渐能劾奏朝臣、参与选官了。汉元帝时尚书已经号称"百官之本,国家枢机"。其组织也在扩大:尚书原设 4 人,成帝又增 1 人而分为 5 曹;加上尚书令、仆射及丞 4 人,共 11 人。尚书的兴起显示,宫省近臣具有膨胀为中枢机要机构的深厚潜力。在中华帝国的大多数时候,都存在着皇权与政府约略两分的格局。当政府首脑权力"过分"扩张之时,或说专制君主感到他们碍手碍脚时,就开始"冷落"他们,并在左右近臣中另觅助手。在西汉时,尚书本身的权势还是有限的,可这个机构往往以诸将军、九卿、大夫等"领""平""视"之,"领尚书事"者便得以扼制朝政枢纽。

昭帝之时"大将军霍光秉政,领尚书事,车骑将军金日磾、左将军上官桀副焉"。② 诸将军本身未必是中朝官,但一领尚书事即居辅政之位,成为在中朝操持实权的人物。西汉后期如王凤、王音、王商、王根、王莽等,都是以大将军或骠骑将军、车骑将军、卫将军等身份辅政的;后汉的辅政大臣,像窦宪、邓骘、梁冀、窦武、何进等,无一不是大将军。这与春秋时的军卿辅政很有些相类的地方。战国君主命将出征:"阃以内寡人制之,阃以外将军制之。军功爵赏,皆决于外,归而奏之。"③汉代的将军

---

① 《汉书》卷六四上《严助传》。
② 《汉书》卷七《昭帝纪》。
③ 《汉书》卷五十《冯唐传》。

辅政,则如霍光对丞相车千秋之言:"今光治内,君侯治外。"①是军事长官居内朝,以制外朝的文官之长。钱穆说:"军人本为王室私属,今已由军人政府转变为士人政府,故军职不为外朝之丞相而为内朝之辅政。"②将军之隆、军权之重,毕竟显示了早期文官政治的不成熟性,与宋朝以后"重文轻武",即重文官而贱武人的情况很不相同。辅政将军的权势经常超越丞相、三公,甚至具有"宰相"意味;后人之所以不把将军看成宰相,只不过因为将军不是文职,制度上并不是行政机器的首脑而已。

辅政将军,有时也任以君王宠信的文官以及宗室(如东汉的东平王、骠骑将军刘苍),不过最引人注目的则是外戚。外戚政治,构成汉代政治的重大特色。汉初去古未远,"家天下"色彩仍很浓厚,还有一些母系氏族遗俗的残留物,例如皇室子女往往系以母姓,皇室视外戚如宗室而不称异姓,太后及长公主在宫廷中拥有发言权。进而,便衍生出了外家帝舅的贵重之局。③ 惠帝登基后,临朝的吕后借助外家来巩固权势。吕氏势力覆灭后大臣们遴选新君,齐王、淮南王不得选的理由都是"外家恶""母家恶",代王刘恒则以"太后家薄氏谨良"而被拥立。④ 然而刘恒甫即位,随即便有"帝舅薄昭为将军,尊重"之事。⑤ 刘姓宗室有可能对帝位构成挑战,景帝"七国之乱"就是个前车之鉴,所以汉代的皇帝对宗室参政一向颇多限制,这便为外戚攫取权力开了方便之门。西汉后期王氏坐大,终有王莽篡汉之变。无论是刘家还是"外家",总之汉廷的权力争夺中,"家"仍是个相当活跃的因素。

西汉后期丞相制度开始向真正的三公制过渡。成帝绥和元年,更名御史大夫为大司空,原为加官的大司马拥有了印绶,合丞相而为三公。哀帝元寿二年,以大司马卫将军董贤为大司马,丞相孔光为大司徒,御史大夫彭宣为大司空,正式建立了三公制。更革的缘由据说是政事繁多,宰相一人难以独兼三公之事,从结果看则相权无疑被削弱了。尽管其时

①　《汉书》卷六六《田千秋传》。
②　钱穆:《国史大纲》,商务印书馆,1994 年,第 161 页。
③　参看牟润孙:《汉初公主及外戚在帝室中之地位试释》,《注史斋丛稿》,中华书局,1987 年。
④　《史记》卷九《吕后本纪》。
⑤　《汉书》卷四四《淮南厉王传》。

君臣未必心存这种明确意图，但专制之下不利于皇权的变动很难推行，相反方向的各色变动却总是如水之就下，在下意识中"顺其自然"地出现了。在这以前丞相掌佐天子，助理万机；御史大夫仅为丞相副贰，位为"上卿"而不是真正的"公"。而大司马、大司徒、大司空这三公则如杜佑所谓："皆宰相也"，①丞相一人之下、万人之上的独尊地位，被三人的平起平坐取代了。

东汉以来中枢朝权的分割与制衡，大致就是上述各个线索的继续推进。这使得王朝的政治格局，比起秦与汉初更为复杂化了。

东汉初年三公改为太尉、司徒、司空。太尉略高，次司徒，次司空，大致说仍是三公并立。三公地位尊贵，也拥有参议朝政、监察百官的权力，仍然拥有宰相资格，但与之同时尚书台却扶摇之上。时人有言："光武……虽置三公，事归台阁。自此以来，三公之职，备员而已"；②"选举诛赏，一由尚书，尚书见任重于三公"。③ 日常行政的重心中枢已由公府向台省转移。李固曾形容说："今陛下之有尚书，犹天之有北斗也。斗为天喉舌，尚书亦为陛下喉舌……尚书出纳王命，赋政四海，权尊势重，责之所归。"④尚书台处理的政务越来越多，并且侵夺了其他中央机构之事权，如选举、任用、考课官吏之权，刑狱诛赏之权，弹劾大臣之权。尚书令的禄秩虽只千石而已（如由故三公担任则增秩为二千石），但在朝堂却有特殊席位：光武帝令其与御史中丞、司隶校尉专席而坐，京师号曰"三独坐"。

西汉"领""平"或"视"尚书事的称呼，到了东汉就固定为"录"。按惯例录尚书事的，有时也用太尉，更多则是"每少帝立，则置太傅录尚书事，犹古冢宰总己之义"。⑤ 太傅号为"上公"，在三公之上，东汉的太傅往往用元老名臣，享有高于三公的优厚待遇，那么要是把"太傅录尚书事"看成宰相的话，似乎也不是没有理由的。

---

① 《通典》卷十九《职官一》。
② 《后汉书》卷四九《仲长统传》。
③ 《后汉书》卷四六《陈忠传》。
④ 《后汉书》卷六三《李固传》。
⑤ 《晋书》卷二四《职官志》。

外戚以"将军"头衔辅政专权的现象,在东汉更为突出了。东汉政治的一个特点,是"皇统屡绝,权归女主,外立者四帝,临朝者六后。莫不定策帷帟,委事父兄,贪孩童以久其政,抑明贤以专其威"。[①] 和帝以后皇帝幼年即位及夭折、绝嗣的事情相当之多,皇帝即位年龄平均还不到 10 岁,[②]只好乞灵于母后临朝。面临"孤儿寡母"之局,太后"委权父兄"之事络绎而来,窦、邓、阎、梁、何诸家无不如此。邓氏贵宠之时,封侯者达 29 人,三公 1 人,大将军以下 13 人,中二千石 14 人,列校 22 人,牧守 48 人。梁家同样是侯、后、妃、大将军及卿、将、尹、校成群接踵;梁冀为大将军时气焰熏天,"入朝不趋,剑履上殿,谒赞不名,礼仪比萧何。……每朝会与三公绝席,十日一入,平尚书事,宣布天下,为万世法"。[③] 这刘家的天下实际是梁家坐了。

由此看来,丞相本身在西汉末年一分为三,变成了三公之制,同时又有大将军辅政以分其权,随后太傅录尚书事以夺其势,然则汉初丞相一度拥有的独尊地位,到东汉已一去不返。不过太后支持帝舅以大将军秉政,过于煊赫的权势威胁到了皇权,皇帝便求助于宦官。秦时的宦官赵高,曾为秦二世之师、郎中令。汉武帝游宴后庭,以宦者主中书,职掌近于尚书。汉元帝时弘恭、石显位居中书,颇能弄权干政。东汉中期始,深宫中的皇帝不得不借宦官之力来自我维护。东汉和帝与宦官郑众密谋剪除外戚窦氏,安帝与宦官李闰、江京谋废邓氏,桓帝与唐衡等谋废梁氏,前后事端如出一辙。这样,大长秋、中常侍、小黄门等宦官势力扶摇直上,在桓、灵时达到鼎盛,"手握王爵,口含天宪",党羽布列朝廷州郡,贪污纳贿,无恶不作。汉家的天下,又成皇帝和宦官共有之天下了。不过,宦官、外戚专政并不说明皇权衰落,而只是皇权的旁落。因为,宦官、外戚终归要依附于皇权而存在,是专制本身滋生出来的。东晋的外戚、宦官之所以消沉下去,就是因为那时皇权低落、不足以滋生这类现象了。与宦官专政相比,外戚专政的早期贵族政治色彩更浓厚一些。

---

① 《后汉书》卷一〇上《皇后纪》上。
② 参看钱穆:《国史大纲》,"东汉诸帝年寿略表",第156—157页。
③ 《后汉书》卷三四《梁冀传》。

3. 中央行政的结构合理化

周代王廷及各诸侯国的官员体制,已经颇具规模了。尽管《周礼》的成书年代聚讼纷纭,但其"分官设职"的精心安排,也反映了古人对整齐精密的官员组织,很早就生发了强烈的追求。中国在历史早期就已孕育着浓厚的官僚制因素,这曾引起了学者广泛的关注。战国变法进而使传统式统治过渡到法制化统治,根据才能功绩而任免的领俸官吏取代世袭的贵族,通过郡县乡里制度全面控制了境内的编户。帝国体制于是就成了社会中无与伦比的"巨无霸",它的力量来自高度组织化的官僚机器。有人认为,秦汉帝国的官僚行政水平,远远超过了同期的罗马帝国,并已和近代的超级国家具有了可比性。①

秦与汉初的中央行政架构,以丞相、御史大夫和诸卿为主干。丞相府中的高级官属,有长史二人协助丞相;武帝又置司直,掌"举不法",以监察为主。其下吏员有东、西曹之分,东曹 9 人,出督州为刺史;西曹 6 人在府内办事。御史大夫既掌管图籍法令,为丞相之副,与丞相合称"二府"或"两府";又有考课、监察和弹劾百官之权,为监察之官。御史本来掌文书记事,所以皇帝的诏令出自御史之府,然后才达于丞相,如汉武帝诏之所见:"御史大夫(张)汤下丞相,丞相下中二千石,二千石下郡太守、诸侯相,丞(承)书从事下当用者,如律令。"②御史共 45 人,有 30 人是归御史大夫直辖的,御史丞佐之。御史机构中另有"中丞",居宫禁之中(兰台),又称"中执法",自有一印,掌图籍秘书,外督部刺史,领侍御史 15 人,受公卿奏事,举劾案章。御史起草诏书的责任后来转归尚书,这使御史大夫逐渐丧失了"副丞相"的权势;西汉后期到东汉初,御史大夫改为司空,列身三公,职责也改为主水土,不再是监察之职;御史中丞便成了御史台的长官了,号称"宪台",并与尚书台、谒者台并称"三台",在"三独坐"之列。御史中丞主管的御史台,由此就成了专职的监

---

① H. G. Creel:"The Beginning of Bureaucracy in China: The Origin of Hsien", *Journal of Asian Studies*, XXXII, 1964.

② 《史记》卷六〇《三王世家》。

察机关。

丞相之下,诸卿分工承担各种具体政务。后人有"九卿"之说,其实秦汉王朝并没有明确的"九"员规定,诸卿也不止九位。[1] 据《汉书·百官公卿表》,它们包括"掌宗庙礼仪"的奉常,"掌宫殿掖门户"的郎中令,"掌宫门卫屯兵"的卫尉,"掌舆马"的太仆,"掌刑辟"的廷尉,"掌诸归义蛮夷"的典客,"掌亲属"即皇亲国戚的宗正,掌管"谷货"的治粟内史,"掌山海池泽之税"的少府,"掌徼循京师"的中尉。以上十卿秩中二千石。此外,掌太子监护教导的太子太傅、少傅,"掌治宫室"的将作、少府,"掌皇后、太子家"的詹事,掌皇后事务的将行,"掌蛮夷降者"的典属国,"掌上林苑"的财政官员水衡都尉,"掌京师城门屯兵"的城门校尉等诸官,皆秩二千石。

各卿的官署都显示出了清晰的科层结构。例如奉常属官有太乐、太祝、太宰、太史、太卜、太医六令丞;治粟内史属官有太仓、均输、平准、都内、籍田五令丞,斡官、铁市两长丞。不过这仍是帝国时代的早期,列卿的分工结构仍不乏原始色彩,正如钱穆所说的那样:"论其性质,均近于为王室之家务官,乃皇帝之私臣",政府"有几处亦只是一个家庭规模之扩大"。[2] 比方说,太仆为皇帝掌管车马,宗正所掌为皇族姻戚之名簿,少府是宫廷总管,可他们都在中二千石大臣之列;二千石官员中的太子太傅、少傅及詹事、将行、将作少府、水衡都尉,也都具有同样意味。此外,中二千石之郎中令、卫尉、中尉及二千石的城门校尉等,不过禁卫之官,然而也都列于朝廷大臣。

西汉相府中的诸曹,最初似乎仅是低级办事机构。但吏员不少,汉武帝时已达 362 人了。吏员"正曰掾,副曰属",他们分曹办事,所见有东曹、西曹、奏曹、集曹、议曹、侍曹等。东汉三公太尉、司徒与司空,一掌军政,一掌民政,一掌土木工程。太尉府有西曹、东曹、户曹、奏曹、辞曹、法

① 汉代凡中二千石皆卿,不止九位。劳干指出,王尊为京兆尹,"备位九卿";朱买臣为主爵都尉,"列于九卿"。可见"九卿"本是泛称。参看劳干:《秦汉九卿考》,《劳干学术论文集》甲编上册,台北,艺文印书馆,1976 年。

② 钱穆:《国史大纲》,第 165 页。

曹、尉曹、贼曹、决曹、兵曹、金曹、仓曹 12 曹;司徒和司空府分曹似较太尉略多,或至十四五曹。① 三公的分工及三公府内诸曹的分工,比起汉初丞相诸曹的分工,甚至比诸卿的分工都有了不少进步。不仅分曹更为细密了,而且户、兵、贼、金、仓等曹以政务性质命名,显然也比较早的奏、集、议、侍等由办事方式而来的曹名更为清晰合理。

至少同等重要的,还有尚书组织的进步。光武帝时尚书约有六曹,大致是吏曹,主公卿事,事涉选举;二千石曹,主郡国二千石事;民曹,主庶民上书;南主客曹、北主客曹,主外国四夷事;三公曹,主断狱。在东汉中后期,变为吏曹、二千石曹、民曹、客曹和两个三公曹。② 尚书侍郎共36 人,大约每曹尚书统尚书郎 6 人。此外还有尚书令史 18 人。东汉的尚书侍郎如何分工,并不清楚。到了曹魏明帝之时,尚书郎 23 人已经有了更明细的分工,一郎一曹,③这个制度当然不是骤然出现的。祝总斌指出,尚书诸曹开始是按上奏文书者的身份分工,东汉中后期却逐渐按任务性质分工了。④ 这与公府掾属的分工发展,显然有相似的地方。三公尚书掌天下岁尽考课,吏曹尚书掌选举、斋祠,二千石尚书掌水火、盗贼、词讼、罪法,客曹尚书掌羌胡朝会、护驾,民曹尚书掌缮治、功作、盐池、苑囿,⑤各位尚书掌管的事务既然不止一项,那么所属的尚书郎就很可能存在着进一步的分曹了。

三公府之外,尚书组织又发展为政务系统,意义深远而重大。比起尚书诸曹,公府诸曹的分工形式虽然进步不小,但问题却也不少。首先,

---

① 据《续汉书》卷二四《百官一》,太尉掾属 24 人而分曹 12,推测是太尉府诸曹各有一掾一属。故《宋书》卷三九《百官上》云:"自东西曹凡十二曹,然则曹各置掾、属一人,合二十四人也。"以此类推,那么司徒掾属 31 人,司空府掾属 29 人,就应该有十四五曹。

② 祝总斌:《两汉魏晋南北朝宰相制度研究》,第 131—136 页。

③ 曹魏尚书 23 郎的分工为殿中、吏部、驾部、金部、虞曹、比部、南主客、祠部、度支、库部、农部、水部、仪曹主三公、仓部、民曹、二千石、中兵、外兵、别兵、都兵、考功、定科。又说:"青龙二年有军事,尚书令陈矫奏置都官、骑兵二曹郎,合为二十五曹。"见《宋书》卷三九《百官》上。可见23 郎分曹之制,在青龙二年以前就形成了。

④ 祝总斌:《两汉魏晋南北朝宰相制度研究》,第 135—136 页。

⑤ 《宋书》卷三九《百官志》上。

三府既互不统辖,其诸曹设置又彼此重复、叠床架屋,①这既不合乎集权原则,又造成了分工的错乱。其次的问题是,三府诸曹是长官直辖十余曹的两级制,而尚书台则是令仆统尚书、尚书领尚书郎的三级制,层次分明。再者,公府诸曹的掾属,其地位远逊府主,而且是由府主自辟的,其间有"委质""君臣"关系,凡涉及府中事务,均需通过府主。列曹尚书就不相同了,他们并不是令、仆的掾属,虽然受其监临,却有同僚性质,治事时也有很大独立性。在魏晋时他们同列三品,列曹尚书仅仅班次稍后于令仆而已。尚书、丞、郎的任命都由大臣提名,吏部任命,也不是令、仆所能自决的。所以尚书省的长官与僚属关系,具有更多理性行政色彩,个人依附关系大大淡化了。最后但不是最不重要的,是三公号称万石而地位崇高,而尚书令不过千石,仆射、尚书六百石,而且都居于宫中,更容易为皇帝操纵。

由此看来,尚书组织之所以颇具发展潜力,一是君主专制集权意图的促成,二是行政合理化需要的推动。东汉以来事权日益向尚书台集中,而三公府诸曹掾属,则逐渐闲散化了,这绝不是偶然的。魏晋以来尚书机构发展迅速,同时三公府却在不断萎缩。汉代有三公分部九卿制度,但其形式意义大于实质意义;②而汉以后诸卿,则转而与尚书各个部

---

① 按,《续汉书》卷二四《百官志》一只记载了太尉府的诸曹曹名,司徒及司空府的分曹情况无载。司徒及司空府的分曹各十几曹,太尉府12曹,如设曹不相重复的话,合计便有三四十曹之多,而这种可能并不很大,汉ryo南北朝公府及郡府诸曹,也没有如此琐细的分曹。《续汉书》卷二八《百官志》五"郡置诸曹掾史"条本注:"诸曹略如公府曹,无东西曹。"郡府设置一般不过十七八曹而已。参看安作璋、熊铁基:《秦汉官制史稿》下册第2编第2章第4节,齐鲁书社,1984年;杨鸿年:《汉魏制度丛考》,武汉大学出版社,1985年,"郡曹种种"条。那么公府诸曹数目,似乎应是十七八曹再加上东西曹,约20曹。所以我们推测,三公府必定有许多重复设置之曹。《宋书》卷三九《百官志》上叙述东汉的三公府诸曹,大抵同于《续汉志》,且云:"司空别有道桥掾。其余张减之号,史阙不可得知也。"司空府之道桥曹既然特称"别有",就意味着这是作为特例的"张减",由此也反映三府设曹不少是相同的。《宋志》:"魏初公府职僚,史不备书";"晋初凡位从公以上,置长史、西阁、东阁祭酒、西曹、东曹掾、户曹、仓曹、贼曹属各一人。……江左以来,诸公置长史、仓曹掾、户曹掾、东西阁祭酒各一人。……加崇者置左右长史、司马、从事中郎四人,掾、属四人,则仓曹增置属,户曹置掾,江左加崇,极于此也。"西晋的诸公府设置大抵彼此相类,由此反推,东汉三公府的诸曹设置,很可能也是如此。

② 《通典》卷二〇《职官二》:"太尉公主天,部太常、卫尉、光禄勋;司徒公主人,部太仆、大鸿胪、廷尉;司空公主地,部宗正、少府、大司农。"可以看出,这种"分部"与太尉主军政、司徒主民政、司空主土木工程的职能,并不是都有内在联系的。

门逐渐确立了承接关系。尚书台最终变成了政务中心，在隋唐之际发展为吏、户、礼、兵、刑、工六部之制，并一直沿用到了明清时代。

4. 地方与编户的控制

郡县制和编户体制，在春秋以前多少已在萌芽了。春秋时楚、晋、秦已经有"县"，[①]居民组织也被纳入了轨、里、连、乡或比、闾、族、党、州、乡一类编制。[②] 战国时代郡县乡里制的迅速推广，使君主的专制权力得以直达每一编户。

战国列国林立，可这也是个生机勃勃的时代，经济文化都获得了空前发展。天下的"分"和"合"看来各有其历史贡献，不宜一概而论。秦灭六国后，做出了"尺土不封"的重大选择。郡县制真正把"溥天之下，莫非王土；率土之滨，莫非王臣"这个古老理想，化为了"海内为郡县，法令由一统"的政治现实，大臣们"自上古以来未尝有，五帝所不及"的歌颂，并非都是谀词。

当然，六国臣民对秦廷的归属感，并非短期就能建立，他们仇视这个"虎狼之国"的铁腕统治，怀抱着"始皇帝死而地分"的故国之思。到了秦末动乱，六国旧贵族纷纷恢复国号与王号。随后还有项羽分封十八诸侯王的事件，但分封标准已是义军将领的实力和功绩，而不是列国的旧主与旧土，或项羽的亲族姻戚了。分封虽与大一统背道而驰，但这也不是项羽个人意志所决定的，而是历史车轮难以绕行的迂回曲折。

起自草莽的刘邦势力，对以朝廷制御天下颇感力不从心，不得不借重分封之法，用郡国并行之制。刘邦所分封者既有异姓王，也有同姓王。汉初全国约 54 郡，属王国者达 39 郡，直属中央的不过 15 郡而已。王国与中央所属人口之比，约为 10∶5.29；[③]齐、楚、吴三国尤其辽阔，号称"分

---

① 参看西嶋定生：《二十等爵制》第 5 章第 3 节"郡县制的形成与二十等爵制"的叙述，国际文化出版公司，1992 年；杨宽：《战国史》第 6 章第 3 节"县和郡的产生"，上海人民出版社，1980 年。

② 参看李零：《中国古代居民组织的两大类型及其不同来源》，《李零自选集》，广西师范大学出版社，1998 年。

③ 参看柳春藩：《秦汉封国食邑赐爵制》，第 42 页。

天下半"。① 王国可以自行任命御史大夫以下官吏,自征租赋,自铸货币,自行纪年,甚至"自为法令,拟于天子",处于半独立状态,时人描述是"一胫之大几如要,一指之大几如股"②。这时形式上是统一帝国,实际在相当程度上是各自为政的。

不过,大一统毕竟是时代趋势。对关东的征发徭役、用兵平乱、发布法令、派遣官吏等活动,以及日益频繁的民间经济文化交往,都在无形中强化着关西朝廷与关东藩国的联系。文、景着手削藩,平定了七国之乱,汉武帝时藩国被充分削弱了。此后诸王、诸侯"衣食租税而已",封土而不临民。王朝通过一系列法令,如推恩令、左官律、附益法等,来解析和压抑藩国。分封只构成对宗室与功臣的优遇,但已不构成割据分权因素,封国下降为郡县制的附庸了。西汉前期,"齐人""鲁人""楚人"仍是常用的籍贯地域表述;后来就渐渐被冠以郡国的籍贯表述取代了——郡县已是臣民安身立命的基本单位。③

商鞅在变法时把全境分为 41 县。汉以万户为准,以上为令,秩千石至六百石;以下为长,秩五百至三百石。其官属,有县丞、尉、功曹、主簿及诸曹。西汉的县级行政单位约 1587 个,东汉约 1180 个。由于一县大率方圆百里,所以能治一县者号称"百里之才"。中央任命的官员至县而止,县以下有乡、亭、里等,其官员称乡官。西汉平帝时全国有乡 6622 个,平均每县辖 4 乡有余。乡官有三老主教化,有啬夫主行政,还有乡佐、游徼等。乡以下有里,有里正、里典。旧说"十里一亭,十亭一乡",但尹湾汉简反映其说有误。④ "亭"是行旅所宿处,又用作驿站和乡官的治所,设有亭长。里以下的编户被纳入什伍之中。秦代民众年至十七就要"傅籍",但年龄有时是以身高而定的;⑤汉代"傅籍"则在 20 或 23 岁,当局已有能力详知每一编户的实际年龄了。提供"名数"的户籍之上,记载

---

① 《史记》卷一〇六《吴王濞列传》。此似指分王国天下之半。
② 《汉书》卷四八《贾谊传》。
③ 参看胡宝国:《〈史记〉、〈汉书〉籍贯书法与区域观念变动》,载《周一良八十生日纪念论文集》,中国社会科学出版社,1993 年。
④ 参看卜宪群:《西汉东海郡吏员设置考述》,《中国史研究》1998 年第 1 期。
⑤ 参看池田温:《中国古代籍帐研究》,中华书局,1984 年,第 52—53 页。秦代每以"五尺""七尺"之类定年龄,汉初犹有遗风,这方面有许多材料。

着爵位、房屋、妻子、奴婢、畜产等。每年八月，地方官都要案比户口，编制户籍，所谓"八月算民"。通过户籍和连坐、告奸等法，千万小农被帝国政府纳入了紧密控制之下，由此成为赋役的可靠来源。

西汉平帝时郡国约103个，东汉顺帝时郡国约105个，其中郡占79个。京师所在之郡，以内史为长官，后来改称京兆尹。京兆合冯翊、扶风郡而并称"三辅"。东汉的京师长官，称河南尹。郡府的属官，有郡丞，是郡守的助手，在必要时可以代理太守视事；有都尉，佐太守掌兵；边郡则有长史掌兵马。属吏则有功曹史、五官掾、督邮、主簿，及分曹办事的诸曹掾史等。郡府"诸曹略如公府曹"，[1]在政务上可以与中央的公府诸曹彼此对口，同类相从了。汉成帝时东海郡有民139.4万，吏员2203人，[2]吏民比例约为1∶633；东汉河南尹的下属吏员，一度为927人。

秦汉的郡守掌管着一郡的财政、司法、监察、军事大权，还有自辟僚属权力和察举权力，比后世地方官的权力大得多了。汉宣帝以为"太守，吏民之本也"，"庶民所以安其田里而亡叹息愁恨之心者，政平讼理也。与我共此者，其唯良二千石乎！""故二千石有治理效，辄以玺书勉厉，增秩赐金，或爵至关内侯，公卿缺则选诸所表以次用之。"[3]如章太炎所论："太守与天子剖符，而下得刑赏辟除，一郡之吏，无虑千人，皆承流修职，故举事易而循吏多。"[4]汉代地方控制的特点，是中央政府直辖一百多个郡国。其层次的简洁反映了控制的有效，同时也使郡国成了贯彻政务的重心。

除了不定期的派员巡视之外，对地方行政的日常监察，是通过刺史完成的。秦代已经设有郡监，亦即监御史，掌监郡县。武帝分天下为豫、冀、兖、徐、青、荆、扬、益、凉、朔方、并、幽、交趾等13州部，各置刺史，秩六百石。刺史职责是以六条问事，其一针对强宗豪右，其五针对郡守二千石，监察其是否不奉诏书、不恤疑狱、选署不平、子弟恃怙荣势、违比下公等。藩国也是刺史的重点防禁对象。王鸣盛指出："历考诸传中，凡居

---

① 《续汉书》卷二八《百官五》。

② 《东海郡集簿》，《尹湾汉墓简牍》，中华书局，1997年，第77—78页。

③ 《汉书》卷八九《循吏传序》。

④ 章太炎：《检论》七《通法》。

此官者,大率皆以督察藩国为事。"①顾炎武对刺史制度颇有赞语:"夫秩卑而命之尊,官小而权之重,此小大相制、内外相维之意也。"②汉武帝又设置了司隶校尉,"捕巫蛊,督大奸猾",负责京师治安,后来其管辖范围包括京师和三辅、三河、弘农七郡,俨然一州长官;而且还可纠察皇太子、三公以下以及旁州郡国,监察之责特重。东汉称洛阳为司隶,相当一州。

西汉后期,刺史在地方上逐渐有了固定治所和下属,并由于可以岁举秀才、尤异而增加了选举之权。刺史属官有治中、别驾、诸部从事及主簿、功曹等。东汉中期以后,朝廷往往派刺史去统兵镇压各地起事者。战乱之时,在若干郡构成的较大范围中统筹军政,显然势不可免,这时刺史就成了最佳人选。不过刺史既然涉身军政,则其向高级地方行政长官演变就势不可免了。汉灵帝进而把一批要州长官由刺史改为州牧,增其秩为二千石,以宗室或九卿任之则为中二千石,"州任之重,自此而始"。③郡县两级制开始向州郡县三级制过渡,刺史或州牧日益成为郡守国相的上司了。

如果把郡县乡里系统看成"条条"的话,那么西汉还另外存在着呈现为"块块"的系统。王朝在产盐之处设置盐官,西汉的盐官遍及 28 郡国,共 35 处;产铁之处则设有铁官,西汉铁官遍及 40 郡国,共 48 处。与之相似,有国营手工作坊处设工官、服官,有水池及鱼利之处设水官。在西汉它们都属于中央派出机构。盐官、铁官属大司农,工官或属少府,水官或属水衡都尉。尹湾出土东海郡簿籍之中,2 号木牍将盐铁官单列一处,很可能就是因为它们直属中央;不过又据 1、3、4、5 号木牍,盐铁官员的管理考课由郡负责,其编制也在郡吏之内。④汉武帝行均输、平准之法,在各地设置均输官,辗转发卖各地贡物以期营利,直属于大农;王莽变法时,设五均司市师于长安及洛阳、邯郸、临淄、宛、成都,管理市场、买卖货物、平抑物价。这种统制性的财政政策,在东汉开始退缩,盐铁官转属郡国,均输之事被废罢,大司农下属仍有平准令,但职责仅仅是"掌知物

---

① 王鸣盛:《十七史商榷》卷一四《汉刺史察藩国》条。
② 顾炎武:《日知录》卷九《部刺史》,花山文艺出版社,1990 年,第 407 页。
③ 《后汉书》卷七五《刘焉传》。
④ 参看卜宪群:《西汉东海郡吏员设置考述》。

价",已不事商业经营了。

对于少数民族地区,秦汉朝廷实行"一国两制"。"有蛮夷曰道","道"是县级单位。对内属或降附的少数民族,秦廷设"典属国"以管理之,在秦简称为"属邦"。汉廷对业已顺服的少数族地区置属国都尉,而对那些相对叛服无常的部族,则更多是以都护、骑都尉、校尉、中郎将等官持节领护之,例如匈奴中郎将、西域都护、戊己校尉、护乌桓校尉、护羌校尉、蛮夷骑都尉等。为平定西域做出杰出贡献的班超,曾任西域都护达 11 年之久。

二 文吏体制和律令秩序

在中华帝国的发展史上,秦汉构成了极有特色的阶段。秦帝国以法治天下,古人云汉政"王霸相杂",都反映了秦汉政治的特殊性。"王霸"分指所谓"王道"和"霸道",这是中国古代所特有的政治学概念,与此对应的则如"礼治"与"法治"等术语。章太炎有言:秦制本于商鞅,君臣"块然循于法律之中",这大不同于后世"繁文缛礼之政"。[①] 战国的社会巨变,使变法运动的发展呈现"穷其极致"的强劲势头;商鞅变法后,较少关东"礼"文化影响的秦国,走的是通过军国主义来实现专制官僚制的道路。这使得秦政更接近于"纯粹"的专制官僚政治,有别于后代任用儒生、以"礼乐"为缘饰的儒家政治,其影响一直持续到了汉代。文吏体制、论功升进、律令秩序、文书制度等,构成了这些特色的荦荦大端。

1. 文吏体制

所谓"文吏",秦汉间也称为"文史法律之吏",这是一种受过严格文书法律训练的吏员。文献反映,先秦贵族"士大夫"之下,已隐隐存在着一个由府史胥徒构成的"吏"的层次了。荀子很敏锐地看到了这一点,并

---

①　章太炎:《秦政记》,《太炎文录初编》卷一,《章太炎全集》(四),上海人民出版社,1985 年。

把"官人百吏"的职能阐述为"循法则、度量、刑辟、图籍、不知其义,谨守其数"。①周朝已有一大批称"史"之官,如大史、小史、内史、外史、眚史、中史、书史、刑史等,制作文书、保存和利用图籍法典构成了他们的工作特点,并由此而承担着机要、刑狱、财会、监察、礼仪等繁多责任。官僚制的重要特点之一,就是充分利用文书档案和严格依照规章法典;而古人正是把"史"定义为"主官书以赞治"之人,把"官"定义为"文书版图之处"的。"吏"的身份和主书主法的职能,就是秦汉间"文法吏"的直接来源。②

章学诚、王国维、柳诒徵等都有过这样的看法:历代官制,虽沿革繁多,其内外重要职务,由"史"职演变者特多;汉之尚书令、唐之三省、宋之中书、明之大学士、清之军机大臣,看来都是内史等官的流变。③内史在秦时曾有过"副丞相"地位,继之而起的则为御史大夫,他是文书法典的掌管者,并由此成为丞相之副手。秦汉官制中称"史"者,较高级的如御史、刺史、长史、内史、治粟内史,较低级的如曹史、令史、卒史、佐史、尉史、候史、士史、少史、仓史,等等。以令史为例,中央有尚书令史、御史令史,郡县的诸曹掾下有令史,都尉、候官之下也有令史,进之尚有县令史、候官令史、司马令史、千人令史、城令史、城仓令史、库令史、厩令史、别田令史、门令史等。汉武帝时丞相府之362名官吏中,史、少史、属史多达262人。④称"史"之官遍及于各个官署,说明秦汉帝国是"以文吏治天下"的。

汉简中有一种记录吏员身份才能的文书,其中照例会有"能书会计、治官民、颇知律令"之语;⑤又贾谊有言:"俗吏之所务,在于刀笔筐箧",

---

① 《荀子·荣辱》。参看阎步克:《荀子论士大夫与官人百吏之别及其意义》,《学人》第三辑,江苏文艺出版社,1992年。

② 阎步克:《史官主书主法之责与官僚政治之演生》,《国学研究》第4辑,北京大学出版社,1997年。

③ 分别参看章学诚:《文史通义》卷三《史释》;王国维:《观堂集林》卷六《释史》;柳诒徵:《国史要义·史权》,中华书局,1948年,第33—34页。

④ 见《汉旧仪》。《汉官六种》,中华书局,1990年,第37页。原文云"武帝元狩六年,丞相吏员三百八十二人",实当作"三百六十二人"。可参看安作璋:《秦汉官制史稿》上册,第38页。

⑤ 参见《居延汉简释文合校》,文物出版社,1987年,第21、63、100、157、286及658页。

周寿昌释曰："刀笔以治文书,筐箧以贮财币,言俗吏所务在科条征敛也。"①所谓"刀笔""筐箧"与"科条",都合于汉简所见。"能书""会计"及"知律令",指的是文书技能、财会技能和法律技能,这正是汉廷对吏员资质的基本要求。"明法"是汉廷的重要选官科目。官署中有所谓"文无害吏","文无害"则意为"文法出众无人能及";他们相当于基干吏员,往往被委以要任。

文吏的培训及任用,秦汉时已相当制度化了。《论衡·程材》曾这样记叙当时的学吏者:"同趋学史书,读律讽令,治作情奏,习对向,滑跪拜,家成室就,召署辄能","五曹自有条品,簿书自有故事,勤力玩弄,成为巧吏。"做文吏者要学习的"文法"约略有四,一是"史书",即文字书写;二是文书写作;三为律令;四是会计。秦代官府中有所谓"学室",学习其中的"史子"便是一种学徒吏。学僮年至 17 岁以上、通过史书考试之后,方可为吏。各郡还选送学僮到太史令那里参加考试,达到标准的人可以担任尚书史。② 汉廷的许多官署中设有"学事""守学事""解事"若干人,③他们也就是史子、学僮一类见习吏员。对睡虎地秦墓出土的秦律简书,学者认为具有法律教材性质。又江陵张家山汉简中的《奏谳书》,也相当于"供官吏工作参考或学吏者阅读的文书程式"。④ 汉简中有如下简文:"居延甲渠第二随长居延广都里公乘陈安国年六十三建始四年八月辛亥除不史";另两支除书简,则分别注明一位候史、一位候长为"史"。据于豪亮考证,所谓"史"和"不史",就是会不会以隶书写作公文的意思。⑤当时"欲进入吏途,则都是必先有一个学吏过程的,不论通过官学或私学,或向正式吏员去做学徒,总是必须先取得做吏的业务能力与资格,然后再结合长吏的辟置而进入吏途,故汉有'文吏之学'产生"。⑥

古人谓"秦任刀笔之吏""狱吏得贵幸"。从广义说,以刀笔文法为工作方式的吏员都属"文法吏",而专掌司法刑狱的狱吏、法吏,可以看成

---

① 参看《汉书》卷四八《贾谊传》贾谊《陈政事疏》及王先谦《补注》。
② 《说文解字》"后序"。
③ 参看《续汉书》卷二五《百官》二注引《汉官》。
④ 李学勤:《〈奏谳书〉解说》(上),《文物》1993 年第 8 期。
⑤ 于豪亮:《于豪亮学术文存》,中华书局,1985 年,第 202—203 页。
⑥ 张金光:《论秦汉的学吏制度》,《文史哲》1984 年第 1 期。

"文法吏"的集中代表。汉初的朝廷让功臣及其子弟占据要津,具体的政务则委之文法吏。汉武帝"独尊儒术"之后,公卿"彬彬多文学之士",但决不要误以为从此官吏就都是儒生了。由当时"酷吏"的活跃于时,就知道武帝之崇儒往往只是"缘饰";长于文法的张汤、赵禹,长于会计的桑弘羊、孔仅之流,才是政务的真正承担者,而他们都可划入"文吏"范畴。史料显示,直到东汉前期,选官中仍然有"郡国所举类多办职俗吏",[①]"俗吏繁炽,儒生寡少"[②]的情况。据王充所见:"世俗常高文吏,贱下儒生","科用累能,故文吏在前,儒生在后,是从朝庭之所谓也"。就是说无论社会还是朝廷上,都有欣赏文吏、蔑视儒生的风习,结果造成了"儒者寂于空室,文吏哗于朝堂"。[③] 东汉顺帝时左雄改革孝廉察举,定制"诸生试家法,文吏课笺奏",直到这时候,王朝对儒生和文吏仍是分途录用的。

韩非曾说"吏者平法者也",以法治国也就是以"吏"治国。秦以刀笔吏治天下,汉代视官为"吏",自佐史至三公皆可称"吏",我们觉得这大有深意。依现代官僚制理论,理性行政应该是"专家"政治,由严格受训的专业吏员承担。而秦汉政治恰好具有这种突出特点。当时帝国以"文法"取人,以"文史法律之吏"治天下,这与后来以儒术文辞取人,以儒生文人居官的政治形态,形成鲜明对比。

2. 论功升进和以能取人

"选贤任能"在帝国各代都是政治信条,但什么是"贤能",各代的看法以及相应的制度规划,却大不一样。科举制度以文辞八股取人,这与行政所需的兵刑钱谷知识并无直接关系,就连古人也有"所习非所用,所用非所习"的质疑。战国变法后统治者为富国强兵、称霸兼并计,实行"宰相必起于州部,猛将必发于卒伍"政策;秦汉帝国"以吏治天下",选官上论功升进和以能取人,是相当突出的。

若论"论功升进"的渊源,应该首推秦国的军功爵制。这个制度始于商鞅变法,其时爵级或说是 15 级,或说是 18 级;或说其有军爵与公爵之

---

① 《后汉书》卷四一《第五伦传》。
② 《后汉纪》卷十五《殇帝纪》,尚敏《陈兴广学校疏抒》。
③ 《论衡·程材》。

分,或说军爵含公爵在内。无论如何,它后来定型为20级爵了。其第1级公士到第4级不更可以类比周爵的"士",第5级大夫到第9级五大夫可以类比周爵的"大夫",第10级左庶长到第18级大庶长可以类比周爵的"卿",第19级关内侯、第20级彻侯相当于诸侯。但尽管可以作此类比,周爵与秦爵间仍然存在着重大区别:周爵的获得是以宗法贵族身份为基础的,而秦爵获得则在于军功,为此秦国被称为"尚首功之国",并使学者径称其制为"军功爵制"。平民有战功即可得爵,所谓"能得甲首一者,赏爵一级"。① 拥有爵位,就可以获得各种待遇和特权,例如占有田宅、役使"庶子"、享用车服、免除徭役、食邑赐税、豢养家客、减刑赎罪,以至入仕居官等特权。"有功者显荣,无功者虽富无所芬华",即令是宗室,如无军功者则"不得为属籍",丧失贵族身份。

学者根据"万民站在一条起跑线上,凭借个人在战场上的表现缔造自己的身份"一点,做出了"军爵塑造新社会"的论断。② 西嶋定生进而论定,自天子以至于庶人都含摄于爵制中,所以"国家结构也利用爵制组成为一个秩序体"。③ 据李开元推算,汉初约有60万将士因赐爵而获得田宅,军爵的受益面可达300万人,占当时人口的1/5上下。④ 那么"爵"来自军功一点,就必然使"尚功"精神深深渗透于官僚体制之中。战乱结束和平到来,得爵的条件由军功扩大到了事功。惠帝即位时,曾对一大批郎官和近臣按年劳赐爵,例如中郎、郎中满六岁爵三级,满四岁二级;外郎满六岁二级;中郎不满一级;舍人满五岁二级;等等。⑤ 好并隆司就把这个规定,理解为"代替了依军功而授爵的文官的年功序列方式"。⑥此后,朝廷经常向"勤事吏"赐爵,如宣帝元康元年"赐勤事吏中二千石以

---

① 《商君书·境内》。

② 杜正胜:《编户齐民——传统政治社会结构之形成》,台北联经出版公司,1990年,第334、358页。

③ 西嶋定生:《中国古代统一国家的特质——皇帝统治之出现》,《中国上古史论文选集》(下),台北华世出版社,1979年。

④ 李开元:《前汉初年における军功受益阶层の成立——"高帝五年诏"を中心として》,《史学杂志》第99编第11号,1990年11月。

⑤ 《汉书》卷二《惠帝纪》。

⑥ 好并隆司:《秦汉帝国史研究》,未来社,1978年,第250页。

下至六百石爵",①元帝永光元年"赐天下勤事吏爵二级",②等等。此外又如胶东国相王成因招来流民八万口,颍川太守黄霸因治绩卓著,大司农中丞耿寿昌因设立常平仓有功,都得以赐爵关内侯。

虽然关内侯以下爵位,后来因滥赐及买卖而日益贬值了,到汉代后期二十等爵已经形同虚设,但秦汉之际它曾作为载体而把"尚功"政治精神薪火相传,这一点却不能忽视。事实上,"功次"一直构成了汉廷褒奖擢用官吏的基本依据,史籍中诸如"功次补天水司马""功次补大鸿胪文学""功次迁河南都尉""积功劳稍稍迁至尉右监""积劳迁为御史"等,无不显示着这样一点——司马迁所谓"累日积劳取尊官厚禄",③董仲舒所谓"累日以取贵,积久以致官"。④ 官员累积的功劳详细记载于功劳簿上,时称"伐阅"。功绩、勤务的计算存在着精密的制度,汉简中的功劳簿一类文件上,经常可以看到"中劳三岁一月""中劳二岁八月十四日""功一劳一,中除十五日""以令赐贤劳百六十日半日""增劳百七十七日半日"等记录,以及"以令二日当三日"等更细密的折算方法。⑤ 甚至还有正负计分之法,其单位是若干"算",例如"九月都试,骑士驰射最,率人得五算半算","墆户厌破不事用,负二算"之类。⑥ 尹湾汉墓简牍《东海郡下辖长吏名籍》所记迁除实例110多个,其中标明"以功迁"的就有70多例,⑦占到了65%。

官员足以胜任官事、建立功劳的前提,是具备为吏之能。汉武帝倚重文法酷吏,而那些酷吏恰好都是以"能"为称的:赵禹,"上以为能,至太中大夫";张汤,"上以为能,稍迁至太中大夫";义纵,"上以为能,迁为河

---

① 《汉书》卷八《宣帝纪》。
② 《汉书》卷九《元帝纪》。
③ 《汉书》卷六二《司马迁传》。
④ 《汉书》卷五六《董仲舒传》。
⑤ 参看大庭修:《论汉代的论功升进》,《简牍研究译丛》,中国社会科学出版社,1987年;《秦汉法制史研究》第4篇第6章"汉代的因功次晋升",上海人民出版社,1991年;《〈建武五年迁补牒〉和功劳文书》,《简帛研究译丛》,湖南出版社,1996年。胡平生:《居延汉简中的"功"与"劳"》,《文物》1995年第4期。
⑥ 于振波:《汉简"得算"、"负算"考》,收入李学勤主编:《简帛研究》第二辑,法律出版社,1996年,第324页以下。
⑦ 《东海郡下辖长吏名籍》,《尹湾汉墓简牍》,第85页以下。

内都尉";王温舒,"天子闻之,以为能,迁为中尉";尹齐,"上以为能,迁为中尉";杨仆,"天子以为能,南越反,拜为楼船将军"。① 选官重"能",也不是汉武帝一时之事,而是王朝经制。汉代选官有"治剧"科,郡县根据治理的难易而分出剧、平,"剧"是难以治理的行政单位,精明强干之吏方应其选。② 又,汉武帝创孝廉之举,这个科目原来是以德行立科的。不过东汉初年王朝便规定,州郡察举茂才、孝廉时必须"授试以职"以检验吏能,以此保证被举者"便习官事"。至于"试职"的年限,在汉顺帝时是"吏职满岁",桓帝时又增加到了"十岁以上"。章帝有诏:"夫乡举里选,必累功劳。今刺史守相不明真伪,茂才、孝廉岁以百数,既非能显,而当授之政事,甚无谓也!"③换言之,茂才、孝廉本来是应该"累功劳""以能显"的。秀孝察举经魏晋南北朝的演变,在隋唐时进化为科举制度了,但科举制以文辞取人,而察举制则兼顾功能,其间的差别是不能忽略的。

对官员勤务和功绩的例行考察,存在着考课制度,这也是王朝行政控制的重要手段。秦汉地方官在每年年终,由郡国派"计吏"携带"计簿"前赴中央"上计",报告生产、税收、财务、户口、刑狱情况,并接受考课。崔寔《政论》:"汉法亦三年一考察治状。"三年一次的考察是为"大课"。因上计事关大政,皇帝常常亲自"受计",丞相负责具体的考课定殿最,御史大夫按察虚实。考课时要对官员依治绩排序,史料所见某郡守"治平为天下第一""盗贼课常为三辅最"之类,就是这种情况。其他各级各类官吏也有考课。如萧何在秦时曾担任泗水卒史,课为第一。东汉考课制度,太尉课军事,司徒课民事,司空课水土工程事。课在前列,则加以赏赐或予以升迁。州刺史最初是没有考课权力的,仅司监察而已;东汉后刺史逐渐向行政官员演变,逐渐也有考课权了。郡守依制要考课属县,各府长官亦要考课属吏。

3. 律令秩序

严格依照法律规章运转,是官僚制度又一大突出特征,非此不足以

---

① 《史记》卷一二二《酷吏列传》。参看阎步克:《察举制度变迁史稿》第2章"授试以职和必累功劳",辽宁大学出版社,1991年。

② 参看黄留珠:《秦汉仕进制度》,西北大学出版社,1985年,第195页。

③ 《后汉书》卷三《章帝纪》。

规范官员行为,不足以保证行政机器的精密运作。秦汉帝王以法治国,同样把法律视作控驭臣民、保障统治的命脉。学者或把唐王朝的帝国体制称为"律令体制",其实这在秦汉时代就已具规模了。

商鞅以李悝《法经》入秦变法,《法经》遂为秦汉法律之祖;商鞅"改法为律",后世遂以"律"为法制之名。秦始皇及二世都崇尚法治,其时法律之名,仅文献所见即有任人法、上计法、失期法、度量衡法、焚书令、挟书律、妄言令、诽谤法、非所宜言法等,不下 30 余种;湖北云梦睡虎地秦律,所见律名又不下 30 余种,远过李悝之《法经》6 篇,而且这不会是秦律的全部。必须说明,秦律并不仅仅是刑律而已,其中兵刑钱谷、考课铨选无所不及,有相当部分是行政中应用的各种规章:农业管理有田律,市场管理有关市律,货币及财务有金布律,畜牧有厩苑律、牛羊课,仓律涉及粮储,官府手工业有工律、工人程,徭役及刑徒有徭律、司空律;爵制有军爵律,管理任免有置吏律、除吏律、除弟子律,少数民族事务有属邦律。

汉初法律直接继承了秦法,近年江陵张家山汉简《奏谳书》的研究又加强了这一观感,甚至计算钱币时以十一为倍数都与秦相同。[1] 汉初相国萧何捃摭秦法,取其宜于时者,作"九章律"。除萧何次律令外,还有韩信申军法,张苍定章程,叔孙通制礼仪。一系列律令、军法、章程、礼仪陆续出台,以适应帝国统治之需。汉武帝兴发各种事业,法令不能不与之同步趋繁。张汤、赵禹作见知故纵、监临部主之法,缓深故之罪,急纵出之诛。张汤制《越宫律》27 篇,赵禹《朝律》6 篇,合《九章律》9 篇及叔孙通《傍章》18 篇,共为 60 篇。当时律令 359 章,大辟 409 条,1882 事,死罪决事比 13472 事。宣帝时律令至 960 卷,百余万言;到东汉后期,再加上诸儒为汉律所作的章句,断罪所当由用者达到了 26272 条、773 万余言!

汉代的法律形式,一般认为有律、令、科、比四类。"律"是较稳定的法律形式。皇帝诏令也具有最高法律效力,所以著名酷吏、《大杜律》的作者杜周有言:"前主所是著为律,后主所是疏为令。"但这句话只是强调法权属于皇帝,因其意志为转移;对"令"的正确理解,应是"天子诏所增

---

[1] 高敏:《汉初法律系全部继承秦律说》,《秦汉史论丛》第 6 辑,江西教育出版社,1994 年。

损,不在律上者为令",①是皇帝的诏令已具法律效力,但尚未纳入"律"、仍保持"令"之形式者。"科"大致相当补充法令与施行细则,如萧何所定"宁告之科",汉武帝时的"首匿之科"。但也有学者认为"科"只是条文之义,还不是独立的法律形式。"比"就是判例,律文如无相应条款,则"取比类以决之",如"死罪决事比"之类。

秦律篇章之多、律条之细,充分显示了行政所达到的法制化程度。其基本精神,就是把行政各个侧面、细节都纳入法律范围,不使危害行为逃脱于法律制裁之外。汉人有"昔秦法繁于秋荼,而网密于凝脂"②之说,但汉代法典的繁衍增殖,其实是大大超越秦朝的。秦汉行政严格遵循法律的精神,往往为后世难以企及。当然因时代所限,秦汉法制也难免存在着诸多粗糙不完善的地方。首先是法律的繁密超出了行政所需和当时社会所能承受的程度,汉廷已经痛感"今律令多而不约,自典文者不能分明",所以多次"议省刑律"。其次是律、令不分,礼、律不分。按,唐代法制有律、令、格、式四种,"律以正刑定罪",专指刑律,是针对违法的惩处;而"令以设范立制",是正面的行政制度。这个区别是很严谨的。而汉代的律、令却不是以性质来区分的,因此"令"中有刑法的内容,而律中有行政制度,甚至还有礼乐方面的内容,如《上计律》事涉考课,《大乐律》事关宗庙乐舞。律令不甚分、礼律不甚分的现象,是尚不成熟发达的表现。此外,汉律分类也不尽合理,内容交叉。如《盗律》有劫略、恐呵、和卖人,科有持质,皆非盗事。至魏律、晋律,这种情况才有了决定性的改变。

汉律有维护国家权威、社会秩序、私有财产和传统道德伦理的内容,也有维护专制集权、规范官僚政治的大量内容。冒犯和侵害君主属于"大逆不道"。如犯"谋反"罪,则要给予包括"夷三族"在内的最重处罚。"诬罔"罪指诬蔑欺罔君主,属"不道",处刑极重。等而下之的还有"诬上",伟大的史学家司马迁为李陵辩护,"因为诬上,卒从吏议"。还有"非议诏书"罪、"毁先帝"罪、"怨望非谤政治"罪、"不敬"罪、"大不敬"

---

① 《汉书》卷八《宣帝纪》文颖注。
② 《盐铁论·刑德》。

罪,都用以维护君权。"非所宜言"则是针对言论的罪名。汉成帝时王章抨击权臣王凤把已嫁之女送入后宫的行为,还引用"羌胡尚杀首子以荡肠正世"作为论据,结果被劾"知张美人体御至尊,而妄称引羌胡荡肠杀子,非所宜言",死于狱中。

其维护中央集权内容,特别体现于压抑藩国割据势力的"酎金律""左官律""事国人过律""阿党附益之法"等。还有大量条文用以维护行政秩序,惩戒违法官吏。例如"矫制"或"矫诏"罪,"矫诏大害"的要腰斩或弃市,"矫诏不害"则可从轻。又如"废格诏令"罪,即不执行诏令,罪弃市;如"监临部主见知故纵"罪,部属违法而长官"见知而故不举劾,各与同罪……其不见不知,不坐也";如"漏泄省中语""探刺尚书事"等,皆为罪。正面的行政制度,大抵都有相应刑法以维护之,例如,有货币法规,则相应有"盗铸钱法";有"算缗令",则相应有"告缗令"。

秦汉官吏虽然拥有不少法律特权,但贵族官员安富尊荣的封建政治毕竟已成过去,"以吏治天下"的时代业已到来。贾谊曾为如下情况痛心疾首:"王侯三公之贵"而不免于"束缚之,系绁之,输之司空,编之徒官,司寇、牢正、徒长、小吏骂詈而榜笞之",简直"如遇犬马""如遇官徒"。[①]臣吏只能听凭专制权力的役使宰割。周勃曾率千军万马南征北战,直到下狱之后方知"狱吏之贵";司马迁下狱后更痛感"画地为狱,议不入;刻木为吏,期不对"。

汉代地方的司法审理,乡以调处之,初审于县,再谳于郡国,再上于廷尉,其不能决者报皇帝裁之,盖四级三审制。郡则太守,县则令长,乡则啬夫。郡太守下有决曹主罪法(刑事案件),辞曹主辞讼(民事案件),贼曹主盗贼。一般案件均自行裁决,疑难者上报中央。部刺史虽然不构成一个审级,但在巡行各郡时也有一定断治冤狱的责任。中央的司法机构,一为廷尉,二曰尚书,三是御史。廷尉相当最高法院,掌管全国司法,处理诏狱(即皇帝亲令审理的案件),同时也审理地方上呈的疑难案件,给予裁断,仍不能决则报皇帝。张家山汉简《奏谳书》中,就包括一些郡守向廷尉呈送的奏谳文书。廷尉的助手有正、监、平。汉成帝时尚书省

---

① 贾谊:《新书》。

有三公曹主断狱,光武帝置贼曹尚书,掌盗贼辞讼罪法。御史机构负责监察及提起公诉,同时京师司隶校尉纠察百官及周边各郡,也有权提起公诉。大狱审理,略有"杂治""就问""杂议"三种方式。杂治:派一批官员共同审断;就问:派一位官员前往审断;杂议:罪名已定,有关朝臣共议其罪。①

吏民对王朝法律的了解是法制得以贯彻的基础。秦汉王朝都非常重视普法工作。睡虎地秦墓所见秦王政二十年南郡守腾《语书》,要求所属县道向民众公布、宣讲有关法律令:"为是而修法律令、田令及为间(奸)私方而下之,令吏明布,令吏民皆明智之,毋巨于罪。"汉代君主诏书往往有"布告天下,使明知朕意""布告天下,使明知之"之辞。"布告"的方式之一,便是由官吏向民众宣讲。西汉贾山曾叙述说:"臣闻山东吏布诏令,民虽老羸癃疾,扶杖而往听之,愿少须臾毋死,思见德化之成也。"②又司马相如曾在巴蜀向民众宣喻朝廷之意,"方今田时,重烦百姓,已亲见近县",又"恐远所溪谷山泽之民不遍闻",遂令:"檄到,亟下县道,咸喻陛下意,毋忽!"③"布告"的另一形式,是公布诏书供民众览读,例如最初采用过把诏书书抄于乡亭墙壁上的做法,后来改为书写在木板之上,或直接以"扁书"(成编的简册)悬挂于市里乡亭。居延金关出土的永始三年诏书简册,在向金关下达诏书之语中就提到了"明扁悬亭显处,令吏民皆知之";敦煌汉简亦有"各明白大扁书市里官所寺舍门庭燧墩中,令卒民尽讼知之"之词。此外,地方官员自行制定的地方规章,也采用类似方式向县道民众传达。东汉太守王景曾经"训令蚕织,为作法制,皆著于乡亭",④就是一个例子。

4. 文书制度

对文书和档案的利用程度,代表了官僚制度的发展水平,行政的书

---

① 《册府元龟》卷六〇九《刑法部》:"汉有大狱,则令杂治。如王嘉致都船诏狱,使将军以下与二千石杂治之类也。其次即令就问,如廷尉请捕衡山王,遣中尉、大行即问之类是也。其当罪又令杂议,如淮南王所犯不轨,丞相、御史、宗正、廷尉杂议,又诏列侯吏二千石议是也。"

② 《汉书》卷五一《贾山传》。

③ 《汉书》卷五七下《司马相如传》。

④ 《后汉书》卷七六《循吏王景传》。

面化可以大大提高精密性、规范性和可靠性。史称"惟殷先人,有册有典",周代史官对文书图籍的运用已达到了一定规模;战国变法进而使法典法规、文书图籍、档案簿记之类,变成了帝国行政的基础,韩非所谓"先王寄理于竹帛"。①

《史记·秦始皇本纪》:"天下之事无小大皆决于上,上至以衡石量书,日夜有呈(程),不中呈,不得休息。"君主支配百僚和处理万机,都是通过"书"来完成的。云梦睡虎地所出秦律,颇能反映秦国对行政书面化的重视和管理的细密。《秦律十八种·行书》对公文的传发,《司空》对于书写材料的选择和缄束方法,都有细密规定。又《内史杂》:"有事请殹,必以书,毋口请,毋羁请。"就是说有事必须书面请示,不得口头请示或托人代达。这个"必以书"的规定,显然是为了维系信息流通中的保真度。在《内史杂》中能看到官署之中有"臧府"、有"书府",一藏器用,一藏文书,有官啬夫及吏更直看守,令史巡查。按《周礼》"府史胥徒","府"的职责是"掌官契以治藏","史"的职责是"掌官书以赞治";又《礼记·曲礼下》:"在官言官,在府言府",注谓"官谓版图文书之处,府谓宝藏货贿之处"。战国秦汉的官署除收藏物资之外,还在"书府"中保藏着一批版图文书。

刘邦入咸阳,"诸将皆争走金帛财物之府分之,何独先入收秦丞相御史律令图书藏之",这"金帛财物之府"当即"臧府",而萧何所取"丞相御史律令图书"处,当即"书府"。史称:"汉王所以具知天下阸塞,户口多少,强弱之处,民所疾苦者,以(萧)何具得秦图书也。"②《论衡·别通》:"萧何入秦,收拾文书,汉所以能制九州者,文书之力也。(汉)以文书御天下。"无论秦、汉帝国,都是"以文书御天下"的。

秦墓、汉墓及居延、敦煌地区所见简牍,提供了其时法律及文书的实物材料。睡虎地秦墓、张家山汉墓都出土了大量法律文书。尹湾汉简中,有《集簿》为统计文书,有《吏员簿》《名籍》《属吏设置簿》为官吏名册,有《兵车器集簿》为库房账簿。学者指出:"通过尹湾汉简,我们可以

---

① 《韩非子·安危》。
② 《史记》卷五三《萧相国世家》。

看到汉代官僚制度的整体管理水平相当发达,某些方面比我们过去估计的要更高、更完备。"①而这是通过完备的文书制度来实现的。

出土简牍的数量表明,帝国行政组织,文书的流通量非常之大。它们还因不同需要以及上行、下行和平行之别,形成了众多样式。皇帝的专用文书,在秦代"命为制,令为诏";汉代则有策、制、诏、戒敕之别。"策"用于封授、褒赐、诔谥等;"制"是所谓"制度之命",即所发布的政令;"诏"在内容上有类于"制",但格式用语有异,其中有些是由皇帝批示臣民奏疏而形成者;"戒敕"的最大特点是其告诫、督责、敦促的性质。上行于君主的文书,有用于陈事谢恩等的"章",用于陈事的"奏",用于陈情的"表",以及表达政见的"议"等。一般官府往来文书,则有记、教、举书、檄、传、奏记等。

上达于皇帝的文书,须有"昧死再拜""顿首死罪""诚惶诚恐"等语词,自称"愚憨""粪土""草莽"等;送达上司的文书,也要有"敢言之""叩头死罪"之类。文书程式上还形成了避讳、抬头等制度,这都是森严的专制官僚等级制的具体体现。而"如诏书""如律令"等语词在文书中大量出现,则是有意通过这种反复重申,以强化法令的权威性:"夫吏者治也,当先自正,然后正人。故文书下'如律令',言当承宪履绳,动不失律令也。"②一般说来,律令未见相应规定而以诏书定之者,则曰"如诏书";律令已具相应规定而以下行文书督促者,则曰"如律令"。③

文书从制作、传发、保管的各个环节都形成了严密制度。诏书制作,在秦和汉初可能由给事殿中的侍御史起草,④约在汉武帝时改由尚书郎起草,所以尚书郎要"刀笔之文";⑤随后尚书令史缮写,经令仆审核,递呈于皇帝,经其画朱钩或画"可""闻"等字样,再度缮写,封以御玺和尚书令仆之印,然后发往丞相、御史府或三公府,由之再度审核、平署,然后

①　卜宪群:《西汉东海郡吏员设置考述》,《中国史研究》第 1 期,1998 年。

②　应劭语,见王利器:《风俗通义校注》"佚文十六",中华书局,1981 年,下册第 584 页。

③　参看王国维:《流沙坠简》"屯戍丛残·簿书类",中华书局,1993 年,第 106—107 页。

④　《汉书》卷一《高帝纪》十一年二月条下沈钦韩注云:"是时未有尚书,则凡诏令御史起草,付外施行。"见《汉书补注》卷一下,中华书局,1983 年,第 55 页。

⑤　《史记》卷二十《建元以来侯者年表》褚少孙补记:"平丘侯王迁,家在卫,为尚书郎,习刀笔之文。""习刀笔之文"指的就是撰制文书。

才正式下达。这种多次审核及平署制度,其目的就是保证政令的适宜,及时发现不妥处以避免失误。如发现不妥,则有关官署是可以封还尚书发出的诏书的。《汉旧仪》:"诏书下,有违法令,施行之不便,曹史白,封还尚书对不便者。"灵帝下诏书收考李膺等人,其时"案经三府,太尉陈蕃却……不肯平署"。[①] 这种"封还"制度,实际就是后世门下省"封驳"制度的起源。至于章奏笺记等文书的上行,也有制度化的渠道。公卿大臣可以通过面见朝会机会,直接向皇帝呈上章奏。一般的臣民章奏,则有公车司马令负责接收。谒者台有"上章报问"之责,[②]即把所收受的章奏文书递呈于皇帝;御史台的侍御史"受公卿群吏奏事,有违失者举劾之",[③]即检查臣民章奏中有无违反统治思想和法律规程之处。至于中央处理文书的中枢,当然是尚书机构了。

发送文书时要用印封缄,重要的文书有两封、三封之,以加强保密性。重要的文书盛于囊中,诏书以青布囊,军情文书以赤白囊。"传"以御史大夫印封一至五封,则以标示持"传"者所乘坐车马的规格高下。文书的传递称"行书",通过邮、亭、驿等建制来完成。行书有"程",据已公布汉简材料,"程"有昼夜 160 里、180 里、450 里、590 里、720 里、1000 里、1800 里等不同规定。日行千里以上的都算紧急文书。秦廷要求,吏员在启封文书时要严格审查真伪,"发伪书,弗知,赀二甲"。[④] 有些文书被规定为长官亲启,或必须在长官面前拆封。汉简文书中所见语词"发候、尉前",就说应在候、城尉面前给文书拆封。文书发往有关官署、郡国后,如有必要,各郡国、官署还要继续缮写下发。

发文机构对所发文书都有副本存档,收文机构当然也要存档待查。各官署都有专门吏员负责文书的收发和登录。像"兰台令第卅三""御史令第卅三"一类语句,大约就是收发簿上的分类编号。秦之县廷的存档处是"书府",汉廷大抵如是。西汉未央殿北有石渠阁,或说为萧何所建,他从秦朝丞相御史府获得的律令图书,就保存在这个地方。东汉洛阳南

---

① 《后汉书》卷六七《党锢李膺传》。
② 《续汉书》卷二五《百官志》二。
③ 《续汉书》卷二六《百官志》三。
④ 云梦睡虎地秦简《法律答问》。

宫的东观，有高阁十二间，王朝曾经组织文士在此修撰《汉纪》，其中所藏丰富的诏令章奏足资参考。御史中丞"在殿中兰台，掌图籍秘书"，①兰台也是个重要的档案馆，因而班固等史家也曾在这里从事撰述。尚书台当然有也档案库。窦婴让子弟上疏，说是曾经得到过汉景帝的遗诏，然而"书奏上，而案尚书，大行无遗诏。诏书独藏魏其家，家丞封。乃劾魏其矫先帝诏，罪当弃市"。②在遇到复杂棘手的事变时，大臣们往往要通过查阅"故事"来寻找处理先例。东汉顺帝想要封乳母宋娥为山阳君，尚书左雄称："案尚书故事，无乳母爵邑之制，唯先帝时阿母王圣为野王君。"礼官太常专门设有"掌故"，"故"就是"故事"。③档案故事传承着历朝的典章制度和政治经验，它们总汇起来就是帝国的"法度"。

文书的运行也就是指令、情报的流动。在错综复杂的信息网络中，所处的节点位置就是一种政治地位，文书的处理权力就是一种政治权力。处理文书的尚书台，处于承上启下的最关键节点。西汉昭帝、宣帝时霍光专权、领尚书事，臣民上书皆为两份，其一题署为"副"，领尚书事者先发副封，所言不善则擿去不奏。这为专权者提供了便利，却不利于君主独断，所以霍光死后，汉宣帝立即"去副封以防壅蔽"。④正是由于尚书台的重要地位，它才由 4 名传发书奏的小吏，而最终发展为天下枢机、政务总汇。官员在文书运行网络中的占位，往往就决定了其实际的权位；权力分配格局发生变化，文书的流向就会发生相应变化。东汉每逢太后摄政，群臣在奏事上书时便要制作双份，一份呈于太后，一份呈于少帝。⑤东汉有臣民奏疏"移副三府"，也就是把副本送达三公府的制度，⑥三公还有平署诏书的权力，这两点即可构成东汉三公依然具有"宰相"权势的重要证据。

---

① 《汉书》卷十九上《百官公卿表》上。
② 《史记》卷一〇七《魏其武安侯列传》。
③ 《汉书》卷四九《晁错传》："以文学为太常掌故"，应劭注："掌故，六百石吏，主故事。"
④ 《汉书》卷七四《魏相传》。
⑤ 蔡邕：《独断》。
⑥ 《后汉书》卷六一《黄琬传》："会江夏上蛮贼事副府"；卷五七《李云传》："乃露布上书，移副三府。"《隶释》卷一《鲁相史晨祠孔庙碑》："时副言太傅、太尉、司徒、司空、大司农府、治所部从事。"

三 尊儒改制与儒、吏分合

中国早期社会的遗产——浓厚的专制官僚制因素和丰富深厚的古文化，通过战国时代社会分化推进，形成了"文史"和"学士"这样两个重要的社会群体。这个分化对此后历史进程的影响，无论如何估计也不会过高。文史群体的发达与国家机器官僚制化，呈现为同一过程，这已如前述；学士群体的发达也不仅与战国"百家争鸣"的辉煌文化，而且与其时、与此后的政治变迁息息相关。就整个中华帝国的历史而言，王朝以学士为官僚的主要来源，以儒学为其正统意识形态，也构成了其独一无二的政治特点，构成了一种独具特色的官僚政治形态。缘此，忽略了帝国政治的文化方面，就经常无法透彻理解传统古代官僚政治的特有冲突与变迁。这样一个特点的形成，秦汉时代堪称其奠基阶段。

1. 法术、道术与儒术

中华文化的发展，在其早期就与政治结下了不解之缘，殷周时文化贵族，就已探讨着治国之道并向理论升华。自春秋而入战国，百家并作而诸子蜂起，纷纷为"救世"而驰骋言辞。一个由学士构成的文化群体及其纷繁歧异的政治理论对当代政治的重大影响，在当时不可避免也无从回避。统治原则须从理论上加以阐发和得到论证，政务举措须得合于某种权威学说，这构成了传统政治的重大特色。由此，战国秦汉间法术、道术和儒术在政治上的此起彼伏，构成了政治文化史上的奇观。

法家持历史进化论，认为政治措置应该适应"贵贵而尊官"和"争于气力"的当代社会；持"性恶论"，经常警告说不能轻信人的善意，治国只能依靠暴力强制，并通过周密设计的法律来禁人为恶。儒家主张贤人政治、强调道德感化，韩非则认为这做法的结果难以预测、效率难以保障，并以"郢书燕说""巫祝之言"嘲笑之。法家的基本精神是"理性行政"，即通过可计算预测的、合乎逻辑的、运用合理技术的手段达到政治目标，为此，拥有专业训练的文法吏，就成了治国的最佳人选。由此，法家全力投身于专制官僚政治的理论研讨和规划建设。诸如《商君书》《韩非子》

《管子》等，对制定法律、分官设职、选官考课、理财积谷、徕民垦田等富国强兵的措施，都有深入细致的卓越论述。儒家在此就相形见绌了。法家的最高目标，是建立一个强大精密的国家机器，对内能令社会井井有条，对外能够取威称霸，为此，他们不能不对富国强兵的可操作手段作深入探讨。但也正因法家是国家主义者，并以专制寡头为国家代表和官僚机器的最高操纵者，所以视人民为国家的工具而无视其幸福，并把自由的文化活动看成是法治的障碍，从而主张文化专制，把知识群体的学士斥为蠹虫。

战国君主为富国强兵计而大抵倾向法家法术。尤其在秦国，由法家巨擘商鞅亲自主持变法；秦始皇对韩非之书一见倾心，声称得见此人与之游则死而不恨；李斯以法术辅秦，曾向秦二世称说"督责"之术；秦二世自幼从赵高习法。百家学士、尤其是儒者，遭到了"焚书坑儒"的沉重打击，"文法吏"则构成了帝国的行政骨干。

汉初承秦政之酷和秦火之余，百物凋零而百废待举。值此之时，道家的"清静无为"之说，一度为统治者的"休养生息"提供玄妙的论证。汉初陆贾作《新语》倡言"夫道莫大于无为"，申说"君子之为治也，块然若无事，寂然若无声，官府若无吏，亭落若无民"。曹参以"治道贵清静而民自定"方针治齐九年，为汉丞相后仍坚持"因循"方针；文帝和窦皇后都遵奉黄老之术。马王堆汉墓出土了两种《老子》和《经法》等四篇黄老著作，是此期流行黄老学的反映。道家学说奉"道"为宇宙法则，它与"自然"或初民状态具有同一性，文明的发展、礼乐法度的出现则被视为"道"的败坏。人不应汲汲强有所为，"道"能把万物自然调节到适宜状态。汉承秦制，但对秦之"亟役万民"则反其道而行之，力图把高速运转的官僚机器的转速降至最低，避免对社会的骚扰和破坏而让自然复苏。适应于"无为"方针，与秦代"争以亟疾苛察相高"的能吏风貌大异的所谓"重厚长者"，便受到格外青睐。

然而在社会逐渐恢复了元气后，又一个重大的政治文化转向发生了，这就是罢黜百家、独尊儒术的事件。这当然和汉武帝为其好大喜功的政策寻求文化"缘饰"有关，但从宏观看这也反映了时代趋势。秦以三晋法家指导政治，汉初黄老学显示了南方楚文化的影响，而儒家独尊，则是东方齐鲁文化的胜利。儒家传承着五经,这是五种最重要的古代经典,为此儒生被公认是古文化代表和社会教育家;儒家所倡言的仁义忠孝,都是那个社会的基本道义观念。这就使得儒家在诸子百家中,拥有一种得天独厚的发展潜势。

汉儒对秦帝国的暴政给予了激烈批判,他们的政治主张在后世大多变成了老生常谈,但对那个初创的帝国却意义深长。汉儒斥责秦政,说它缺乏使权益分配合于"仁义"的道义指导,听任君主任意扩展其个人权势欲和享乐欲,申言君主的责任是保障民生,应该对社会太平和民众幸福负责;斥责秦政迷信繁密严酷的成文法,这种东西对乡土村社往往变成了引发敌意的陌生物,而礼乐教化才更贴近乡俗人情,道德教化才是通向一个理想社会的康庄大道;斥责秦政缺乏约束君主、纠矫失误的规谏机制,要求统治者"开天下之口,广箴谏之路"。为了使道义足以制约君主,汉儒还不惜将"天"神化为一个有赏善罚恶能力的最高主宰,以期"屈君以申天"。

最终,汉儒将秦政之弊,归结为缺乏一批能够承担道义、教化和规谏之责的君子贤人,为此他们对文法吏加以力斥。贾谊:"夫移风易俗,使天下回心而乡道,类非俗吏之所能为也";[1]董仲舒:"今废先王德教之官,而独任执法之吏治民,毋乃任刑之意欤?"[2]《盐铁论·申韩》:"今之所谓良吏者,文察则以祸其民,强力则以厉其下,不本法之所由生,而专己之残心。"儒生认为"府吏守法,君子制义",[3]"文吏以事胜,以忠负;儒生以节优,以职劣。二者长短,各有所宜;世之将相,各有所取。取儒生者,必轨德立化者也;取文吏者,必优事理乱者也。……文吏、儒生皆有所志。然而儒生务忠良,文吏趋理事。苟有忠良之业,疏拙于事,无损于高!"[4]

按照现代官僚制理论,"理性行政"意义上的"官僚",是严格依法律工作的受训专业人员,秦汉的"文吏"就很近于这种定义。儒家的"君子

---

① 《汉书》卷四八《贾谊传》。

② 《汉书》卷五六《董仲舒传》。

③ 《淮南子》。按,《淮南子》虽为道家著作,但也融有不少儒家之言,所引即是。

④ 《论衡·程材》。

治国论",却把拥有古典修养但未必以行政见长的学士,看成是治国的首选。这种"君子"的独特功能,就在于他们是与"政统"相对独立的"道统"维护者。这种"君子治国"理想,将在很大程度上改变秦式官僚政治的运行机制。这样一点,是理解中国传统官僚政治独特性的关键之一。

汉文帝两次察举"贤良方正能直言极谏者",虽然没有说以儒生为对象,但礼贤下士征求治国之道,毕竟是儒者一贯主张。董仲舒按照儒经中的"贡士"之义,建议让郡国贡举"吏民之贤者",这便推动了汉武帝时孝廉察举的创立。汉人把孝廉之举称为"举进士",有"以孝贡察,宾于王庭"之语,皆是取自"贡士"古义。① 这种根据居家之"孝"来录用治国之吏的制度,既为商鞅、韩非之所斥,又为秦朝所未闻。贤良、方正、孝廉等察举科目,都是以德行立科的,明经科则以儒术为标准,至如"文学"一名,在战国秦汉几乎就是儒生、儒术的代称。② 国家设太学以"厉贤才",其弟子从最初的 50 人,逐渐增加到西汉末年的万人以上。郡国也广置学官,一郡学徒多者可达数百、上千。侍中、给事中、常侍等宫廷侍从往往以名士为之,皇帝要借重他们的儒学修养随时提供咨询。③ 太子师傅,被赋予了培训一位儒家式贤君的重责。儒生经常担任大夫、议郎,和博士一道参与朝议,为大政献策。郡国也相应设有明经、文学、议曹等,他们除了传经外,也发挥着类似于博士、大夫、议郎的责任。太学博士并不是单纯的经师,还承担着议政、制礼、藏书、试策、出使多项职能。而"议政、出使是其政治职能"。④ 博士有"三科"之选,博士任职一定年限后,便可迁补行政官员,从而扩大了精通儒术的行政官员比重。许多行政官僚都在官务之余收徒授经。帝国官僚的成分与来源,开始发生重大变化,"公卿彬彬多文学之士矣"。

① 参看《三国志》卷四六《吴书·孙坚传》注引《续汉书》及《山阳太守祝睦碑》。按,《礼记·王制》:"司马辨论官材,论进士之贤者以告于王";《周礼·地官·大司徒》:"以乡三物教万民,而宾兴之。"是为"举进士"及"宾王庭"之所本。

② 参看王利器:《盐铁论校注》(定本)"前言",中华书局,1992 年,第 7 页。

③ 这些侍从之官的人选通常有二,一是贵游子弟,一是儒生名士。《初学记》卷一二《侍中》条:"初,汉本用旧儒高德,备切问近对。然贵游子弟荣其官,至褛褓受宠位。"《北堂书钞》卷五八《给事中》条:"胡伯始云:给事中常侍从左右,无员,位次侍中、中常侍,或名儒,或国亲。"

④ 张汉东:《论秦汉博士制度》,收入安作璋、熊铁基:《秦汉官制史稿》上册,齐鲁书社,1984 年。

孔子逐渐被尊为"素王"，其学说成了汉政的南针。统治者表示他们将承担"仁政"而"为民父母"，把民众福利作为决策的参考。汉廷"多以经义断事"，①皇帝诏书、公卿奏议无不引经据典。正如"春秋决狱"一类现象反映的那样，除法律之外，经术成了支配帝国政治的又一规范。儒生官僚日益发挥出"据道谏君"功能，贤良对策、下诏求言、吏民上书以及臣工的廷诤面折，都成了朝廷上的经常景象，而这都是文法吏充斥朝廷的秦廷所不常见的。董仲舒举贤良时上"天人三策"，促成了儒术之独尊；盐铁会议上儒生纵论时政，横斥公卿，"辩讼于公门之下，汹汹不可胜听"，当途者亦无可奈何，依然部分地听取了其意见，并任之为官。赵翼曾指出汉人"上书无忌讳"，"多狂悖无忌讳之语"，而"帝受之，不加谴怒，且叹赏之，可谓圣德矣!"同时"汉诏多惧词"，诏书中经常有"朕甚自愧""朕以无德""是皆朕之不明"等语，②这与"上书无忌讳"正成对照。皇帝的游猎、宴乐、兴造等奢侈之举，时时遭儒生的百般谏阻；谷永、匡衡曾上书论后宫妃德，刘向曾上书论薄葬，连皇帝的私生活甚至死后丧葬，儒生都加干预。汉人观念中，"侍中、大夫、博士、议郎，以言语为职，以谏诤为官"，③"谏诤"已被认定为正式职责。

秦朝那种君主绝对专制、文吏忠实执行的政治形态，到了汉代，由于儒生群体进入政权而发生了重大变化。皇权接受一个更高的意识形态的指导制约，士人官僚的"规谏"构成了制约皇权、调节政治的重要机制。专职的言语、谏诤之官，以及太学、察举等制度，显示了王朝尊儒方针的影响，一直波及制度层面。

秦吏"争以亟疾苛察相高"，秦末民众"苦秦久矣"，纷纷攻起而攻杀秦之长吏。汉代的儒生官僚的风貌就大不相同了。蜀郡守文翁"仁爱好教化"，"每出行县，益从学官诸生明经饬行者与俱，使传教令"，蜀郡"繇是大化"；颍川太守韩延寿"令文学校官诸生，皮弁执俎豆，为吏民行丧嫁娶礼，百姓遵用其教"；会稽太守张霸表彰有业行者，遂使"郡中争厉志

---

① 赵翼：《廿二史札记》卷二。
② 同上。
③ 《潜夫论·考绩》。

节,习经者以千数,道路但闻颂声"。① 儒生官僚的司法行为,也与深文周纳的文吏大异。中牟令鲁恭"专以德化为理",深深感动了为田土而争讼者,"退而自责,辍耕相让";胶东相吴祐,"民有争诉者辄闭阁自责,然后断其讼,以道譬之";太守许荆遇兄弟争财,叹曰"吾荷国重任而教化不行","乞诣廷尉",终于使得"兄弟感悔"。② 余英时曾列举了众多实例,来说明儒生官僚是如何"先富后教",同时承担起"吏"与"师"双重责任的。"师"的一面代表了"以教化为主的文化秩序",它沟通了儒学"大传统"和民间"小传统"。③ 秦汉时代,一方面已存在着复杂严密、严格依照法律运转的庞大国家机器,一方面广大乡区聚落则还处于很不分化的状态,对二者间的严重脱节之处,儒家的"礼"发挥了重大整合功能。

2."改制"运动与王莽变法

儒生给汉代政治带来了重大变化,相应的变化还不止前述。儒生的"礼治"理想,曾在西汉积聚鼓荡起了一个"奉天法古"浪潮,并最终导致了王莽大规模的"复古改制"。中国古代史上的各次变法事件中,王莽变法显得尤其不同凡响。

即使在独尊儒术之后,汉家政治精神仍然是"杂霸",是"儒表法里"。汉文帝、景帝都杂有儒、道、法的多重影响,而不只一端。如吕思勉说:"汉崇儒之主,莫过于武帝;其为治,实亦儒法杂。一读《盐铁论》,则知桑弘羊之所持,纯为法家之说矣。"④盐铁会议上,桑弘羊公然赞扬商鞅、韩非,推崇法治和"霸道",鼓吹国家无所不在的控制和干预。武帝所任酷吏张汤、赵禹和杜周,都以法律专家著称。汉宣帝好读申不害《君臣》篇,声称"汉家自有制度,本以霸王道杂之,奈何纯任德教、用周政乎!"⑤这"霸王道杂之"的申言,意味着帝国政治文化模式并未最终定型,因为最高统治者公然申明"王道"并非至高无上,参用"霸道"具有正

---

① 分见《汉书》卷八九《循吏文翁传》,卷七六《韩延寿传》及《后汉书》卷三六《张霸传》。
② 《后汉书》卷二五《鲁恭传》,卷六四《吴祐传》、卷七六《循吏许荆传》。
③ 余英时:《汉代循吏与文化传播》,《士与中国文化》,上海人民出版社,1987年。
④ 《吕思勉读史札记》,上海古籍出版社,1982年,第648页。
⑤ 《汉书》卷九《元帝纪》。

当性。史称汉宣帝时"政事、文学、法理之士咸精其能",就反映了儒生、文吏各派分途并进的情况。

从贾谊、董仲舒一直到宣、元之时,儒生对朝廷倚重法律、重用文吏有持续不断的批评。而且他们的批评往往是整体性的,包含着对汉政的全面否定。战国和秦汉之际的儒生,大抵只是齐鲁之地的一小批民间学者,他们对国家行政既没有深入参与,也没多少透彻的了解,不过以自由知识分子身份阐述其政治理想而已。加入政权之后,许多儒生认为恢复"礼乐"的良机业已来临,便极意发挥公羊学的"非常异义可怪之论",掀起了"奉天法古"的浪潮。"奉天"体现于天人感应、三统五德说以及谶纬之学,意味着儒术的"神道化"。"天"被说成是有赏善罚恶意志的主宰,能用符瑞或灾异来奖惩君主,并以神道化的纬书图谶,来神化其政治设计、寄托其政治期待。这固然有以神权压皇权之意,但也使神秘的、非理性因素开始干扰政治。他们参用阴阳家说法,以五德终始、三统循环说解释王朝更代,而且每一"德"、每一"统"都与一整套礼制相互配合,改朝换代就要改制,正朔服色等都要焕然一新。

由此就有"法古"。"儒"本来源于周代司掌礼乐之官,古礼不仅仅被他们视为人文的成就、古文化的结晶而已。《论语·卫灵公》:"颜渊问为邦。子曰:行夏之时,乘殷之辂,服周之冕,乐则韶舞。"对"为邦"的这一阐发,包含着一个非常特别的信念:古代特定样式的历法、车舆、冠服、乐舞以及各色礼仪的兴复,本身就是"为邦"的内容;"复礼"本身就能让"天下归仁"。秦朝采用水德之说,并认为由此就要崇尚法律;汉廷最初也承继了水德说法,相应的礼法大抵同之于秦。但儒生认为,秦之弊政就在于它的制度礼法,要彻底革除秦朝弊政就须"悉更秦之法",因此他们主张汉为土德,"德"既已变,则制度礼法就应改弦更张:根据古代礼法及土德规定,恢复古代的音乐、服装、官名、祭祀、井田、货币、历法、明堂等,以此来改变汉家制度。

汉武帝在太初年间着手改制,采用土德、以正月为岁首,色尚黄,数尚五,官印五字,还改了许多官名。由此"奉天法古"思想开始影响政治了。汉昭帝时眭弘公然宣称新天子将起,要汉帝让位;成帝时甘忠可及哀帝时其弟子夏贺良继续鼓吹"汉历中衰,当更受命"。元、成以后,符瑞灾异、图箓谶纬之说弥漫于时,每有天变,皇帝就下诏罪己,甚至要丞相自杀。哀帝居然一度"再受命",称"陈圣刘太平皇帝",改年号为"太初元将",想以此来缓和社会危机。汉儒又说古天子居于明堂,施行仁政就必须兴建明堂。明堂五厅十二室,与五季、五行及十二月相配,每月更居之,其饮食、音乐、主神和政务的安排,无不都是"天人相应"的。汉代的祭祀之制承之于秦,而儒生要求改行古代天地郊祀之制,为此翼奉请求"迁都正本"。汉廷的音乐也多承于秦,或者来自"郑卫之音",儒生则要求恢复雅乐。面对严重的土地兼并,儒生相信井田制有救弊之功;但井田一时难行,便从呼吁"限田"开始。师丹还说,古代使用龟贝而当今用钱,所以才造成了民众的贫穷,主张改用龟贝为货币。何武等人建议,把丞相制改为经书中所说的三公制,刺史也改称州牧,以合于《尚书》"十有二牧"。儒生相信,复古改制,会带来天下太平的神奇功效。

坚守"汉家法令故事"的法家文吏派,对此是极力抵制的,认为这不合于秦汉的理性行政传统。但随着西汉末年社会危机的深化,越来越多的人相信,只有"再受命"和改制才是出路。这个潮流一浪高过一浪,最终造就了王莽这位人物。王莽得以成功篡权、建立"新"朝的原因,除宗室衰落、外戚膨胀和个人权术外,更在于他是以儒术为号召、充分利用了谶纬符命,并且以复古变法来炫惑社会和争取儒生的。王莽的基本信念是"制定则天下自平",这和儒者"复礼"方能"归仁"的思路如出一辙;他的"制礼作乐"正是汉儒的一贯向往,其变法措施大多是汉儒长久呼吁的东西,而且是以《周礼》等儒家经典为蓝本的。

王莽变法之大端:一、定三统、五德系统。以汉为黑统,而"新"为白统,牺牲用白;在五德方面则采用土德,色尚黄,把汉朝改为火德。二、封古帝王之后。王莽把古帝王编定次序,配于五德,寻访其后代,奉其祭祀。战国邹衍的五德说中黄帝以下就是禹,而王莽从太昊、共工等一直排到新朝,共16代之多。三、定郊祀、庙祀之制。他用阴阳说确定南郊祭天、北郊祭地;以五行说定五帝祭祀,以夏禹配社,后稷配官稷;又建九庙,今洛阳故城还能看到它们的遗址。四、兴建明堂、辟雍,扩建太学,为太学筑舍万区,还在明堂举行大射、养三老五更等古礼。五、改州郡名、地名。汉州十三,王莽改为十二州,以与《尧典》"十有二州"的说法一致,后来又根据《禹贡》改为九州。长安改为"新室西都",洛阳为"新室东都",以合于姬周二都之制。郡县之名以符瑞而改者数百,尽量使用"嘉名",例如汉阳改为新通、东昏改为东明之类。六、改官名爵制。依照《周礼》,设置九卿、二十七大夫、八十一元士,设四辅、三公、四将、四少秩、四羲和等,官制官称焕然一新;又根据周爵实行"爵五等,地四等"之制。七、改革币制。初行错刀、契刀,不久又改用大小钱,随后是"宝货五品",最后用货布、货泉。所以考古所见的王莽货币千姿百态,并因制作精良而为收藏家喜爱。八、恢复井田。他根据儒家"天地之性人为贵"的信念,决意解决严重的兼并、奴婢问题,"今更天下田曰王田,奴婢曰私属,皆不得买卖。其男口不盈八,而田过一井者,分余田与九族邻里乡党;故无田,今当受田者,如制度"。九、五均六筦。"六筦"即盐、铁、酒、铸钱的官营,及五均、赊贷之法。"五均"是在各大城市设五均司市师以平抑物价,"赊贷"是向民众提供贷款。十、改属国称号。王莽以为"土无二王",蛮夷附汉封王者均改称为"侯",又改匈奴单于为"降奴服于",改高句丽为"下句丽"。

对这宏大壮丽的"制礼作乐",儒生欢欣鼓舞。明堂、辟雍之类千载莫明,而王莽几个月就把它们化为现实了。"周礼"崩坏已久,王莽居然使之发扬光大。当时的文学家扬雄作《剧秦美新》,说是秦政"刻烧诗书,弛礼崩乐";汉代继承了秦制,"是以帝典阙而不补,王纲弛而未张";而王莽改制,则进入了"帝典阙者已补,王纲弛者已张"的盛世。自孔子至此,儒术终于得到了一个彻底贯彻之机会。

战国秦汉法家和文史数百年不懈努力,造成了一个深厚的理性行政传统,它体现于文法律令之中,并已成帝国体制的基石。王莽所曾赢得的巨大声誉和权势,本来是可以成为稳定社会的起点的;但他"乌托邦"式的变法改制,乞灵古礼并借助符命,却全盘抛弃秦汉法制及其理性行政精神,他的失败势所必然。其怪异奇特的"新政"并不比"剧秦"长命多少,不久就导致了严重的政治混乱,并在各地起事者的攻击之下灰飞烟灭。班固有言:"秦燔诗书以立私议,莽诵六艺以文奸言,同归殊涂,俱用灭亡。"①沈约亦云:"任己而不师古,秦氏以之致亡;师古而不适用,王莽所以身灭。"②都是有感于历史的奇妙:秦政、新政构成了两个极端。从纯用文吏、用"霸道"而儒生仅为点缀的秦政,经由兼用儒生文吏、"霸王道杂之"的汉政,直到充分贯彻"王道"理想,而文吏仅为陪衬的王莽"新政",历史仿佛经历了一个奇妙的两极转向。

3. 儒、法合流与儒、吏合流

王莽改制的失败,标志着汉代政治文化史上一个阶段的结束和另一阶段的开始。秦用法术,汉初用黄老,汉武帝、汉宣帝"霸王道杂之",直到王莽全力"制礼作乐"、贯彻"王道",其间各种政治学说此起彼伏,王朝意识形态显示了颇大幅度的动荡摇摆,这是帝国政治文化尚未定型的表现。但在王莽变法失败后,这不同方向的歧异摇摆,就开始显示出它合力的指向、接近于它的初步归宿了。

由于历史惯性,王莽变法还是留下了不小影响。其所创立的一些仪典,就作为"元始故事"而被继续奉行着。学者称:"东汉初年,光武帝、明帝、章帝在意识形态方面继承了王莽的政策。"③赵翼指出"光武信谶书","甚至用人行政亦以谶书从事"。④ 然而从另一些方面看,情况就不同了。光武帝虽然偶尔根据谶书用人行政,但这和王莽的凡有政举则援谶说符,仍有重大差异,在涉及国计民生的重大事务上,从光武帝到明帝都奉行着非常现实的政策。光武帝更始元年便"除王莽苛政,复汉官名",建武十六年行五铢钱,王莽造成的官制和币制混乱得以纠矫。王朝连续六次颁布释放奴婢的诏令,实行度田以检核田亩户口,减免徭役赋税,赈济灾民,大规模治理黄河和兴修水利,压抑功臣外戚,制裁诸侯王,裁并400余县和十分之九的吏职,罢省边塞的亭候吏卒。这一系列措施恢复了社会秩序与行政秩序。深入体味这些措施,不难感受到一种与王莽"新政"大不相同的现实态度和政治理性。

---

① 《汉书》卷九九下《王莽传》。
② 《宋书》卷十四《礼志》。
③ 任继愈主编:《中国哲学发展史》(秦汉卷),人民出版社,1985年,第467页。
④ 赵翼:《廿二史札记》卷四。

光武帝崇奖经术，顾炎武赞为"变齐至鲁之功"。① 然而另一些事实也不宜遗略："天子（光武帝）勤吏治，俗颇苛刻"；"时内外群官，多帝自选举，加以法理严察，职事过苦，尚书近臣，至乃捶扑牵曳于前"；"帝以二千石长吏多不胜任，时有纤微之过者，必见斥罢"，使"群下苛刻，各以为能"；"光武承王莽之余颇以严猛为政，后代因之，遂成风化"；"世祖既以吏事自婴，（明）帝尤任文法，总揽威柄，权不借下"；"明帝善刑理，法令分明。日晏坐朝，幽枉必达"；"建武、永平之间，吏事刻深"。② 这种风气一直持续到章帝之时，"是时承永平故事，吏政尚严切，尚书决事率近于重"。③ 史家把这种局面称为"吏化"："世承二帝（光武帝、明帝）吏化之后，多以苛刻为能。"④

伴随着"吏化"方针，"文法吏"再度活跃起来。尚书台这个中枢机要之所，就几乎为文法吏所充斥。韦彪说当时的尚书"多从郎官超升此位，虽晓习文法，长于应对，然察察小慧，类无大能"，可知尚书多用文法吏；尚书照例由尚书郎选任，而陈忠疏云："诸郎多文俗吏，鲜有雅才"；尚书郎是在三署郎中里选拔的，孝廉则来自郡国察举，而其时"郡国所举，类多办职俗吏"。⑤ 在另一方面，尽管东汉初太学一度得到了统治者的重视，但和帝、安帝时却出现了"儒学陵替"，"博士倚席不讲"，"学舍颓敝，鞠为园蔬"。由于"时贱经学"，博士的朝位降到了掌管市场的市长之下。西汉孝廉察举本来是以德行取人的，东汉初年却实行了"授试以职"之法，强化了对吏能功绩的考察。一时"俗吏繁炽，儒生寡少""儒者寂于空室，文吏哗于朝堂"。王充在《论衡·程材》中描述世风："是以世俗学问者，不肯竟经明学，深知古今，急欲成一家章句。义理略具，同趋学史书，读律讽令……"可见由于高文法而轻儒生之风，促使许多本打算以儒学进身者，转而学习文法律令，步入了文吏之途。

① 《日知录》卷十三《周末风俗》。
② 分见《后汉纪》卷六《光武帝纪》，《后汉书》卷二九《申屠刚传》、卷三三《朱浮传》、卷四一《第五伦传》，《太平御览》卷九一引华峤《后汉书》，《后汉书》卷二《明帝纪》、卷七六《循吏列传》。
③ 《后汉书》卷四六《陈宠传》。
④ 《后汉书》卷二六《韦彪传》。
⑤ 《后汉书》卷二六《韦彪传》，卷四五《周荣传》，卷四一《第五伦传》。

我们认为，这个时期的"尤任文法""法理严察"，意味着在王莽"乌托邦"式的变法之后，帝国政治出现了新的转向，文吏政治的因素再度强化了；王朝的总体方针是"经术"和"吏化"并用，这显然是向汉宣帝的"霸王道杂之"路线的回归。所以史称"中兴以来，追踪宣帝"，"汉家中兴，唯宣帝取法"。① 战国秦汉间"法治"不断发生着变异，可依然存在着许多一脉相承的东西，例如强调循名责实，倚重法律、法吏的特征。因此可以说，光武帝和明帝恢复了为王莽"新政"一度遗弃了的理性行政精神。

这时的统治者既"爱好经术"又"尤任文法"，两方面关系开始调适起来了：儒术作为正统意识形态得到了更大重视，甚至谶纬之学依然盛行于世，但它们的非理性影响则已得到相当程度的清洗，缩小了对官僚行政的直接干扰。人们更多从实用需要来考虑"礼乐"问题，而不是像王莽那样将之与一个全新盛世联系起来，不再相信"制礼作乐"则"天下自平"了；灾异符命的援引越来越像是例行的套话，而丧失了昔日那种蛊惑力量。而儒家的仁政、教化等思想，统治者却并未弃如敝屣，反而深入人心了。秦始皇的秦政和王莽的新政，在文法和儒术是相互排斥而偏枯了一方；东汉政治则让它们各自在其"适宜"的方面发挥作用。意识形态上专崇儒术而实际行政中不弃"吏化"，"王道"与"霸道"得以相互调适，二者的结合达到了更高水平。

王朝政治方针的变化，伴随着意识形态领域的儒法融合。蒙文通指出："逮莽之纷更烦扰而天下不安，新室倾覆，儒者亦嗒然焉丧其所主，宏义高论不为世重。……东京之学不为放言高论，谨固之风起而恢宏之致衰。"② 吕思勉指出："中国之文化，有一大转变，在乎两汉之间。自西汉以后，言治者多对社会政治竭力攻击；东汉以后，此等议论渐不复闻。"③ 西汉儒生的宏大社会规划虽然更富文化创造力，但却缺乏现实可行性；东汉儒生那里，对现实的全盘否定和对"乌托邦"盛世的执意寻求，确实是大大降温了。

---

① 《太平御览》卷九一引华峤《后汉书》及《东观汉纪》。
② 蒙文通：《论经学三篇》，《中国文化》1991年第4期，生活·读书·新知三联书店。
③ 吕思勉：《秦汉史》，上海古籍出版社，1983年，第197页。

东汉初年的学者对秦政、汉政和新政的态度，就大异于"新政"如日中天时扬雄的评价了。桓谭说，秦政以"群羊聚猪"待百姓固不足取，但王莽"慕前圣之治，而简薄汉家法令，故多所变更，欲事事效古，美先圣制度，而不知己之不能行其事，释近趋远，所尚非务，退致废乱，——此不知大体者也！"他认为"王者纯粹，其德如彼，霸道驳杂，其功如此"，二者"其实一也"。①王充辨儒生、文吏之优劣，虽肯定儒生高于文吏，却也承认"文吏更事，儒生不习"，文吏在"优事理乱"上胜于儒生；还说"夫德不可独任以治国，力不可直任以御敌"，"夫儒生，礼义也；耕战，饮食也"，隐然有王霸兼综之意。东汉后期社会也陷入了危机，其时士人的回应，与西汉末年却大不相同。章太炎说："东京之末，刑赏无章也。儒不可用，而发愤变之以法家。王符之为《潜夫论》也，仲长统之造《昌言》也，崔寔之述《政论》也。……上视扬雄诸家，牵制儒术，奢阔无施，而三子闳远矣！"②王符、仲长统、崔寔等人，都对"法制""霸道"给予了充分强调。崔寔《政论》说"宜参以霸政，则宜重赏深罚以御之，明著法术以检之"，明儒方孝孺谓"其论至于与韩（非）无异"，③钱钟书云："按汉人言治国不可拘守儒家所谓'王道'，而必用霸术者，以此论为尤切。"④王莽变法的失败，使早期儒家思想中的不少非理性因素得以清洗，儒生开始把"法治"纳入视野，承认了它们对国计民生的必要性。

战国秦汉的儒法之争，一直伴随着儒生、文吏两大群体之争。儒生最初只是传承礼乐诗书的民间学者，与精通法律的政府文吏很不相同。在参政后不少儒生仍不失学人本色，济济于仁义礼乐，但同时也有许多人不可避免地开始了"官僚化"历程。自汉初陆贾、叔孙通、贾谊、贾山、董仲舒等人，直到盐铁会议上的贤良文学们，就对刑德、治乱、藩国、边防、选官、赋税、盐铁等一系列问题，根据儒家思想做出了系统论述。尽管其中仍不无迂远之论，但若与先秦儒生相比，毕竟所面对和思考的问

① 桓谭：《新论》，引自《全后汉文》卷十三。

② 章太炎：《检论》卷三《学变》，《章太炎全集》（三），上海人民出版社，1984年，第444—445页。

③ 方孝孺：《逊志斋集》卷五《崔寔》，《四部丛刊》本。

④ 钱钟书：《管锥编》，中华书局，1986年，第1006页。

题都已大为具体化了。居职从政就必须应付兵刑钱谷,由此才有望迁官而不至谴黜。这样,学士和双重角色之间就只能协调起来。公孙弘"习文法吏事,而又缘饰以儒术",郑弘、郑昌兄弟"皆明经,通法律政事",翟方进"兼通文法吏事,以儒雅缘饰法律",①这类经术、文法双修兼通现象,实是开启了秦汉政治史上一个重要变迁——儒生"文吏化"的变迁。

经过王莽变法的失败,王朝着意使"经术"和"吏化"有机地结合起来。此时儒生的"文吏化",也具有了更大广度、深度和速度。如王充所述,在"成一家章句,义理略具"之后便立即"同趋学史书,读律讽令",已成为时代风气。察举辟召中的"试职"之法,对这种转向当然也是一个有力推动。于是,如下情况就更频繁地出现在史料之中:"少涉儒学,善律令","敦儒学,习《尚书》,读律令,略举大义","遂就经学,又晓习文法","治《律》、《春秋》","治《春秋》严(氏)、《韩诗》、(《礼》)仓氏、兼《律》大杜"。②"大杜"即西汉著名酷吏杜周,他对法律的诠释,居然成为儒者兼修之学了。顺应社会需求,甚至出现了兼以经术、法律收徒教授者,如颍川荀季卿以《春秋》、律令为教;颍川钟皓世以《诗》《律》为教,门徒千余。许多著名的经师,开始转而研究法学。《晋书·刑法志》:对汉廷律令"后人生意,各为章句,叔孙宣、郭令卿、马融、郑玄诸儒章句十有余家"。同样有趣的是,另一方面还存在着文吏的"儒生化"趋势,许多由文法起家者,开始转习经术了。

汉魏之际王粲作《儒吏论》:"执法之吏,不窥先王之典;搢绅之儒,不通律令之要。……先王见其如此也,是以博陈其教,辅和民性,达其所壅,祛其所蔽,吏服训雅,儒通文法,故能宽猛相济,刚柔自克也!"尽管这个描述富有文学笔调,却概括了两汉政治史的一条重要线索。两汉四百年间儒生与文吏间充满矛盾、冲突,但却又在日益接近、彼此交融,最终是"吏服训雅,儒通文法"。由此形成的亦儒亦吏、非儒非吏、学者兼为官僚的政治角色,就构成了中国古代"士大夫政治"的最基本特征。

---

① 分见《史记》卷一一二《平津侯列传》,《汉书》卷六六《郑弘传》、卷八四《翟方进传》。

② 分见《后汉书》卷五六《陈球传》、卷七六《循吏王涣传》、卷七七《酷吏黄昌传》,《三国志》卷《蜀书·张翼传》注引《益部耆旧传》,《隶释》卷七《车骑将军冯琨碑》。

4. 从"四科辟士"到"经学为先"

秦廷取人以律令刀笔,汉代又加以经术儒学。了解这一情况,对汉代选官制度才能有更深刻的认识。在很大程度上,汉帝国的选官体制,就以面向文史、儒生为基本结构,因而儒生、文吏的关系变化也对应着选官制度的变化。正是为此,我们把选官制度的叙述置于儒、吏问题之后。

秦代行政官员的任用迁升途径,是所谓"吏道"。根据文书、会计和法律等专业技能而选任,以功绩和年劳而被赏罚升降,不称职则可罢免。同时存在着"推择为吏"之制,大约是乡里推举与长官选择相结合吧。韩信"始为布衣时,贫、无行,不得推择为吏",[1]看来"推择"时有德行和财产的要求。此外还有学吏制度,已如前述。

汉武帝尊儒之后,选官上相应形成了所谓"四科"。其内容如下:"丞相设四科之辟,以博选异德名士,称才量能,不宜者还故官。第一科曰德行高妙,志节贞白;二科曰学通行修,经中博士;三科曰明晓法令,足以决疑;四科曰刚毅多略,遭事不惑,明足以照奸,勇足以决断,才任三辅剧令。皆试以能,信,然后官之。"[2]大致说来,"四科"分别就是德行、明经、明法和治剧,相应标准则为德行、经术、法令和吏能。丞相制在东汉变成了三公制,所以东汉是"三公辟召,以四科取士"。[3]

"四科"虽是丞相或三公府属的辟召标准,但从广义说,它也是汉代选官总体标准的一个很好概括。王朝的各类文官的任用,大多可以直接纳入"四科",一些取士科目还直接同于"四科"。例如贤良、至孝、孝廉等科,合于丞相辟士之德行科;文学、明经、知阴阳灾异科,合于丞相辟士之明经科。明法和治剧,也都直接就是取士科目。王朝故事,谏议大夫、议郎、博士、师傅、诸王仆射、郎中令等,例用明经科;御史、廷尉正监平、市长丞、符玺郎等,例用明法补;三辅令则用治剧之吏。

"辟士四科"形式上分为四途,实际却可大略分为两类:儒家主张"经

---

① 《史记》卷九二《淮阴侯列传》。
② 卫宏:《汉旧仪》。
③ 《文选》卷三六王融《永明九年策秀才文》"以光四科之首"句李善注引崔寔《政论》。

明行修"，法家则把孝悌贞信列于"六虱"，所以德行科与明经科都是面向儒生的；法家文吏派主张选官以吏能，而"吏道以法令为师"，所以明法科与治剧科，都是面向文吏的。经术中包含着儒家意识形态和政治思想，文法中包含着法律故事、行政规程。王朝选官面对儒生、文吏两大群体，选官则用"四科"。明经、明法是就知识性质立科；德行、吏能则是就行为特征立科。汉代选官体制，就是以此为基础而构成的。

汉代还有辟召制度，也就是长官自行辟召掾属。所谓"汉初掾史辟，皆上言之，故有秩比命士。其所不言，则为百石属。其后皆自辟除，故通为百石云"。① 郡守、县令都自辟其属，因此其掾属颇有"私属"色彩。地方长官拥有较大辟召权力，与后代选官权集中于吏部的情况，有很大不同。西汉时，地方官的属吏以功次而直接升迁为朝官，其途径是比较畅通的。② 东汉情况有所变化，地方属吏进入朝廷，一般要经过两种选举程序之一，即公府辟召和孝秀察举。③

比辟召选官更为规范化，因而也更具发展潜力的，是察举制度。汉文帝两次诏举"贤良方正能直言极谏者"，为特科察举之始；汉武帝元光元年诏"郡国举孝廉各一人"，是岁科察举之始。或说元光元年是中国学术史上最可纪念的一年，这并不过分。特科是不定期的，其中"贤良方正"或"贤良文学"一类要经过皇帝策问，然后根据等第而授官。类似者还有有道、敦朴、明阴阳灾异。另一类特科不需对策，用以选拔特种人才，如明经、明法、能治河者、勇猛知兵法等。岁科最重要者有二：一为孝廉，被举者要为郎宿卫。西汉是郡国各举孝廉二人，东汉和帝改为每20万人举一人。据黄留珠推算，西汉孝廉年举约206人，东汉和帝后约228人。④ 二为茂才，西汉秀才本是特科，到了东汉变成了岁举，并因避讳而

---

① 《续汉书》卷二四《百官志》一。

② 据廖伯源统计，尹湾汉简中属吏以功次升迁为朝廷命官的情况占到43.54%，见其《汉代仕进制度新考——〈尹湾汉墓简牍〉研究之三》，《严耕望先生纪念文集》，台北稻乡出版社，1998年。

③ 日人纸屋正和认为："众所周知，汉代在百石以下小吏和二百石以上官吏之间，横有一道非经察举不能逾越的森严关卡。"见其《前汉时期县长吏任用形态的变迁》，《日本中青年学者论中国史》上古秦汉卷，上海古籍出版社，1995年，第512页。这个论断更适合东汉而不是西汉，参看前注。

④ 黄留珠：《秦汉仕进制度》，西北大学出版社，1985年，第102页。

改称茂才,举主为刺史及三公、光禄勋、监察御史、司隶校尉等。由此形成了州举秀才、郡举孝廉的两科并列体制。茂才往往出自现任官,被举后直接任命为县令、县长等;而孝廉的来源有吏有民,照例要进入郎署做郎中,承担宿卫之责。

汉代的任子、内侍起家之制保障了权贵特权,察举则为布衣贤士打开了入仕之门。儒家主张实施德政、以德教民,这就有赖于德行卓著之贤人;而贤良、方正、孝廉等科都是以德行立科的,从而显示了"以德取人"的明确意图。汉代察举重德行、取孝子,构成了其有异于后代科举制的鲜明特色。

但"以德取人"并不是王朝选官的惟一方针。汉家政治"霸王道杂之",对吏能依然十分重视,选官上实是儒、吏兼用。即就孝廉科而言,其实也隐含着兼取文史之意。重视孝行当然合乎"以孝治天下"之义,但"廉"的意思是廉洁和奉法不挠,与文吏的职业道德是相沟通的。比如汉武帝时的酷吏,"其廉者足以为仪表":郅都"公廉,不发私书,问遗无所受",赵禹"用廉为令史""府中皆称其廉平",义纵"廉,其治放郅都",尹齐"张汤数称以为廉武"。① 东汉初年在察举辟召中实行"授试以职"制度,通过一年到十年的吏职实习,从而强化了"以能取人"因素。所以东汉察举又称"举吏",举之于郡吏也。这个措施一度造成"郡国所举,类多办职俗吏"之局。由郡吏取人,强调实际经验和工作能力,构成了汉代选官的又一大特征,这同样是有异于诗赋八股的科举考试。

东汉顺帝阳嘉年间,尚书令左雄改革察举,由三公府对孝廉分科考试,"诸生试家法,文吏课笺奏",随后由尚书省在端门复试。就在这个变迁中,察举制呈现出了向科举制进化的迹象。"以德取人"注重德行,依赖举主的了解和社会舆论;"以能取人"注重吏能,依赖于"试职"的工作检验。而这个阳嘉新制,后人称为"试文之法",它是"以文取人"的,依赖于对某项知识——经术和笺奏的考试。德行和吏能,举主有可能虚报夸张,但考试就能卓有成效地抑制这一弊端。在此以前察举主要依赖举主举荐;而在阳嘉新制以后,察举程序就包括了两个环节:一是州郡举

---

① 《史记》卷一二二《酷吏列传》。

荐，一是朝廷考试。仅仅得到举荐并不能保证得官，被举者还必须通过中央考试一环。所以阳嘉制度，可以视为从察举到科举的一种过渡形态。

考试是一种具有近代意味的文官录用制度。在阳嘉新制之前，汉廷的考试选官已有一定规模了。其大略如下。一、经术射策之考试。此法察举初行于太学之中，博士弟子"一岁皆辄课，能通一艺以上，补文学掌故缺，其高第可以为郎中"①。又明经之举及太常选任博士，也采用射策。二、对策陈政之考试。贤良、方正、文学等科多须对策，其法是"显问以政事经义，令各对之，而观其文辞定高下也"②。三、令史之史书考试。汉承秦制，以太史令试学童，能讽书九千字以上则得为"史"；又以六体书法试之，课其最者任命为尚书省、御史台之史书令史。四、尚书郎之笺奏考试。汉制，尚书郎自三署孝廉郎选试，每缺一人则试五人，由尚书台、光禄勋共同考试之，考试内容为"笺奏"或"章奏"。显然，"诸生试家法"源于太学经术射策，而"文吏课笺奏"则源于尚书郎笺奏之试。

考试之法的普遍运用，标志出了汉代官僚政治的发展水平。到了东汉顺帝之时，察举制中的"以德取人""以能取人"和"以文取人"因素，都获得了制度化的发展。至于哪一个将成为主导，则还在探索之中。魏晋南北朝以降，考试一环节越来越重，而举荐一环节越来越轻。最终在隋唐之际，察举制演变为以王朝设科招考、士人自由投考为特征的科举制。以德、以能和以文取人三因素中，"以文取人"得到了最充分的发展。

秀才察举，在西汉后期有"秀才三科"之制。朝廷规定，"刺史举民有茂材，丞相考召，取明经一科，明律令一科，能治剧一科"③。这明经、明律令及治剧三科，显然是截取"丞相辟士四科"之三而来的。由此，"四科"原则直接被运用于秀才之举。东汉阳嘉年间孝廉察举以儒生、文吏分科之后不久，黄琼"以前左雄所上孝廉之选，专用儒学文吏，于取士之义，犹有所遗，乃奏增孝悌及能从政者为四科，事竟施行"④。由此孝廉察举也

---

① 《汉书》卷八八《儒林传》。
② 《汉书》卷七八《萧望之传》。
③ 卫宏：《汉旧仪》。
④ 《后汉书》卷六一《黄琼传》。

正式采用了经学、文吏、孝悌、能从政的"四科",而这与前述"丞相辟士四科"基本上是一一对应的。

这再度显示,"四科"可以看成汉廷的总体选官标准。秦以律令刀笔取吏,而汉兼以德行、经术用人,选官上的这个变迁,对应着秦任文吏而汉廷文吏、儒生并用这个变迁。在此之后,东汉儒、吏日趋融合这个新变动,继续推动着选官制的进化,并在曹魏时体现出来了。曹魏文帝黄初三年诏"儒通经术,吏达文法,到皆试用",犹分二科;但魏明帝太和二年诏则申明:"尊儒贵学,王教之本也。……申敕郡国,贡士以经学为先。"①自此以后,孝廉之举遂惟以儒生为对象,而不及文吏了。当然,这时的儒生本身,已经充分地"文吏化"了。由此,那种"霸王道杂之"、儒生文吏分途并进的选官之法,终于以儒、吏之融合而告一段落。

四　官僚阶级的士族化

春秋以上的贵族政治,经战国变法而在秦汉被官僚政治取代了。不过当时社会去古未远,官僚政治也处于发展初期,许多方面并不成熟完善,这就给官僚世家的形成留下了更大空间。在某种意义上,他们是封建贵族在新生官僚政治中的一种变体、一种次生形态;世族势力的继续发展,构成了魏晋南北朝士族门阀的发展基础。这里打算从乡里豪右、官场官族和士林学门三种类型入手,对汉代官僚世家的发展加以叙述。

1. 乡里豪右与官场官族

"世家"意指"世世有禄秩之家"。春秋各国都有一些世卿世禄的世家,楚国有昭氏、屈氏、景氏,晋国有韩氏、赵氏、魏氏,齐国有国氏、高氏。战国时新式官僚迅速崛起,但贵族至秦仍未绝迹。秦末农民起义则标志着一个重大变化的开端,赵翼称为"布衣将相之局":"盖秦汉间为天地一大变局。自古皆封建诸侯,各君其国,卿大夫亦世其官,成例相沿,视为固然。……汉祖以匹夫起事,角群雄而定一尊,其君既起自布衣,其臣亦

---

① 《三国志》卷二《魏书·文帝纪》,卷三《明帝纪》。

自多亡命无赖之徒,立功以取将相,此气运为之也。天之变局,至是始定。"①"天地变局"的说法,生动地传达了其时身份变动的剧烈程度。"世家"传承的一度"断裂",这个空隙就使社会一度呈现出了"平民化"风貌。汉朝开创者既多"亡命无赖",其官僚或出功臣,或自文吏,或为布衣儒生,其中不乏出身低微者,如丞相公孙弘早年曾牧猪为生。皇后亦多出身低微者,汉武帝之卫皇后卫子夫,成帝之赵皇后赵飞燕,都是歌伎出身,皇帝并不以此为耻。可见西汉社会不大讲究门第。

东汉就不同了,明帝马皇后乃伏波将军马援女,章帝窦皇后乃大司空窦融曾孙,和帝阴皇后乃执金吾阴识曾孙,和帝邓皇后乃太傅邓禹之孙,安帝阎皇后乃尚书阎章之孙,顺帝梁皇后乃大将军梁商之女。诸家外戚,多出豪势权门。"春秋之义,娶先大国"②已成为东汉皇室纳后的标准,事实就反映了"族姓""门第"观念的与日俱增。毕竟,一度的"平民化",并不足以克服当时社会的早期特性,例如宗族纽带和宗族观念的强韧性;超宗族的经济、政治、法律和文化关系,还没有发展到这种水准。

一般认为,"门阀制度源于两汉以来的地方大姓势力,这种地方势力是在宗族乡里基础上发育滋长起来的,因而具有古老的农村结构的根源"。③ 战国时便有一种称为"长家"的豪强,役使子弟、臣妾、徒役和宾客。④ 秦简有"率敖(通帅豪)当里典"⑤语,豪强往往得以"推择为吏"。两汉豪族发展被学者分为三期:汉初到武帝时,豪族主要是残存下来的六国旧贵族、游侠及"豪杰兼并之家",后者包括官僚贵族和大奴隶主,其形态仍近于战国时代,招致宾客,武断乡曲,作奸犯科;武帝到王莽时的豪族主要是富商大贾,他们兼并农民而转化为商人地主,"因其富贵,交通王侯,力过吏势,以利相倾";东汉的豪族特点,则是在其下团聚了成千上万的人口,如宾客、部曲、门生、故吏、徒附等,其中宾客地位较高,其他

---

① 赵翼:《廿二史札记》卷二。
② 《后汉书》卷十下《皇后纪》下。
③ 唐长孺:《魏晋南北朝隋唐史三论》,武汉大学出版社,1992年,第42页。
④ 裴锡圭:《战国时代社会性质试探》,《中国古史论集》,吉林人民出版社,1981年。
⑤ 《法律答问》,《睡虎地秦墓竹简》,文物出版社,1978年。

则与主人建立了依附关系。① 秦汉间的社会一度剧变，不仅造成了"布衣将相之局"，也造就了数量颇大的自耕农。不过经济规律随后就导致了豪强大土地所有制和依附关系的发展，并在两汉之际形成了以农副工商合一的自给自足经济结构为特点的田庄。墓葬出土的陶制或泥塑的宅院、多层楼阁以及其中的奴婢、家兵等，就提供了这种田庄的直观画面。学者谓："世家豪族所建立的这种庄园制度，是东汉时生产力提高，大土地所有制空前发展，中央集权政治衰落，地方豪强、世家大族在政治、社会、经济上具有特殊实力的社会必然产物。"②

乡里豪右势力的政治表现至少见于三个方面。首先是武断乡曲、隐匿人口等非法行为；其次是在动乱时期中起兵参预政治角逐，两汉之交，许多豪族大姓起兵参与天下争夺。余英时指出：刘邦的追随者背后没有宗族力量；西汉末就不同了，"分遣亲客""部署宾客""举族归命""举宗为国""率宗族宾客聚兵数千"者屡见不鲜。刘縯、刘秀兄弟所率，就是一个大宗族集团。③ 这些"著姓"由此成为开国功臣，进而成为东汉的显赫家族。汉魏之际，拥有强大宗族、部曲、宾客者纷纷起兵，"名豪大侠，富室强族，飘扬云会，万里相赴"。④ 再次便是通过正常选官途径入仕参政。学者相信，豪族依靠宗族乡里势力，而成为郡县长官察举辟召的对象。察举使之进入朝廷，郡县辟召则使之成为郡吏县吏，并由"世仕州郡为冠盖"而垄断了地方政治。由于"大姓子弟享有优先任用的权力"，"东汉时期的地方政权在一定程度上是由当地大姓冠族控制的"。⑤

称雄乡里的豪右大姓大略包括两种类型。一是没有朝廷名位的纯粹土豪，所谓"武断乡曲"即指"谓乡曲豪富无官位，而以威势主断曲直，

---

① 何兹全：《两汉豪族发展的三个时期》，《秦汉史论丛》第 3 辑，陕西人民出版社，1986 年。

② 韩连琪：《东汉大土地所有制的发展和庄园制的兴起》，《先秦两汉史论丛》，齐鲁书社，1986 年。

③ 余英时：《东汉政权之建立与士族大姓之关系》，《士与中国文化》，上海人民出版社，1987 年。

④ 《三国志》卷二《魏书·文帝纪》注引《典论》。

⑤ 唐长孺：《东汉末期的大姓名士》，《魏晋南北朝史论拾遗》，中华书局，1983 年，第 27 页。

故曰武断也"。① 他们"身无半通青纶之命,而窃三辰龙章之服;不为编户一伍之长,而有千室名邑之役"。② 其实历史上一直存在着豪强称霸乡里之事,在专制国家较强大时就足以制服豪强。西汉酷吏,不少以打击豪右著称;刺史"六条问事",其中就有"强宗豪右田宅逾制,以强凌弱,以众暴寡",及地方官"阿附豪强"的内容。另一类则是拥有朝廷官位的权势家族。东汉初光武帝度田时遇到的障碍,一是"郡国大姓及兵长、群盗",③另外就是"河南帝城多近臣,南阳帝乡多近亲"。④

官僚政治运转正常时,官员"更新率"一般是较高的,经常有父为高官而子为匹夫,或朝为高官而暮为匹夫的情况,从而对贵族化趋势构成抑制。但另一方面,"世卿世禄"这时还不是太遥远的记忆,官僚显贵世代传承权势的要求显得"合情合理",君主应予保障以换取其效忠,并为之提供"任子"一类特权性起家途径。由此,"世家""官族"在一度中衰之后,便在新政权中开始了新一轮的缓慢积累。

学者通常从乡里豪右寻找士族之起源。同时就汉代各种情况看,专制官僚政治所造成的"官场",其实构成了形成世家的又一个场所,而且能不依赖乡里条件(足以武断乡曲的巨大田产、宗族和依附农等)而独立地形成世家官族。

外戚家族的煊赫,在汉代尤为突出,如西汉之吕氏、霍氏、王氏,东汉之窦、邓、阎、梁诸氏,都是一旦专权则子弟亲党布列朝廷。西汉霍氏专权,霍家子弟纷纷占据中郎将、奉车都尉、卫尉及奉朝请、诸曹、大夫、骑都尉、给事中等位,"党亲连体,根据于朝廷"。⑤ 东汉梁冀专权,"一门前后七封侯,三皇后,六贵人,二大将军,夫人、女食邑称君者七人,尚公主者三人,其余卿、将、尹、校五十七人"。⑥ 开国功臣也能形成世代绵延的世家,如东汉从龙元勋,就有不少权势蝉联而与王朝共始终。以耿氏为

---

① 《史记》卷三十《平准书》司马贞《索隐》。
② 《后汉书》卷十五《李通传》。
③ 《后汉书》卷一《光武帝纪》。
④ 《后汉书》卷二二《刘隆传》。
⑤ 《汉书》卷六八《霍光传》。
⑥ 《后汉书》卷三四《梁冀传》:梁冀事败,"其它所连及公卿列校刺史二千石死者数十人,故吏宾客免黜者三百余人"。

例:"自中兴已后迄建安之末,大将军二人,将军九人,卿十三人,尚公主三人,列侯十九人,中郎将、护羌校尉及刺史、二千石数十百人,遂与汉兴衰云。"①东汉功臣往往因与帝室联姻而成为外戚。

除了外戚、功臣外,官僚也经常形成官族。某些需要专门技能的官职常常子孙相袭。例如太史之职从事天文历算,司马谈、司马迁父子世为太史公。又司法官员往往任用"律家",两汉间郭氏、陈氏子弟"世居法职"。一般吏员也往往把文法之学家世相传。西汉张汤,幼年从其父长安丞学习"书狱";②于定国之父为县狱史、郡决曹,于定国"少学法于父,父死,后定国亦为狱史、郡决曹"。③ 这种子承父业,就形成了"世吏"。④汉代"世仕州郡"的家族有些不过"世吏"而已,未必有多大声望,不宜一律看做大姓冠族。比如刘备父祖"世仕州郡",但他本人"少孤,与母贩履织席为业",⑤并未被社会视为名门;孙坚家族"世仕吴",⑥有人称其"地方豪右",其实不过"孤微发迹","无强大的乡土势力可言"。⑦

当然更多的情况下,世代居官往往就能建立起家族势望。史称西汉名门往往揭举"金张许史"。许、史为外戚,金氏为宠臣;而张氏起自张汤以吏能为三公,其后张安世以父任为郎,为张氏之始,此后其家族世为侍中、中常侍、诸曹、散骑、列校尉者等,史传盛称其"汉兴以来,侯者百数","二百年间,未尝谴黜"。⑧ 又如李章"五世二千石",羊续"其先七世二千石卿校",⑨都是最可向社会夸耀者。日人永田英正的研究显示,东汉三公世袭的情况显著增加;⑩而弘农杨氏之四世居三公,汝南袁氏之四世出五公,连清人也叹为"古来世族之盛,未有如此二家者"。⑪ 学者指出,汉

---

② 《史记》卷一二二《酷吏张汤传》。

③ 《汉书》卷七一《于定国传》。

④ 《汉书》卷七六《赵广汉传》:"广汉所居好用世吏子孙、新进年少者。"

⑤ 《三国志》卷三二《蜀书·先主传》。

⑥ 《三国志》卷四六《吴书·孙坚传》。

⑦ 田余庆:《秦汉魏晋史探微》,中华书局,1993年,第247—248页。

⑧ 《汉书》卷五九《张汤传》,《后汉书》卷三五《张纯传》。

⑨ 《后汉书》卷七七《酷吏李章传》;《后汉书》卷三一《羊续传》。

⑩ 永田英正:《后汉の三公にみれる起家と出自について》,转引自上田早苗:《贵族的官制の成立——清官の由来とその性格》,《中国中世史研究》第111页,注释第130。

⑪ 赵翼:《廿二史札记》卷五《四世三公》。

代门第观念所崇尚者,主要就是官阀,正如汉碑中"奕世载德""银艾不绝""牧守相亚""将相不辍""爵位相踵""印绂相承"等语所反映的那样;"一姓之'著',乃因其官阀众多。……与此相对的'寒门'类词语,所指多为无官阀者"。①

张汤之父不过是长安丞,张汤本人靠家学做了长安吏,这个家族完全是在朝廷上发展起来的。东汉弘农杨氏、汝南袁氏也有类似的地方。杨氏虽然在汉初就有禄位,但哀、平间已趋衰微;杨震之父杨宝,不过隐居教授而已,杨震本人年五十才出仕州郡,安帝时被大将军邓骘辟举为茂才,由此百余年无禄位的杨氏才开始发展。② 陕西潼关吊桥所见杨震及其子孙墓群,被归入甲类大墓,这墓群的年代与杨氏拥有名位时间正相一致。汝南袁氏始于袁安,然其祖父袁良在西汉平帝时不过二百石之太子舍人,其父名位不详。袁安本人以县功曹起家。可见袁氏之发展仍以朝廷为始,后来其家族成为本郡豪望、以豪侈著称,这更多是由朝廷权势派生出来的。

通过官位进而占有财富、声望和地位,在传统中国是一个源远流长的现象。以中常侍樊安为例,他出自南阳湖阳豪姓、光武母家樊氏,其家门曾"封宠五国","卿校、侍中、尚书、据州典郡,不可胜载";然而樊氏后来一度中衰,为地方官所轻慢,为此樊安不惜屈身为宦官,这一来果然见效:"是以兄弟并盛,双据二郡,宗亲赖荣。"③可知朝廷势位对维系门望至关重要,即令樊氏,在丧失权势时,若遇地方官的裁处轻慢,仅凭其乡里家族是无法抗衡的。仅凭财富是不足以称望族的,例如张既虽"家富",但因无显宦,本人仅是郡门下小吏,故史称其"门寒""单家"。④ 作为对比,吴质亦是"单家",而且不为乡里所容,但他交往京师贵戚权势、与曹丕为友,由此本人与子孙得以三世高官,已可称官族了。⑤

我们认为,由宗族、田庄和依附民构成的乡里豪右权势,并不是形成

---

① 刘增贵:《东汉的门第观念》,《国史释论——陶希圣九秩荣庆祝寿论文集》,食货出版社,1988 年。

② 《汉书》卷六六《杨敞传》,《后汉书》卷五四《杨震列传》。

③ 《中常侍樊安碑》,《隶释》卷六,《全后汉文》卷九九。

④ 刘增贵:《东汉的门第观念》。

⑤ 《三国志》卷二一《王粲传》注引《魏略》及《世语》。

中古士族的唯一起点，"官场"本身就构成了孕育世家的摇篮。强大的官僚组织提供了一个比"乡里"更高级的政治角逐空间——"官场"。在其中可以获得大得多的权势声望，可以调用更多政治资源，以更精致的方式寻求利益。乡里豪右只有与"官场"建立联系之后，才有指望获得更大影响力。亦如学者所论："这种政治地位决定一切，国家权力的高度集中与垄断，使得依靠封建国家权力机构，而成为政治上的统治阶层的世族地主的出现成为可能"，"这些由官僚出身而成长起来的世族地主，既没有领主世家那样的公侯显爵的世袭传承，又无豪右起家的世族那种乡村社会的家族基础，他们凭借的是在封建国家机器构造中的有利地位，并依靠着这种地位所获得的封建特权，分享着地主阶级统治阶层的特殊利益"。①

2. 士林与士族

在士族的形成中，汉代知识阶层是同样举足轻重的因素，他们构成了乡里、官场外的另一个活动空间，可称"士林"。儒生本来只是关东，主要是齐鲁的一小批学者，进入汉代后由于社会文化发展和汉廷的"独尊儒术"，这个群体不断扩张。到了王莽时期，仅太学就已有诸生上万人了。与西汉创业者"多亡命无赖"很不一样，东汉创业集团"多有儒者气象"。② "及光武中兴，爱好经术，未及下车，而先访儒雅"；明帝亲临太学"正坐自讲，诸儒执经问难于前"，观听者以亿万计。③ 西汉文化重心在齐、鲁、梁、宋而首都在关西，维持着"关西出将、关东出相"格局；东汉文化重心则已移到了洛阳和南阳、颖川、汝南、河南、陈留一带，这些地方也正是名士辈出之所，这样政治中心和文化中心就由分离而重合。④ 这一文化地理变动，也正对应着士人与王朝的关系变动。西汉朝廷对关东人士不无蔑视，东汉已不如此。

---

① 陈长琦：《两晋南朝政治史稿》，河南大学出版社，1992年，第21—27页。
② 赵翼：《廿二史札记》卷四《东汉功臣多近儒》。
③ 《后汉书》卷七九上《儒林列传》上。
④ 卢云：《西汉时期的文化区域与文化重心》，《历史地理》第5辑，上海人民出版社，1987年；《东汉时期的文化区域与文化重心》，《中国文化》第4辑，复旦大学出版社，1987年。

东汉章帝之时,已有"处士山积,学者川流"①之言。顺帝为太学修校舍240房,1850室,桓帝时太学生增至三万余人。郡国学校也容纳了大量儒者,民间私人讲学更为兴盛。当时经师的弟子动辄百人、千人以至万人:楼望,诸生著录者九千余人;牟长,弟子常千余人,著录前后万人;张兴,弟子著录且万人;颍容,门徒常千人,其著录者万六千人。② 成千上万的儒生聚集于太学和遍布于社会,一批众望所归的名士成为各地士人的交游中心,所以史传叙士林活动,经常有"天下""海内"之辞。郭泰为名士李膺赏识,于是名震京师,归乡时衣冠诸儒送至河上,车数千辆。范滂出狱南归,汝南、南阳士大夫迎之者车数千辆。李膺免归乡里,"天下士大夫皆高尚其道,而污秽朝廷"。③ 又如为名士赴葬的情况:楼望卒,门生会葬者数千人;黄琼归葬江夏,四方名豪会者六七千人;郭泰卒,或说二千里内有士人万数来赴;陈寔卒,"海内赴者三万余人",④是空前的盛况。士林的交游跨郡、跨州而遍及全国。

士林活动在许多方面,超出了专制官僚政治所能容纳的范围。士林舆论对政府选官形成干扰。士人游谈交会的重要内容,就是称为"清谈"的人物评论。还形成了所谓"风谣"和"题目",前者多为一句七言韵文,后者则是一句简短评语而为士林传诵者。各地出现了不少以品评著称的名士,如南阳何颙"名知人",田盛"名知人"。许劭和他的从兄许靖俱有高名,好共核论乡党人物,每月辄变更其品题,号称"月旦评"。名士郭泰尤以品题人物著称,"经其所名,人品乃定,先言后验,人皆服之"。⑤在士林中获得好评就能被视为名士,进而成为公府州郡争相辟召察举的对象。朝廷选官,有时还直接向名士征求意见,如晋文经、黄子艾三居京师,"三公所辟召者,辄以询访之,随所臧否,以为与夺"。⑥ 许多士人索性三察不起,九辟不就,不应察举辟召成了汉末特殊社会现象;在士林交际圈中交游得名,往往比王朝官爵更能保证社会地位。这种情况引起了

---

① 《后汉书》卷五二《崔骃传》,崔骃《达旨》。
② 见《后汉书》七九《儒林列传》。
③ 《后汉书》卷六七《党锢列传》。
④ 《后汉书》卷六二《陈寔传》。
⑤ 《后汉书》卷六八《郭泰传》注引谢承《后汉书》。
⑥ 《后汉书》卷六八《符融传》。

严厉的攻击:"序爵听无证之论,班禄采方国之谣",①"位成乎私门,名定乎横巷"。② 选官的机柄由朝廷独执,一变而分于名士之手。

进而,桓、灵之时士人与朝廷间发生严重冲突。其时"太学诸生三万余人,郭林宗、贾伟节为其冠,并与李膺、陈蕃、王畅更相褒重。……海内希风之流,遂共相标榜,指天下名士为之称号","品核公卿,裁量执政",③势如急风暴雨的清议,及其所招致的惨烈"党锢",更显示士林与朝廷一度形成直接对抗。所以申屠蟠把名士清议比于战国之"处士横议",把即将到来的"党锢"比于秦廷之"坑儒烧书"。④

"士大夫"兼有了学者和官僚二重角色,"士林"与"官场"是部分整合在一起的,那么士林的动向就必然随时对"官场"发生影响。秦朝的学士面对迫害,是非常软弱,没有还手之力的。而到东汉后期,"士林"已成为一种具有相对独立性的政治力量。较之秦与汉初,社会结构显现出了重大变化。儒生由关东一小批民间学者,经两汉四百年而发展为一个文化雄厚、人数众多、影响巨大的社会阶层,便构成了"群体自觉"⑤的社会基础。

侯外庐指出:"全国各地,到处有经师讲学,到处有生徒聚集……如果没有豪右地主作为背景那就不会有这样的盛况。"⑥唐长孺相信:"名士固然不一定从大姓、冠族中产生,但出于大姓、冠族的恐怕要占颇大比例。"⑦余英时认为东汉士人"已不再是无根的'游士',而是具有深厚的社会基础的'士大夫'了。这种社会基础,具体地说,便是宗族。换言之,士人的背后已附随了整个的宗族。士与宗族的结合,便产生了中国历史上著名的'士族'"。⑧ 士林为何发展到足以与朝廷相抗的程度?"士"与"族"的结合,或更准确地说,与大姓豪右的结合,被学者认为是重要原

① 徐干:《中论·谴交》。
② 《意林》卷五曹丕《典论》。
③ 《后汉书》卷六七《党锢列传》。
④ 《后汉书》卷五三《申屠蟠传》。
⑤ 余英时:《汉晋之际士之新自觉与新思潮》,《士与中国文化》。
⑥ 侯外庐:《中国思想通史》第2卷,人民出版社,1957年,第353页。
⑦ 唐长孺:《东汉末期的大姓名士》,《魏晋南北朝史论拾遗》,第28页。
⑧ 余英时:《东汉政权之建立与士族大姓之关系》,《士与中国文化》,第220页。

因。汉末党人领袖有"八厨","厨"谓"能以财救人者也",家财足以救人,这当然不是贫寒士人。进一步说,大姓豪右由于优越的经济条件,使子弟学习经术而成为"学门",[①]并以明经为资格出仕州郡朝廷而成为官族,豪右、学门和官族三者的互动逐渐依"族姓"而形成闭锁的循环,对于理解东汉士族的发展,这是个极具意义的事实。

同时,士林学门与乡里豪右,又不能视为一事。唐长孺指出,当时有一些纯粹的乡里豪右,其家族没有名士则没有多大影响力。[②]日人东晋次对士大夫豪右和非士大夫豪右加以区别,"前者拥有为数众多修习儒学的儒生(士大夫),又继续不断地产生出员数非寡的中央官僚和地方州郡吏;后者虽也拥有士大夫,但为官范围大致限于县廷"。[③]直到东汉末期,士林仍是一个很开放的场所。寒门单家如品质优秀或获得机缘,同样可以在士林舆论中获得名望,进而步入仕途。徐稺常自耕稼,申屠蟠佣为漆工,黄宪为牛医之子,陈寔出于单微,郭泰家世贫贱,但他们后来都成了誉满天下的名流。正如刘增贵的看法:"事实上,汉代特重名士,寒门之杰出者若能借经行成为名士,则仍可自拔泥途。"[④]或说西汉经学以"师传"为主,东汉经学以"家传"为主。这就构成了魏晋以下门阀士族的发展基础。[⑤]但新近对两汉近 1500 名儒生的研究显示,东汉儒生数量大为增加了,但经学"家传"和"师传"的比例并无重大变化。[⑥]"师传"仍是经学传承的重要方式;加入儒生队伍、成为名士的道路仍是相当通畅的。

进而,与"官场"相近,"士林"也超越了原生性"乡里"场所,士林著书立说、传经论道、交游聚会、清议品题等活动,从空间上说跨州跨郡而遍及全国,从性质上说也属于更高级、更精致的文化行为,而超越了"古

---

① 我们用"学门"指称儒学家族,这个用语于古有征。《三国志》卷六《魏书·董卓传》注引《三辅决录》:士孙瑞"世为学门,博达无所不通"。

② 唐长孺:《东汉末期的大姓名士》,《魏晋南北朝史论拾遗》,第 28 页。

③ 东晋次:《后汉的选举与地方社会》,《日本中青年学者论中国史》第 1 册,上海古籍出版社,1995 年,第 582—583 页。

④ 刘增贵:《东汉的门第观念》。

⑤ 汪征鲁:《魏晋南北朝选官体制研究》,第 63 页。

⑥ 陈涌清:《东汉政治与儒》,北京师范大学历史系 1998 年博士论文,第 24 页。

老的农村结构"。并且,士林本身也构成了一个形成世家的起点。陈寔尽管"少作县吏,常给事厮役",但因为他名重海内,"时三公缺,议者归之,累见征命,遂不起"。董卓入京后,其子陈纪就家拜五官中郎将;陈纪的儿子陈群出仕曹操,是九品官人法的制定者,后来官至司空。① 陈寔以名士身份,三代以后,即成名族。田余庆指出:豪右如"缺乏学术文化修养而不为世所重,地位难以持久,更难得入于士流。反之,读书人出自寒微者,却由于入仕而得以逐步发展家族势力,以至跻身士流,为世望族"。② 也是说士族并不都是来自乡里豪右,"士林"本身也足以构成同等重要的起点。

"以族举德,以位命贤",本来是不合儒家"人皆可为尧舜"思想;对任子制度,汉儒颇多批评。但东汉衣冠世家往往显示出强烈的文化色彩,世代传经,其行为也遵循于儒家道德。对这种世家,在具有权威性的士林舆论中,不但不被视为异己,反而得到了崇高的赞扬。如弘农杨氏,孔融赞其"四世清德,海内所瞻",张超赞其"我汉杨氏,作代栋梁"。③ 杨氏一门经术传世,忠烈成风,虽其家族世居高位,海内士林却认为是官得其人。名士为人推重,屡出名士之族自然也为人推重。荀淑有子八人,"并有名称,时人谓之八龙";贾彪兄弟三人"并有高名",号称"贾氏三虎";许劭、许虔兄弟,并称"二龙";陈寔、陈纪、陈谌父子三人,"并著高名,时号三君"。这些名士家族负海内盛誉,公府州郡礼命不绝。这意味着"士"与"族"的结合,最终将形成一种在发展中最少受阻,并在选官中受到最大优遇的势力,由此开启了魏晋以下士族门阀势力的先声。

3. 早期官僚政治的不成熟性与士族问题

有学者把东汉的社会发展大趋势,概括为所谓"封建化";而"封建化"的主要标志,就是依附关系的强化和士族地主对依附农的占有。我们认为,两汉社会发展出了高度发达的官僚组织和知识群体,这两个重要的政治文化遗产,必然使魏晋以下所谓"封建化",不可能走上与西欧

---

① 《后汉书》卷六二《陈寔传》。
② 田余庆:《东晋门阀政治》,北京大学出版社,1991年,第352页。
③ 分见《后汉书》卷五四《杨修传》、《艺文类聚》卷六四。

"封建化"相同的路线。田余庆提出,魏晋士族形成时都经历了一个"由儒入玄"的过程,"其家族在什么时候、以何人为代表、在多大程度上由儒入玄,史籍都斑斑可考"。① 可见文化的因素与士族形成息息相关。唐长孺指出,并不是所有的汉末大姓,而是显贵于魏晋、在此期获得了官位的家族最有资格成为士族。② 可见官位的因素,与士族的形成息息相关。祝总斌把这两方面概括为"人品"和"官品",魏晋高门的形成"大概和长时期内一定的人品和官品在一个家族中反复出现有极大关系"。③ 尽管豪族地主及其宗族、田庄和依附农在魏晋以下进一步发展,导致了被学者称之为"封建化"的进程,但士族并不仅仅来自豪族地主,他们的权势也不是仅仅来自大地产和依附农数量;士族因雄厚的文化垄断和政府中的官僚身份,而与西欧中世纪的封建贵族大异其趣。

早期社会的发展状况,造成了专制官僚政治的不成熟性。秦汉仍处于中华帝国的历史前期,经济与文化的发展水平依然有限,原生性的社会关系——如宗族关系、依附关系以及种种私人化的非法理性关系——依然大量残留或渗透于政治组织之中,而当时政治体制还没有发展出足以抑制这些因素的成熟机制,像唐宋明清的科举制时代那样。

历史早期人们更倾向于把家族、宗族视为一损俱损、一荣俱荣的单位,这种单位在社会中具有强大的向心力和凝聚力。秦汉的九卿制度仍不乏皇帝家臣私仆色彩;刘邦以帝国为私人产业,反映了一种浓厚的"家天下"意识。两汉外戚家族的巨大权势,超过了历史上其他时代,每后一旦临朝则家族布列朝廷。这也反映了其时政治观念"家国不甚分",对"族"之因素渗透于官场仍有更大的容受度。官僚的"士人化"尚不能充分抑制这一因素,屡出名流的家族足以得到社会称许;人们期待这种家族能继续提供德才兼备的子弟,他们的冠冕蝉联是合情合理的。王符主张"人之善恶,不必世族","仁重而势轻,位蔑而义荣。今之论者多此之

① 田余庆:《东晋门阀政治》"后论·士族门阀的文化面貌",第349页。
② 唐长孺:《士族的形成和升降》《士人荫族特权和士族队伍的扩大》,载《魏晋南北朝史论拾遗》。
③ 祝总斌:"门阀制度",白寿彝主编《中国通史》第7册,上海人民出版社,1995年,第638、575、567页。

反，而又以九族，或以所来，则亦远于获真贤矣！"但他同时又说："今观俗士之论也，以族举德，以位命贤。兹可谓得论之一体矣，而未获至论之淑真也。"①社会之习惯于"以族举德"，由此而见；而王符对此也并未完全否定，只认为这还不够全面而已。

当时的官僚政治，对以"族"为本位的观念缺乏有力抑制，无疑给世家以至士族的兴起提供了便利。太史、法官一类技术性官职以世家为之，这仍有先秦遗风。察举以"举荐"方式选官，汉顺帝时孝廉虽有考试但仍相当简陋，这便与科举制大不相同。后者的自由投考和差额考试，对各种非法理性因素都是卓有成效的抑制；而察举制下，一郡数十万、上百万人口中郡守国相打算察举谁，几乎只取决于举主的个人意志。史载东汉察举，郡守往往先取"年少能报恩者"，并经常出现权势请托的情况；②在这时郡国名族凭权势而优先察举，其便利比起科举时代显然不可同日而语。在东汉后期，"家世孝廉"者日益增多，如某张姓家族"七世孝廉"；③某雍氏家族五世五孝廉，④范阳祖氏家族"九世孝廉"，⑤敦煌曹氏家族五世四孝廉。⑥ 这些家族显然已成为士族了。至于各级长官自由辟召掾属，其随意性显然比察举制更大一些，它为士族子弟的蝉联冠冕留下更大空间。

秦汉官僚政治尚不成熟，渗透着更多的非法理性的因素，这还在"故吏""门生"现象中表现出来了。汉代去古未远，在人们心目中，地方长官仍然具有封建时代的封疆之主形象，其所辟召的僚属，与长官存在着"策名委质"的私属关系，称长官为"朝"，形同君臣。顾炎武谓"汉人以郡守

---

① 《潜夫论·论荣》。

② 《后汉书》卷五六《种暠传》河南尹田歆曰："今当举六孝廉，多得贵戚书命，不宜相违，欲自用一名士以报国家。"同书卷六一《左周黄传论》："中兴以后，复增敦朴、有道、贤能、直言、独行、高节、质直、清白、敦厚之属。荣路既广，觖望难栽。自是窃名伪服，浸以流竞；权门贵仕，请谒繁兴。"同书卷六四《史弼传》："迁河东太守，被一切诏当举孝廉。弼知多权贵请托，乃豫敕断绝书属。中常侍侯览遣诸生齎书请之。"同书卷六六《陈蕃传》记陈蕃批评"诏下州郡一切得举孝廉、茂才"，是"长请属之路"。

③ 《北堂书钞》卷七九《设官部·孝廉》："盛弘之《荆州记》，冠军县东一里有县人张詹，七世孝廉，其人征南军司，魏太和时人也。"

④ 《全后汉文》卷一〇六《赵相雍劝阙碑》。

⑤ 《世说新语·德行》注引王隐《晋书》。

⑥ 《全后汉文》卷一〇五《瘿阳令曹全碑》。

之尊称为本朝者"。①《金石萃编》卷七《北海相景君碑》有"谅暗沈思""陵成宇立"等语，钱大昕以为非臣下可用，可证景君与其故吏间确有君臣名分。扶风太守征召法真时有这样的话："昔鲁哀公虽为不肖，而仲尼称臣；太守虚薄，欲以功曹相屈，光赞本朝。"②僚属离职或长官调迁之后，长官依旧可以自居故主、自称"故人"，③僚属则成为他的"故吏"。按当时风气，故主有罪，故吏要尽力营救、周旋于生死之间，甚至为被处死的故主收尸；故主去世，故吏要为之服三年丧，这是与君主、父母同等隆重的丧服。被察举者，也要称长官为"举主""举将"，承担的义务与故吏类似。还有这样事：被举者在迁官时，不肯作昔日举将的上司。④ 地方官与"故吏"的这种关系，赵翼比之于先秦"家臣"，⑤它确实有很浓厚的封建依附性质。

与此相似的还有"门生"。顾名思义，"门生"即是学生。汉代从经师受学者，有弟子、诸生、门人等称。狭义说，亲自从经师本人受业者称弟子，而由高才弟子转相传授者则称门生，广义说则二者都可称为"门生"。"汉世公卿多自教授，聚徒常数百人"，⑥构成了突出现象，如欧阳歙以汝南太守在郡教授数百人，牟长以博士、河内太守教授万余人，五官中郎将董钧常教授门生百余人，少府丁恭之著录诸生数千人，楼望历任侍中、越骑校尉、大司农、太常、左中郎将等，诸生著录者九千余人，等等。⑦ 这些经师的门徒动辄成百、上千以至上万，他们都要"编牒"即登录于名册。经师与门生间同样存在着俱损俱荣的依附关系。经师死，弟

---

① 顾炎武：《日知录》卷二四《上下通称》，花山文艺出版社，1991年，下册第1080页。按，顾炎武还指出殿、行在、陵、卤簿、谅暗、大渐、万岁等，汉晋间臣民皆得用之。

② 《后汉书》卷八三《逸民列传》。

③ 《后汉书》卷五四《陈蕃传》太守高伦谓："此咎由故人畏惮强御。"《资治通鉴》卷五三桓帝建和三年胡三省注："故人，伦自谓也。汉人于门生故吏之前，率自称'故人'。杨震谓王密曰：'固人知君，君不知故人'，是也。"

④ 《后汉书》卷五七《刘陶传》："三迁尚书令，以所举将为尚书，难与齐列，乞从冗散，拜侍中。"按刘陶曾举颍川孝廉。

⑤ 赵翼：《廿二史札记》卷三《长官丧服》："盖自三公得自置吏，刺史得置从事，二千石得辟功曹，掾吏不由尚书选授，为所辟置者，即同家臣，故有君臣之谊。"

⑥ 欧阳修：《集古录·孔宙碑阴题名跋》。

⑦ 《后汉书》卷七九《儒林传》。

子要为之服丧、立碑。叔孙通投刘邦之初,不举其弟子为官,便遭到弟子指责;叔孙通担任奉常后便请于高帝:"诸弟子儒生随臣久矣,与臣共为仪,愿陛下官之","高帝悉以为郎"。欧阳歙坐罪下狱,诸生守阙为歙求哀者千余人,至有自髡剔者;经师贾逵得章帝之宠幸,其"弟子及门生皆拜为千乘王国郎,朝夕受业黄门署";杨震被迫害致死,"门生虞放、陈翼诣阙追讼震事。朝廷咸称其忠"。① 由于门生构成了个人权势,以至后来外戚窦宪、宦官王甫都拥有了"门生"。② 顾炎武曰:"宪,外戚也;甫,阉人也,安得有传授之门生乎?""愚谓汉人以受学者为弟子,其依附名势者为门生。"③赵翼亦云:门生"惟其不必亲受业,但为其学者,皆可称门生,于是依势趋利者,并不必以学问相师,而亦称门生,该即后世拜门生之陋习也"。④

在秦代与汉初,这种故吏、门生关系的政治影响,是很不显著的。战国以来社会的剧烈官僚制化一度呈现了"尽其极致"的势头,一度赋予了官僚行政相当浓厚的法理精神。但社会去古未远的原始性,官僚体制的不成熟性,依然使非法理性因素在帝国官场中缓慢积累,并使故吏、门生现象的政治影响,在东汉达到了历代所不能及的程度。"四世五公"的袁绍正是凭着"门生故吏遍天下"的政治优势,在汉末动乱中转眼就成了当时最大的军阀。官渡战前,袁绍联络家乡汝南的门生宾客:"门生、宾客布在郡县,拥兵拒守。"⑤

与此相类的,还有孝廉"同岁"现象。这是因同一年份举孝廉而结成的一种私人关系,在汉末相当流行。同岁的孝廉们一同宴饮以结恩好,并且要"合素帛",即编制"上纪先君,下录子弟"的《同岁名》之类相互交换。由此,来自一百多个郡国的孝廉们彼此建立了密切关系。同岁死,要为之立碑旌德、缌麻三月;如果不恤同岁,则要受到社会舆论的谴责。

① 分见《史记》卷九九《叔孙通列传》、《后汉书》卷七九上《儒林欧阳歙传》、《后汉书》卷三六《贾逵传》、《后汉书》卷五四《杨震传》。
② 《后汉书》卷二九《郅寿传》记,窦宪常使门生赍书诣郅寿私相请托;《后汉书》卷五四《杨彪传》记,黄门令王甫使门生于京兆界辜榷官财物七千余万。
③ 顾炎武:《日知录》卷二四《门生》,第 1080 页。
④ 赵翼:《陔余丛考》卷三六《门生》。
⑤ 《三国志》卷二六《魏书·满宠传》。

五世公为广汉太守时,由于他与司徒长史段辽叔曾是"同岁",到郡即察举其子为孝廉;后来他转任南阳太守,又因他和东莱太守蔡伯起是"同岁",到郡便察举其子为孝廉。俞樾谓:"案此一事,可见汉时弊政,不减后世。五世公所到之处,其举孝廉,但举其年家子耳。甚者子弟蝉联,而及乳臭之儿,亦忝名器,斯今人所不至此也。"①确实,虽然后世科举进士也形成了"同年"关系,但尚不至于像五世公那样,在选举中毫无顾忌地优恤"同岁"。汉廷在很大程度上默许这种现象,视若无睹而不以为怪。②

东汉社会已形成颇发达的官场和士林,在某些方面它们已经具有了一定的"近代性"。然而同时,汉代的专制官僚政治,比之后代毕竟仍不够成熟发达,它去古未远,多方面显示了历史早期的印迹,更容易受到种种私人性关系,或说是非行政性、法理性关系的侵蚀。故吏、门生、同岁这类现象在汉代特别突出,就是其显著表现。这样一点,也可以为理解东汉的士族现象提供参考。

以上从四个方面,对秦汉官僚政治的特点和变迁作了粗线条的勾勒。大致说来,秦汉帝国作为中华帝国的开端,确立一个君、臣、民的三层一元的政治结构,君主与官僚构成了最显赫的统治阶层,他们对千万小民的控制和支配,是这个社会的最突出特点。

帝国统治采用了专制体制、集权体制和官僚体制。科层化的分官设职架构、合理化的运作制衡机制、严密的法律规章及训练有素的吏员队伍,赋予了它以可观的能力、效率和可靠性。战国以来剧烈的专制和官僚制化一度显现了"穷其极致"的势头,使秦与汉初政治呈现了鲜明的"法治"色彩,有异于后世的"繁文缛礼"之政。

儒生的参政带来了新的变化。王朝把儒学封为正统意识形态,开二千年"儒家专制主义"之端。与文吏不同,儒生发挥着调节政治、制约君主、整合社会的特殊功能,并导致了政治以至制度的相应变迁。早期儒学的非理性方面,曾造成了王莽变法这样的事件;随后的儒法合流,则在

① 俞樾:《茶香室丛钞》三。
② 阎步克:《略论汉末的孝廉"同岁"》,《北大史学》第5辑,北京大学出版社,1998年。

很大程度上清洗了儒学中的非理性因素,并由儒、吏合流而迎来了"士大夫政治"的初步定型。

秦汉帝国毕竟去古未远、仍处于古代经济和文明的发展早期,官僚政治仍有众多未臻成熟完善之处,还不足以有效抵制各种封建性、依附性、宗法性、个人性以及各种非法理性因素的渗透和侵蚀。这些非法理性因素的逐渐积累,便造成了世家、士族的发展,开了魏晋以下士族门阀政治的先声。故吏、门生和同岁等现象,也可与此作平行的观照。

变态与融合
——魏晋南北朝

阎步克

自汉末动乱开始,分裂和动乱,就成了魏晋南北朝时代的经常现象。与秦汉和唐宋大帝国相当不同,这时期的帝国体制明显衰落了,官僚政治发生扭曲、变态,世族门阀获得了重大的政治权势。但另一方面专制官僚政治传统一缕不绝,依然悄悄地累积着进步。"五胡乱华"和十六国林立,使中国北方陷入了长久动荡,北方地区政治体制也发生变态。不过胡汉双方的文化和制度冲突,也孕育着新的变迁,北朝军功贵族支持的强大皇权,逐渐扭转了官僚政治的颓势,孕育出了帝国复兴的动力,并使北朝成为这个时代的历史出口。

一 变态与萎靡

1. 专制皇权的沉浮

东汉的专制官僚制度,又有了不少进化和完善之处;不过帝国秩序在其中后期逐渐呈现出深刻的裂痕。外戚和宦官的轮流专政和争权夺利,造成了无益的政治损耗。士大夫清流和浊流的党争,导致了朝野的离心离德。官僚世族,开始成为朝廷上盘根错节的势力,无形中削弱分夺了君主生杀予夺的权威。所谓"封建化"的进程和豪强大族的抬头,则在侵蚀消解着帝国对地方和编户的控制能力。意识形态开始多元化了,儒学在事实上的衰落，直接消解着君权的神圣性。

世入建安，军阀割据而国家四分五裂。魏晋以来士族门阀阶层蒸蒸日上，构成了专制皇权发生"变态"的分权因素。五胡乱华，给中原政权以沉重一击。昔日被视为一个整体的社会，由此而分为南北两系。

专制皇权及其合法性和神圣性，是官僚政治的权威来源和观念支柱。但从汉末到魏晋这个时期，皇权开始了明显的衰落。西汉的瓦解有王莽做替罪羊，所以反莽群雄无不以刘氏为号。[①] 而东汉末情况就复杂得多了。一方面"东汉重名节"之风经常使权豪息其窥盗之谋;[②]而另一方面，认为汉室将亡，却也成了普遍预期，所谓"豪杰之士，竞希神器"。[③] 不少起义领袖公然自称"皇帝""太上皇帝""阳明皇帝"，这是民间社会蔑视皇权的表现。

张角以太平道数十万教徒起义，王夫之惊为异事:"秦之盗曰'悲六国之亡'，莽之盗曰'思汉室之旧'……至于角而无所托矣……于是而诡托之于'道'。"[④]宗教，为民间的起事者提供了新的组织形式与思想号召。汉中的五斗米道领袖张鲁居然建立了一个宗教政权，还居然"造成了一个局部的安定环境"。[⑤] 在这以后，托名为李弘或李辰、李脱、李洪起事者，史称"岁岁有之"。[⑥] 东晋孙氏家族世传天师道，发难作乱时"三吴士庶多从之"。[⑦] 儒教帝国中的这些宗教异端，无疑大大淡化了民众们辐辏于皇权的传统意识。佛教寺院还占有了大量白徒、养女之类依附人口，以至在梁武帝时，官僚有"天下户口几亡其半"的惊呼。[⑧]

造成户口亡失的，还远不只是寺院的庇荫。东汉豪族经济的"奴婢千群，徒附万计"，[⑨]使许多依附人口脱离了政府控制。汉末动乱以来，战

---

① 《廿二史札记》卷三《王莽时起兵者皆称汉后》。

② 《后汉书·儒林传论·左周黄传论》。

③ 《三国志》卷三五《蜀书·诸葛亮传》。

④ 王夫之:《读通鉴论》卷八，中华书局，1975 年，第 223 页。

⑤ 任继愈主编:《中国道教史》，上海人民出版社，1990 年，第 36 页。

⑥ 参看《汤用彤学术论文集·"妖贼李弘"》;唐长孺:《史籍与道经中所见的李弘》，《魏晋南北朝史论拾遗》，中华书局，1983 年。

⑦ 陈寅恪:《天师道与滨海地域之关系》，《金明馆丛稿初编》，上海古籍出版社，1980 年。

⑧ 《南史》卷七十《循吏郭祖深传》。

⑨ 《后汉书》卷四九《仲长统传》引《昌言·损益》。

乱造成的"千里无烟"令人口大为衰减。三国后期户口767万余人,不过是东汉的六分之一强;西晋极盛时户口1616余万,是东汉的三分之一。刘宋时户口517万,陈朝灭亡时户口200万。两晋间大量北方人口南迁,南方经济不断发展,而且有不少蛮族融入汉族,可自吴至陈300年中,江南户口几乎没有增长,学者认为"主要原因在于大量人口流入私门"。①有的学者估计,"魏晋南北朝依附民的数量约略和编户相等";②还有人认为,南朝政府最多只能控制实际人口的三四分之一。③国家的基层被侵蚀得锈迹斑斑、千疮百孔,风雨飘摇的小朝廷之主,无法与秦汉大帝国的皇帝相提并论了。

曹氏师王莽故智,以"禅让"代汉;再加上随后司马氏"做家门"时的卑鄙和残酷,都使皇权的"膺天顺人"光晕黯然失色,对士大夫所珍视的纲常理念形成了剧烈冲击。此后"禅让"成风,自魏晋至梁陈,王朝更代"一依虞夏故事"。形似和平的禅让并不"和平"。梁武帝说:"江左以来,代谢必相诛戮,此是伤于和气,所以国祚例不灵长。"④除外部威胁外,君主要时时警惕与剪除体制内的挑战者,甚至不惜"自毁长城",从而使官员的动荡险恶感为之大增;皇权屡屡来自权臣的篡夺,一次次地消解着臣民的崇仰和敬畏。江左五朝的士大夫"将一家物与一家",对禅让迁鼎熟视无睹;只有民族大义,也就是保存华夏文物和北伐收复失地两点,还能为政权的合法性提供一些支持。

士族门阀在这个时代迅速崛起。东汉已形成了世代传经、世代居官的家族,汉末动乱中他们是活跃于政坛的实力派。⑤魏晋以降政治动荡,保存了文化的士族势力,成了朝廷官僚的主要来源;而皇帝也不得不尽量从看上去较为可靠的心腹家族中录用人才,统治集团明显地"封闭化"了。西晋政治家刘颂曾指出,王朝更替本是个革故鼎新的转折机缘,所谓"天地之位始定,四海洗心整纲之会";但禅让之形式,使晋廷只能依靠

---

① 唐长孺:《魏晋南北朝隋唐史三论》,武汉大学出版社,1992年,第88—90页。

② 何兹全:《三国以后自由民(编户)和依附民的比率等问题》,《冰茧彩丝集》(纪念缪钺教授九十寿辰暨从教七十年论文集),成都出版社,1994年。

③ 王育民:《东晋南朝时期户口初探》,《上海师范大学学报》1987年第1期。

④ 《梁书》卷三五《萧子恪传》。

⑤ 唐长孺:《东汉末期的大姓名士》,《魏晋南北朝史论拾遗》。

"先代功臣之胤,非其子孙,则其曾玄",那么前朝所积累的腐化、老化因素,就原封不动地带入了新朝,只能以优容甚至纵容换取效忠,使初创的西晋看上去像个"叔世"。① 禅让形式的皇权移交,为士族门阀的崛起铺平了坦途。

魏晋间权贵元老的名公子们,所谓"正始名士""中朝名士",实即中古士族的最早代表。以家族为单位世代垄断文化和官位,构成了士族的最基本特征。西晋司马氏本身即河内大姓。在这个朝廷中,几十家大士族垄断权势,时称"公门有公、卿门有卿"。西晋皇权仍有相当力量,其时政局处于一个微妙关口,它可能维持优容士族的现状,但也可能随时间推移而逐渐振作专制官僚政治。不过随后的"五胡乱华"使洛京倾覆,宗室疏属司马睿是在琅邪王氏及南渡百余家士大夫的拥戴之下,才得以在江东一隅爬上皇位的。士族由此获得了充分发展的大好时机,发展成为侨姓门阀。皇权对门阀只能尽力优容拉拢,门阀们虽是政权的支柱,其煊赫权势却也构成了分割皇权的势力。史称东晋"朝权国命,递归台辅;君道虽存,主威久谢"。②

侨姓中王、谢二氏为五朝冠冕。东晋建立全靠琅邪名族王导、王敦。所以时有"王与马,共天下"之谣。东晋与皇帝"共天下"者,学者历数王、庾、桓、谢。成帝、康帝时庾亮、庾翼兄弟号称"冠冕当世"。庾翼将死,请以子庾爰之镇荆州,而何充请用桓温。或疑"庾爰之肯避温乎?"桓温上任荆州,庾爰之"果不敢争"。可见门阀政治下,子可承父位;各种政治举措取决于各大族的平衡和盛衰,非皇帝所能独断。穆、哀、废、简文至孝武帝初,桓温盛极一时,据上流荆州,"八州士众资调殆不为国家用"。海西公司马奕为其所废。孝武帝时谢安为相,为谢氏最盛之时,因其筹划而获淝水之捷。安帝时桓玄发难,竟然篡夺了皇位。

江东士族朱、张、顾、陆等族,接受了东晋统治,但地位一直低于侨姓。他们对此地位曾耿耿于怀;但出于长远利益的考虑,最终接受了这一现实。不过对高官美职,南士们往往只能分享侨姓的余沥。齐萧道成

---

① 《晋书》卷四六《刘颂传》。
② 《宋书》卷三《武帝纪》下。

想用吴郡张绪为尚书右仆射,王导五世孙王俭予以抵制:"南士由来少居此职。"

支撑东晋半壁江山,文化士族不足以负起全部军事责任。"永嘉南渡"前后,有许多千百为群、以宗族乡党结聚一体的流民自北南来。他们强悍善战,构成了江左政权的军事屏障,并在后来成为下游北府兵的主要来源。淝水之捷,北府兵之功居多。而上游江陵、襄阳得以成为重镇,也赖流民之力——秦、雍、司州所聚集的南迁流民构成了兵源。由于此期习惯以门地划分人群,因此对出身武人而父祖有居官记录,但又非高门的武将,学者将之归入"次等士族"。这些人有异于文化高门的另一势力,大多居于边州前线,构成东晋政治结构又一不可或缺的组成部分。

我们把中古门阀视为文化士族,是基于以下理由。田余庆先生指出:"士族的形成,文化特征本是必要的条件之一。非儒非玄而纯以武干居官的家族,罕有被视作士族者。"而且门阀的形成中大抵都有一个由儒入玄的过程,[①]就是说门阀形成居然与学术变迁息息相关。在动荡之中士族保存的文化成为其政治特权的基础,不过士族文化以"玄学"为归依,却含有消解皇权与腐蚀官僚政治的意义。当"名教"被归结为"自然",并以玄学语词来论证之时,皇帝的形象设计,就由秦皇汉武那种法治型君主,或以仁德教民的礼治型君主,一变而成了垂拱无为的道家型君主了;至于以"自然"为本的"无君论",更直接挑战了皇帝专制的根本理念。士族名士玄虚放诞、"以理事为俗吏,奉法为苛刻……从容为高妙,放荡为达士",严重侵蚀着官僚行政秩序。他们的文化追求和特权享乐所消耗的大量政治资源,与其政治业绩很不成比例。

东晋政治的基本格局可概括为"皇帝垂拱""士族当权"和"流民出力"。"门阀政治"的实质是"门阀与皇权的共治",这是一种"皇权政治的变态"。[②] 传统中国的分裂动乱年代,皇权经常会发生"变态"。东晋的门阀擅政和士族特权具有"贵族化"的意义,但贵族政治的根本转折并未完成,并未造成一种全新的贵族政体。五朝冠冕的地位,主要不是来

---

① 田余庆:《东晋门阀政治》,北京大学出版社,1991年,第353—355页。
② 田余庆:《东晋门阀政治》,"后论"。

自其所占有的田产、奴婢、隶农或私兵的多少;他们以世代居官为主要特征,因此也必须依附于帝国体制而存在,并最终不能不支持这个赖以立足的体制。

魏晋皇权依然维持着相当的权威,到了东晋后期,孝武帝又在努力尊君卑臣了。手握强兵的桓玄一度篡位,其时并没有迹象表明,他乐于与哪家门阀继续"共天下"。出身北府将领的刘裕代晋建宋,其意义不止改朝换代而已:随着文化士族的衰落,以流民武装为基础的军事将领或次等士族中,孕育出了新的皇权,并由此改变了昔日的萎靡和软弱,恢复了驾驭文化士族的权威,"主威独断,权不外假"。南朝四朝的内部政争,大抵都和次等士族相关,每一个新政权都是在次等士族的支持下建立的。① 秦汉的专制官僚制帝国已形成了深厚传统,尽管东晋一度门阀专权,但南朝皇权又有了重振之势。由此看来,魏晋南朝皇权的沉浮衰盛,呈现为一个两边高、中间低的"马鞍形"历程。

不过南朝门阀死而不僵,文化士族依然是最有影响力的社会阶层。他们的高贵门第和文化取向,大大抑制了皇权重振帝国体制的能力和空间。王谢等高门中的将才寥寥无几,兵权转归次等士族了;然而军人和将领却被视为"兵家""将种",而无法取得与文化士族比肩的社会声望;同时不少将家子弟慕效高门风雅,有意弃武习文,不过这反而造成了这些将领的家门衰落。一些身份低微而富有才干者得到了皇帝的奖拔,但由于高门权势的压抑,在政坛中他们被扭曲成为"寒人恩倖"的形象。梁武帝的统治,被视为南朝的顶点,所谓"江左建国,莫斯为盛"。② 然而梁武帝既扶植宗室,也优容甲族;既任用新进、拔擢寒士,也保障旧门;既有意建立武功与事功,又耽迷于、并令士大夫也耽迷于制礼作乐、玄佛文史。他莫衷一是地调用着各种相互矛盾的因素,所达致的就只能是个非驴非马、破绽百出的"繁荣",而未能孕育出真正意义的帝国体制的新生。

时至陈朝,国土蹙狭而社会衰败。陈霸先以土豪起家,陈后主却简

---

① 韩树峰:《南北朝时期淮汉迆北的边境豪族》,北京大学历史系 1996 年博士论文。
② 《北史》卷八三《文苑传·许善心传》,许善心《梁典序》。

直像是个无行文人。门阀已衰败不堪,吴姓士族和南方土豪中也无法组成活力强大的新兴政治集团,南朝至此已走入了历史的死角。

2. 士族门阀的政治特权

士族门阀的选官特权,是魏晋南北朝官僚政治中最富特征性的事实。汉末到魏晋期间,文化士族的政治影响迅速扩张,其特权在选官上的相应保障,最突出的就是九品中正制。这个制度诞生于曹丕篡汉前夕。其主要内容,是为各郡设中正,定期对人物进行评议,清定"品""状"。"状"以叙才德,"品"以定人品,分为"上上"到"下下"九等。一品实际无人能得、形同虚设,所以二品就算是最高一级了。大致的等级则只是上品和下品:二品当然是上品;在魏晋时,三品也不能算卑品;南朝以来,三品以下就是下品了。此外,中正还须掌握士人的家世门第,即"簿世"。不久以后,王朝又为州一级单位设置了州中正。州郡中正都是由朝官兼职的,例用本州本郡之人。司徒府中的左长史,有与中正协作定品之责。吏部在任官的时候,必须依据品、状、簿世。[1] 王朝为众多官职规定了相应的中正品资格。[2] 即如某官用中正二品、某官用中正三品之类。中正品较高,则所能担任的官职也相应较高;中正品变动了,则官职也要做相应调整。据日人研究显示,中正品与官品相差四品左右,[3]但也有相差三品、五品的情况,[4]不能一概而论。

以九品论人,盖源于汉末士林的月旦品题之风。由于名士在汉末的重大影响,在士林舆论中得到好评者,朝廷州郡便争相辟举、惟恐不及。它造成了一个尖锐矛盾:民间文化性评价冲击了政府对官员的行政性评价。魏晋中正是朝廷兼职,民间的品题变成了朝廷的中正评定,这正和汉末乡邑名士到魏晋中央士族的变迁相适应。以抽象的品第、空洞的

---

① 唐长孺:《九品中正制度试释》,《魏晋南北朝史论丛》,生活·读书·新知三联书店,1955年。

② 中正品是与具体官职一一对应的,参看胡宝国《九品中正制杂考》,《文史》第36辑,中华书局,1992年,第290—291页。

③ 宫崎市定:《九品官人法の研究——科举前史》,京都大学文学部东洋研究会,1956年。

④ 矢野主税:《魏晋中正制の性格についての一考察——乡品と起家官品の対応を手挂りとして》,《史学杂志》第72编第2号,1963年。

"状"选官,制度上无疑是一种倒退,它比起汉代功次选官以及察举的试职、试经之法,是过于空洞了,然而这却正好适应了高门权贵之需:既尸禄素餐,又要占据清官美职。形式上中正品状应以"才德"为准,但魏晋间它已明显受制于官场权势了,"高下逐强弱,是非由爱憎。随世兴衰,不顾才实"。结果造成了"上品无寒门,下品无势族"。东晋以下,中正品进一步凝固为经久不衰的士族门第,"专称阀阅"了。时至南朝,"凡厥衣冠,莫非二品,自此以还,遂为卑庶"。① 换句话说,九品官人法创立后,曾经历了曹魏的犹重德才、西晋的"高下逐强弱"和东晋以下的"专称阀阅"三个阶段。

不过在制度形式上,中正评品以"才德"为标准一点,显然又使之不同于任子、门荫等纯粹特权制度。这恰好反映了文化士族的基本特征,士族的雄厚文化能够与"才德"标准沟通。当然这"才德"的实际标准,已因士族的偏好而大为扭曲了:江左论人多以名士欣赏的风采才学,而非吏干武功——恪勤职守者是要被鄙为"俗吏"的。由于中正制度,吏民实际上依身份而被分成了三个层次,中正二品以上是士族;三品以下是"吏门",他们身份较低、只能担任吏职,但毕竟还有品第;再往下就是连"无乡邑品第"也没有的"役门"了。可见,任职资格是取决中正品,而中正品又取决于门第高下,"选贤任能"的官僚政治标准让位于士族政治的身份标准了。

中正制使乡邑品题中央化了,而选官权力也在明显向中央集中。动乱之余遍布各个县邑的私学生徒、乡论清议大多销声匿迹了,政治文化活动主要是在京师展开的,地方性的"乡论"根本不可能保持昔日影响,中正品评"采誉于台府、纳毁于流言"。吏部开始成为选官的中心,所谓"其选才之职,专任吏部"。② 汉代按郡国分配员额、保证各地士人都有仕朝机会的察举制相对低落下去,不经州郡辟举,而由中央吏部直接任命的情况明显普遍化了。学者称为"直接入仕",并以统计显示,这尤其是高级士族的入仕途径。③ 中正乃是中央朝官的兼职,有幸得到品评者

① 《通典》卷十六《选举》四引沈约语。
② 《三国志》卷二一《魏书·傅嘏传》。
③ 罗新本:《两晋南朝入仕道路研究之一——两晋南朝的"直接入仕"》,《西南民族学院学报》1986 年第 4 期;陈琳国:《两晋九品中正制与选官制度》,《历史研究》1987 年第 3 期。

每州数百或千人不等,这些士人在司徒府登录在案,直接归中央管辖和任命,超越了地方长官辟举权限,这都是汉代所没有的情况。我们并不像许多论者那样,把地方势力(大地产、依附民及部曲武装等)说成魏晋(以至南朝)士族的存身基础,而把选官特权视作门阀制度的最基本支柱。选官的中央化,士族子弟冠冕蝉联、盘踞朝廷,反映的是统治集团的封闭化和士族的中央化。普通士人,甚至缺乏朝廷权势的地方豪右,都开始被排斥在这个圈子之外,"高门世族在很大程度上切断了低等士族上升之路"。①

与中正制度相应的,是"清途"的兴起。魏晋以降,仕途中逐渐形成了一些职望清华的起家之位,被权贵高门子弟所占据,寒门单贱很难染指。比如五品的黄门侍郎、散骑侍郎,"并清华,世谓之黄散焉"。② 史称"员外侍郎及给事冗从,皆是帝室茂亲、或贵游子弟"。③ 权贵子弟往往十余岁便由"黄散"起家。"清途"与九品中正制是相互配合的。贵游子弟往往依家门权势而获得上品优状,由此再由"清官"起家。由此还出现了"二品清宫"的概念。自晋以下,清官、清位、清职、清选等语词使用得越来越频繁了,官职清浊有异、起家途径有别的观念日益发达。到了南朝,秘书郎和著作佐郎为"甲族起家之选",而梁陈尤甚。为了让贵游都有机会依次递补,居秘、著之职者照例数十百日便迁。当时有谚云:"上车不落则著作,体中何如则秘书",言其纯以门望,不计才德。

哪些官职能得到士族青睐而成为"清官",是有规律可寻的:首先应该"清贵",以表明门阀身份高贵、位踞切要;其次是要"清闲",适应纨绔贵游尸位素餐之需;再次,许多"清官"都是文翰性的官职,因为士族以雄厚的经史诗文作为"平流进取"的凭借。士族"望白署空,是称清贵;恪勤匪懈,终滞鄙俗",④文法吏职是不合名流口味的,因此台省要职尚书郎初称"清美",但"自过江来,尚书郎正用第二人";⑤侍御史虽然担负着监察

---

① 胡宝国:《魏西晋时代的九品中正制》,《北京大学学报》1987年第1期。
② 《初学记》卷十二。
③ 《太平御览》卷二二一引《束㫜集》。
④ 《梁书》卷三七《谢举·何敬荣传论》。
⑤ 《晋书》卷七五《王坦之传》;又《太平御览》卷二一五引何法盛《中兴书·太原王录》。

重任,然而"甲族由来多不居宪台"。① 文化士族重文轻武,所以文职明显"清"于武职。南齐的张欣泰,曾由四品武职之步兵校尉除为五品文职散骑正员郎,从官品看是降官了,但朝廷及本人都把这看成殊恩,因为若论"清浊",后者就比不上前者了。② 官品的划分多少要考虑权威、职能及统属关系,较多地服从于行政需要,而"清浊"则更多反映了士族的文化偏好及维系高贵身份的需要。高门乐居之职即被视为"清职",即使它官品不高。③ "清途"保障了权贵对权势的世代占有,使士族与寒族在仕途上也划开了鸿沟。江左高门已大致定型,士族照例获得上品二品。中正品成了一种"门品",中正的评定升降几乎成了例行公事,这样士族所争者便由中正之品第,逐渐转向官位之"清浊"了。南朝计较官职"清浊"的风气尤其兴盛,甚至变成了"选例","详练清浊"的人才能"以选事相付"。"清浊"与官品并不对应,变成了衡量官职资望的又一标尺,梁陈之时"其官唯论清浊,从浊官得微清,则胜于转"。

南朝的皇权有重振之势,多少有能力扶植出身低微但有武干吏才的心腹亲信了。中正制度也发生相应的变化。这个变化分为两个等级段落。在"二品清宦"的段落,王朝在"门第二品"之外别设"二品才堪"的选例,面向那些门第稍逊但才干可用者;在中正三品以下,则在门第三品以外,别设"勋位"三品以下各级。由此业已僵化的中正制度,多少就呈现出一些弹性。不过其积极意义仍是很有限的。"二品才堪""勋位"毕竟是个"另类"的标签。南朝最重起家官。尽管也可能有少数寒人武将,由于皇帝恩宠或个人勋绩涉身二品清职,但那与高门子弟的起家就是清官,意义依然截然不同。

通过"二品清宦"之制和士庶之别,还发展出了流内、流外制度。这个制度本是北魏孝文帝首创的,不过它先已孕育于江左的深厚土壤,所以不久就为梁武帝所采用。本来汉代"若干石"的禄秩只是行政等级,并无身份意义,入仕者都要从郡县吏仕起,由郡县佐吏而至公卿,其间并无

---

① 《南齐书》卷三三《王僧虔传》。
② 周一良:《〈南齐书·丘灵鞠传〉试释兼论南朝文武官位及清浊》,载《周一良学术论著自选集》,首都师范大学出版社,1995 年。
③ 阎步克:《乡品与官品关系之再检讨》,《学人》第 8 辑,江苏文艺出版社,1995 年。

"流内外"的阻隔。梁武帝天监七年改革官品,情况就发生了重大变化。九品官品被改造为"十八班"和"七班"两个段落,十八班专门容纳中正二品以上的官职,"位不登二品者,又为七班",也就是"流外","此是寒微士人为之,从此(七)班者,方得进登(十八班之)第一班"。① 流外七班是从哪里来的呢?它实际来自中正三品到九品这 7 个等级,这 7 级由梁武帝的改制,而由中正品一变而为官品了。以前的"勋位",则被改造为"三品勋位""三品蕴位"。流内外的划分,当然也有区分高级文官和低级吏员之功,所以被后世沿用下去了;不过这个制度的最初来源却是九品中正制,是士族政治的产物,它强调官、吏之别乃是来自门第之别,"门品"不及二品者则无缘进入十八班清流。这大大挫伤了"吏"的荣誉感,同时又使士族自认为居位享禄乃门第所致,理所当然。

清途诸官大抵是以"职闲廪重"为特征的,大多是冗散之官。冗官冗吏日益膨胀,是魏晋以来的又一突出现象。多封一个官,摇摇欲坠的王朝也许就多了一名支持者;士族贵游坐享天禄,也必须为之提供足够的禄位。散骑常侍、散骑侍郎最初不过两官,可后来在正员之外又增设了员外、通直之位,遂至"六散骑"之多,"于时公族务在闲任,故置外位"。② 其时还有众多的供人"坐享天禄"的"王人赐官",如郎中、侍郎、散官大夫等。曹魏时户口萧条,王朝曾有"减天下吏员""并合郡县"之举,可见冗员问题在这时候就已困扰朝廷了。时至西晋,其弊益深。其时"论者皆云省官减事",而"求益吏者相寻矣",③ 由于尸禄素餐者与日俱增,连带着一些职事官也闲散化了。比如西晋不仅尚书郎"糠秕文案,贵尚虚闲",不久连大令史都"不亲文书"了。江左五朝依然故我,君主痛感"周官三百,汉位兼倍,历兹以降,游惰实繁",不过"若闲冗毕弃,则横议无已;冕笏不澄,则坐谈弥积",④ 仍是束手无策、左右为难。

始于秦国的二十等爵制在汉代逐渐衰落了,只有列侯和关内侯的封授还有意义。魏末司马氏则正式"复五等爵",公侯伯子男五等爵列在官

---

① 《隋书》卷二六《百官志》上。
② 《北堂书钞》卷五八引《晋诸公赞》。
③ 《晋书》卷三九《荀勖传》。
④ 《文选》卷三六王融《永明十一年策秀才文》。

品第一、第二。或说"复五等"出自司马氏的儒家理想,^①但具体说来,"五等封爵,皆录旧勋","五等爵的封授对象都是西晋的开国功臣及其后嗣"。五等爵的待遇是优于汉代列侯的。^②日人或谓此期"封爵是保证政治特权的第一位因素"。^③汉代的爵位与官职并无直接对应,封爵并不构成起家资格;而晋代五等封爵,却和起家官直接联系起来了:"晋世名家身有国封者,起家多拜员外散骑侍郎。"^④司马氏大封宗王,不过局势也迫使他不能冷落士族功臣。晋初"公侯伯子男五百余国",构成了一个庞大的既得利益集团。当时诸王封户约 57 万,而五等诸国食邑估计约 50 万户,士族与皇族平分秋色。东晋初年,又有一批新出门户获得了五等封爵,孝武帝时复又绍封西晋佐命功臣,其时的得爵者也正是江左门阀的基本阵容。东晋初封爵 49 人中,仅 13 人为南士,恰好与侨姓门阀高于吴姓的政治格局相合。武将寒人在两晋大多没有五等封爵。不过刘宋以来皇权复兴、低等士族抬头,武将寒人们纷纷跻身五等爵封,并形成追求"封侯富贵"之风。

3. 官僚政治的变态和扭曲

分裂、动荡和政治飘摇,本身就要对行政常态造成严重冲击;加上门阀擅政和士族特权,魏晋以降的官僚政治发生了许多变态和扭曲,这不止于前节所述士族的选官特权。

门阀势力愈强,则对高级职位的占有率愈高,并造成各种官职位望的沉浮变化。西晋时录尚书事并不甚重,而东晋王、庾、桓、谢四族递控朝权,便"极力发挥录尚书事的作用……以'辅政'名义操纵朝政"。东晋百余年录尚书事很少有空缺,并规定"职无不总";到淝水之战为止,录尚书事凡 13 人,其中皇族 2 人,高门 10 人,无一寒门。这都和西晋大不相同。又,中书监令参掌机务决策,所以东晋有三分之二的时间,存在着中书监令兼录尚书事的情况。按制度,监、录不应萃于一人,然权臣径自

---

① 陈寅恪:《崔浩与寇谦之》,《金明馆丛稿初编》,上海古籍出版社,1980 年。
② 杨光辉:《魏晋南北朝的封爵制度》,1988 年北京大学历史系博士论文。
③ 越智重明:《晋爵与宋爵》,《史渊》第 85 期。
④ 《宋书》卷五八《谢弘微传》。

兼而任之，"这正是东晋君弱臣强在官制上一个突出表现"。[1]

由于皇权不稳，权臣屡出，丞相、相国之职"多非寻常人臣之职"了，[2]自曹操以下，往往成为擅权篡位之阶。曹操自封魏公、魏王，再开异姓封王之例，也为此后"禅代"者所效法。权臣的这种王国之内，自有类似朝廷的一套官属，反使朝官成为备员。如曹操为魏公，虽云仅"置六卿以下官"，实则相国、太尉、御史大夫、大将军、九卿及尚书令仆等，无不具备。[3] 司马炎封晋王，以其死党何曾为丞相，王沈为御史大夫，贾充为卫将军，裴秀为尚书令，皆开府。[4] 桓玄封楚王而建"楚台"，刘裕封宋公而建"宋台"，亦相类似。"都督中外诸军事""中外大都督"大抵也为权臣所居。"中外"最初何指，史家有异说；不过西晋始，其号逐渐荣衔化了，[5]"凡有大臣都督中外诸军事、录尚书事时，皇帝多半已是傀儡"。[6]例如刘裕加"中外大都督"，便集军政大权于一身。至于侯景乱梁时自封为"宇宙大将军、都督六合诸军事"，已事属狂谬了。可见随机的政治斗争因素经常导致制度变态，制度及变迁并不仅仅依据行政考虑。

汉末群雄割据数州数郡，本来已有都督区雏形了；新出的都督官名很快就发展为一种军区制度。[7] 曹魏都督区合时有六，分时有十；西晋时都督区一般有八。由于都督兼领州牧、刺史以及郡守，地方遂形成两套班子，一是军府的长史、司马、参军等；一是州府之别驾、治中、从事等。如果以诸王兼都督、刺史，则其属官将有国官、府僚和州佐等三驾马车。汉代中央号令直达百余郡国，省去中间层次反而效率更高；战乱时在较大地域内统筹军政成了必要，然而中央集权衰落之时，方镇经常为权臣

---

① 祝总斌：《两汉魏晋南北朝宰相制度研究》，中国社会科学出版社，1990 年，第 190—347 页。

② 《宋书》卷三九《百官志》上。南朝丞相、相国也常常用为赠官，参看《通典》卷二一《职官》三。

③ 参看万斯同：《魏国将相大臣年表》，《二十五史补编》第 2 册，中华书局，1955 年。

④ 《晋书》卷三《武帝纪》。

⑤ 祝总斌：《都督中外诸军事及其性质、作用》，收入《纪念陈寅恪先生诞辰百年学术论文集》，北京大学出版社，1989 年。

⑥ 何兹全：《魏晋的中军》，收入《读史集》，上海人民出版社，1982 年。

⑦ 参看陈仲安、王素：《汉唐职官制度研究》，中华书局，1993 年，第 2 章第 2 节"一、都督的起源"。

所踞,成为对抗皇权的分权因素。西晋"八王之乱",就表现为洛阳朝廷与邺、许昌、长安的方镇诸王彼此攻杀。最后的胜利者司马越,把名流俊异、精兵强将尽归其府,朝廷变成了空壳;由司马越府派生出来的司马睿的镇东将军府,后来还演变为江左五朝的起点。

江左五朝,以政治中心扬州为"内户",以军事重镇荆州为"外阃","荆扬之争",由之而起。东晋初王敦挑战建康朝廷,即以荆州为基地。桓温以荆州为巢穴,八州士众资调殆不为国家所用。方镇乃门阀权势所系,所以向来为门阀所力争。"荆扬争衡,得江州者恒胜,此殆终南朝不变之局也。"①宋武帝定制,荆州府置将不得过二千人,吏不得过一万人,②则此前其将吏数量就更为庞大了。宋孝武帝分荆、江、豫而建郢州,以弱荆扬、"削臣下之权";导致了"荆扬并因此而虚耗"③的恶果,也在所不惜。出于行政和国防的需要,则对行政区划将有一种设置方式;而变幻无定的政治争斗,却令一种"不合理"的设置势在必行。

魏晋以来"州"发展为一级行政单位,形成了州、郡、县三级制。帝国衰微中,州郡数量却在不断增加。东汉有州 13,郡国 105,县道国邑 1180。魏晋人口不过汉代的几分之一,州郡县数却远过东汉。江左仅止半壁江山,然而东晋安帝时郡达 235,县 1167;宋文帝时州 20,郡 233;齐明帝时州 24,郡 365,县 1378;梁后期州达 104,郡达 586;陈朝不过 50 万户,其州也曾达 80 个、郡达 240 个以上。④ 刘宋的豫州陈留郡领县 4,户仅 196;豫州北上洛郡领县 7,户仅 254,⑤如何管理,不得而知。较之汉代数十万人的大郡、万户的县,真有天渊之别。梁代百余州,有 20 余州竟"不知处所"。其时为笼络边境镇戍,虽领民不多,为增加将帅资位也要建郡,有时一人而领二三郡太守;还有为了羁縻"异国之人""荒徼之民"而设州郡县者,刺史守令皆用豪酋;还有因军需而募民上钱谷,遂赐以荒县、荒郡者,未必居职,仅为空名而已。州郡县的增殖增加官员数量,也

---

① 严耕望:《魏晋南北朝地方行政制度》,台湾历史语言研究所专刊 4、5 号,1965 年,第 47 页。

② 《宋书》卷三《武帝纪》下。

③ 《宋书》卷六六《何尚之传》。

④ 徐文范:《东晋南北朝舆地表》,《二十五史补编》第 5 册。

⑤ 《宋书》卷三七《州郡志》三。

就等于增加政权的拥戴者;地方控制形式上是加强了,至少官府的设置标志着朝廷权力的到达。不过其弊端也就随即显现了:"州郡虽多,而户口日耗矣。"①

侨州郡县,是此期的一个奇特制度。东晋朝廷为北来流民专门设置了与旧籍同名的州郡以处之,并另立白籍,在赋调上给予优待。为有别于旧籍,对侨置的同名州郡例冠以"南"字。例如北方有琅邪郡临沂县,而晋成帝侨置南琅邪于江乘县,并在其中侨立南临沂县。先后设置的侨州有10,侨郡62。这种安置之方可以维系流民的乡里之思,不过它一定要采用侨立州郡的方式,仍如王仲荦所论:北来士族"竞以姓望所出邑里相矜",倘使琅邪王氏、陈郡谢氏由于流寓而变成了丹阳王氏、会稽谢氏,那就等于取消了他们的高贵标志,因此,他们也必会提出:琅邪(或陈郡)"既是望邦,衣冠所系,希立此郡,使本壤族姓,有所归依"了。② 混乱也随之而来:一郡分为四五,一县割成两三;昨属荆、豫,今隶司、兖;结果"魏邦而有韩邑,齐县而有赵民","版籍为之浑淆,职方所不能记"。后来王朝不得不采用"土断"以整齐之。

自西晋以来就出现了内官重而外官轻的情况,士族贵游大抵贪恋京都风物,不乐担任郡县亲民之职,"竞内薄外,遂成风俗"。③ 为矫其弊,朝廷定"甲午制",规定士人皆先仕郡县,治民著绩,方得内补。不过不久便成了一纸空文。时至江左,出为郡县又成了搜刮求富之途。罗企生以家贫亲老,求为临汝令;王僧达诉家贫,宋文帝以为秦郡太守。时刺交、广所榨取者称"南俸",刺蜀所榨取者称"西资"。④ 甚至君主都想分一杯羹,向地方官勒索资献。梁武帝以献多者为称职、少者为弱惰,所以牧守无不大肆搜刮。值得注意的,是此期力役和禄田构成了官员报酬之大宗。力役名目,如骑卒、恤、吏、兵、干等不下十余种。晋惠帝元康定制,公卿等依品级而给菜田若干顷、田驺若干人。其原因是国家掌握了较多

---

② 王仲荦:《魏晋南北朝史》上册,上海人民出版社,1979 年,第 347 页。
③ 《晋书》卷四七《傅咸传》。
④ 参看周一良:《宋书札记·南俸》,《魏晋南北朝史札记》,中华书局,1985 年。

公田,自然经济占主导地位,及禄不足以代耕等;[①]尤其是,它还表现为对豪族经济的仿效:禄田劳动者与私家依附民处境相似,职官对之拥有人身支配权。[②] 政府无力通过高级财政方式——如税收——保证俸禄,转而听任官员直接占有人手和经营农田,这意味着政府职能的异化,并将淡化任职者的行政雇员意识:他行政服务的收入,反而依赖于他的个人经营。

官府也大量通过直接控制劳力、参与经营以保证财政。孙吴、曹魏都有屯客、屯兵从事耕作,与官府分成,不编民籍、不任徭役并专设田官管理。"曹魏建立的屯田制和士家制,就是封建国家在特定条件下用豪强征敛方式剥削国家佃客,用私人部曲方式组织国家军队的制度",[③]"屯田是国家的私田,屯田客是国家的私客。屯田形式……是当时通行的封建大土地经营方式的模拟"。[④] 江左的军府、州府有成百、上千甚至上万的"吏",单立为吏籍,终身乃至全家世袭为官府服役。[⑤] 东晋应詹曾请都督课田 20 顷,州 10 顷,郡 5 顷,县 3 顷,以保证财政。刘宋时郡有大田武吏,年满 16 则课米 60 斛。政府对直接控制劳力、直接进行经营的依赖增大,说明它以税收形式提取资源的能力大为衰减,伴随其间的依附性、封建性因素的渗透,也降低了行政的合理化水平。

私人依附性因素对行政的干扰,还体现于故吏、门生、私兵等现象。"故吏"观念盛于汉末,故吏须为故主效忠、周旋于生死之间,甚至服三年丧。[⑥] 魏晋以来,府属为长官服丧仍有定制;长官有罪,府属"例免"。曾为某府"入幕之宾",就成了府主的故吏、义故,往往随府主调任。桓温所开先后四府,僚佐可考者 47 人,才士名流多出之,[⑦]构成了其个人权势的重要部分。"门生"本来只是权贵的僮仆,然而王晏用人,内外要职多周旋门义;王琨为吏部郎,自公卿以下至士大夫,例为用两门生。"是门生

---

①　参看陈仲安、王素:《汉唐职官制度研究》,第 369 页。

②　曹文柱:《东晋南朝官俸制度概说》,《北京师范学院学报》1986 年第 1 期。

③　翦伯赞主编:《中国史纲要》,人民出版社,1995 年修订版,第 219 页。

④　唐长孺:《魏晋南北朝隋唐史三论》,武汉大学出版社,1992 年,第 34 页。

⑤　唐长孺:《魏晋南北朝时期的吏役》,《江汉论坛》1988 年第 8 期。

⑥　赵翼:《廿二史札记》卷三《长官丧服》,卷五《东汉尚名节》。

⑦　林校生:《桓温幕府僚佐构成考说》,《北大史学》第 3 辑,北京大学出版社,1995 年。

已有入官之路"，①官员的私属堂而皇之地跻身朝吏。② 南朝的将帅一度拥有大量的部曲、门徒、义附等私兵，并经常成为动乱根源，所以严耕望把"长官拥带部曲制"视为江左一大特色；萧恢以荆州转刺益州时携五万人自随，"拥带如此庞大之部曲，视为私人武力，此与汉世制度相去远矣！"③

法制法规，是官僚体制理性行政的命脉。秦汉的法律和法吏，构成了帝国的行政支柱。魏晋以下法治松弛了，"在职之人，官无大小，悉不知法令"。④ 这不仅源于时局动荡，还在于时人观念变化："刑法者，国家之所贵重，而私议之所轻贱"；⑤"自晋氏失驭，海内分裂，江左以清谈相尚，不崇名法，故其时中原律学，衰于南而盛于北"。⑥ "大较江东政，以伛偻豪强，以为民蠹，时有行法，辄施之寒劣。"⑦南朝的廷尉律生，不过令史门户，不入士流；廷尉律博士，不过三品勋位之职。梁武帝敦睦九族，优借朝士，有犯罪者皆讽群下屈法申之，百姓有罪皆案之以法；锐意儒雅，疏简刑法，自公卿大臣咸不以鞫狱留意；是其著者。

此期的监察制度，也往往宪纲具在而形同虚文。偶有刚正敢于纠弹者，多遭权贵仇视抵制。东晋权臣当国，"镇之以静"，崇尚宽纵优容，奉"宁使网漏吞舟，不必察察为政"为格言，不惜"遵养时贼"。尽管南朝君主仍有维系监察之举，但高门士流轻视法纪，兼及监察之职，所谓"甲族由来多不居宪台"。⑧ 当然法网宽弛，有时倒也使专制的残酷性有所淡化——如捶扑朝士、廷杖大臣一类事情，历朝往往而有之，然而"唯南朝稍异"，"南朝杖罚之制稍轻于北朝，唐制盖沿北朝及隋故也"。⑨ 齐明帝一度厉行郎官受杖之制，可是遭士族抵制，"自是应受罚者，依旧不

① 钱大昕：《廿二史考异》卷二四《宋书·王弘传》，商务印书馆，1958 年，第 470 页。
② 韩国磐：《东晋南朝的门生义故》，《社会科学战线》1980 年第 2 期。
③ 严耕望：《魏晋南北朝地方行政制度》上册，第 130 页以下。
④ 葛洪：《抱朴子·审举》。
⑤ 《三国志》卷二一《魏志·卫觊传》。
⑥ 程树德：《九朝律考》，中华书局，1963 年，第 225、311 页。
⑦ 《晋书》卷七三《庾翼传》。
⑧ 《南齐书》卷三三《王僧虔传》。
⑨ 赵翼：《陔余丛考》卷十七《唐时簿尉受杖》，河北人民出版社，1990 年。

行"。① 甚至令史受杖,也常是"正从朱衣上过",时人讥为"上捎云根,下拂地足",②言不及躯体也。

总的看来,在这个时期,官僚制的法理秩序的维持变得艰难了,随机的政治争斗和私人性、依附性以至"封建"性因素,频繁冲击着正常行政,侵蚀着官僚机器,而使制度流于空文或发生扭曲。

二 专制官僚政治的维系和进展

长期动荡分裂和士族门阀权势,使魏晋南北朝的时代面貌大异汉唐。这使部分学者倾向于将之定义为一个新时代,例如封建社会的开端,或者一个特别的"贵族制时代"。我们的一个感想是,两千年专制集权体制和儒生官僚体制的存在及其连续性,构成了一个巨大权重,它使经济变迁所带来的社会形态"变化率",相对大为减小。即使在魏晋南北朝,专制官僚制传统也依然作为一个"常态"的"模板",显示着深远的影响,尽管在现实中这个体制的运作发生了众多扭曲和变态。

1. 皇权的自我维护

跨文化的比较研究显示,前现代中央集权官僚帝国体制的演生动力,在最初必定来自皇帝、国王,来自其摆脱贵族束缚而垄断政治决策的意愿。③ 魏晋南北朝的皇权受到了权臣和门阀的冲击,但史实显示,一旦有可能,皇权总会本能地以各种形式自我维护。迫于形势,这些维护手段有异于秦汉大帝国君主的通常做法,表现为一种"权宜之计",伴随着众多弊端,因此也可视为"变态";但另一方面,它们毕竟在一定条件维护了皇权,显示了即使在这个时代,皇权也依然顽强地寻求着集权和专制。

如前所述,魏晋南朝的皇权强度呈现为一个两头高、中间(东晋)低的"马鞍形"。在"两头高"的西晋和南朝,恰好都出现了"宗王政治"。本来,秦汉大帝国靠法制就足以维持专制集权,宗王的分土或干政,反而

① 《南史》卷十八《萧琛传》。
② 《世说新语·政事》。
③ 艾森斯塔得:《帝国的政治体系》第 2 章第 1 节,贵州人民出版社,1993 年。

被视为动乱的渊薮。秦废分封而立郡县，汉廷的"削藩"极大地削弱了王国势力。曹魏承汉旧制，对诸王禁防严切，王侯皆思为布衣而不能得。不过对"凋翦枝干，委权异族"的危险，许多人已提出严重警告。魏晋时"封建"的呼声突然高涨，"建同姓以明亲亲"被说成是令"神器不移他族"的千秋大计。司马氏遂一反曹氏压制诸王方针，任用宗亲并使皇子封王与政。诸王以郡为国，大者数郡，按大小分置军队，被委以都督一方军事之责，尽量使其封国和所督方面一致。① 同时诸王纷纷在中央占据要津，居诸公、令、录或都督中外之位。② 所谓"或出拥旄节，苴岳牧之荣；入践台阶，居端揆之重"。③

无独有偶，刘裕取代东晋而建立刘宋后皇权重振，宗王政治随即再度出现。叶适所论要言不烦："自宋以来，委任宗室子弟，驾驭功臣士大夫。"④皇子宗王纷纷出镇荆、扬、徐、江、雍州等要藩。齐高帝甫即位，以皇子萧嶷都督荆州、萧子良都督会稽，胡三省谓："江左之势，莫重于上流，莫富于东土，故又分布子孙以居之。"⑤"广树藩戚"的呼声再起，宗王对高官的占有率也同步上升，少年皇子频频被加以诸公之位。宋武帝次子刘义真，15 岁为司徒；宋孝武帝之子刘子鸾兼司徒，年仅 8 岁。对此期录尚书事、中书监令、侍中、尚书令仆等 8 官的统计显示，东晋门阀政治下，世族占 78%，宗室外戚占 7%；而在西晋与南朝，宗室（及外戚）所占比例则高达 19% 至 38%，相应世族比例则降至 49% 至 64%。这不仅显示世族与宗室是权势之最大分割者，更有趣的又在于，二者权势明显互为消长。⑥

唐长孺对重用宗室政策有一个看法："在贵族政权下，皇室作为第一家族凌驾于其他家族之上，皇帝作为这个第一家族的代表君临天下，其家族成员有资格也有必要取得更大权势以保持其优越地位。"⑦秦汉帝王

---

① 唐长孺：《西晋分封和宗王出镇》，《魏晋南北朝史论拾遗》。
② 参看沈任远：《魏晋南北朝政治制度》，台湾商务印书馆，第 243 页。
③ 《晋书》卷五九《八王传序》。
④ 叶适：《习学记言》卷三二《南史二·梁书》，上海古籍出版社，1992 年，第 293 页。
⑤ 《资治通鉴》卷一三五。
⑥ 陈长琦：《两晋南朝政治史稿》第 4 章"世族政治"，河南大学出版社，1992 年。
⑦ 唐长孺：《魏晋南北朝隋唐史三论》，第 51 页。

的超越各社会阶层、某种程度上也超越了一己家族的姿态,才充分显示了专制的稳固;而西晋或南朝君主的"第一家族的代表"形象,则未免有"太阳下同万物"(下同门阀)的意味。乞灵于亲缘维系而非法治和体制力量,这无疑是一种较低级的政治斗争手段。"八王之乱"正由宗王争权而起。后人云"西晋之政乱朝危,虽由时主;然而煽其风、速其祸者,咎在八王"。① 南朝宗室的争权夺利,同样导致了"子孙屠戮之惨"。② 以皇子镇要藩,往往只是使称兵向阙者由权臣变为宗室而已。

但问题还有另一方面。王夫之说:"魏削宗室而权臣篡,晋封同姓而骨肉残。"③这确实是一个两难的艰难选择。从皇帝"家天下"的角度看,毕竟"封同姓"有助避免异姓篡夺而皇统中绝。宗王强盛之时,士族高门往往就只能奔波摇摆于各个宗王之间,而不那么容易构成威胁皇权的独立势力了。在宗王所扶植的心腹亲信中,往往有大量寒人、武人投机者,他们虽然经常是动乱的煽动者,但其所赢得的恩宠和权势,也因加剧了社会流动而冲击了门阀的高贵地位。同时君主在倚重宗室的同时也有防范。宋孝武帝恶宗室强盛,增广二十四条之制以抑制宗室。宋齐朝廷又开创"典签"和"行事"之制,以制诸王。皇子出镇,皆以亲近左右领典签以制宗王之权,典签"威行州郡,权重藩君",④以至令诸王泣谓"欲移五步不得,与囚何异"。齐明帝倚典签杀诸王,诸王无一一束手就戮。又幼王出镇,则以上佐如长史、司马或太守等担任州"行事",握方镇实权,所谓"行事执其权,典签掣其肘"。⑤

如田余庆先生所论:"在门阀政治存在的时限以内,动乱的根源主要不是像专制皇朝通常出现的那种宦官、外戚、宗室专政,因为相对来说,微弱的皇权滋生不了那种必须依附于皇权而行专擅的宦官、外戚、宗室,滋生了也难于长期起重要作用。动乱的根源却较易来自士族中的权臣。"⑥确实,宗王政治与皇权政治具有相关性。诉诸宗王政治,当然有饮

---

① 《晋书》卷五九《八王传序》。

② 赵翼:《廿二史札记》卷十一、十二。

③ 王夫之:《读通鉴论》卷十一,中华书局,1975年,第304—305、297页。

④ 《南史》卷七七《吕文显传》。

⑤ 《南齐书》卷四十《武帝十七王传》。

⑥ 田余庆:《东晋门阀政治》,"后论·门阀政治的暂时性和过渡性",第353页。

鸩止渴和虚耗政治资源的恶果,但在那个特定时代,它也确实是皇权自我维护的不得已手段。至于宦官、外戚专权现象,在东晋似乎偃旗息鼓了。西晋时外戚杨氏、皇后贾氏一度大权在握,西晋和南朝都有些宦官涉身政治,与东晋略异。但总的说来,由于士族造成的门第观念,身份卑微的宦官在魏晋南朝没有大的作为,无法与宗王相比。

与之类似的,还有东宫的沉浮。皇权衰落带来了皇统的不稳,而高门权势上升也使皇族相形失色。这时候保障储君地位就成了当务之急。曹操在确认曹丕为继承人后,随后就罗致一批名士于其幕府。西晋太子师傅增至6人,太傅、少傅都以诸公居之。东宫的卫兵发展到了五卫率,精兵多达万人以上。太子舍人、庶子、洗马等增至三四十人,任以名流,而士人也以"振缨承华""参务承华"为荣。[①] 还形成了先做东宫官属,然后才能迁任尚书台郎的选例。[②] 东晋门阀政治下皇帝尚且"宿卫寡弱",[③]遑论东宫了。宋武帝刘裕登基,立即加重东宫之兵,到宋文帝时"至实甲万人"。梁朝太子二率11营,精兵估计也不下万人。[④] 皇帝还让储君早日参与军国大政,例如齐武帝让文惠太子决狱,[⑤]梁"太子自加元服,高祖(萧衍)便使省万机,内外百司奏事者填塞于前。太子明于庶事,纤毫必晓,每所奏有谬误及巧妄,皆即就辨析,示其可否"。[⑥] 梁代东宫还是文学渊薮,"江左梁末,弥尚轻险,始自储宫,刑乎流俗"。[⑦]

太子东宫的选官中转功能和重兵屯积现象,是其他时代不大看到的。当然这种做法也有事与愿违的情况,例如宋文帝的太子刘劭反而利用东宫兵力弑父篡位,宋孝武帝即位后又不得不反过来削弱东宫,如胡三省所谓:"惩元凶刘劭之祸也。"[⑧]这些强化东宫维系储副的方式具有随机性、个人性以至不确定性,是一种较低级的政治斗争手段;但在维护

---

① 承华门为东宫代称,参看周一良:《宋书札记·承华门》,《魏晋南北朝史札记》。
② 参看阎步克:《察举制度变迁史稿》,辽宁人民出版社,1991年,第176—177页。
③ 《晋书》卷六七《温峤传》。张泽咸指出:"东晋立国江东,禁卫力量始终不强。"见其《晋朝军制的几个问题》,《中国史研究》1989年第2期。
④ 黄惠贤:《中国政治制度通史》第4卷,第71页。
⑤ 《南齐书》卷二一《文惠太子传》。
⑥ 《梁书》卷八《昭明太子传》。
⑦ 《北齐书》卷四五《文苑传序》。
⑧ 《资治通鉴》卷一二七宋文帝元嘉三十年。

皇权上,与诉诸宗王政治有相近的意义。

南朝的"寒人掌机要",被史家视为此期的突出现象。在传统中国政治中,如果"选贤任能"原则得以贯彻,就会经常出现朝为匹夫而暮为高官或父为匹夫而子为高官之事,相应则有"鄙门荫而夸特起"的态度,"特起"者不必视为"寒人"。"寒人掌机要"之所以特别构成了南朝政治特色,则在于如下一点:复振的皇权已有能力赋予所欣赏倚重者以权势;同时衰而不僵的高门冠冕,仍然足以将其压抑在"寒人"或"寒士"的卑微地位。其实魏晋之时,"德、才仍为评定人品极重要标准",①有不少"草泽之士,犹厕清途",②"寒人"已能感受到高门权贵的政治压迫,但仍有晋身机会。东晋门阀政治下,寒人根本无缘染指权势。换言之,在魏晋与南朝这两个皇权尚强的时期,寒人社会流动从实际规模来说都高于东晋,但南朝门阀观念比魏晋浓厚,"寒人""恩倖"的身份就被格外凸显出来了。

中书省的中书通事舍人这一机要之职,宋齐以来多任以寒人,他们逐渐成为君王心腹,诏敕迁转诛赏大处分,君主往往与之参理。他们便开始弄权,以至有"势倾天下""宁拒至尊敕,不可违舍人命"之说。③ 此外士大夫不乐文法纠察之职,而君主则有意在这类要职上安置爪牙,从而又有"寒人掌文法"现象。御史台的侍御史是台中事务的主要承担者,"众多寒门出身的人都初仕于侍御史之职,自然被士族视为贱职或浊流"。④ 此外,各种尚书令史也是"文法"之职。⑤ "魏正始及晋之中朝,时俗尚于玄虚,贵为放诞。尚书丞、郎以上,簿领文案不复经怀,皆成于令史。逮乎江左,此道弥扇",⑥南朝"尚书省的都令史用寒族充任,权力不小","皇帝处理政务,上面主要依靠的是佞倖参与议政,下面则主要指望

①　祝总斌:《门阀制度》,见白寿彝主编:《中国通史》第7卷,上海人民出版社,1995年,第567—569页。

②　《通典》卷十六《选举》四。

③　《南齐书》卷五六《倖臣刘系宗传》。

④　邱永明:《中国监察制度史》,华东师范大学出版社,1992年,第188页。

⑤　《晋书》卷三九《荀勖传》。

⑥　《梁书》卷三七《何敬容传》。

令史有效地具体贯彻执行"，"令史实际操纵了吏部，尚书形成挂名"。①又前述典签一官，"本五品吏"，"本微贱者也，然官小而权重"，②也任以寒人，纠劾刺举。

叶适曰："魏晋以来，以贵役贱，士庶之科，较然有辨。自刘毅、卫瓘、李重论中正，至(沈)约尽之矣。此魏晋江左大事也。不然，则戴法兴与徐爰、阮佃夫辈，皆士大夫之选，岂得尚为恩倖耶？"③王夫之亦云："故晋宋以后，虽有英才勤劳于国，而非华族之有名誉者，谓之寒人，不得与于荐绅之选。其于公天爵于天下，而奖斯人以同善之道，殊相背庚，而帝王公天下之心泯矣！"④这都是根据中华帝国的政治"常态"而立论的。"寒人"不得堂堂正正地成为"士大夫"，这既压制了他们的才干，又淡化了其荣誉感，使之转而弃名求利。所以"恩倖"中贪污受贿、舞文弄法者颇多于时。但君王为何要任用寒人呢？这正如赵翼所论：君主不肯假权于大臣，而高门亦不屑竭智尽心以邀恩宠，寒人则希荣切而宣力勤，便于驱策，遂成心膂。⑤ 就是说，君主任用寒人或寒士，乃是出自强化君主专制和保障行政效率的需要。史载"恩倖"刘系宗："久在朝省，闲于吏事。(齐)武帝尝云：'学士辈不堪经国，唯大读书耳。经国，一刘系宗足矣。沈约、王融数百人，于事何用！'其重吏事如此。"⑥

"寒人""恩倖"如大量涌现，则将促成士族政治的终结，反而无所谓"寒人""恩倖"了。如果说倚重宗王、强化储宫的措施仍然带有较多"权宜之计"意味的话，寒人的崭露头角就具有更多的积极意义了。反过来说，"寒人"依然是一种卑微的身份，这是南朝皇权与门阀势力此消彼长，最终所能达到的平衡之点。

2. 不绝如缕的专制官僚政治论说

魏晋南北朝的士族政治，看上去是一种"倒退"：它与春秋贵族世卿

---

① 祝总斌：《两汉魏晋南北朝宰相制度研究》，第223—224页。
② 赵翼：《廿二史札记》卷十二《齐制典签之权太重》。
③ 叶适：《习学记言》卷三一，第285页。
④ 王夫之：《读通鉴论》卷十，第262页。
⑤ 赵翼：《廿二史札记》卷八《南朝多以寒人掌机要》。
⑥ 《南史》卷七七《恩倖传》。

政治具有某种相似性。不过并不存在真正的历史重演。战国的"选贤任能"思想,到秦汉官僚帝国真正地化为现实了。战国秦汉数百年的帝国历史,留下了深厚的政治传统,并把中央集权、君主专制和官僚政治确立为"常态"。魏晋以下尽管出现了皇权动摇、官僚萎靡,支持专制官僚政治的思想和议论趋于低落,但在朝堂之上、君臣之间它们依然是正统的政治论说。那些在现实前面已显空洞飘渺的套话,事实上却在系一缕于不绝;其所传递的政治信息,将在未来帝国复兴之时提供政治"模板"。

尽管西晋初年官僚政治已趋萎靡,但仍有一批政治家在努力扭转颓势,企图从选官、监察、考课、司法等众多方面,振作官僚政治。例如魏晋时王昶、杜恕、刘寔、刘颂、杜预积极筹划考课之法,以补士族政治之失。西晋的事功派官僚如刘颂、刘毅、李重、傅玄、杜预等人,还曾发出了"清议"的呼吁,这是对朝政缺乏清廉而趋于萎靡的反弹。[①] 王夫之赞许杜预:"清议者,似无益于人国者也,而国无是不足以立。"[②] 九品中正制事实上造成了"公门有公,卿门有卿",逐渐成为士族制度的重要支柱。但同样值得注意的是,在西晋时这个制度就遭到了猛烈抨击,参与者包括李重、卫瓘、司马亮、段灼、潘岳、孙楚、王沈、熊远等一大批人。其中最著名的则是刘毅《请废九品疏》,他把九品官人法斥为"奸府"。

刘宋孔宁子倡导求贤、考绩,主张"才均以资,资均以地",[③]把才能、资历的选官标准,置于门第之上。周朗呼吁:"当使德厚者位尊,位尊者禄重,能薄者官贱,官贱者秩轻。"[④]皇侃《论语义疏》释孔子"有教无类":"人乃有贵贱,宜同资教,不可因其种类庶鄙而不教之也。教之则善,本无类也。"梁代裴子野:"天下无生而贵者。是故道义可尊,无择负贩;苟非其人,何取代族!"[⑤]曾为"王满连姻"而上表维护士庶之辨的沈约,在另一些场合也有另一副腔调:斥责中正制造成了"徒以凭借世资,用相凌

---

① 参看拙作:《西晋清议呼吁简析及其推论》,《中国文化》1996年第4期。

② 王夫之:《读通鉴论》卷十,第327页。

③ 《宋书》卷六三《王华传》。

④ 《宋书》卷八二《周朗传》。

⑤ 《通典》卷十六《选举四》引裴子野《宋略》,又见《资治通鉴》卷一二八宋孝武帝大明二年。

驾",赞扬了汉代从"小吏干佐"举人,①并且申说:"夫君子、小人,类物之通称,蹈道则为君子,违之则为小人。是以太公起屠钓为周师,傅说去版筑为殷相,明扬幽仄,唯才是兴。"②

晋武帝的统治一向被说成是士族门阀的政治代表。然而晋武帝在维系专制官僚制上,绝非无所作为。"晋武之初立,正郊庙,行通丧,封宗室,罢禁锢,立谏官,征废逸,禁谶纬,增吏俸,崇宽弘雅正之治术,故民借以安;内乱外逼,国已糜烂,而人心犹系之。"③对事功派的激烈言论,包括对九品中正制批评,他也都加以赞扬。晋元帝尽管拉王导同登御坐,但也曾努力加强皇权。呼吁"听言观行,明试以功",④为此还陷入了门阀的冲突。晋安帝时一度篡权的桓玄尽管被视为高级士族的代表,但他在篡权前后颇事更张,创制科条,议者则请修庠序、恤典刑、审官方、明黜陟、举逸拔才,务农简调。没有什么证据显示,桓玄称帝后依然愿意与哪家门阀"共天下"。梁武帝优容权贵士族,但也有如下言论:"设官分职,唯才是务",对优容鼎族而压抑布衣的积习申言"此实巨蠹,尤宜刊革!"⑤他告诫臣下"莫言人微,而以自轻,人无贵贱,道在则尊"。⑥ 他发诏求贤:"虽复牛监羊肆、寒品后门,并随才试吏,勿有遗隔","傍求俊义,穷其屠钓,书其岩穴,以时奏闻"。⑦ 又如宋文帝元嘉三年《遣大使巡行诏》,十二年《求贤诏》,宋孝武帝《举才诏》《临徐兖二州搜扬诏》,宋前废帝景和元年八月《求才诏》,宋明帝《求贤才诏》《搜括隐逸诏》,宋后废帝泰豫元年《广荐举诏》,宋顺帝升明元年九月《求贤才诏》,齐高帝《诏》,陈文帝天嘉元年七月《进贤诏》,大抵都有面向"匿名屠钓,隐身牧耕"者之类规定。我们当然不相信这些诏文真能兑现,但却要强调这种申说本身就有意义。

门阀的形成大抵都有一个"由儒入玄"的过程,玄学的"无为君主

---

① 《通典》卷十六《选举典》引沈约《选举论》。

② 《资治通鉴》卷一二八宋孝武帝大明二年。

③ 王夫之:《读通鉴论》卷十一,第301—302页。

④ 《全晋文》卷八,严可均:《全上古三代秦汉三国六朝文》,中华书局,1958年,第1506页。

⑤ 《梁书》卷一《武帝纪》上。

⑥ 《全梁文》卷六,《全上古三代秦汉三国六朝文》,第2984页,梁武帝《凡百箴》。

⑦ 《梁书》卷二《武帝纪》中。

论""自然名教合一论",以及名士的虚谈废务、浮文妨要,都严重地侵蚀了官僚政治,以致后人有"清谈误国"之叹。但对这种清谈浮诞之风,羊祜、裴颀、刘寔、刘弘、陈频、陶侃、卞壶、桓温、庾翼、应詹、范宁等一大批官僚,都曾做出反击。魏明帝和董昭、王昶致力打击"浮华"。西晋的裴颀,针对何晏、王衍等"口谈浮虚,不遵礼法",作《崇有论》从理论上加以驳斥。① 又如陈频论四海土崩正在于"庄老之俗倾惑朝廷",桓温说"使神州陆沉,百年丘墟,王夷甫诸人不得不任其责",卞壶斥放达之风"中朝倾覆,实由于此",应詹上表"元康以来,贱经尚道,以玄虚弘放为夷达,以儒术清俭为鄙俗。永嘉之弊,未必不由此也",都把矛头指向了士族的精神支柱。

在此还应该提到法术之学。战国秦汉专制官僚政治,本来就是在法术之学指导之下而展开的。战国秦汉间儒法斗争形同水火,但魏晋以来因玄学昌炽,强调"尊君卑臣""循名责实""信赏必罚"的法术之学,转而与儒术联手抵制玄虚了。三国君主都显示了法治倾向,"魏武好法术而天下贵刑名",诸葛亮"与先主皆染申韩之习",②孙权也是如此。③ 葛洪《抱朴子·内篇》皆道家之言,然而其《外篇·用刑》却说:"世人薄申韩之实事,嘉老庄之诞谈。然而为政莫能错刑……道家之言,高则高矣,用之则弊,辽落迂阔。"面向现实政治,老庄遂成"诞谈",而申韩翻为"实事"了。晋元帝在打算尊君主、抑权臣时,便对申韩之学发生兴趣,史称其"用申韩以救世","方任刑法,以《韩子》赐皇太子"。庾亮曾反对太学习申韩,但在他图谋功业时仍然"任法裁物"。东晋李充、王坦之,都曾崇尚"刑名",并以此作论谴责虚诞之风。或认为他们仍不出玄学窠臼,④然其排抑虚浮放诞的意图,仍然可称庸中佼佼。南朝齐武帝曾在策试秀才的试题中,公然采用法家论调,提倡耕战而谴责"文儒",甚至扬言要"专士女于耕桑,习乡闾于弓骑;五都复而事庠序,四民富而归文学",在

---

① 《晋书》卷三五《裴颀传》。
② 王夫之:《读通鉴论》卷十,第 267 页。
③ 《吕思勉读史札记·魏晋法术之学》。
④ 唐长孺:《魏晋玄学之形成及其发展》,载《魏晋南北朝史论丛》,生活·读书·新知三联书店,1955 年,第 336 页。

当时可称惊世骇俗。起草这一策题的王融，自称"窃习战阵攻守之术、农桑牧艺之书，申商韩墨之权、伊周孔孟之道"，其儒法兼综至为明显。[1] 可知即使在南朝这个崇尚靡丽浮华的时代，依然有人读法家之书，崇法术之学。

玄学主要是一种沙龙里的学术，南朝的佛学谈辩也是如此，尽管君主显贵也经常参与其间；至于君主诏书、臣工奏议中，通行的仍是儒家（或儒表法里）的论调。从思想文化价值来说，前者生动鲜活而后者只是刻板的老套；从政治意义来说就不同了，后者作为老套依然被不断重述，依然在信念上支撑着风雨飘摇的帝国大厦。

3. 冰层下的潜流：政治制度的进展

在士族名流沉迷于玄虚放诞之时，我们认为支持专制官僚政治的有关论说，至少在形式上依然是正统意识形态。与此相类，尽管魏晋以来官僚政治已萎靡扭曲，但另一方面，士族特权的影响主要体现在政治上和选官上，至于官僚制度，却依旧处于缓慢的发展进化之中。政治的萎靡与制度的进化，构成了一个士族特权平行的矛盾现象。下面就来叙述此期政治制度的有关进步。

魏晋南北朝"宰相机构和秘书、咨询机构的发展和完善，为隋唐三省官制的出现准备了条件"。[2] 东汉"虽置三公，事归台阁"，皇帝直辖的尚书台，已能参与决策和综理国政了。魏晋以来尚书台由旧日的"文属"少府，进而正式独立称"省"，真正成为宰相机构，有权独立颁下文书，指挥政务。昔日千石之尚书令，如今与九卿同列三品，而且位次在昔日中二千石的九卿之前，尚书令、仆射及六曹尚书合称"八座"。重大事务往往付"八座"集议，集议之处称为"都坐"；所议与"驳议"一同上报，以供皇帝择取。诸尚书与二三十名曹郎，约在宋齐间形成了分领关系。[3] 东汉尚书令史不过21人，西晋时250余人，齐梁时尚书令史更达700人之多，

---

① 阎步克：《南齐秀才策题中之法家论调考析》，《北京大学学报》1997年第2期。

② 祝总斌：《两汉魏晋南北朝宰相制度研究》，第385页。

③ 黄惠贤：《中国政治制度通史》第4卷（魏晋南北朝卷），人民出版社，1996年，第162页。

增加了 30 多倍。梁代尚书郎分化出了郎与侍郎两个等级，[1]尚书令仆也提高到十六、十五班（相当正二品、从二品），陈代尚书令更高居一品。尚书诸曹制度得以取代三公九卿制，在秦汉部分我们已指出其原因有二：一是君主专制集权的促成，二是行政合理化需要的推动。较之官居一品、地位崇高的三公，三品的尚书令仆更易于为君主所操纵；列曹尚书不是令、仆的掾属，同居三品，实乃同僚；尚书、丞、郎都由大臣提名、吏部任命，也不是令、仆所能专决的；尚书列曹制内部结构合理、外部关系清晰，大大优于九卿的分工。所以晋代就有人建议把九卿合于尚书。

中书省与门下省也先后发展起来了。中书省可以说是尚书省昔日的"掌机衡之任"和草拟诏旨职能的分化。曹魏设通事郎，后称中书侍郎；晋初又置舍人、[2]通事，监令位望也有较大上升，被称为"凤凰池"。东晋初年中书省职事似曾一度并入散骑省，[3]旋复旧。南朝中书省又有较大发展，形成了分立的舍人省。陈朝"国之政事并由中书省"。中书发展为一个 200 多人的大机关了，其 21 局，与尚书 21 曹郎对口办公。

西晋时还形成门下省。4 员侍中及黄门侍郎、散骑常侍、给事中等承担切问近对、拾遗补阙及平尚书奏事之责，有时竟可左右皇位继承及大臣人选。审议章奏诏命以及封驳权力在东晋南朝逐渐制度化了。尚书省上行文书须经门下"署位"（在文书的预留空白上署名）方可上达。而下行诏令之审署，也渐成了门下的中心职责。东晋元帝的一份诏书冠以"门下"二字，是出诏需经门下之证，这一变动与元帝利用侍中防范限制权臣王导、王敦兄弟有关。可偶然变动一旦显示了更广意义，它就会继续发展起来。《文馆词林》收有南朝诏书 29 道，无一不冠以"门下"。皇帝"敕可"的诏草付门下，门下审署后再呈皇帝画"可"，在这以后才交付有司执行。汉代丞相也经常对诏书进行封驳，[4]但这是在诏书生效之后，而唐代则经门下审查、再由皇帝批准，诏书才能生效，门下的纠错功能大

---

① 《南史》卷二五《到溉传》："天监……三年，诏尚书郎在职清能者为侍郎。"

② 一般认为西晋中书始置舍人。但曹魏中书令孙资逊位，王朝为置"舍人官骑"以为优宠。赵翼：《陔余丛考》卷二六《中书舍人》条，河北人民出版社，1990 年，第 440 页。

③ 《唐六典》卷八、《通典》卷二一《职官》三。参看祝总斌《两汉魏晋南北朝宰相制度研究》，第 343 页；陈仲安、王素：《汉唐职官制度研究》，第 43—44 页。

④ 安作璋、熊铁基：《秦汉官制史稿》，齐鲁书社，1984 年，上册第 33 页。

为完善了。① 东晋南朝的门下省，显然就构成了进化中介。

隋唐的尚书省六部二十四司的制度，以及以中书草诏、门下审议而尚书执行为特征的三省制度，分工明确而制衡严密，这个为后人盛赞的政治成就，是由汉代较为粗糙的丞相九卿制或三公九卿制，经魏晋南北朝缓慢发展而来的。

前已述及，魏晋以来出现了"其选才之职，专任吏部"的变化，我们认为这是趋于中央集权而非分权。尽管吏部叙官优遇门阀，但官位毕竟要经过中央铨衡才能获得，这就意味着五朝高门的权势，仍要在专制集权体制之内来牟取，为此他们最终不能不认同甚至维护这个体制。

州郡察举也出现了中央化和合理化的进步。东汉顺帝时建立的孝廉考试制度，到魏晋以下得到了相当充分的发展。在西晋时，岁举的秀才科也采用了对策之法。《晋令》："举秀才必五策皆通，拜为郎中。一策不通，不得选。"②州举秀才试策、郡举孝廉试经的二科并立体制，由此初具规模。东晋门阀政治之下，察举大衰，策试时有时无。南朝随着皇权复振，察举相应地趋于复兴。尽管南朝的秀才往往被高门名士垄断，但以考试入仕毕竟不同于"安流平进"，至少在制度形式上是否定士族特权的。南朝秀才对策，"五问并得为上，四、三为中，二为下，一不合与第"，③孝廉射策试经，大抵是经义十条。察举已由举荐孝子或能吏之制，逐渐变为考试文士之制了。同时察举与学校也日益结合起来了。曹魏和西晋的太学有生数千，西晋又为权贵子弟增设国子学，形成了二学并立之制。东晋学校衰落不兴。南朝学校复兴，国子学中经策试而入仕的学生，见于史传者有数十人之多。这样，国学的"明经"科地位上升，超过了孝廉，又形成了州举秀才试文、国学明经试经的两科并立格局。梁武帝还下令："其有能通一经，始末无倦者，策实之后，选可量加叙录，虽复牛监羊肆、寒品后门，并随才试吏，勿有遗隔"，④这不仅向寒微人士开放了策试之途，而且还允许自学者申请考试。这与王朝设科而士人投考的

---

① 汪桂海：《汉代官文书制度》，广西教育出版社，1999 年，第 155 页。
② 《北堂书钞》卷七九引《晋令》。
③ 《南齐书》卷三六《谢超宗传》。
④ 《梁书》卷二《武帝纪》中天监四年正月诏及天监八年五月诏。

科举制,已相当接近了。

秦汉以"若干石"的禄秩标志文官等级,曹魏末年又出现了九品官品。官品的创制给了王朝一个调整官职资望的良机。例如千石的尚书令被列在官品第三,在九卿之前;六百石的刺史官品第四,列在五品的二千石郡守之前,这就及时地反映了官职资望的沉浮。梁武帝学习北魏而制定了流内十八班和流外七班。流内流外之别固然源于士庶对立,但也具有区分士大夫与胥吏、区分高级文官和低级吏员的积极功能。

魏晋以来,将军号迅速地发展为散阶序列,成为职事官之外的、用于标志个人品位的官僚加号,其加授并不限于武官。晋宋齐散号将军40余号。梁武帝更革官品,位登二品之军号125号,分24班;不登二品者8班14号;另有施于外国的将军24班109号。史称:"后魏及梁,皆以散号将军记其本阶。"①按,汉代的禄秩所标志的是职位等级,而不是官僚个人的品位。魏晋以下形成了用以标志个人品位的军号序列,这意味着传统文官等级制已由汉代禄秩的"职位分等"类型,在魏晋以下转向了"品位分等"了,这就开启了唐宋文武阶官制度的先声。

作为官僚政治命脉的法律制度,在这个时代也有不小进步,尽管门阀特权造成了法制的松弛,但这并未完全阻碍法制本身的发展。汉代律令科比体系中的"律"与唐律并不是同一概念,可以说律令不分、礼律杂糅,而且相关的条文和解释积累到了 26272 条,773 万余言。世入魏晋,这就有了重大改观。曹操定甲子科,遂使冗杂的汉法成为具文。② 魏明帝进而删定魏律 18 篇,使其内容集中于刑律,类目上也做了重大损益。晋武帝颁"泰始律"20 篇兼采汉、魏,其突出优点就是"宽简"与"周备"。③ "律"的性质既然集中于刑律,"令"就成了行政法之专名了。曹魏诸令已显示了这种进化,④西晋在晋律之外另行修成"令"40 卷及"故事"30 卷,"律以正罪名,令以存事制","违令有罪则入律","故事"则是各个官府的日常行政规程。学者认为,这一分化"在中国法史上具有划

① 《旧唐书》卷四二《职官志》。
② 张建国:《科的变迁及其历史作用》,《北京大学学报》1987 年第 3 期。
③ 祝总斌:《略论晋律的"宽简"和"周备"》,《北京大学学报》1983 年第 3 期。
④ 张建国:《魏晋律令法典比较研究》,《中外法学》1995 年第 4 期。

时代的意义"。① 同时编撰的还有"晋礼"，它使汉律的"礼律不分"的情况为之改观。

　　旧说梁律、陈律比宋、齐以至晋律都没有发展，②但学者已辨其说之非，指出梁律在篇目、刑名均有较大变化。③《唐六典》卷六："梁易《故事》三十卷为《梁科》。"就是说梁代的"科"来自此前各官署所遵用的"故事"。或说《梁科》仍是"分类集成的判例"，④这个说法过多地把"科"看成刑律了，却忽略它和《晋故事》一类行政法规的渊源关系。又西晋已有"格"之形式，如赵王伦篡位时曾制"己亥格"以赏功。梁代又有"梁勋选格""梁官品格""吏部用人格"。⑤ 唐代的"格"是一种专门的法规形式，其性质和晋故事是很相像的。唐代的法规形式还有"式"，而西晋先有"户调式"，或疑其"式"之一名乃后人所加，⑥不过睡虎地所见秦律已有《封诊式》了，则西晋存在着"式"这种名称，也不是没有可能的。

　　章太炎有论：汉律与《周官》《礼经》相邻，礼律不分，后世复以官制、仪法与律分治，故晋有《新定仪注》《百官阶次》诸书，至唐有《六典》《开元礼》，"由是律始专为刑书，不统宪典之纲矣"。⑦ 律、令、故事与礼的分化与配合，使帝国所需的各种规章，在性质、类别的划分上更为合理了。从汉代"律、令、科、比"体系发展到隋唐"律、令、格、式"体系，魏晋南朝的相关变迁则承上启下。此外晋律一出，便有法学家张斐、杜预为之作注，许多法律概念由此而大为规范化了，被认为是法理学的重大成就。张斐的《律表》，可以说开唐代"律疏"之先河。西晋刘颂还提出了律令所不及者"皆勿论"的主张，这比西方学者"律无明文不为罪"的观点，要早一千余年。

----

① 堀敏一：《晋泰始律令的形成》，《中国史研究动态》1990 年第 4 期。
② 陈寅恪：《隋唐制度渊源略论稿》，中华书局，1963 年，第 101 页。
③ 刘俊文：《唐律渊源辨》，《历史研究》1985 年第 6 期。
④ 马小红：《"格"的演变及其意义》，《北京大学学报》1987 年第 3 期。
⑤ 《隋书》卷三三《经籍志》二。
⑥ 唐长孺《西晋户调式的意义》认为："照（《晋书》）《食货志》所说，似乎所在的文件就称为户调式。但也可能所谓'户调之式'乃是后人综合相关法令而加以'式'的名称。"《魏晋南北朝史论丛续编》，第 1 页。
⑦ 章太炎：《检论》卷三《汉律考》，《章太炎全集》（三），上海人民出版社，1984 年，第 438 页。

概而言之,尽管两晋南朝的士族门阀政治构成了突出现象,从秦汉帝国继承而来的专制官僚政治传统,仍如冰层下的潜流在缓缓前行。对此期有异于"常态"的那些政治变动的关注,不应否定了如下事实:门阀政治是皇权政治的变态,相应地士族政治也只是官僚政治的"变态"。这就是说,士族门阀政治并不构成一种全新的政体,也远没有造成一种截然不同的政制。它的出现既和早期官僚政治的不成熟性有关,同时也是"乱世"的一种畸变。它最终要回归于专制官僚政治。

三 胡汉融合与历史出口

4 世纪初,匈奴族领袖刘渊于离石起兵反晋,建立刘汉政权,不久中国北方就成了众多少数族递相建立政权的场所。旧体制一时解体了,少数族给这个地区带来了新的政治因素。不过北方政局的不定性却也孕育着新的可能性,此起彼伏的各政权一波一波地"汉化",局面逐渐明朗了。各民族之间的文化碰撞孕育出了强大的王权,孕育出了军功贵族官僚的统治,并由此带动了专制官僚秩序的全面恢复。

1. 胡汉杂糅

被称为"五胡"的诸少数族政权中,传统的部族因素,部众所习惯的异于华夏的名号和权力运作形式,在最初都是相当浓厚的。同时,华夏典章提供的专制权力,也会让部族首领一见倾心;适合统治编户齐民的官僚行政,至少对管理被征服者的汉族士民,依然是不可或缺。因此,"胡汉杂糅"一度构成了诸少数族政权的突出特点,尤其在其初期。如做更细致的分析的话,"胡汉杂糅"至少存在着三种情况:第一、继续使用纯粹的部落名号和制度,包括"胡汉分治";第二、新造出的官名,字面上仿佛是汉式名号,但并不真正是汉魏制度;第三、搬用汉制,但移植过程中发生了各种扭曲变态。

刘渊起兵,初称单于,又设於鹿王、左独鹿王、鹿蠡王,这都是传统的匈奴首领名号。不久,刘渊伪托汉高祖刘邦后裔,先后称王、称帝,又陆续任命了丞相、太尉、录尚书事、御史大夫、大司农等,这些虽是汉式官名,而刘聪的身份则是大单于。胡制、汉制之兼用,是很明显的。刘聪即位后,以皇太弟刘义为大单于,设丞相等"上七公"、尚书令仆及左右选曹尚书;设"辅汉"等16大将军,各领兵2千,都以诸子充任,此外皇帝还掌握着以匈奴为主体的精兵10多万;对汉人编户,每万户置一内史,共43内史,分统于左右司隶;又置单于左右辅,各领"六夷"10万落,每万落置都尉1人。左右司隶及单于左右辅所统者,所居以平阳为中心;而其外的军事控制区,则设州郡及军镇以制之。

这一制度相当典型,后来诸少数族政权,往往在不同程度上承袭着类似的体制。"大单于"之号来自匈奴,匈奴曾是北方草原上的最强大势力,其首领名号,在十六国时被广泛采用,是号令胡人之最高尊称,所谓"单于所以统壹百蛮"。所以有十余个政权采用过这一名号,冉闵叛赵的时候,部下劝其"诛降胡、去单于之号",以示与胡族决裂。单于或者由皇帝(或天王、王)兼任,或以皇宗子弟兼领,在后一情况下大单于相当副王,地位显赫。其权力执行机构则为"大单于台",其下名号或设左右贤王,或设左右辅、左右相,北燕政权又曾经增前辅、后辅而至四辅;其余各种属官,都任以少数族酋长。当然,也有些政权仅仅承用了大单于之名,却并没有实行胡汉分治。学者指出,单于制度是部族因素的残留,所以大单于体制完备而重要的政权中,民族压迫也相应较为沉重;而根本不设大单于的,多是汉化较深的政权或时期。[①] 不妨拿西周初年的一个情况加以类比:在武装殖民性质的"封邦建国"中,各诸侯国都实行了"国野"制,统治部族居"国",土著和被征服者居"野"。与之相比照,汉赵政权左右司隶、单于左右辅的分设,就更容易理解了。

少数族带来了不少胡式名号,除单于、左右贤王外,又如部大、豪大、城大、城郎等,胡三省说:"是时东北夷率谓主帅为'大'",[②]是通用于东部鲜卑段氏、宇文氏、慕容氏的共同称呼。又前燕政权有"俟厘"之名,胡三省谓:"俟厘,盖亦鲜卑部帅之称。"[③]

----

① 参看冯君实:《十六国官制初探》,《东北师范大学学报》1984年第4期;周伟洲:《汉赵国史》,山西人民出版社,1986年,第190—191页。

② 冯君实:《十六国官制初探》。

③ 《资治通鉴》卷九八晋穆帝永和六年。

胡汉杂糅并不是部落名号与魏晋官名的简单融会，二者的结合造成不少"不伦不类"的新产物。一些机构、官职虽出自部族影响，却非旧有。如石赵政权以"门臣祭酒"主管胡人辞讼，以"门生主书"典掌胡人出内，这两种官职既不是汉魏王朝的旧名，也不是胡族旧制。各个政权大都参用汉晋官制，同时又加以损益，以适应一己之需，这时候官制就发生了种种变态。刘汉的43内史、10都尉，都和魏晋制度有异。长史一官，在汉魏王朝下本来属于高级府佐，但在十六国许多政权中，却往往变成了实际的政务总管。前凉的"太府""少府"，又是都督府、凉州府之别称。还经常有标新立异、舍魏晋而从古制的事情，例如前燕之径用纳言、常伯之名，而不称尚书令、侍中。先秦周朝的"天王"一名也被少数族君主重新起用，称"天王"往往是称"皇帝"的前奏。

十六国以来，镇戍、护军一类设置遍于各地，"五胡诸国用之，凡非己族类，又非汉人者，亦置护军以统治之"。① 还有些未得立国的少数族群与汉族豪强，每每建立坞壁以保聚。并州坞壁尤其众多，不少应该是匈奴所建的；冀州乌丸、青州段部，也都有坞堡。② 少数族的坞壁，成为其进入农耕地区后保持武力的一种形式，介乎于部族组织和国家政权之间。在被纳入某个政权的政治控制以后，坞壁首领往往被任命为"戍主""坞主"，开始向镇、戍演变。镇戍、护军的设置，使社会呈现出一派"军事化"的面貌，而大异往昔。

拓跋族势力在建立北魏之初，以平城周回五百里为"畿内"，拓跋族居之，其组织形式是"八部"或"六部"。其外"地方千里"的更大区域，称"劃内"或"甸服"，诸多依附部落及"新民"居之，编制形式也是"八部"。③二者关系，学者说"有点类似清时满族与蒙古、汉军八旗之间的关系"；还指出慕容诸燕也有八部之制，其属下并不是慕容本族。④ "甸服"以外，"其于东南汉人区域，则袭用汉人旧制，以州郡县治之"，"其于汉人以外

① 严耕望：《魏晋南北朝地方行政制度》，第832页。
② 田昌五、马志冰：《论十六国时代坞堡垒壁组织的构成》，《中国史研究》1992年第2期。
③ 严耀中：《北魏前期政治制度》，吉林教育出版社。
④ 严耀中：《试论北魏前期分部制的演变》，《中华文史论丛》1989年第2期，上海古籍出版社。

之被征服民族,则常以护军治之",镇戍则广设于各地。① 对境内一些保留着强韧游牧组织的部落,则以其首领为"领民酋长"以统率之。② 这已不止"一国两制",简直是"一国多制"了。

分部制本是鲜卑旧制,六部或八部带有明显的部族色彩,其首领名为"大人"或"部帅"。就官制看,拓跋鲜卑的旧俗最为浓厚,异于汉晋的官名也最多。对这一点,叶适曾有很敏锐的观察,他说:"刘、石、苻、姚与夫慕容,虽曰种类不同,然皆久居中国,其豪杰好恶之情,犹与中国不甚相异。独拓跋氏,则以真胡人入主中夏,纯用胡俗,以变华人。"③像直钺、乞银、俟钺地何、羽真、阿干、比和真之类,都是鲜卑旧号。"先辈呼兄为'阿干'",④"真"的意思学者疑为"人",又如把诸曹走使命名为"凫鸭",把伺察者命名为"白鹭",也都颇具原始色彩。北魏为"八国"设大师、小师,为王侯设"典师",设侍从、宿卫之官如都统长、幢将、内三郎、内官、侍官、麒麟官等。又诸多"中散"之官,"从名称看是中国式的官名,但从性格上看来是鲜卑的职官"。⑤ 北魏设有武归、修勤,据说比拟郎中、令史;所置内官,比侍中、常侍,麒麟官比常侍、侍郎;又受恩比特进,蒙养比光禄大夫,长德比中散大夫,训士比谏议大夫,却并不径用汉魏官名。北魏很早就设立了尚书省,但其结构、职事及运作方式却大异于魏晋,例如南、北部尚书分知南、北边州郡之制,就仍有鲜卑昔日南北部制度的影子。其"内行官"系统也极具特色,宫中另有一套内秘书、内尚书、内博士、内兰台及内侍等,独立于外朝的秘书、尚书、博士、兰台等官员之外。⑥

直到文成帝之时,北魏政权中的鲜卑拓跋官号仍然相当之多。近年披露的北魏文成帝《南巡碑》上残存的280多位随从大臣的官号中,能看到折纥真、斛落真、羽真、内行内小、内行令、内三郎、内行内三郎、内阿

---

① 严耕望:《魏晋南北朝地方行政制度》,第794页。

② 周一良:《领民酋长和六州都督》,《魏晋南北朝史论集》,中华书局,1963年。

③ 叶适:《习学记言》卷三三。

④ 《宋书》卷九六《鲜卑吐谷浑传》。

⑤ 郑钦仁:《北魏官僚机构研究》,台湾牧童出版社,1976年,第165页;张金龙:《北魏中散诸职考》,《中国史研究》1993年第2期;严耀中:《北魏前期政治制度》,第68页。

⑥ 参看严耀中:《北魏内行官试探》,收入中国魏晋南北朝史学会编:《魏晋南北朝史研究》,四川社会科学出版社,1986年。

干、内都幢将、内小幢将、三郎幢将、雅乐真幢将、贺浑吐略渥等官名，①这都和人们所熟悉的汉晋官职相去甚远。

2. 皇权、国人与军功贵族

少数族建立王朝后，大量汉人被强制或因动乱自愿投入其中。把汉族编户纳入统治，吸收汉族士大夫及其文化，在这个过程中少数族也逐渐改变了部族旧貌，在孝文帝时还积累出了"全盘汉化"的大规模改制，它竟然决绝地抛弃了构成民族特性的那些东西：拓跋的语言、姓氏、服饰、风俗等。不过毕竟这是一个征服者的政权，部族的来源和异族的统治格局，造成了不同于南朝的政治特征，并影响到了南北政治的不同走向。这主要包括一个强大的专制皇权，一个以鲜卑皇权—军功贵族—国人武装为主干的政治结构，以及崇尚事功法制的政治文化氛围。

自魏晋以来皇权不断衰落，到东晋的"王与马，共天下"算是到了低谷；但在大致同时的中国北方，皇权却呈现了转弱为强的走势。自十六国之始，君主即能建立和行使专制权威。如石虎"立私论朝政之法，听吏告其君，奴告其主。公卿以下，朝觐以目相顾，不敢复相过从谈语"。胡三省谓："石虎之法，虽周厉王之监谤，秦始皇之禁语，不如是之甚也！"②这与商鞅的"禁私议""告奸"之法，确实也相去不远。其太子石宣围猎，"列人为长围，四面各百里，驱禽兽，至暮皆集其所，使文武皆跪立，重行围守，炬火如昼"。③这"文武皆跪立"，与晋元帝即位请王导同登御座，构成了鲜明对比。成汉李寿曾因使者"盛称邺中繁庶，宫殿壮丽，且言赵王虎以刑杀御下，故能控制境内"，大为歆慕，也大修宫殿，"人有小过，辄杀以立威"。④十六国时因部族传统造成了皇储制度不发达、皇子争权夺利，但在北魏时发展出太子监国制、"子贵母死"制及辅臣制度，较好地保障了继嗣的稳定。

---

① 张庆捷：《北魏文成帝〈南巡碑〉碑文考证》，《考古》1998 年第 4 期；张庆捷、郭春梅：《北魏文成帝〈南巡碑〉所见拓跋职官初探》，《中国史研究》1999 年第 2 期。

② 《资治通鉴》卷九七晋穆帝永和二年。

③ 同上。

④ 同上。

十六国自初始就形成了一个强大皇权,它构成了官僚体制所需权威的来源,就北方政治的未来走向而言,其意义怎么估计都不过分。北魏通过均田制、三长制重建了编户齐民体制,这个重大成就,被认为是"拓跋氏王权十分强化的结果",王权的强化则源于先封建因素的浓厚,自由民广泛存在并成为皇权的军事支撑。① 统治部族的自由民号称"国人",十六国以来他们就是政权的军事支柱,往往组成了最精锐的禁军,如刘曜的"中军宿卫""亲御郎",石虎的"龙腾中郎",②及北魏的羽林、虎贲及"宗子军""庶子军"等。或谓十六国北朝的兵户属世袭贱民阶层,③但另一种看法似更可取:"魏晋的世袭兵制已经不复存在,代之的部落军,兵士身份至少不低于一般同族人,甚至更高。"④"五胡"兵力强劲,这并不仅仅源于尚武骑射传统,某种意义上士兵是在为本族,甚至为自己而战。皇权保护着国人,国人武装则为皇权提供了强大支持。

计口授田之事,"体现了村社分配土地的遗迹",⑤具有浓厚的氏族和村社色彩。十六国至北朝的依附关系也颇严重,出现了大量身份性民户,如营户、军户、屯户、牧户、乐户、金户、伎作户、细茧户、绫罗户等。然而五胡的入主也带来了这样一种精神:氏族同胞或村社成员的平等。北魏前期君主率众亲征并把掠夺物普遍颁赐,是很常见的现象,⑥对于游牧族,掠夺物具有"共有"性质。北魏对迁至畿内的数十万"新民"同样"计口授田",原始的部族"平等"精神惠及了那些虽非本族,但已被纳入其社会的新成员,他们也得到了类似"同胞"的待遇。魏晋以来劳动者和军人地位的下降,由此得到了根本性的扭转。又,战国编户齐民体制就是以对村社的再编制为基础的,相应的授田制又使国家保持了支配人身和土

---

① 王仲荦:《魏晋南北朝史》,上海人民出版社,1979年,第523—524页。

② 罗新认为:"龙腾一定不是汉人,而是石赵的统治民族羯族。"见其《十六国时期中国北方的民族形势和社会整合》,北京大学历史系1995年博士论文。

③ 刘汉东:《十六国及北朝兵户的考察》,《北朝研究》1991年上半年刊。

④ 唐长孺:《魏晋南北朝隋唐史三论》,第189页;以及何兹全:《十六国时期的兵制》,《燕园论学集》,北京大学出版社,1984年;旷天伟:《十六国时期士家兵户说考辨》,《青海社会科学》1991年第1期;旷天伟:《论十六国时期少数部族政权的兵役》,《历史研究》1991年第6期。

⑤ 唐长孺:《魏晋南北朝隋唐史三论》,第126页。

⑥ 朴汉济:《北魏王权与胡汉体制》,收入《中国史研究的成果与展望》,中国社会科学出版社,1991年。

地的重大权力。北魏政府对受田农民耕种若干桑田、麻田、菜田的行政规定,都使我们想起了战国《田律》里的那些类似条文。北魏拓跋族的部族村社传统,也构成了重建编户齐民体制的新起点,以及强大专制君权的基础。

孝文帝在汉化改制时,曾大力推行"士族化"的政策。他扶植了以"四姓"为核心的汉族士族——主要是崔、卢、李、郑、王五姓七家——并确定若干鲜卑权贵家族的崇高门第。官僚们被划分为膏粱、华腴及甲姓、乙姓、丙姓、丁姓等,诸郡中正各列本土姓族次第为选举格,名曰"方司格"。孝文帝是把士族制度作为"汉制"的有机部分一同接收过来,不过北方士族的形成和特征,仍与江左门阀有异。学者指出,孝文帝定姓族,是以当朝官爵为准的;[①]"四姓"的选定,是与这些家族的女子被纳于后宫直接相关的。[②] 这"姓族"出自"钦定"的情况,大不同于江左的"士大夫故非天子所命";汉族士族是被征服者,拓跋皇权的生杀予夺是汉族士族无法抗衡的。北魏统治的真正中坚,是鲜卑军功贵族。

十六国中军功贵族一般都是各政权中的最大权势者,其核心则是王子宗亲、甥舅姻族等。如周伟洲统计,汉赵263名官员,刘渊一族44人,刘氏宗族30人,其他匈奴族40人,以上共114人;汉族131人,其他少数族18人。[③] 汉族士人虽不算少,但大权在匈奴手中,不太好说胡汉共治。前秦汉人王猛虽说功业卓著,不过从统治成员的民族比例而言,他几乎是孤家寡人。由于部落联盟的残余影响,魏初异姓王公的权势是比较大的。不过皇帝逐步抑异姓而崇宗王。孝文帝降低了异姓王公的爵号,其兄弟"献文六王"则纷纷出历显位、占据要津。在西晋和南朝,宗王政治乃是皇权自我维护的"权宜之计",而在北魏,"宗王权重便意味着皇权的伸张"。[④] 北魏宗王很少觊觎皇位,他们"枝叶扶疏"的家族构成了环卫皇权的防波堤;在其之下,才是异姓权贵和汉族世家。根据统计,孝文帝

① 唐长孺:《魏晋南北朝隋唐史三论》,第189页。
② 陈爽:《世家大族与北朝政治——以北魏"分定姓族"为中心》,北京大学历史系1995年博士论文,第28、6页。
③ 周伟洲:《汉赵国史》,第184页。
④ 陈爽:《世家大族与北朝政治——以北魏"分定姓族"为中心》,第8页。

改制后汉人士族出任将相大臣者的比例明显增高，①但另一统计显示，三公（太尉、司徒、司空）、二大（大司马、大将军）、尚书录令仆射、侍中及领军、护军等拥有实权之职，鲜卑贵族在孝文帝一朝占68%，在宣武帝一朝占67%，几乎没有什么变化；宗室的比例，还由36%上升到56%了。② 宣武帝颁布"五等诸侯选式"，规定同姓宗室、异族贵族和"清修"（汉人士族）封公爵者，其出身分别是正六品下、从七品上、从八品下，表明了三种势力的不同地位。

宦官、外戚和"恩倖"是皇权的附属物，他们在东晋门阀政治下消沉下去了。但北朝就不同了。十六国的前赵、后赵、前秦、后燕都曾有宦官崭露头角，不过这还远不能与北魏相比。北魏宦官尽管很多出自俘虏、罪人，③但他们"并不像秦汉或唐明那样被人视为贱民。……北朝最高统治者皇帝、太师都不以宦官为贱业，争相与之联姻、认亲"④。太武帝及冯、胡二后专权之时宦官尤盛，竟能"杀帝害王""废后戮相"。在中国史上可能"北魏是宦官势力最为猖獗的时期之一"。⑤ 冯太后、胡太后的擅权人们耳熟能详，"恩倖小人"的恃宠干权，在《魏书·恩倖传》中也不难看到。这都反映了鲜卑皇权予夺荣辱的能力之强，以及江左那种门第贵贱观念在北朝相对淡漠。

北魏迁都洛阳以后汉族士族的地位大为提高，不少鲜卑贵族也迅速汉化了，有些人的诗赋经史水准已不逊于汉人。奢侈浮华的风气趋于浓厚。孝明帝时汉族士族企图"排抑武人，不使预在清品"，激起了羽林、虎贲的暴动。代北六镇的武人则地位低落了，渐渐由"国之肺腑"低落到"役同厮养"了。当时已有人称"往在代都，武质而治安；中京以来，文华而政乱"。⑥ 以部族为纽带的"武质"政治形态的危机，最终演化为六镇起事，一大批胡酋、边将的陌生面孔突然崭露头角，取代了充斥史传的汉族士族和汉化鲜卑贵族，显示了洛阳"文华"的背后，原本还隐藏事情的

---

① 刘琳：《北朝士族的兴衰》，《魏晋南北朝史研究》，四川省社会科学院出版社，1986年。
② 王军：《孝文帝定姓族后北魏各阶层政治地位研究》，北京大学历史系1997年博士论文。
③ 陈连庆：《北魏宦官的出身和社会地位》，《东北师范大学学报》1983年第6期。
④ 马志强：《北朝宦官散论》，《北朝研究》1993年第1期。
⑤ 余华青：《中国宦官制度史》，上海人民出版社，1993年，第197页。
⑥ 《魏书》卷七八《孙绍传》。

另一方面。动乱中洛阳士族及汉化鲜卑遭到沉重打击。随后东魏北齐和西魏北周政权，都源于六镇鲜卑，他们带来了浓厚的"鲜卑化"因素。

在东魏北齐，出现了"鲜卑共轻中华朝士"的情况，历次党争，多以鲜卑勋贵重创汉族士族而告终。① 在晋阳居有六州鲜卑军户之重兵，并专设了一个尚书"并省"，皇帝经常居住晋阳，"并省"的政务分外繁忙。② 与汉族士族尚较活跃、尚存"文华"的邺京相对，晋阳构成了一个"武质"的重心。西魏北周的"鲜卑化"回潮看来更剧烈一些。不仅恢复了胡族诸将之胡姓，还向汉人广赐胡姓。府兵制下，军人尽从主将姓氏，不入民籍，免其租庸调，农隙习战，六柱国对他们"抚养训导，有如子弟"，北周建德四年又改军士之名为"侍官"等。军人由"役同厮养"，重新成为"国之肺腑"了。"周代公卿，类多武将。"③ 不妨认为，一度有衰解之势的皇权—军功贵族—国人武装体制，由此得到相当的修复。

北方胡汉对立造成的巨大张力，迫使征服者和被征服者都不由自主地紧张、振作起来，为各自或共同的生存而奋斗。汉族士族是最初的被征服者，他们根本没有可能与鲜卑皇权"共天下"，或像江左冠冕那样"平流进取""矜高浮诞"，而只能依附在皇权—军功贵族—国人武装的主干之上。军功贵族的权势不是来自"门阀"的华丽外套，而是异族征服者的身份，在魏末周齐之间则是动乱中的浴血拼杀。部落的骑射传统和武功崇尚，在建立政权之后，就将顺理成章地演化为对事功的崇尚。军事专制体制强调集权、注重法纪的风格，与专制官僚体制深相契合，由此造就了一种与江左大不相同的政治文化。

孝文帝崇门第而尚文华，可这也不是他政策的全部，他也曾有"苟有才能，何必拘族也"之言。"自孝明之后，文雅大盛"，不过另有记述说："自孝昌之后，天下多务，世人竞以吏工取达，文学大衰。"矛盾的说法形成了有趣的两歧。陈寅恪谓洛阳文物人才复炽于北齐邺都，然旧史又称"自天保以后重吏事，谓容止蕴藉者为潦倒"，"近代左右邦家（指周、齐

① 缪钺：《东魏北齐政治上汉人与鲜卑人之冲突》，《读史存稿》，生活·读书·新知三联书店，1962 年。

② 严耀中：《北齐政治与尚书并省》，《上海师范大学学报》1990 年第 4 期。

③ 《北史》卷七五《张㷷传》。

二朝),咸取士于刀笔"。确实,北朝史传叙人,往往有"明解律令,议断平允""详练故事,有几案才""明练时事,善于断决""敏于从政,果敢决断,案牍虽繁,绰有余裕"一类评价。旧史又称:"近代之政,先法令而后经术。"北朝治韩非之书(及兵书)的,可以看到公孙表、刘昞、李先、崔昂、苏绰多人。"齐人多晓法律",渤海封氏世传律学,"祖宗家法俱有渊源"。①隋有崔廓著论言刑名之理,其义甚精;隋文帝"不敦诗书,不尚道德,专任法令,严察临下"。

孝文帝"士族化"政策不过数十年,就有"法开清浊,而清浊不平;申滞理望,而卑寒亦免。士庶同悲,兵徒怀怨。中正卖望于下里,主按舞笔于上台"②的众多混乱。"蕃落庸鄙"、厮役恩倖甚至宦官,都可担任"清定门胄,品藻高卑"的中正之职。时至北周,"选无清浊"。出身卑微的周、齐新贵,不大可能对由"冢中枯骨"而来的门望、清浊,抱有江左名胜的那种崇敬。周一良先生说:"宇文周曾经利用秦雍地主集团的高门。但除去统领乡兵用当州首望以外,这些人之进用并不由于他们的门阀和门阀所代表的经济基础,还是由于他们的本身。不是由于本身的学艺文采,而是由于武功。这是关西大族和山东高门不同的地方。"③那么,西魏"六条诏书"中的如下宣言就不奇怪了:"今之选举者,当不限资荫,唯在得人。苟得其人,自可起厮养而为卿相!"④

3. 北朝:帝国重振的历史出口

南朝和北朝既然同处一个大的历史环境之中,双方的政治面貌就会有很多类似的地方。例如,北方的依附关系同样相当严重。部族首领权贵和地方豪强,都大量地庇荫人口,而国家也保持着数量可观的身份性户籍,相当于官府依附民。对于新附地区,朝廷往往任用"豪望"为地方官并实行"宗主督护制",无可奈何地对豪强妥协。北方州郡县的增殖并

① 程树德:《九朝律考》,第 393 页,"北齐律考序"。
② 《魏书》卷七八《孙绍传》。
③ 周一良:《北朝的民族问题与民族政策》,《魏晋南北朝史论集》,北京大学出版社,1997年,第 146 页。
④ 《周书》卷二三《苏绰传》。

不逊于南朝,户不满百便可立县,甚至有边方小郡太守仅辖数户之民、岁禄不满匹的情况,由此有了"十羊九牧"之说。担任地方官每每被视为"禄养",还存在着"本州刺史"的任用惯例,把授予功臣原籍刺守作为"衣锦之荣"。皇族、贵族和汉族士族都拥有世禄特权,家族子弟布列朝廷。冗官冗号泛滥成灾,东西省就是个突出的冗散充塞之地。尽管朝廷以酷法严惩贪赃,然"虽动贻大戮,贪虐未悛,亦由网漏吞舟,时挂一目"。[①] 其官贪吏酷、货贿公行、名器猥滥等弊端,经常使南朝政治反而显得清明不少。

但北朝毕竟存在着一些不同于南朝的发展因素,不同民族的文化和制度的冲突和碰撞,在经历了漫长动乱后也孕育出了新的生机。在军功贵族和国人武装支持下的强大皇权,逐渐重振了官僚政治。北魏孝文帝太和十七年的《品令》中,仍罗列着大量汉晋所无的奇特官名,而在数年后的新《品令》中它们就被沙汰殆尽了,此时北魏的公卿三省之制,与南朝制度已无大不同。孝文帝改制之后,北方政治制度水准已不逊色于南朝,甚至展现了比南朝更大的政治活力。

南朝君主的督励考课之诏,并不能改变士族的无功受禄,但北朝就不同了。军功传统一脉相承地发展为重事功、重吏绩的精神。北魏太武帝曾"亲考内外,大明黜陟"。孝文帝颁《外考令》,亲临朝堂考察黜陟,其场面之严肃、考核之认真,为魏晋以来所未有。宣武帝时亦有《景明考格》《正始考格》《延昌考格》等。尽管考课也常流于形式,但"贵贱内外、万有余人""官罔高卑、人无贵贱"统统参加考课情况,却给人以强烈印象。"门第"之外,"考第"越来越成为官吏"迁叙"的常规依据。"内考制度完备于北魏,众内官均由中央统一考课。这是北魏的创造。"[②]职事官和散官的考课也有区别,前者三年一考,后者四年一考,此外还有每年例行的"岁考"。考第分成 9 级(有时是 7 级),[③]有细密的量化计分方法,

①　《魏书》卷八八《良吏传序》。

②　张文强:《魏晋北朝考课制度述略》,《北京师范大学学报》1988 年第 5 期。

③　张文强:《魏晋北朝考课制度述略》;陈琳国:《试论魏晋南北朝地方官吏的考课》,《许昌师专学报》1991 年第 2 期。

累计若干负为一殿，北齐还发展出闲局、平局、繁局之别，可称合理。① 北周考课由司士中大夫掌之，每年一考，四考黜陟，构成一个任期。②

察举考试制度，在十六国时就被众多政权采用了。前赵的刘曜曾命公卿各举"博识直言之士"，于东堂策问之。后赵石勒的察举之法相当可观，包括秀才、至孝、廉清、贤良、直言、武勇、计吏众多科目，秀才、孝廉试经之制，及答策上第者拜议郎、中第中郎、下第郎中的录用办法。北凉举孝廉和西凉举秀才之事，还在吐鲁番出土文书中得到了印证，尤其是《西凉建初四年秀才对策文》，为今见最早的秀才对策原件。③ 北魏的察举约始于太武帝，孝文帝以后达到了盛期，"州举茂异，郡贡孝廉，对扬王庭，每年逾众"。④ 北魏所见秀才有三分之一被任命为博士，可见这个科目是文教人才的重要来源；他们最终仕至五品以上官的，占五分之四左右，仕途前景相当不错。

也许有人猜想，南朝文化高于北朝，考试的发展应以南朝为主流。可是另一些事实将给我们不尽相同的印象。北魏后期及北齐之时，文官考试日益普及。北魏孝明帝以考试选拔御史，同时射策者 800 余人，高第者 24 人；孝庄帝及节闵帝时朝廷动荡不安，然而在这时仍有以考试选任散骑常侍、散骑侍郎的事情；东魏孝静帝选尚书右丞，预选者皆射策；北齐文宣帝减东西二省官员，以策试选 300 人，参加策试者达二三千人，淘汰率达十分之九；北齐祖珽以秘书郎对策高第，而被任命为尚书仪曹郎中；魏、齐的尚书都令史，也"选试高第及工书者奏补"。从文化水准而言也许北不如南，不过北朝的数百、数千人的考试规模，则不仅为东晋南朝所无，甚至是汉、魏帝国都未曾有过的。汉代的孝廉考试，最多不过200 余人参试。北朝察举之外，吏部任官仍需考试，这就是唐代吏部铨试制度之先声。

察举时门第限制的松弛，也是有异南朝的。北魏秀才虽然多取士

---

① 周一良：《魏晋南北朝史札记》，第 315—316 页，《魏书札记·考绩制度》。

② 王仲荦：《北周六典》卷五，中华书局，1979 年，第 363—366 页。

③ 见哈拉和卓 96 号墓出土文书第 21 份《功曹下田地县符为以孙孜补孝廉事》，及哈拉和卓 91 号墓出土文书第 2 份《西凉建初四年秀才对策文》。唐长孺：《吐鲁番出土文书》第 1 册，文物出版社，1981 年。

④ 《魏书》卷八四《儒林传序》。

族，但孝廉的人选就颇多"儒生寒宦"。到了北齐，秀才中"家素贫苦""门族寒陋"的人也逐渐多了起来。魏齐之间，涌现出了一大批游学求宦之徒，所谓"横经受业之侣，遍于乡邑；负笈从宦之徒，不远千里"，"入闾里之内，乞食为资；憩桑梓之荫，动逾千数"。① 北齐的郡孝廉，就是由博士、助教及游学之徒"推择充举"的。这种寒士宦学现象很像是两汉风气，却不是江左历朝的通常现象。它标志着北方社会的一个深刻变化：寒庶知识分子，正在悄悄抬头；王朝以考试取人的制度，则为他们提供了入仕的渠道。北朝的察举也在逐渐由举荐之制演变为考试之制。北齐的地方长官对打算应举的秀才进行初步策试，合格了再送往中央，这就是后世"乡试"制度的起源吧。

下面再看看学校。十六国战乱频仍，但统治者仍未遗略文教。前赵、前燕的学校还达到千人以上，后秦姚兴使儒者教授长安，诸生自远而至者万数千人。后赵设有经学、律学和史学祭酒，"史"之独立为"学"，竟是石勒首创，"史学"一词也沿袭至今。石勒、苻坚、慕容皝、姚兴、慕容德等，都有亲临考校、黜陟任用的记录。作为对比，同期东晋之太学或国学时有时无，在学诸生不过数十百而已，管理亦颇混乱。北魏初太学诸生一说达千余人，不久后增至三千人。② 国子学一度名为中书学，献文帝又下令于各郡立学，生员 100 人至 40 人不等，王朝定期派博士考校。北朝学校也时常徒有其名，文化水准当然也不及江左，但总的看官学规模却并不逊色。北魏迁都洛阳后形成了国子、太学及小学三学，再加上律学、书学和算学，逐渐就形成了"六学"体制，为唐王朝所沿袭。换言之，唐朝"六学"承北而不承南。

南朝的专科学校有儒、玄、文、史四学，这都是文化士族所习尚者；面向行政的书学、算学在南朝未闻，律学则颇为低落、为名流所轻蔑。少数族政权则自初就对法制建设相当重视。石勒设律学祭酒，制定《辛亥制

---

① 《魏书》卷八四《儒林传序》。

② 《魏书》卷八四《儒林传序》。按，同书《官氏志》对魏初的太学生数量，记为"国子生员三十人"。初一看来"千余人"或"三千余人"数量太大，似乎《官氏志》所云"三十人"更近实情。不过我想也有另一可能：此期拓跋部仍然保留着氏族贵族子弟集中管理教育的原始习俗，如石勒以将佐子弟 300 人为太学生、慕容皝以大臣子弟为高门生之例。华夏族在周代也有类似制度，贵游子弟都要做国子学生，学习同时还要承担各种职役，这是一种很原始的制度。

度》五千文；王猛佐苻坚治前秦，明刑峻法，令苻坚有"今吾始知天下之有法也，天子之为尊也"①之感；姚兴以律学教授郡县散吏，南燕慕容超也曾令议定《燕律》。吕思勉为之感叹："其重视法学，转非中国之主所能逮也。"②拓跋族早期"以军令从事"，建国之后"朝法严急"。违法贪污现象虽很普遍，但王朝"对贪污行为的制裁，执行得很严峻"。③ 从拓跋珪就开始的立法活动，经太武帝而至孝文帝，便进入了一个立法高潮。④ 宣武帝所成《魏律》20 篇，是一个世纪立法努力的结晶。程树德评曰："太和中改定律令，君臣聚堂，考订之勤，古今无与伦比"；⑤陈寅恪说："律学在江左无甚发展"，而"元魏之刑律取精用宏，转胜于江左承用之西晋旧律"。⑥ 北齐经 15 年精心编定，至武成帝而成的《齐律》12 篇，代表了北朝法典进化的最高成就；北周修成的《大律》也不是一无可取。魏齐的《正始别格》《麟趾新格》，西魏的《大统式》，直接推动了"格""式"两种法律形式的发展。魏晋是法制进化的一个高峰，东晋后北朝则转成法学主流。被称为"东亚刑律"之准则的《唐律》，源于北朝，在此魏、齐、周君臣居功至伟，令江左相形见绌。

与此相类，北朝的监察也胜于南朝。与南朝士族蔑视台官、以任台官为"南奔"的情况颇不相同，"高选御史""博召辞人以充御史""选用御史皆当世名辈""精选御史，皆是世胄"等记载显示，北朝没有像南朝那样的御史遭门阀歧视的情况。⑦ 东魏初年勋旧贪污放纵，其时御史中尉和尚书左丞的严厉纠弹，令"天下肃然"。监察体制在调整磨合中日益协调，尚书左丞的纠弹限于台内，百官监察权归于御史台，⑧在廷尉与御史台间形成了"寺署台案"（御史台断案，须经廷尉审核签署）的分工制衡

---

① 《晋书》卷一一四《苻坚载记》。
② 吕思勉：《两晋南北朝史》，上海古籍出版社，1983 年，下册第 1328 页。
③ 王仲荦：《魏晋南北朝史》下册，第 558 页。
④ 简修炜、张耕华：《北魏孝文帝法制改革述论》，《河北学刊》1984 年第 4 期。
⑤ 程树德：《九朝律考》"后魏律考序"，第 339 页。
⑥ 陈寅恪：《隋唐制度渊源略论稿》，第 101 页。
⑦ 陈琳国：《北魏北齐监察制度的变迁》，《北朝研究》1990 年总第 3 期。
⑧ 陈仲安：《汉唐间中央行政监察权力的分合》，武汉大学历史系《魏晋南北朝隋唐史资料》第 11 辑。

关系,或谓这是唐代"三司推事"制之先声。① 遣使出巡州郡之事,标志着御史台对地方的监察权力已大为扩张了。孝文帝分设东西道大使,宣武帝又增设畿内大使,这种分道出巡"为唐代建立分道巡行制度开了历史先河"。②

北齐尚书诸曹在隶属及分工关系上,比南朝有所改进,不止于模仿而已。唐朝六部与九卿间建立了合理的"下行上承"关系,而北周六官制在此起了颇大促进作用:使三公九卿和三省六部两大系统被一概纳入了六官框架,当隋初六部与寺监再次分职时,其职能与分工就得以合理化了。有人认为六官与六部存在着一一对应关系,③这个论断是可疑的。六官在相当程度上打乱了公卿三省之制,这种"断裂"构成了更革契机。杜佑认为:"则户部与太府分地官司徒职事,礼部与太常分春官宗伯职事,刑部与大理分秋官司寇职事,工部与将作分冬官司空职事。"④北朝的门下省也是诏敕必经之所,拥有封驳之权,北齐还出现了门下复奏之制,成为后世三覆奏、五覆奏制度的起源。⑤

在文官等级制上,孝文帝改革时把九品分成正从品、上下阶,九品之外别有流外七等,梁武帝所建十八班及流外七班,实际是由孝文帝之法改头换面而来的。⑥ 这说明北朝的创制能力已发展到如是地步:已足以青出于蓝、转徒为师,转而向南朝提供制度的反馈了。北齐增流外七等为流外九品。北周的等级制是"九命"正从 18 阶,流外品则为"九秩"。在散阶制方面,十六国北朝最初是承用魏晋军阶,但北周时北朝的散阶化进程就开始反超南朝:北周的军阶和官阶一致化了,文散官初次形成了一个首尾完备、清晰整齐的品位序列,⑦府兵将领之号开始向"戎秩"转化。这经过隋代的几番曲折,最终唐初演变为严谨的文散阶、武散阶

---

① 余世明:《东魏、北齐的监察制度》,《贵州大学学报》1992 年第 2 期。
② 邱永明:《略论魏晋南北朝监察制度之得失》,《社会科学》1991 年第 2 期。
③ 陈仲安、王素:《汉唐职官制度研究》,第 87 页。
④ 《通典》卷二五《职官七·总论诸卿》。
⑤ 祝总斌:《两汉魏晋南北朝宰相制度研究》,第 8 章第 5 节。
⑥ 参看拙作:《北朝对南朝的制度反馈——以萧梁、北魏官品改革为线索》,《传统文化与现代化》1997 年第 3 期。
⑦ 拙作:《西魏北周军号散官双授制度述论》,《学人》第 13 辑,江苏人民出版社,1998 年;《北周北齐军号散阶制度异同论》,《历史研究》1998 年第 1 期。

和勋官并列的体系。① 此外,南朝爵制沿袭两晋,有诸王、五等爵、列侯、赐爵4级,而北朝自孝文帝改制后,就仅存诸王及五等爵,无列侯及赐爵。杨光辉所论:"就爵称、爵序继承关系看,南朝爵制可谓魏晋之制的嫡亲,北朝爵制则只能属于偏庶。从发展方向看,北朝爵制却是隋唐之制的母体,南朝爵制只能算作远亲。"②唐代的品、阶、勋、爵体制,基本上源于北朝。

除了制度的进步之外,另一些事实进而显示,北朝的专制官僚机器的运作更有效能。像均田制、三长制这样的重大改革得以完成,就是有力的证据。又如针对州郡县的畸形增殖,北齐天保中曾一举废除3州、153郡、589县及3镇、26戍,这种大刀阔斧的魄力,是南朝未有的。又如西晋曾制定"甲午制",规定士人先为县令后方能内迁,不过不久就成了一纸空文了;无独有偶,北齐也制订了"士人为县"制度,却以强硬手段一举成功。自吴至陈300年中,江南户口几乎没有增长,主要原因在于政府能力的软弱。北方就不同了。前燕括户,"出户二十余万";北魏末河北括户,"所括得丁,倍于本帐",东魏括户,凡获逃户60余万。西凉建初十二年户籍文书,西魏大统十三年文书,都反映了北朝户籍井井有条。池田温曾特别指出:十六国虽政治混乱,"但却厉行户籍登录,这是值得注目的"。③ 时至隋朝,更因"大索貌阅""输籍定样"而进丁44万余、得口164万余。

早在后赵之时,北方户口就显示了增长趋势,④这极为引人注目。前燕末年有户245万,这超出西晋同区人口1倍多。北魏末年的户口超过西晋全境1倍,估计为500余万。唐长孺先生说:"北朝自太和建立均田制和三长制后,国家户籍上以自耕农为主的均田民增多,比之南朝,封建依附者在全部人口中所占比例要少得多。"⑤周一良先生的研究显示,刘宋的淮北四州在入魏后不久就出现了户口激增,这"正是三长制得到切

---

① 陈苏镇:《北周隋唐的散官与勋官》,《北京大学学报》1991年第2期。
② 杨光辉:《魏晋南北朝的封爵制度》,北京大学历史系1988年博士论文,第1—9页。
③ 池田温:《中国古代籍帐制度研究》,龚泽铣译,中华书局,1984年,第94页。
④ 王育民:《十六国北朝人口考索》,《历史研究》1987年第2期;袁祖亮:《十六国北朝人口蠡测》,《历史研究》1991年第2期。
⑤ 唐长孺:《魏晋南北朝隋唐史三论》,第105页。

实推行,取得明显成绩的结果"。① 北周人口,史家多有异说。北齐灭亡时有户 330 万,有口 2000 万,这比西晋的全国人口(1616 万人)还多了400 万人。

田余庆先生认为:"从宏观来看东晋南朝和十六国北朝全部历史运动的总体,其主流毕竟在北而不在南。"②在南北朝后期,北朝显示了蓬勃活力;北朝最终得以统一南方,决不仅仅来自部族的骑射传统和强大武力。与南朝相比,北朝的官僚政治在运作上更为富有效能,而且在制度上赢得了众多进步。所以我们认为,北朝的强盛来自体制的力量,而体制的进步活力,则可以最终归结为北方的独特历史道路。陈寅恪先生说:"李唐一族之所以崛兴,盖取塞外野蛮精悍之血,注入中原文化颓废之躯,旧染既除,新机重启,扩大恢张,遂能别创空前之世局。"③对这"塞外野蛮精悍之血"不妨做一个引申的理解:北方少数族的部族制度与华夏制度的剧烈碰撞,最终在北方地区激发出了新的变迁动力与演进契机,交替的"胡化"和"汉化"孕育出了强劲的官僚制化运动,它扭转了魏晋以来的帝国颓势,并构成了走出门阀士族政治、通向重振的隋唐大帝国的历史出口。

当然,北朝的军功贵族统治仍非"常态"。就整个中华帝国历史来看,其"常态"应是"士大夫政治",即以士人为骨干的专制官僚政治。此前的汉代是如此,此后的唐代仍是如此。由北朝而入隋唐,军功贵族们的自身文化水准在不断提高、在向士人官僚转化,民间普通知识分子因社会安定、教育普及而悄悄抬头,科举制为之提供了入仕通道。最终,"进士集团"标志着士人官僚再度崛起,在这个时候,帝国政治就真正回归于"常态"了;当然,同时也迈上了一个崭新台阶。

---

① 周一良:《从北魏几郡的户口变化看三长制的作用》,《魏晋南北朝史论集续编》,北京大学出版社,1991 年。

② 田余庆:《东晋门阀政治》,第 360 页。

③ 陈寅恪:《李唐氏族之推测后记》,《金明馆丛稿二编》,上海古籍出版社,1980 年,第393 页。

从三省体制到中书门下体制

——隋唐五代

刘后滨

隋唐政治体制始终处于不断调整之中。隋和唐初的制度,是在总结前代制度的基础上、适应新的时代特点而形成的三省制;而唐代从高宗武则天以后,政治体制不断发生着深刻的变革,以玄宗开元十一年(723)中书令张说奏改政事堂为中书门下为标志,中书门下体制取代了三省制。而中书门下体制在唐代中后期的不断变化调整,又为宋以后政治体制的运作奠定了基本的框架和运行模式。

隋唐政治制度的变化,是在整体政治社会演进的基础上出现的,是国家政权统治形势变化的结果,而且是一个环环相扣的整体互动过程。因此,有必要从政治体制演进的角度,结合统治形势和政治格局的变化,对隋唐五代的官僚政治制度进行一些综括的分析。

一 隋唐之际中央集权的加强和三省制的确立

1. 西魏、北周的六官制度与隋唐政治体制的形成

分析西魏北周官制在南北朝至隋唐间政治体制演变过程中的地位和作用,是在当前研究基础上进一步认识这个演变过程特点的一条重要线索。

自从陈寅恪在《隋唐制度渊源略论稿》一书中提出西魏北周制度的

影响及于隋唐制度者实较微末,隋唐职官制度主要承袭北魏太和、高齐之系统的论点之后,尽管有岑仲勉、牟润孙、李光霁等先后提出批评和质疑,①但是魏周制度在南北朝至隋唐间官僚政治体制演变过程中的地位和作用,依然较少受到重视,未能引起认真的讨论。其实,隋朝改定官制的工作,是以北周六官为基础进行的,把六官中掌政务的划归六部成为一曹,掌事务的则划归九卿成为一署。隋门下省除省名外,机构长官名称等均承自北周,内史之名亦承自北周。隋官制承北齐不承北周之说是不能成立的。隋官制实吸收南北各朝的积极成果而加以总结,并非多依北齐之制。隋的三省机构则是以北周六官为基础而加以分解、改造,并非打破原有机构重起炉灶,一切重来。官名依前代之法,其中也包括一些北周的官名。② 随着中国古代政治制度研究的深入,根据王仲荦《北周六典》③对北周官制的排比,对于隋唐制度与魏周制度之间的关系有必要重加分析。

南北朝至隋唐间官僚政治和政治制度演变的总体趋势,主要体现在贵族门阀的衰落和中央集权的加强。在南朝主要表现为士族高门的腐化和寒人逐渐掌握了政权。随着士族门阀的衰落,他们逐渐丧失了军事统帅权,进而丧失了在皇帝身边谋议决策的权力。与此同时,大量寒人以恩幸的面目出现于各级政权之中,这是门阀政治削弱过程中具有一定必然性的现象。他们以近侍的身份"参决于中",取得了谋议决策之权,尽管这种权力在制度上还没有固定下来,是恩幸之权而非官制,④但已经表明了专制主义中央集权的加强,并在制度上为谋议机构与政务机构的分离创造了条件。

北朝亦同样沿着士族门阀衰落的方向发展,而且在使官僚政治最终

---

① 参见岑仲勉:《隋唐史》,高等教育出版社,1957年,第220页,第564页等;牟润孙《从初唐政制论中国文人政治之形成》,载台湾《民主评论》第11卷第4期,1960年,后改作《从唐代初期的政治制度论中国文人政治之形成》,并收入《注史斋丛稿》,中华书局,1987年;李光霁《隋唐职官制度渊源小议》,《中国史研究》1985年第1期。

② 参见吴宗国:《三省的发展和三省制的确立》,《唐研究》第三卷,北京大学出版社,1997年。

③ 王仲荦:《北周六典》,中华书局,1979年。

④ 祝总斌:《两汉魏晋南北朝宰相制度研究》,中国社会科学出版社,1990年,第358页。

抛弃贵族门阀政治的形式方面,比南朝走得更远更彻底。北齐幼主时因为政治腐败、府库空竭,乃赐诸佞幸卖官,故有敕用州主簿、敕用郡功曹。① 这是中央政府之吏部夺取地方政府州郡县之长官自辟僚属之权的开始,是中央集权加强的表现。需要指出的是,这在当时还没有成为制度。

北周在加强中央对地方的控制方面,也采取了许多措施,其中在制度上最关键的是将刺史府官的任免权收归中央。刺史掌有兵权,下领州官和府官两套僚属的地方行政体制,虽然自北魏以后就开始有所改变,但在整个南北朝时期都还存在,至少在制度上没有废除。《通典》所谓“自魏晋以后,刺史多带将军开府,则州与府各置僚属,州官理民,府官理戎”,至“后周刺史府官则命于天朝,州吏并牧守自置”。② 这无疑与北齐因为政治腐败、朝廷卖官而导致的地方佐官中央任免有异曲同工之妙。

从发展趋势看,北魏分裂后,东西两个政权都试图在选官原则上突破门第资荫的限制,在官员任命和加强对地方的控制方面,提高皇帝的权威,实现君主直辖化。与高欢用人拔于厮养同时,西魏时苏绰在为宇文泰起草的《六条诏书》中,亦强调要改变“自昔以来,州郡大吏,但取门资,多不择贤良;末曹小吏,唯试刀笔,并不问志行”的情况,提出“不限资荫,唯在得人”的选官原则。③ 这就改变了选官制度中以门第出身区分清浊的概念,出现了“自后周以降,选无清浊”④和“隋承周制,官无清浊”⑤的情况。到唐代的清官和清望官,已不具有出身上的清流浊流意义。

北周政治体制在向着更高程度的专制主义中央集权发展,从府兵制的变化也可看出。府兵制在创建之初,原本是鲜卑贵族政权的支柱,将帅都用鲜卑人或鲜卑化的汉人,以部落为单位,具有部落贵族制的色彩。

① 《北齐书》卷八《幼主纪》。
② 《通典》卷三二《职官》十四总论州佐。
③ 《周书》卷二三《苏绰传》。
④ 《通典》卷一四《选举典》二。
⑤ 《隋书》卷七二《孝义陆彦师传》。

周武帝建德三年(574),在西魏以来汉族兵将不断进入府兵系统的基础上,进一步加以改革,下令"改军士为侍官,募百姓充之,除其县籍"。①随着汉族平民大量进入府兵系统,实现了府兵的皇帝直辖化,奠定了加强皇权的基础。总之,北周政治在摆脱贵族制的约束从而向更彻底的官僚制的过渡中走出了重要的一步。

西魏、北周政治体制的特色是模仿周礼而创建的六官制度。这纯粹是一种托古改制,正如陈寅恪先生所指出:自汉魏以来中央政府职官重复,识者虽心知其非,只以世之所习而不敢言,宇文之改革模仿周礼托体甚高,实则仅实行其近代识者改革中央政府官制之议,而加以扩大,并改易其名,以符周制耳。"以其并非徒泥周官之旧文,实仅利用其名号,以暗合其当日现状,故能收模仿之功用,而少滞格不通之弊害。"②这种改革为汉魏以来政治制度的发展带来了新的转机。

魏晋以后,政治体制在由三公九卿制向三省六部制演变,但还没有形成隋唐时期那种完备的三省六部体制。尽管中书、门下两省的权力有了很大发展,但两省长官还不是宰相,两省仍为秘书咨询机构,设于禁中,称为"内省"。除北周以外,南北各朝的宰相制度大体是:名义上尚未摆脱宰相之称的三公机构,仍设于宫城之外;真正的宰相机构是尚书省,分为上省和下省,上省即是宰相议事的朝堂,虽在宫城之内,但与禁中仍保持一段距离,称为"外朝";而中书、门下两省设于禁中的建制也基本未有改变。③尚书省所统六尚书之下曹司一级的建制,与隋唐时期六部二十四司的制度相比,还比较混乱,尚书诸曹与寺监在行政体制中的地位和作用还没有从制度上加以明确界定。

北周制度则与此不同。据《北周六典》的排比,西魏北周六官制度仅从名称上已可看出,在这个制度框架中已经包括了汉魏以来三公九卿和三省六部两大系统,而已完全不同于《周礼》上的六官制度。正如陈仲安、王素先生所指出,魏周官制"就其职事观察,主要亦系模拟尚书省之

① 《隋书》卷二四《食货志》,时间为建德二年。据《周书》卷五《武帝纪》上,建德三年十二月丙申,改诸军军士并为侍官。
② 《隋唐制度渊源略论稿》三《职官》,中华书局,1977年,第92页。
③ 参见前引祝总斌:《两汉魏晋南北朝宰相制度研究》,第383—384页。

制度。如:天官大冢宰总司百官之政,实际相当尚书令、仆射等职。大司徒、大宗伯、大司马、大司寇、大司空五官,则相当吏、礼、兵、刑、工五部尚书。天官司会相当户部首长。御正、御伯相当侍中、黄门等内侍官员。春官内史相当中书监、令"。①

北周政治体制的这种特点,对于隋唐政治体制的形成具有两方面的重要意义。一方面,它彻底抛弃了三公九卿制向三省六部制过渡过程中二者并存重叠所造成的混乱体制,将寺监官和尚书六部官都纳入《周礼》六官的体系之中,这就为尚书六部最终取代卿监成为政务机构的主体走出了关键性的一步。另一方面,它又将中书、门下两省从禁中移到了禁外,使之成为六官系统下的外朝机构,为三省制的形成创造了条件。

秦汉时期,国家事务由丞相(或三公)与九卿对口掌管,自东汉以来,尚书机构的发展使得它在与三公之职权发生冲突的同时,又逐渐与九卿在事务上发生冲突。随着国家政务的扩充,尚书直接参预行政的范围扩大,在许多方面对三公府僚的职权产生冲击,三公的职权和机构都在萎缩,而九卿却沿置不废,两套行政系统在职权上多有重复,造成了行政体制的混乱。其中最明显的是掌管财政事务的度支尚书和九卿之一的大司农之间,职权的分配和行政关系非常混乱。鉴于此种状况,魏晋以来就不断有人提出进行改革,方案有三种。第一种是废尚书之职权而还诸九卿,如西晋初年裴秀提出"尚书三十六曹统事,准例不明,宜使诸卿任职",但未及奏而薨。② 第二种意见是将九卿系统并省到尚书省,西晋初年,荀勖就上表提出,"私谓九寺可并于尚书"。③ 东晋时,桓温也指出,"今事归内台",九卿形同虚设,"职无所掌者皆并"。④ 第三种意见是理顺尚书诸曹与九卿之间的关系,以尚书取代过去丞相或三公对九卿的领导,这是西晋初年刘颂的建议。

刘颂在上疏中提出:"古者六卿分职,冢宰为师。秦汉已来,九列执事,丞相都总。今尚书制断,诸卿奉成,于古制为重,事所不须,然今未能

① 陈仲安、王素《汉唐职官制度研究》,中华书局,1993 年,第 87 页。
② 《晋书》卷三五《裴秀传》。
③ 《晋书》卷三九《荀勖传》。
④ 《太平御览》卷二〇三《职官部》一总叙官条引《桓温集》。

省并。可出众事付外寺,使得专之,尚书为其都统,若丞相之为。"但为了适应尚书实际上已经掌管了许多重大政务的事实,刘颂认为可以保留其处分一些重大政务的职权,"惟立法创制,死生之断,除名流徙,退免大事,及连度支之事,(尚书)台乃奏处。其余,外官皆专断之,岁终台阁课功校簿而已"。只有这样,才能改变过去那种"事功不建,不知所责"的混乱状况。①

尽管刘颂的意见正是日后行政体制调整的方向,但在当时尚书台的发展还不具备取代丞相府统领九卿的条件,九卿作为具有悠久历史的朝廷重臣,亦一时难以成为尚书的下属机构,所以刘颂的建议并未得到实施。整个两晋南北朝时期,基本都是采取一种既省并尚书,又省并卿监的调和办法,并未在理顺二者的关系方面向前跨出关键性的一步。② 诸尚书与九卿的地位品级,一直保持平等状况。如陈朝诸卿与列曹尚书皆为第三品,北魏、北齐时皆为正三品。

隋初改定官制之时,在制度上完成了六部和寺监在职能上的分工和配合,最终形成了我们在唐代看得很清楚的那种尚书六部和九卿分掌政务和事务,二者在人事上互不统属,而在政务上则互相承接的体制。尚书六部二十四司据令式或上承君相之制命,制为政令,下于寺监,促其施行,而为之节制;寺监则上承尚书六部之政令,亲事执行,复以成果申于六部,二者性质不同而有下承上行之关系,共同构成一个完整的行政体系。③ 这种制度形成的基础正是北周的六官制。杜佑在论及隋朝九寺卿之制时指出:"故隋氏复废六官,多依北齐之制。官职重设,庶务烦滞。加六尚书似周之六卿,又更别立寺监,则户部与太府分地官司徒职事,礼部与太常分春官宗伯职事,刑部与大理分秋官司寇职事,工部与将作分冬官司空职事。自余百司之任,多类于斯。"④事实上,六部与寺监的再次分职,并不是回到过去那种重叠冲突的状态,而是在行政机制和职能分

---

① 《晋书》卷四六《刘颂传》。

② 参见前引陈仲安、王素:《汉唐职官制度研究》,第 65—66 页。

③ 参见严耕望:《论唐代尚书省之职权与地位》,载《唐史研究丛稿》,香港新亚研究所,1969 年,第 39—63 页。严文认为,尚书六部与九卿关系重复混淆的局面,是至唐(或隋已然)才彻底改变的,正可证明北周官制改革奠定了调整二者关系基础的观点。

④ 《通典》卷二五《职官七·总论诸卿》。

工上有了新的调整,不过杜佑并未看到这一点,而认为隋置九卿乃依北齐之旧。六部与寺监并设造成"庶务繁滞"的情况,用以指北齐及其以前的制度是实,用以指隋唐之制则不确。

由于北周时列曹尚书与诸卿都已经纳入六官系统,这就为尚书六部和诸寺卿的明确分职以及确立对应的统属关系奠定了基础。隋炀帝大业三年(607),调整了官品令,自第一至第九品,唯置正从,而除上下阶;并因此调整了诸寺卿的品级,除太常卿仍与列曹尚书同为正三品之外,光禄以下八寺卿皆降为从三品。[①] 这是隋唐之际确立尚书六部与九卿对应关系的重要一环。

北周六官制度对于隋唐政治体制形成的第二方面的意义,在于它使中书、门下两省由处于禁中的内省变成了外朝的重要机构。三省制作为一种在建制上沟通内外、在职能上互相配合互相制衡的政治体制,最终形成于隋唐之际,而且也仅仅存在于隋及唐初。而这种体制形成的一个重要前提,就是中书、门下两省在宫禁中的位置及其在政权体系中的地位和性质的变化。

南北朝时期的三省并未组成一个平等制衡的整体。尽管南朝门下省审署尚书省奏案的职权已经落实到公文程式之上,即尚书省上奏皇帝的各种文案都要经过门下省平署署位;北朝门下省也具有平省尚书奏事之职权,且诏书都要经过门下省审署下达,但南北朝的门下省都还不是宰相机构,其长官侍中也不是宰相。门下省仍处于禁中,具有皇帝秘书咨询机构的性质,而且门下省的属官中还有一些是为皇帝的生活起居服务的。南朝的中书省至梁、陈时有了很大的发展,中书舍人掌制诰制度化。不过,尽管在某些时期有的中书舍人由于得到皇帝的恩宠而被委任政事、从而参掌机密,但从制度上来说,中书省还只是处于禁中的具体办事机构,一般情况下中书舍人草拟诏诰只是单纯根据皇帝的意图起草,这被认为是一种吏事,而不包括谋划决策权。[②] 不可否认,中书、门下两省在南北朝时期出现的这些变化,都在朝着隋唐时期两省长官成为宰

---

① 《隋书》卷二八《百官志》下。
② 参见前引祝总斌《两汉魏晋南北朝宰相制度研究》,第 295—321 页、第 347—378 页。

相,两省其他官员在不同环节上参与决策,两省成为沟通内外的重要机构那样一种制度发展。但两省官员始终没有摆脱皇帝侍从的身份,没有成为外朝政府之职。要完成这个转变,必须有一个前提,即两省在建制上走出宫禁。北齐和梁、陈都还没有完成这一步。

而在西魏、北周的六官体制中,原本与六官无关的中书、门下机构,也已纳入了六官体系,而六官府纯粹是外朝的政府机关。门下机构统于天官府,《初学记》卷十二载,"后周初,依周礼天官府置御伯中大夫,武帝改御伯为纳言,亦侍中之任"。纳言中大夫之下,有纳言下大夫,掌贰纳言中大夫之职,还有给事上士、中士,掌理六经及诸文志,给事于帝左右,又有主玺下士,分掌神玺、传国玺与六玺之藏,将此前一直属于御史机构的掌管皇帝印玺之权移到了门下机构。[①] 这就使得门下机构内部建制和职能分配逐渐体系化的同时,也使门下机构走出了宫禁。中书机构则统于春官府,据《唐六典》卷九,后周春官府置内史中大夫二人,掌王言,相当于隋唐的内史(中书)令,内史下大夫二人,相当于中书侍郎,小内史上士二人,相当于中书舍人。原本在禁中帮助皇帝草拟诏诰、备咨询顾问的中书机构因此成为外朝政府机关中的重要一员。

隋唐决策机构中书、门下两省,同时设有内省和外省,两省官员具有内外朝官的双重身份,在唐代称两省"供奉官",又在法律上规定,"中书、门下省五品以上,依令应侍从者"为"侍臣"。[②] 从汉魏以来内外朝分立的角度来看,两省的这种建制,在中国古代皇权官僚国家体制的演变中是一个重大转变,标志着国家体制由以皇帝为中心向以皇帝处于最高位置的朝廷为中心转化。

这个转变的契机,从政权结构的演进来看,在北魏以来即已出现,同时也存在于西魏、北周制度之中。《隋书·百官志中》载北齐之制云:"中书省,管司王言,及司进御之音乐。……又领舍人省,掌署敕行下,宣旨劳问。"而北齐制官,多循后魏,《通典·职官》三云:"后魏有舍人省,而不言其员。"一方面,中书省是处于禁中的内省,在宫禁之内帮助皇帝草

---

① 《唐六典》卷八《门下省》。
② 《唐律疏议》卷九《职制律》官人从驾稽违条。

诏;另一方面,在北魏之初负责宣旨后来"并掌诏诰"的舍人省,尽管它也归中书省统领,但却是设立于皇宫之外的机构。① 这样,原本处于禁中帮助皇帝进行机密决策的中书省,实际上具备了沟通内外的条件。同样,北周六官制度中的两省建制,也具有沟通内外的性质,如纳言中大夫所属的给事上士、中士,既隶属于外朝六官系统,又给事于皇帝左右。当所有包括为皇帝个人服务的官员都纳入了六官体系之中时,皇帝与以六官为主体的朝廷也就构成了一个整体了。

综上所述,在南北朝至隋唐间政治体制的演进过程中,西魏、北周的制度不仅不能被排斥在外,而且恰是这个演进过程中必不可少的环节。

2. 中央集权的加强与尚书行政体制的完善

自南北朝以来,随着门阀士族的衰落,政治体制中官僚制精神逐渐取代门阀贵族原则,中央集权不断加强。隋朝统一后,由此引起了制度上的一系列变革。

首先,中央与地方关系发生了变化。随着中央集权的加强,地方政务大量向中央集中。隋文帝开皇三年,在北齐已经出现的敕用州主簿、敕用郡功曹做法的基础上,从制度上取消州郡长官自辟僚属的权力,规定地方佐官一律由中央任免。"罢郡,以州统县,改别驾、赞务以为长史、司马。旧周、齐州郡县职,自州都、郡县正已下,皆州郡将县令至而调用,理时事。至是不知时事,直谓之乡官。别置品官,皆吏部除授,每岁考殿最。刺史、县令,三年一迁,佐官四年一迁。佐官以曹为名者,并改为司。"②这就是将除别驾、赞务外的原有地方佐官都改为不知时事的乡官,没有国家承认的品级,而在地方另外设立由中央吏部统一任免和考课的品官,与由别驾、赞务改名而来的长史、司马构成新的佐官,而且建立了四年一迁的任期制。与此同时,在选官原则上接受了北周"选无清浊"的做法,在制度上取消保证士族门阀政治特权的九品中正制,根据贤良才

---

① 前引祝总斌:《两汉魏晋南北朝宰相制度研究》第 374 页对此有详密的考证;袁刚也指出北魏、北齐的决策机构即有内外之分,见袁刚:《隋唐中枢体制的发展演变》,台北文津出版社,1994 年。
② 《隋书》卷二八《百官志》下。

学标准举荐选拔官吏的做法越来越被普遍采用,并逐渐过渡到通过科举考试选拔官吏的制度。开皇十五年(595),下令废止州县乡官,即彻底废除魏晋南北朝以来由地方长官辟署的出自地方豪右大族的州县官,门阀士族通过控制地方政权影响整个政治形态的特权最后丧失。九品中正制的最后废除也在这一年。魏晋南北朝以来的中央集权化过程,至此告一段落。①

地方权力向中央集中,必然引起中央机构事务的大量增加。正如隋初刘炫在回答牛弘关于为何令史大量增加反而于事不济的问题时所谈到的那样,过去许多政务由地方处理,中央只是委任责成,地方上报中央的文案并不多,"案不重校,文不繁悉,府史之任,掌要目而已"。现在,不仅大量文案上报中央,公文处理方式也进一步程式化、法制化,并且需要进行严格的审查复核,而中央机构政务处理机制尚未得到相应的调整,因此造成了"事繁政弊"的情况。另外,过去地方为州、郡、县三级体制,递相统领,中央只管数量不多的州,改为州、县二级制以后,不仅中央直辖的州的数量大量增加,而且随着中央对地方控制的加强,县的许多事务也由中央直接管辖。再者,废除地方长官自辟僚属的制度以后,"大小之官,悉由吏部,纤介之迹,皆属考功",州县官吏的任免、考课全部集中到中央。② 这些都使得中央机构的事务大量增加。

其次,随着地方政务向中央的集中,中央政务机构进一步扩大,尚书行政体制也不断完善。隋初,尚书省有六曹二十四司凡领三十六侍郎。开皇六年,"尚书省二十四司,各置员外郎一人,以司其曹之籍帐"。又在工作量增加最多的吏部,别置八郎、八尉。③ 到炀帝时,尚书机构得到进一步的扩大和完善,大业三年的官制改革中,牵涉尚书机构的主要有以下几方面:(1)将原有尚书二十四司(曹)侍郎改为郎,由总共三十六人

① 参见滨口重国:《所谓隋的废止乡官》,载《秦汉隋唐史研究》下卷,东京大学出版会,1966 年,译文见刘俊文主编《日本学者研究中国史论著选译·六朝隋唐卷》,中华书局,1992 年;又,陈仲安、王素《汉唐职官制度研究》也已指出隋文帝时进行官制改革的互相关联的三个方面,即地方行政区划改革,废地方自辟僚属制和以废九品中正制为核心的选举制度的改革。见该书第 282—283 页。
② 《隋书》卷七五《刘炫传》。
③ 《隋书》卷二八《百官志》下。

增为四十八人,即每曹各为二员,废开皇六年所设诸司员外郎。又将原属都省的都事分隶六尚书。后来,二十四司郎又各减一员,置承务郎一人,同员外之职。(2)尚书省六曹,各置侍郎一人,以贰尚书之职。这样就扩大了部(曹)一级的编制,为部与司的明确分层以及各部内运作机制的完善创造了条件。(3)扩大与完善尚书都省机构,增左右丞阶,与六侍郎并四品;设左右司郎各一人,品同曹郎,掌原来都事之职,这样,我们在唐代看到的那种完备的都省机构即已基本定型,其后仅于武则天永昌元年置左右司员外郎各一人。①

最后,为了适应中央集权的加强和中央行政体制的调整,地方行政体制也发生了相应的变化。一方面,由于在地方掌管军事的都督长期以来对地方行政的干预,以及督府体制比州府、郡府体制更有利于集权,加上隋初刺史也还是"多任武将",②所以,在开皇十三年(593)罢郡行州、县二级体制之时,将原来督府之下的长史、司马作为州府的主要属官,开皇十二年,"诸州司以从事为名者,改为参军",③都是以督府僚属取代了州府僚属。在这里,表现出军事体制在整个制度转型过程中的重要意义。以前在门阀士族把持地方政权的情况下,州主簿、郡功曹的权力很大,州郡长官的实际权力受到限制,而长史、司马则纯粹是都督的僚属,并不具有限制都督的权力。现在以长史、司马为州府的主要属官,一切僚属都由中央任命,剥夺了门阀士族把持地方政权的权力,实际上是加强了地方长官的权力,从而加强了中央对地方的控制。另外,过去州、郡、县都有不按制度改置僚属的权力,"各有旧俗",设官情况比较混乱;隋文帝改革地方行政体制时,州县设官分职的状况也有所调整,基本确立了与中央六部的对应关系。④ 地方行政管理的专业化程度得以提高。

唐朝初年在行政体制上基本继承了隋朝的制度,隋唐易代之际并未

---

① 《隋书》卷二八《百官志》下;《通典》卷一三二。参见雷闻:《隋与唐代前期六部体制研究》,北京大学硕士学位论文,1997年。

② 《隋书》卷六二《柳彧传》。

③ 《隋书》卷二八《百官志》下。

④ 参见前引陈仲安、王素:《汉唐职官制度研究》,第212—217页。

带来制度上的根本变化。在隋唐时代行政体制的演进过程中，一直到高宗、武则天时代才发生了重要的转折。

3. 隋唐之际三省制的确立

在中国古代专制主义中央集权国家体制中，皇权是至高无上的、绝对的，而各种对皇权的制约是相对的，包括宰相的权力也是由皇帝赋予的。但是，皇帝与宰相在政治体制中的具体地位和作用，并非固定不变。随着社会结构和阶级关系的变化，以及政治制度的调整和国家机器的完善，不同时期君、相权力的实际行使情况各不相同。君相关系是中国古代政治体制演进过程中的一个重要问题。

隋朝取代北周后，在中央集权不断制度化的同时，皇权的行使方式也表现得更加专制。传统皇权理论中强调君主要劳于求贤，逸于任使，而隋文帝杨坚却是中国历史上著名的勤于听受、事必躬亲的皇帝。正如治书侍御史柳彧在上疏中所说："比见四海一家，万机务广，事无大小，咸关圣听。陛下留心治道，无惮疲劳，亦由群官惧罪，不能自决，取判天旨，闻奏过多，乃至营造细小之事，出给轻微之物。一日之内，酬答百司，至乃日旰忘食，夜分未寝，动以文簿，忧劳圣躬。"[1]这也成为后来唐代贞观君臣谈论治道政术时经常涉及的一个重要话题。贞观四年，太宗曾问历仕隋代二帝的萧瑀："隋文帝何如主也？"萧瑀强调他的勤劳思政，以为"虽性非仁明，亦是励精之主"，而太宗的分析却更深一层，他说："公知其一，未知其二。此人性至察而心不明。夫心暗则照有不通，至察则多疑于物。又欺孤儿寡妇以得天下，恒恐群臣内怀不服，不肯信任百司，每事皆自决断，虽则劳神苦形，未能尽合于理。朝臣既知其意，亦不敢直言。宰相以下，惟即承顺而已。"[2]唐太宗所说的还仅仅是个人心理的问题，没有触及时代原因。实质上，杨隋代周，是一个历史时代的终结，它标志着中国历史在民族融合和门阀士族衰落的基础上，由长期的分裂走上了更深层次上的统一。从这样一个大背景来看，隋文帝的事必躬亲，造成君

---

[1] 《隋书》卷六二《柳彧传》。
[2] 《贞观政要》卷一《政体》。

相关系中皇帝决断一切,宰相以下惟即承顺而已的局面,具有其客观必然性。

况且,唐太宗也仅仅知其二而未知其三,因为隋文帝的躬亲细务同时还是制度不完善导致的。如前所述,在隋朝建立后的一系列制度变革尤其是地方行政制度变革中,给中央政府带来了大量的新的事务,这些事务许多是旧体制下无人负责的,尚书省只好向皇帝汇报取旨,因而出现尚书省闻奏过多的问题。①

隋初的政权结构中,一般认为制度上的宰相已经是三省长官,如《唐六典》卷九称:"隋文帝废三公府僚,令中书令与侍中知政事,遂为宰相之职。"又如《通典》卷二一《职官》三谓:"隋有内史、纳言,是为宰相,亦有他官参与焉。"杜佑在原注中称左右仆射专掌朝政也属于以他官参与朝政,而不是正宰相,不确。事实上,魏晋以来尚书省长官为宰相的传统,在隋代还有很大的影响。隋文帝最初还想摆脱这个传统,以他官与尚书省左右仆射共掌朝政。开皇初,三省长官俱全,内史令和纳言都被视为宰相。但宰相中处于核心地位的还是尚书左右仆射,所谓"朝之众务,总归于台阁","尚书省事无不总"。② 尤其是开皇九年(589)平陈之后,在帮助隋文帝制定律令格式的过程中发挥了重要作用的苏威被任命为尚书右仆射,与早已在左仆射任上的高颎一起"参掌朝政"。③ 开皇十二年,杨素"代苏威为尚书右仆射,与高颎专掌朝政"。④ 高颎以仆射的身份"当朝执政将二十年","论者以为真宰相"。⑤

在隋文帝统治的中期,回到了以仆射为宰相的老路,这种情况一直持续到文帝末年。⑥ 这既是南北朝以来宰相制度发展的结果,也与皇帝的事必躬亲有关。少数宰相能够专掌朝政,并不说明在体制上相权的扩张,而恰恰是皇帝专权的表现。因为,宰相基本上还是汉代丞相"掌承天子"身份的继续,作为皇帝私人助手的色彩很重,相权与皇权的责任区分

---

① 吴宗国:《隋唐五代简史》,福建人民出版社,1998年,第37页。

② 《隋书》卷二八《百官志》下。

③ 《隋书》卷四一《苏威传》。

④ 《隋书》卷四八《杨素传》。

⑤ 《隋书》卷四一《高颎传》。

⑥ 参见吴宗国:《隋唐五代简史》,第38—39页。

不明确,相权对皇权的制约还缺乏体制上的保证。

从隋文帝到唐太宗时期,是隋唐宰相制度不断调整、不断完善的过程。隋文帝后期仆射专掌朝政的局面,使得担任仆射的大臣权力和威望不断提高,因此逐渐受到皇帝的猜忌和疏远。文帝末年,右仆射杨素的专权达到了极点,"上渐疏忌之,后因出敕曰:'仆射,国之宰辅,不可躬亲细务,但三五日一度向省,评论大事。'外示优崇,实夺之权也。终仁寿之末,不复通判省事"。① 由于宰相制度中没有形成一种相对独立于皇权、对皇权有所制约的集体权力,对权相个人权力的剥夺,就会导致其所在职位权位的下降,从而引起整个制度的变化。随着仆射专掌朝政格局的改变,到隋炀帝大业六年(610)前后,形成了由他官与三省官员参掌朝政的新格局,开唐代知政事官与政事堂制度的先声。②

在隋唐之际宰相制度的变革中,一个明显的趋势是宰相的人数增加,形成一种互相配合、互相制衡的集体权力,对皇权的制约有所加强。但在唐高祖时期,这种变革发生了反复。武德年间的宰相中,尽管有内史令萧瑀被"委以心腹,凡诸政务,莫不关掌",对于国典朝仪的制定发挥了重要作用;③但真正处于核心地位的还是先后担任尚书右仆射和左仆射的裴寂。众宰相参掌朝政的格局和政事堂议事制度尚未完全确立。三省成为一个互相配合、互相制衡的整体,二省长官共为宰相的局面,是在从大业到贞观年间的不断演进中逐渐形成的。

如果说尚书仆射担任宰相是魏晋南北朝以来宰相制度的继续,那么,中书、门下两省长官中书令(内史)和侍中(纳言)成为宰相则是隋朝宰相制度的一个新发展。前引《通典》谓隋文帝时令中书令与侍中知政事,遂为宰相之职,只是一种概括的说法。稽诸史实,隋朝建国之初,李德林为内史令,虞庆则任内史监兼吏部尚书,尚书左仆射高颎兼纳言,太子少保苏威兼纳言、吏部尚书,此四人都是宰相,且大都身兼三省中的数个职位。高颎是宰相自不必说,如李德林也是参与平章军国重事的,内

---

① 《隋书》卷四八《杨素传》。

② 参见吴宗国主编:《中国封建王朝兴亡史·隋唐卷》,广西人民出版社,1996 年,第 20—22 页。

③ 《旧唐书》卷六三《萧瑀传》。

史令被认为是宰相。虞庆则担任内史监的时间不长,很快升为尚书右仆射,内史监之职因此而废,从监高于令的制度和虞庆则的实际地位来看,内史监是宰相当不成问题。苏威担任纳言期间,"渐见亲重,与高颎参掌朝政"。① 说明纳言也是宰相。不过,苏威在纳言之外兼任吏部尚书,另外一个纳言则由尚书右仆射高颎兼任,说明纳言作为宰相的地位仍不稳定。

如前所述,中书、门下长官由魏晋南北朝时期参掌机密的秘书咨询官变为宰相,是中古国家政权体制演进的结果,转变的契机则在于北周六官体制使其由内廷走向了外朝,从而获得了参掌朝政的权力。

门下省在隋文帝时主要还是皇帝的顾问、谏议和侍从机关。虽然门下省有的官员也可以对尚书省的奏事有所驳正,如柳雄亮为给事黄门侍郎,"尚书省凡有奏事,雄亮多所驳正,深为公卿所惮"。② 但尚未确立其在国家政务处理过程中的固定地位和明确职权。这种情况到隋炀帝时有了根本改变。大业三年(607),设立殿内省,将尚食、尚药等在生活上侍奉皇帝的部门从门下省移出;又改给事黄门侍郎为黄门侍郎,借用吏部给事郎之名在门下省置给事郎之职,"置员四人,从五品,省读奏案"。③ 这样不仅解决了尚书省闻奏过多造成的皇帝躬亲细务的矛盾,而且使门下省摆脱了皇帝侍从顾问的色彩,是三省制确立的关键。因为门下省不仅要签发中书省起草的诏令,而且随着中央集权不断加强而大量增加的尚书省的奏案也要经过它的省读,这就使得三省在处理国家政务的不同环节上连接成为一个有机的整体,门下省也因此取得了政务裁决中的枢纽地位。④

政事堂的设立与此有关。唐人李华说:"自武德以来,常于门下省议事,即以议事之所谓之政事堂。"⑤ 又《大唐新语》卷十谓:"旧制,宰相尝于门下省议事,谓之政事堂。故长孙无忌、魏征、房玄龄等以他官兼政事

---

① 《隋书》卷四一《苏威传》。

② 《隋书》卷四七《柳机传附柳雄亮传》。

③ 《隋书》卷二八《百官志》下。

④ 参见前引吴宗国主编:《中国封建王朝兴亡史·隋唐卷》,第 21 页;吴宗国:《三省的发展和三省制的确立》。

⑤ 《全唐文》卷三一六李华《中书政事堂记》。

者,皆云知门下省事。"唐人关于政事堂的记载,都认为是最先设于门下省的议事之所,在宰相议事的时候,以侍中执政事笔。① 这种制度必须以门下省处于三省结构中的枢纽地位为前提,而大业三年对门下省的调整,便提供了这样一个前提条件。加上大业年间已经出现了以他官和三省长官共参朝政的新格局,所以认为政事堂始设于隋炀帝时,也就成为一种合理的推测。② 政事堂初设于门下省,说明门下省实际已经处于决策中的关键地位。从隋唐之际实际政局的演进过程看,宰相集体在政事堂议事和由侍中执政事笔的制度,当定型于贞观初年。③

唐太宗即位以后,对于如何健全政治体制,更好地发挥各级官僚机构的作用,与大臣们进行了积极的探讨。君主大权独揽,事必躬亲,是专制政治中的常见弊病。由于隋炀帝时制度的调整没有得到很好的落实,武德年间许多制度又回到了开皇之制。关于如何运用君权的问题,从唐太宗即位开始,便再次被提了出来。太宗自己回忆道,即位之初,即有人上书,"或言人主必须威权独任,不得委任群下"。④ 同时,太宗召见景州录事参军张玄素,访以政道。张玄素首先提出了君主不能自专的问题,说:"臣观自古以来,未有如隋室丧乱之甚,岂非其君自专,其法日乱。向使君虚受于上,臣弼违于下,岂至于此。且万乘之重,又欲自专庶务,日断十事而五条不中,中者信善,其如不中者何? 况一日万机,已多亏失,以日继月,乃至累年,乖谬既多,不亡何待! 如其广任贤良,高居深视,百司奉职,谁敢犯之。"⑤ 贞观四年,太宗在与萧瑀讨论隋文帝时,吸取了张玄素的建议,提出了君主不能一人独断的政治原则,他表示自己不

---

① 《旧唐书》卷四三《职官志二·门下省侍中条》。

② 如袁刚认为,政事堂制是"唐沿隋旧","既然集体宰相定制于隋朝,宰相集体议事之所的政事堂,毫无疑问亦当始置于隋朝"。见《隋唐中枢体制的发展演变》,第57页。关于政事堂始设时间的研究很多,但是大多没有直接的材料,此处不烦赘引。

③ 严耕望认为政事堂之制始创于贞观之时,因为"三省事权分立,往往发生流弊,尤以中书门下两省,或论难往来,各呈意气。太宗深察其弊,乃令三省长官合署办公,是谓政事堂,此实宰相制度之一进步也"。见《唐代文化约论》,载《唐代研究论集》第一辑,台北新文丰出版公司,1992年。

④ 《贞观政要》卷五《诚信》。

⑤ 《旧唐书》卷七五《张玄素传》。

能像隋文帝那样"不肯信任百司,每事皆自决断",说:"以天下之广,四海之众,千端万绪,须合变通。皆委百司商量,宰相筹画,于事稳便,方可奏行。岂得以一日万机,独断一人之虑也。"①宰相筹画,就是宰相在政事堂议事。

在这种思想的指导下,三省之间以及君主与宰相之间在国家政务的裁决和执行中互相配合、互相制衡的体制真正得以确立和完善,这就是我们所理解的三省制。

在这种政治体制下,皇帝只是国家权力机关的最高负责人。官僚机器对皇权的制约越来越大,原本属于皇帝侍从的人员成为了宰相之下制约皇权的官职。从国家政务的裁决到政务执行都有一整套程序,在一般情况下,皇帝不能越过三省而直接发号施令、指挥政事。关于这种制度形成的背景,应该从贞观君臣不断吸取历代统治理论和兴亡教训,以及政治制度本身不断完善等方面加以探讨。三省在制度上对皇权加以制约,以避免君主过于独裁造成的失误,正是统治经验不断丰富、政治制度不断完善的结果,是官僚政治发展成熟的必然要求。有学者认为,这种制度是将"中国中世的贵族政治最有效地形式化了的产物","富于贵族政治的色彩"。② 但他们忽略了一个最重要的事实,即唐代的三省长官和其他宰相是官僚而非贵族。实际上,两晋南北朝时期中书、门下作为皇帝的秘书、咨询机关,还没有构成对皇权的制约,到隋唐时代,这种制约才成为官僚政治形态中的重要机制。

经过北朝的发展尤其是北周的改革,到隋唐之际,门下、中书两省都有了内省、外省之分,这是一种沟通内外的建制。此外,隋唐时期外官直宿禁省的制度,也同样起到了一种沟通内外的作用。《隋书·百官志》下载开皇之制云,尚书省三十六侍郎,"分司曹务,直宿禁省,如汉之制"。隋唐之际君相关系的一个重要特点就是君相在国家政治生活中走向一体化。

---

① 《贞观政要》卷一《政体》。

② 内藤乾吉:《唐代的三省》,载《史林》第 15 卷第 4 号,1930 年,后收入《中国法制史考证》,有斐阁,1963 年;译文见《日本学者研究中国史论著选译·法律制度卷》,中华书局,1992 年。

门下、中书两省由禁中走向了外廷,是三省制确立的前提和重要标志之一。两省由秘书机构变成了政府机构,虽然还保留内省,但并不说明将国家事务皇帝家事化,而是反映了国家政权由以皇帝一人为中心到以整个朝廷为中心的转变。如果说,秦汉的丞相更多地表现为皇帝的助手;那么,隋唐时期的知政事官则更多地表现为政府的负责人。在这种体制下,政权中心是政府而不是皇帝个人,皇帝实际上成为政府的最高负责人。从中国皇权官僚体制的这个转变来理解隋唐时期中书、门下所保留的内省地位,与其说是皇帝把国家决策机构留在了禁内,还不如说是国家决策机构把皇帝拉出了后宫。皇帝、宰相和三省机关构成了一个有机整体,在处理国家政务的过程中处于不同环节发挥作用,形成了一种分层决策机制。

三省在国家政务裁决和执行中互相配合、互相制衡的关系是在隋唐之际逐渐形成的。三省的具体职掌,如中书省负责起草诏令、门下省负责审核诏令的下达和尚书省奏事文书的上传,至晚在南北朝时即已制度化,但由于中书、门下尚在禁中,尚未完成向国家政权机关的转化,三省之间也就没有形成真正的分权。一直到隋初,尚书省仍然是"事无不总"的最高权力机关。开皇官品令规定,尚书令为正二品,尚书左右仆射为从二品,纳言、内史令为正三品。炀帝时门下省的地位有所提高,但依然没有在制度上落实三省之间的平等关系。自唐初开始尚书令缺而不置,到贞观末年仆射一职长期空缺,高宗即位之初开始以仆射同中书门下三品,正是三省之间实现平等制衡关系的一个动态过程,也是三省制真正实施的时期。也就是说,三省制不是一个静态的制度,而是存在于隋唐之际至开元前期的一个不断调整的动态过程。在这个过程中,三省的职官设置和具体职掌不断完善,分工制衡的关系日渐明确。

4. 三省制下的政务裁决机制

三省制是指三省作为三个政治实体,互相配合,互相制衡,在国家政务裁决和执行过程中构成一个有机的整体。三省制不是最高决策的机制,只是政务裁决和执行机制中的一个重要环节。

唐代中央实行分层决策,除以皇帝为核心的体现为诏令的最高决策外,还有以宰相会议(如政事堂)为中心的决策和各级官僚机构的决策。①唐代政治体制中,决策和行政并不截然分开,行政部门也具有不同程度的裁决权。三省沟通内外的建制,具有了打通决策与行政两个环节的意义。

三省是一个机构设置的概念,三省制则是一个政治体制和运作机制的概念。唐前期,法令规定设立的中央最高机构是三省,政事堂是三省长官议事之所,并未在三省之外形成为一个实体化的机构。在以皇帝为中心的最高决策层面,三省长官和中书、门下两省的其他一些官员被纳入其中,但不是三省共同构成最高决策机构。三省作为一个整体在政治体制中的作用,更多地体现为行政而非决策。三省之间的分工,不是中书决策,门下监督,尚书执行,而是在国家政务裁决和执行不同环节上的分工。三省都是从不同角度参与最高决策的中央行政机构。

从政务裁决和执行的角度来理解三省制,关键是看三省关系如何体现在公文运行的程式上,这是三省制运作的具体体现。由于史料的限制,这个问题长期以来没有得到很好的解决,大多数论著都还停留在自宋元以来所谓"中书出令,门下审驳,分为二省,而尚书受成,颁之有司"②这样一种笼统的理解上。以下从三省的具体职掌入手,结合公文运行,分析三省制的运作机制。

三省制下,中书省的职权,主要是掌军国之政令和参议表章。掌军国之政令,即对以皇帝名义发布的制(诏)敕的起草和宣奉行。

《唐六典》卷九中书舍人条谓"凡诏旨制敕及玺书册命,皆按典故起草进画"。唐前期一切以皇帝名义发布的文书,都要经过中书舍人的起草。进画,就是进呈皇帝御画。制书的进画,由皇帝御画日,是皇帝意志

---

① 参见谢元鲁:《唐代中央政权决策研究》,台北文津出版社,1992年。

② 《文献通考》卷五〇《职官》四门下省条引胡致堂曰。《文献通考》"门下省"条则谓"中书取旨,门下覆奏,尚书施行"。此种说法自宋朝以来就很流行,赵升《朝野类要》卷一云,"中书拟定,门下进画,尚书奉行"。陈振孙《直斋书录解题》卷六《职官类》唐六典条云,"中书造命,门下审覆,尚书奉行"。王应麟《困学纪闻》卷一三考史条注曰,"中书主受命,门下主封驳,尚书主奉行"。

在制书中的体现。中书省将御画日之后的制书重写一份,原件留中书省制敕甲库存档。然后中书省将重写的制书向门下省宣奉行。①《唐律疏议》卷二五"诸诈为制书及增减者"条疏议曰:

> 注云"施行,谓中书覆奏",此谓诈为敕语,及虽奉制敕处分,就中增减,中书承受,已覆奏讫。

中书的覆奏即指进画。中书覆奏讫即是已"施行",这是对于诈为制书的法律界定,并不说明制书已经完成。

敕书的御画比较复杂,包括御画发日的发日敕、画日并画敕的论事敕书等,其御画都是在中书省官员宣奉行之前。② 而敕旨则无御画。

皇帝的命令,在唐前期有两个发布渠道:凡是需要发往尚书省诸司制为政令行下实施的,都要经过中书省的宣奉行;对于一些皇帝直接"遣使就问"的事情,则用"别制"而不须经过三省颁诏程序,自然也不需要经过中书省宣奉行。③

一般的制敕都要经过尚书曹司。《唐律疏议》卷二五《诈伪》"诈为制书及增减"条疏议曰:"或有诈为中书宣出制敕,文书已入所在曹司,应承受施行及起请行判曹司者,并为'已施行'。"说明中书宣出的制敕,都要经过尚书曹司。

不经过尚书曹司的所谓"别制",与由尚书省曹司行下的一般诏敕一样,都需中书舍人起草。

中书省参议表章,主要是中书舍人的职掌。这个职掌是逐步发展起

---

① 关于中书省进画为皇帝御画日,然后还要重写一份,中村裕一和李锦绣分别引用日本《养老令》诏书式和《新唐书·百官志》詹事府的材料进行了间接的论证,对内藤乾吉关于唐代制书成立过程的理解进行了纠正。见内藤乾吉《唐代的三省》。又参见中村裕一《唐代制敕研究》,汲古书院,1991 年,第 57 页;李锦绣《唐"王言之制"初探》,载《季羡林教授八十华诞纪念论文集(上)》,江西人民出版社,1991 年。

② 参见中村裕一:《唐代制敕研究》复原的各种敕书式。又雷闻:《从 S.11287 看唐代论事敕书的成立过程》,《唐研究》第一卷,北京大学出版社,1995 年。

③ 《唐律疏议》卷二五《诈伪》"对制上书不以实"条疏议曰:所谓"别制下问",谓不缘曹司,特奉制敕,遣使就问。

来的。① 最晚至中宗神龙三年(707)二月,已经有了关于中书舍人对奏请皇帝批准的表状进行商量的正式规定:百官所上议表状,需要出付中书,其中需要制敕处分的,中书舍人要提出初步的处理意见,供皇帝决策时采择。②

唐前期的议表状,需要中书舍人为皇帝进行分析解说或预先的参谋。开元二年(714)姚崇做中书令(紫微令)时,对参议表章之制进行了改革,在舍人"六押"的基础上,进一步实行"五花判事"的制度,加强了中书省长官对参议表章权的控制。③ 中书省的参议表章,是三省制下政务裁决过程中的重要一环。关于中书舍人参议表章职权的具体发展,后文还要详论。此处从略。

三省制下的政务裁决权按照不同层次,首先分别体现在尚书省、门下省、中书省和政事堂,最高的政务裁决是由皇帝作出的。中书省在其中的作用就是起草制敕和参议表章。

三省制下,门下省在处理日常政务(庶政)时处于枢纽地位。④《唐六典》卷八所记侍中的职掌之一为出纳帝命,具体为对于各种上下行文书"皆审署申覆而施行焉"。与之相对应,对给事中在上、下行文书运行中的作用概括为:"凡百司奏抄,侍中审定,则先读而署之,以驳正违失;凡制敕宣行,大事则称扬德泽,褒美功业,覆奏而请施行,小事则署而颁之。"门下省在公文书运作中的此种作用和地位,正是其在政务运作中处于枢纽地位的具体表现。

据《唐六典》,凡下之通于上,其制有六,包括奏抄、奏弹、露布、议、表、状。⑤ 这是六种上于皇帝的文书。"审",即指这些上行文书中的奏抄、露布须经过门下省审核再上奏于皇帝,即"其奏抄、露布,侍中审,自

① 参见李蓉:《关于唐代前期中书舍人参议表章的问题》,北京大学硕士研究生学位论文,1995 年。
② 《唐会要》卷五四《省号》上中书省神龙三年二月敕。
③ 见《唐会要》卷五五《省号》下中书舍人条。参见袁刚《唐朝的五花判事和六押制度》,《安徽史学》1996 年第 4 期。
④ 参见刘后滨:《公文运作与唐前期三省关系中门下省的枢纽地位》,中国人民大学历史系编《史学论丛》,中国书店,1999 年。
⑤ 《唐六典》卷八门下省侍中条。

余不审"。① 唐律规定:"尚书省应奏之事,须缘门下者,以状牒门下省,准式依令,先门下录事勘,给事中读,黄门侍郎省,侍中审。有乖失者,依法驳正,却牒省司。"② 这里的"须缘门下者",高宗以后主要即指奏抄、露布,尚书省要将此二种文书"以状牒门下省",转牒门下省审驳。侍中、黄门侍郎、给事中在此两种文书上都要分别进行审署、省署、读署。门下省官员审署奏抄的实例很多,见于编号为 P.2819 的敦煌文书背面所保留的唐公式令残卷中的"奏授告身式",③ 大量的奏授告身,④ 以及一些奏抄的实物史料,⑤ 不烦备举。

"署"是指在审查奏抄等文书及制敕下颁过程中的署名。除了在上述奏抄、露布等文书中侍中审署、黄门侍郎省署、给事中读署之外,在制敕类下行文书中,侍中、黄门侍郎、给事中也要署名。编号为 P.2819 的敦煌文书背面保留的唐公式令残卷"制授告身式"中,有侍中、黄门侍郎、给事中"具官封臣名"。大量制敕文书的实物史料,提供了门下省官员署制敕的实例。⑥

需要说明的是,制和敕作为两类不同级别的文书,门下省官员署名的意义是不同的。《唐六典》卷八所谓"凡制敕宣行,大事则称扬德泽,褒美功业,覆奏而请施行,小事则署而颁之"。按照唐人的理解,国家事务中有所谓大事、小事之分。制书处理的是大事,敕书处理的是小事,故制

---

① 《唐六典》卷八门下省侍中条。《新唐书》卷四七《百官》二作"自露布以上乃审"。门下省官员审读露布的实例尚未见到,但《玉海》卷二〇三所收《辞学指南》载北宋前期《朝制要览》所引用的露布式,在注中提到"张说为河内郡王平冀州贼契丹露布云";并在此前介绍露布时,称宋朝露布云"臣无任庆快激切屏营之至",注曰:"唐露布云不胜庆快之至或云无任庆跃之至",正与其引用的露布式相合。说明这是唐代的露布式,可为理解唐代的露布运作提供参照,露布是经门下省审读的。〔宋〕王应麟《玉海》卷二〇三,江苏古籍出版社、上海书店,1987 年,第 3715—3717 页。

② 《唐律疏议》卷五《名例》"同职犯公坐"条疏议曰。

③ 参见刘俊文《敦煌吐鲁番唐代法制文书考释》,中华书局,1989 年,第 221—245 页。

④ 参见大庭修:《唐告身の古文书学的研究》,《西域文化研究》三,京都法藏馆,1960 年。

⑤ 如大津透和榎本淳一根据编号为大谷 1262 和 2597 等吐鲁番出土文书残片复原的唐仪凤三年奏抄,见大津透、榎本淳一《大谷探险队吐鲁番将来アンペラ文书群的复原——仪凤三年度支奏抄・四年金部旨符》,《东洋史苑》28 号,1987 年。大津透:《唐律令国家的预算について》,《史学杂志》95 编 12 号。参见李锦绣《唐前期支度国用计划的编制与实施(上)》,《北京大学学报》1991 年第 2 期。

⑥ 中村裕一:《唐代制敕研究》。

书下颁过程中门下省需要覆奏,敕书下颁过程中则直接"署而颁之"。这与传世和出土的制授告身和敕授告身正相吻合。[1] 在制书中,中书、门下两省官员的署名紧连在一起,是以两省官员的名义共同发布的,其下发至尚书省的用语为"制书如右,请奉制付外施行。谨言"。在敕书中,中书、门下两省官员的署名分开,中书省官员宣奉行之后,门下省官员的作用只是转牒尚书省施行。在中书省官员署名之后,门下省官员先写上"奉敕如右,牒到奉行",注年月日之后,再署名。

皇帝在制、敕上御画的位置,亦说明制书和敕书的不同。制书画"可"在门下覆奏之后。门下写好覆奏文后进行覆奏,皇帝御画可后,下门下省,重写一份,侍中注"制可",下尚书省施行,原件留门下省制敕甲库存档。[2] 敕书的御画则在门下省官员签署之前。制敕文书的用印也不同。敕类文书的下发所用为"中书省之印",如敦煌文书 S.11287《景云二年七月九日赐沙州刺史能昌仁敕》,经皇帝御画"敕"和发日后,下到中书省更写一通,并在更写的敕书上描出皇帝所画的"敕"字和日期,在年月日上加盖"中书省之印"。[3] 然后再下发到门下省。而制书是经门下省用印后下发的。敕书是以中书省签署为完成的标志,而制书则是中书、门下两省官员签署后才告完成。

敕书的御画尽管在门下省官员签署之前,但仍须经过门下省的转牒,中书省不能直接向尚书省宣行。如果门下省官员不署敕,敕书仍无法律效力,此即刘袆之所谓"不经凤阁鸾台,何名为敕"。[4] 署敕权体现的是门下省在制敕下颁过程中对中书省的制约,是东晋南北朝以来诏令下发须过门下制度的发展。贞观元年,唐太宗对黄门侍郎王珪说:"中书所出诏敕,颇有意见不同,或兼错失而是,相正以否。元置中书、门下,本拟相防过误。"贞观三年,唐太宗再次对侍臣强调,中书、门下的官员对于"诏敕如有不稳便,皆须执论。……若惟署诏敕,行文书而已,人谁不

---

① 参见大庭修:《唐告身の古文书学的研究》。
② 参见前引李锦绣:《唐"王言之制"初探》。
③ 参见荣新江:《英国图书馆藏敦煌汉文非佛教文献残卷目录(S.6981—13624)》,台北新文丰出版公司,1994年,第183—184页;雷闻:《从 S.11287 看唐代论事敕书的成立过程》。传世的唐代官印中,有一方为"中书省之印",存故宫博物院。
④ 《旧唐书》卷八七《刘袆之传》。

堪？何烦简择，以相委付？自今诏敕疑有不稳便，必须执言，无得妄有畏惧，知而寝默"。① 太宗即位之初担任给事中的魏征，对于中书省起草的关于征点十八岁以下中男壮大者为兵的敕文，尽管已经过皇帝的签署下发到门下省，但他坚持不肯署敕，这个决定终于没有颁下施行。② 这种在诏敕下颁过程中的执论，甚至拒绝署敕，就逐渐发展成为给事中封还敕书的权力，一般称之为"封还"，开元后又出现"涂归"。《新唐书·百官志》概括为，"凡百司奏抄，侍中既审，则驳正违失。诏敕不便者，涂窜而奏还，谓之涂归"。但事实上，涂归并不经常使用。《新唐书·百官志》的概括是不确切的。对奏抄的"驳正"和对制敕的"封还"，是给事中职权集中体现。

"申"是指奏抄审查后申报皇帝批准，由皇帝御画"闻"，再下发上奏机关执行。如大量的奏授告身，就是"给事中读、黄门侍郎省、侍中审"后，申皇帝御画"闻"的奏抄，再经尚书都省转发至吏部施行。在三省制下，尚书省的奏抄，都要经过门下省的审驳。贞观十六年，魏征罢侍中任特进，仍知门下省事。《魏征特进制》中称，"仍知门下事。朝章国典，参议得失。自徒流以上罪，详事奏闻"。③ 断徒流以上罪的公文为奏抄，④即由门下省审署上奏的奏抄，魏征还要把关。门下省申奏皇帝画"闻"的手续，也称为"奏画"。⑤ 皇帝对于奏抄只是御画"闻"以表示同意，而并不言可否。⑥

"覆"即是指对制书类文书进行覆奏。因只有制书才需覆奏，故《唐六典》侍中条在说明侍中对于下通上的文书（实际上也包括上达下的文书）"皆审署申覆而施行焉"之后，注云："覆奏画可讫，留门下省为案，更写一通，侍中注制可，印缝，署，送尚书省施行。"既然是侍中注"制可"，就

---

① 原田种成编校：《贞观政要定本》卷一《政体》，日本无穷会东洋文化研究所发行，1962年。
② 《贞观政要》卷二《直谏》；《资治通鉴》卷一九二武德九年十二月。
③ 《唐大诏令集》卷五五，商务印书馆，1959年。
④ 参见李锦绣：《唐"王言之制"初探》。
⑤ 《唐律疏议》卷二"除名"条。
⑥ 《陆宣公集》卷一七《请许台省长官举荐属吏状》："国朝之制，庶官五品已上，制敕命之；六品已下，则并旨授。制敕所命者，盖宰相商议奏可而除拜之也；旨授者，盖吏部铨材署职，然后上言，诏旨但画闻以从之，而不可否者也。"

完全是针对于制书而言,而不包括敕书在内,当然所指更非奏抄类上行文书。

又并非所有制书在覆奏时都要"称扬德泽,褒美功业",一些处理重大事件的制书有这样的覆奏文,一般的制书则没有。完整的有覆奏文的制书,见于《唐大诏令集》卷五《武宗改名诏》、卷三十《肃宗命皇太子监国制》、卷一二五《诛王涯郑注后德音》。[①] 需要指出的是,这种覆奏并不是对制敕的封还,而是相对于中书起草进画即中书覆奏而言的呈请皇帝画"可"的手续。[②]

三省制下,行政运作的主体是尚书省六部二十四司,尤以二十四司(即曹司)为依托。六部在尚书行政体制中并不是一个政务运作的实体,六部首长尚书、侍郎一般与头司(如吏部之吏部司、户部之户部司)一起负责各部核心政务。其他大量的政务都由各司郎官独立完成,由各司郎官主判。[③] 奏抄、省符等实物史料都证明,其主判的官员都是省司的郎中员外郎,在法律上称为"所由主司",是法律责任的首要承担者。[④] 尚书省行政体制运作的基本内容,包括两个方面。一方面,尚书省上承制敕,制为政令,以尚书"符"的形式向下颁布实施。另一方面,尚书省下领州府寺监之政务,据令式制为奏抄,向上申奏。[⑤]

---

① 中村裕一对这种有"称扬德泽,褒美功业"覆奏文的制书式进行了复原,参《唐代制敕研究》第 73 页。

② 前引内藤乾吉《唐代的三省》一文注释中,已举出肃宗《命皇太子监国制》之后门下省的覆奏文为例加以说明。

③ 参见雷闻:《隋与唐代前期六部体制研究》。《唐律疏议》卷二五"诈为制书及增减"条疏议曰所谓"或有诈为中书宣出制敕,文已入所在曹司,应承受施行及起请行判曹司者,并为'已施行'"。正说明制敕宣出的承受单位是曹司。而同卷"对制上书不以实"条疏议曰所谓"其事关曹司,承以奏闻,而有不实,亦得徒一年",则说明尚书省向皇帝奏事,也是以曹司为实体的。同上卷卷五"同职犯公坐"条疏议曰所谓"若省司下符向州错失,州司不觉"云云,又说明尚书省下州之符,也是以"司"的名义下发的。

④ 《唐律疏议》卷五同职犯公坐条。需要指出的是,地方政府的情况与此不同,其政务处理的失误,法律责任的首要承担者不是具体判案的佐职,而是"州县各以长官为首,佐职为从"。见《唐律疏议》卷一三《户婚》里正授田课农桑违法条。

⑤ 以往的研究更多地强调尚书六部上承君相之命制为政令的一面,以严耕望《论唐代尚书省之职权与地位》为代表;在文书运作中也主要重视尚书省在下行文书中的作用,即尚书省在制敕下颁过程中的作用,以中村裕一的一系列研究为代表。而很少有对于尚书省在上行文书中作用的论述。

三省制下尚书都省的职权,是一个尚未解决的问题。根据《唐六典》的记载,尚书都省是尚书省的首脑机关,是政务文书上下的收发枢纽和勾检总署。[1] 不仅下行文书中的制敕(不包括所谓"别制")都要经过尚书都省下发,所谓"凡制敕施行,京师诸司有符、移、关、牒下诸州者,必由于都省以遣之",[2] 上行文书中的奏抄和露布也要经过尚书都省的签署,见于各种奏抄和露布式。作为尚书省长官的左右仆射,在上下行文书中签署官封姓名,不仅是一个例行公事的手续,也是其尚书省首长地位的体现。尚书都省对诸司文案进行勾检稽失,是尚书都省的重要职掌之一,这不只是文书上下程式上的手续,而且体现了尚书都省对政务运行和百官执行政令的监督。

　　由于《唐六典》所载尚书都省职官设置的完善及其作为文书收发和勾检机关职能的落实,都是在武则天称帝前后才完成的(详见后文),此前尚书都省的具体职权和运作情况,还缺乏必要的史料。《唐六典》卷一《尚书都省》尚书令之职条提到,"凡庶务皆会而决之"。在唐代尚书省的构成中,可以分成都省和六部。由于尚书令在唐代并不设置,左右仆射实际成为尚书省的长官。左右仆射与六部尚书又一起构成一个会决庶务的会议性质的组织,称为"八座"。《唐六典》的记载,透露出尚书八座"会决庶务"的信息。但这种制度在唐初是否真正得以实施,或维持了多长时间,还是一个有待研究的问题。

　　三省制下,中央和地方在政务裁决和执行过程中的关系,体现为尚书省对地方州府的直接领导。尚书省下领州府和寺监之政务,地方州府直接对应中央的六部。地方向中央汇报工作,根据所奏报的事务性质,由州府向尚书省对口部门上报。总体说来,尚书省作为政令机关,并不掌管很多的具体事务,而主要是承接地方州府和中央寺监上报的事务,上奏皇帝。其间,要经过门下省审读同意,最后报皇帝签字认可。中央政府指挥地方政务,也是通过尚书部司向地方政府发布命令。

　　州府统属于尚书省的体制是三省制运作的基础,唐代的法令明确规

---

[1]　参见王永兴:《唐勾检制研究》,上海古籍出版社,1991 年。

[2]　《唐六典》卷一尚书省左右司郎中员外郎。

定了州府向尚书省负责的原则。① 这种体制,是建立在特定的中央和地方关系基础之上的。随着地方政府面临的社会情况的变化及其职能的转换,以及中央和地方关系的变化,这种体制将面临着严重的挑战。

二　使职体系的发展与中书门下体制的建立

1. 唐前期使职差遣的发展

使职指的是以皇帝的名义从原有行政机构中临时派遣一些大臣去处理各种特别事务,而不是通过原有的行政机构本身。使职产生的原因是政治军事形势的变化导致新问题、新事务的出现。制度本身具有一定的趋于稳定性,随着官僚制度的发展完善,官僚体系的机构和职掌也越来越明确和固定,而国家机器所面对的事务却总是不断变化的,所以临时性的使职派遣就成为许多王朝都采取的措施。

但是,唐代自高宗武则天以后大量出现的使职差遣,却因为时代的特殊性而具有转折性的意义。在不断派遣使职的过程中,逐渐衍生出一种新的行政机制,临时派遣的使职演化为固定的职务,并逐渐形成一个与原有尚书六部行政体系不同的、按照新的机制处理政务的体系。唐以后各朝代,尽管行政体制经历着不断的调整,但在唐代使职差遣制度发展过程中形成的行政机制却一直发挥着作用。

使职差遣乃相对于律令规定的固有机构而言,都是以皇帝的名义派出的、独立于原有官僚机构之外的差遣性职务。唐律中对于皇帝遣使有明确的界定:"'若别制下问',谓不缘曹司,特奉制敕,遣使就问。注云'无罪名谓之问',谓问百姓疾苦,丰俭水旱之类。案者,谓风闻官人有罪,未有告言之状,而奉制案问。推者,谓事发,遣推已有告言之者。"②这是使职在原有体制之外发展起来的法律依据,并规定了使职差遣的最初职掌就是问、案、推。

随着地方社会经济形势的变化,需要皇帝"别制下问"的情况越来越

---

① 《唐律疏议》卷五《名例》"同职犯公坐"条疏议曰:"上官者,在京诸司向省台及诸州向尚书省,诸县向州之类。"

② 《唐律疏议》卷二五《诈伪》对制上书不以实条疏议曰。

多,特奉制敕的使职也就逐渐多了起来。尤其是自高宗武则天以来,原有行政体制面临冲击。

唐高宗武则天时期面临着许多新的转折。随着农业生产力的发展,小农经济形态逐渐成熟,个体农户的生存能力不断提高,非门阀的一般地主经济迅速发展。进而势必导致土地兼并的加剧,严重冲击着当时的田制、户籍制度和赋税兵役制度。一方面,地主官僚占田过限的情况越来越多,而他们占有的土地又往往通过各种办法逃避国家的赋税;另一方面,土地兼并又导致自耕农民赋税负担的加重及其破产流亡,在个体农户的生存能力不断提高的情况下,逃户(已不同于汉代的流民)大量涌现。于是,限制兼并、检括逃户,以及解决与此相关的财政问题和因为人口流动而带来的基层社会秩序问题,就成为武则天至玄宗时期的重要任务。此外,从高宗统治的后期开始,边疆形势也发生了很大的变化。由于在边疆要长期驻兵把守,以征点卫士、兵募为主的行军总管制已经不能适应,加上农民的破产流亡,也使得征兵制缺乏相应的社会基础。屯防体系和军镇体制的建立以及用募兵制取代征兵制就成为必然。

高宗武则天以后,广大南方地区的社会经济有了很大的发展。在新得到开发的地区,唐朝政府不断设置州县来加强管理。另外,武则天时期对逃户采取了审慎的政策,赦免逃亡农民脱户的罪责,准许他们就地落籍,甚至通过免除赋税和贷给种子的办法来对他们加以安辑。这就使得逃户成为当时经济发展的一个推动力。并且随着人口的自然流动和增长,增加了许多新的居民点,在河南、江南、剑南等地区,武则天时期新设置了大量州县。在这个过程中,中央政府的行政事务也不断增加。

面对社会政治经济形势的变化,高宗武则天时期在政治体制上作出的最初反应是扩大和完善尚书机构。从《唐会要》卷五十七至卷五十九《尚书省诸司》记载的唐代尚书省职官置废的情况来看,高武时期尚书机构的扩大非常明显。总章二年(669)增置吏部侍郎、兵部侍郎各一员,垂拱四年(688)增置户部侍郎、刑部侍郎各一员,永昌元年(689)新置左右司员外郎各一人,加置吏部侍郎、吏部郎中各一人,长寿二年(693)加置兵部侍郎一员,延载元年(694)加置吏部员外郎一员。吏部、兵部、户部、刑部和尚书都省官员的增加,反映的正是这几方面行政事务的增加,选官问题、边疆问题、财政问题以及因为实行恐怖政策而导致的大量司法刑狱问题,正是武则天称帝前后因为统治形势的变化所带来的主要问题。[①]

这种情况说明,当时为了应付行政事务的剧增,主要是通过增加尚书省一些部门的官员,依托于尚书省编制的扩大和行政体制的完善。尚书省的内部结构和职权分配也因此发生变化。尚书都省在不断完善机构的同时,其在行政事务中的地位和作用有所转变。在武则天称帝之前的永昌元年三月二十日,下令提升尚书左右丞的品阶,敕曰:"元阁会府,区揆实繁,都省勾曹,管辖綦重。还依仍旧之职,未协维新之政。其文昌左右丞,进为从三品阶。"[②]当年十月五日,都省置左右司员外郎。这是在中央行政事务大量增加的背景下,对尚书都省勾检职能的加强。可见,反映在《唐六典》上的尚书都省完善的职官设置和勾检职能的落实,都是在这个时期完成的,而并非自唐初就是如此。

尚书都省的职权重心也因此发生着变化。自贞观以后,仆射就在逐渐丧失处理庶务的权力,加上其职又长期空缺,而六部尚书入相参政的又日渐增加,故尚书都省实际上已经不可能对不断增加的六部事务汇总裁决,即使提高左右丞的地位,也不可能使之与六部尚书抗衡。所以,在如意元年(692)左右丞恢复为四品。到圣历二年(699),尚书省二十四司分别置印。而在此以前,只有吏、兵两部有印,其余诸司皆用都司印发遣公事,即所有其他各部司的下文都要用尚书都省的印。二十四司置印,说明部、司的行政独立性加强。[③] 但都省作为勾曹和政务文书运行的枢纽,在行政运作中仍然具有重要地位。

尚书机构的扩大和尚书省行政体制的转换,仍不能适应新形势下加强中央集权的需要。因为,一个明显的矛盾是,面对地方不断出现的新情况和新问题,中央缺乏对地方的实际控制。而试图通过大量设置员外官的办法来应付繁杂的事务,事实上也行不通。于是,临时派遣使职处理地方事务就成为必然。

---

① 参看前引雷闻《隋与唐代前期六部体制研究》。

② 《唐会要》卷五八《尚书省诸司》中左右丞条。

③ 《唐会要》卷五七《尚书省诸司》上尚书省条;参见雷家骥《隋唐中央权力结构及其演进》,台北东大图书公司,1995年,第378页;雷闻《隋与唐代前期六部体制研究》。

使职最先都出自御史台系统。唐代监察体制已臻于完善,御史台成为完全独立的监察系统,其职权重心也逐渐从对官员个人行为的监察,转变为对官员所掌事务的行政监察。御史分察尚书六部的制度,就是一个明显的体现。① 在唐代政权结构中,御史台自成系统,在制度上具有从中央直贯地方的职能,"御史出持霜简,入奏天阙,其于励己自修,奉职存宪,比于他吏,可相百也。若其按劾奸邪,纠摘欺隐,比于他吏,可相十也"。②

武则天时期,御史机构有了明显的扩大,其目的即在于加强对百官的监察和对地方的控制。光宅元年(684)九月,将原来的御史台改为左肃政台,专管在京百司及监军旅;另外设立右肃政台,其职员一准左台,令按察京城外文武官僚。右肃政台的设立,完全是针对地方的,所谓"初置两台,每年春秋发使,春曰风俗,秋曰廉察",根据条例,以察州县。③ 稍后的诸道按察使,就是从右肃政台发展而来的。大抵在开元中期以后,从御史台分化出来的中央派员按察地方的新职能,最终落实到诸道按察使(有时称巡察使)这样一个比较固定的使职身上。开元二十二年,根据宰相张九龄的奏请,初置十道采访处置使,并许各使置印。④ 采访处置使成为有了使印、判官,兼领地方事务的固定职务,但还没有改变中央派员的身份。巡察、按察等使出巡的目的和任务,根据开元三年敕,主要是针对地方吏治和地方政务的,即察官人善恶,所指地方官应负责任的事务包括户口流散、籍帐隐没、赋役不均,不务农桑、仓库减耗,以及当地有妖讹宿宵、奸猾盗贼、不事生业、为公私蠹害者。⑤ 这样一套使职系统的发展,不断地对地方行政体制形成冲击。

使职的派遣是在地方无法履行应尽职责的情况下普遍起来的。如果地方能够很好地履行自己的责任,皇帝派遣的使职也只是到地方进行简单的慰问或进行官员犯罪的调查取证而已。例如处理逃户问题,本应

---

① 参见胡沧泽:《唐代御史制度研究》,台北文津出版社,1993 年。
② 《旧唐书》卷九四《李峤传》。
③ 《唐会要》卷六〇《御史台》。
④ 《唐会要》卷七八《诸使中·采访处置使》。
⑤ 《唐会要》卷七七《诸使》上。

是地方政府应尽的职责,《唐律》规定了从脱籍者到里正到州县官对于户口逃亡应负的责任。① 随着农民逃亡的加剧,户口流散、籍帐隐没和赋役不均成为唐朝政府面临的一个严重问题,但当时的统治者把它看成是由于吏治败坏而造成的,没有认识到这是一个具有深层原因的社会经济问题。因此,中央想要通过对地方官的督察来改变这种情况。而地方从自身实际利益出发,对检括逃户并不积极,有的甚至根本不按照中央的要求处理逃户问题。② 二者的矛盾,促使遣使按察地方的做法经常化,但逃户问题并没有解决。于是,在武则天末年,又出现了专门的括逃使。③ 后来开元时期宇文融的括户,便是这种使职差遣制度的延续。详见后论。

自武则天至玄宗时期发展起来的使职,远不止此。宇文融括户,标志着财经部门使职化达到了一个新的高度。其他的使职主要是出现在六部九寺中一些部门,由于其所掌事务的增加及其重要性的提高,从而形成原有职能的使职化。即在原来由尚书六部和寺监所掌具体政务的处理中,逐渐形成了一种按照使职机制运作的新的政务处理机制。

吏部职能的使职化,体现在南曹和选院的设立以及选补使的派遣。随着选官事务的增加,高宗总章二年(669),在扩大吏部官员编制的基础上,以宰相身份兼检校吏部侍郎的李敬玄奏请设置吏部南曹,负责审勘选人文状,并新增一员吏部员外郎判南曹,④“其后,或诏同曹郎分主之,或诏他曹郎权居之,皆难其才而慎斯举也”。⑤ 说明吏部南曹所掌事务已经使职化了。兵部所掌武官铨选之事,也大体相同。到开元时期,正式规定吏、兵两司员外郎专判南曹。后又置吏部南院,以置选人文书,或谓之选院,并将南曹移出之。⑥ 选院的设立就是吏部职掌使职化的结果。选官事务的增加还体现在“南选”的出现,随着广大南方地区经济文化的

---

① 《唐律疏议》卷一二《户婚》第150—153条,分别为“脱漏户口增减年状”“里正不觉脱漏增减”“州县不觉脱漏增减”“里正官司妄脱漏增减”。

② 参见孟宪实《唐前期括户研究》,北京大学硕士学位论文,1998年。

③ 《大谷文书集成》第一辑,第2835号。参见唐长孺《关于武则天统治末年的浮逃户》,《历史研究》1961年第6期。

④ 《唐会要》卷五八《尚书省诸司》中吏部员外郎条;《旧唐书》卷八一《李敬玄传》。

⑤ 《权载之文集》卷三一《吏部员外郎南曹厅壁记》。

⑥ 《册府元龟》卷六三〇铨选部条制二;《唐会要》卷七四吏曹条例;《玉海》卷一一七《铨选》唐选院条。

发展,高宗上元二年(675),派遣郎官、御史为选补使,前往岭南、黔中主持"南选"。其后江南、淮南、福建大抵因岁水旱,皆遣选补使即选其人。①

礼部职能的使职化,体现在礼部贡院的设立和礼部尚书、侍郎知贡举制度的确立。随着科举在选官途径中地位的提高,原来由吏部考功司主持考试的情况出现了问题,终于在开元二十四年(736)发生了考功郎中为士子所轻诋的事件,于是,"天子以郎署权轻,移职礼部,始置贡院"。② 尽管自后大多数情况下都是以礼部侍郎知贡举,但是科举事务无疑已经使职化。严耕望谓安史之乱以后,尚书六部之中,"所职未废者惟礼部贡举;然事实上亦一使职耳"。③ 实际上,礼部贡举的使职化,早在开元时期已经出现。

户部职权使职化的明显事例是他官判度支。随着财政问题的突显,除了派遣大量的使职到地方劝农、覆田、括逃之外,原有户部的一些职权也开始使职化,即如唐人苏冕所谓"故事,度支按,郎中判入,员外判出,侍郎总统押案而已,官衔不言专判度支。开元以后,时事多故,遂有他官来判者,或尚书侍郎专判,乃曰度支使,或曰判度支使,或曰知度支事,或曰勾当度支使,虽名称不同,其事一也"。正因为开元以后度支所掌事务的使职化,后来即使是度支郎中也要以判度支的名义才能掌理其事,出现了度支郎中判度支的情况,如贞元十二年(796)九月,苏弁除度支郎中兼御史中丞,副知度支。④ 这种变化的趋势是开元以后出现的。

以上是六部之中某些部门职掌使职化的情况。如果按照严耕望关于六部主要是掌政令的说法及其对政令和政务的划分,⑤以上情况只能说是六部所掌政务的使职化。这也表明尚书六部在唐代中央机构中地位和作用的变化,逐渐从政令机关转变为政务机构。

另外,九寺也有使职化的问题。从武则天执政到称帝前后,"任威刑以禁异议",屡起大狱,许多重大案件就不是原来作为最高审判机关的大

---

① 《新唐书》卷四五《选举志》下。

② 《唐国史补》卷下;《新唐书》卷四四《选举志》上。

③ 严耕望:《论唐代尚书省之职权与地位》,《唐史研究丛稿》,新亚研究所,1969年,第72页。

④ 《唐会要》卷五九《尚书省诸司》下别官判度支条。

⑤ 参见严耕望:《论唐代尚书省之职权与地位》。

理寺所能审理的了。于是，诏派尚书刑部、御史台、大理寺的长官或副长官会同鞫狱的情况逐渐增多，出现了审判事务的使职化。《新唐书·刑法志》载："自永徽以后，武氏已得志，而刑滥矣。当时大狱，以尚书刑部、御史台、大理寺杂按，谓之三司。"尽管自唐初以来就有临时诏派宰相大臣会同鞫案之事，但是没有形成固定的使职；此前的司法"三司"也是由律令规定的由侍御史、给事中和中书舍人组成的更直于朝堂受表的"三司"，[①]不是使职。而自高宗武则天以后出现的由刑部、御史台、大理寺官组成的"三司"，则逐渐成为固定的"三司使"。[②]

又如太常寺所掌礼仪之事，也出现了礼仪使。始于开元九年（721）韦绦以国子司业知太常礼仪事，至开元二十三年，韦绦凡四改官，后来做到了太常卿还带着知礼仪事的头衔；[③] 说明礼仪之事已经完全使职化，而与原来的太常寺无关。再如，随着议、表、状等文书的大量增加，以及皇帝在决策过程中专制权力的加强，诏令起草之事，也逐渐使职化，形成了"知制诰"的制度。

军事使职是唐代使职体系中的重要一环，屯防体系和军镇体制的建立以及募兵制取代征兵制，与军事使职的产生和发展基本同步，其集中体现就是节度使的设立以及以宦官为主体的军事使职的出现。

使职的一个基本特点是，本司之官不治本司之事，要差遣他官来判决；即使以本司之官治本司之事，也需要特别的授权。[④]《唐国史补》卷下对于唐代使职的发展有准确的概括，所谓"开元已前，有事于外，则命使臣，否则止。自置八节度、十采访，始有坐而为使，其后名号益广。大抵生于置兵，盛于兴利，普于衔命，于是为使则重，为官则轻"。

使职的出现和原有行政部门的使职化，势必与原来由尚书六部统属寺监和州县的行政体制发生冲突。即如宇文融充使括户，以使职的身份实施对地方州县的行政领导，从而形成户部不管地方新出现的户田钱谷的情况。而且使职因为有皇帝的特别授权，在处理具体事务的过程中可

---

① 《唐六典》卷一三侍御史条。
② 参见刘后滨：《唐代司法"三司"考析》，《北京大学学报》1991 年第 2 期。
③ 《唐会要》卷三七《礼仪使》。
④ 陈仲安、王素：《汉唐职官制度研究》，第 99 页。

以跨越尚书六部，直接向皇帝或宰相负责，这又将进一步引起宰相制度和整个政治体制的变化。

2. 中书门下体制的建立

由于中央使职行政体系在发展过程中逐渐取得对地方政务的领导权，中枢体制中三省制受到冲击，向决策行政合一的中书门下体制过渡。

使职"不缘曹司，特奉制敕"，并直接"入奏天阙"，形成了不同于尚书六部向上汇报政务的机制。使职最初是以个人身份参与政务处理的，他们是"特奉制敕"的皇帝近臣。而近臣向皇帝汇报工作，是以状的文书形态进行的，所谓"其近臣亦为状"，①而不走律令制规定的以尚书行政机构为文书主体的奏抄渠道。如开元初，谏议大夫韩思复反对派遣驱蝗使往河南、山东灭蝗。宰相姚崇又请派刘沼出使，刘沼采取强硬措施，驱使百姓灭蝗，并"回改旧状以奏之"。所谓旧状，是指此前驱蝗使所上的状。② 说明驱蝗使所上的文书为状。后来宇文融为劝农使进行括户，玄宗令其"续状闻奏"，③其所上文书亦为状。随着使职所掌政务范围的扩大，使职所上状的内容范围扩大，性质也发生变化。状在唐初主要是一些礼节性或建议性的文书，在使职发展的过程中，逐渐转变为针对地方具体政务的汇报义书。

唐前期的文书制度规定，各种上行文书中，议表状不经过门下省而由中书省进奏。④ 随着高宗以后议、表、状等文书的大量增加和内容的扩大，中书省地位的改变，以及皇帝上朝议事的减少，中书舍人侍奉进奏的职掌，逐渐发展为参议表章，从而逐渐获得裁决政务的职权。神龙三年（707）二月敕："诸色理诉兼抑论内状，出付中书。应制敕处分者，留为商量；自余并封本状，牒送所司处分。"⑤上奏皇帝的议表状等文书，要出付中书省处理。如果是需要皇帝下制敕处分者，则要留在中书省商量；不

① 《唐六典》卷一尚书省左右司郎中员外郎条。
② 《旧唐书》卷一〇一《韩思复传》。
③ 《唐大诏令集》卷一一一《政事·田农·置劝农使安抚户口诏》。
④ 《唐六典》卷八门下省侍中条。
⑤ 《唐会要》卷五四《省号》上中书省。

需要制敕处分的,则由中书省"牒送所司处分"。这是前述中书舍人参议表章或六押之制的运作机制。中书省商量的具体做法,开元二年(714)紫微令(中书令)姚崇说到,"中书舍人六员,每一人商量事,诸舍人同押连署状进说"。但是,这种由一舍人主判,其余舍人仅仅签名画押而已的制度,容易造成"抑使雷同,情有不尽"的弊病,所以姚崇要求加以改革,具体做法是,"其大事执见不同者,望请便作商量状,连本状同进。若状语交互,恐烦圣思,臣既是官长,望于两状后略言二理优劣,奏听进止,则人各尽能,官无留事"。① 结果使得中书令的政务裁决权在中书舍人参议表章权的基础上得到极大的加强。于是,在"六押"的基础上形成了"五花判事"的制度。即《南部新书》乙篇所谓"凡中书有军国重事,则中书舍人执见,杂署其名,谓之五花判事"。《唐六典》将这种制度概括为,中书舍人"六人分押尚书六司。凡有章表,皆商量可否,则与侍郎及令连署而进"。

《唐六典》记载唐前期制度的一个重要特点,是将不同时期的制度合并叙述。"六人分押尚书六司"即所谓"六押",是开元初姚崇改革前的制度。中书舍人六员分别对应负责尚书六部的政务,针对某一部,都有一舍人主判,其余舍人同押。"凡有章表,皆商量可否,则与侍郎及令连署而进",应指"五花判事",商量可否就是"中书舍人执见",就是姚崇所说的"其大事执见不同者,望请便作商量状",各中书舍人在这样的商量状上是杂署其名,而不存在主判和同押的区别。这无疑是姚崇改革以后的制度。

这种变化是在武则天当政之初裴炎将政事堂移到中书省后逐步完成的。以中书令为首的政事堂,逐渐改变了过去作为宰相议事之所的性质,成为宰相处理政务的机关。② 中书省成为政务运作的中心,中书令也

---

① 《唐会要》卷五五《省号》下中书舍人条。

② 政事堂从宰相议事之所变为宰相集体裁决政务的实体化机构,一个重要的标志是政事堂印的设置。关于政事堂是否置印及何时置印,目前尚难定论。根据诸书关于开元十一年(723)张说奏改政事堂为中书门下的记载,大都提到其政事印改为中书门下之印,说明中书门下之印不是凭空新置的,而是由原来的政事印改置而来。这种政事印,当不是中书省印,而应为政事堂指挥百司和地方政务所用之印。政事印的设置应在开元初年政事堂实现实体化的时期。

因此成为掌庶政的行政首脑。开元初玄宗就将中书令姚崇看成是"任以庶政"的行政长官。①

六部首长等政务官知政事者在政事堂决本司事,是政事堂性质转变的又一个重要方面。本来知政事官皆午前决朝政,"午后归本司决事",开元以后就不回本司办公了。②《新唐书·选举志》载,"初,诸司官兼知政事者,至日午后乃还本司视事。……开元以来,宰相位望渐崇,虽尚书知政事,亦于中书决本司事以自便"。这里的中书指的是设立在中书省的政事堂,也包括开元十一年由政事堂改称的中书门下。在改政事堂为中书门下以前,政事堂已经掌政务,宰相集中在政事堂处理政务,而不是此前主要由三省按程序分工承担。中枢体制已经悄然发生了转变。

开元十一年(723)中书令张说奏改政事堂为中书门下,是中书门下体制建立的标志。《通典·职官》三宰相条云:"旧制,宰相常于门下省议事,谓之政事堂。至永淳二年(683)七月,中书令裴炎以中书执政事笔,其政事堂合在中书省,遂移在中书省。开元十一年,张说奏改政事堂为中书门下,其政事印亦改为中书门下之印。"《新唐书·百官志》一有更为详细的记载:"开元中,张说为相,又改政事堂号中书门下,列五房于其后:一曰吏房,二曰枢机房,三曰礼房,四曰户房,五曰刑礼房,分曹以主众务焉。"

相对于由三省互相配合、互相牵制并共同构成宰相职权的三省制来说,中书门下体制的基本特征就是宰相有了裁决政务的常设机构,中书门下成为最高决策兼行政机关,超然于三省之上,使职和使职化的

---

① 《资治通鉴》卷二一〇开元元年(先天二年,713)十月。《资治通鉴》将出自李德裕《次柳氏旧闻》的此事记于先天二年十月,大概是依据高力士所说的"陛下新总万机"之语。此时的政事堂宰相班子中,张说是中书令,刘幽求是尚书左仆射兼侍中,姚崇只是兵部尚书同中书门下平章事,并未成为宰相中的首要人物,也并未被玄宗完全任以庶政。《旧唐书·姚崇传》记其任兵部尚书同中书门下平章事之后,"复迁紫微令"。据《旧唐书·玄宗纪》上,改中书令为紫微令在先天二年十二月初一改元大赦之时,次年正月"紫微令姚崇上言请检责天下僧尼"的记载,说明姚崇任紫微令在开元元年年底或二年初,其时张说和刘幽求都已罢相。故此事可理解为稍后姚崇担任紫微令之后发生的故事。

② 《旧唐书》卷一〇六《杨国忠传》谓:"先天已前,诸司官知政事,午后归本司决事……开元已后,宰臣数少,始崇其任,不归本司。"开元以前的知政事官要在午后回本司决事,又见于《资治通鉴》卷二〇八神龙元年六月癸亥载,以仆射兼宰相之职者,皆"午前决朝政,午后决省事"。

六部寺监成为政务执行的主体,涉及国家政务的公文书形成了新的上传下达程式。

使职的发展及中书省和政事堂职权的转化,是张说奏改政事堂为中书门下的制度性背景。但促成这个变革的具体动因,则是宇文融括户。武则天长安三年(703)括户以后,户口脱籍问题更加严重。所以当开元九年(721)正月监察御史宇文融最初提出"请急察色役伪滥并逃户及籍田"时,立刻得到玄宗的支持,被委派为覆田、劝农等使。后来还充任勾当租庸地税使、诸色安辑户口使、括地使等(以下概称为劝农使),先后奏用的判官达二十多人,而宇文融的本职也由监察御史升为侍御史、御史中丞。由宇文融主持的括户,可以分为三个主要阶段,从开元九年二月到十一年五月为第一阶段,以排比审核地方上报的相关资料为主;开元十一年五月到十二年底为第二阶段,主要内容是根据前一阶段掌握的土地户口的基本情况,派遣劝农判官到各地实际括户,"诸道括得客户凡八十余万,田亦称是";①开元十三年以后是第三阶段,主要是进行善后处理,巩固括户成果。②

宇文融充使括户,对原有行政体制形成很大的冲击。玄宗对宇文融的授权范围很广,"乃授其田户纪纲,兼委之郡县厘革"。③使职实际上在某些方面实施对地方州县的行政领导。地方逃户和隐占田地等问题,属州县管辖范围,本来就是户部职权范围之外的事情。而据《唐律》,丁夫在役亡者,以及人(民)有课役,全户亡者,罪止徒三年;占田过限,罪止徒一年半,皆由县断定,州覆审后送配所,不需申报刑部,故也与刑部无涉。④开元时,逃户范围广,人数众多,按原有律令并由州县按常规已经无法解决。因此,只好另设使职,并做出一些临时处分来解决这些问题。

使职所掌地方逃户和隐占田地的事务性质,与户部所掌地方户田、

---

① 《唐会要》卷八五逃户。

② 关于宇文融括户阶段的划分及各阶段工作内容的分析,参见孟宪实《唐前期括户研究》,北京大学硕士学位论文,1998年。

③ 《旧唐书》卷一○五《宇文融传》。

④ 《唐律疏议》卷二八《捕亡》丁夫杂匠亡条;卷三○《断狱》应言上待报而辄自决断条。

钱谷并不相同,二者不是简单的权力取代关系。使职所掌为新出现的事务,六部的职权范围依旧。不过,这种变化对尚书六部统领地方州府的体制形成的冲击却是显而易见的。这种体制的破坏,将进一步影响到三省制的转变。

随着"特奉制敕"的使职的常设化及其行政职能的扩展,产生了一个归属问题。使职系统是旧有体制所不能包容的,它作为一个行政系统,不能接受尚书省的领导。但它必须要有一个上级机关来进行统领,纳入中央行政体制之内。从当时的实际情况看,玄宗的指导思想是顺着武则天以来的发展趋势,革新宰相制度。姚崇、宋璟、张嘉贞、张说等,都在玄宗的授权下成为专权的宰相。任命宇文融为劝农使主持括户,主要是出于当时形势的需要,并不是为了要架空宰相张说。至于后来宇文融和张说的矛盾,更多的是政见上的分歧,是由于政见分歧导致了权力之争。而且这种斗争的结果并不是要抛开宰相,而恰是要将使职行政系统纳入宰相领导之下。

开元十一年,括户进展到一个新的阶段。五月,宇文融奏置劝农判官 19 名,分往天下,安辑户口,检责胜田。八月,根据各地劝农判官反映上来的情况,有关允许逃户就地落籍的政策出台,规定"前令检括逃人,虑成烦扰,天下大同,宜各从所乐,令所在州县安集,遂其生业"。[①] 括户工作大规模展开。削弱宇文融的权势,将这些政务直接纳入宰相的管辖之下,是张说奏改政事堂为中书门下的直接动因。[②]

由于政事堂改为中书门下是顺理成章的事情,而且似乎没有明确地制度化,当时人们对这个事件并不特别重视,仅有的几条记载也都很笼统,没有确切的解释。也不见有专门的诏令,更无具体的时间。司马光也只能将此事放在开元十一年年末记叙,作"是岁,张说奏改政事堂曰中书门下"。张说担任中书令执掌朝政,在开元十一年初。二月任命张说

---

① 《资治通鉴》卷二一二开元十一年秋八月癸卯敕。

② 开元十一年,正是宇文融的劝农判官在地方进行检田括户工作的时期,这件事与张说奏改政事堂为中书门下二者之间不会没有联系。政事堂的实体化,已经具备了接管使职的条件。而一旦将使职所掌全国规模的政务都集中到政事堂处理,政事堂的内部建制就必须做出相应的调整,需要有专门的办公室和属官,政事堂的名称也随之改换了。

以兵部尚书兼中书令,制书中说到,"中书政本",其为兵部尚书兼中书令是"兼出纳之任"。① 四月,玄宗再次任命他为中书令,②并下诏对他进行褒奖,曰:"政令必俟其增损,图书又借其刊削",③正可说明张说主持朝政的情况。诸书记载此事均作中书令张说奏改政事堂为中书门下,故张说的奏改应在四月其掌朝政之后。而在十一月戊寅的《玄宗亲祀南郊大赦制》中,已经提到中书门下,④说明张说的奏改在四月至十一月之间。

开元十二年六月,宇文融巡行州县,"融乘驿周流天下,事无大小,诸州先牒上劝农使,后申中书;省司亦待融指挥,然后处决"。⑤ 牒,是劝农判官或地方政府上于劝农使的文书,而申于中书的文书,就是经劝农使汇总各地牒文而成的状。这种公文书运作程式,可概括为诸州先牒上劝农使,然后由劝农使申于中书门下,中书门下再申奏于皇帝。所以出现了《旧唐书·张说传》所说"融等每有奏请,皆为说所抑"的情况。这种运作程式,正说明使职在某些事务范围内领导地方行政以及使职纳入中书门下统领之下,体现了中书门下体制建立之后的政务运作机制。

由政事堂改称为中书门下,并不仅仅是名号上的改变,同时意味着中枢体制的重大变革。过去三省长官皆为宰相,三省之间构成一个有明确分工但又互相制衡的整体,三省以其在不同环节上分工制衡又互相配合的关系构成完整的宰相权力,政事堂只是作为宰相的议事之所。政事堂改为中书门下之后,三省机构依然存在,且三省出入命令的分工在形式上日趋严密和完善。但三省与宰相分离,中书门下成为宰相府署,超然于三省之上。在这种体制下,中书门下直接指挥诸使、诸郡、诸军执行皇帝的命令,其决策权也就表现在对于一般日常政务的处理,而不再体现为对于大政方针的议定。尚书都省成为纯粹勾检文案、收发文书的机关。使职系日渐完善,直接面向中书门下,形成了新的不同于尚书六部二十四司的行政体制。中书、门下两省的内部结构和职权也发生了变

① 《唐大诏令集》卷四四《命相》一。
② 《唐大诏令集》卷四五《命相》二有开元十一年四月《张说中书令王晙同三品制》。
③ 《旧唐书》卷九七《张说传》。
④ 《册府元龟》卷八五《帝王部·赦宥》四;参《唐大诏令集》卷六八《典礼·南郊》二。
⑤ 《资治通鉴》卷二一二开元十二年。

化,逐渐演变成为与宰相分离的、具体负责起草和审查诏令的机关。

3. 安史之乱前后使职体系的初步形成

如前所述,唐代的使职差遣在安史之乱以前已经很普遍。安史之乱的爆发,给唐帝国带来了一场全国规模的战争。这场战争为唐王朝的统治带来了一系列的新问题,从而造成行政制度上使职体系的初步形成。

首先,战争带来的新问题表现在财政供应方面。本来在天宝年间,由于土地兼并及其引起的土地占有状况的变化,均田制和租庸调制破坏,而新的赋税征收原则尚未完全确立,国家的赋税收入发生了严重的困难。在这种背景下,财政问题凸显,财政使职不断扩大。而杨国忠以其特有的经济之才以及特殊的背景,先后以度支员外郎、郎中兼领十数个使职,并以给事中兼御史中丞专判度支事,取得了总理财政收支的大权,成为事实上的财政总管。而这种在特殊背景下出现的由一人总管财政的制度,由于战备供应的需要,在安史之乱后被继承和巩固下来。战争之初,第五琦至蜀中奏事,向玄宗奏言:"方今之急在兵,兵之强弱在赋,赋之所出,江淮居多。若假臣职任,使济军须,臣能使赏给之资,不劳圣虑。"玄宗大喜,即日拜监察御史,勾当江淮租庸使。寻拜殿中侍御史。寻加山南等五道度支使,迁司金郎中兼御史中丞,使如故。迁户部侍郎、兼御史中丞,专判度支,领河南等道支度都勾当转运租庸盐铁铸钱、司农太府出纳、山南东西江西淮南馆驿等使。① 从第五琦的仕历可以看出,战争使得整个官僚机构遭到破坏,更加不可能由原有户部诸司来承担赋税征敛和战备供应的任务,而是直接继承了开元、天宝以来发展起来的使职制度,即依托于御史系统派使勾当,并由一人总管。然其阶官尚需寄托于户部,随着第五琦所领的使职越来越多,他的阶官也从司金郎中、度支郎中做到户部侍郎,说明户部职官已经演化成为寄托财政使职品级身份的阶官了。

---

① 《旧唐书》卷一二三《第五琦传》。据《唐会要》卷五九尚书省诸司下度支使条,"乾元元年,第五琦除度支郎中、河南五道度支使"。其时当在迁司金郎中之后、户部侍郎之前。又《唐会要》卷五八尚书省诸司中户部侍郎条,"至乾元元年十月,第五琦改户部侍郎,带专判度支,自后遂为故事,至今不改"。

由一人以判度支的使职身份总理财政的制度,在使得财政事务的管理完全使职化的同时,也为唐代财政管理体制的转换提供了契机。唐前期的财政管理体制是户部四司按照土地户籍与租调征收、国度支用、库藏出纳、仓储出纳等不同环节分工管理的,其中尤以户部根据户口丁身确定岁入为基础,以度支制定国度支用计划(即财政预算的编制)为中心。① 而安史之乱以后的财政管理,其发展方向是通过使职按照钱谷来源的种类或地域划分进行的。② 两种体制转换的前提,是经过战争强化了的判度支总揽财政的制度,它以一人总管的方式打通了财政管理的各个环节,其后由度支使、盐铁转运使和户部使三司分掌财政的制度,不过是将原有判度支的职权进行平面的分割,而不同于唐前期户部四司在不同环节上的分工管理。

其次,战乱还造成了官员人事档案的丢失以及由此带来的铨选和考课的混乱。这种混乱局面要到德宗贞元四五年间才开始得到整顿。贞元四年(788)八月的吏部奏文中,已经指出了这种状况:"伏以艰难以来,年月积久。两都士类,散在远方,三库敕甲,又经失坠。因此人多罔冒,吏或诈欺。分见官者,谓之擗名;承已死者,谓之接脚。乃至制敕旨甲,皆被改张毁裂。如此之色,其类颇多。比来因循,遂使滋长。所以选集加众,真伪混然。实资检责,用甄泾渭。"并因此提出了整顿的办法:"谨具由历状样如前。伏望委诸州府县,于界内应有出身以上,便令依样通状,限敕牒到一月内毕,务令尽出,不得遗漏。其敕,令度支急递送付州府,州司待纳状毕,以州印印状尾,表缝相连,星夜送观察使。使司定判官一人,专使勾当都封印,差官给驿递驴送省……其状直送吏曹,不用都司发。人到日,所司造姓攒勘合,即奸伪必露,冤抑可明。"③在这次对铨选的整顿中,吏部直接指挥州府,其间又通过度支使的急递系统,并由观察使将管内州府应有出身以上者的由历状汇总上报,直接送到吏部,而不通过尚书都省。这就反映出使职在沟通中央和地方政务方面的重要

---

① 参见李锦绣:《唐代财政史稿》(上卷),北京大学出版社,1995年,第291—298页。

② 参见吴丽娱:《论唐代财政三司的形成发展及其与中央集权制的关系》,《中华文史论丛》1986年第1期。

③ 《唐会要》卷七四《选部》上论选事。

地位，以及在尚书省内部都省地位的下降。

如果说，铨选的整顿并未在行政体制上造成多大影响，因为选官管理体制在高宗武则天至玄宗时期即已基本调整完成，而安史之乱后对考课混乱局面的整顿，则使得考课事务中的使职有了发展。考课在安史之乱以后出现了混乱局面和流于形式的弊病，"自至德以来，考绩之司，事多失实。常参官及诸州刺史，未尝分其善恶，悉以中上考褒之"。① 还在宝应二年（764）正月，根据吏部考功司的奏请，设立了京、外按察司，"京察连御史台分察使，外察连诸道观察使，各访察官吏善恶。其功过稍大，事当奏者，使司案成便奏，每年九月三十日以前，具状报考功；其功过虽小，理堪惩劝者，按成即报考功，至校考日，参事迹以为殿最"。② 这是考课机构和监察机构在对于官吏考核事务中的有机结合，是中国古代官吏考核制度中由考课向考察发展的重要环节。③ 而且，这种结合是以使职的形式出现的。在贞元初年的制度整顿中，放弃了宝应二年设立京、外按察司即由考课机构和监察机构联合组成使司进行考核的做法，根据安史之乱以前"其外官考……每年定诸司长官一人判校，京官即考功郎中自判"的传统，在开元二十四年以后考功员外郎不掌贡举的情况下，改为由考功郎中校京官考、考功员外郎校外官考，即"其考课付所司准式授定，遂令员外郎校外官考"。考功的复职，是否纳入了使职的运作机制，是一个需要进一步研究的问题。

再次，战争带来的另外一个直接后果，是造成了一大批在安禄山占领长安洛阳期间被胁从的受伪官。肃宗收复两京后，这些人都相率待罪阙下。为了审理那些受伪官，"竟置三司使"，④确立了《新唐书·百官志一》所谓"凡鞫大狱，以（刑部）尚书侍郎与御史中丞、大理卿为三司使"的制度。这是由御史台、大理寺和刑部官员组成的"三司使"制度化的完成。⑤

① 《唐会要》卷五八《尚书省诸司》中考功郎中条。
② 《唐会要》卷八一《考》上。按：中华书局排印本此条断句有误。
③ 参见邓小南：《课绩与考察——唐代文官考核制度发展趋势初探》，《唐研究》第二卷，北京大学出版社，1996 年。
④ 《旧唐书》卷五〇《刑法志》。
⑤ 《旧唐书》卷五〇《刑法志》；参见前引刘后滨《唐代司法"三司"考析》。

最后,战争还造成了礼仪制度的混乱,不仅出现了家礼散佚和私家礼仪逾制的问题,皇帝在南郊祭天的圆丘和李唐皇室的太庙亦毁于兵火,造成了国家大礼陵寝之礼和郊祀之礼的停废和紊乱。① 于是对礼仪制度的整顿,成为国家政治生活中的一个重要内容。而开元以来派使检校礼仪、祠祭之事的做法得以延续。② 掌管礼仪之事的机构也逐渐由"掌天下礼仪、祭享之政令"的礼部和"掌邦国礼乐、郊庙、社稷之事"的太常寺转变为以礼仪使为首的,以整顿礼制、制定仪注为主的太常礼院。

以上是由于战争带来的新问题从而造成行政制度上使职进一步发展的几个明显的方面。正是由于使职的不断发展,进一步冲击原有尚书行政系统的职权,进而造成尚书机构的逐渐闲废和新的行政体系的形成。

在使职行政体系形成的过程中,使司与原有尚书六部的职权发生了明显的冲突,并进而引起了一系列的调整。

安史之乱以前尚书省之地位与职权本已有逐渐降落之势,而经过战争冲击后的尚书六部体制,其原本依据的整齐划一原则被打破,尚书省部分机构被闲废。正如严耕望所说,"及安史之乱,戎机逼促,不得从容,政事推行,率从权便。故中书以功状除官,随宜遣调,而吏、兵之职废矣。军需孔急,国计艰难,权置使额,以集时务,而户部之职废矣。至于刑工之职亦不克举。诸部之中,所职未废者惟礼部贡举;然事实上亦一使职耳"。③ 唐人于邵在大历元、二年间上表中提到:"属师旅之后,庶政从权,会府旧章,多所旷废。唯礼部、兵部、度支,职务尚存,颇同往昔;余曹空闲,案牍全稀,一饭而归,竟日无事。"④随着战争带来的财政问题、军事问题的突显,户部度支司(实为依托于度支司的使职)和兵部的职权(主要是武官的选举和管理)稍有保留,而其余诸司如"省中司门、都官、屯田、虞部、主客,皆闲简无事。时谚曰:司门、水部,入省不数"。因为当时

---

① 参姜伯勤:《唐贞元、元和间礼的变迁》,《敦煌艺术宗教与礼乐文明》,中国社会科学出版社,1996年。

② 《唐会要》卷三七《礼仪使》。

③ 前引严耕望:《论唐代尚书省之职权与地位》。

④ 《文苑英华》卷六〇一于邵《为赵侍郎陈情表》。时间根据严耕望前引文的考证。

形成最鲜明反差的是虞部和吏部,所以有角抵之戏,假作吏部令史与虞部令史相见,忽然俱倒,闷绝良久,云冷热相激。[①]

安史之乱以后,尚书机构闲废的趋向,是整体的而不是局部的,这可以从许多材料得到证明。所谓"自至德以来,诸司或以事简,或以餐钱不充,有间日视事者。尚书省皆以间日"。[②]《旧五代史·职官志》也说:"自天宝末,权置使务已后,庶事因循,尚书诸司,渐至有名无实,废堕已久。"即如户部司,随着其职权的闲废,本来在天宝年间建造得很宏丽的户部郎中厅、员外郎厅和户部考堂,"乾元以后,毁拆并尽",成了一片荒芜的"户部园"。[③]大体在于邵上表二十年之后,陆长源对于尚书六部的职权就提出了不同的看法,认为:"兵部无戎帐,户部无版图,虞、水不管山川,金、仓不司钱谷……官曹虚设,禄俸枉请。"[④]这就是说,不仅是过去的闲司更加闲简无事,即使如兵部、户部,亦成虚设。

兵部的失权,是由于方镇跋扈于外,宦官擅兵于内。户部的失权,则是由于财政诸使位权日重,形成所谓三司制度。[⑤]然而除此之外,更有其深层次的原因,而不仅仅是不同官职间职权的转移。高宗武则天以来均田制、租庸调制和府兵制的破坏,赋税征收方式的转变和募兵制的出现,势必造成"兵部无戎帐,户部无版图"而使其职权失去重要性的情况。

唐前期的户部本来就无"版图",《唐六典》谓户部尚书侍郎之职"掌天下户口、井田之政令",《旧唐书·职官志》谓其"掌天下田户、均输、钱谷之政令",而不言"版图"事。在唐前期以租庸调为主的赋税制度下,征收标准以户口丁身为主;而均田制下政府并不掌握各地的实际耕地面积,户部统计的全国田亩数只是根据"百亩授受"之制理想而确定的"应授田"数,而不是实际耕地面积。[⑥]版图在唐前期并不成为问题。所谓"版图"的概念,是安史之乱后,随着藩镇割据和其他形式地方分权的出现而出现的,指的是政府控制的据以征收赋税的实际土地状况。两税法

①　《南部新书》丁篇。
②　《唐会要》卷五七《尚书省诸司》上尚书省条。
③　《唐会要》卷五九《尚书省诸司》下户部郎中条。
④　《全唐文》卷五一〇陆长源《上宰相书》。
⑤　参见前引严耕望:《论唐代尚书省之职权与地位》。
⑥　参见《汪篯隋唐史论稿》,中国社会科学出版社,1984年,第40—55页。

实施后,赋税征收标准由以户口为主变为以土地财产为主,中央政府对各地土地的实际控制(即版图)变得至关重要。如元和七年,"河朔三镇"之一的魏博发生军乱,都知兵马使田兴被兵众推为留后,其令军中士卒曰:"勿犯副大使,守朝廷法令,申版籍,请官吏,然后可。"[①]此版籍指的即是版图和籍帐。两税法实施后,国家财政的重心从掌握户口丁身为主转变为掌握土地面积为主,以管理户口丁身为主的尚书户部,其地位和重要性自然因此降低。

同样,唐前期的兵部也不管"戎帐",即不负责实际统领军队。《唐六典》谓兵部尚书侍郎之职"掌天下军卫武官选授之政令。凡军师卒戍之籍,山川要害之图,厩牧甲仗之数,悉以咨之"。《旧唐书·职官志》谓其"掌天下武官选授及地图与甲仗之政令"。唐代前期没有大规模的常备军,而且负责统领军队、指挥战争的也不是兵部,主要是诸卫大将军和将军以及由皇帝临时指派的行军元帅、行军总管等。募兵制取代府兵制以后,军队的统领体制发生了变化,形成了以节度使为主的地方军将专兵及其后宦官统领禁军的局面。但不能说是节度使和宦官夺了兵部之权,因为这是在原有兵部职权之外新出现的事务。

实际上,战争造成的军事问题的凸显,并不意味着兵部军事职权的强化,而是造成了宦官和宰相掌兵权,而这种权力在唐前期基本上是由皇帝控制在自己手里。同样,财政问题的凸显,则导致了财政使职的膨胀,以及宰相掌财权。这是宋代最高行政权一分为三,即由中书门下、枢密院、三司分掌民政、兵政和财政的制度的滥觞。

安史之乱被认为是将唐代历史划分为前后两期的转折点,其对于政治制度的变革也产生了重大影响。战争是影响政治制度演进的关键性因素之一,安史之乱及其后的战争环境对唐帝国在制度层面上变革的意义不应被忽略。实际上,它为唐代制度的演进促生了许多新的因素,并使得高宗武则天以来尤其是玄宗时期制度的调整,在新的形势下出于战争的特殊需要,得到进一步的强化和发展,并且逐渐形成为新的使职行

---

① 《资治通鉴》卷二三八。《旧唐书》卷一四一《田弘正传》作"以六州版籍请吏";《新唐书》卷一四八《田弘正传》作"举六州版籍请吏于朝",并谓其"图魏、博、相、卫、贝、澶之地,籍其人以献"。

政体系。从中国古代政治体制演进的整体角度看,安史之乱及其后直至德宗建中(780—783)年间的战争环境,在由唐制向宋制的过渡之中,有着不可忽略的意义。

新形势下不断增加的新事务,导致了使职系统的发展和尚书六部在行政事务中地位的下降。但是,旧有的制度模式和政治体制在制度转型时期仍然具有强大的影响。安史之乱的爆发以及由此暴露出来的政治体制的弊端,促使人们对开元、天宝时期的制度进行反思,在没有找到新的制度模式之前,恢复开元前期及其以前的制度便成为理想的目标。而事实上不断发展的使职大都因事而设,或表面上仍依托于六部体系,或权宜济急而毫无章法,从而导致实际政务运行中的混乱。在这种背景下,由于不同官僚集团的实际利益依托于不同的体制,对于制度的整顿就成为高层权力斗争的重要内容之一。

安史之乱结束后,开始了以恢复尚书六部和九卿之职权为目的的制度整顿。代宗大历中及德宗初年,不断下敕重建尚书省之地位与职权。永泰二年(766)四月十五日制及大历五年(770)三月二十六日敕,都强调了尚书省的"会府""政源"地位以及政治体制中六部九卿与使职系统的本末关系,透露出深刻的政治文化背景,即谓尚书六部犹如《周礼》六官之分掌国柄,"犹天之有北斗也",是"法天地而分四叙,配星辰而统五行"。[①] 制度变革中的这种指导思想与安史之乱以后儒学的复兴是分不开的。建中、贞元年间杨炎、刘晏和崔造、韩滉围绕着罢使和还职六部的斗争,以及关于尚书省官员是否每日视事的争论,都是在这种政治文化背景下展开的。

不过,由于使职是适应当时形势的需要而产生的,自有其合理性。在新的行政机制尚未产生之前,不可能由原有尚书六部完全加以取代。形势的变化使得制度不可能发生简单的回归。如贞元二年(786)正月宰相崔造"嫉钱谷诸使罔上之弊,乃奏天下两税钱物,委本道观察使、本州刺史选官典部送上都;诸道水陆运使及度支、巡院、江淮转运使等并停;

---

① 《唐会要》卷五七尚书省条。

其度支、盐铁,委尚书省本司判;其尚书省六职,令宰臣分判"。① 其目的,除了权力斗争之外,还是想罢使而还职尚书六部。但到年底,崔造的改革导致了"事多不集"的后果,由于"诸使之职,行之已久,中外安之",使职体系最终又得以恢复。②

尽管在安史之乱以前使职的差派就已经很普遍,但正是由于安史之乱的影响,使职得到了进一步的发展,使职体系才逐渐形成,并最终取代尚书六部成为政务的主要执行者。在尚书六部和使职系统职权的冲突与调整过程中,经历过一些反复。总的趋势是,随着社会政治经济形势的变化,原有行政体制已经不适应时代的需要,必须进行调整。这种调整实际上是行政体制的转换,不是简单的不同官职之间职权的转移,最终也不可能通过对原有行政机构职权的转变来完成;而必须产生新的机制,形成新的行政体系。安史之乱以后使职体系与尚书六部职权的冲突和调整,正是这样一个行政体制转换的过程。

4. 中书门下体制下宰相制度的演进

随着张说奏改政事堂为中书门下,宰相同时成为最高行政长官,宰相的职权进一步朝着掌管具体政务(庶务)的方向发展。开元、天宝时期,尚书省已经完全退出了决策系统,尚书省的长官未经特别授权(加同平章事)便不是宰相。《唐六典》卷一所谓"其国政枢密皆委中书(指中书门下),八座之官(指尚书省官员)但受其成事而已",指的就是这一时期的中枢体制。安史之乱以后,由于使职的进一步发展,在行政运作中以使职系统为主导,尚书省许多部司并不处理实际政务,以至逐渐闲废,而使职跨越尚书六部直接上承君相。

行政权是国家政权中最基本的权力之一。在唐初三省体制下,三省以其不同的作用在不同环节上共同完成行政运作,其中尚书省是基础。在中枢体制转换的过程中,中书门下不断获得行政权就成为这种新体制完善的方向。这个过程自玄宗时期开始,安史之乱以后经历了一些反

---

① 《旧唐书》卷一三〇《崔造传》。
② 《资治通鉴》卷二三二。

复。不过,宰相的职权朝着掌管具体政事的方向发展,已是一种不可逆转之势。

开元、天宝时期,六部尚书尤其吏部、兵部尚书和重要的财政使职已经多由宰相兼领,而诸司官知政事者,"不复视本司事",[①]这被认为是尚书省诸司官因参政而废本职,表明八座之官成了用以酬勋的虚衔,尚书省因此职权坠落。[②] 而安史之乱以后,由财政使职和吏部、兵部尚书入相或宰相兼领财计以及兼任吏部、兵部尚书的情况越来越普遍。这种情况在当时人看来,被认为是宰相之任等同于有司。即诸司官知政事者在不归本司视事的同时,等于把本司之事带到了宰相府署中书门下进行处理。在这种情况下,中书门下的主要职能即在于掌管选官、贡举、财政、军政等具体政务,形成了中书门下指挥使职、部司、寺监和州县的行政体系。

尽管代宗时期和德宗初期有过恢复三省制的改革,但尚书都省始终没有恢复其唐初那种"政源"和"会府"的地位。到贞元时期全国政务汇总于中书门下,中书门下作为行政枢纽的地位逐渐巩固下来,并且形成了宰相判事的具体规程和专门文书。

《唐国史补》卷下载,"宰相判四方之事有堂案,处分百司有堂帖,不次押名曰花押"。堂案和堂帖的实例,见会昌三年(843)中书门下奏文,其中提到藩镇和要官奏事,"或取舍在于堂案,或与夺形于诏敕";[③]开成三年(838)御史台在奏文中则提到"余依其年二月堂帖"。[④] 宋人沈括也说:"唐中书指挥事,谓之堂帖子。曾见唐人堂帖,宰相签押,格如今之堂札子也。"[⑤]可见,中书门下已从过去作为宰相议事之所的政事堂,演化成为一个指挥百官百司处理政务的兼有决策行政职能的机关。宋人朱礼指出,唐代"宰相下行有司之事,又以他官上佐宰相之职"。[⑥] 这是将新

<hr>

① 《新唐书》卷二〇六《杨国忠传》。
② 参见前引严耕望《论唐代尚书省之职权与地位》一文。
③ 《唐会要》卷六四《史馆杂录》下。
④ 《唐会要》卷二五《杂录》。
⑤ 沈括撰,胡道静校注:《新校证梦溪笔谈》卷一《故事》,中华书局,1957年,第24页。
⑥ 《汉唐事笺》后集卷一《宰相》上,江苏古籍出版社据宛委别藏影印本,1998年,第276页。

体制下宰相的职权与过去的尚书六部和诸寺监简单的类比，很不确切，是宋人对唐制理解偏差中典型的一类。宰相职权的这个变化，正是中枢体制由三省制向中书门下体制转变后政治体制发展的必然趋势。

宰相的职权转化为以掌政务为主之后，还在一定的环节上参与决策，但主要表现在签署制敕和对于具体政务的裁决。或许有个别专权的宰相参与军国大事的谋划，但事实上也已经等同于天子的私臣，即必须经过天子的特别授权，而不是作为宰相在制度上所固有的权力。尤其是德宗在经过建中时期军事上、政治上的风风雨雨之后，到贞元时期更加不任宰相，造成了宰相之间的排挤争夺，宰相的议政决策之权严重削弱。[①] 这种情况要到宪宗元和时期才有所改变。宰相有一定的决策权，是皇权官僚政治体制的内在要求。德宗时期中枢体制的某些特征，是体制转型期所特有的。

元和时期中枢体制的调整，首先表现在宰相谋议权的回升。宪宗恢复了对宰相的信用，在一些重大的军国事务上，都依靠宰相进行决策。《资治通鉴》记载元和三年任命裴垍为相时有一段议论："初，德宗不任宰相，天下细务皆自决之，由是裴延龄辈得用事。上在藩邸，心固非之；及即位，选擢宰相，推心委之。"

宰相与皇帝沟通渠道的重新建立，表现在延英奏对的制度化。这也是宰相谋议权得到一定恢复的体现。

唐前期中央最高决策是由皇帝和宰相、大臣共同讨论决定的。正规的上朝典礼结束后，百官退出，宰相则参加仗下密议，商讨机务。军国之务则在政事堂讨论，由宰相筹划稳便之后，向皇帝及时汇报批准。当时，中书、门下两省是一种沟通内廷与外朝的建制，宰相与皇帝沟通，受到制度上的保证。

高宗龙朔（661—663）年间，政治中心从太极宫移到大明宫，并因此撤销了两省的内省建制，宰相与皇帝的距离拉大了。宰相要见皇帝，就

---

① 孙国栋列举了德宗时期宰相之间互不与闻国政、互相推委不敢决事以至群相轮流知印秉笔以及一相专政其他宰相禁止发言等情况，正可说明德宗不任宰相和宰相决策权力削弱的问题，此不备举。见《唐代三省制之发展研究》第五章第三节《政事堂议政性质之转变》，载《唐宋史论丛》，香港龙门书店，1980年。

有了更严格的规程。除了皇帝定期在宣政殿视朝,完成礼仪性的正衙奏事外,皇帝与宰相的主要议政方式是入阁到紫宸殿议事。从武则天以后,皇帝在宫中的延英殿接见宰相,听受朝政,也逐渐成为沟通内廷与外朝的一条渠道。

安史之乱以后,正常的上朝制度被打破,皇帝与宰相大臣的正常沟通受到阻隔,许多军国大政的决策都在内廷进行。所谓"深谋密诏,皆从中出"。到代、德时期,入阁议政也成为一种礼节性的活动,而不拘常规的延英奏事越来越受到重视。德宗贞元(785—805)年间,出现了"每宰相间日于延英召对"的情况。① 贞元十八年,因为有人在上朝时"自理逋债",决定取消宰相百官于正衙奏事的制度,"如要陈奏者,并于延英进状请对"。② 延英奏对成为宰相与皇帝之间主要的沟通渠道。与正衙奏事相比,延英奏事最初排除朝廷百官的参与,即使如谏官,也是"大不得豫召见,次不得参时政",③具有更大的随意性,宰相处于更加被动的位置。而且,在正衙奏事和入阁议政制度被破坏,延英奏事又没有形成制度的情况下,宰相与皇帝议政的渠道没有制度上的保障,议政的层次也受到限制。

宪宗即位后,宰相不仅在政务裁决方面的职权得到了较大的恢复,军事指挥权有了扩展,在与皇帝沟通,参与大政方针的谋议方面,也有了很大的改善。落实到制度上,就是延英议事的深层化和经常化。

元和元年(806),左拾遗元稹上疏请次对百官,要求恢复正衙奏事。尽管正衙奏事的制度没有得到恢复,但延英奏对却在元和以后成为君相沟通的主渠道,逐渐制度化。元和五年十二月,义武节度使张茂昭入朝,至京师后正遇皇帝不坐朝,于是皇帝就为他"特开延英"。④ 也就是在这一时期,宪宗经常与宰相在延英殿议事,讨论治国之道,甚至不顾酷暑体乏,表示不愿在禁中与宫人、宦官相处,而乐与宰相等商谈"为理之

---

① 《旧唐书》卷一三六《窦参传》。
② 《唐会要》卷二五《百官奏事》。
③ 《资治通鉴》卷二三七宪宗元和元年四月元稹上疏论谏职。
④ 《唐会要》卷二五《杂录》。

要"。① 元和十四年,宪宗对宰相说:"今天下虽渐平,尤须勤于政治。若遇休假,频不坐朝,有事即诣延英请对,勿拘常制。"② 也就是说,在皇帝不上朝的时候,宰相如果有事须与皇帝请示,可以随时到延英殿谒见。宰相与皇帝并非隔绝不通,宰相仍为最高决策的主角,延英奏对讨论的都是军国大政。③

元和以后,延英奏对进一步制度化。开延英有了固定的日期,延英奏对时讨论的内容如果是国家的重要政务,要作为《时政记》记录下来。《时政记》是由宰相撰录的宰相与皇帝商讨的军国政要,起源于武则天时期。当时宰相与皇帝议事多在"仗下后谋议",而负责记录皇帝言行的起居官"不得预闻",所以宰相姚璹提出,"仗下所言军国政要,宰相一人专知撰录,号为时政记,每月封送史馆"。④ 由宰相撰写《时政记》的制度其后时行时辍,除了宰相出于避免影响信史直书之考虑以及宰相政务繁忙等原因外,⑤ 还有一个重要的原因,就是宰相与皇帝议事的制度不完善。随着元和以后延英议事的制度化,这个问题再次被提了出来。元和八年,宪宗在延英殿会见宰相大臣时就提出了《时政记》的问题,正表明延英议事的重要性。⑥ 文宗开成三年(838),宰相杨嗣复建议,"延英对宰相,语关道德刑政者,委中书门下直日记录,月付史官",以编为《时政记》。⑦ 由于其他宰相的反对,这个建议被搁置。直到会昌三年(843),根据宰相延英奏事等编为《时政记》才成为一项经常性的制度。如杜牧《论阁内延英奏对书时政记状》所说,"旧例,宰臣每于阁内及延英奏论政事,及退归中书,知印宰臣尽书其日德音及宰臣奏事,送付史馆,名《时政记》,史官凭此编入简策"。⑧

总之,元和以后宰相权力有所恢复,宰相通过延英奏对等途径,依然

---

① 《资治通鉴》卷二三八宪宗元和七年五月。
② 《唐会要》卷二五《杂录》。
③ 参见袁刚:《隋唐中枢体制的发展演变》第八章第一节。
④ 《旧唐书》卷八九《姚璹传》。
⑤ 参谢保成:《隋唐五代史学》,厦门大学出版社,1995 年,第 77 页。
⑥ 《唐会要》卷六四《史馆杂录》下。
⑦ 《新唐书》卷一七四《杨嗣复传》,又《唐会要》卷六四《史馆杂录》下。
⑧ 《樊川文集》卷一五,上海古籍出版社,1978 年。

参与最高决策。尽管中书门下体制下的宰相和三省制时期一样,都是集体宰相制,但宰相执政的分工机制不一样。宰相的职衔也发展到同中书门下平章事成为宰相的惟一署衔。中书门下作为一个常设的机构,有负主要责任的长官即首相,一般为中书侍郎同中书门下平章事。穆宗长庆(821—824)以后,宰相有了新的等级标志,即以馆阁职的加衔作为依据,不再以两省侍郎为宰相分工的依据。如宋敏求《春明退朝录》所说:"唐制,宰相四人,首相为太清宫使,次三相皆带馆职弘文馆大学士、监修国史、集贤殿大学士,以此为次序。"①此后展开的两党之争,实际上是一种首相轮流组阁的形式。两党党魁个人的升降,带来的是整个宰相班子的交替。在同一个宰相班子里,很少有宰相之间的互相制约。这已经完全不同于三省制下三省之间的相互制衡机制了。

随着中书门下体制的建立和完善,在唐代中后期产生了新的关于政府权力构成的观念和官僚等级序列。中央政府机构的构成以尚书省为首的观念有了改变,中书、门下两省地位上升,超越了尚书省。在百官朝谒的班序中,侍中、中书令,开元以前的班序在吏部尚书之下,中书、门下两省侍郎在尚书左丞下;开元官品令移侍中、中书令在吏部尚书上,又将门下、中书侍郎移在尚书左丞上;大历官品令升侍中、中书令为正二品,位在仆射上,又升门下、中书侍郎为正三品,在六部尚书之上;会昌二年,谏议大夫升为正四品,分为左右,以备两省四品之阙。②

百官上朝议事班序排列中的这种变化,是政府机构职权和地位变化的反映。在实际运作中的制度发生变化后,这种变化进一步落实到典礼的仪式和观念上,形成了一种新的等级序列。此外,在朝贺的仪式上,在除授官职后进行拜谢的位次中,以及百官的各种待遇方面,都体现出这种新的等级序列:中书、门下、御史台为一等,尚书省为一等,其余为一等。中书、门下两省地位突出。

御史推按弹劾百官,体现出这种等级。"故事,其百僚有奸诈隐伏,得专推劾。若中书、门下五品以上,尚书省四品以上,诸司三品以上,则

---

①　宋敏求撰、诚刚点校:《春明退朝录》上,中华书局,1980 年,第 12 页。

②　参见《旧唐书·职官志》相关职官的原注;《唐会要》卷五五《省号》下谏议大夫。

书而进之,并送中书门下。"①

百官除授拜谢的仪式,同样体现了这种等级。元和元年(806)三月,御史中丞武元衡在就有关百官除授拜谢的仪式向宪宗请示时,做出了这样的安排:中书门下御史台五品以上官、尚书省四品以上官、诸司正三品以上官及从三品职事官、东都留守、转运盐铁节度观察使、团练防御招讨经略等使、河南尹、同华州刺史、诸卫将军三品以上官除授,皆入阁谢。其余官,许于宣政(殿)南班拜讫,便退。② 在这些可以入阁向皇帝当面拜谢的特殊官员之中,除了三省官员外,都是三品以上官,而尚书省是四品以上官,中书、门下两省是五品以上官。

据唐前期的《礼部式》,文武官赴朝从骑的数量有根据品级的严格限制:一品、开府仪同三司,七骑;二品、特进,五骑;三品及散官,三骑;四品五品,二骑;六品以下,一骑。完全是根据品级来确定的。文宗太和六年(832)五月,对此作了调整:职事官一品职,七骑;二品及中书门下三品,五骑;三品及中书门下御史台五品尚书省四品,三骑;四品五品,两骑;六品,一骑;七品以下非常参官,不得以马从。③ 中书、门下两省官的突出地位已经超越了品级的标准。

由于唐代政治体制的重大变化开始出现于唐高宗武则天时期,中书、门下地位的上升也在那个时期就已经显现出来。武则天圣历三年四月三日敕:赐物,中书、门下省官,正三品准二品,四品准三品。④ 不过当时中书、门下省官员的品级本来就比尚书省官低,尚书左右仆射为从二品,中书省长官中书令和门下省长官侍中为正三品,规定正三品准二品,四品准三品,是为了将三省的地位拉平。而维持三省地位的平等,是三省制的内在要求。但在大历官品令提高中书、门下官的品级之后,再将中书、门下官的地位列于尚书省和其他机构同级官员之上一等或二等,其意义就不同了。

中书、门下和尚书省之间的这种区别在修撰《唐六典》时还没有形

---

① 《唐会要》卷六○《御史台》。
② 《唐会要》卷二五《杂录》。
③ 以上参见《唐会要》卷三一《舆服》上杂录。
④ 《唐会要》卷五四《省号》上中书省。

成,以上变化是在贞元、元和以后逐渐定型的。这从一个侧面反映了唐代的政治体制已经发生了根本的变化,是使职体系发展并进而取代了尚书六部在国家政务中核心地位的结果,也是中书门下兼掌决策行政体制的必然要求。

三 中书门下体制的结构与运作

1. 使职行政体系的确立

安史之乱以后行政体制转换的过程,经过晚唐五代延续到北宋前期,直到宋神宗元丰年间的官制改革才最后完成。不过,在唐后期的冲突和转换过程中,尽管尚书六部还起着一定的作用,使职行政体系实际上已经确立下来。

贞元、元和时期,使职逐渐融合于中央机构,使职行政体系的运作走上正轨,各个因事而设的使职逐渐有了完备的机构和严密的组织系统,发展成为固定的使司,使职行政体系臻于完善。中央主要政务部门,包括尚书机构及寺监机构中尚保留原有职掌的部司局署和日渐完备的使司,以及地方政府,在政务上都直接对中书门下宰相机构负责。经过唐末五代的发展,这套体制为以使职差遣制为核心的宋朝制度的建立奠定了基础。

使职行政体系的确立,首先表现在使职本身的体系化及使职内部机构的严密和完善。中央行政体制中的使职,不仅仅是一般认为的财政诸使,使职也不仅仅局限在中央。财政系统、军事系统、司法系统、选官系统、礼仪系统等几个主要行政系统的使职,都有了完善的组织体系和更加明确的职权范围,使职与尚书六部和卿监的关系也更加趋于明确,有些使职还具有从中央直贯地方的职能。

财政三司是最主要的使职行政系统。从代宗时期刘晏兼任盐铁、转运使后,盐铁、转运开始合为一使,称为盐铁转运使。[①] 户部事务也逐渐

---

① 《唐会要》卷八七《转运盐铁总叙》。

以他官兼判,如宪宗元和六年(811),王绍以兵部尚书兼判户部事。[1] 这样,在贞元、元和年间,逐渐形成了度支使、户部使、盐铁转运使三司。按照钱谷来源的不同,三司之间有明确的职权划分:度支使掌管两税正税、酒税及西部盐池、盐井等收入,盐铁转运使掌管江淮赋税的转运、东南盐铁及天下山泽之利如矿冶、竹木茶漆等,户部使负责除此之外散在各地的阙官俸料、职田钱及除陌钱等。度支使在一些重要的地区设有分支机构,称为度支巡院。盐铁转运使在各地也有众多的场、监、巡院官,并在扬州和江陵分别设立留后院,以盐铁转运副使主持。

元和六年,对三司的职权进行了调整,以盐铁转运使的扬子留后为江淮以南两税使,江陵留后为荆、衡、汉、沔诸州以东、彭蠡以南两税使,以度支山南西道分巡院官充三川地区两税使,原属盐铁转运使的峡内煎盐五监也割属度支。这种调整的起因是度支和盐铁转运使的地方分支机构经常发生事权争执。调整的结果是将盐铁转运使的权力由仅仅征收盐铁山泽之利扩展到所管盐铁税收地区的两税正税征收,财政三司对赋税的分割由钱谷来源的类别划分完全转变为按地域划分。经过调整,度支、盐铁和户部由各自为政的三使转变成为具有共同职能、分工协作的,向中书门下负责的财务行政体系。元和七年盐铁转运使王播奏,"商人于户部、度支、盐铁三司飞钱,谓之便换"。[2] 此后,"三司"作为一个统一的名称,开始出现在各种官文书中。

三司互不统辖,都是直接向中书门下宰相机构负责。元和十三(818)年十月,中书门下奏文指出,户部度支盐铁三司钱物的管理很混乱,"岁终会计,无以准绳",所以要确立纲条,规定三司每年终各具本司当年所入钱数及所用数,分为两状闻奏,并牒中书门下。中书门下要具体审查其收支、节余、欠缴、侵用等情况。"条制既定,亦绝隐欺。如可施行,望为常典。"经过皇帝的批准,这种管理体制成为法定的制度。[3]

同时,三司内部机构日趋完备。太和六年(832)七月度支、户部、盐铁三司根据上月关于百官舆服的敕令,制定出三司系统内部官典及诸色

---

① 《旧唐书》卷一二三《王绍传》。
② 《唐会要》卷八七《转运盐铁总叙》。
③ 《唐会要》卷五八《尚书省诸司》中户部侍郎。

场库所由等下属人员的乘马和穿衣标准。其中提到的几类人员是：(1)孔目、勾检、勾覆、支对、勾押、权遣、指引进库官、门官等；(2)驱使官有正官及在城及诸色仓场官；(3)驱使官未有正官及与行按令史等；(4)不行按令史及书手；(5)行官、门子等；(6)拣子及诸色小所由；(7)向外监院执掌所由。[①] 暂且不论这些人员的具体身份和职掌，仅从上述名称也可看出三司系统内部人员的庞大和结构的复杂性。这是一个严密而庞大的财政管理系统，从赋税收纳、财物运输储藏到账目管理审计等，都有专门的机构和人员，甚至还有众多的驱使官、令史等从属人员。

财政使职直贯地方的体系也因此形成。度支使、盐铁转运使在地方分别设有监院、巡院等分支机构，判户部所掌为天下州府诸色钱物斛斗，也就是供地方政府支用或通过地方政府收纳的钱物，其地方分支机构没有度支、盐铁那样发达，但也时有设立。元和六年四月，户部奏置巡官，[②] 当属地方分支机构。从咸通四年(863)撤销的包括河南、江淮、荆襄、江西等道的户部分巡院机构看，[③]这个系统还是相当庞大的。在没有地方分支机构的时期，判户部可以利用地方政府进行监督管理。宣宗大中二年(848)十一月兵部侍郎判户部魏扶上奏指出，判户部所管钱物斛斗"散在天下州府，缘当司无巡院觉察，多被官吏专擅破除"，为了避免地方侵吞判户部所掌钱物，魏扶请以州府录事参军专判，仍与长史通判。[④]

财政使职往上直达中书门下，往下则直贯地方州县，户部官职成为财政三司官员寄托品级俸禄的职衔，一些重要的财政使职多由宰相兼领。财政事务逐渐从一般的政务中独立出来，自成系统，直属宰相。财政使职的兼宪衔成为一种象征，没有什么实际意义，由于其自身系统的独立和完善，可以不依托于御史系统了。这些都为财政使职成为中央的最高行政机关之一创造了条件。唐后期延资库(备边库)的设立，以宰相兼延资库使，就是对三司收纳财物的统一管理。唐亡前夕，曾以朱全忠

① 《唐会要》卷三一《舆服》上杂录。
② 《旧唐书》卷一四《宪宗纪》上。
③ 《唐会要》卷五八《尚书省诸司》中户部侍郎。
④ 同上。

为"盐铁、度支、户部三司都制置使"，①朱全忠虽未受任，但三司合并的趋势越来越明显。后梁建国后，以建昌宫使统一掌管国家财政，后唐则代之以租庸使，统辖盐铁、度支、户部三司。后唐明宗时，废租庸院，以宰相一人专判三司。长兴元年（930），以许州节度使张延明行工部尚书充三司使，三司使作为一个专门的掌管财政的最高使职从此确立下来。

军事系统的使职，并不表现在尚书兵部的使职化，也不表现在依托于尚书兵部的使职的出现，而是由于军事统领体制的变化导致了一系列与兵部无关的使职的出现。

宦官统领禁军，产生了一种新的军事体制。左右神策军中尉是宦官充任的最高使职，直接面向皇帝，不仅取代了唐前期诸卫大将军、将军掌管宿卫军队和行军总管、行军元帅领兵征战的职权，而且通过神策军本身的系统以及诸道监军系统，形成一套从中央直贯地方的使职体系。中尉下属的使职，先后有神策军中尉副使、中护军、六军辟仗使、闲厩飞龙使、军器使、内弓箭库使等，他们构成了以神策中尉为核心的北军内司系统，负责北衙禁军步骑军的军政管理、监督纠察、武器装备等。② 神策军系统的官员，主要是一些原有军事系统正员官的兼职，也有由神策军自己奏请任命的，但经常受到限制。如会昌元年（841）二月敕，"左右神策军先有奏正员官大将请授官事。起今已后，宜依资改转。如无正员官者，军司欲为奏论，须有功绩者，宜具事迹奏闻，当为甄奖，不在注拟之限"。③ 神策军本身有自己的官员编制，元和二年（807）敕规定了神策军的十员定额官，包括判官三员，勾覆官、支计官、表奏官各一员，孔目官二员、驱使官二员。会昌五年七月敕又对这些官的迁转做出了规定，"改转止于中下州司马，并不拟登朝官"。④ 说明神策军已经完全纳入到国家正式的官僚体系之中。神策军不仅驻守京师担任卫戍重任，还驻扎在一些重要的地方，甚至一些地方将领也请求遥隶神策军，称为神策行营。

在地方上，节度使、观察使、团练使、防御使等，有自己统帅的军队，

---

① 《资治通鉴》卷二六五天祐三年。
② 参见陈爽：《唐代中使内司制度考论》，北京大学硕士研究生毕业论文，1990年。
③ 《唐会要》卷七二《京城诸军》。
④ 同上。

并在逐渐向地方军政长官转化。地方军队具有一定的独立性,但除了割据自雄的跋扈藩镇之外,一般地方军将在军政事务中亦直达中书门下,具有一定的中央派员(即使职化)的色彩。为了加强对地方军队的监督控制,从安史之乱以前派宦官监阵的制度中逐渐演化出在方镇普遍设立监军机关的制度。贞元十一年(795),始置监军印,监军使职成为固定的使司。① 这样,地方军队具有由中书门下和宦官使司双重领导的性质。

各地监军使司具有完备的组织机构,监军使之下设有副监、判官、小使等,与中央的内司大体相同。② 监军使属于宦官使司系统,其在中央的统属关系逐渐落实到归枢密使统辖。所以李德裕要"与枢密使杨钦义、刘行深议,约敕监军不得预军政"。③ 整个宦官使司的内部机制包括统属关系、迁转次序、军政事务的承继等,是一个还需要进一步探讨的课题,但可以肯定,这个庞大的系统相对于南衙官僚系统来说,是一个独立的使职体系。这个体系是在贞元、元和之际确立下来的。

军事系统的使职与尚书兵部之间原本也是互相补充的关系,是在征兵制和行军总管制被募兵制和镇兵制取代后,对兵部职权的延伸。如已经使职化的北衙诸军,在贞元年间还有敕规定由尚书兵部召补,"左右羽林军飞骑等,兵部召补,格敕甚明,军司不合擅有违越。自今以后不得辄自召补"。④ 但由于宦官专兵局面的出现,兵部的职权逐渐淡化,军事系统的使职以宦官为主体,使其与兵部并无直接的依托关系。宦官统领禁军和节度使专兵、宦官监军的体制,是在原有兵部职权之外的新发展,这是专制皇权体制下一个特殊的权力系统。在唐前期的军事体制中,尚书兵部并不掌握军事统帅权,主要是负责军队的行政管理。而尚书省六部行政权逐渐丧失之后,兵部的军事行政权也转而纳入到新的军事统领体制之中。宦官对于中央禁军和节度使对于地方军队都拥有完整的军事行政管理权和军队统帅权,包括将吏的选用、军籍的管理等。正如太和二年(828)刘蕡在对策中指出的那样,"夏官不知兵籍,止于奉朝请,六军

---

① 《资治通鉴》卷二三五贞元十一年五月癸巳。
② 参见张国刚:《唐代监军制度考论》,《中国史研究》1981年第2期。
③ 《资治通鉴》卷二四八武宗会昌四年;参见前引陈爽《唐代中使内司制度考论》。
④ 《唐会要》卷七二《京城诸军》贞元四年八月敕。

不主兵事,止于养勋阶。军容合中官之政,戎律附内臣之职"。①

在宦官和地方节度使专兵的体制下,调遣军队和从全局指挥战争进行决策的,则是皇帝和宰相。统领禁军和战争决策、军队调遣两方面职权的分离,是宋朝三衙掌统领禁军和枢密院掌调遣军队制度的滥觞。宋朝三衙统领禁军的体制来源于唐朝宦官统领禁军的体制,而宋朝枢密院的权力是从唐朝宰相参决军政大事的权力演化而来的,与唐朝由宦官掌握的枢密院无关,是军事参谋决策系统从宰相机构中分化出来的结果。这种分化本身是政治体制不断完善、分工逐渐明晰的反映。

其他如以礼部贡院和吏部选院为代表的选官系统的使职,以太常礼院为代表的礼仪系统的使职,以司法"三司"为代表的司法系统的使职,都有了更加系统和完善的组织体系。但这些使职不像财政三司那样取代了其所依托的尚书各部和寺监机构,而是与部监处于一种互补的关系。这是以原有尚书各部和寺监机构为主体的使职化,使职是对部监职能的扩展和补充,正如杜佑所说,"设官以经之,置使以纬之"。②

如唐后期的司法"三司"主要由刑部、御史台、大理寺官员组成,是出于处理一些重大案件的需要而设置的。尽管在德宗即位之初就为"三司使"设使院,置幕屋,有了相对固定的机构和处所,③但并没有取代原有各部门,而是对它们职能的一种补充。如果属一般的案件,依然由各司法部门按照原来制度处理。如贞元十二(796)年五月,信州刺史姚骥举奏员外司马卢南史赃犯。德宗最初决定差派三司使前往鞠按,"令监察御史郑楚相、刑部员外郎裴瀿、大理寺评事陈正仪充三司"。但裴瀿认为卢南史所犯罪行属于一般的小案,"今忽缘此小事,差三司使,损耗州县,亦恐远处闻之,各怀忧惧",故请求独往而不要令三司尽行。结果德宗同意了裴瀿的意见,只派了他一人前往按问。④ 刑部员外郎仍然具有独立的司法权。

吏部铨选和考课、礼部贡举及太常礼仪事务的使职化已见前述。这

---

① 《旧唐书》卷一九〇下《刘贲传》。

② 《通典》卷一九《职官》一。

③ 《唐会要》卷七八《诸使杂录》上大历十四年六月三日敕。

④ 《唐会要》卷五九《尚书省诸司》下刑部员外郎条。

些事务虽主要以本司官主持,但也常有以他官权判的情况,即使以本司官主持,也需要特别的授权。这就是使职化的表现。而使职化产生的是一种新的运行机制,是对各部寺监原有职权的扩展和延伸,使得各部门的职权突破了律令规定的限制,变得更加具有灵活性和适应性。

使职体系除军事系统外,还基本依托于尚书六部和寺监,使职与各部司、寺监并存,这是唐代后期政治体制中的一个显著特征。六部之中的一些部司和某些寺监,还保留着其原有的职掌,并不是部司寺监完全闲废失职。如文宗太和四年(830)七月吏部奏请恢复唐初尚书侍郎三铨的厅事次序,又奏请减少吏部三铨的令史名额,说明三铨注拟的制度一直存在。① 太和五年四月敕:"盐铁判官守尚书刑部郎中李石,宜守本官。自今已后,刑部郎中,诸司诸使更不得奏请充职。"②说明刑部还有着繁重的职掌。武宗会昌(841—846)年间担任尚书兵部职方郎中的杨鲁士,负责接见入京之外国人,说明职方郎中并没有失去其原有职掌。③

总之,尚书部司和寺监是使职的依托,使职的品级和俸禄还须以部司或寺监官来寄托,使职本身还具有一些兼职性质。尽管兼任使职的部司寺监官基本不承担其本来的职掌,例如刑部郎中判度支,并不执掌刑部事务,膳部郎中知制诰,也不承担膳部的职掌,但他们与本官所在机构还是有着密切关系的。唐代尚书诸司办公之处有留厅壁记的传统,"尚书诸厅,历者有壁记,入相则以朱点之。元和后,惟膳部厅持国柄者最多,时省中谓之朱点厅"。④ 说明元和以后尚书省六部二十四司还完整地设置着,尽管有的司闲简无事,但都有自己的厅衙。既然诸厅中都有历任该司郎官的壁记,说明即使作为寄寓品级和俸禄的尚书郎官,也还是与本官所在机构有密切关系的。六部寺监官的阶官化,在唐代后期还只是一种趋势,到北宋才完全成为寄禄官。

值得注意的是,尽管对某些行政事务的处理依然以部司、寺监为主

---

① 《唐会要》卷七五《选部》下杂处置条。
② 《唐会要》卷五九《尚书省诸司》下刑部员外郎条。
③ 参见白化文等:《入唐求法巡礼行记校注》,花山文艺出版社,1992 年,第 466 页。
④ 〔宋〕钱易撰,黄寿成点校:《南部新书》甲,中华书局,2002 年,第 1 页。

体,使职仅仅作为部司、寺监的补充,有的事务更是完全由原来的部司或寺监执掌,但是,尚书省各部司已经丧失了对寺监和地方发文(即"尚书符")指挥政务的权力,成为与使司一样直接向中书门下负责的具体政务部门,详见后论。这是使职体系确立的一个重要标志。

使职体系确立的另一个重要标志,是部司和寺监都已不遵循过去按照事务不同环节分工负责的运作机制,而是打通了各个环节,形成了对于所掌管事务贯通处分的使职运作机制。尚书六部独立性的提高及其对于各司领导作用的加强,部分司的闲废,司级机构职能的合并,体现的正是尚书部司行政运作机制转换的趋势。这种趋势与使职的发展相一致,就是对行政事务进行归并,进而采用贯通处分的机制。例如吏部所掌选官事务,逐渐以吏部选院为中心,将选官事务的各个环节打通,从资格审查、主持考试到录取、任命,都由以吏部尚书侍郎为首、以吏部司为主体的选院负责,吏部其他司考功、司勋、司封的职掌则逐渐向选官事务归并,考课成为选官事务的一部分,勋官和封爵的授予也越来越成为选官事务中的附属性内容。所以,到北宋时选官事务的管理就纯粹是按照拟任官员品级的高低来分工的,铨选、考课、磨勘叙迁一体化,都由审官院、流内铨等机构主持,而不再区分为吏部四司。如审官院成为总管京朝官考课、选任事务的机构,流内铨成为"总管幕职州县官考课、选任事务的机构"。① 尽管选官事务依然由吏部主持,但按照官员品级的高低而不是任官环节分工管理,与财政三司对财赋管理的分工实质是一样的。这是唐朝后期行政体制转变的大势,是北宋制度与唐前期制度的根本性区别。到元丰官制改革时,尽管罢使职而恢复六部,但已经不是唐代前期的尚书六部,而是以六部之形式容纳了使职行政体系的运作机制。

使职行政体系的确立,还表现在其归属问题的解决。相对于原有的三省六部制来说,使司是体制外的机构。在使职体系发展的过程中,必须建立新的归属关系。自开元十一年(723)改政事堂为中书门下后,设置五房,分掌庶政,就是与尚书六部基本对应。中书门下获得了原尚书都省统领尚书六部和寺监的最高政务裁决权,其中包括部分由门下省执

---

① 　张希清:《宋朝典制》,吉林文史出版社,1997 年,第 30—31 页。

行的政务裁决权。而不断设置和完善的使职，统属关系也逐渐明确，由皇帝临时差派的使职，逐渐归属到中书门下宰相机构的统一领导之下。到贞元、元和以后，几个行政系统的使司都纳入到中书门下领导之下，中书门下领导部司、寺监和使司的行政体制因此确立。① 使职从皇帝的特派人员到宰相机构的下属行政职务的转变，是唐后期使职行政体系确立的重要标志，是中古帝国官僚体制由以皇帝个人为中心到以整个朝廷为中心转变过程中的重要一环。

2. 中书门下与三省、使职和地方的关系

探讨中书门下体制下的政务运作机制，需要分析中书门下与三省、中书门下与使职和部司寺监以及中书门下与地方的关系。

一论中书门下与三省的关系。中书门下体制下，三省依然存在，但三省的机构建制和职权性质都发生了重大转变。中书门下与三省之间，围绕着诏令的起草颁发和政令的实施，形成了新的中枢政务运作机制。中书门下体制下的三省，还与宰相机构有着密切的联系，一般情况下三省长官皆由宰相兼领，尤其是中书、门下两省长官必须由宰相兼领。② 但从机构建制上看，宰相与三省发生分离，宰相府署超然于三省之上。③

中书门下体制下，尚书都省作为行政中枢的地位丧失，监督行政运作的勾检工作和程式性地签署制敕文书成为都省职权的重心，尚书左右丞成为都省的实际长官，左右仆射则成为尊崇大臣的虚衔。

从开元以后，人们将尚书左右丞作为都省的实际长官看待。《资治通鉴》卷二一二开元十三年春正月："上自选诸司长官有声望者大理卿源光裕、尚书左丞杨承令、兵部侍郎寇泚等十一人为刺史，命宰相、诸王及诸司长官、台郎、御史饯于洛滨，供张甚盛。"如果说这是司马光的语言，还不足以说明问题。那么，唐人自己将尚书左右丞看成都省长官，则见

① 有关中书门下体制的特点及中书门下对使职体系的领导，将在下节详论。
② 关于中书门下体制下的三省职权和地位，参见刘后滨：《唐代中书门下体制下的三省机构与职权》，《历史研究》2001 年第 2 期。
③ 参见刘后滨：《唐代中书门下机构建制考》，载《北大史学》第 7 辑，北京大学出版社，2000 年。这一点也体现在中书门下体制下制敕文书的特性上，参见刘后滨：《从敕牒的特性看唐代中书门下体制》，《唐研究》第六卷，北京大学出版社，2000 年。

于陆贽《请许台省长官举荐属吏状》:"况于台省长官,皆是久当朝选,孰肯徇私妄举,以伤名取责者乎? 所谓台省长官,即仆射、尚书、左右丞、侍郎及御史大夫、中丞是也。陛下比择辅相,多亦不出(按《唐会要》,'不出'当作'出于')其中。今之宰相,则往日台省长官也,今之台省长官,乃将来之宰臣也。"①

　　但从实际情况看,左右丞要承担起尚书都省长官的职责,一般都要入相即带同中书门下平章事衔。如果左右丞没有带宰相衔,则需要以他官知尚书省事,尤以仆射和六部尚书知省事为多。唐代以尚书左右丞入相的仅有十余人,②大部分时间里都有仆射或某部尚书知省事。以代宗时期为例,代宗初(763),颜真卿以检校刑部尚书知省事;③永泰年间(765—766)以侯希逸为检校尚书右仆射,知省事;④大历二年(767)检校尚书右仆射、判左仆射田神功知省事;⑤王昂,永泰元年正月,检校刑部尚书,知省事……大历五年六月,昂复检校刑部尚书,知省事。⑥ 其他时期以左右仆射或六部尚书知省事的情况也很普遍,不必备举。

　　尚书都省的职官设置,除了左右仆射成为虚宠勋臣节帅的加官之外,左右丞、左右司郎中员外郎及以尚书都事为首的主典和吏员的变化不是很大,因为他们行使的还是尚书都省作为勾检和签署转发制敕的机关的职能。这种职能是此前一直存在的,只是其统属关系发生了变化。而尚书都省作为行政枢纽的地位则始终没有恢复。如贞元四年八月吏部奏,"其状直送吏曹,不用都司发"。⑦ 是令地方将有关官员资格认定的文书直接送到尚书吏部,而不经过尚书都省。尚书都省收转地方文书的职权也被取消。

　　① 《陆宣公集》卷一七,浙江古籍出版社,1988年,第169—175页。参见《唐会要》卷五一《识量》上;《册府元龟》卷三一三《宰辅部·谋猷》。文字略有不同。

　　② 参见张建利:《唐代尚书左右丞初探》,北京大学硕士研究生学位论文,1992年。宋敏求说:"唐制,宰相不兼尚书左右丞,盖仆射常为宰相,而丞辖留省中领事。元和中,韦贯之为右丞,平章事,不久而迁中书侍郎。"此说不确。见《春明退朝录》卷中,第22页。

　　③ 《旧唐书》卷一二八《颜真卿传》。

　　④ 《旧唐书》卷一二四《侯希逸传》;《新唐书》卷一四四《侯希逸传》。

　　⑤ 《新唐书》卷一四四《田神功传》。

　　⑥ 《旧唐书》卷一一八《王昂传》。

　　⑦ 《唐会要》卷七四《选部》上论选事。

中书门下体制下,中书省成为了宰相府署所依托的办事机构。原中书省的副长官中书侍郎成为了中书门下的首长,同时在名义上他还是中书省的长官。但中书省有与中书门下逐渐分离的趋势,向以中书舍人为长官的专门负责撰写制敕的机构过渡。中书舍人的职掌,转变为以起草制敕为主。且起草制敕之职逐渐使职化,形成为"知制诰"的制度,并逐渐形成与翰林学士的分职。

由于中书舍人起草制敕成为纯粹的程式,并不能发挥真正的谋议作用,所以出现了原本负责起草诏敕的舍人"封还词头"的现象。如《白居易集》卷四三《论左降独孤朗等状》:"右。今日宰相送词头,左降前件官如前,令臣撰词者。臣伏以李景俭因饮酒醉,诋忤宰相,既从远贬,已是深文,其同饮四人,又一例左降。臣有所见,不敢不陈。……其独孤朗等四人出官词头,臣已封讫,未敢撰进,伏待圣旨。长庆元年十二月十一日。"①说明中书舍人的起草制敕只是按照宰相的决定撰写文字,并不具备事前的谋议权,故只有在事后进行封还。②

随着三省制向中书门下体制转变,门下省的机构设置和职权发生了相应的变化。其作为宰相机构之一部分的职权,转移到了中书门下。尽管门下侍郎名义上还是门下省的长官,但都固定地加同平章事为宰相,在中书门下办公,不回本省处理省务。给事中终唐一代没有在制度上称为门下省的长官,但却是事实上的负责人。如果侍中和门下侍郎阙职,还要任命其他宰相"知门下省事"。③ 不过,如果给事中加同中书门下平章事衔,就可以领导门下省,即使侍中和门下侍郎阙职,也不必以他官

---

① 顾学颉校点:《白居易集》卷六十《奏状》三,中华书局,1979 年,第 1268 页。

② 宋朝以后中书舍人封还词头的现象多了起来。《文献通考》卷五一中书舍人条:"富弼为知制诰,封还刘从愿妻封遂国夫人词头。唐制,唯给事中得封还诏书。中书舍人缴词自弼始。"《资治通鉴》卷三五汉哀帝元寿元年"王嘉封还诏书"条胡三省注曰:"后世给、舍封驳本此"。

③ 如《旧唐书》卷九《玄宗纪》上:开元二十四年十一月侍中裴耀卿、中书令张九龄罢相后,在位的宰相只有兵部尚书兼中书令李林甫,兵部尚书同中书门下三品牛仙客,门下省没有长官,故在十二月任命牛仙客"知门下省事"。《新唐书》卷一三三《牛仙客传》作"故以工部尚书、同中书门下三品,知门下事";《旧唐书》卷九《玄宗纪》下开元二十六年正月乙亥,"工部尚书牛仙客为侍中"。说明牛仙客一直负责门下省的领导工作。又如,据《旧唐书》卷一〇《肃宗纪》和《新唐书》卷一四〇《吕諲传》:肃宗乾元二年三月甲午,以兵部侍郎吕諲同中书门下平章事,次日(乙未),侍中苗晋卿罢相,在位的宰相除了吕諲外,还有吏部尚书李岘、礼部侍郎李揆、户部侍郎第五琦,门下省长官阙职,所以吕諲"知门下省"。会母丧解,三月复召知门下省事。

"知门下省事"了。如德宗贞元二年正月壬寅,给事中崔造同平章事,门下侍郎同平章事卢翰罢相,其后未见有以他官知门下省者。

而在以给事中为实际首长的门下省中,依然行使对上、下行文书的审核之职。授官、断罪一类三省制下奏抄处理的事务,在中书门下体制下继续成为门下省审驳的内容。如白居易《授郑覃给事中制》所说,"刑名(一作狱)有未合于理者,得驳正之","有司选补不当者,得与侍中裁退之"。① 唐后期,门下"过官"之制在制度上还存在。如代宗时常衮为门下侍郎同平章事,主持过官,以至负责吏部选官事务的崔祐甫还受到其压制,"所拟官又多驳下"。② 贞元三年柳浑以宰相身份"仍判门下省",③属下的吏还告诉他应当主持过官。不过,门下侍郎同平章事主持过官,与其说是门下省的职权,还不如说是中书门下的职权。给事中协助侍中裁退有司选补不当者,是作为中书门下的下属机关行使职权的。至于其是否仍为奏抄,由于没有确切材料,只能暂且存疑。但给事中职权的重心已经转移到对制敕文书的封还。这是给事中职权发展的趋势。直到明清时期六科给事中的设立,仍具有对皇帝的命令进行驳奏的言官的性质。

二论中书门下与使职和部司寺监的关系。这种关系的具体内容是,使职体系纳入中书门下的统领之下。一方面,一些重要的使职往往由作为宰相的同中书门下平章事兼任,即宰相直接担任使职,中书门下在某种意义上等同于具体的行政部门。另一方面,各个系统的使司都直接向中书门下汇报政务,中书门下与中央行政体系中的部司、寺监和各个使司之间,没有了其他的中间环节,各行政机构对政务的裁决须经过中书门下的批准。中书门下对财政事务、选官事务、科举考试、官员考核、司法事务等方面的控制逐渐加强,无论是原来的部监机构还是依托于这些部监的使司,都直接由中书门下领导。

财政三司直属中书门下。作为主管财政的贯通中央和地方的行政

---

① 《文苑英华》卷三八一《中书制诰》;《白居易集》卷四八《中书制诰》一,第 1010 页。

② 《旧唐书》卷一一九《常衮传》。

③ 时间据《旧唐书》卷一二《德宗纪》上,柳浑知门下省事据《新唐书》卷一四二《柳浑传》。

部门,各财政使职由宰相兼任的情况很普遍。如前所述,财政机构直接向中书门下宰相机构负责,其政务裁决权在中书门下。

礼部贡院直属中书门下。在知贡举官成为一种差遣的同时,总管各有关贡举事务的贡院,实际上也就成为了一个依托于(而不是统属于)礼部的使司,有独立的贡院之印。贡院与礼部之间并无统属关系,有事则上呈中书门下,而不是上报礼部。从开元二十五年由礼部侍郎知贡举后,礼部成为科举考试的主持机关,其上级主管部门就是中书门下,"礼部考试毕,送中书门下详覆"。① 安史之乱后送中书门下详覆的制度遭到破坏,但大抵在元和以后就成为定制,或在录取之前呈送中书门下定夺,或在录取之后呈报中书门下审查。② 所以说,礼部贡院事实上成为中书门下的一个直属机构。③

选官事务,很大一部分归属到中书门下。唐后期选官制度中存在着"敕授官"范围扩大的趋势。所谓"敕授官",即由中书门下提名报皇帝用敕旨批准,而不经过尚书吏部。包括州录事参军和县令等原本属吏部选任的"奏授官",也日渐改由中书门下选任,成为敕授范围的职官。列入正式官员编制的诸司诸使诸道州府的大量佐官,也大都由其长官上奏请求敕授,即由中书门下任命而不归吏部。④ 即使还保留在吏部的选官事务,其最终的申报审批也还是在中书门下。

唐前期有由门下省审查吏部奏授官的"过官"制度。《新唐书·选举志》记载,天宝年间杨国忠以宰相(侍中)兼吏部尚书身份主持选官时取消门下过官的环节之后,"由是门下过官、三铨注官之制皆废"。事实上,在唐后期还有门下"过官"之制。如裴度在元和十年(815)以门下侍郎同中书门下平章事,即以主持"过官"的宽容大度而受到时人的称誉。⑤门下省在选官事务中对选人任官资格的审查和人事档案的管理等职掌,在唐后期也还保留着。太和五年(831)五月五日敕,指出了当时应选人

① 《新唐书》卷四四《选举志》上。

② 参见《新唐书》卷四四《选举志》上。

③ 参见吴宗国:《唐代科举制度研究》,辽宁大学出版社,1992年,第50页。

④ 关于唐代中后期敕授官范围的扩大,从大量的敕旨文书和唐人文集中可以看出。具体论证,尚需专文。

⑤ 《因话录》卷二载"裴晋公为门下侍郎,过吏部选人官,谓同过给事中曰"云云。

及冬集人子(文?)案审查流转的弊端,"门下省检勘毕后,比来更差南曹令史收领,却纳门下甲库,在于公事,颇甚劳扰",要求吏部三铨令史直接将文案交付门下甲库,并对门下甲库令史的管理责任做出了规定。①

形式上看,门下侍郎同平章事与给事中一起主持"过官",是过去的旧制。因为门下侍郎在名义上还是门下省的长官,还要"领省事"。实际上,门下侍郎同平章事是宰相,由其主持"过官",具有中书门下直接领导的性质。开成四年(839)四月关于处理滞留在京的未获官职选人的敕文中,提到:"如未经中书门下陈状,敕下后,不得续收。"②这是针对吏部而言的,要求吏部向中书门下申报任命名单。在中书门下,这方面的事务是由门下侍郎同平章事负责的。

以上以科举和选官为例,说明中书门下对使职和使职化的行政机关的直接领导。军事系统有其特殊的统辖体系,但有关军将的选补、考课、迁转等军政事务,也要向中书门下汇报。文宗开成三年(838)九月敕,"左右神策军所奏将吏改转,比多行牒中书门下,使覆奏处置。今后令军司先具闻奏状到中书,然后检勘进覆"。武宗会昌五年(845)七月敕更明确规定,神策军的十员官"如官满及用阙,本军与奏,仍由中书门下依资拟注官判(案:当作判官)以下员"。③

中书门下对行政事务的直接领导权力是具体的、全面的、主动的,是翰林院和枢密院等其他中枢机构所不具备的。

三论中书门下与地方政府的关系。中书门下作为裁决全国政务的宰相机构,取代尚书省实施对地方州府的行政领导。唐前期,地方向中央汇报工作,根据所奏报的事务性质,由州县向尚书省对口部门上报,然后由尚书都省汇总经门下省审查上奏和予以批准,最后报皇帝签字认可。中央政府指挥地方政务,也是通过尚书诸部司向地方政府发布命令。尚书都省作为行政中枢的地位丧失后,尚书各部司(南省、省司)也逐渐丧失了对地方的行政领导地位,转而成为中书门下之下具体承接地方政务上报的事务性机构。中书门下制定各项政令,经皇帝批准后向全

---

① 《唐会要》卷七五《选部》下杂处置。
② 《唐会要》卷七四《选部》上论选事。
③ 《唐会要》卷七二《京城诸军》。

国颁布,审批来自全国各地各部门的政务,中书门下的堂后五房具体承担了宰相审批政务过程中的事务性工作。

在中书门下的统领之下,形成了管理地方官员和地方政务的行政系统,地方政务纳入中书门下的统一领导之下。

首先,中书门下有了管理地方官员的行政系统。通过观察使、御史台及出使郎官御史和度支、盐铁的分巡院官,中书门下对地方五品以上官员(包括五品以下的一些敕授官)进行考课和决定任免。具体事例有:

太和七年(833)七月中书门下奏,关于刺史任满后政绩的考察,其程序是:刺史去任一个月后,委知州的上佐或录事参军到属县调查,然后将调查结果申本道观察使,观察使"检勘得实,具以事条录奏",此种奏状观察使需与判官连署。同时,委度支盐铁分巡院内官同访察,他们访察的结果申报本使,由度支使或盐铁使录奏。

开成元年(836)八月中书门下奏,令观察使岁终具状申奏部内刺史县令的政事优劣,其程序是:一方面专委廉察(即观察使),同时仍令两都御史台并出使郎官御史及巡院法宪官,常加采访,具以事状奏申中书门下。[①]

观察使和度支使、盐铁使以及出使的郎官御史等,他们上奏的文书都是奏状。奏状的审批程序是宰相决定后由皇帝以敕旨进行批准。对奏状的裁决,是中书门下指挥政务的最重要方式之一。[②] 裁决这些由观察使和度支使、盐铁使以及出使的郎官御史等上报的关于地方官员考核的奏状,就是对地方官员的人事行政管理。对于地方其他五品以下官,则由吏部具体进行考课任免,报中书门下批准。

其次,中书门下有了完善的指挥地方政务的系统。中书门下可以通过使司和尚书部司,或直接实施对地方的行政领导。节度、观察使具有中书门下派出机构的性质,直接向中书门下负责,而不经过尚书部司。

实际上,州也可以直接向中书门下汇报,在州向中央汇报政务的程

---

① 以上俱见《唐会要》卷六八《刺史》上。

② 唐中后期,地方向中央申报政务的文书主要是各种使职(包括节度使、观察使等)所上的奏状,而奏状的裁决机制也已经完全不同于唐前期三省制下以尚书省为文书主体的奏抄的审批。关于奏状和敕旨的文书特性、应用范围和审批程式等问题,另需专文论证,此处从略。

序中,节度使、观察使等道一级的官员还没有构成不可逾越的一级。如会昌四年(844)二月,越州军事押衙携带越州牒文直接进呈中书门下审批。日人圆仁在《入唐求法巡礼行记》中载潘押衙云:"(圆)载上人欲得入城来,请得越州牒,付余令进中书门下。余近日专候方便入中书送牒,宰相批破(剖),不许入奏例。上人事不成也。"①

中书门下可以"牒"节度、观察使,由节度、观察使指挥诸州府。如会昌五年检勘天下州府寺院、条流僧尼的事件,就是由"中书门下准敕牒诸道"。② 既可通过尚书部司,也可通过中央的使职指挥诸州府,这是中书门下指挥地方的两个系统。这两个系统都不构成行政机构的一级,而是属于中书门下政务系统内的派出机构或附属机构。

中央指挥地方政务的公文书,也由中书门下的"牒"和"符"取代了尚书省的"符"。史籍中有许多中书门下"牒"诸道节度、观察使的记载,而唐后期尚书部司下诸州府的"符"(如常见于敦煌吐鲁番文书中的旨符、敕符等)却极少见到。《入唐求法巡礼行记》中多次提到"下符诸州",又说"相公奏状之报符来扬府","又闻敕符到州"等。这里的"符",当是由中书门下下发的,而已不同于唐前期由尚书省下发的"符"。

总之,中书门下体制在政务运作方面完全不同于唐前期以尚书六部二十四司为主体的行政体制,形成了中书门下与使职、中书门下与尚书部司和寺监、中书门下与节度观察使以及中书门下与地方州府等多方面的新型关系。这些方面关系的调整,是唐制向宋制过渡的历史运动的内在要求,是中国古代官僚政治制度演进过程中的一个重要环节。

中书门下体制的一个重要特点,就在于宰相通过中书门下对行政事务的干预越来越强,甚至直接下行过去由尚书六部处理的事务。宰相的职权进一步朝着掌管具体政务的方向发展,这里称之为宰相的政务官化。这是宋朝以宰相职权的分化为核心的制度得以建立的前提。

3. 翰林学士与枢密使

随着宰相权力和君相关系的演进,安史之乱以后中枢权力格局出现

---

① 参见白化文等《入唐求法巡礼行记校注》,第439页。
② 同上书,第459页。

了新的动向,翰林学士和枢密使逐渐成为中枢政治中的重要因素。

《旧唐书·职官志》二载翰林学士的演变为:玄宗即位,将张说等人召入禁中,谓之翰林待诏。"王者尊极,一日万机。四方进奏、中外表疏批答,或诏从中出。宸翰所挥,亦资其检讨,谓之视草。故尝简当代士人,以备顾问。至德已后,天下用兵,军国多务,深谋密诏,皆从中出。尤择名士,翰林学士得充选者,文士为荣。亦如中书舍人例置学士六人,内择年深德重者一人为承旨,所以独承密命故也。"从中可以看出,玄宗时期的翰林待诏是在国家事务不断增加的情况下,将一些文学之士召入禁中,以备顾问,未完全取代中书舍人侍奉进奏、参议表章和起草制敕的职掌。而到安史之乱以后,则是"深谋密诏,皆从中出"了。

正是战争的环境使得翰林学士的参谋出令权得以凸显,并且在制度上固定下来。安史之乱前后,由于宰相议政决策之权的削弱,君、相在决策环节上的距离越来越大,导致了中枢决策体制的不完善性。而战争环境中又需要中央决策机密而迅速,需要有高度集中的权力。正如肃宗乾元二年(759)针对李辅国专权的制书中所说:"比缘军国务殷,或宣口敕处分。"① 所以,在开元以来以"知制诰"为标志的起草诏令之职逐渐使职化的情况下,以翰林学士供奉制敕的做法得以继承下来,翰林学士的权力在特殊背景下扩展至极致。代宗、德宗时期,多次下令罢除使职以还职六部九卿,恢复开元以前的行政制度,但对于中枢体制却少有涉及。因为以翰林学士掌内诏,符合加强君主专制的时代需要。而制度调整的反复也还只是停留在行政体制的层面上,中枢体制却在朝着加强君主决策权的方向发展。

唐人论翰林学士之权重,都强调这是肃宗至德(756—757)以后的现象。如陆贽在贞元三年(787)上疏中所说,"肃宗在灵武,事多草创,权宜济急,遂破旧章。翰林之中,始掌书诏"。② 元和年间韦处厚撰《翰林院厅壁记》,也说:"逮自至德,台辅伊说之命,将坛出车之诏,霈洽天壤之泽,导扬顾命之重,议不及中书矣。"③

① 《资治通鉴》卷二二一。
② 李肇:《翰林志》,见南宋洪景严编《翰苑群书》。
③ 《全唐文》卷七一五。

所谓"议不及中书",指的就是翰林学士取代了宰相的机密谋议之权,填补了君、相在决策环节上分离之后的权力空间。而"权宜济急,遂破旧章",更道出了由中书舍人起草制敕到翰林学士掌书诏的制度的转变,实因权宜济急的战争环境而完成。

陆贽本人的经历便是最好的说明。他在德宗时期之所以能够在军国大事的决策中发挥那么大的作用,以至于被称为"内相",关键在于"时天下叛乱,机务填委,征发指踪,千端万绪,一日之内,诏书数百"。是战争的特殊背景使得翰林学士的权力扩展到极致。也正因如此,人们并未把翰林学士的这种权力视为合法的制度,而认为这只是一种权宜之计,即如陆贽本人后来也说,"学士私臣,玄宗初令待诏,止于唱和文章而已"。又说:"词诏所出,中书舍人之职,军兴之际,促迫应务,权令学士代之;朝野乂宁,合归职分,其命将相制诏,却付中书行遣。"①说明翰林学士还没有超出作为天子私臣所具有的权力范畴。

元和初年,翰林院的建制进一步完善。宪宗即位后,始命郑絪为承旨学士,位在诸学士上。翰林院内部有了负责的首长,成为一个严密的独立机构,而不再是依托于其他官僚体系的临时机构,也最终改变了"应对、顾问、参会、旅次,班第以官为上下"②的局面。元和初,翰林院单独设置书诏印,③说明翰林学士的作用逐渐固定到起草诏令上,与中书舍人对掌"二制"的格局因此确定下来。"凡赦书、德音、立后、建储、大诛讨、拜免三公将相曰制,百官班于宣政殿而听之。赐与征召、宣索处分之诏,慰抚军旅之书,祠飨道释之文,陵寝荐献之表,答奏疏赐军号,皆学士院主之;余则中书舍人主之。其翰林学士、中书舍人分为两制。"④翰林学士院成为内廷的独立机构后,翰林学士在朝着中枢重臣的方向发展,尤其是承旨学士,被称为"学士院长",⑤参天子密议,下一步往往升为宰相。

---

① 《旧唐书》卷一三九《陆贽传》。
② 元稹:《承旨学士院记》,见岑仲勉《补唐代翰林两记》卷下《翰林承旨学士厅壁记校补》,《郎官石柱题名新考订(外三种)》,上海古籍出版社,1984年,第460页。又见《元稹集》卷五一,中华书局,2000年,第559页。
③ 《册府元龟》卷五五〇词臣部总序。
④ 同上。
⑤ 《新唐书》卷一三二《沈既济传附沈传师传》。

"贞元已后,为学士承旨者,多至宰相焉"。①

但是,翰林学士作为中枢重臣,仍然具有皇帝内臣的性质。② 翰林学士院设在禁中,与禁廷相通,"又学士院北扉者,以其在浴堂之南,便于应诏"。③ 他们体现的是皇帝的旨意,被纳入到皇权运作的范畴,不像宰相在政务裁决中具有自己独立的意志,他们没有取得与宰相平等的权力和职位。在重大决策的过程中,翰林学士不能指挥宰相,而宰相却可以指挥翰林学士。宋人叶梦得指出:"唐诏令虽一出于翰林学士,然遇有边防机要大事,学士所不能尽知者,则多宰相以其处分之要者自为之辞,而付学士院,使增其首尾常式之言而已,谓之诏意,故无所更易增损。今犹见于李德裕、郑畋集中。"④在李德裕指挥讨泽潞的过程中,"自非中书进诏意,更无他诏自中出者"。⑤ 所以王夫之在《读通鉴论》中说,"德裕之为相也,首请政事皆出中书"。中书是与内廷相对而言的。

宪宗时对翰林学士的倚重,"每有军国大事,必与诸学士谋之",⑥并不能说明翰林学士能与宰相构成平等制衡的关系。这与宰相决策权的恢复并不矛盾,而与德宗时不任宰相一切由内廷决策的情况不同。宰相的决策权体现在对日常政务的裁决,是主动的、经常的、务实的,而翰林学士只是作为皇帝的参谋顾问,其参与决策只是表现在为皇帝出谋划策,而且是被动的、间或的、务虚的。《资治通鉴》在提到"是时,上每有军国大事,必与诸学士谋之"的情况时,是为了说明宪宗"尝逾月不见学士",以至翰林学士李绛等请求宪宗向他们"访询理道,开纳直言"。此正说明了翰林学士决策的上述特征。皇帝可以"逾月不见学士",却不可能长期不见宰相。

① 《旧唐书》卷四三《职官志》二。

② 翰林院在唐后期始终没有摆脱宦官权力系统中使内司的控制,以宦官充任的翰林院使在翰林学士的任免迁除中起着重要作用。这个事实,也正好说明了翰林院内廷机构的性质。参见陈爽《唐代中使内司制度考论》。

③ 宋江少虞:《皇宋类苑》卷二九引欧阳修《归田录》,又见于沈括《梦溪笔谈》卷一。参见李伟国点校《归田录》所收录的佚文,中华书局,1981 年,第 48—49 页。

④ 〔宋〕叶梦得撰、宇文绍奕考异:《石林燕语》卷五,中华书局,1984 年,第 74 页。

⑤ 《资治通鉴》卷二四八武宗会昌四年。

⑥ 《资治通鉴》卷二三八宪宗元和五年六月。

宦官在政治体制中的特殊地位在安史之乱前后逐渐形成。玄宗信任宦官高力士，"每四方进奏文表，必先呈力士，然后进御，小事便决之"，①并在一些方面承担着沟通君相的角色。安史之乱爆发后，"深谋密诏，议不及中书"，皇帝在内廷的决策机制逐渐形成，宰相在机密决策中的权力大为削弱，君相之间的沟通问题显得更加重要。所以宦官负责机密文书出纳传递的职掌被继承下来，并且得到了进一步的发展。从代宗时期开始，宦官的这种职权被称为"掌枢密"。永泰二年（766），用宦官董秀掌枢密，史言"始以中人掌枢密用事"。② 在安史之乱以后政治体制的转换过程中，宦官适时地填补进来，充当了皇帝与宰相联络的中介。这就为元和、长庆年间枢密使制度的确立打下了基础。加上宦官因为特殊的机缘获得了统领禁军的权力，随着贞元年间左右神策中尉的设立，宦官专权的局面形成。

掌握了禁军的统帅权，是宦官专权的基础。但左右神策中尉是行政体制上的军事使职，对中枢决策体制的影响不是很大。到穆宗长庆年间（821—824），正式设置枢密使。枢密使因为在最高决策的过程中沟通皇帝和宰相，"承受表奏于内中进呈，若人主有所处分，则宣付中书门下施行而已"，③在中枢体制中具有重要的地位。枢密使的权力相对于中书门下宰相机构来说，是体制外的，但在整个皇权系统内，却具有一定制度上的根据。而且它还可以利用制度上的缺环，与宰相施政机构中书门下的堂后官相结合，影响宰相的决策，甚至对宰相颁发诏令进行干预。枢密使权力的扩大和地位的提高，其背景是枢密使与宰相和地方力量的结合，一些重要方镇既是宰相的回翔之地，也是枢密使的回翔之地。一些宦官从大镇监军入为枢密使，又引节度使为宰相。

但是，枢密使的权力是皇权的附属，是皇权本身的外化，并不与宰相构成平等的关系。对于这一点，当时的人们包括枢密使本身就有明确的认识。如太和七年（833）六月，文宗不顾宰相李宗闵的反对，在没有宰相"进拟"任命名单的情况下，直接由枢密使向宰相宣出任命郑覃为御史大

---

① 《旧唐书》卷一八四《高力士传》。
② 《册府元龟》卷六六五《内臣部·恩宠》。
③ 《文献通考》卷五八《职官考·枢密院》。

夫的制书。于是,李宗闵对枢密使崔潭峻说:"事一切宣出,安用中书!"崔潭峻的回答是:"八年天子,听其自行事亦可矣!"①很显然,李宗闵在此并非责让枢密使夺宰相之权,而是说皇帝不任宰相。而作为枢密使的崔潭峻,也认为直接宣命是皇帝"自行事",而枢密使是不起什么作用的。

对一些关于枢密使权重宰相的说法,应作具体分析。

武宗会昌三年(843)五月,任命翰林学士承旨崔铉为宰相,召翰林学士草制,而"宰相、枢密皆不之知"。当时的枢密使刘行深、杨钦义"不敢预事",没有参预宰相的任命,所以老宦官认为这是"刘、杨懦怯,堕败旧风故也"。② 这条材料往往被引用来作为宦官参预宰相任命的证明。按照这种说法,参预宰相任命是枢密使固有的权力,或至少是一种"旧风"惯例。

问题是枢密使在什么意义上参预? 如果是承宣制命,即负责向外宣出皇帝的任命,那本身就是枢密使的职权。无论如何,这个事例并不能说明枢密使可以任命宰相,或其权重于宰相。它反映的实际上是皇帝撇开宰相和枢密使任命宰相。老宦官所说的"刘、杨懦怯",也不是说他们对宰相"懦怯",而是指对皇帝而言。所谓"旧风",也就是元和以来宦官挟持君主以行政令甚至擅自废立的风气。随着皇帝的废立都由宦官操纵,宰相的任命受到宦官的控制也就理所当然。全此,已无复制度可言。对于懿宗时宰相杜悰对两枢密使所说:"内外之臣,事犹一体,宰相枢密,共参国政",③以及僖、昭之际枢密使杨复恭、西门季玄在宰相的"堂状"贴黄指挥公事,④也应作如是看。

---

① 《资治通鉴》卷二四四文宗太和七年六月壬申。
② 《资治通鉴》卷二四七武宗会昌三年五月壬寅。
③ 《资治通鉴》卷二五〇懿宗咸通二年二月。
④ 《北梦琐言》卷一〇;《文献通考》卷五八《职官考·枢密院》。按,"堂状"当是宰相进呈于皇帝的处分政务的文书,皇帝批准后由中书门下下发执行。枢密使因其沟通君主和宰相,"堂状"当由其传递,其在"堂状"后贴黄,所行乃皇帝的权力而不是侵夺了宰相的权力,正如同明朝宦官的"批红",是代行皇权,与门下省对诏敕进行封驳的所谓"贴黄"有所不同。《北梦琐言》"严军容猫犬怪"条所记云:"唐左军容使严遵美,于阉宦中仁人也。……又云枢密使廨署,三间屋宇柜而已,亦无视事厅。堂状后贴黄,指挥公事,乃是杨复恭夺宰相权也"。恰好是要说明宦官中的明白人对枢密使实际地位不可高估的看法,枢密使想要通过在传递文书的中间环节上下其手来控制宰相,正说明其在制度上无法与宰相匹敌。

又如枢密使参与延英议事的问题。延英奏对主要是皇帝与宰相商讨政事,有时尚书六部和寺监长官等也参加。而翰林学士不参加,枢密使即使出席,也是立侍左右,不得与议政事。文宗太和九年（835）甘露之变后,"宦者气盛,凌轹南司,延英议事,中贵语必引（李）训以折文臣"。[1] 干扰延英奏事,这是宦官权势恶性膨胀的结果,并不说明宦官具有在延英议事的权力。随着宦官势力的升降,他们对延英奏对的干预程度也不断变化。到宣宗大中（847—860）年间,形成了一种惯例,"对延英,两中尉先降,枢密使候旨殿西,宰相奏事已毕,案前受事"。在这种议事规程中,枢密使并不参与延英议事。

不过,在唐末却一度出现了枢密使参与延英奏对并乘机篡改议政结果的情况。"延英宰相奏事,帝平可否,枢密使立侍,得与闻。及出,或矫上旨谓未然,数改易挠权"。昭宗在诛杀谋乱的宦官之后,重申恢复大中故事,并认为枢密使请求"于屏风后录宰相所奏"也是一种侵权行为,加以杜绝。[2]

五代至北宋,枢密院逐渐取得了与宰相平等的权力。但这已经不是唐代制度中由宦官担任的枢密使,而是经过五代的发展而形成的新中枢体制下的枢密使。宋人对此有明确的认识。沈括说"晚唐,枢密使自禁中受旨,出付中书,即谓之宣。中书承受,录之于籍,谓之宣底。今史馆中尚有梁《宣底》二卷,如今之《圣语簿》也。梁朝初置崇政院,专行密命。至后唐庄宗,复枢密使,使郭崇韬、安重诲为之,始分领政事,不关由中书,直行下者谓之宣,如中书之敕。小事则发头子,拟堂帖也"。[3] 到五代后唐以后,枢密使才分领政事,成为与宰相平等的"执政"之官。

唐后期中枢体制的基本格局中,以中书门下为主体,这是中书门下体制的基本特点。翰林学士和由宦官担任的枢密使,在体制上只是作为中书门下与皇帝两个权力点之间的补充或沟通环节。

---

① 《旧唐书》卷一七二《李石传》。
② 《新唐书》卷二〇八《宦者刘季述传》。
③ 《梦溪笔谈》卷一《故事一·宣头》。

四　选官制度的发展变化

1. 从门第到才学

选官制度的变化是中国古代政治形态变迁的重要标志。从中国帝制时代选官制度发展的总体趋势看,唐代选官制度中出现了许多新的变化。其中对后世影响最大的,一是通过考试选拔官员,包括科举和铨选;二是在官员升迁中对地方工作经验的强调。这两点是由门阀政治向官僚政治转变的必然结果,也是官僚政治制度及其运行机制进一步完善的前提。

随着南北朝以来门阀士族的衰落,由九品中正制支撑的门阀政治,逐渐向按照才学标准选拔官吏的官僚政治过渡。科举制正是在这样的背景下产生和确立的。[①]

南北朝以来,选官当中的才学标准问题,在经历了一段时间的门第本位之后被重新提出来。无论在南朝还是北朝,最高统治者都逐渐认识到门第的高低与个人的才学没有必然的联系,治理国家需要选拔具有真才实学的人才。九品中正制受到冲击,但新的选官制度还没有产生。于是,汉代以来实行的察举制重新受到重视,笼罩在其上的九品中正制逐渐被抛开。在察举制的母体内产生了一些新制度的萌芽,举明经逐步取代举孝廉,形成了秀才、明经两科并立的局面。而秀才、明经的选拔标准,是根据文学才能以及对儒家经典熟悉的程度而确定的,是一种才学标准,取代了过去根据乡誉而确定的道德标准。

魏晋以来,选官制度中所强调的门第标准,取代的是汉代察举制中的道德标准。南北朝后期的选官制度中,形式上是对汉代察举制的恢复,实质上是用新的才学标准取代门第标准,而不是完全回到过去的道德标准。

汉朝察举制下,被举资格的取得,完全在于地方长官的举荐。地方长官的举荐权和察举标准的道德化,构成了九品中正制得以成立的前

[①]　关于科举制度的具体内容,本文尽量从略,可参看吴宗国《唐代科举制度研究》。

提。南北朝时期,地方长官举荐的基础受到动摇,出现了自举这种新的考试制度的萌芽。

这样,不论在举荐资格还是在选举标准上,南北朝时期选官制度形式上是对汉代察举的回归,实质上都是一个否定之否定的过程,出现了新的原则。

周隋之际,对门第标准的冲击首先来自军功。南北对立的形势和北方民族的尚武风习,使得军功成为进入仕途的捷径。西魏北周以来形成的执掌最高权力的关陇贵族集团,就是一个以军功为基础的政治集团。在门阀贵族政治形态的母体中,军功对门第的冲击,为政治形态的转换打开了一个缺口,根据才学选拔官吏的制度因此成为可能。

隋朝建立后,为了加强中央集权,正式废除了九品中正制和地方长官自辟僚属的制度,从制度上来说,官吏的任用不再受到门第的限制。但在实际政治生活中,父祖官品(其实,已不同于此前的门资)仍是入仕任官的重要条件,门荫(而不是门第)①与军功出身者构成了官僚队伍中的主体部分。但是,随着大一统的重建和社会安定局面的出现,对官僚队伍的政治和文化素质的要求越来越高,才学标准的内容也越来越明确。传统的经术和章句之学,造就不了符合新形势要求的合格人才。隋文帝试图通过学校培养人才,和让地方向中央推荐人才(岁贡)的努力,都没有取得实际的成效。仁寿三年(603),隋文帝在要求地方官举荐人才的诏令中,对才学的内容进行了新的阐述。具体表述为"明知今古,通识治乱,究政教之本,达礼乐之源",即要求被举荐的人熟悉历史、了解现状、精通统治理论和统治方法。诏令并进一步对门第标准进行否定,要求地方官举荐的对象主要是"闾阎秀异之士,乡曲博雅之儒",而不是贵族高官子弟。②

---

① 在强调隋唐仍是贵族制社会的学者中,有一条重要的依据,就是隋唐政权中门荫出身的官僚还占有很大比例,尤其是高级官僚之中,即使到唐后期仍然有许多是高官子弟。我们认为,门荫与门第是两个概念,门第强调的是家族宗党、是世代高官,家族的阀阅可以保证其平步青云;而门荫强调的只是父祖官品,父祖官品可以使其有一个出身的基础,但不能保证其升迁高位,要想做到高官,还必须同时具有才学。参吴宗国《唐代士族及其衰落》,载《唐史学会论文集》,陕西人民出版社,1986年。
② 《隋书》卷二《高祖纪》下。

隋炀帝即位后,对隋文帝以来提出的选官原则不断进行肯定和发挥,在大业八年(612)九月的诏令中,对南北朝时期的任官原则进行清理,指出自北魏灭亡后武功成为选官的主要标准,并因此造成了严重的后果。诏令中说:"三方未一,四海交争,不遑文教,唯尚武功。设官分职,罕以才授;班朝治人,乃由勋叙。莫非拔足行阵,出自勇夫……是非暗于在己,威福专于下吏,贪冒货贿,不知纪极。蠹政害民,实由于此。"所以诏令中进一步规定,"自今已后,诸授勋官者,并不得回授文武职事",即军功不能作为出任文武职事官的资格,并因此总结出"军国异容,文武殊用"的用人原则,提出随着大一统和社会安定局面的出现,要用王道取代霸德,"化人成俗,则王道斯贵","世属隆平,经术然后升仕"。①

选官原则中才学标准的不断提出和被强调,冲击着察举制度,呼唤着新的选官形式的产生。就在隋炀帝统治的大业年间,在隋文帝开始的常贡之科的基础上,保留秀才、明经科的同时,新设立了进士科。② 进士科设立的意义在于,考试的内容主要是面向一般文士的对时务策,突破了由贵族垄断的传统经学的限制。而考试内容的突破,有利于扩大应举者的范畴,使官员的选拔由荐举变为开科考试成为可能。而只有开科考试,才能真正贯彻按才学录取的原则。设立科目、公开考试、公平竞争、择优录取,是科举制度的基本特征,其中考试是核心。科举制比以往任何选官方式都更强调考试的作用,考试朝着排除其他因素干扰的方向发展。

但是,选官制度中的才学标准,并非在短时间被能够完全贯彻,门第也不会随着王朝的更替自动推出历史舞台。只有随着社会经济的发展,一般地主经济的发展成熟,全社会文化知识水平的提高,才有可能真正实现才学选官的原则。才学取代门第,是一个漫长的历史过程,这个过程要到宋朝才基本完成,而整个唐代都大体处于这个过渡进程之中,其

---

① 《隋书》卷四《炀帝纪》下。
② 《通典》卷一四《选举二·历代制中》谓"炀帝始建进士科";《旧唐书》卷一一九《杨绾传》载杨绾上疏云:"近炀帝始置进士之科,当时犹试策而已。"关于进士科的设立时间以及进士科设立是否标志着科举制的确立等问题,学界有过长期而深入的讨论,可参看杜文玉、宁欣的综述,见《二十世纪唐研究》,中国社会科学出版社,2002 年,第 109—110 页。

间还经历了一些反复。不过,从发展趋势看,唐代的取士和选官制度中,才学日渐受到重视是显而易见的。

在唐代官员构成中一直占有很大比重的门荫入仕,主要有两个途径,即通过学馆和直接以门荫入仕。

通过学馆,就是充当弘文馆、崇文馆或国子学、太学的学生,称为馆学生徒。馆学生徒步入仕途,都必须经过考试,或结业考试后出仕,或参加科举考试,官学被纳入科举制的轨道。官贵子弟入仕需要进行以才学为标准的考试,这是官僚制社会中的门荫出身与贵族制社会中的门第出身根本的不同。但在唐初,中央的馆学入学资格有着森严的等级限制,馆学生徒考试入仕比一般士人要直接,录取比例也大得多。这就在实际上造成了一种不平等,照顾等级身份的成分很重。不过,从唐初开始,国子诸学入学资格的限制就逐渐放宽,玄宗开元二十一年(733),规定庶人子弟有文词史学者"听入四门学充俊士"。① 学校进一步向平民子弟开放,是唐代国学发展的趋势。庶人子弟在学比重的提高,正是才学逐渐在取代门第等级。

直接以门荫入仕,具体途径有担任千牛、三卫、斋郎等,这些也都需要经过考试,说明才学取士的原则已经渗透到门荫制度之中。

从科举制本身的变化看,才学标准也是逐渐加强。科举制实质上是一种自举,即只要符合一定的政治条件和身体条件都可以报名考试。但在唐初,由于馆学生徒在应举者中占有很大比重,而进入馆学又有着严格的资格限制,即使馆学入学资格放宽以后,仍然只有少数人才能入学。在应举者和及第者都以馆学生徒为主体的情况下,自举的原则并未能真正贯彻。随着武则天长安(701—704)以后学校的废弛,那些被称为"乡贡"的"怀牒自列于州县"②者,在应举者中的比重逐渐加大,严重冲击着官学教育。以致玄宗天宝十二载(753),出于整顿学校的目的,下令罢乡贡,"敕天下举人不得言乡贡,皆须补国子及郡学生",禁止士人自己向州县报名参加科举考试,应举者一律为馆学生徒。人为的禁止并没有阻止

---

① 王定保:《唐摭言》卷一《两监》原注,上海古籍出版社,1978 年,第 6 页。
② 《新唐书》卷四四《选举志》上。

乡贡地位的上升,到德宗贞元十年(794)以后,已是"进士殆绝于两监"。①

官学的废弛有一个很重要的原因,即学校教育的内容与科举考试内容的脱节,教育体制没有随着科举制的调整而进行适时的调整。但从深层意义上看,这种现象也与一般地主出身的士人参与政权的社会要求以及学术的平民化趋势分不开。与乡贡地位上升的同时,乡贡取解、应举的限制也日渐减少,州县和地方豪强对乡贡的控制因此减弱。

由于乡贡是士人自举,"举人辄自陈牒",②没有等级身份的限制,以上变化表明才学逐渐战胜门第等级,帝国政权进一步向更广大的一般地主出身的士人开放。

唐代科举制度中,不同科目的地位处于不断的变化之中。唐前期明经科具有正统的地位,明经的科等高于进士,明经及第后出身叙阶的品级比进士高,明经科录取的人数也比进士科多。这是南北朝以来重明经传统的延续,也与唐前期的社会政治状况相一致。以儒家经典为核心的学术,是少数人享有的特权,甚至曾经是高门大族世代相传的家学。唐前期,门阀观念在社会上还起着一定的作用,传统儒学依然是全社会的指导思想,儒家经典在政治生活中还具有相当的作用,熟读儒家经典的人能够为帝国的统治提供实际的服务。所以,明经科选拔出了一批具有卓越才能的政治家。那是学校教育和科举制结合的·个黄金时期。

但是,随着一般地主经济的发展,传统的儒学日渐失去其往日的光环,以儒学教育为核心的官学逐渐走向衰落。学术的平民化是一个历史的大趋势,与官学废弛的同时,私学在迅速发展。科举制内部总的发展趋势是进士科的地位在上升,明经科的地位在下降。当侧重文章写作的进士科逐渐成为高级官吏主要来源的同时,侧重章句记诵的明经诸科地位不断下降,到唐后期成为中下级官吏的主要来源。而明经出身者逐渐充实到中下级官吏的行列中,冲击的是大量的杂色入流者,正反映出官员整体构成中科举出身者比重的增加。

进士科考试科目和录取标准的变化,反映出科举选拔出来的人才在

---

① 《唐摭言》卷一《两监》。

② 《旧唐书》卷一一九《杨绾传》。

知识结构和文化素质方面的提高。在考试科目上，唐初进士只有试时务策一门考试，高宗末年始加帖小经并试杂文，到中宗复位后确立了"先帖经，然后试杂文及策"的三场试格局。[①] 加试帖经是为了使应举者熟读经史，提高文化知识水平；试杂文则是为了提高文字表达即写作水平。在录取标准上，从贞观到开元的百余年间，都是以策文的词华为主要标准。看重文章词华，是南北朝以来以文学之士取代武人主导地位做法的继承，其目的还停留在提高官员基本文化水平的层次上。开元中期以后，重视策文词华的情况继续发展。随着选官制度中政事与文学的分离，进士科被看作选拔文学专门人才的科目，杂文在录取时的地位有所上升。到天宝年间，杂文的内容确立为以诗赋为主，形成了"诗赋取士"的局面。

政事与文学分离，科举以诗赋取士，这是科举取士在开元天宝间的重大失误，其后果影响到一代政治家的素质。安史之乱以后，这种局面逐步扭转。到贞元（785—805）中后期，经过不断的调整，对策取代杂文再次成为进士科录取的主要标准。而且，衡量策文好坏的标准，明确为文章内容而不是词华。对策的范围则涉及儒家统治理论、历代王朝统治的经验教训以及对现实社会问题的解决方案等。这是唐代科举制的一个重大调整，有利于提高科举出身者的政治文化素质，为元和（806—820）中兴局面的出现创造了条件。

尽管科举出身者在整体官员构成中的比例，终唐一代都占少数，但其不断增加的趋势却明显呈现出来。尤其是在高级官员的构成中，发生了根本性的变化。唐高宗以前，官贵子弟主要从门荫出身，一般地主子弟则或从流外入流，或应募从军以战功来获取官职和勋赏。在高级官僚的构成中，从科举出身者不占主要地位。从唐高宗统治的后期开始，科举录取名额有所扩大。武则天大开制科，又极大地增加了科举入仕的人数。直到玄宗时期，高级官员中特别是宰相，科举出身者的比重不断上升。但这一时期门荫入仕者在政治上仍有相当大的力量，他们迫使科举出身的高级官僚在开元天宝之际的政治舞台上屈居下风。经过反思和调整，安史之乱以后，科举出身者在朝廷中的地位迅速回升，在贞元、元

---

① 《唐六典》卷四《尚书礼部》；《唐摭言》卷一《试杂文》。

和之际,进士科成为宰相和高级官僚的主要来源。宪宗以后,尽管具有或实或虚的旧族高门背景的宰相有所增加,但依靠门荫出身的宰相人数急剧减少,高官子弟凭借门荫而致高位的状况已成过去。这是一个根本性的变化,不论在唐代的职官制度和选官制度上,还是在整个中国帝制时代的职官制度史和选官制度史上,都具有划时代的意义,它标志着以才学为标准的选官原则首先在高级官僚的选拔中得到贯彻。

不过,我们看到才学在唐代科举选官制度中逐渐战胜门第的同时,也应该看到门第观念的影响还长期存在,门第在选官制度中的作用还具有一定的社会基础。尽管在士族地主早已衰落,门阀制度彻底崩溃的情况下,门第失去了与权力的必然联系。但是,全社会文化水平的提高需要一个漫长的历史过程。由于贵族和高官具有优厚的政治经济特权,具有其他社会阶层无可比拟的学习文化知识的优越条件,在进士科成为高级官僚出身正途的唐后期,他们转而利用进士科作为子弟承袭高位的工具,大量官贵子弟通过进士出身进入上层统治机构。并且,官贵子弟通过辟举与进士科的结合,形成了新的官僚世袭,出现了具有新的等级身份的进士家族。科举制在朝着按才学标准取士的发展过程中出现了逆转。

随着穆宗长庆(821—824)以后大地主、大官僚政治经济地位的稳固,他们试图通过各种手段把持科举。一方面,官贵子弟通过请托,"交驰公卿",[①]科举考试中声誉的作用越来越重要,才学原则受到冲击。如果说推荐者能够本着荐贤的目的,掌贡举者能够以学识才华为标准进行录取,推荐的方式自然具有积极的意义。但是,在唐后期的特殊历史条件下,请托推荐只能是一种退步,只能导致高官子弟把持科举的不良局面。

实际上,从宪宗元和以后,公卿大臣子弟应举的就越来越多,科举及第的名额被他们所占据的情况不断发展。经过从长庆到会昌二十余年(821—846)的反复较量,公卿子弟在科举考试中的特权得以确立,科举及第者大都是权豪子弟。科举制真正成为新的官僚世袭的工具。

科举制发展在唐代的反复,与唐代社会的变迁是一致的。经过唐代

---

① 《通典》卷一七《选举五·杂论议》中赵匡"举选议"。

的调整过渡,到北宋时期,最终确立了按才学选官、学而优则仕的原则。

2. 从"长名榜"到"循资格"

考试选官,是中国古代考试制度和选官制度中的重要内容,人们一般强调隋唐以后的科举制在考试选官中的地位和作用,实际上,唐代的铨选更能够体现通过考试选拔官员的精神和原则。因为在唐代,科举只是获得出身的考试。而获得出身的途径,除了科举外,还有门荫、流外入流、军功授勋和其他杂色入流等。但是,无论何种出身,要出仕任官,都必须经过吏部或兵部的铨选。即使是任满待选的前资官,在重新出任职事官时,也同样需要经过铨选考试。也就是说,铨选是所有人进入官僚队伍的必经之路。或者说,一切官员,不论是通过何种渠道获得出身,都必须通过铨选来选拔。

广义的铨选,指所有官员的选拔,所谓"铨衡人物,擢尽才良";①狭义的铨选则指由尚书省吏部兵部主持的六品以下官员的选授,如《通典》卷十五《选举典》云,自六品以下旨授,"凡旨授官悉由于尚书,文官属吏部,武官属兵部,谓之铨选"。

唐代的铨选制度,经历了一个逐渐确立和不断调整、完善的过程,所要解决的核心问题是建立不同层面的资历标准,以使铨选更加公平、公正和合理化。这个过程与科举制的完善大体是一致的,但科举与铨选还没有完全结合起来。到宋代以后,获得科举出身的人,可以直接出仕任官,对于科举出身的人来说,基本实现了举和选的结合。

唐代的文官铨选制度,是在贞观后期初步建立起来的。其前提是对于中央和地方官员额的核定,改变此前"课人赴调"的权宜办法。尤其是贞观二十年(646)在并省州县的基础上,对地方官吏进行了一次全面整顿,将地方官真正纳入中央铨选的轨道。②

唐代文官铨选制度的第一次全面改革,是在高宗总章二年(669)展

---

① 《旧唐书》卷四三《职官志》吏部考功郎中员外郎条。
② 参见刘后滨:《论唐代县令的选授》,《中国历史博物馆馆刊》1997年第2期;又刘后滨《唐代文官铨选制度的改革与完善——从"长名榜"到"循资格"的历史考察》,《中国考试史专题论文集》,高等教育出版社,1999年。

开的。其背景是随着政治上的稳定和社会的安定,每年获得任官资格的人不断增加,官阙有限而应选人多的矛盾日渐突出。这是专制主义中央集权政治体制下必然出现的内在矛盾。[①] 主要内容是在扩大吏部官员编制的基础上,严格考试注官的具体规程。即在原有一员吏部侍郎的基础上加置一员,尚书、侍郎分为三铨的制度至此确立。[②] 新上任的吏部侍郎裴行俭"始设长名榜,引铨注期限等法,又定州县升降,官资高下,以为故事。仍撰谱十卷"。[③] 另一吏部侍郎李敬玄又委托新增置的吏部员外郎张仁祎,"始造姓历,改修状样、铨历等程式"。经过这些改革,"铨总之法密矣",也就是说,铨选制度至此趋于完善了。[④]

这次改革的核心内容之一是长名榜的设立,严格考试资格的审查,在进入考试之前将一些条件稍差的人加以黜落。所谓长名榜,是指对选人参选资格进行审查后,根据选人的条件排出长名,将当年不能参选者予以公布的文告,也称为"长名驳放"。资格审查是一项很繁杂的工作,此次改革,许多都属于资格审查程序中的问题,如所谓姓历、状样、铨历等,都是有关选人的各种档案材料和申报手续。由于选人渐多,文书繁密,检核文状,排出长名,颇费时日,造成许多选人在京等候长名结果,滞留日久,虚费资粮。所以开耀元年(681)崇文馆直学士崔融在议状中提出,"选人每年长名,常至正月半后,伏望速加铨简,促以程期"。[⑤]

改革的另一方面内容是"定州县升降,官资高下"。其目的是严格官员迁转的程序,增加升迁的阶梯。因为此前"州县混同,无等级之差,凡所拜授,或自大而迁小,或始近而后远,无有定制。其后选人既多,叙用不给,遂累增郡县等级之差"。[⑥] 在州县官中增加等级,可以解决部分叙用不给的矛盾,尤其是为解决一些地方官的升迁问题,增加了一些阶梯。

这一时期铨选制度的改革,主要是为了限制入选人数,即是被动的对参选资格进行限制的改革,在如何保证选拔优秀人才的问题上,并未

① 参见宁欣:《唐代选官研究》,台北文津出版社,1995年,第23页。
② 《唐会要》卷五八《尚书省诸司》中吏部侍郎条。
③ 《唐会要》卷七四《吏曹条例》。
④ 《新唐书》卷四五《选举志》。
⑤ 《唐会要》七四《论选事》。
⑥ 《通典》卷一五《选举》三。

有实质性的措施。而且在参选资格方面也未建立一个客观的标准。这也说明考试选官不仅仅是考试的问题,铨选制度的最初改革,是为了淘汰选人,而不是为了选拔人才,亦即未能触及考试本身。

武则天执政以后,选人多而官阙少的矛盾更加突出。然而,武则天时期对于铨选制度的改革,比之高宗时期,明显由被动地限制入选人数向通过完善考试制度以选拔人才的方向转变。不过,在这个时期,虽然通过大开制科选拔出了一批才能之士,但对于如何才能通过正常的铨选途径,选拔出真正合格的官员,还是没有找到合理的办法和途径。面对日益突出的选人与官阙的矛盾,以及现实政治对人才的需要,如何建立和健全一套资历体系和选拔制度,已经成为迫切需要解决的问题。

玄宗时期铨选制度中还进一步面临着新的问题。随着科举出身官员在中央决策阶层中比重的提高,以及由于他们缺乏地方工作经验带来的决策偏斜,需要给他们一些地方工作的历练。同时,还需要解决地方州县官员的升迁前途,扭转重内官轻外官的风气,以便更好地加强对地方的控制。开元三年,做出了"凡官,不历州县者不拟台省"的规定。[①]强调地方和基层工作经验,是对于科举选拔官僚候补人员制度的重要补充,也是通过考试选拔官员的铨选制度趋于完善的一个重要标志,在中国古代选官制度史上具有划时代的意义。不过,要使这个原则真正得到贯彻,使地方官真正成为升任朝廷高位的重要历练,还要经过很长时间的发展,到宋代以后才基本落实下来。要在选官实践中真正落实这个原则性的认识,需要有政治体制的相应转换。安史之乱以后使职行政体制的完善和确立,以及方镇辟署文士入幕制度的建立,就为这个原则的落实提供了前提和具体途径。通过使职行政系统或方镇使府历练实际才干并获得社会声誉的文人士子们,有了升任朝廷官员的更多机会。既有文化素养又有实际行政能力的综合型官僚因此有可能出现。

选官制度面临的主要问题还表现在两个方面:一是如何限制参选的人数,解决选人与官阙的矛盾,保持铨选的正常秩序;二是如何选拔真正

---

① 《新唐书》卷四五《选举志》下;《册府元龟》卷六三五《铨选部·考课》一载开元三年六月诏。

合格和优秀的人才,解决论资排辈导致的贤愚混杂的矛盾,保证国家机器的正常运转。唐高宗时期的改革侧重第一方面,武则天时期的改革侧重第二方面,但都没有真正解决好。

玄宗开元十八年(730),侍中裴光庭在其父裴行俭设长名榜限制参选条件驳放不合格选人的基础上,制定了"循资格",确立了以资历作为获得参加铨选资格的客观依据。具体做法是,"凡官罢满,以若干选而集,各有差等,卑官多选,高官少选,贤愚一贯,必合乎格者乃得铨授。自下升上,限年蹑级,不得逾越"。① 这是以资历作为参选资格的制度化。

《循资格》严格规定了不同品级官员待选的具体年限。"凡一岁为一选,自一选至十二选,视官品高下以定其数,因其功过而增损之。"②从唐后期的一些事例看,一般州县官的待选年限当在四年以上。如元和八年十二月吏部奏,"比远州县官,请量减选。四选、五选、六选,请减一选;七选、八选,各请减两选;十选、十一选、十二选,各请减三选"。③

循资格并不完全以资历取人,它所限制的是参选的条件,而参加铨选之后是否能够录用授官以及授予什么级别和职位的官,则取决于其试身言书判的成绩。这样,毕竟使一般循规蹈矩之人能够获得平等的机会;同时又严格限制了每年参选的人数,避免了铨选过程中的混乱。大抵自后便保持每年参选的人数在一万人左右,④比之武则天时每年达五万人之众大为减少。

但是,《循资格》的实施也限制了优秀人才的进取,所以必须解决如何选拔真正的才学之士的问题,而不致出现"公干强白者拘以考前,疾废耄聩者得在选中"⑤的倒置是非的情况。

为了克服论资排辈带来的贤愚混杂,使真正优秀的人才能够被选拔出来,解决高级官僚的选拔任用和一般地主官僚的仕进道路问题,在开元十八年实行循资格以后,平判入等和科目选成为铨选择人的重要途径。⑥

---

① 《通典》卷一五《选举典》。
② 《新唐书》卷四五《选举志》下。
③ 《唐会要》卷七四《论选事》。
④ 《旧唐书》卷一一三《苗晋卿传》:开元末天宝初,"天下承平,每年赴选常万余人"。
⑤ 《全唐文》卷六五一元稹《中书省议举县令状》。
⑥ 参见吴宗国《唐代科举制度研究》第五章《科目选》。

平判入等是指在常选试判之后,另派一些文学之士加以考校,定为等第,其判入高等者予以升奖。考试是在正常的铨选过程中进行的,试判二道,"佳者登于科第,谓之入等。其甚拙者谓之蓝缕。各有升降"。①这是在正常铨选考试的基础上进行优等生的选拔。其作为一项考试选官制度,是在开元十八年设立循资格以后正式确立的。②

不过,平判入等只是在每年举行的正常铨选之中选拔优秀人才,参选者还必须遵循《循资格》规定的严格的选数和考数的限制。而科目选的设立便是突破了这种限制,特设一些科目,让那些还没有达到参选年限的选人应考,成绩优秀者予以任用。《通典·选举》三所谓:"选人有格限未至而能试文三篇,谓之宏词;试判三条,谓之拔萃,亦曰超绝。词美者得不拘限而授职。"所指即为科目选。科目选的一个重要特点,就是"不须定以选数,听集"或"不限选数听集",③也就是"格限未至"或《新唐书·选举志》所谓"选未满"者可以不拘"循资格"的限制而参选。

科目选中主要科目的设立时间,大抵与设立循资格相一致。博学宏词设于开元十九年,《唐语林》卷八谓:"开元十九年置宏词,始于郑昕。"④拔萃科的设立比较复杂。作为制科的拔萃科,始于武周大足元年(701);⑤大抵在开元初年以后,逐渐成为科目选的科目之一。⑥至少在开元二十四年以后,拔萃科作为科目选与制科的区别已经明确了。

科目选设立的目的,是在《循资格》规定"各以罢官若干选而集"的

---

① 《通典》卷一五《选举三·历代志》下。

② 《全唐文》卷三九〇独孤及《唐故朝议大夫高平郡别驾权公神道碑铭》:"初,选部旧制,每岁孟冬,以书判选多士。至开元十八年,乃择公廉无私、工于文者,考校甲乙丙丁科,以辩论其品。……凡所升奖,皆当时才彦。考之目,由此始也。"又,《唐语林》卷八:"开元二十四年,置平判入等,始于颜真卿。"《旧唐书》卷一一三《苗晋卿传》:"天宝二年春……(吏部)考选人判等凡六十四人,分甲乙丙科。"按,登吏部甲乙丙丁科,就是平判入等。

③ 《唐会要》七五《杂处置》载天宝十一载十二月诏。又,《唐会要》五四《省号》上中书省条载太和三年五月中书门下奏。

④ 《旧唐书》卷一四六《萧昕传》:"开元十九年首举博学宏词,授阳武县主簿。天宝初,复举宏词,授寿安尉,再迁左拾遗。"疑《唐语林》所谓"郑昕"即此"萧昕"之误。

⑤ 《唐语林》卷八:"大足元年置拔萃,始于崔翘。"《唐会要》七六《制科举》,"大足元年,理选使孟诜试拔萃科,崔翘、郑少微及第"。

⑥ 《旧唐书》卷九九《张九龄传》载:"当时吏部试拔萃选人及应举者,咸令九龄与右拾遗赵冬曦考其等第,前后数四,每称平允。"说明开元前期拔萃科既试选人,又试应举者,制举和科目选尚未严格区分开来。

同时,使真正有才学的士人可以不受选数的限制,提前应选以便得到升迁。应科目选中第以后,一般授予能够得到快速升迁的官职,如校书、正字和京畿簿尉等。唐代中后期的许多中高级官员都是进士及第然后以科目选起家的。①

综上所述,唐代选官制度的发展变化,从其对后世的历史影响来说,主要体现在考试选官原则的确立、才学标准的完善与贯彻、循资授官与奖拔人才之间矛盾的解决,及以地方基层工作经验为官员升迁必要资历这一原则的提出和初步落实。

唐代选官中的考试原则,不仅体现在科举制中,还体现在所有出身途径以及各种选官途径中。随着科举制的发展,其所代表的才学标准和考试原则,在获得参加选官资格的各种出身途径中得到贯彻施行。即使是可以通过门荫,即通过官学(主要是弘文、崇文二馆和太学、国子学)、三卫(担任皇帝、太子的侍卫官)、斋郎(从事祭祀时的见习服务)等途径获得出身的贵族官僚子弟,也同样需要经过考试,而且考试中才学的标准不断提升,等级特权的作用逐渐淡化。在选官方面,除了五品以上高官(即制授官)的选授,因其候选人早已经历过层层考试选拔一般不再考试外,五品以下官员的选授,不论是吏部、兵部主持的铨选(即奏授官),还是通过举荐而获得任命(即制敕授官),都要经过不同方式的考试。总之,一切通过考试,考试合格方能做官,这就是唐代选官制度的基本原则。

如何做到既限制趋竞钻营又不妨碍杰出人才的升进,既保证选官公正,同时又真正使优秀人才得到破格提拔,这是选官制度中的一个千古难题。从中国古代的历史实践看,选拔官员的标准和具体途径不外以下几种:或根据社会舆论品评其德行,或根据父祖官荫确定其门第,或通过考试以核定其才学。此外,对在职官员还进行考课,从业绩中考核其德行才能,并借以积累其年劳资历。其中,也许只有才学是真正合理的标准,但掌握起来非常困难,衡量才学的标准本身就很难做到真正客观。

① 如《旧唐书》卷一三九《陆贽传》:"年十八登进士第,以博学宏词登科,授华州郑县尉。"其他如韩愈、刘禹锡、柳宗元、裴度、裴垍、李绛等,都曾"登博学宏词科",然后显达,见《旧唐书》诸人传。

相比之下,资历是可操作且易于掌握的客观标准,并具有相对的公正性。对于一般只要求照章办事的政府官员来说,循资授任,亦自有其合理之处。所以,王夫之在评价北魏崔亮所实行的"停年格"时认为,"停年格"取人,可使"竞躁者不先,濡滞者不后","未为大失也"。他说:"将以貌言书判而高下之乎?貌言书判,末矣;将以毁誉而进退之乎?毁誉又不可任者也。"既然其他选官标准都存在各自的缺陷,而停年格以资历取人又自有其长处,则"铨选之公,能守此足矣"。① 但问题是,如果完全按照资历取人,势必阻碍优秀人才的升进,也不能满足高级职位和各领导部门对具有较强决策能力和杰出领导才能的人才的需求。在经过较长时间的摸索之后,唐代一方面按循资格取人,以资历对待平常之士,另一方面又通过制举,开元以后还设立平判入等和科目选,以破格选拔杰出人才。选官制度中的千古难题,因此得到了某种程度的解决。

"凡官,不历州县不拟台省"的规定,则是针对中国古代选官制度中一个具有划时代意义的转折性问题而提出的。在南北朝以前,由国家形态和政治体制所决定,中央和地方行政关系的运作,主要采取地方汇报、中央年终审查的机制。加之地方长官自辟僚属,豪强大族在很大程度上垄断地方政务等因素,中央实际处理的地方事务不是很多。而士族子弟凭借门第和阀阅,往往能够平流进取,坐至公卿。在这种情况下,无论从中央官处理全国政务的要求来说,还是从地方官希望升迁的要求来说,内重外轻的问题并不明显,对中央官的地方工作经验要求尚未突出显现。然而,随着隋朝新的中央集权体制建立,首先带来的变化是中央直接面对的地方机构增加,以及官吏选拔和考核权的集中,中央要处理的地方政务因此大量增加。与此同时,随着门阀士族的衰落和大一统的重建,地方官的实权、地位有所衰落,高官要官都集中在朝廷,中央成为具有绝对优势的权力中心,内重外轻的格局因此形成。至唐朝高宗武则天以后,地方上新问题和新事务不断出现,更促成使职差遣的普遍化,中央和地方行政关系也因此发生深刻的变化。大量地方政务要申报到中央来处理,这就迫切要求中央官具备处理实际政务尤其是来自地方的政务

---

① 《读通鉴论》卷一七"梁武帝"之一五。

的能力。可是,这一时期中央各部门的主要官员,越来越多地从由科举出身并一直在中央做官的文士中选拔,他们往往文化修养与政治敏感性有余,而政治判断力和实际的行政工作能力不足。唐代自武则天以后直至玄宗时期,政治生活中文学与吏治(吏干)之争的不断出现,①其背景主要是在国家形态转型过程中,对中央高级官员的素质构成提出了新的要求。对于包括宰相在内的中央决策官员来说,是"坐而论道"还是"参掌庶务",已经成为一个不可回避的,但在当时又还是有争议的问题。至此,内重外轻以及由此带来的地方官升迁问题,中央官缺乏地方工作经验而造成的决策偏斜问题,都被提出来了。开元三年把"凡官,不历州县不拟台省"作为选官的一个重要原则确立下来,无疑具有强烈的现实针对性。

但是,原则的提出并不意味着其在选官实践中很快就能落实。安史之乱以后不断出现的关于进士"浮薄"的批评,②正是在上述背景下,主要针对那些由科举入仕尤其是进士科出身的官员身上呈现出的素质缺失现象。要落实这个原则,还需要以下几个前提:一是在思想上要对国家形态的转变有进一步认识,承认皇帝已经走向处理国家政务的前台,宰相不再是"坐而论道"的咨询者而是"参掌庶务"的政务官;二是在政治体制上要有相应的保障和落实的途径;三是科举出身的文士必须改变自身形象、提高社会声誉、完善自身素质。这些方面的变化,在唐朝中后期的历史运动中都逐渐呈现出来。

安史之乱以后,使职行政体制确立,各个行政系统中的使职,都具有从中央直贯地方的特点,许多使职还在地方设立派出机构或分支机构。"不历州县不拟台省"原则中的"州县"概念,因此得以扩展。在使职行政系统任职,既可以参与地方实际政务的处理,又能够比较便利地被提拔到中央做官,这就为中央官和地方官的流动,为科举出身的官员积累

---

① 参见汪篯:《唐玄宗时期吏治与文学之争》,《汪篯隋唐史论稿》,第196—208页。

② 如《旧唐书》卷一一九《杨绾传》载杨绾上疏条奏贡举之弊曰:"贡士不称行实,胄子何尝讲习,独礼部每岁擢甲乙之第,谓弘奖擢,不其谬欤? 祗足长浮薄之风,启侥幸之路矣。"《旧唐书》卷一六《穆宗纪》载长庆元年四月丁丑诏:"国家设文学之科,本求才实,苟容侥幸,则异至公。访闻近日浮薄之徒,扇为朋党,谓之关节,干扰主司,每岁策名,无不先定。"

地方基层工作经验,提供了制度性的前提。另一方面,方镇使府召辟文人入幕的普遍化,也在这一过程中发挥作用。第一,方镇为文士和科举出身的中下级官僚提供政治实践的机会,在实际的政治军事生活中培养行政才干;第二,方镇辟署文士皆以宾礼相待,有利于提高士人在社会上的声誉地位。此外,一些地方节度使和观察使在中央和方镇之间频繁转换职务,也使大量供职于方镇的文士获得升迁为中央官的机会。上述变化,为"不历州县不拟台省"这一选官原则的最终确立与实现,提供了基本途径。也正是在士人文化政治素养不断提高,文化知识和行政才能都受到尊重的基础上,宋代的综合型官僚和士大夫政治才可能出现。①

---

① 参见吴宗国:《石云涛著〈唐代幕府制度研究〉序》,中国社会科学出版社,2003 年。

"祖宗之法"与官僚政治制度

——宋

邓小南

公元 960 年,后周禁军统帅赵匡胤于开封附近的陈桥驿发动兵变,"黄袍加身",取代后周,建立了宋朝。1127 年,北宋王朝被崛起于中国北方的金政权所灭;同年内成立的南宋政权,1279 年灭于元军。两宋的统治,长达 320 年之久。

宋代经济文化的发展,达到了前所未有的高度。官僚政治合理化严密化趋势突出,各项制度从不同角度反映出理性而务实的精神。

一 宋代的"祖宗之法"及其深刻影响—— 宋代官僚政治与制度述略

有学者认为:"中国历史上的朝代,每个不同,而尤以赵宋为显著。"[①]宋代不因袭前朝作风的趋向之所以比较突出,或许是因为北宋王朝从它的前代那里接收过来的,与其说是一套成规定法,不如说是一种面对现实的"务实"精神。

人们不难注意到,正是在晚唐五代那种纷纷扰扰、天下大乱的局面当中,潜移默化地孕育出一些带有崭新性质的"治"的因素。

---

① 黄仁宇:《赫逊河畔谈中国历史》,生活·读书·新知三联书店,1995 年,第 147 页。

晚唐时期的强藩重镇，"既有其土地，又有其人民，又有其甲兵，又有其财赋"，[①]凭借实力为后盾，在激烈竞争中招贤纳士，生机勃勃。对于中央集权造成严重威胁的藩镇，内部发展起日益健全的集权操作体制。

藩镇割据局面本身，随着强藩重镇对于中央事务的直接干预而发生了深刻的变化。昭宗后期，宣武节度朱温的势力被引入晚唐朝廷，具备了直接左右中央局势的实力；自后梁代唐始，五代前后相继，原属强藩的军队转而成为中央禁军，中央政权倚恃所统辖之军事力量，强行削弱诸藩，使得中央与地方的关系发生了根本性的转变。

唐代后期，各藩镇对于土地、人民、赋税等行政、财政事务的把持，使其中掌管相应事务的文吏乃至士人数量日增，地位日渐重要，日益完备的行政机构也逐渐形成。地方势力不断扩充权力的过程，事实上也为士人的发展提供了机会，其中出类拔萃者，则直接介入了藩镇的机要乃至决策过程。

朱温率军入主中央之后，给予宦官势力致命的打击，既而毁灭了唐末曾经主持朝政的朝士"清流"。长期困扰唐代后期政治生活的藩镇割据、宦官专权以及士大夫中的朋党之争等严重问题，被朱温等人以残酷野蛮的手段干脆地解决了。此后，以往长期由宦官把持的枢密使一职，改由新起于强藩重镇、具有实际军政斗争经验的武官或文吏担任。

1. 事为之防，曲为之制

（1）宋代"祖宗之法"的主要内容

对于北宋的开国君主而言，五代时期内部屡生变乱、政权频繁更迭的教训，是其须臾难以忘怀的。宋太祖赵匡胤与太宗赵炅（匡义）等人，事实上也是五代时期成长起来的职业军阀，他们并非凭借"真龙天子"的高贵血统，而是倚恃自己把握的军事实力、利用"义社兄弟"结合而成的军事集团发动兵变进而登极的。与前代的一些最高统治者不尽相同的是，他们更为审慎地汲取了历史的经验，制止动乱的思路比较清晰，终于成功地维持并且发展了稳定的局面。

---

① 《新唐书》卷五○《兵志》。

开宝九年（976）十月二十日，宋太祖赵匡胤突然去世。太宗在其即位诏书中郑重宣告：

> 先皇帝创业垂二十年，事为之防，曲为之制，纪律已定，物有其常。谨当遵承，不敢逾越。①

这几句话，是宋太宗及其辅佐臣僚对于宋太祖在建立诸般规章制度时所执持的原则，做了一番概括综合与提炼之后，精心表述出来的。他们把太祖开国致治十七年间所一以贯之的核心精神，浓缩为"事为之防，曲为之制"八个字。而这一后世统治者"谨当遵承，不敢逾越"的法度，法度所体现的预设防范、周密制约精神，就是宋人常说的"祖宗之法"（或曰"祖宗家法"）。它不仅是对太祖一代统治立法原则的总结，也不仅是宋太宗恪谨奉行并加以扩充的安邦之术，而且是两宋三百年间历代帝王尊崇不辍的治国原则。

宋仁宗时，辅臣丁度曾经把"祖宗家法"的精神提炼为"忧勤"二字。元祐年间，宰相吕大防"推广祖宗家法以进"，对哲宗说："自三代以后，唯本朝百二十年中外无事，盖由祖宗所立家法最善。"他将"祖宗家法"概括为事亲之法、事长之法、治内之法、待外戚之法、尚俭之法、勤身之法、尚礼之法、宽仁之法八项，并且强调了虚己纳谏、不尚奢华；然后说："此皆祖宗家法所以致太平者。陛下不须远法前代，但尽行家法，足以为天下。"②从这些话的内容来看，宋人心目中的"祖宗之法"，实际上是处理内外关系时应该慎行谨守的主要法则。

南宋赵汝愚编纂的《国朝诸臣奏议》一书之《君道门》中，专辟有《法祖宗》门类，其中收录了北宋中期以来诸多臣僚要求"谨守祖宗之成法"的章奏。

追念祖宗之世、推崇祖宗之法，是有宋一代突出的历史现象。"祖宗之法"既是前世帝王所确立之诸多规矩的总括，又是其中体现的调整内外关系准则之通称；它渗透于社会政治生活的方方面面，而其具体内容，即使在宋代，也是言人人殊。从宋代的政治实践来看，所谓"祖宗之法"

---

① 《续资治通鉴长编》卷一七，开宝九年十一月乙卯条。
② 《宋史》卷三四〇《吕大防传》。

的实质,并非静止确定的固有法规,而是多年以来动态累积的一整套原则。不同时期,在不同群体的心目中,显然有着不同的祖宗之法;它依照人们的不同理解,而凸显出不同的侧重面。基于这一认识,我们或许可以了解,在宋代,为什么不仅是主张恪守传统的人物高扬"祖宗之法"的旗帜,即便是主张变革的士大夫们,也往往以"斟酌祖宗垂宪"为念。①

（2）以"防弊"为本的立国之制

北宋初年,宋太祖、太宗设范立制的立足点,在于防止前车之鉴的复现。淳化年间,宋太宗曾经对周围的臣僚们说:

> 国家若无内患,必有外忧,若无外忧,必有内患。外忧不过边事,皆可预为之防;惟奸邪无状,若为内患,深为可惧。帝王当合用心于此。②

这一番话,代表着宋代统治阶层对于防范忧患问题的共识,也透露出他们内政施设的核心,在于"防弊"。太宗所谓"内患",首先是指有可能发生在臣僚中的"奸邪无状"。而在宋政权初建时期,能够对于帝王造成直接威胁的,主要是掌握禁军指挥权的高级军官。被史家浓墨重彩渲染的"杯酒释兵权"等一系列事件的发生,正反映出宋初统治者对于禁军将领们的警惕。③

太祖、太宗时期对于武职官员的控抑,在有宋一代被奉为既定圭臬。人们往往据此认为宋代恪行"重文轻武"的政策。事实上,宋代的创业君主本系军人出身,况且"国倚兵而立",他们对于军事力量的重要性有着深切的体会。对于"武"之作用的充分认识,使其不敢掉以轻心,因而在注重文治的同时,着意加强对于军职的控抑。④

北宋初年,宋太祖及其决策集团对于自身实力及面临的局势、潜在

---

① 《徂徕石先生文集》卷一八《三朝圣政录序》;《范文正公政府奏议》卷上《答手诏条陈十事》。

② 《杨文公谈苑》。

③ 参见徐规、方建新:《"杯酒释兵权"说献疑》,《文史》14 辑,1982 年;柳立言:《"杯酒释兵权"新说质疑》,《宋史研究集》22 辑;徐规:《再论"杯酒释兵权"》,《第二届宋史学术研讨会论文集》,1996 年;王育济:《论"杯酒释兵权"》,《中国史研究》,1996 年 3 期。

④ 参见邓广铭:《〈北宋文化史述论〉序引》,中国社会科学出版社,1992 年。

的对手有较为清醒的认识,他们以比较理智的态度,采取相对宽缓平和的方式,层层推进,步步为营,化解了许多棘手矛盾;同时,也为国家日后在各个方面的发展提供了相对稳定宽松的社会环境。

南宋中期朱熹与其学生的一席谈话,或许可以给予我们某些启发。据《朱子语类》卷一二七《本朝一·太祖朝》记载:

> 或言:"太祖受命,尽除五代弊法,用能易乱为治。"曰:"不然。只是去其甚者,其他法令条目多仍其旧。大凡做事底人,多是先其大纲,其他节目可因则因,此方是英雄手段。……"

宋初目标集中、"先其大纲"的诸般政治措施,充分体现出统治者讲求实效的务实原则。当时,决策层的构成者大多是饶有应付事变的实践经验而理念色彩并不十分浓厚者,在前代加强中央集权努力的基础之上,他们对其权宜做法和尝试进行了诸多整理,有的予以摒弃,有的加以调整,有的则被制度化、固定下来。这样的一套制度,应该说并非绘制蓝图之后的全盘重塑,而是适应新的形势,在中晚唐以来诸项制度基础上逐步变通、有因有革的结果。

北宋前期身居决策层的一些贤相良弼如吕端、李沆、王旦等人,厚重恪谨、慎于改更,是所谓"祖宗法度"的参与制定者和忠实维护者;或许可以说,他们就是赵宋"祖宗之法"的有机组成部分,是其人格化体现,所谓"祖宗之法"在相当程度上是通过他们的言行反映出来,并且得以贯彻的。

宋代的"祖宗之法",是时代的产物,是当时的社会文化传统与政治、制度交汇作用的结晶。作为"祖宗之法"的核心内容,所谓"防弊之政",出发点着眼于防范弊端,主要目标在于保证政治格局与社会秩序的稳定。从其客观效果来看,在当时条件下,有利于社会的协调发展。其具体措置以"务实"为特色,不拘一格,体现出不少合理的思路,事实上渗透着创新的精神。

宋代的列祖列宗们,"于古制虽不能守,然守得家法却极谨"。[①] "事为之防,曲为之制"的原则,强调保持对于意外事变的戒惕心态,以制度

---

① 《朱子语类》卷一二八《祖宗朝·法制》二。

的调适换取政治的稳定。这一"祖宗之法"精髓的认定,在防范纤悉、有效保证了政局相对平稳的同时,对于两宋官僚政治的发展,也产生着深刻的负面影响。在士大夫中受到广泛应和的"利不百,不变法"的主张,普遍存在的对于"变更祖宗法度"的疑虑与抵制;北宋中后期以来长期困扰政治生活的党争问题,赵宋建国以来始终被密切关注的文武制衡关系乃至南宋在强敌当前之际的收武将兵权问题,如此等等,无不与宋代的立国之策有着直接的关联。

有宋一代,很少有人对于"祖宗之法"发起直接的批判或冲击。北宋仁宗时,社会矛盾日益突出,引起士大夫们的强烈关注。欧阳修曾经上言批评时政说:"国家自数十年来,士君子务以恭谨静重为贤,及其弊也,循默苟且颓堕宽弛,习成风俗,不以为非,至于百职不修,纪纲废坏。"①范仲淹等青年官僚主持推行的"庆历新政",将北宋中期严重社会问题的根源归结为"纲纪制度日削月侵",他们提出的变革指导思想是"约前代帝王之道,求今朝祖宗之烈","庶几法制有立,纲纪再振";②以端本澄源、兴复被破坏的纲纪制度为目标。"新政"揭举着再振祖宗法度之旗帜,却由于改更磨勘等具体法规而导致非议,最终因难解"朋党"之诬而归于夭折。

神宗熙宁年间由王安石主持推行的新法,更由于贯彻其间的"天变不足畏,祖宗不足法,人言不足恤"的精神而遭到强大的阻力与严厉的批评。新法全面迅速地大规模推行,在当时掀起了一股强劲的政治冲击波。朝野辩争的重点,在于是否应该谨守祖宗之成法。而论辩中"祖宗之法"的含义,多局限于诸般具体施设、成规定制。在这一层面上,王安石的认识,显然高于同侪。事实上,王安石在力图突破"防弊之政"束缚的同时,对于"事为之防"的精神,有着一定程度上的认同,他曾经强调统治者须有"至诚恻怛、欲治念乱之心",必须审择利害、早辨是非、谨防小失。③但他所追求的,不是以"无为"来维持统治的稳定,而是通过"大有为"来达到富国强兵的目的。他倡行变法的指导思想,即要根据"所遭

---

① 《国朝诸臣奏议》卷一四,欧阳修《上仁宗论包拯不当代宋祁为三司使》。
② 《范文正公政府奏议》卷上《答手诏条陈十事》。
③ 《王文公文集》卷三一《论舍人院条制》。

之变"及"所遇之势"进行改易更革;针对"谨奉祖宗成宪"的言论,王安石径行直前:"若事事因循弊法,不敢一有所改,谓之'谨奉成宪',恐非是。"①

宋代统治者设置法度以防范弊端,"防弊"之针对性相当具体,不幸却缺乏远见卓识。在这一政治体制长期运转过程中培养出来的习熟政务、舒展有致的官僚受到器重,而真正以天下为大任、具有气魄的政治改革家则往往受到猜疑。

宋政权南渡后,被靖康亡国之耻警醒的一些士人,开始从不同方面总结祖宗成法的教训。朱熹即曾批评说:

> 本朝鉴五代藩镇之弊,遂尽夺藩镇之权,兵也收了,财也收了,赏罚刑政一切收了,州郡遂日就困弱。靖康之祸,虏骑所过,莫不溃散。

> 袭一时权宜苟且之制,为子孙不可易之常典,岂不过哉!②

叶适亦曾指出:"矫失以为得,则必丧其得。"他并且进一步痛陈其害:

> 本朝之所以立国定制、维持人心,期于永存而不可动者,皆以惩创五季而矫唐末之失策为言,细者愈细,密者愈密,摇手举足,皆有法禁;而又文之以儒术,辅之以正论,人心日柔,士气日惰,人才日弱,举为懦弛之行以相与奉繁密之法。

他感到尤其不可理解的是,靖康之后,情势大变;而绍兴以来,朝廷之法制、士大夫之议论,提防扃钥的重点,不在发愤图强抵御外侮,却仍然在于矫惩唐末五代之失。③

赵宋王朝在其长达三个世纪的历史中,始终承受着活跃在北方及西北地区的契丹、党项、女真乃至蒙古等少数民族的沉重压力。宋廷为解决边患与流民问题而大规模募兵扩军,以作为安定社会的手段,给宋代

---

① 《王文公文集》卷一《上皇帝万言书》;参见邓广铭:《北宋政治改革家王安石》,人民出版社,1997年。
② 《朱子语类》卷一二八《祖宗朝·法制》二。
③ 《水心别集》卷一二《法度总论》二;对于绍兴以来"防弊"问题的认识,可参见邓小南《关于"泥马渡康王"》,《北京大学学报》1995年6期。

财政带来了极其沉重的负担；与此同时，宋廷又致力于分割、制御军队的统率权，平日兵将分离，战时将从中御，军事上始终陷于被动而难以有所作为。国势不振、只完成局部统一的现实状况，与儒士们对于《春秋》"大一统"的重视、对于"内圣外王"理想的不懈追求形成了强烈的对比。

2. 与士大夫治天下

有学者指出，在中国传统社会中，儒家文化虽然一直占主导地位，但儒学的传承者知识分子作为一个群体在政事活动中起决定性的作用，是到了 11 世纪前后的北宋时代才出现的。[①] 这一局面的形成，是多种因素作用的结果。

赵宋建国之初，尽管太祖赵匡胤意识到"宰相须用读书人"，但他在尊重"读书人"的同时，出于对自身实力的倚恃，同时也出于对"文士"整体上的陌生感，并不完全依靠他们调控国家政务。开宝年间，吴越王钱俶遣使贿赂宋相赵普，太祖得知后说："受之无妨，彼谓国家事皆由汝书生尔！"[②]这既体现着创业者控御政局的自信与坦然，也道出了朝廷决策权力的实际归属。当时的太祖，在潜意识中似乎仍把政府的行政首脑视同于私人的幕僚谋士。

淳化五年（994）五月，当宋太宗对近臣们谈及自己"于政事靡敢怠惰"时，宰相吕蒙正答道：

> 中书、枢密院，自来难处之地。唐末帝王专委臣下，致多阙失，兼家族罕有保全。今陛下躬决万几，臣下止于奉行圣旨。臣尝与同列等言，实知荣幸。

于是"再拜三呼万岁"。[③] 吕蒙正等人的这番话，不应被简单地理解为谀词。当时这一辈文臣，承唐末五代余风，以"止于奉行圣旨"为"荣幸"，这种状况，随着北宋统治的稳定与制度规程的整顿建设，随着士大夫阶层的成长，发生了深刻的转变。

---

① 参见陈植锷：《北宋文化史述论》第一章，中国社会科学出版社，1992 年。
② 《宋史》卷二五六《赵普传》。
③ 《续资治通鉴长编》卷三六，淳化五年五月戊寅条。

（1）综合型官僚群体的形成

宋代社会开放程度较高,随着社会经济、文化的繁荣发展,各阶层的流动机遇明显地较前代增多。"贫富无定势"的社会现实,促使人们的价值观念发生着深刻的变化。与此相应,在学术领域内,士人们追求"自得""独见",思想活跃而又比较自由。

宋代专制主义的中央集权制度,大体上是在"专务以矫失为得"的原则基础上建立起来的。政权之主要注意力集中于如何防范文武重臣的篡夺之祸;如何防止人事、财政、军政等大权旁落;如何禁制百官间凭借种种因缘相互朋比,以致构成专制政权的分割力量;如何消除地方上已在或潜在的割据势力;等等。而对于民间文化发展、经济事业、社会生活等方面,则因仍自然趋势而未予过多干预。较为宽松的政治环境,为士大夫群体力量的形成提供了适宜的外部条件。这一群体的认识及其行为,通常倾向于维护中央集权;而其力量的崛起,客观上又构成了对于过度专制的遏制因素。

特定的时代氛围,无疑鼓励了士大夫们参政议政的积极性。"宋人好议论"的特性亦由此生发。台谏官员身居言路,风采灼然,得以风闻言事,纵有薄责,旋即超升;士大夫们"每感激论天下事,奋不顾身","以天下自任,议论褒贬,无所顾避",[①]在一定程度上左右着时局与世风的趋向。

这种局面的出现,一方面由于统治者出自戒惕专擅、巩固集权的需要,政策上鼓励敞开言路,"自建隆以来,未尝罪一言者";[②]另一方面也是由于儒家文化传统的熏陶与"济世"精神的复振,使得士大夫中的批判意识、参与意识空前高涨,孕育为渗透于政治、思想、文化等各个层面的时代精神。北宋中期,以范仲淹为代表的一批士大夫,群体凝聚意识愈益自觉,他们鉴前代士人之失,"矫厉尚风节",将士大夫的个人修养与天下国家之兴亡联系起来,强化了社会所需要的理性价值体系。[③]

在晚唐五代激剧的社会变革过程中,士人中"清流""浊流"、"文学"

① 《宋史》卷三一四《范仲淹传》;《二程集》附《伊川先生年谱》。
② 《苏轼文集》卷二五《上神宗皇帝书》。
③ 参见陈植锷:《北宋文化史述论》第一章,中国社会科学出版社,1992年。

"吏治"、"文章""经术"之类传统分野受到了强烈冲击。动乱年代中,举重若轻、饶于吏干的官僚大行其道。北宋时期,教育日益普及,时人普遍意识到,"夫圣人之术,修其身,治天下国家,在于安危治乱,不在章句名数焉而已";"士之所宜学者,天下国家之用也"。① 科举入仕者逐渐增多,对于文官队伍知识结构、能力素质之改变产生了深远的影响。新儒学思潮的振兴,在当时形成为一场强劲的思想解放运动,知识分子"治学"与"从政"的沟通蔚为风气。随之成长起来范仲淹、欧阳修、王安石、苏轼等一批兼擅文章、经术与吏干的综合型官僚。

王安石在其《取材》一文中,曾经论及宋朝人才的构成及养育趋向。他说:"以今准古,今之进士,古之文吏也;今之经学,古之儒生也。"他认为,文史不仅尚文辞,还要通古今、习礼法,晓达天文人事、政教更张,以详乎政体;儒生不仅训句读,也要明悉制度与时政沿袭,以缘饰治道。②各有所长而相互兼通,并且施诸职事,这正反映出在宋代士人群体兼长经术、政事与文学的综合性取向。这批人以天下为己任,不再如他们的前辈那般甘于"奉行圣旨"。

这种"转变"的主要表征,是"共治天下""共定国是"原则的出现。

熙宁四年(1071)三月,神宗与二府议用兵、交子、保甲等事。讨论中,文彦博提出:"祖宗法制具在,不须更张以失人心。"神宗质问道:"更张法制,于士大夫诚多不悦,然于百姓何所不便?"文彦博直截了当地回答说:"为与士大夫治天下,非与百姓治天下也。"文彦博反对"更张"的意见,当即引起了神宗与王安石的诘责;将"士大夫"与"百姓"对立起来的观点,在二百年后也遭到了马端临的批评。但这些批评者都没有反驳"与士大夫治天下"之提法,③可见在当时,这一说法基本上反映着当政者与士人们的共识。

当然,所谓"共治天下",并非"共天下"。它所强调的,不是对于天下利益及国家权力的分享,而是君臣"共定国是"。这一原则的形成,其

---

① 《王文公文集》卷八《答姚辟书》,卷一《上皇帝万言书》。
② 《王文公文集》卷三二。
③ 《续资治通鉴长编》卷二二一,熙宁四年三月戊子条;《文献通考》卷十二《职役考》一。参见张邦炜《宋代皇亲与政治・馀论》,四川人民出版社,1993年。

背后之牵动力量，一是赵宋统治者所倚重的文官队伍，其成分逐渐发生了结构性变化，其价值追求、其崇奉的理念，也较前此有了明显的不同，在"尊王"的同时，他们一方面努力"致君于尧舜"，一方面奋励"以天下自任"；二是赵宋帝王感受到维持"长治久安"的沉重压力，伴随着各项制度的逐渐定型，帝王与士大夫群体"共治天下"的方式有了明显的改变。

"共定国是"原则的形成，体现为一个渐进的过程。真宗时期，这种趋向已经显露端倪。不仅英迈锋锐的寇准在关键时刻能够挺身而出，"左右天子，如山不动，天下谓之大忠"；①即便是"居位慎密而动遵条制"，以"镇静"著称的宰相李沆、王旦等人，亦能"识大体"，②敢于决断。

仁宗朝是宋代士大夫政治发展史上的关键时期。一方面，士大夫"以天下为己任"不仅是理念的号召，也成为践履的信条；另一方面，皇帝明确地接受了"共定国是"的方式，并且已经将"共治"与帝国政治制度的运转规程联系起来。在《中兴论·论执要之道》③中，陈亮记载了这样一件事：

> 臣闻之故老言，仁宗朝，有劝仁宗以收揽权柄，凡事皆从中出，勿令人臣弄威福。仁宗言："卿言固善。然措置天下事，正不欲专从朕出。若自朕出，皆是则可，有一不然，难以遽改。不若付之公议，令宰相行之。行之而天下不以为便，则台谏公言其失，改之则易。"

仁宗对于"自揽权柄"与外朝"公议"乃至"天下"之间可能存在的矛盾之清醒认识，反映出宋代帝王对于"共治"的肯定，以及对于"共治"方式的理性思考。这在历经百余年政局动荡之后的南宋士大夫中引起了积极的反响。陈亮称之为"祖宗上下相维之法"；而作《宋大事记讲义》的吕中更称"此言真为万世法"。④

在谈到神宗熙宁变法时期的政治时，有学者指出，这一期间"是士大夫作为政治主体在权力世界正式发挥功能的时期"。这时出现了君臣双

---

① 《范文正公集》卷五《杨文公写真赞》，参见《宋史全文续资治通鉴》卷五。
② 《宋史》卷二八二《李沆传》《王旦传》。
③ 《陈亮集（增订本）》卷二，中华书局，1987年。
④ 《宋大事记讲义》卷二二《徽宗皇帝·小人创御笔之令》。

方所共同承认的一个原则，即皇帝必须与士大夫"共定国是"。"这是北宋政治史上一项具有突破性的大原则。"[①]

为维护这一原则，无论王安石、司马光还是二程兄弟等人，都坚持"以道进退"，以去就力争。朱熹曾经说："'臣之视君如寇雠'，孟子说得来怪差，却是那时说得。……而今却是只有进退，无有去之之理，只得退去。"[②]这一方面反映出专制政体下君权以及"忠君"思想的强化；一方面却也使我们看到，在当时"共治天下"的整体格局之下，士大夫的"进退"，正是为了坚持心中的理念。而他们心目中的"忠臣"，就其实质而言，是"从义而不从君"[③]的。

如研究者所指出，宋代专制君权与忠君观念皆处在逐渐强化的过程之中，而与此同时，限制君权的制衡程序同样在增强，这两种趋势构成为一种"张力"；[④]同时也需要看到，"共治天下""共定国是"的理念在当时所起的作用，主要地表现为对君主专制政体的权力目标所做的理性思维及反省。出现于这一背景之下的"张力"，无疑正是由士大夫与君主双方各自的努力所共同塑就。

（2）关于"任人"与"任法"

两宋时期，在士大夫们积极参与设计更革之下，设官分职体制中的理性化精神，相当充分地显现出来。中央官僚机构的设置，主民政的中书门下、主军政的枢密院、主财政的三司，形成为三权鼎立、相互维系的态势；官、职、差遣的分离，确立了职级与事类的分立体系，事实上保证了事权的明确与集中。

在官僚政治事务的运作方面，以追求公平竞争为特点的考试录用方式，以"依资序迁"为准绳的官僚选任原则；人事管理、财务审计、刑狱鞫谳、考察磨勘等诸多事务中对于文书档案以及多头复核的重视；一系列

① 余英时：《谈宋代政治文化的三个阶段》，《万象》第二卷九期，辽宁教育出版社，2000年9月，第5页。

② 《朱子语类》卷一三《力行》。

③ 范祖禹：《唐鉴》卷五，贞观十六年。

④ 参见姚大力：《论蒙元王朝的皇权》，载《学术集林》卷十五，上海远东出版社，1999年，第282—341页；张帆：《论蒙元王朝的家天下政治特征》，载《北大史学》第八期，北京大学出版社，2001年。

技术性实施手段的完善,各环节产生人为弊端的可能之减少;从中央到地方信息搜集渠道的增多、内外信息交流的频繁,以及一定程度上的信息公开;士大夫们对于行政运作程序及其内容的密切关注……凡此种种,无不反映出官僚政治较高的理性化程度。

以科举制度的实施为例,一定意义上,科举是传播儒家正统观念最为有利的工具,其"尊贤使能,俊杰在位"的目标,体现着儒家的传统政治理想。隋唐以来,施行科举制的重要结果之一,是造就了一种新的社会结构。科举考试为少数平民通过官方正常程序改变地位提供了机会,其积极意义在于试图建立公平有效选拔人才的社会机制。

在宋代,种种内外部因素使得读书应考者大增,而录取的绝对人数则相对稳定,因此实际录取比率大为下降。因此,当时的士人家族所感受到的,既有发展的机会,又有向下流动的强烈压力。在士人社会的界限周围形成了相当宽的"边缘地带",这一边缘带的实际存在及其成员的出入流动,使得获取成就比以往任何时候都更加重要。如若一个家庭不能够在政治上、经济上或是教育科举方面有超越他人的表现,就会有沉沦于边缘的现实危险。这种经常性的压力,无疑给当时社会的发展注入了活力,它一方面激励士人奋力向上,同时促使社会角色的选择趋于多样化,另一方面也使得士人们更加自觉地关心自身的命运。[①]

科举制度发展到宋代,产生了其历史上重要而突出的变化。罢公荐、废公卷之后,以"糊名誊录"等技术手段为代表的取士方式,在很大程度上体现着理性行政的精神,体现着官僚制度操作过程中对于严密化、规范化、易于把握并具备可靠的制度程式的要求。着眼于防范弊端、保护"公平竞争"的考虑,势必导致法规至上的作法;为此而设计的考试程序及规则,"一切以程文为去留"、只见试卷不见人的选才方式,从根本上模糊了儒家重视个人品德及才行的理想标准,并且最终发展为束缚人才的桎梏。[②] 这使人们注意到终极目标与应用手段之间的深刻矛盾。而对

---

① 参见李弘祺:《宋代官学教育与科举》,台北:联经出版事业公司,1994 年,刘耕荒译;贾志扬(John Chaffee)《宋代科举》,台北:东大图书公司,1995 年。

② 参见阎步克:《察举制度变迁史稿》,辽宁大学出版社,1991 年;吴宗国:《唐代科举制度研究》,辽宁大学出版社,1992 年;李弘祺《宋代官学教育与科举》;贾志扬《宋代科举》。

于"公正"问题的突出关心,事实上反映着广大应试士人维护自身权益的强烈要求,从一个侧面体现出所谓"平民社会"的特点。

在宋代,"任人"与"任法"的关系问题,始终是争论的热点之一。尽管士大夫们普遍认识到"制而用之存乎法,推而行之存乎人",①但在现实政治生活中却经常难于恰当处理二者关系。陈亮曾经说,"汉,任人者也;唐,人法并行也;本朝,任法者也"。"举天下一听于法,而贤智不足以展布四体,奸宄亦不得以自肆其所欲为。"②

宋代立法活动频繁,法典种类众多,除《刑统》《编敕》之外,还有《令式》《格式》《断例》《条贯》以及《条法事类》,等等,条目细密繁复。宋代在刑事司法活动中贯彻明确的鞫谳分司原则,狱讼审讯与检法断刑分别处理,以期二者制衡,减少冤滥。从地方到中央,既有常规专职的不同层次审判与覆核机构,又有临时设立的审断组织;一方面是司法监察体系趋于完密,另一方面又是中央行政机构对于司法的干预增多。③ 这种特点,显然与其政治上恪求防弊的根本精神直接相关。

在各类行政法度的制定与执行过程中,面对矛盾丛集的社会现实,老于世故的各级执法官僚,更强调法规准绳在裁定是非方面的重要作用;而凭借"道德、文章"入仕,地位相对清高者,则倾向于着眼大局,增加制度弹性空间,赋予执法人员以较多的自主权力。这两派议论,并非严格地以固定人群为其载体,而更多地因时机事任而转移。主张"任法"的一派,以"公平"为追求目标,希图借助制度的严密来排除人为因素的干扰;主张"任人"的一方,注重执法过程中人的创见与能动因素,强调积极提高执法者素质。

宋代自神宗以来"取士兼习律令,故儒者以经术润饰吏事,举能其官",④可以说在"任法"方面进入了一个新的阶段。吏事的实施,本须借助律令的强制推行;原以文章经术见长而疏于任事的儒者,在铨选考试

① 《临川先生文集》卷八四《周礼义序》,《四部丛刊》本。
② 《陈亮文集(增订本)》卷一一《人法》,中华书局,1987 年。
③ 参见郭东旭:《宋代法制研究》,河北大学出版社,1997 年。
④ 《宋史》卷三三〇《传论》;参见王云海主编《宋代司法制度》,河南大学出版社,1992 年。

制度刺激下,转而重视修习法律。以科举、铨选考试取士为"龙头",通过考试内容的革新,促使经术、律令与吏事更为紧密地结合起来。这一措施,体现出宋廷对于治事效率的追求,也意味着将道德教化传统渗透入各类行政事务、缓冲各类社会矛盾的努力。

宋人所说的"法制",经常是与"祖宗之法"相联系的。仁宗庆历年间担任枢密副使的富弼曾经说:"自古帝王理天下,未有不以法制为首务。法制立,然后万事有经而治道可必。"他继而具体指出:"宋有天下九十余年,太祖始革五代之弊,创立法度;太宗克绍前烈,纪纲益明;真宗承两朝太平之基,谨守成宪……"①而在《朱子语类》卷一二八《本朝二·法制》中,朱熹与他的学生们所谈论、所评价的中心问题之一,正是赵宋的祖宗家法。

在新儒学复兴的背景之下,"法"与"道"、"法"与"理"的关系,成为当时讨论的议题之一。宋神宗曾经说:

> 法出于道。人能体道,则立法足以尽事;立法而不足以尽事,非事不可以立法也,盖立法者未善耳。②

活跃在南宋前中期的道学家吕祖谦、朱熹等人,都重视法制的作用,而且在自己任内身体力行。在吕祖谦看来,法实际上是"人情物理所在",其中充溢着儆恶劝善的"仁义之气"。③ 然而,对于条法细密,辄有法禁的状况,士大夫们多持批判态度。叶适就曾指出,"人才衰乏,外强中弱,以天下之大而畏人,是一代之法度有以使之也"。④

(3)士人间关系网络的构筑与朋党之争

宋代文化氛围比较宽松,长期以来,士大夫"宁鸣而死,不默而生",⑤既关心学术文化又关心政治时务,学问中往还辨析、切磋琢磨,临时事争抒己见、意气风发;在多种交往中发展起各属不同层面的联系。尽管帝王对于士人们结党立派深存戒心,却无意更无法去干预士人间的

---

① 《续资治通鉴长编》卷一四三,庆历三年九月丙戌。
② 《宋会要辑稿·职官》二之七。
③ 《吕东莱文集》卷二十《杂说》,《文渊阁四库全书》本。
④ 《水心别集》卷一二《始议》二,中华书局。
⑤ 《范文正公集》卷一《灵乌赋》。

广泛交往。而宋代具有特殊重要意义的科举制度、荐举制度，又为一些新的"关系网"的形成创造了前所未有的便利条件。此外，由于社会地位流动不居，政治风云变幻无常，士人们相当自觉地构筑着非"先赋性"的关系网络。

当时的士人交际范围广泛、关系活跃，联结他们的纽带是多元的：其中既有带着家世背景的往来，有姻戚之间的关连，又有因"同学""同年""同僚""同乡"以至"同道"之类关系而结成的交谊。士人对于自己身份的共识，主要建立在道德文化修养的基础之上。就其主流趋向而言，他们评价人物注重气节学问，仕途的浮沉并不构成人们相互交往中的重大障碍。曾经科举成功、仕途得意而归乡者，通常是地方士人圈的核心人物；而仕途偃蹇或科举不第者，例如先后生活在苏州的朱长文、方惟深、龚明之等人，亦可能凭借其德行学识而闻达于一方。换言之，当时生活于地方的士人们，在"择群"时所看重的，不仅仅在于对方以往或目前的仕宦身份以及一时的"穷达"，而比较注重其本人的文化背景。正因为如此，退休回到地方的朝廷命官，一般并不高自标识，反而有意表示谦抑，以期"求同"于周围士人。例如谢事还乡的叶参、元绛等人，"日与乡间耆旧相过从，遨游江湖，处布衣野老间无辨也"。[①]

宋代的民间区域社会，显然是士人们进退回旋的广阔天地。一些在国家政事中起过作用的士大夫，因事得罪或不得志于朝廷之际，往往返归乡里，暂且压抑自己对于国家政事的深切关心，转而致力于讲谈性理、读书吟咏、教掖后学，以求"达则兼善天下，穷则独善其身"之境界。而"以忠谏去国"者，往往更加受到周围士人的敬重。这些人对朝政保持距离，却对地方"教化"予以关注，通常与地方官员维持着良好而密切的关系；地方官员亦往往以获交于这一群体为荣。

居住于地方的士人，亦即被统称为"缙绅"者，是朝廷及地方官员关注与倚重的对象。他们与地方上的"豪右"既有关联又有所区别："缙绅"们是活跃于基层的头面人物，他们代表着本家族的利益，有可能利用自身影响干预州县事务乃至横行乡里，事实上以一种非规范化的方式制

---

① 《宋景文集》卷九八《叶府君墓志铭》；《苏魏公文集》卷五二《太子少保元公神道碑》。

约着地方官的治理;另一方面,他们又比较接近礼义伦理之说,比较熟悉朝廷政令的发布运作方式,因而是地方"教化兴行"之表率,也往往是朝廷政令在基层社会畅通与否之关键。同时,他们中的许多人是官僚队伍的准成员或候补成员,是朝廷"访闻"消息、采撷"风谣"的主要信息渠道,地方官员的"治绩"与勤惰,部分地是通过他们的关系网辗转反映至中央的。地方士人之所以具有影响作用,并不完全取决于其个人活动能力,在很大程度上,这是士人交游圈内群体影响力的结果。了解了缙绅们的多重地位与身份,便不难理解地方官员逢迎、结交乃至表彰士人及其家族的努力。①

举荐辖区士人,是地方官责任之一。丁谓、谢涛等人的早年成名,即与知县王禹偁、罗处约的大力举荐直接相关;朱长文、方惟深、龚明之的名声,也是由地方官传布开来的。反过来,被举荐者也利用适当的机会称扬这些官员;他们已有的名气、他们与大小交游圈内诸多士大夫的良好关系,即成为这些地方官课绩晋升时有用的砝码。

显然,地方官与本地缙绅之间,既有利害一致之处,又有矛盾抵牾之处;这两类人物中,既有徇私枉法者,又有秉公处事者。但不论哪一类出守方面者,都会致力于编织四通八达的关系网络:与朝廷、与监司、与邻郡、与僚属,也与部内的士人。凡政治稳定、教化施行的诸州,地方官员与地方士人的关系都比较密切和谐。作为地方区域社会组织核心的"缙绅",各以不同的方式,通过相互间的频繁交往加入这一网络,实际参与着当地的治理。

无形的社会关系,实际上无所不在,十分具体;它渗透于社会生活的各个方面,直接或间接地形成一种不容忽视的社会力量,影响着诸多事物的运行过程。似乎独立的个人,凭借其多层面的关系联结为群体、划分为派系,纵横蔓延为种种关系网络。宋代的许多重大历史事件,事件中风云人物的种种表现,都潜藏着群体利害关系的作用力。

困扰北宋中后期政治数十年之久的"朋党"问题,即与这种群体利害

---

① 参见邓小南:《北宋苏州的士人家族交游圈》,《国学研究》第3卷,1996年。梁庚尧:《豪横与长者:南宋官户与士人居乡的两种形象》,《新史学》4卷4期,1993年12月。

有关;同时,亦与北宋帝王为使臣下"各不敢为非"而鼓励"异论相搅"①的做法有关。

从宋代政治的表层现象来看,宋廷很少由于臣僚言辞过激而直接致人以罪,而士大夫中却经常因为意气之争而导致政治上的分野乃至对立。事实上,赵宋帝王对于臣僚纠结朋党问题的敏感与戒备,恰恰促使了士大夫中朋党之议的勃兴。"朋党"概念之模糊、范围之不确切,使其易于被利用而难于查实;与此同时,这一概念,容易激发意气冲动,调动群体间的敌对意识,终致形成酷烈的派系政争。

宋哲宗元祐年间,在处理"车盖亭诗案"的过程中,曾经清理出一份前宰相蔡确及王安石"亲党"的名单。当时,宰相范纯仁即引庆历"朋党"事为鉴,力陈"朋党之起,盖因趣向异同",因而"真伪莫知";若蔡确有罪,自有国家典刑惩治,不应牵连党人,酿成国家大患。② 可惜在当时真正能够理解范纯仁这一番话、真正能够估量出这一名单分量的人实在不多。谏官吴安诗、刘光世等人交章弹劾范纯仁为蔡确之党,致其罢相。此前,尽管"新法派"与"旧法派"之间势不两立,但彼此并不以整治对立面的个人为目标、为能事。元祐时期,所谓"正人端士"立于朝者不少,他们中的多数人虽欲更新政治却又热衷于高谈阔论,各立门户,致力于制造清一色的政治局面。在"君子、小人不参用"的主张下,吕大防等人的"调停"努力受到抨击而归于失败。以政治"立场"观取代理性是非观,以"立场"划限定界,甚至解释一切的思维态势,使不同的派别乃至个人一概搅入政治旋涡之中。此后,党争愈演愈烈,从蔡京推出的"元祐党籍"到所谓"上书邪等",在北宋后期政治风云的旋涡中,出现了一个又一个打击对象的名单。

宋徽宗在位期间,蔡京等人在冠冕堂皇的口号下操纵朝政,党同伐异。当时所谓的"朋党",经常犬牙交错,不过是适应政治斗争需要产生、人为推定的"派别"。这只要看看崇宁以来的"元祐党籍",就完全清楚了。持续数年的大规模政治整肃,已经全无是非可言;它将政治上的对立关系推向极端,使北宋赖以立国之"元气"大伤。无休止的党派纷争,

---

① 《续资治通鉴长编》卷三一二,熙宁三年七月。
② 《宋史》卷三一四《范纯仁传》。

使得士人间正常平和的人际关系骤然紧张,破坏了以往派系间的大致平衡——而这种平衡,本是赵宋的列祖列宗所着意维持的。这些所谓的"新法"继承人,不仅毁掉了以"富国强兵"为目的的新法,毁掉了整整一代精英人物,也毁掉了赵宋王朝百余年间养育起来的士大夫政治传统,毁掉了以温厚宽仁"召和气"自诩的北宋。

长期以来,赵宋王朝的决策者们有意识地强调礼义道德规范,且不惜用精神、物质手段加以刺激;而诠释"道德"之际,则以善恶、义利之辨为"君子""小人"列队划线。[①]因而经常流于表面化、功利化,甚至与现实政治需要直接联系。在这种背景之下,一方面,手段的膨胀,使其极易与目的发生错位,"道德"与"刺激"不期然而然地结缘,为追求褒扬而力图彰显"德行";另一方面,在政治氛围紧张的情势下,即使是学术文化问题亦可能被人为政治化、道德化。对于"一道德"的片面追求,不合理地将道德标准过度拔高、涵盖一切,结果恰会导致道德实践的虚伪,真所谓"尊之适所以卑之"。在当时,士大夫个人的道德失落经常受到鄙夷;而政治斗争中集体性的道德失落,却往往隐蔽在道德标准绝对化的高扬旗帜之下。

即便在宋代政争最为酷烈的时候,民间仍然活跃着志趣卓然、特立独行的大批士人。他们探究道德义理之说,有独立于党派斗争之外的自身事业与追求,这些人活动基础、经济依托在其乡里,从而不因一时的政治风潮而沉浮。从他们的交游关系可以看出,当时各个政治派别之间关系错综复杂,即使变革派与传统派之间亦非壁垒森严;党争的旋涡,卷入了在朝的大批官僚士大夫,而在野士人却依旧作为讲谈学术、关注国是的群体力量,顽强地存留下来。

二　理性政治倾向与专制主义中央集权制度的加强

1. 统一的政治局面之形成

公元 960 年,赵匡胤通过兵变夺得帝位,从此开始了北宋王朝对于

---

① 刘挚:《忠肃集》卷三《论用人书》。

中原地区的统治。当时,北方有契丹民族建立的辽朝以及辽朝支持的北汉,南方则有吴越、南唐、荆南、南汉、后蜀等割据政权。宋廷在平定了辖境之内节度使李筠、李重进的反叛之后,采取"先南后北"的战略方针,首先集中兵力攻取经济富庶而军事实力薄弱的南方诸国,转而进取北汉,利用大约二十年的时间,基本上解决了安史之乱以来持续二百余年的封建军阀割据局面,实现了大体上的统一。

宋太祖、太宗及其谋臣鉴于五代旋兴踵逝的教训,在统一国家的过程中,稳步而有层次地采取了一系列措施,保证了中央到地方的政令畅通,同时有效地杜绝了割据再起的可能性。

北宋初年进行的诸多改革中,对于统兵体制的改革无疑是一中心环节。①

聂崇岐先生曾经指出:"尝考五代之际,政治上之大患有二:曰腹心之患,即禁兵;曰肢体之患,即藩镇。"②职业军人出身、又靠禁军兵变上台的宋太祖,对于中央禁军的统御权问题尤其敏感。自建国之初,他即着手对禁军将领及其机构体制进行调整:先以自己的积极支持者取代关系疏远对立者如李重进;进而将原即在外的禁军最高统帅殿前司都点检慕容延钊、侍卫司马步亲军都指挥使韩令坤调易为戍守方面的"兵马都部署",地处要害的殿前都点检一职悬置不补;随即迫使原来与其比肩同气的石守信、高怀德等禁军高级将领自请辞职,从而成功地解除了来自禁军的威胁,分步收缴了长期把握于高级军事集团手中的禁军领导权。③对于拥戴有功、地位密迩的禁军诸将,太祖以利益交换的方式换取其合作,使这一命运攸关的夺权过程,进行得平稳从容。

此后,太祖任用资历位望浅弱者代宿将典领禁兵,侍卫司之马军、步军很少再由一人兼领,而与皇帝近卫殿前司并立为三衙。在此基础之

① 参见王曾瑜:《宋朝兵制初探》,中华书局,1983 年;张其凡:《五代禁军初探》,暨南大学出版社,1993 年。

② 聂崇岐:《论宋太祖收兵权》,《宋史丛考》,中华书局,1979 年。

③ 《续资治通鉴长编》卷二;参见徐规、方建新:《"杯酒释兵权"说献疑》,《文史》14 辑,1982 年;柳立言:《"杯酒释兵权"新说质疑》,《宋史研究集》22 辑;徐规:《再论"杯酒释兵权"》,《第二届宋史学术研讨会论文集》,1996 年;王育济:《论"杯酒释兵权"》,《中国史研究》,1996年 3 期。

上,逐渐形成了通常由文臣掌管的枢密院"有发兵之权,而无握兵之重",武职担任的三衙统帅"有握兵之重,而无发兵之权"的体制;"上下相维,不得专制",①从制度上消除了禁军兵变的隐患。

宋初藩镇问题的解决,与整顿禁军统御体制、建设地方行政系统交错进行,亦非一步到位的直线过程。为保证朝廷禁军领导权的顺利转换,太祖先安排原禁军高级将领分领藩镇;与此同时,宋廷积极着手消除诸藩既有的分裂因素,"稍夺其权,制其钱谷,收其精兵",②着眼于重建全国范围内的中央集权。建隆、乾德年间,在向诸割据势力用兵时,"凡下州郡,即命朝臣领之",③新取各州不属方镇而直隶朝廷。对于朝廷辖下的诸藩镇,或召守帅来朝,授以虚衔,或俟其他原因出阙,即"稍命文臣权知",④从而有效避免了直接的争权冲突。太宗时继续这一趋势,陆续罢节镇领支郡,成功地削弱了藩镇权势。

赵宋派遣通判的作法,开始于湖南、四川原荆湖西蜀政权之"伪命官"担任长官的地区。⑤当地新入宋之版图,"管内文武官吏并依旧",而另设通判以监察之,⑥较为妥善地安定了新复地区的政治局势。京朝官出知州郡,通判同领州事,以相互制约,这种办法逐渐于全国范围内推而广之,宋初数十年间,已经大致形成规模。

太祖乾德三年(965)置转运使综揽诸路钱谷,以京朝官监临地方场务,州县财赋支配权收归中央;太宗太平兴国二年(977),禁藩镇回图贸易,以扼制其财源。为从根本上消除藩镇割据的经济基础,宋廷增加了总赋入中直接归中央调用的财赋比例,同时加强了对于地方财政的控制和监督。⑦

周世宗曾经选择诸道精兵增强禁旅实力,以准备统一战争;宋太祖

---

① 《范太史集》卷二六《论曹诵札子》。

② 《续资治通鉴长编》卷二,建隆二年七月。

③ 《宋会要辑稿·职官》四七之三,《续资治通鉴长编》卷一、四。

④ 《续资治通鉴长编》卷六、十,参见《宋史》卷二六二《边光范传》《刘载传》。

⑤ 五代十国时期,南唐等政权已经有此做法。

⑥ 《宋会要辑稿·职官》四七之五八。

⑦ 参见汪圣铎:《两宋财政史》,中华书局,1995年;包伟民:《宋代地方财政史研究》,上海古籍出版社,2001年。

更令地方籍送精锐至朝廷,其意则主要在于保证中央军力的压倒优势。

"宋太祖遭逢时会,不动声色,从容清扫百余年来藩镇之患,事非甚难,时则稍久。"①五代时期,节度使"遥领"大藩而不归本镇的情形已属常见,这类"节度使",一定意义上已是虚有其名。北宋建隆二年(961)罢宿将典禁兵,却令这些原本遥领诸藩的禁军将领"释去兵权,出守大藩",②以各归本镇作为缓冲,换得腹心之患的解除。此后,随着文臣京朝官出知州县事、监临地方财务,节度使仰给于中央而"不食本镇租赋",③节镇权势受到了根本性的削弱。节度使"皆不签书钱谷事""其事务悉归本州知州、通判兼总之"④的制度,到真宗时全面确定下来;其后节度使通常不再赴镇,最终成为表示崇高级别、寄寓优厚待遇的荣誉衔。与此同时,观察使、防御使、团练使、刺史等,也都成为"不亲本州之务"的武臣叙迁序列。⑤

总之,藩镇割据局面的结束,经历了相当错综曲折的过程。相对而言,结束割据政权林立局面的阻力较小;而分步收缴内部诸藩政权、军权、财权,防范割据局面再生,建立"以大系小,丝牵绳连,总合于上"的各级行政体制,则复杂棘手得多。后一过程开始较早,然经过大约半个世纪的努力方告基本完成;该过程的推进,虽以军事实力为其后盾,却很少以兵戎相见。宋初帝王一方面限制武职权势,一方面重视优容武将,抚慰元老勋旧,除给予其优厚的经济待遇外,还以姊妹、儿女与其结成政治联姻圈,以求得局势的安定。

宋初实现集权的一系列措置,显示出长期乱离之中磨练出来的承上启下的领袖人物们政治上的不断成熟,也赋予赵宋不同于五代王朝的开国气象。对于这一根本性转变的实现,北宋的统治阶层及士人们都怀着很高的历史成就感。对于立足于防范事端、化解矛盾的"祖宗之法"的体味、概括与认定,也就产生于这一过程之中。

---

① 聂崇岐:《论宋太祖收兵权》。

② 《续资治通鉴长编》卷二。

③ 王巩:《闻见近录》,《文献通考》卷四七《职官考》。

④ 《宋会要辑稿·职官》四七之一,《宋史》卷一六六《职官》六。

⑤ 《文献通考》卷四七《职官考》;参见王曾瑜:《宋朝兵制初探》;《辽宋金之节度使》,《大陆杂志》83卷2—4期,1981年8月—10月。

2. 北宋前期的中枢权力机构

（1）二府、三司与宋代的宰执群体

宋朝的中枢决策系统，是以皇帝为中心，由宰执、侍从、台谏共同构成的；而中枢政权机构的设置，在宋神宗"元丰改制"之前与其后有着明显的差异。[①]

北宋前期的中枢权力机构设置，并非赵宋全盘新创，而基本上是整理、更革前代设施的产物。这一更革的思路，事实上是在北宋初期的政治实践中逐步明朗化的，它清楚地体现着权力制衡的精神，同时使政权机构之职能分化更为明确、责任更为集中。

马端临《文献通考》卷四七《官制总序》中说到北宋前期的中枢机构设置：

> 中书、门下并列于外，又别置中书于禁中，是谓政事堂，与枢密院对掌大政。天下财赋、内廷诸司、中外管库，悉隶三司。

当时最为突出的特点，在于中书门下、枢密院与三司分理民政、军政、财政，原则上各自行使独立职权。

中书门下简称中书，是正副宰相集体处理政事的最高行政机构。其办公处设在禁中，亦称政事堂。宋代一般以同中书门下平章事为宰相，太祖乾德年间设立参知政事作为副宰相，既是宰相之辅佐，又起着牵制相权之作用。

枢密院总理全国军务，是国家的最高军政机构。长官称作枢密使或知枢密院事，副长官是枢密副使或同知枢密院事。

五代时期，国家政治体制的运转，一定程度上以军机要事为中心；皇帝最为亲信、器重的官员，往往担任枢密使一职。后周末年，宰相范质、王溥皆"参知枢密院事"，魏仁浦则兼任枢密使。赵宋代周，太祖并不急于调整中书门下领导成员，但不再以范、王参知枢密院事。建隆三年（962），宋太祖以"均劳逸"为由，将周世宗以来"掌枢务有年于兹"的专

[①] 参见白钢主编：《中国政治制度史》第八章，天津人民出版社，1991年。

任枢密使吴廷祚调为藩镇节度，①太祖谋臣赵普升任枢密使。乾德二年（964）初，宰相范质、王溥、魏仁浦并罢政事，此后，一般情况下，宰相不再兼任枢密使。

就枢密院而言，自唐末朱温改以亲吏担任枢密使起，就开始了该机构走出内廷的过程。后梁的"知崇政院事"，在皇帝身边参谋议、负责帝王与朝廷间的内外沟通而不直接指挥朝政，仍然具有"内职"性质；但它不再由"内臣"宦官担当，而是由皇帝亲信文吏或武臣担任——衔接这一转变两端的是其"亲随"实质。当时的知崇政院事敬翔，即自视为"朱氏老奴"。② 这一职任具有过渡的性质，尚未完成向外廷中枢机构首脑的转化。其后又经历了一百年左右，枢密院才成为比较严格意义上负责军政的外廷机构。③

五代时"宰相之外复有宰相，三省之外复有一省"④的状况，正反映出当时枢密院长官不仅"参谋议于中"，而且"专行事于外"的现象。这不仅出自皇权制约相权的需要，也是出于提高快速反应效率，以应付复杂局面的需要。枢密使不仅掌机要、备顾问，且直接施政；这一方面使其权势急剧膨胀，另一方面却也使形式上处于巅峰状态的枢密使有可能自帝王身边疏离，促使枢密院向外廷机构转化。枢密与中书"对掌大政"的分工，即产生于这一转化过程之中。

既曰"转化"，自然伴随着诸多起伏波折。宋太宗前期，枢密院职能与长官任使原则方面曾经隐现着"中朝化"的倾向。当时担任枢密院首长者，往往具有帝王"藩邸旧僚"、私人亲随之背景；⑤这明显地反映出这一机构在当时所具有的"密迩近侍"之特殊性质。与机构性质之转化相应的，是枢密自帝王私人的近侍助手转而成为外廷首脑的曲折历程。

---

① 《宋宰辅编年录》卷一；《宋史》卷二五七《吴廷祚传》。

② 《旧五代史》卷十八《敬翔传》。

③ 这里所谓"内廷""外廷"，是就其职任性质而言，而不是指其官署位置在禁中与否。参见邓小南《近臣与外官：试析北宋初期的枢密院及其长官人选》，《2000 年国际宋史研讨会论文集》，河北大学出版社，2002 年。

④ 《文献通考》卷五八《职官考》十二。

⑤ 这类背景使他们通常存在着突出的能力缺陷，而这种缺陷，从根本上限制着这批近密者取代外朝宰相职能的可能性。

围绕枢密院长官的任用,研究者通常注意到"以文制武"的问题。这一趋势在周世宗、宋太祖时期已经开始明朗;而"以文制武"格局事实上的形成,经历了数十年的时间。这一过程发展之艰难滞缓,从根本上说,是由于在"武"与"文"的关系背后,错落交织的是"亲"或"疏"甚至"庸"或"能"的复杂关系。在此关键岗位上,更多地倚信亲随抑或更多考虑能力资质,对于危机感深切的帝王来说,成为一种两难的选择。枢密院长官最终主要由科举出身的文臣担任,既与赵宋"守内虚外""防范奸邪"方略的确立有关,也是士大夫阶层成长的结果。

就枢密使制度而言,北宋初年呈现出多向错综的状况:一方面,其亲近内属性质仍然在相当长的时期内起着作用,与帝王关系的密迩,使其事实上居于"备肘腋之变"的核心位置。另一方面,幸运的是,北宋初期的最高统治者毕竟谨慎小心地以五代为鉴,较为理智地权衡处理着他们所面临的棘手问题;他们继承五代后期的趋势,制止了枢密权力的持续扩张,有效地将其控制在与中书门下"对举大政"的合理范围之内。

宋代"枢密院与中书对持文武二柄"之权力格局的确立,就其与唐代前期制度设施的比较而言,展现出来的是对于宰相军政权力的分割;而从晚唐以后的实际政治局面、从五代至宋初中枢机构演变过程的角度加以考察,实际上又是限制枢密使完全侵夺宰相事权的结果。① 北宋初期所谓"相权之分割"主要是削枢密之权,以实中书之任。"换言之,这毋宁是重建中书宰相制度的开始,而非其分割与削弱的肇端。"②

赵宋取代后周,后周三相留任达四年之久。留用前朝宰相的情形,五代以来并不少见。在动荡的时局中,这给无奈的人们带来某种政策延续方面的稳定感,从而亦有利于新政权的立足。在这种做法的背后,还有另外一层原因,这就是作为总领行政事务的权力机构,中书门下在当时所起作用有限。宰相作为中书门下的首长,实际上是政务领导,既不是帝王的腹心,也不是决策的主导。

---

① 参见梁太济:《北宋前期的中枢机构及其渊源》,杭州大学《宋史研究集刊》第二集,1988 年,第 56 页。

② 参见苏基朗:《五代的枢密院》,《唐宋法制史研究》,香港中文大学出版社,1996 年,第21 页。

唐代中期以后,随着三省制向中书门下体制的转变,中央决策机制逐渐发生了深刻的变化,出现了"宰相决策权的实务化即宰相职权的政务化趋向"。① 晚唐五代时期则在体制转变因素之外又有政治上对于宰相权力的排抑,宰相能够参预谋议的"大政事",范围显然相当有限。这种状况,直至乾德二年(964)赵普代范质、王溥、魏仁浦任相后才有所变化。三相的去职,向世人传递着摆脱后周政治遗产限制、开辟新政治局面的讯息。此后,中书门下摆脱了一度尴尬与微妙的处境,转而成为朝廷议政的核心机构。政权重心发生了明显的转移。枢密院此后不再独领机要,而逐渐演变为与中书对掌文武大政的部门。

中书与枢密院依其在宫城中的位置,称为东、西二府。二府之间,有分工配合,也有牵制掣肘。元丰改制时,有些臣僚建议废除枢密院,仿唐制将军事事务归属于兵部。本来希望在中央官僚机构恢复三省六部制的宋神宗,对此却颇不以为然,他说:"祖宗不以兵柄归有司,故专命官统之,互相维制,何可废也?"②这番话反映出赵宋帝王对于政权制衡问题始终不懈的关切。

如前所述,宋代以枢密主兵,而兵权亦不专掌于枢密院。正如靖康时知枢密院事李纲所说:"祖宗旧法,兵符出于密院而不得统其众,兵众隶于三衙而不得专其制。"其结果是"各有分守,所以维持军政,万世不易之法"。③

参知政事与枢密使副合称"执政";宰相、执政("宰执")共同构成为当时的决策核心。

三司由盐铁、度支、户部组成,总领国计及四方贡赋,是北宋前期最高的财政机构。财政为国家命脉所系,在盛唐以降使职系统发展的基础之上,三司固定为常设理财机构,其职权、其治事效率皆远非过去之尚书户部可比。宋真宗时,宰相王旦曾经说:"今之三司即尚书省",并且称之

---

① 参见刘后滨:《公文运作与唐代中书门下体制》,北京大学历史系 1999 年博士论文。

② 《续资治通鉴长编》卷三二〇。

③ 《梁溪全集》卷四三《辞免知枢密院事札子》,《宋史》卷一六二《职官志》二,参见龚延明《宋史职官志补正》,浙江古籍出版社,1991 年,第 53 页。

为"圣朝不易之制"。① 三司"于天下财计无所不统",②在当时财政集权中居于核心与主导的位置。③ 宋代三司使位亚执政,号称"计相",直接向皇帝负责,而不再如五代时由宰相兼判且受枢密使控制;二府虽不直接调度财政事务,但须共议财政大计。三司与二府之间的关系,正如张方平所说:

> 计财之任虽三司之职,日生烦务、常程计度、簿书期会,则在有司;至于议有系于郡国之体、事有关于安危之机,其根本在于中书、枢密院,非有司可得而预也。④

北宋前期的中枢政权机构设施继承了晚唐、五代以来的趋势,并使其制度化。其鲜明特点体现在两个方面:一是国家决策群体的扩充以及制衡关系的确立;一是职能分工的明确以及国家政务重点的突出。此时中枢部门的分立,主要由其处理的政务范围不同所决定,而不取决于或出令、或审覆、或执行的程序环节分工;在管辖权限之内,决策、执行一体化。行政机构内部的封驳职能,改由专设机构银台司行使,同时,亦赋予掌制敕命词的官员("知制诰")以封还词头之权。以"事任"为中心、依事系任的设官分职方式,在"丛脞芜杂、无系统"的表象背后,突出了国家政务的几方面核心内容,事实上保证了不同门类之内事权的相对集中,从而提高了行政效率。

北宋前期,中书门下、枢密院与三司尽管形成了"中书主民,枢密主兵,三司主财,各不相知"⑤的局面,但事实上并非互相隔绝。事干国体的军国大计,皆须宰执共同讨论,真宗即有"中书总文武大政"之说;⑥涉及国计民生之财政方针的制订实施,宰相亦皆预知。仁宗初年,面对临朝称制的刘太后,当朝宰相吕夷简堂堂正正地说:"臣待罪宰相,事无内外,无不当预。"在特定的政治形势之下,随着客观机遇、宰执识见及其他互

---

① 《宋史》卷一六八《职官志》八。
② 《宋会要辑稿·食货》五六之一〇引《神宗正史职官志》。
③ 参见汪圣铎:《两宋财政史》,中华书局,1995年,第8页。
④ 《续资治通鉴长编》卷二〇九,治平四年闰三月丙午条。
⑤ 《宋史》卷三三七《范镇传》。
⑥ 《续资治通鉴长编》卷五七。

动因素的不同,更会产生种种因应事变之举措。庆历年间用兵西夏,宰相吕夷简兼判枢密院事,而章得象则兼枢密使。熙宁变法之初,王安石在三司之外,另设主持制订有关政府财政经济新法的机构"制置三司条例司",通过法规条例的订立与推行,将三司的财政活动置于其直接调控之下。

国家决策机制的运转,是一个复杂的过程。就最高层次的决策程序而言,国家的政治、军事、财政要事,朝廷诸司百官进呈的奏章,奏报皇帝裁决。事关大政方针,皇帝通常与宰执近臣核心圈子反复讨论,或个别咨询,或集体商议;有时即在视朝听政时经君臣商讨后作出决策。一般事务,由宰执提出初步意见,以札子进呈,皇帝批复同意,然后施行。遇有重大事件、制度更革,则可能召百官于尚书省集议,讨论处置方式,供最高决策层考虑。① 就文书制度而言,即如《宋史·职官志》二所说,"大事奏禀得旨者为'画黄',小事拟进得旨者为'录黄',凡事干因革损益,而非法式所载者,论定而上之,诸司传宣、特旨,承报审覆,然后行下"。

宋朝皇帝拥有最终决策权力,不仅"躬决"大政方针,对于政务、军务、财计之事亦均有较多的直接干预。诸如地方亲民官的选派、战场上的临阵处置、钱谷的盈亏虚实等,无不直接过问。但是,皇帝的指令,原则上须经由二府,以"敕牒"方式颁布施行。直接自宫内颁出的皇帝批示(即所谓"内降指挥"),被认为是"灭裂纪纲"的源头,经常受到臣僚的批评与抵制。② 仁宗皇祐二年(1050)九月间,曾经下诏说:"自今内降指挥,百司执奏毋辄行。敢因缘干请者,谏官、御史察举之。"③如前所述,仁宗自己曾经对臣僚表示:

> 措置天下事,正不欲专从朕出。若自朕出,皆是则可,有一不然,难以遽改。不若付之公议,令宰相行之。行之而天下不以为便,则台谏公言其失,改之则易。④

---

① 参见朱瑞熙:《中国政治制度通史·宋代》第三章《中央决策体制》。
② 《宋朝诸臣奏议》卷四七,蔡承禧《上神宗论除授不经二府》。
③ 《宋史》卷十二《仁宗纪》四。
④ 《陈亮集》卷二《中兴论·论执要之道》。

这番话,反映着帝王对于国家事务的理智思考,其后屡屡被士大夫们引述。不过,措置"付之公议"、决于"天下"的理想状况,在帝国政治体制下,实际上并非常态。北宋中期以后,内降指挥、御笔手诏大行其道,成为帝王乃至权臣推行个人意志的便利途径。

(2)翰林学士院、台谏与信息集散系统

宋代的翰林学士院,是皇帝的秘书班子,"掌制诰、敕救、国书及宫禁所用之文词",[①]随时备皇帝顾问。此时的翰林学士院,与艺能伎术之士组成的翰林院迥不相涉。带"知制诰"职衔的翰林学士,负责为皇帝起草制书、批答等,被称作"内制"。相对于"内制",以外廷的其他宰相属官"知制诰"者,则称作"外制"。内制与外制,既是指诏敕的不同类别,又是指负责草拟不同类型诏敕的不同官员。掌内制、外制者,合称为"两制"。宋代自两制以上官员,被视为帝王的"侍从",他们组成了皇帝周围经常参与决策的官僚群体。

御史台和谏院合称"台谏",是宋代朝廷最主要的监察机构。御史台以御史中丞为首,职在"纠察官邪,肃正纲纪",[②]主管对朝廷内外违制行为的监察与弹劾。真宗时设谏官,独立的谏院则设立于仁宗明道年间,负责针对朝政遗缺、官员失职等事进行规谏讽喻。御史、谏官皆位处"言路",并称"言官"。天禧元年(1017)诏书规定,凡"诏令不允、官曹涉私、措置失宜、刑赏逾制、诛求无节、冤滥未伸"等类事项,"并仰谏官奏论,宪臣弹举"。[③] 原则上,御史事务丛繁,而以纠弹为主;谏官事务清简,专以议论为事。而御史纠弹,势必及于政事;谏官议政,难免涉及人物。共同的言事职责及范围,使二者职事自然会发生交叉。尽管赵宋帝王曾经努力将"纠劾权"与"奏论权"加以区分,但其职掌、事权的接近,仍然导致台谏逐步合流。[④]

台谏官作为皇帝的耳目,得以"风闻言事",监督朝政运转。台谏官

① 《宋会要辑稿·职官》六之五○;参见杨果《中国翰林制度研究》,第93页。

② 《宋史》卷一六四《职官志》四。

③ 《宋会要辑稿》职官三之五一。

④ 参见刁忠民:《宋代台谏制度研究》前言部分、第五节《宋代台谏合一的进程》,巴蜀书社,1999年。

员的遴选、去留,或由皇帝亲自指定,或经侍从臣僚建议而取决于皇帝。作为对于政府施政的主要外在督核力量,宋代台谏地位明显上升。在统治集团的内部斗争中,台谏官员起着纵横捭阖的重要作用。

宋代设立了一组专门机构,负责处理信息的集散问题,以保障上传下达渠道的畅通。

太平兴国八年(983)整顿后成立的都进奏院,置司于大内侧近,成为衔接中央与地方,沟通转递、发布讯息的关键性枢纽。各地送交中央的文书,由进奏院汇聚转送;"凡朝廷政令设施,号令、赏罚、书诏、章表、辞见、朝谢、差除、注拟等,令(都进奏院)播告四方"。进奏院抄录上述文字,编行《邸报》,送发诸路州军监司,是当时"播告四方"的主要方式之一。[①]

设在宫廷垂拱殿门内的通进司,与置于银台门侧之银台司,掌受天下章奏案牍。宋初沿前代故事,本隶于执掌机要的枢密院;自太宗淳化四年(993)起,以两制以上官员二人专门典领,另有内侍二人充任监官,枢密院吏供任使。凡都进奏院投入、经银台司抄录发付的天下奏状案牍,在京百司文武近臣经阁门投进的章奏表疏,都由通进司进御,然后颁布于外。银台司职事重在纠正违失,具有封驳、勾检职能。淳化四年九月,罢临时差遣职任"知给事中事",而以封驳事务隶银台;咸平四年(1001),宋廷驳回知封驳司陈恕铸本司印鉴的请求,诏用门下省印,以"兼门下封驳事"入衔。这反映出,在三省名存实亡的情形下,决策者们仍然希望使封驳职事有较为固定的归属;门下省职能虽然未及调整,却首先借用其名义以增重"封驳"之职。元丰五年(1082)则罢银台司封驳房,正式恢复门下省给事中封驳权力。隶属银台者,另有发敕司。该司"掌收中书、枢密院宣敕,著籍以颁下之";负责将文件发送到三司、御史台、进奏院及开封府等单位。[②]

元丰改制后,进奏院、通进司和银台司皆隶属于给事中。经进奏院汇总的章奏,由门下省通进,有所颁降则分送所隶官司。

---

① 《宋会要辑稿·职官》二之五一。
② 《宋史》卷一六一《职官志》一;《宋会要辑稿·职官》二之二六、三七、四一;《续资治通鉴长编》卷三四,淳化四年八月丙辰条。

在官方常规信息途径之外,宋代还设有登闻鼓院、登闻检院和理检院,层层受理下层文武官员及士民进言朝政得失、公私利害、军期机密或者申诉冤屈的奏状。这些奏状所涉及的事件,通常是曾经呈报过原属辖部门而未能及时妥当处理者。

宋代朝廷参政群体的扩大、对于信息渠道的重视与经营,增加了合理决策的可能性。

（3）其他中央机构

北宋前期,在中枢权力机构之外,其他机构大致分为两类情形。

一类是政务性实质职权已被他司侵夺、此时尚余冗屑事务的原权力机构,例如中书省、门下省、尚书省,吏、户、礼、兵、刑、工六部,以及一些寺监机关等。其中,三省原来担负的决策权与督励执行权,被中书门下所取代;吏部选任工作,被审官院、流内铨分管;户部、工部的大部分职权,被三司所包揽;兵部的军政事务管理权,早已归属于枢密院。

另有一类,是分割了原有各部门职权的新设机构,例如负责京朝官选任的审官院、负责幕职州县官选任的流内铨,在刑部、大理寺之上设立的审覆机构审刑院,等等。

这种现象的出现,与唐代中期以后临时差遣系统的发展、与职事官队伍的成分及其性质发生了深刻变化有着直接的关系。以往的省部寺监系统早已无法正常运转,而北宋初建,所面临的情势使其亟须建立集中高效的政治体制。太祖、太宗因仍时势,采取了比较灵活、务实的政策,形式上并未触动原有职事官体制,在保留该系统名目、官员待遇的同时,另建了一整套精干可靠的治事系统。这一处理方式,实际上是唐代开元天宝以来部分省司职能使职化过程的延伸,也是在既有基础上的归并整理;其完成,基本上和职事官称与其差遣职任的分离经历同步。

3. 元丰官制改革

北宋前期"以事系任"的中枢机构设置,在赵宋统治安定之后,一直因其"名不正,言不顺"而受到官僚士大夫们的批评。三省六部空余躯壳而架构尚存;自使职系统发展而来的实权机构,组织设施不确定,官员没有正当名分,影响政务活动的进展和治事积极性的发挥。两套机构的磨合已有时日,职任重叠交叉造成的问题日益引起注意。

治平、熙宁时期,希望能够有所作为的宋英宗、宋神宗,对于中书门下辅弼官僚沉溺于大量行政事务而不暇讲论国家大政方针的状况,深感失望。他们曾经三令五申要求将"细务"付与有司,而使宰执得以有更多精力"论道经邦",更多地关注决策过程。① 经过熙宁变法实践之后的神宗,更希望从制度设施上将决策置于更加重要的地位;同时,变法以来国家行政事务的大量增加,也亟须总体上对现存行政机构的职责予以重新调整认定。

熙宁年间,为顺利推行以"富国强兵"为中心的新法,宋廷在国家财政总管部门三司之外,设立制置三司条例司;以原掌籍田、平籴等事的司农寺主持常平、农田水利、差役等新法的实施;司农之下,于诸路增置提举常平官,选任新法的拥护者担任监司。一批资浅新锐走上岗位,促使新法在地方上实施。民兵保甲等法自司农寺议定,后归属兵部;为振武备,废三司胄案而仿唐制设军器监。……这一系列举措,有调整,有创立,有废罢,有兴复。

另设理事机构,本是长期以来常用的作法;而对于原有部门的利用,使得一些闲司充实了职任,甚至一变而为国家行政的重要机构,这在一定程度上开启了元丰改制"备置官署,修举职业"的路径。与此同时,御史台的监察功能得到强化,各类专项特使巡行四方,通过种种常规或非常规的行政手段努力推进改革。

熙宁末年,在已经取得部分机构调整经验的基础之上,宋神宗命馆阁校勘《唐六典》;元丰三年(1080)六月,下诏命官置局,肇新官制。《宋会要辑稿·职官》引《神宗正史·职官志》,对于这次官制改革做了一番说明:

> 凡百司庶务,皆以类别。所分之职,所总之务,自位叙、名分、宪令、版图、文移、案牍、讼诉、期会,总领循行,举名钩考,有革有因,有损有益,有举诸此而施诸彼,有舍诸彼而受诸此,有当警于官,有当布于众者,自一事以上,本末次第各区处而科条之。而察官府之治,

① 《宋会要辑稿·职官》一之七、一七、一八。

有正而治之者,有旁而治之者,有统而治之者。省曹寺监以长治属,正而治之者也,故其为法详;御史非其长而以察为官,旁而治之者也,故其为法略;都省无所不总,统而治之者也,故其法当考其成。于是长吏察月,御史察季,都省察岁。

改制诏令颁下,随即罢中书省、门下省主判官,而以省事归于中书,开始了中枢机构改革的第一步。同年九月,官制所上《以阶易官寄禄新格》,旋即予以推行,从而完成了自职事官阶官化向设置寄禄阶体系的转化(参见下文)。此时,官员空领之省台寺监虚衔既被罢去,诸曹司遂有了各莅所职的可能。

元丰五年,在“以实正名”的口号下,系统地改革了中枢行政设置。废除了以往设在宫城之外的中书省和门下省,将朝堂西侧的中书门下政事堂辟为新的中书省和门下省。大体上依照当时对于唐代前期官制的理解,赋予中书、门下、尚书三省以各自的职权:“中书省揆而议之,门下省审而覆之,尚书省承而行之”;事实上从议事运作程序上分割了原属中书门下的权力。此后,具有了实际职能的三省与仍掌军政的枢密院“谓之朝廷”,成为“天子所与谋大政、出大令之地”。①

新制大体上规定,凡尚书省六曹事,先由本曹检具条例商议决定,再关报省内有关曹司;无异议者,即赴尚书都省讨论,重要者集议,议定上中书省。有关边防、禁军等事,上枢密院。中书省、枢密院分别议论处置方案,面奏或进状得旨,即录送门下省;门下省审读详校,有异议则封驳缴奏,大事入状论列,小事缴状内改正,无舛误则录送尚书省施行。在文件运转过程中,层层设置收发稽核文簿,尚书都省有《送中书省文字簿》,中书省诸房有《尚书省送本省取旨簿》,门下省录《事目》留底,牵涉官司则有《付受历》。②

新官制以尚书左仆射兼门下侍郎、尚书右仆射兼中书侍郎为宰相,以门下侍郎、中书侍郎、尚书左丞、尚书右丞为副宰相,共同处理政事。这种安排,把宰相与三省职权紧密地联系在一起。两位宰相依政务处理

---

① 《文天祥全集》卷三《御试策一道》。
② 《宋会要辑稿·职官》一之一七至二四。

的程序分工,分掌出令、审覆,决策过程中出现了不同的角度与立场,使得决策权力的运用更为慎重;而宰相、执政共掌行政实施权,又使其有莅临政务与协调处置的充足机会。元丰改制之后,尚书省成为政务运行的重心所在,宰执议事即在尚书都堂进行。

元丰官制以《唐六典》记载的唐代前期官制体系作为参照,但更革之后的制度并非唐制翻版,而有着明显的时代特点。取代中书门下作为国家最高决策、行政机构的三省,改制后仍与枢密院"对举文武大政",一仍旧贯地维持着赵宋祖宗设法立制之"深意"。相对而言,改制中成效比较明显的,是对于六部职能的恢复与调整。新的曹司设置,突破了以往整齐划一而失之于机械僵化的六部二十四司建制。过去,部门职能过分凸显,难以由某司涵盖者,通常采用另设使职化专司负责的方式予以解决;此次却一概纳入六部系统,根据职责事任的繁剧程度增加(或减少)曹司设置,从而拓宽了六部制度的伸缩余地,将原来职能接近却互不归属的体制折中合并为一体。

例如,改制之前,宋朝官员的管理任免事项并不由吏部负责,而是分属于不同的主选机构;调整后,负责不同级别文武官员选任的机构改称吏部尚书左、右选,侍郎左、右选,归入吏部。吏部总为七司,人事管理方面的法规亦因之依事类定为《吏部七司条法》。更为关键的调整在户部。元丰改制前,户部几乎无所执掌,改制后则负责全国财计事务。新户部分设左右曹,以左曹掌户口、赋税兼理民政,右曹掌与新法相关的各类事务。与旧户部相比,新户部的职权大为增加;而与三司相比,则新户部所能掌管的财政权力减少了许多。以往三司所掌事务,有相当部分分隶他司;原归属于三司的财政监察勾稽权,改制后除由户部点检驱磨钱谷文帐外,则以刑部属下的比部司为最高审计机构。新的理财体制纠正了以往三司财权过分集中的弊端,将财政管理与审计合一的内部审计体制改变为财审分离的外部审计体制。凡此种种,就权力制衡而言,有其合理之处;但是,也带来了新体制下国家财计统筹管理不力的问题。[1] 改制后

---

① 参见汪圣铎:《两宋财政史》第四章《户部理财体制》;朱瑞熙:《中国政治制度通史·宋代》第九章《财政管理制度》,人民出版社,1996年;方宝璋:《宋代财经监督研究》第二章《宋代主要财经监督机构》,首都师范大学博士论文,1991年。

的吏、户二部,事任繁忙,被人称作"吏封勋考,笔头不倒;户度金仓,日夜穷忙"。① 然而,与吏部同居前行的兵部,却由于军政归枢密院,武职选任归吏部,本身只掌兵卫、仪仗、武举、厢军等次要事务,最终落得辖司合并。

元丰改制是宋代国家行政体制的一次重大变革。除在官僚人事管理制度的改革("以阶易官")方面取得了较为稳定的成功之外,在官僚机构设置方面的改革,亦取得了部分的成功。

但是,这次改制,在一定程度上带有主观意志作用的色彩。北宋前期,在官僚士大夫心目中,一方面有"回归三代"的理想,一方面又普遍存在着对于再现大唐"太平盛世"的憧憬。元丰改制的出现,正与后者有关。早在宋太宗时,即有一些文学之士讲求典故,呼吁"正名",主张渐复尚书省二十四司之制,但政务实践经验丰富的执政官僚们并不积极赞成,改制之事屡议屡寝。以宋神宗为首的"元丰改制"主持者,注意到北宋前期设官分职中存在的名实分离问题,慨然欲更其制,而他们对于恢复唐前期的三省六部制度,存在一些不现实的理想化期冀,因此改制后的中枢机构,在运转中出现了一些突出的问题。

中书门下被析为三省后,三省分为三班奏事,政事的拟议审定迁回曲折,客观上降低了行政效率,未能达到预期的目的。加以神宗以来高层政治权力之争的复杂背景,中书省负责取旨出令因而"独重"的情形受到宰执们特别的关注。元丰八年(1085)宋哲宗即位后,宰臣司马光、吕公著等人再三提议调整三省关系,"一如旧日中书门下故事",以使"政事归一";同时,尚书省诸多事类区分性质、轻重,或商量、或取旨、或专决,以便减少转递层次,力求实现"上下相承,各有职分,行遣简径,事务办集"的施政原则。② 此后,三省逐渐恢复同班奏事,共同取旨施行。

北宋后期,新旧两党政争激烈,国家政策反复频繁,在"更化"或"绍述"的旗帜之下,官僚制度亦屡经变更。但是,总的讲,三省共同取旨、共

---

① 陆游:《老学庵笔记》卷六。

② 《司马光奏议》卷四十《乞合两省为一札子》《乞令六曹长官专达札子》,卷三九《上官均奏乞尚书省事类分轻重札子》,山西人民出版社,1986年。

预决策的规制保持不变,成为不同政治派别的宰执们共同维护的施政方式。①

北宋二府并立,军政、民政对举的作法,在贯彻权力制衡原则的同时,也带来了议论不一、号令参差的问题。经过反复调整,统御三省的宰相正式获得了与枢密院长官共商军政大事的权力。

靖康军兴之后,机速事务大增。南宋建炎三年(1129),应宰相吕颐浩等建议,"合三省为一,如祖宗之故";②尚书左、右仆射复以"同中书门下平章事"入衔,成为南宋朝廷的宰相。就中枢核心机构的变化而言,自北宋前期之制,经元丰改制、元祐变更至建炎调整,曲折反复之后,重新实现了决策、行政事权的一体化。③

4. 宋代的地方行政制度

(1)地方政府机构

宋代地方政府机构基本上是州县二级建制;同时,全国划分为若干路分,作为朝廷派出机构的辖区。

州府军监为直隶中央的同级行政机构,长官由中央派遣京朝官担任,称作"知某州(府军监)军州事",简称"知州"(或"知府"等),另设通判与其共掌州政。一州的赋税、钱谷、狱讼之事及兵民之政,皆由知州总理,通判亦参与裁决,共同签署文件、督促施行。

各县长官亦由中央直接委派:京朝官出任,则曰"知县";由资格相对低浅的幕职州县官担任,即称"县令"。知县、县令职任繁重,"催税劝率,民讼刑禁,凡朝廷所行之政多在焉"。④ 县内设有县丞、主簿、县尉及其他佐职吏人。

宋代的路级机构主要有安抚使司、转运使司、提点刑狱使司与提举常平司,亦即"帅、漕、宪、仓"四司。这些机构,是逐渐设置齐备的。宋初为转输粮赋,仿前代作法,派专人负责,称作"知某某转运事"或"勾当某

---

① 参见张复华:《北宋中期以后之官制改革》,文史哲出版社,1991年。

② 《建炎以来系年要录》卷二二,建炎三年四月庚申条。

③ 乾道八年(1172)孝宗再改宰辅名衔,但其基本体制没有实质性的改变。

④ 《宋会要辑稿·职官》四八之三二。

路计度转运事"等;战时军需则设军前转运使。宋太宗时,随着南方的平定归复以及罢节度领支郡,转运使的职任与相对固定的地域结合起来,"边防、盗贼、刑讼、金谷、按廉之任,皆委于转运使",转运使有了"无所不总"的权力;① 与此同时,作为财政与监察区划的路制也逐渐确立下来。

安抚使本系因事而设,具体名衔常不相同。真宗时期,有派出"观省风俗"者,有主持边地军政者。② 其后,各地区在遭遇水旱灾害或意外动乱期间,朝廷往往派员前往"体量安抚";陕西、河东、河北、京东西、湖南、两广等或沿边、民族矛盾社会矛盾较激烈地区则陆续正式设置安抚使(或称经略安抚使)。③ 安抚使司首长逐渐固定由本路内重要州府的长官担任,有权过问一路之军政事务;南宋时,诸路普遍设置安抚使司。

转运司经度财赋,刺举官吏,职任颇繁;提刑司掌刑狱,兼管保甲、军器、河渠等诸多事务;提举常平官员是随着熙宁新法的推行而由朝廷普遍差派的,负责常平仓、农田水利、差役及茶盐等事。漕、宪、仓司置属员掌诸案,机构内部依管理目标、对象的不同而有职能划分,开始向管理部门专业化方向发展;④ 它们既有专门事任,又具监察职能,合称"监司",在一路之内权任颇重。

路内诸司职任有交叉而各不统属,互异互补、互申互察。这种做法,在成功地防范长官专权、着意建设监察网络的同时,也造成了运行机制滞缓等严重问题。南宋孝宗以后,不少士大夫批评这一体制,建议将路级机构并省为一元。

在不同的阶段中,宋廷还应时势需求,在各路或于数路之上设置过一些特殊的机构,例如发运使司、制置使司等。

宋代"随事立目",允许诸路转运使、安抚使以及典领要藩大郡的重臣自辟部分僚属。这批人尽管为数不多,却是地方长官施政时倚仗的谋

---

① 《文献通考》卷六一《职官》一五。

② 《事物纪原》卷六《节钺帅漕部》"安抚"条。

③ 参见李昌宪:《宋代安抚使考》前言《宋代安抚使制度》,齐鲁书社,1997 年。

④ 《宋史》卷一六七《职官志》七;参见李立:《北宋转运使若干问题研究》,北京大学历史系硕士论文,1996 年。

士班底与核心力量;他们也由于施展才干机会较多,容易受到保荐得以升迁,而成为士子们羡慕的对象。①

汉唐以来,地方监察区划的设立,成为中央政府对于地方实行集权的重要方式。宋代的路,既是地理概念又是层级概念。诸路辖区相对稳定,拥有责权固定而具弹性的常设机关,作为具有信息搜集职能与一定临事决断权力的朝廷派出机构,很容易干预乃至直接介入地方行政事务,事实上带有自地方监察区划向行政区划过渡的性质。到北宋中期,路分提点刑狱、转运副使、转运使等职任已经被纳入正式资序体系,成为国家官员职务晋升时固定的层次级别,具有了相对确定的员额,显然不再属于朝廷派出视事的临时性职任。②

(2)地方统属节制关系及地方权力

在宋代,诸县事务,令、丞不能裁定者,申报于州,由诸州长官"总而治之";"又不能决,则禀于所隶监司及申省部"。也就是说,诸县统属于州;诸州在一定程度上受本路监司的节制,同时亦得以专达于朝廷;中央的诏敕批状,直下诸路、诸州,政令通常由路级机构监督诸州执行。从地方行政统属关系来看,路级处于承上启下的重要位置。③

地方上的钱谷征收、刑狱鞫讯等实际事务,多由县与州两级处理。经县与州未能得到恰当解决或案情复杂、牵涉地方官员者,则由路分监司审覆。重大案件或经由地方而未能处置允当者,中央得知后,往往直接干预。地方上已经审决的重大刑狱事件,要按规定向中央奏报。

作为诸路监司,其施政方式主要是定期巡历视察,所发现州县治理中存在的问题,不仅要"条陈上阙",还应根据实际情势过问处理。对于需要具体调查、牵制精力的事情,可以从部内州县临时选派官员办理。除此之外,监司经常通过移文下达行政指令,督促下属执行公务。

---

① 参见邓小南:《宋代辟举初探》,《中日宋史研讨会论文选编》,河北大学出版社,1991年。

② 《文潞公文集》卷二九《奏除改旧制》;参见邓小南:《宋代文官选任制度诸层面》第四章。

③ 《宋会要辑稿·职官》四七之一二;《司马光奏议》卷四十《乞合两省为一札子》,山西人民出版社,1986年。参见李治安主编:《唐宋元明清中央与地方关系研究》第三章,南开大学出版社,1996年。

宋廷充分吸取前代历史教训,力图将地方兵权、财权、人事权一概收归中央。但实际上,在广阔的疆域之内,在国家事务运转的实践中,由于技术手段的限制,集权只能建立在地方一定程度分权的基础之上。以宋代的地方财政权为例,原则上由中央直接控制,周转移易,调其有余而补其不足。国家财政管理体制视全国为一整体,以中央的派出机构转运司、地方州郡为财赋分配管理的支度系统,可以满足中央需求,同时保证地方州郡之间的均济调拨。然而,宋代税收制度的更革落后于财政开支增长的速度,国家财政来源长期紧张,这对于各级政府之间的财赋分配关系产生了深刻的影响。其主要后果之一,即竭尽全力保证中央持续增长的财政需求,地方上供钱物不容亏欠;同时将州郡"岁计"相对固定,用度差额主要不靠区域间的通融措置解决,而由地方财政取足于本辖区内的赋税收入。①

这样,就制度规定而言,"举四海之大,而一毫之用必会于三司";②事实上却是以一地之资,供一地之费。随着政府的权力责任向地方转移,地方必然会以体制外的非规范行为,去扩大自己实际的财政自主权;因而出现了"诸路之财,平时往往巧为伏匿,不敢实言,以备缓急"的情形。③ 而地方之自主行为只要不超越一定的限度,朝廷亦会予以容忍。

据此,宋朝所施行的中央集权,并非表现在事无巨细一决于中央,而是反映于在权利分配方面中央所占居的决定性地位,反映于"自下而奉上"原则的实施。而地方在一定自主范围内的措置,事实上缓解了朝廷所面临的矛盾,从根本上有益于中央集权的稳定。

三 连接中央与地方的信息渠道

就其广度而言,宋代所完成的,事实上并不是真正意义上的统一;然而,其统治所达到的纵深层面,却是前朝所难以比拟的。

---

① 包伟民:《从宋代的财政实践看中国传统中央集权体制的特征》,《徐规教授从事教学科研工作五十周年纪念文集》,杭州大学出版社,1995 年。

② 《栾城集》卷二一《上皇帝书》。

③ 《宋会要辑稿·职官》五二之二。

中央与地方的关系,在不同的历史阶段中呈现着不同的态势;讨论特定历史时期内中央与地方的关系,首先涉及的,应该是当时连接双方的信息渠道问题。在中央与地方显然存在着利益差异与冲突的根本性前提之下,对于信息占有的非均衡状态,由于不同的时间地域、由于多种因素的互动,而呈现出复杂波动的情势。是否能够及时掌握充足可靠的基层讯息、了解地方动向,是否能够及时下达朝廷意向、保证政令畅通,直接关系到中央集权政体的效能,关系到是否有可能自上而下把握住国家的统治命脉,无疑至关重要。

宋廷从制度设施、运作举措两方面入手,致力于疏通信息来源,建立信息网络:以行政、监察机构为主,业务部门投入,建立各自相对独立、多层多途错落纵横的沟通渠道;中央随时调动制度外的手段,作为已有信息来源的补充,并且不时加以整理,纳入正规信息渠道。

宋代的决策集团,通常把防范弊端、保证统治稳定作为设范立制的出发点,与之相应,征集信息的范围比较广,所注重的信息具有明显的选择性取向,例如地方官员的法度外甚至违法行为、民间舆论的动向等,都是朝廷着意的方面。

(1)朝廷固定的纳言渠道与常设机构的报告

宋廷用以搜集信息的确定制度主要有:

群臣奏事:其中包括在朝百官直接面见皇帝奏事或向政事堂(都堂)奏事;也包括内外官员经阁门呈章疏奏事。除宰执、侍从、台谏等官员的经常性进奏以外,其他官员也可以通过轮对、请对、召对等方式向皇帝进奏;比较固定的奏对者,有在京任职或有待任命的文武升朝官,有委派为地方长官准备辞别者,有自外卸任赴京述职者,也有作为朝廷特使衔命出京者。凡有关时政得失、措置利弊、军机要事等,都可以进奏;而官员们所能了解到的地方政务、基层动向乃至社情民意,更是朝廷所关注的内容。

诏求直言:赵汝愚在其《进皇朝名臣奏议序》中曾说,"国家治乱之原,系乎言路通塞而已"。这实际上是有识见的统治者之共识。在宋代,新皇帝登基后,照例要大赦天下,同时号召群臣进言;遇到灾害天变,或是朝廷政策调整之际,也经常广求"直言"。这些"直言"大体上不外乎两类:一是呈报消息,一是呈进建议。据司马光说,真宗咸平景德间,群臣上书言事者,日不下百余封,每戒敕阁门令疾速进入,且委派专人详定以闻。①

地方长官赴任后,除向朝廷进呈例行的到任报告、年节贺表外,都须尽速调查辖区情况,及时向中央申报。对于朝廷颁布的诏敕政令,贯彻之后要做出汇报;有异议者,可以根据本地区状况上奏请示。每逢年终,地方机构照例须就本地财政收支、户口增损、农桑垦殖等情形进行统计,并将帐历呈报中央有关部门勘验;官员当年政绩,亦须总结书考,待官员离任时呈监司复核、吏部审查。

各司各部各级的磨勘勾检系统,在宋代作用突出。元丰改制前,中书门下有检正官,枢密院有检详官,三司中专门的审计机构是勾院和都磨勘司,而都凭由司、理欠司、勾凿司、催驱司,都不同程度地介入对于财务簿籍的复核;还阶段性地设立过一些临时机构,覆校清查账目。元丰以后,门下省、中书省有催驱房、点检房,尚书都省有左、右司。户部有都拘辖司、推勘检法官;刑部中的比部司,专门负责"勾覆"中央和地方的帐籍:凡是官家场务、仓库所出纳的物品,都要逐月统计、每季核对、按年汇总,各路监司将经过检察的会计数字上报到比部;由比部审覆其多寡登耗之数,有陷失,则应及时处理。磨勘勾检官员在当时的主要职责,是在本司业务范围内检核差失、催促稽违,事实上承担着督励审计责任。淳化三年(992),前盐铁使李惟清亏损官钱14000余贯,就是被勾院吏卢守仁揭发出来的。②

不同系统的众多机构、相互交错的多条途径,自不同角度提供情况报告,主要目的在于减少消息虚假、来源梗阻的可能性。发现问题时,宋廷经常布置诸司协同"会问",注意多层面的"点检"、上下级间或者不同隶属关系之间的"体量",甚至特派专使进行"勘验",以便多方位覆核所掌握信息之可靠程度。

---

① 《司马光奏议》卷一九《乞转对札子》。
② 《宋史·职官志》;《宋会要辑稿·职官》六四之七。

（2）帝王与朝廷特派专使的访察

宋代帝王长期以来一直致力于寻求较常规渠道更为直接的信息来源，自北宋初期即采用前代行之有效的办法，时常派遣专人充任采访使、按察使、察访使等，分行诸路，观望民情，廉察官吏清浊能否。

此外，在一定时期中，宋廷还经常派出重点察验专项法令执行状况的专使。熙宁变法期间，中央派出察访使检查诸路对于常平、农田水利、义勇保甲等新法的执行情况，不少出使者由中书检正官担任，例如检正中书刑房公事李承之、沈括，检正户房公事熊本、蒲宗孟等。政和年间，尚书省曾经差官往某些路分按察盐茶事。而这些专使并非仅只察验专项法令，"州县、监司职事并许按察"。南宋初年，兵荒马乱，宋高宗专门设立了抚谕使"慰安存问"士庶民众，"且令按察官吏，伸民冤抑"。①

由三班使臣或者原应在皇帝身边供职的内侍充当的诸路"走马承受公事"，本归转运司，真宗后隶属于经略安抚总管司，最初设在河北、河东、陕西及川峡数路，其使命是替皇帝了解探察各地的"物情人事"。北宋后期，不仅在诸路普遍设立，而且职任明显扩张。政和七年（1117）改称廉访使者，"一路事无巨细，皆所按刺；朝廷耳目之任，寄委非轻"。他们虽然不能直接干预地方事务，却受命按察监司，并且享有径直快捷向皇帝禀报消息的权力。②

特使巡行，在有可能了解到官情民隐的同时，也有可能产生许多负面效应。对于朝廷派遣特使出外巡察的举措，宋代的官僚士大夫们反应不一，宋廷对特使们也存有戒备之心。熙宁末年，朝廷曾经下诏说，在出外察访体量公事的特使中，如果有人任意违法，允许被巡察路分的监司"觉察闻奏"，③反映出宋廷"使用"与"防范"并举、不专任某一系统、不专信某一按察官员的做法。多途访察，信息互核，正是这一原则指导下的安排。

（3）对于士民反映的征集

在宋代，搜集士民反映，成为当时条件下可能的信息反馈途径之一。

---

① 《宋会要辑稿·职官》四二之六二、四五之八；《宋史》卷一六七《职官志七》。

② 《宋会要辑稿·职官》四一之一二〇、一三一。

③ 《国朝诸臣奏议》卷六六《乞重使者之任疏》。

朝廷对于地方状况的了解,除基层报至主管部门、有据可查的帐籍、印历外,不少是自监司、台谏、特使等各类官员的巡行见闻中得来的。所谓"见闻",既有亲历亲见者,更多的是通过"廉访"得来的消息。

当时,在各州县,都有很多乡居缙绅。他们之中,有退休或待任寄居的准官僚,也有长期以来活跃于地方、或经营或耕读于乡里的士人。他们往往能够左右当地舆论,形成有影响力的区域性群体。这些人与各级官员有着千丝万缕的关系,他们谈论时事,关注吏治,是朝廷使者调查地方治绩的主要信息来源。

元丰年间,长期居于乡里的苏州士人如朱长文、方惟深等,名称蔼然。当时就任于两浙、苏州的郡守、监司官员,奉命巡视的朝廷使者,莫不登门造访,请教商谈政事方针;途经此地的官僚士大夫,也争先恐后奔走于其门前。[①] 类似情形在宋代州郡中相当普遍。作为地方缙绅中的代表性人物,这些人的意见,事实上反映着当时当地士人群体的见解。

在宋代,也有不少乡居士大夫结交官府、武断乡里的事例。一些地方官员乃至朝廷使者,曲意迎合这些往日权要,所询访之地方事实"真相"难免发生扭曲。

朝廷及其使者对于乡居士人的格外重视,与当时政府对地方的统治能力不足有关。士大夫们由于其经济条件的充裕、组织经验的丰富、人际关系的熟悉而在乡里有着广阔的活动空间。他们既是乡村形势户中的主干势力,又因其文化素质较高、对政府行为有一定理解力,而得以在政令推行、"教化"普及过程中占据优势地位。国家权力向基层社会的延伸,事实上有赖于这类"地方精英"的配合。[②]

至于来自普通民庶的反映以及发生在他们当中的问题,求访消息的大员们主要是通过接受人户投书、递入词状了解的;[③]此外,百姓中的传言、"谣谚",也是经常被搜集的对象。

民间舆论的褒贬,通常观点鲜明。通过各种途径流传到京城的民间

---

① 《宝晋英光集》卷七《朱乐圃墓表》;《中吴纪闻》卷三《方子通》。

② 参见王曾瑜:《宋朝的吏户》,《新史学》4 卷 1 期,1993 年;梁庚尧:《豪横与长者:南宋官户与士人居乡的两种形象》,《新史学》4 卷 4 期,1993 年。

③ 《历代名臣奏议》卷一六九,《名公书判清明集》卷一《劝谕事件于后》。

风谣,其内容有时会引起朝廷注意,成为了解官员任内表现的佐证。包拯知开封府,人称"关节不到,有阎罗包老";王觌知苏州,"民歌咏其政,有'吏行冰上,人在镜心'之语"。相反,北宋徽宗时期,为避自身名讳,使吏民将"放灯"称作"放火"的知州田登,则因朝官进言,说他"守郡轻脱,人所嗤鄙",终至免任。①

（4）信息的汇总与处理

宋代的诸多信息搜集传递系统是相对独立运作的。中央与地方之间的信息往来,既有经由逐级常设机构传达者,又有得自不定期的经常性巡访按察者。各类官员各种形式的御前进对及进呈的章奏,是君主了解外事的重要途径。中央业务部门对于地方相应机构进行专业性检核审计,各司各部各级的磨勘勾检系统,提供了又一条活跃而严密的渠道。专司监察的台谏系统,监督并且积极直接地参与着信息传递的运行过程。受理吏民词讼的登闻鼓院、登闻检院、理检院,也成为朝廷查访地方吏治的孔道。

多途信息渠道的最高协调机构,主要是执掌中央政务权力的政事堂。不过,封建时代的君相关系,决定宰相的办公会议不可能大权独揽。御史台的纠核按察,直接向皇帝负责。皇城司"周流民间,密行伺察",以左右亲信为帝王耳目。在各类特使中,有一些任务重要者,衔命出京,复命归朝,直接面见皇帝奏事。政和年间,按察专使的奏报文字受到格外重视,允许经由入内内侍省投进。诸路走马承受公事,没有特殊事件时,每年赴朝廷进奏一次;如果有机密急速事件,需要立即报告的,马上"驰传以闻",到京都之后,可以直奔皇帝所在的殿庭禀奏。②

赵宋王朝的这种安排,自然有其深意。信息搜集的最终汇聚点,只能是君主所在的"御前";对于国家大事最终的处断裁决,也应该出自于皇帝。这恰恰是宋代防范周至的"祖宗之法"所要求的。太祖开宝时,宰相赵普正是由于企图垄断来自"中外表疏"中的讯息,而遭致批评乃

① 《古谣谚》卷一三;《独醒杂志》;《老学庵笔记》卷五;《宋会要辑稿·职官》六九之一〇。
② 《宋史》卷一六四《职官志》四;《宋会要辑稿·职官》四一、四五。

至去职的。①

宋代的各类文书，是互通情报与交流思想、传播意念的主要媒介；官方文件的形成与传递颁布，更是政府行为的重要构成部分。当时，各级政府对于诸多事项的管理主要依靠文书条令、案牍簿籍；中央与地方的沟通，也大量倚仗于文书资料的运行。中央政令，通过诏敕批答等书面形式下达到地方；地方层级之间，通过移文布置推行指令；对于基层民庶，通过张贴榜文告示于通衢晓谕政令。地方向朝廷的汇报，更是源源而来：户口财赋的统计，记载为帐籍材料；官员治绩的总结，凝聚为印纸历子；地方所不能决断的事务，更需书面文字呈报。

对档案资料的充分重视，一方面使得主管部门头绪繁多的工作有所依凭，另一方面也使得查阅处理不堪其烦。据《文昌杂录》卷二载，元丰官制初行时期，尚书省六曹诸司五、六两个月内，收纳文书总计 123500 余件。如此巨量的公务文书，决策者显然不可能躬亲处置，即便全体省司官员也力不胜任，须靠各部胥吏逐一登记、分拣、筛选归类，进行初步技术处理。在信息综合的交汇点、中转集散的衔接点上，存在着信息流失乃至事权分散的可能空间。

我们可以找到诸多例证，说明在宋代的行政运行程序中，如何注重"计程驱磨"立定时限；但是，即便是在制度规定的正常状态之下，限于当时可能的技术手段，加以决策层主观上强调相互制约的考虑，信息传递及政令批转之层级过多，造成的信息时效性减弱、政事处理稽滞等问题，仍然是相当突出的。《宋会要辑稿·职官》二之三九记载，熙宁三年（1070）五月，看详银台司文字所上言说，进奏院每日投至银台司的诸路州军文状不下四五百件，而这些"奏状自来住滞六日，方始投进发放了当"：其中包括贴写奏状事宜、抄写奏目及发放文历、进入内中用印点检分配，然后发送合属去处；该所建议，"自今并限四日内须贴写投进发放了绝"。仅银台一司经办登录手续即需四至六日，则从全国各地经驿递呈报上来的材料（非机速文书），周转效率可想而知。

---

① 《续资治通鉴长编》卷一四，开宝六年八月。

北宋中期,苏轼曾经说:"今之患正在于任文太过",①所谓"任文太过",实际上是指过分拘执于条文成法,过分倚信于字面材料。事实上,文书种类与数量激增,是伴随官僚制充分发展而产生的自然现象,也是理性行政之必备要素导致的结果之一。在传统社会中,对于"度"与分寸的准确均衡把握,显然非常困难;而信息处理手段与目标的不适应,即格外凸显出来。面对制度发展本身带来的问题,宋廷感到了两难的困惑。从另一角度看,"任文太过",也是宋廷恪守以"事为之防,曲为之制"为核心的祖宗法度的必然结果。

就"任文太过"的负面影响而言,它既造成了文件积压、政务稽缓,又促成了逐级虚应故事的文饰风气。这正如绍兴年间枢密院编修郑刚中所说:"朝廷施行一事,付之监司,监司付郡守,郡守付县令。各了一司文移之具,不问其有无实惠及民。……美意一颁,天下知其为虚设尔。盖欺罔诞谩之弊,至今不革,广设文具,应办目前,仿佛近似,以报其上。"②宋廷应付此类问题的思路,经常是颁布更加详尽的文件法规,使基层的转旋活动余地尽量狭窄,以图减少"欺罔诞谩"的可能。这就将事情引入了一重重怪圈:中央本为求得相互验证而尽可能搜集大量材料,在行政程序方面大费周章,而以不"任人"专"任法"、以消磨创造性活力为代价换得的,却是基层供报材料形式上的严密、内容相当程度的失实,上层反由于材料众多而更加无暇普遍核查。

各个系统的多种机构参与信息征集,却缺乏有力的综合协调,缺乏统一高效的信息处理机制,结果一方面重复搜讨,反而促使地方官员设法应付;另一方面又使得已经获取的官方或民间资料得不到充分利用。途径多元化带来的益处未能发挥;而与政出多门、众说纷纭相应的反馈处理效率低下,却为两宋统治涂抹了一层暗色。

谈到信息的征集,我们不得不考虑这样一个问题,即:在当时,究竟有谁真正关心所汇集的信息是否准确?申报材料者往往有趋利避害的现实考虑;负责资料汇总等具体事务的官员乃至执掌技术环节的胥吏,

---

① 《苏轼文集》卷八《策别课百官》二。
② 《历代名臣奏议》卷一七二《考课》。

担负着核实勘验的重任,而他们实际上关心的,主要是诸多表格材料中是否存在空缺与"不圆"之处,而不是填报内容的来源以及是否属实;身在朝廷的决策人物,包括帝王在内,理应关心信息的可靠程度,而他们显然也难以摆脱一己私利之缠绕,强烈地希望听到顺遂之言。既从整体上认识到真实信息的重要性,却又设置主观导向,挑拣筛选,这种矛盾的作法,从根本上限制了信息充分而准确的可能性。

四　宋代的官僚管理制度

1. 特色突出的设官分职制度

（1）北宋前期官、职、差遣的分离

宋代设官分职制度的主要特点,在于其官、职、差遣的分离。"官以寓禄秩、叙位著,职以待文学之选,而别为差遣以治内外之事。"①在这里,"官"指正官或本官,"职"指授予较高级文臣的清高名衔,"差遣"则是指官员所担任的实际职务。②

唐代中叶以来,设官分职之制中,形成了使职差遣普遍化、职事官阶官化的局面;原有的职事官体制在很大程度上改变了性质,而差遣体制尚未发育成熟。这种状况反映在当时的人事制度中,出现了"双轨制"的现象:一方面,"职事官"有员额有品秩,却不一定有事权;另一方面,拥有治事权力的"差遣"职务,却由于本属权宜设置,令典规章无可稽寻,因而既无员额又无品秩。

职事官体制与使职差遣体制的交叉,给唐朝的官员管理工作带来了诸多不便。当时,整理任官制度的思路,归结起来,是希望恢复(而非另建一套)以职事官为中心,把官称、员额、品秩、事任联系在一起的设官分职方式。然而,面对日益复杂的现实政治情势,类似的努力终于收效甚微,而临时差遣职任的增多无可阻遏。五代后期的官僚士大夫们,开始另寻出路。他们已经意识到充分利用原职事官系统的安定、调节作用,

---

① 《宋史》卷一六一《职官志一(总序)》。

② 参见梅原郁:《宋代官僚制度研究》,同朋舍,1985 年;朱瑞熙:《复杂多变的宋代官制》,《中国古代官制讲座》第 13 章,中华书局,1992 年。

而另建一套差遣治事系统的可能性与必要性。

北宋的决策人物们继承了前代遗留的既成局面,却从原有的窠臼中超脱出来,舍弃了以"职事官"为中心的调整思路,不再把"官复其职"作为整顿的目标;而索性以原省部寺监官阶组成官员迁转的不同序列,以此寓示人们各自不同的出身、经历、流品等背景内容。与此同时,因势利导,以"所任之事"为中心,对以往分散而互不统属的差遣职任加以整理,建立起一套精干而有效能的行政体系。

宋初在整理任官制度的过程中,体现出浓厚的务实色彩,比较妥帖地解决了长期积累的矛盾,顺利平稳地实现了人事权力的转移;"官"与"差遣"的分离固定下来,各成系统,从而自根本上解开了原职官系统运转不灵而"令外设官"管理不便的扣结。

唐代"掌务而授俸者,惟系于职事一官";①宋代的设官分职方式,却突出地将作为"授俸"基准的本官与"掌务"之差遣区分开来,标志基本待遇、地位的身份层级系统和处理内外事务的实际职任系统分立为二。官僚个人的基本身份有了相对独立而稳定的参照衡量标准。"本官"与"差遣"既相分离,又相联系。其分离,使得宋代的官僚选任制度亦相应分为两途:一为改转寄禄官品阶的磨勘叙迁之制,一为以资序为依据的差遣除授之制;其联系,反映在二者之间维持着一种互补与大致的对应关系。

本官与差遣的分离,使得朝廷对于官员的任用更为灵活,有了更大的回旋余地。宋廷运用多种手段策励群臣效力:或升差遣而本官如故,或迁本官而差遣照常;有二者同步迁降者,也有降黜差遣而升陟本官阶秩以示抚慰者。北宋前期发展成熟的这类进退办法,极大地丰富了人事制度中的应变处置方式,形成了多方位、多层次的奖惩激扬体制。

(2)元丰改制"以阶易官"

北宋前期的寄禄官阶秩系统,利用了唐代原职事官的称谓头衔,"官"与"差遣"的分离,即表现为职事官名衔与其职事的分离,因而造成了官制中纷繁复杂、名实不侔的现象。在赵宋统治稳定后不久,这种状

---

① 《陆宣公翰苑集》卷四《又论进瓜果人拟官状》。

况即受到朝野人士的强烈批评。要求"正名"的呼声,终于导致神宗时期以"台省寺监之官实典职事"及"以阶易官"为主要内容的元丰改制。唐代中叶至此三百余年间,设官分职制度屡经冲击、变革与整理,走过了一个"之"字形的历程。

元丰三年(1060)八月,神宗下诏改制,其主要设计思想是:"使台省寺监之官实典职事,领空名者一切罢去而易之以阶,因以制禄。"①也就是说,自改变台省寺监官称与其实职的分离状况入手,全面调整中央官僚设施,更易名称,划分权限;与此同时,将原有散官阶名称加以改造,形成新的一套寄禄官称谓,用以取代原来借用的职事官称。

元丰改制,以开府仪同三司至承务郎共 25 个阶次,取代了上至使相(节度使兼侍中、中书令或同平章事)下到秘书省校书郎、正字、将作监主簿等职事官称。这次以新阶易旧官,只涉及文臣中的京朝官,而未触及幕职州县官,也没有牵涉到武臣。嗣后,哲宗时期,数度增设、调整阶秩,以期解决阶次过少、迁转速易的问题;徽宗年间,为幕职州县官与武官设立了对应的寄禄阶,从而基本上完成了"以阶易官"的过程。

元丰以来的寄禄阶体制,名称与设置形式上与唐代的散官相仿佛;其远较差遣职事稳定的性质,也与唐之"本品"颇有类似之处。然而,它毕竟自北宋前期"寓禄秩、叙位著"的本官系统发展而来,而不是唐代散官制度的翻版。二者在官员选任制度中的意义、叙进的条件与方式,都有着显著的差别。

2. 影响深远的资格之法

(1)宋代的"资"与"资序"

铨选制度中的"资格",是个十分复杂的综合体。"资格"一词,内涵相当丰富。从广义上说,它事实上是由官员的出身(指官员进入仕途的途径,例如科举考试取得"进士"身份、靠父祖官位获得"荫补"、胥吏等人自"流外"进入流品,等等)、进入仕途后的履历、职任的剧易、品级的高低、课绩的记录,乃至推荐者的身份、人数等多种因素决定的。而在诸多

---

① 《宋大诏令集》卷一六二《改官制诏》。

因素之中，官员的"资历"显然占有突出的地位。因此，就其狭义而言，"资格"与课绩相对，主要是指"资历"。

依资递迁的任用升迁原则，在我国官僚制度史上曾经长期发生作用。唐代中叶，系统体现这一原则的条格——《循资格》正式颁行；两宋时期，循资原则极大地膨胀起来，进而形成了无处不在而又具有赵宋特色的资格之法。

在宋代，与"本官""差遣"分离的设官分职制度相应，构成官员资格的，大致有两方面内容，即象征官秩高低的"资"（或曰"官资"）以及决定差遣职位的"资序"。在官僚选任过程中，资序显然更为重要。

资序，即资任、资历，其内容包括差遣职务的高低和任数。资序系统，主要是由诸多外任差遣层次构成的，即所谓"惟以差遣为资历"。①某一差遣任内满一定年限即可"得资"（或曰"成资"），通常便被承认具备了该资序，例如"第一任知县资序""第二任知州资序"等。下至初任县尉、主簿，上至重要路分的转运使，都可以理作资序。北宋前期的省台寺监官，无常职、无定员，以特敕判事者则纷淆多变；而外官差遣职任既涉及大量官员，又较为整齐划一，层次分明，容易比照，因此一般成为内外官员除授差遣时共用的叙理体系。

宋代文官依其身份高低，大体上分为京朝官与幕职州县官两大集团。京朝官可以细分为两类，即中高层常参官（"朝官"）与较低层次的未常参官（"京官"）；而幕职州县官则通常是就任于基层的低级文官。②官员依其职任性质，又大致可以分为两类，即亲民官与厘务（或曰监当）官。亲民官指负责民政的各级行政长官，厘务官则是派驻各地监管财务（如茶盐酒税、冶铸等事项）的官员。与此相应，官员的资序也有亲民与监当两大类别。亲民资序下至基层幕职州县官，上至京朝官担任的知县、通判、知州、诸路提点刑狱乃至转运使，次第井然；在同一级别的职任中，又依其县、州、路分的大小、远近、紧要程度而区别上下轻重。在宋代的铨选序列中，亲民资序优于监当。

---

① 《宋史》卷一六一《职官志》一。

② 宋代"幕职官"系府州属官；所谓"幕职"，乃沿用前代称谓。

宋代的官员选任,是通过堂除、常调、定差、奏辟等多种途径进行的。在不同的渠道、不同的部门之中,优先适用的除授原则亦不相同。相对而言,资序体制在广大中下层官员的除授过程中作用更为突出。

宋代铨选中关于叙理资序、升陟资序的规定很多,而且经常处于调整之中,这主要是为了相对顺利地完成官员("员")与职位("阙")的对应组合,以期达到"为官择人"的目标。以差遣职事为中心,寄禄阶、职名、资序皆围绕运作,这是宋代人事选任制度的重要特点。资序是官员与差遣结合的产物,是除授差遣时衡量官员身份、确定窠阙类型的基准,因而受到待拟人与铨司的一贯重视。

完全合丝对缝、秩序井然的原则规定,在复杂多变的官僚场上,很难不折不扣地照样实施。为保证根据需求及时派遣,必须采用一种上下衔接、纵横贯通、此出彼入而富于弹性的资序与差遣对应方式。这套体系,是在人事选任工作的长期实践中,在矛盾、平衡的反复运作中,逐渐丰富起来的。它能够适应变化的条件,或"折资"、"超资",或者通过调整职任的称谓(例如在职衔前加"权"或"权发遣"字样)等方式,实现以资序为基轴的、相对灵活的差遣除授。这种"灵活",既是对资序条文一定程度上的背离,又体现着资序原则的制约。宋代的资序体制,正是以这种方式发挥其作用的。

资序来自差遣,资序的叙理与差遣的除授有直接的对应关系;但是,资序又不等同于差遣,作为铨司授任时的档案依据,资序远较差遣整齐划一而稳定少变。二者的差异,表现为不同的类型。首先,资序与官员所任差遣的性质有时并不契合。亲民、厘务之别,本就其工作性质不同而言;而在宋代,有些监当官可以理亲民资序,有的亲民官却任监当之事。① 其次,曾任某一差遣,并不一定能够叙理该资序。例如,任职时间短、任内未成资者,不能理为资序;"权入"某资序、"权发遣"某职事者,不理该资序。北宋前期的尚书省诸曹,只有判刑部、吏部、南曹许理资序,仁宗后期才增入判考功、祠部、官告院等;其他诸司因不理实事,即便

---

① 《续资治通鉴长编》卷一九一,嘉祐五年六月甲申条;《燕翼诒谋录》卷五"亲民官监商税"。

有判事者,亦不理资序。

集权专制国家的人事部门,为易于注拟众官之差遣,势必使资序趋于稳定、凝固化。这样一来,资序又成为中央集权所需要的灵活任使的羁绊,从而引起了资序与"实历"的分离:理某一资序者,不一定实历过该职任;甚至在资序已经"理为实历"者中,仍然有并未实历该职任之人。这种情况在南宋时尤为突出。

(2)循资原则的弥漫与宋代资序体制的运作

在历史发展的不同时期中,人事选任所侧重的条件大不相同,既有由门第决定的"门资",又有由年劳决定的"年资",等等。"资"与官员的身份、劳考、仕宦经历结合起来,并且随之确立了"依资入选"的原则,是漫长的发展演化过程的结果。

唐代开元十八年(730),裴光庭以侍中而兼任吏部尚书,面对云屯雾积而来的参选人潮,着力整顿铨选秩序。他在其父裴行俭所创《长名榜》的基础之上,制定了《循资格》,用以注拟中下层选人。《循资格》继承了北魏《停年格》的思路,把官资、停替年限和选数结合起来考虑,所奉行的原则是"卑官多选,高官少选,贤愚一贯,必合乎格者乃得铨授。自下升上,限年蹑级,不得逾越"。① 从根本上讲,它带来的铨选规范,是以牺牲"选贤任能"原则为代价换取的。

宋代《循资格》比唐代细致得多,在几经调整之后,其具体规定及施行办法,已经与唐代中叶有了很多的不同。其中最为重要的一条变化,在于唐代《循资格》本意所要解决的是参选期限问题,而宋代的"循资",主要是规定了候选人依次递升的条件,包括其出身、考任以及举主等。

这一变化的产生,是铨选制度之内在矛盾不断发展的结果。自唐代到宋代,取得任官资格的人数("员")都远远超过治事官员职位("阙")的实际需要人数。中唐以后,"减选""放选"成为常事;其后,人事部门已经难以仅凭控扼"选数"来减少参选人数;严格把握任用与升迁条件,因而显得格外重要。北宋中后期,员阙矛盾更形突出,徽宗政和三年(1113)左右,吏部在册官员总数 43000 余,而全部职位即所谓的"阙额"

_____

① 《通典》卷一五《选举典》三。

只有 14000 余;宣和元年(1119),吏部官员总数达到 48000 余,而五年之后阙额总数才有 16000,即便五年之中没有增加一名官员,"员"数与"阙"数之比仍为 3:1。① 在巨大的压力之下,"循资授任"成为无可扭转的普遍实践。

自从中下层官员的任用权集中到中央以后,人事考核、黜陟、任免等各类工作不胜其繁,铨选中很难以候选者千人千面的品德操守、能力素质、政绩表现为依据,而只能取一律以裁万端,资深者序进,格到者递迁。这正如陈亮所说:"上下之间每以法为恃者,乐其有准绳也。"② 当时,铨司官吏被监督的重点,主要在于是否照章办事,而对于所选任者是否真正"贤能"并不承担责任,因此也就缺乏深入查考候选官员业绩的积极性。

此外,若铨法简,则选任权重;朝廷为防范掌管人事工作的官员以权营私,宁肯一切按照常规定法运行。候选的士人们,一方面深受繁琐程序之苦,一方面权衡利弊,又祈求不偏不倚且确切具体的拟注条格;希望铨司执法平允,不越规矩。正是由于多方势力出自不同原因的共同维护,使得循资原则愈益弥漫开来。

宋代的《循资格》,就制度规定而言,其适用范围主要是当时所谓的"选人",即基层的幕职州县官。但是,就"循资"原则而言,其影响所及,范围要宽泛得多:既关系到下层的幕职州县官,也关系到中上层的京朝官;既影响到官员级别的升迁,也影响到对其职务的派遣。

吕中在《宋大事记讲义》中说:"以资格用人者,有司之法;以不次用人者,人主之权。"不过,从历史事实来看,不仅吏部等具体人事部门需要恪守资格之法,即便是号称"略资格,先简拔"的中书"堂除"(亦即由宰相办公会议决定任免事项),也需要考虑资格限制。中央高级官员的任用,通常由皇帝参加决定,但贵为天子,他们也从不忽略被任者的资格。

重资序不重绩效,重"实历"不重能力,这是官僚制度造成的沉疴,在宋代却被视为天经地义的正常铨注秩序。熙宁变法期间,宋神宗与王安

---

① 《通鉴长编纪事本末》卷一二五,《宋会要辑稿》职官一之三四,选举二三之一二。
② 《陈亮集(增订本)》卷一二《铨选资格》。

石等人曾经多次谈到资序问题,他们认为,"制法当使人乐趋而竞奋",只计资序,则不知劝勉。① 当时,王安石破格奖拔新进,在朝廷上引起了轩然大波,被批评为"资序一切不用"。② 实际上,新法派虽然对于资序之法有所批评、有所突破,却不曾从根本上触动资序体制。他们同样在一定程度上维护并且利用资序之法。王安石即曾反对宋神宗以"升资任"作为赏功的方式,认为:"资任可惜,宜别为科格以待赏功。"③

元祐初年,对于资序问题有比较集中的讨论。对于诸路监司官员的选任,宰相司马光倾向于谨守资格、兼用举主;宰臣韩维、吕公著,右司谏苏辙、御史韩川等人反对拘泥资格,而主张由执政遴选。当时,司马光解释自己的主张说,朝廷执政只有八九个人,接触范围有限,因而不足以尽天下之贤才;立资格可以"抑躁进,塞倖门",年高资深之人,累任亲民,了解下层疾苦,必小胜于缺乏治事经验者。④

南宋绍兴年间,宋高宗在回答沈与求"今日矫枉太过,贤愚同滞"的批评时,说道:"果有豪杰之士,虽自布衣擢为辅相可也;苟未能考其实,不若姑守资格。"⑤这番话,当然有为自己申辩的成分,但是,它也表明,恪守资格,是在无法确知善恶能否之"实迹"情况下的无奈选择。这正说明,用人原则,受到多种因素的制约,"课绩"的状况与"资格"的作用既互为补充,又互为进退。

有宋一朝,对于资格问题的争辩始终未曾止息;而终宋一代,仍未寻得处理这类问题的恰当途径。

(3)资格之法在官僚选任过程中长期作用的原因

出现于8世纪中叶的《循资格》,在其后千余年的封建政治制度史中,占有不可低估的地位。"资历至上"的原则之所以长期行用不衰,绝不是偶然的。

第一,《循资格》是在门阀士族政治彻底衰落的背景下产生的,注重

---

① 《续资治通鉴长编》卷二四一,熙宁五年十二月己卯条。
② 《范太史集》卷二二《转对条上四事状》。
③ 《续资治通鉴长编》卷二四六,熙宁六年七月乙卯条。
④ 《温国文正司马公文集》卷五五《论监司守资格任举主札子》。
⑤ 《宋史》卷一五八《选举志》四。

资历的精神以格条形式固定下来,从一个侧面体现着历史的进步,体现着更为平等、开放的趋势。重视"亲民"、强调资格,有其合理性:它在一定程度上可以促使官吏重视基层实践,使一些具有治事经验的人得以充实到中上层官僚队伍中来;它奉"资历至上"的原则为信条,可以部分地限制请托,阻遏达官贵人子弟的过快升迁。

第二,循资原则的固定化,与社会上存在着庞杂臃肿的官僚队伍分不开,它是铨选制度中实行高度中央集权的必然产物。封建国家为扩大统治基础,力求以仕宦之途吸引不同社会阶层的广大成员。唐宋时期,知识比前代大为普及,但社会开放程度尚不充分,轻视科技、文化事业,"学而优则仕"的观念束缚着士子们聪明才智的发挥。封建制度造成的知识分子出路狭窄,使他们只能成批涌入仕途,窒息在比肩待选的漫长岁月之中。官阙有常额而待拟人无限量,这一矛盾激剧而又突出。统治集团一方面增设阙名,扩大政权容量;另一方面对选人资格的审查日益严格,以稍稍控制入仕、升迁之途。《循资格》在《长名榜》《姓历状》的基础上应运而生,其内容不断丰富,可以说正是时代的产物。尽管它无法从根本上解决"员多阙少"的矛盾,统治者却认为是舍此更无良方了。

关于官僚选任方式问题,或唯才是举、不次用人,或簿书为据、依资平配,在中国历史上长期存在着两种对立的主张。前者反映着要求政治清明的儒生文士之正统见解;后者则希望能够以法令条格的形式,为头绪纷繁、怨尤丛集的人事选任工作,设置一套有章可循的常规。

从唐至宋,即使是主张恪守资格的人,也无不承认拘限资格的弊端,承认选贤任能的必要性。但在人事权力过分集中的前提下,要把"破格用贤"的愿望付诸实践,有着诸多障碍。首先,"铨法简而任重"的状况,在封建统治者心目中,绝不是维护最高权力的理想状态。而且,较之一元化的"资次",多元的"才德"缺乏客观标准,显然不易把握,更难得到人们共同的承认。

面对现实,从崔亮、裴光庭到司马光等人都认为,首要之务是建立比较平稳的选官秩序,因此仍然需要借助于可供衡量比对的"硬性"标准。在难以掌握众多候选者实际才行的情况下,资历作为容易核查的条件,为吏部应付矛盾提供了一条相对便捷的途径:以勘验文案的繁琐事务,代替甄别拔擢的复杂工作。于是,资序在铨选中所占比重大为提高,并进而形成为系统完备的资格之法。吏部掌管的纷繁头绪得以纳于一途,铨选有了易于把握的客观规范,从而保证了派遣工作的顺利进行。一系列规则的相继产生,反映了封建人事管理制度走向标准化、程式化的过程。

此外,我们也应该看到,循资原则着眼于官僚队伍的大多数,贯彻着封建国家对于官吏的起码要求;与此同时,国家另辟蹊径,通过制举、科目选、荐举等多种方式选用贤能,从而建立起相对合理的官员选任机制,大体上可以满足国家对于不同层次人才的基本需求,从而保证统治机能的正常运行。

宋代士大夫们对于资格之法的批评很多,也很尖锐。但在当时,他们用以批判的武器不过是所谓"祖宗用人之法"。尽管士大夫们的追忆,在一定程度上存在着历史的真实成分,然而,他们所描绘的"理想境界",即便在宋初,也是不曾存在的。

北宋太祖、太宗时"不次用人"的情形较多,主要是因为当时亟需大批统治人才,而前代辟召制度影响深广,官吏铨注的全面制度尚未建立,社会上还没有形成固定的依资除授观念。这种客观需要与主观可能性的结合,使当时有必要也有可能破格拔擢。但是,与此同时,太祖、太宗力求及早建立恒定的铨选秩序,他们对于《循资格》《长定选格》的重视程度,并不亚于其后诸帝。宋代后世帝王所做的一切,正是沿着乃祖乃宗定立的规范发展的。把祖宗之法理想化,反映了士大夫们对于现状普遍的失望、不满与批判。

依资迁官,凭资序授差遣,在使铨选制度化方面有其作用。但有才能者不得发挥,庸懦之辈例获升迁;而且,被拟任人往往学非所用、用非所长,既造成人才的浪费,更贻误职事,这是宋代治事效率较差的原因之一。更重要的是,一切循资,造成了宋代士大夫不求奋励事功、但务墨守成规以保无过的精神状态,助成了支配两宋三百年的保守政风。

北宋历代统治者虽然在不同程度上注意到循资原则导致的弊端,但是,为防范臣下在铨选过程中擅权植党,仍然要借助于资序制度的严密。而正因为有关资序的规定琐屑纷委,人莫知其涯际,帝王不可能直接掌握,宰相无法尽详其究竟,负责除授的主管臣僚也往往不暇通熟其条文。这样,吏部四选、中书堂除都不得不倚仗所谓的"例簿",比附除注。而终日游轶于其间、详悉其格条的胥吏则前比后例,任意据援;甲令乙科,随手高下。这就使除授大权自"人主"而部分旁落于胥吏之手,正如吕陶元祐时所说:"法制一定,循袭既久,泥不知变,则进退在下,而与夺不出于上,反为用人之大弊,甚可叹也!"①

注重资序,对帝王的予夺大权有了无形的限制,权力的高度集中反而导致了大权的部分旁落。这不能不说是对君主独裁制度的一种讽刺。

3. "擢才校功,限年乃迁"的磨勘之法

（1）官僚管理制度中的"磨勘"与"磨勘法"

就其本来含义讲,"磨勘"是指审核、推究,指以勘验簿历文状为手段的一系列做法和程序。把"磨勘"一词用在考核、铨选制度中,初见于唐代中叶。当时,参选者云集,对其条件的审核,成为吏部日常工作的首要内容。审核的重点包括出身、履历及课绩等第诸项;而审核的方式,则主要是靠检勘覆核书面资料。这正像唐宪宗元和八年(813)吏部侍郎杨於陵所说的:"铨选之司,国家重务;根本所系,在于簿书。"②

唐代中后期提及"磨勘"的史料并非个别。元和四年中书门下的奏疏说,中外荐举县令的文状,必须由省司"精加磨勘"。③大和元年(827)正月,文宗下诏说:诸道节度、观察使交接时,要上报中央,朝廷根据新旧文状"磨勘闻奏,以凭殿最"。④

五代时期类似的材料更多。例如,后唐天成元年(926)十月考功司奏进考课法规,其中明文规定,关于内外赴选官员的考课,凡是过去没有领取到考牒的,都要申请领取,以备选司"磨勘"考牒上所书官吏之考数、功过。⑤

---

① 《历代名臣奏议》卷一四〇《议官策》。
② 《唐会要》卷八二《甲历》。
③ 《唐会要》卷六九《县令》。
④ 《册府元龟》卷六三六《铨选·考课》。
⑤ 《五代会要》卷一五《考功》。

"磨勘"作为考核工作中的术语,指的是人事部门的一种具体工作方式,其出现与课绩工作中对文书档案资料的重视有关。"磨勘"的内容日渐集中于资历方面,这显然与课绩制度形式化、循资原则扩大化有直接关系。开元年间《循资格》行用后,"资"被正式肯定为铨选的依据,吏部考核官员的重心发生了深刻的变化:参选者课绩的受重视程度受到了强有力的冲击;有据可查的年劳、资历,逐渐凌驾于课绩之上,成为铨选中的主要依据。

　　北宋百余年间,"磨勘"在铨选中所起的作用有长足的发展。

　　宋太祖开宝初年,形式上沿用了唐代的做法,命令合格的选人到南曹、铨司、门下省三处去磨勘,注拟官职。太宗时期则设立了"京朝官、幕职州县官磨勘院",负责考课、甄别中外官吏。当时,"磨勘"这一说法,曾因其"殊非雅称"而引起田锡、谢泌等人的尖锐批评。① 此后,磨勘京朝官院改称审官院,磨勘幕职州县官院改称考课院。不过,院名虽改,磨勘百官之实却未变。而且,随着循资递迁原则的发展,铨选中这套程序的作用大为提高。逐渐地,"磨勘"被士大夫们作为专门术语接受下来。

　　磨勘包括审核资历,因此受循资原则的制约;磨勘的对象不限于资格,它还包括稽核功过,它是以特定方式进行的考核。在真宗咸平四年(1001)之后,对于所有转官者劳绩的审验,都被称作"磨勘";并且以此为基础,进而形成为一整套磨勘制度。正因为如此,在宋人的记述中,"磨勘"有时与"考课"混称。宋神宗就曾经说过:"磨勘者,古考绩之法。"在宋代的法令条文中,也是把有关磨勘的规定归入《考课令》《考课式》之中的。②

　　然而,宋代的磨勘,决不等于原来意义上的考课。磨勘与考课混称,并不表明磨勘就是考核官员的绩效,而只能说明此时的考课,已经见不到一个个活生生的面孔,看不出一件件活生生的事例;"考课"已经被分解为对于印纸历子等簿历文状的核查检覆,已经被"磨勘"这种只重档案不重人的做法所充斥。正是考课制度的日益公文化、程式化,直接导致

---

① 《咸平集》卷一《上太宗条奏事宜》;《续资治通鉴长编》卷三三、三四。
② 《续资治通鉴长编》卷三〇八;《庆元条法事类》卷一三《磨勘升改》。

了磨勘制度的产生。

北宋中期以后,作为专门用语的"磨勘法",有其特定的含义:它是与"本官"阶秩(而非差遣职任)的叙迁相联系的。当时,官员可以按照一定期限获得提升,在他们面临提升之际,中央人事部门都要对其出身、资历、政绩、荐举材料等文件进行核验;核验通过之后,即可按规定予以升迁。宋仁宗时期,推行"庆历新政"、力主改革的范仲淹,曾经在他的变革纲领《答手诏条陈十事》中,批评这种做法事实上只重年资而并不注意课绩,事实上是年满即迁。

(2)磨勘法:课绩与年资的结合

磨勘法之正式形成,是在宋真宗咸平年间。它在当时出现,有其积极的意义。北宋初期,逐步确立了官僚职任派遣原则,同时亟需加强对于官员级别升迁的管理,使之走上规范化的轨道。

当时,官员提升阶秩级别,主要有两类机会:一种是通过任满考核殿最,绩效尚可者"历阶以升",绩效突出者则"越次而补";另一种被称作"泛阶",也就是大范围的普遍提升。

泛阶本盛于武则天时期,其主要目的是笼络人心;晚唐、五代时期,更成为突出的弊政。宋初沿用这一做法,每逢郊祀,都要给几乎所有的官员加阶晋级。到太宗以后,泛阶滥赏所造成的一系列问题,已经开始引起朝野关注;士大夫们纷纷议论变更的办法,希望设定一些条件,对升迁品级者的范围予以限制。

在赵宋统治稳定后的数十年中,考课方式日渐细密,资格之法亦日臻完善。课绩与资格的结合,成为该时期官僚任用管理中必循的规程。这使得磨勘制度在当时的出现,不仅有了必要,也有了可能。

咸平四年(1001),作为"郊祀进改"的替代方式,磨勘法正式出台。它以"黜陟能否"为口号,主要包括"磨勘"和"引对"两组程序。

磨勘法,前提在于磨勘。核查检覆簿籍档案,是全部法令得以施行的基础。核查方式决定之后,核查的内容无疑成为最具关键意义的因素。尽管诏令中的规定是考查"课绩优劣",但事实上,记录官员课绩的印纸历子一类"考状",不过是人事部门核验的诸多内容之一。

北宋中期,欧阳修曾经对磨勘转官的条件作过概括,他说:"夫奉法守职、积劳岁月而无过者,皆有进秩之资。"韩维也说:"朝廷考课之法,由在职无过以上皆被迁擢。"①这里的关键,显然在于"有劳"而"无过",这正是"磨勘"之精髓所在。这类标准,虽不见于经典,而其行用,却由来已久。唐代课绩规定的"中中考",事实上即一例证。这或许可以说是封建国家对于官吏最基本、最起码的要求。宋代的人事部门,小心翼翼地避免着"执法不平"的指责,以相对确定的标准作为衡量的尺度;为适应"防弊"之政的需要,他们对于官员任内记录的审核,也侧重在"有无过犯"。

磨勘法本来是为抑制侥幸、为扭转"无贤不肖,并许叙迁"的状况而设立的,但事实上,这一法规的产生,并未能起到预期的作用。最大限度地维护官僚阶层既得利益的原则,非但未被排斥,更进而渗透入磨勘法之中。所谓"磨勘""考覆",其实质不过是向级别金字塔顶攀援时必经的阶梯。自从磨勘法确立之后,"磨勘"即与"转官"(本官阶次的升转)结下了不解之缘,因而在官僚的仕宦生涯中起着举足轻重的作用,成为士君子们普遍关注、不让寸步的大事。

宋仁宗时期,"文资三年一迁,武职五年一迁,谓之磨勘"。②各级各类文武官员的磨勘年限基本确定后,对于"年资"的衡量几乎成为惟一的尺度,而对"绩效"的审查愈发无足轻重。宋廷事实上全面恢复了"岁月序迁"之制,而放弃了按照考核结果决定升迁的初衷。

始行于咸平年间的磨勘法,四十年后,受到了"庆历新政"倡行者们的批判。范仲淹等人"先天下之忧而忧,后天下之乐而乐",力求厘清暮气,振奋上下精神。他们认为:长期以来,"考最则有限年之制,入官则有循资之格",反而使国家在急需之时无人可用;因而要求明定考绩条件,严格保任之法,把磨勘的重点转到责求治事实效方面,以激励人们建功立业。这是两宋三百年历史中对于磨勘制度惟一的一次直接、正面的冲击。而"任子恩薄,磨勘法密,侥幸者不便",③正成为导致新政失败的原因之一。

宋英宗治平年间,对于磨勘制度进行了局部调整。神宗元丰改制过

---

① 《欧阳文忠公文集》卷八十;《南阳集》卷十六。
② 《范文正公政府奏议(上)》。
③ 《宋会要辑稿·职官》一一之一三;《续资治通鉴长编》卷一五〇。

程中,进一步明确了参加常规磨勘者的范围,调整了不同类别臣僚的磨勘年限,简化了升转的级别层次。然而,宋神宗本来希望能够通过对于官员各方面的检核,督励上下百官兢惕不息,使磨勘成为名副其实的"考绩之法",这一主观愿望,远远未能实现。

（3）磨勘法在宋代铨选制度中的地位

磨勘法的提出,是对北宋建国以来官僚品级迁转制度的一次阶段性总结。它产生于循资原则膨胀、课绩制度程式化的基础之上,又反过来推动了文牍化趋势的发展。人事选任制度中所包括、所涉及的各项工作,各个部门的职能,都落实于审核文状。

磨勘法是我国历史上长期实行的"考功课吏"与"依资序迁"这两种做法互相矛盾、互相作用的产物。它所奉行的原则是"限年校功",也就是排比年限、核验绩效。用北宋名臣苏颂的话来说,是"率以法计其岁月、功过而序迁之"。① 这正表明,磨勘法的实质是课绩与年资的结合、岁月对功效的凌驾。

从磨勘作为一种技术手段在铨选中发挥作用,到磨勘法确立,经过了200余年的时间。这一法规适应了赵宋统治者防范臣僚攀援朋比的需要,是封建官僚政治特定条件下的产物。在当时,施行磨勘转官制度,使得官阶转迁有常规可循,一方面便于加强对中下层官员的管理,另一方面也使人事部门可以相对集中精力去处理性质更为重要、矛盾更为突出的职务派遣问题。

磨勘转官、差遣除授,二者各为体制,似乎更加复杂了。其实,在官、职、差遣分离的宋代,这种分离显然是正常的。它在维护人事等级制度的同时,使联系禄位级别与职任的纽带趋于松弛,这是官僚制度史上的一个进步。当然,即便在发生了明确的分离之后,官秩的叙迁与差遣的除授仍然不是彼此隔绝的,磨勘转官的时间也并不总是恒定的。差遣职务清显要剧、任内绩效突出,都可以提前转官,或在转官时获得优迁。而在注拟差遣时,对被拟人的官资也往往有所要求。

宋代对于官员的选任、对于官资的升迁,是通过多种方式进行的。

---

① 《苏魏公集》卷三四《承制以上磨勘词》;《宋史》卷一六三《职官志》三。

在其循序行进的旅程中,引人注意的,是寓含"天无绝人之路"思想的精心设计。宋廷针对不同等类、不同特点的士大夫,开启了不同的门径。例如,出身于进士高科者,可以依例迅速提升;无出身(即非进士出身)者则可凭资考依次晋升。考课优等者,可以破格提拔;政绩平平者,则可按年磨勘迁秩、待次除授。获得有力推荐,可以先次得到要剧差遣;举主数少,亦可以累积考任,据以升迁。在这里,一切不利条件,皆可借资历补足;资考所起的折合保底作用,是其他因素所无法取代的。

4. 考察:课绩与监察的结合

课绩与监察,在国家体制内部起着重要的制衡作用。宋廷对于地方官员政绩的了解,是通过多种途径实现的,尽管就制度规定而言,课绩与监察各为独立系统,但是,在现实政治活动中,二者决非判然两途,而是关系密切、效应互补。地方各路的监司既掌考课,又司监察;中央监察机构对于课绩事务的介入,也是相当积极普遍的。当时,对于官员治事绩效的正常考核,很大程度上被对于官员资考的勘验所冲淡、所取代;在整肃吏治方面,决策阶层所强调的,事实上是"按察""考察"。也就是说,考课与监察的紧密结合,是督励百官尽职尽责的主要机制。

(1)谨密务实的"善""最"标准

课绩条目是否合理切实而容易核验,是考课制度能否取得成效的关键问题之一。宋廷曾多次根据实际需要,重新修订课绩标准。体现封建官吏政治素质与道德修养的原则性指标("四善"),宋代与唐并无不同;而对于官员治事绩效("最")的要求,则不断有所调整。

唐代主持考课的官员在确定被考人等第时,握有比较大的主动权。这与课"最"标准简要、伸缩余地大有着直接的关系。在宋代统治者看来,这种状况至少容易带来两方面不利影响:一是标准抽象含混,不易衡量掌握,难免导致误差、形成纠纷,甚至影响吏治的澄清;二是会给校考官员留下过大的活动空间,使其主观意向在实际上占据主导地位,进而造成政治上的严重后果。后一种可能性,恰恰触犯了时刻以"防弊"为念的宋代帝王之大忌。

正因为如此,宋代决策集团要求的,是相对客观而又确切具体、易于衡量的课绩标准。

北宋初年,诸事草创,不尚虚文而讲求实效的特点比较突出。为解决政权面临的中心问题,太祖君臣注重于恢复生产,增加财政收入,安定社会秩序;因而,对地方官员考课的重点在于劝课农桑、增益户口及剪除"盗贼"等项内容。而当时行用的考课条法,多半是沿用唐和五代的令式,针对具体情形予以某些补充。当时评定县令等地方官员在任绩效的主要依据,是基层供报的考帐。前代曾经行之有效的一些考课办法,在新的基础之上有所发展,形成为诸如批书印纸历子(即官员的明细功过登录单)等一系列具体的运作方式。

熙宁、元丰年间,比较系统地修订了对于各级地方官员的考核法规,从此,对各路监司以及州县官的考课,颁布了比较明确细致的条文,力求做到"凡职皆有课,凡课皆责实"。这些新订标准对于有宋一代影响很大,从北宋哲宗、徽宗到南宋高宗、孝宗乃至宁宗时期申明的考课法令,大多是据此增损而成。

当时,对于诸路监司的考课,被确定为七项内容,这就是《神宗正史·职官志》记载的:"凡考监司以七事:一曰劝农桑、兴治荒废,二曰招流亡、增户口,三曰兴利除害,四曰劾有罪、平狱讼,五曰(不)失按察,六曰屏盗贼,七曰举廉能。"①哲宗绍圣年间,在此基础之上,把转运、提刑、提举官七条课绩事件的先后顺序做了调整,突出强调了监司在荐举官员方面的重要责任。南宋宁宗庆元年间修订的《庆元条法事类》卷五《考课格》中,有十五条"监司考较事件",它将北宋的考课内容大为具体化,颇似一套比照细则,诸多方面、大小职责胪列齐全,偏于防范疏漏,却难于彰显核心精神。

对于知州、通判以及知县、县令的课绩标准,在宋代,有"三最"或"四最"之目。北宋神宗时,依照"三最"对州县长官进行考核。这"三最"是:"狱讼无冤、催科不扰为治事之最;农桑垦殖、水利兴修为劝课之最;屏除奸盗、人获安处,振恤困穷、不致流移为抚养之最。"②哲宗当政时期,

---

① 《宋会要辑稿·职官》一〇之二〇。
② 同上。

在此基础之上进行了充实;徽宗时增加"养葬之最"。"四善四最"之科一直行用到南宋。

相应于以"事任"为中心的官僚制度运转方式,宋代不再行用覆盖一切、笼而统之的"二十七最"之类课绩标准,而是依照官员的不同事任确定考核的不同事项,突出了具体针对性。而对于地方长吏的考核,应该说是宋代课绩的重心所在。总起来讲,宋代的士大夫群体是比较重视吏治问题,而且肯于实践的。两宋三百年间,地方上涌现出不少"能吏""循吏",为当时的社会安定而尽心竭力。宋廷对于地方官员课绩的内容,基本上明确稳定;课绩条件随时公布于众,不仅参与评鉴者得以掌握,而且,各级各类地方官员,对于自己的职责以及相应的考核项目,大体上都有所了解。

(2)课绩等第与功过分数

自西汉以来,封建国家对于官吏的考课,基本上是实行"九等考第"的制度。从令文规定来讲,宋代不废九等考第。现存北宋各个州郡对于州县基层官员的课绩记录(考词)中,确实曾经把大量获中考者区分为"中上""中中"等不同等次。

然而,大量材料表明,宋代在考核(特别是特诏考查)各级官吏时,基本是实行"三等考第"之制。这主要是因为,自唐代以来,在常规考课中获得"上"考、"下"考的官员数量很少,再各自区分出三等,显然缺乏实际意义,徒增工作难度。以"上、中、下"三个等次予以区分,大致可以满足比较的需要。由于得到中考的官员占绝大多数,有些时候为便于排序,需在中等之内复分等次。此外,有的场合下,曾经在原有的"上""下"考以外,另加"优""劣"二等,以特行升黜。

今天,我们还可以找到一些当年的考词。从田锡《咸平集》、黄庶《伐檀集》、强至《祠部集》、刘攽《彭城集》等收录的40余份考词来看,书写时间包括北宋的前期、中期;书写考词的人,应该说都是比较注重吏治、恪勤职事的。而这许多考词所定等第,无一例外,皆为中考。其中,凡负地方主要责任的县令、录事参军皆书"中上考",其他皆系"中中"。这种现象,如实地反映出课绩定等在当时的实施状况。

自晚唐至宋,课绩制度发展起严重的程式化倾向,通常根据职务等既定因素而非实际表现,对绝大多数官员书以固定的"常考",全然缺乏针对性与指导意义。能力、绩效互异,考第却无不同。课绩定等在很大程度上受到统一规制的约束,留给地方与部门主考官员的评判空间相当狭窄。正是宋廷关于考核制度规定本身的不合理,以及这一制度执行过程中的拘絷刻板,从根本上违背了"黜陟能否"的精神。

从这里,我们注意到宋代考课法中"务实"精神的极大局限性:考课法规的制定者,是人事部门的行家里手;他们所制订的具体施行方式,往往充分考虑到了中央与地方人事部门的实际处理能力,而不是真正从基层社会状况与官员绩效的现实出发的。把职任与考第的对应稳定化、绝对化,在减轻了考课主管官员压力的同时,牺牲了"循名责实"的原则,助长了主考与被考双方敷衍塞责的因循习气。

施行三等考第,主要的好处是减少了繁复纷争,便于定等;而明显的不利之处,在于事后排序、比较奖惩的困难。事实上,在宋代有可能影响到官员选任的,主要是能够列入"优""劣"(或"最""殿")等的课绩;而居于绝大多数、获得"中"考的官员,其等第并不被铨司重视,自然毋庸过细区分。为解决比较和排序的困难,当时的人事机构进行了其他方面的努力与尝试。

在人事部门确定任用人选时,从档案材料上得知的候选人状况,往往难分上下。活动于全国各个地区、各个部门的成千上万的官员,职责互异、经历不同;即使朝廷能够及时准确地了解其在任状况,也很难将他们比较高下,排出序次。况且当时课绩分等往往流于形式,官员以得"中考"者为多,因而更不容易区分轩轾。为了解决这个问题,需要设计相对统一的衡量依据,把不同的因素综合起来,折合成可供比较的"量化"标准。

基于这种考虑,大约在北宋中期,对于官员课绩高低的衡量,形成了一套实用易行的考评排序办法。吏部将所有官员的功劳、过犯、服务年限及其应得奖惩的程度,逐一比折为分数,从而有效地把各级、各类不同功过、不同年资的官员彼此拉开了档次。

在目前残存的宋代《吏部条法·差注门》中,对于当时"校量功过"的方式有详尽的记载与说明。其中把官员所受到的转官、循资、减年晋升等酬奖,以及因为公私过犯而应得的追官、降官、落职乃至停替等处罚,统统折算为自"肆拾分"至"壹分"不等的加减分数。这样做的结果,将活生生的面孔转化为硬邦邦的数字,把铨选工作面对的千头万绪拧成为一条准绳,既通过类似于度量化、标准化的方式,减少了人事部门繁杂不堪的负荷量;又以这一冷冰冰的量化标准为客观屏障,有效地阻遏了形形色色的纠葛与怨尤。

（3）"课绩不实"现象的普遍存在与解决问题的思路

赵宋统治者深知"人主之道在乎知人,而知人之要莫若考实"。① 但从当年整体的政治实践来看,考课法在宋代处于相当尴尬的地位:一方面有再三再四的诏敕强调,另一方面却是始终难以振作的事实。在宋廷对于地方亲民官的考核过程中,最感棘手的问题,显然是难以确知官员的实际品行、才能与治事绩效。有关考课的制度法规,在实施过程中宽纵旷弛,很大程度上成为具文,地方官员的课绩,往往不能按时汇总上报;而即便是依照常规进行考课的地区、部门,也严重存在"课绩不实"的问题。

就宋代考课法的操作而言,其严密之处,在于"官给历纸,验考批书"。② 中央负责课绩的机构,事实上只是通过汇聚文案来掌握官员政绩,核验文牍的技术性手段愈益排斥对于绩效的直接了解与通盘把握。这样,对于地方官员之德行、才干与劳效的记载是否确实,即成为关键问题。当时,地方虚报绩效、书考不实的情形十分普遍。与"课绩不实"的实际情况并存的,是宋廷为"课绩求实"而做出的种种努力。

就考课制度的实施而言,"责实"努力的集中点在于要求文档尽量详尽,以此来限制虚报谎报的可能,而缺乏解决问题的新思路。宋廷要求在申报课绩时填写非常具体的"实迹""实绩",以便日后核对。当时曾经规定,地方官员在任期间所采取的一切兴利除害措施,都必须各立条目,每一考都由当职官吏"从实批书";官员在任期满,更需"精核"其治绩。监司郡守举荐部属时,也必须把所举之人的任内表现分条列目,逐

---

① 《默堂集》卷十四《论考实》。
② 《宋史》卷一五五《选举志（序）》。

一详细地写在荐书上。中央希望借行政强制的方式，迫使虚报课绩者承担相应的风险。而这种所谓"风险"，事实上只是一种可能性。

宋代的决策者们看到，完全倚仗层级式的常规考核，难以掌握官员的治事实绩；较之规矩刻板的批书印纸，监察制度的实施相对活跃而有针对性。不过，对于大量官员、大量日常事务的督核，显然不能仅依靠监察部门。于是，一方面有考课方式的内部调整，一方面在实施中突破了考课与监察的畛域界限，使监察手段更加突出地渗透到了考核之中。

（4）纵横交错的考察途径

考课法不振，并不意味着地方官员任内的实际表现无人过问；在这一时期中，多层多途考察的方式已经充分发展起来。宋代的"能吏"，有许多是通过"荐举"等途径崭露头角的；而对于官僚得失的督核，也主要通过大为加强的中央与地方考察机制进行。

在宋代，由常设机构进行的纵向常规考察，既包括定期的逐层日常考课，又包括不定期的经常性巡访按察；还有中央业务部门对于地方相应机构的专业性考核，以及磨勘勾检系统的稽查覆验；横向的常规考察，主要是诸司、诸州之间的互查互申。除此之外，下级官员对上级的检举、同级官员之间的揭发、后任官员对于前任绩效的检验，都是考察网络的组成内容。在常规考察渠道之外，还有朝廷派专使进行的考察、台谏系统的监督及参与，等等。

宋代在地方上负责行政事务的亲民官，是考察的重点对象。他们依路、州、县级别之不同、具体管辖的事务之不同，分别受到来自不同层次、不同系统、不同部门的核查。而这一群体中的相当部分，自身又是按察官。据《庆元条法事类》卷七"监司知通按举"条引《名例敕》："诸称监司者，谓转运、提点刑狱、提举常平；称按察官者，谓诸司通判以上之官（发运、转运判官同）及知州、通判各于本部职事相统摄者。"按察官的主要职责，一是"察"，即发摘谬慝，按劾奸赃；二是"举"，即综汇善政，荐举循吏。从当时考察的内容可以看出，朝廷经常关注的，是对于地方官劣迹弊政（诸如贪赃营私、科扰暴虐、苟官无状、按举不公，等等）的纠正与查劾。

在考察地方官吏时，宋廷并不专一倚重本路监司；而经常是通过不同的系统独立检举、相互核查,以求得验证。往往同一案例,监司检按之后,又由御史台或其他相关部门勘验;或者御史揭发之后,再令监司查实。任职于地方的重要官员,如若课绩比较特出,朝廷有时会专门派人前往复核。对于专门派出考察地方官员政绩的特使,宋廷也并非专听专信。① 这些事实,都反映出宋廷既重视按察官员,又防范按察官员,不专倚某一系统、某一按察官员的做法。"使用"与"防范"并举,正是"事为之防,曲为之制"主导思想之下的产物。通过不同系统的按察官员,对于为数众多的地方官吏进行多途考察,也正是这一原则指导下的合理结果。

总的来讲,宋代对于官吏的考察有一套系统的制度。考察通过多条途径进行:基本上定期进行的常规考课与因事因时进行的特诏巡查、随时随地进行的监督检劾并行互补;考察方式多样:有批书印纸、课绩定等,有廉访会问、他司覆按;考察中动员了多层多类机构及官员参与,考察的结果向官员本人公开……以求得多种信息来源的相互印证,求得考察中相对的准确与公平。

(5)追求实绩的障碍

尽管宋代统治者在通过考察追求"实绩"方面下了许多功夫,也取得了一些效果,但当时的朝野人士都很清楚,此类问题远远未能从根本上加以解决。

造成考察不实的因素无疑是多种多样的。朝廷"召和气"的主导思想,各个环节的营私舞弊……都是不容忽视的问题。考察之针对性明显,政策性、时效性比较强,而稳定性比较差;考察的重点、评估的标准,都容易随着政治风云的变幻而波动。考察中产生的是是非非,往往随朝廷政策方针的转向而难定取舍。庆历时,范仲淹等人力主"去谬吏而纠慢政",希望大刀阔斧地革除弊端。而当"新政"失败之后,他们所选用的按察官员也都随之失势。江东转运使杨纮、判官王绰、提点刑狱王鼎,都因"亟疾苛察",相继受到责降。②

___

① 《国朝诸臣奏议》卷六六《乞重使者之任疏》。
② 《续资治通鉴长编》卷一五一、一六〇。

宋代有关考察的命令虽多,执行、检查却不得力。下不举,上不究;上不查,下不报。地方监司等长官观望因循,往往是"各了一司文移之具",而"不问有无实惠及民",许多规定事实上是一纸具文。①

此外,由于地方与中央之间不可避免的利益差异甚至冲突,地方执行中央指令的程度自然不同;更因为考察结果直接与官员前途相关,地方官之趋利避害倾向表现得格外突出。不少人不肯在基层踏实苦干,却不惜饶费心机以应付检查。他们尽量避免对自己不利的信息传至朝廷,甚至蓄意编造"政绩";更有甚者,上级察访士民舆论,下级则怂恿寄居官员、士人、上户举扬个人"德政"。② 所谓"官员造材料,材料出官员""上下相蒙"的状况,正是这样产生的。而上层统治者的浮躁虚夸心理、对于"承平盛世"不切实际的追求与渲染,更助长了这种风气。

北宋中后期,监司在按察本路州县时,经常事先通知下属即将"按行""指摘""点检"的事由,号称"刷牒"。州县官吏接到通报,必须预先做好准备。这就为下级敷衍上级按察造成了必要条件。所谓"检按不严""检按失实"的状况,自然如影随形般产生出来。③

任职于地方的官员们,利益纠结、荣辱相关,有的作伪虚报、有的合谋隐瞒,共同对付检查。南宋绍兴年间曾任成都路转运副使的陶恺,身为本路主要按察官员,"承总领所取会储蓄钱物,而恺辄令诸州隐蔽,不实供报"。④ 这种事例并非偶然。

执行考察事务的按察官员,其个人素质在很大程度上影响着考察的结果。有些按察使者,观望朝廷意旨,以决定个人动向,或"矫察"或"苟且"。北宋元祐时,御史中丞刘挚就曾经指出:对于地方官员的课绩,经常显现出严重的偏颇:朝廷强调"考察名实",多途综核,就容易出现刻急浅迫的行为;强调"施行教化",行宽厚之政,必定会出现舒缓苟简的倾向。⑤ 有些按察官员为邀求一己"强干"之名,搜挟他人细过,搞得地方

---

① 《历代名臣奏议》卷一七二《考课》。
② 《名公书判清明集》卷一《禁戢部民举扬知县德政》。
③ 《宋会要辑稿·职官》四五之一一。
④ 《宋会要辑稿·职官》五九之二七。
⑤ 《包拯集》卷四《请不用苛虐之人充监司奏》;《河南先生文集》卷二《矫察》;《国朝诸臣奏议》卷七二《上哲宗乞立监司考绩之制》。

上纷纷扰扰；而另外一些，出于私人关系，或过誉、或捃拾，或者邀贿乞觅……由类似原因造成的考察不实也处处存在。

很明显，在宋代，国家有考察网络，官吏有关系网络。这使我们看到一帧多维的立体画面：一方面，官员们不得不置身于纵横交错的公共考察网络之下，另一方面，与考察网络交叉互动的，又有形形色色、四通八达的个人关系网络。前者调动着官僚体制下几乎全部的力量，组织浩繁，声势恢弘，却仍然难以确知官员的"实绩"，难以确保政令的畅通；后者不露声色，却在封建时代中发挥着颇为实在的作用。

综上所述，宋代的官僚政治及其制度，与前代相比，应该说是更有理性、更为开放了；制度设计更趋精致，运作程序也更加严密。

回归与创新

——金元

张　帆

　　由北方民族建立的金、元王朝,在中国古代官僚政治制度的演进当中是一个比较特殊的阶段。中国古代的官僚政治制度发展到唐宋,作为一种理性行政秩序,已经相当完备、严密,一些方面甚至变得十分烦琐、复杂。金灭北宋,入主中原,很快模仿汉制形成一套较为规范的政治制度。它的渊源兼采唐、宋制度,但并不是完全沿着唐宋的趋势继续发展,而是在采纳唐宋制度因子的基础上加以简化,总的精神是"职有定位,员有常数",[①]与唐后期到北宋使职差遣盛行、机构重叠繁复的趋势并不相同。即使与元丰改制后的宋代制度相比,金制也明显更为简明。这种简明适应初入中原的北族统治者的需要,但也表现出制度不够细密、成熟的缺点。随后兴起的元朝基本照搬了金朝的制度框架,同时又糅合进了大量的草原旧制,显得比较复杂、混乱,被后人讥为"最无制度"。[②] 明太祖开国之初,创制立法,奠定了明清近六百年国家制度的基本规模。而他"创制立法"的基础实际上是元朝制度,换句话说,明清制度是通过对元制的整理、改革形成的,它并非直接由唐宋制度发展而来,而是更多地受到金、元制度的影响。从这个角度,就可以看出金、元制度在中国历史上的重要性。有的学者甚至认为:"从严格的角度讲,以北宋为代表的中

---

① 　《金史》卷五五《百官志》一。
② 　孟森:《明清史讲义》上册,中华书局,1981年,第29页。

原汉族王朝的政治制度,到南宋灭亡,即陷于中断。"①其言可能稍显过当,但并不是没有根据的。

金、元官僚政治制度与前朝相比,具有一些明显的特色。第一,两个王朝直接脱胎于"前官僚制"的部族政权,因此贵族政治的色彩十分突出,相对唐宋是一种倒退。同时由父家长权力发展而来的皇权少受约束,至高无上,成为官僚政治正常运作的潜在异己力量。第二,宰相机构简化为一省制,虽与最高军事、监察机构三足鼎立,实际上仍居主导地位。宰相员额增加,僚属膨胀,对上辅助皇帝决策,对下分割六部行政权,在政治生活中的重要性比以前更加提高。第三,地方大行政区形成。首先是过去半监察半行政的路演变为单纯的行政机构,同时出现了辖区更大的行省并逐渐制度化,地方权力集中,政令贯彻迅速,上下结合,浑然一体。上述特色或从正面、或从反面影响了以后历史的发展。我们将在下面的正文中对它们进行稍为详细的论述。

附带提一下辽朝的情况。辽朝与金、元两朝同为北方民族所建立,时代相接,也常与后者并称,但就制度体系而言实有较大差距。辽朝虽占有大片汉族聚居的农业区,但统治重心总体来看仍在草原。皇帝四时捺钵,流动理政,政府官分南北,双轨治国,其国家体制表现出明显的二元性。相比之下,金、元的统治重心已进入中原,其制度虽也具有二元色彩,但表现有异。两种不同来源的制度并非各自独立,单成系统,而是被配置在同一运转体系当中协调运作,其体系就整体而言仍为传统的中原制度。辽朝制度尽管颇具特色,但就中国古代官僚政治制度的发展线索来看,与其他王朝的继承性并不明显,不具有金、元制度的地位。因此,本章不打算单独讨论辽朝制度,仅会在与金、元制度有个别联系的地方述及,以资比较。

一 贵族政治回归与皇权的膨胀

1. 金初的贵族政治

金王朝的建立者出自辽朝时活动于按出虎水(今黑龙江阿什河)一

---

① 周良霄、顾菊英:《元代史》,上海人民出版社,1993年。

带的生女真完颜部。其建国历程,大体经历了由部落到地区联盟、再到各部大联盟、最后转变为国家这样几个阶段。早期的部落都是"自推雄豪为酋长,小者千户,大者数千户"。① 联盟成立后,旧的部落统属关系仍没有被完全打破,诸部首领对各自部落成员拥有广泛的支配权力。完颜氏在统一生女真的过程中,大量招降纳叛,归降部落的原有统属关系大都得以保留。直到建国之初,仍然是"诸部来降,率用猛安、谋克之名以授其首领而部伍其人"。② 部落酋长在当时通称为"孛堇"(或作勃堇,女真语"长官"之意),他们成为女真社会早期的贵族阶层。金朝建国前,氏族社会的军事民主制传统有很大影响。部落联盟长的继承一度带有世选制痕迹,由各部酋长在完颜氏家族内推举有能力者担任。同时,联盟长对诸部"孛堇"的控制能力还不是很强,时而发生孛堇不听调动的事情。联盟长直属的办事机构也还很不发达,联盟的重大事务要由各部酋长、耆老组成的"官属会议"讨论决定。

阿骨打建立金朝后,对旧有的联盟议事会进行改造,在中央确立了勃极烈辅政体制。勃极烈为"孛堇"之音转,基本含义相同,但实际上已引申为"女直之尊官",③ 即最高权力机构的成员。联盟长最初也称为"都勃极烈"。勃极烈会议与过去的联盟议事会有一个重大区别,即完全为完颜氏宗室贵族所把持。据《金史》卷五五《百官志》一所载,金初的勃极烈自上而下有谙版勃极烈(谙版,意为尊大)、国论(意为贵)勃极烈、忽鲁(意为总帅)勃极烈以及乙室、移赉、阿买、阿舍勃极烈等诸多称号,"以为升拜宗室功臣之序焉"。当时的皇位继承人吴乞买(金太宗)即居谙版勃极烈之职。勃极烈制在金初实行约二十年,任职可考者共十二人,皆为宗室成员,最疏远者亦为昭祖石鲁之后。太祖、太宗兄弟及太祖从兄撒改三系子孙共占七人,且所任多为位序较高之勃极烈。④ 宗室

---

① 徐梦莘:《三朝北盟会编》卷三政宣上帙三。

② 《金史》卷四四《兵志》。

③ 《金史》卷七〇《撒改传》。

④ 参阅赵冬晖:《金初勃极烈官制的特点》,载《辽金史论集》第一辑,上海古籍出版社,1987 年;王可宾:《女真国俗》,吉林大学出版社,1988 年,第 156—158 页。按撒改在金朝建国前以"宗室近属、且长房"的身份长期担任国相之职,一度与太祖"分治诸部",地位非太祖其他从兄弟可比。见《金史》卷七〇本传。

近属地位的上升,是金初贵族政治的一个显著特点。在女真社会由部族联盟到国家的发展过程中,上层权力中心的构成也在逐步变化,异姓贵族逐渐让位于同姓贵族,宗室疏属逐渐让位于宗室近属。由于传世材料所限,其间具体的变化状况今天已不甚了然,但这个变化过程肯定是存在的。《三朝北盟会编》卷三政宣上帙三记载:"其(金朝)宗室皆谓之郎君。事无大小,必以郎君总之。虽卿相,尽拜于马前,郎君不为礼,役使如奴隶。"用血缘纽带联结起来的宗族势力,实际上成为初步成长的皇权的有力辅佐,便于皇帝控制国家机器,进行"家天下"的统治。

宗室贵族地位的上升,不仅表现在朝廷中枢机构。在金初扩张版图的过程中,大批完颜家族成员受命出外统兵作战,震慑归属地区和部落。在辽东、辽西和燕云地区设置的诸路都统、军帅中,完颜氏占了百分之六十,稍后这些职务甚至全被完颜氏和外戚徒单氏垄断。[①] 太宗伐宋,以宗翰(原名粘罕、撒改长子)和宗望(原名斡离不、太祖次子)分任两路主帅。二人分别在云中(今山西大同)、燕京建立两个枢密院,统领被征服地区事务,权力极大,"国人呼为东朝廷、西朝廷"。[②]《金史》卷四四《兵志》总结金朝勃兴的原因之一就是"兄弟子姓才皆良将"。清人赵翼也赞赏地说:"金初风气淳实……开国之初,家庭间同心协力,皆以大门户启土宇为念,绝无自私自利之心,此其所以奋起一方,遂有天下也。"[③]王朝开国时宗室建功立业本为常事,但金朝在这方面极其突出,灭辽剪宋,奄有中原,几乎所有重要战役都是由完颜家族成员指挥完成的。宗室共治,成为金初历史的显著特点。

女真人原有军事民主制的传统。"上下情通,无闭塞之患,国有大事,适野环坐,画灰而议,自卑者始。议毕,即漫灭之,不闻人声。"[④]在金初宗室贵族地位崛兴的背景下,军事民主制传统实际上变成了宗室内部的"民主"。太祖阿骨打即位后,宗室撒改率群臣奏事拜跪,太祖"泣止之曰:'今日成功,皆诸君协辅之力。吾虽处大位,未易改旧俗也。'"当时

---

① 参阅程妮娜:《试论金初路制》,载《社会科学战线》1989 年第 1 期。

② 宇文懋昭:《大金国志》卷三《纪年·太宗文烈皇帝》一。

③ 赵翼:《廿二史札记》卷二八"金初父子兄弟同志"条。

④ 《大金国志》卷三六《兵制》。

"凡臣下宴集,太祖尝赴之。主人拜,上亦答拜"。① 如《三朝北盟会编》卷一六六炎兴下帙六十六引《金虏节要》所记载,"盖女真初起,阿骨打之徒为君也,粘罕之徒为臣也,虽有君臣之称,而无尊卑之别,乐则同享,财则同用。至于舍屋、车马、衣服、饮食之类,俱无异焉。……君臣晏然之际,携手握臂,咬头扭耳,至于同歌共舞,莫分尊卑而无间"。可见金初皇权虽依赖血缘宗族力量得以建立,但也正因如此,它往往难以体现出自己的独立性,而被淹没在完颜氏家族的集体权力当中,君主的个人权威尚未得到充分发展。阿骨打入燕京,"与其臣数人皆握拳坐于殿之户限上,受燕人之降,且尚询黄盖有若干柄,意欲与其群臣皆张之,中国传以为笑"。据说吴乞买因私用国库财物过度,被诸勃极烈数以"违誓约之罪","于是群臣扶下殿,庭杖二十,毕,群臣复扶上殿,谙版(按指吴乞买之弟、谙版勃极烈斜也)、粘罕以下谢罪"。② 在立储方面,皇帝也不得自由。吴乞买即位后,按照兄终弟及的旧制,以其弟斜也担任实为皇储之任的谙版勃极烈。后来斜也先卒,吴乞买有意传子,但在宗室贵族的压力下,仍不得不立阿骨打之孙合剌(汉名亶,即金熙宗)为谙版勃极烈。史称太宗吴乞买在位时,面对"桀黠难制"的宗室功臣,只能"拱默而已"。后者的代表粘罕"专权,主不能令,至于命相亦取决焉"。③ 宗室贵族的权力膨胀过度,逐渐地与皇权形成了矛盾,孕育着激烈的冲突。

2. 金朝皇权的上升

实际上,金朝的皇权形成后,也同在其他朝代一样表现出自我扩展的倾向。阿骨打采纳渤海人杨朴的建议,"定朝仪,建典章,上下尊卑粗定有序"。吴乞买灭辽后也"始议礼制度,正官名,定服色"。④ 这都含有抬高皇帝个人地位的意图。对于勃极烈会议,他们采取更换名号和职掌、出现缺额时拖延不补等办法,来缩减它的影响。但二人受环境和时

---

① 《金史》卷七〇《撒改传》。

② 《三朝北盟会编》卷一二政宣上帙十二引《北征事实》,卷一六五炎兴下帙六十五引《燕云录》。

③ 《大金国志》卷八《纪年·太宗文烈皇帝六》,卷二七《开国功臣传·粘罕》。

④ 《大金国志》卷一《纪年·太祖武元皇帝》上,《金史》卷七六《宗干传》。

代所限,终未能在这方面做出大的变革。真正的变革在第三代皇帝熙宗时得以完成。在这一过程中,汉族社会的传统政治观念发挥了关键作用。

熙宗自幼接受汉族儒士韩昉等人的教育,已"失女真之本态","左右诸儒日进谄谀,教以宫室之状、服御之美、妃嫔之盛、燕乐之侈、乘舆之贵、禁卫之严、礼义之尊、府库之限,以尽中国为君之道"。在这套言论的灌输下,熙宗"出则清道警跸,入则端居九重,旧功大臣非惟道不相合,仍非时莫得见,瞻望墀阶,迥分霄壤矣"。① 他继承太宗遗志,果断地完成了改革,废除勃极烈会议,建立以尚书省为核心的三省六部体制。后者与勃极烈会议相比,是听命于皇帝的汉式政务机构,贵族专政的色彩大为下降。熙宗在与臣下谈论历史时说:"后世疑周公杀其兄,以朕观之,为社稷大计,亦不当非也。"②他利用宗室贵族内部的矛盾,数次兴起大狱,铲除自己认为有威胁的宗室成员,宗室力量大大削弱。继熙宗即位的海陵王完颜亮,更是"深忌宗室",成批屠戮伯叔兄弟、宗室子孙。正是在对宗室贵族残酷屠杀的过程中,金朝的专制皇权得到了充分的确立。

熙宗与海陵王在位期间,奠定了金朝中央官制的基本格局。他们在改革女真旧制时援用了唐宋的官僚制度,但目的主要是发挥它作为专制皇权工具的作用,用以压制贵族势力。而服务于"外来"征服政权的官僚机构,其自主性政治目标一时难以发展,没有唐宋王朝的外部环境,也无法继承唐宋王朝的既有成果。结果就如陶晋生所指出:"唐宋制度里的政治冲突和妥协,并没有和女真原有的'民主'因素合流。相反的,两种制度里的专制和野蛮的成分结合在一起,促成了政治过程的'残暴化'。"③用元人的话来说,则是"鄙辽俭朴,袭宋繁缛之文,惩宋宽柔,加辽操切之政"。④ 熙宗、海陵王都以"任情用法"⑤著称,凭一己之喜怒爱憎,滥用权力,大施专制君主的淫威。以后的皇帝中虽然没有再出现类

① 《三朝北盟会编》卷一六六炎兴下帙六十六引《金虏节要》。
② 《金史》卷四《熙宗纪》。
③ 陶晋生:《女真史论》,台北食货出版社,1981年,第41页。
④ 《金史》卷四六《食货志》一。
⑤ 《金史》卷四五《刑志》。

似的暴君,但"操切"的政治态度却是一以贯之。如号称"小尧舜"的金世宗,即夙以"聪察"著称,连朝官请病假,亦疑其诈。① 后期的宣宗"喜刑法,政尚威严","奖用胥吏,抑士大夫,凡有敢为、敢言者,多被斥逐。故一时在位者多委靡,惟求免罪,罟苟容"。② 当然史料中也时见皇帝"纳谏"的事例,但这仅是皇帝一时高兴时所为,与宋代相比,明显缺乏制度和观念上的保障。

限于篇幅,我们无法对金朝的政治史进行详细讨论,只想再指出一些值得注意的政治现象,它们显然与唐宋以来的历史发展趋势不符,但却与以后元、明的历史现象有着一脉相承的联系。例如君臣关系的变化。前引《三朝北盟会编》卷三政宣上帙三记载金初宗室骄横情况说:"虽卿相,尽拜于马前,郎君不为礼,役使如奴隶。"此时皇帝的个人权力与家族权力混淆不清,卿相奴事"郎君"实际上反映了当时君臣关系的一个侧面。熙宗、海陵以下,皇帝个人权威突出,动辄对大臣施以刑罚,尤其是杖刑。海陵王对臣下说:"古者大臣有罪,贬谪数千里外,往来疲于奔走,有死道路者。朕则不然,有过则杖之,已杖则任之如初。"又说"大臣决责,痛及尔体,如在朕躬,有不能已者"。③ 仅《金史》卷五《海陵纪》即提到海陵王廷杖大臣十余例,被杖者近二十人,其中包括尚书令、左丞相等高官。被杖之人虽大都受刑有因,但对大臣动施杖责,其借刑立威的含义也是很明显的。此后杖责大臣成了金朝的传统。据金世宗时使金的南宋大臣楼钥记载:"金法,士夫无免捶楚者,太守至拽同知。又闻宰相亦不免,惟以紫褥藉地,少异庶僚耳。"一位马姓校尉对他抱怨道:"官虽甚高,未免捶楚,成甚活路!"④金宣宗也"喜刑罚,朝士往往被笞楚,至用刀杖决杀言者"。⑤ 当时的医生发明了"以酒下地龙散、投以蜡丸"的药方,可以"使受杖者失痛觉",结果"此方大行于时"。以致时人作诗讽刺说"年来纸价长安贵,不重新诗重药方"。⑥《金史》卷四五《刑

① 参阅《金史》卷九六《李晏传》。
② 刘祁:《归潜志》卷七。
③ 《金史》卷七六《萧玉传》。
④ 楼钥:《北行日录》卷上。
⑤ 《金史》卷一二九《蒲察合住传》。
⑥ 元好问编:《中州集》卷八《范滑州中》。

志》总结这种情况说："原其立法初意，欲以同疏戚、壹小大，使之咸就绳约于律令之中，莫不齐手并足以听公上之所为，盖秦人强主威之意也。是以待宗室少恩，待大夫士少礼。终金之代，忍耻以就功名，虽一时名士有所不免。至于避辱远引，罕闻其人。"儒家思想强调"君使臣以礼，臣事君以忠"，宋代庶几近之。而后来君主单纯要求臣下效忠，对臣下礼遇的一面却大为降低。这种状况似乎可以说是自金开始的。

又如佞幸和近侍的活跃。佞幸是伴随着皇权的上升而登上金朝历史舞台的。海陵王在位时，虽然大杀宗室，猜忌臣下，但却重用张仲轲、李通等一批佞幸，"比昵群小，官赏无度，左右有旷僚者，人或以名呼之，即授以显阶"。[①] 这些人凭借佞幸身份招权纳贿，对海陵惟以承奉迎合为事，在怂恿他大举伐宋方面起了很坏的作用。章宗时，立监户（有罪被籍没者）之女李师儿为元妃，其兄弟李喜儿、李铁哥"皆擢显近，势倾朝廷，风采动四方，射利竞进之徒争趋走其门"。经童出身的胥持国"素知上好色，阴以秘术干之，又多略遗（李）妃左右用事人"，结果一再超迁，官拜尚书右丞，朝官趋走门下，号称"胥门十哲"。[②] 金朝中后期，近侍局在政治上的重要性越来越突出，"职虽五品，其要密与宰相等，如旧日中书，故多以贵戚、世家、恩幸者居其职，士大夫不预焉。……本以传诏旨，供使令，而人主委信，反在士大夫右"。[③] 近侍局掌侍奉皇帝，属于"内朝官"性质，职掌与前代王朝的宦官有相通之处，但通常以贵族子弟充任，故实际社会地位又大大高于宦官。皇帝对外廷官员不信任，所以利用近侍局官来访察外事。实际上，佞幸和近侍都是皇权的依附力量，在官僚政治范围内皆属非理性的政治因素。内朝集团的活跃，反映了皇权的膨胀，历元、明而不变。

另一方面，皇权上升并不表示贵族政治的绝迹。作为一个民族政权的统治者，金朝皇帝必须维护本民族成员在政权中的优势，这样才能从根本上保障、巩固皇权。自海陵王以下，金朝的贵族政治与金初相比有了不同的表现形式。统治者"防近族而用疏属"，金初最活跃的太祖、太

① 《金史》卷五《海陵纪》。
② 《金史》卷六四《章宗元妃李氏传》，卷一二九《胥持国传》。
③ 《归潜志》卷七。

宗、撒改三系子孙受到沉重打击,中后期的皇帝对兄弟伯叔等宗室近属也比较注意防范,但血统稍远的宗室疏属仍然被"腹心倚之"。① 其他异姓女真贵族的势力,反而有所上升。如与金朝皇室"世为姻婚""天子娶后必于是、公主下嫁必于是"②的徒单、唐括、蒲察、挐懒、仆散、纥石烈、乌林答、乌古论八家贵族,即大批出任内外要职,地位煊赫。③ 比较而言,宗室疏属和异姓贵族对皇权威胁较小,却是皇权在统治广大被征服地区时不得不依赖的力量。女真贵族作为一种具有排他性的特定身份群体,在金朝政治中的优势地位一直未变。较早降附的契丹、渤海等族贵族也受到一定的优待,地位高于汉族士大夫。元好问曾概括尚书省宰执大臣的任用情况说:"凡在此位者,内属、外戚与国人有战伐之功、预腹心之谋者为多。潢霫之人(潢,即潢河;霫,古族名,代指契丹和奚族),以门阀见推者次之。参用进士则又次之。其所谓进士者,时以示公道、系人望为尔。轩轾之权既分,疏密之情亦异。"④实际上这一用人原则在金朝具有普遍性。刘祁即评论"大抵金国之政……分别蕃、汉人,且不变家政,不得士大夫心,此所以不能长久"。⑤

女真贵族通过一些特定的入仕途径保证自己在政治领域中的优势地位。其中主要有军功、荫补、袭世爵、任近侍等。由于女真人垄断了军事权力,由军功任官几乎成为女真人的特权,金朝前期尤其如此。荫补原是官僚制的产物,通过复杂的规定给予高、中级官员后裔不经考试而获得官职的机会。在发达的官僚制社会,荫补本不受重视,但在金朝它却成为贵族子弟入仕的要途,由之跻身高位者代不乏人。袭世爵主要指通过承袭女真社会传统的猛安、谋克爵位而转为政府官员。任近侍、入皇宫执役也是女真贵族子弟的特权,他们可以比较容易地由内朝"出职"到外朝任官。元好问说:"维金朝入仕之路,在近代为最广,而出于任子

---

① 《金史》卷一一六《内族承立传》。
② 《金史》卷六四《章宗元妃李氏传》,卷一二〇《世戚传》赞语。
③ 参阅三上次男:《金朝女真人外戚的政治、社会地位》,载同氏:《金史研究》第三册,东京,中央公论美术出版,1970年。
④ 元好问:《遗山集》卷一六《平章政事寿国张文贞公神道碑》。
⑤ 《归潜志》卷一二。

者十之四。"①他说的"任子"似乎不一定应单纯理解为荫补,实际上袭世爵、任近侍等仕途都带有"任子"的特点,即凭借先天的身份获取官职。正如陶晋生所总结:"女真人入仕和升迁的情形,似并不顾及专业的原则,而是凡生为女真人,就注定了可以作各种性质的官。"②

3. 大蒙古国的汗权与家臣政治

贵族政治回归和皇权膨胀的问题同样出现在元朝,但其发展过程与表现形式同金朝相比颇有差异。相对来说,元朝皇权与贵族政治的同一性较为突出,两个问题可以联系在一起进行分析。而在时间上,则可分大蒙古国(1206—1259)和元王朝(1260—1368)两个阶段来叙述。

与金政权类似,大蒙古国也是在部落联盟的基础上建立的。在 12世纪后半期,蒙古草原各部落的社会分化已经相当明显。原始的血缘氏族处于瓦解之中,各氏族不断分化衍生出新氏族,并组合为不稳定的部落集团。草原上出现了被称为"那颜"(蒙古语"官人"之意)的贵族阶层。他们是从氏族中分离出来的富有者,依靠强力聚集同族成员,同时强占属民、财产,自立姓氏,以本族代表的身份接受金朝的封号。成吉思汗即出身于这样一个贵族世家。在成吉思汗以前,草原上的各部落集团互争雄长,它们一般都有后来称作"忽里台"(蒙古语"聚会"之意)的部落议事会,各自拥戴被称为"汗"(或"罕")的首领。但由于这些部落集团时常处于分化和重新组合之中,因此它们的"汗"的权力尚不是十分稳定。成吉思汗的统一事业改变了这种状况。对大量被征服部落和属民的统治,推动了汗权的成长。汗逐渐成为凌驾于众人之上的统治者,成为草原地区政治、经济权力的集中代表。

同完颜阿骨打相比,成吉思汗的创业历程有一个明显特点,即对家族力量依赖较小。这可能应当归因于女真、蒙古社会结构的差异。女真作为一个从事粗放农耕的民族,在建国前活动范围相对狭小,个体家庭尚未完全独立,父系大家族作为社会、经济实体仍然普遍存在,即所谓

---

① 《遗山集》卷二七《辅国上将军京兆府推官康公神道碑》。
② 陶晋生:《女真史论》,第 56 页。

"兄弟虽析,犹相聚种"。① 表现在政治上,就是完颜氏家族团结一致,共同创业,体现出极强的凝聚力。蒙古情况不然。在12世纪的草原游牧民中,个体经济已经相当发达,分散经营的趋向比女真人显著得多,这是畜牧业经济发展的自然结果。② 因此蒙古人的家族凝聚力要大为逊色,常常一家、一族人互相争斗,甚至分属于不同的部落集团。成吉思汗虽为贵族出身,但其父早卒,家道已经中落。他依靠机遇和自己超人的能力,才得以重振家族权威,并建立草原霸业。在他创业的过程中,所依赖的家族成员主要只是两个弟弟合撒儿和别里古台(后来还有几个儿子),亲近如叔父答里台、堂兄弟忽察儿都曾站在他的敌对阵营。与家人相比,异姓、异族成员对他帮助更大。这里面有相当于结义兄弟的"安答",还有解释为家臣、伴当的"那可儿"。成吉思汗的主要创业功臣,如"四杰"博儿术、博儿忽、木华黎、赤老温,"四狗"者勒蔑、速不台、忽必来、哲别,都来自其他氏族。这种情况导致在大蒙古国建国时,并不存在一个像金初那样强大的宗室贵族集团,而是一开始即出现汗权独尊的局面。③

蒙古建国前夕,草原社会上的等级观念已经深入人心,主从界限十分严格。那颜贵族被视为特殊阶级,平民百姓受其统治属于天经地义。而"保障自己牧地免遭袭击的需要,力图以掠夺的手段致富的企图,组织必须有相当多的人参加的围猎的需要,这一切使蒙古草原贵族制不得不走向以罕为首的部落联合"。④ 与从事农耕的女真人相比,草原游牧民的经济生活更缺乏稳定性,因此他们对绝对权威的需求似乎比前者更加迫切。随着成吉思汗霸业的形成,他个人的权威日益扩张,被看作"是个能为地方操心、为军队操心、将兀鲁思(引者按:蒙古语,意为'人众''国

---

① 《金史》卷四四《兵志》。

② 参阅符拉基米尔佐夫:《蒙古社会制度史》,刘荣焌汉译本,中国社会科学出版社,1980年,第58—61、72—73页,高文德:《蒙古奴隶制研究》,内蒙古人民出版社,1980年,第38—48页。

③ 当然,与其他早期国家一样,氏族民主制的残余在大蒙古国(甚至直到元王朝)仍然存在。这种民主主要也是贵族,特别是宗室贵族间的民主(这是家产制国家的一个特征)。但由于大蒙古国的宗室贵族力量总体而言不算强大,而且又都被向外分封(详下),因此其民主制残余的主要表现形式只是在新汗即位或有其他大事时临时召开的忽里台会议,平时大汗受其约束甚微。

④ 符拉基米尔佐夫:《蒙古社会制度史》,第132页。

家'）好好地掌管起来的人"，故而很多人"出于自愿"，前来托庇于他的"荫护"。①《元朝秘史》第一二三节记述成吉思汗就任蒙古本部汗位时蒙古贵族的拥戴誓辞说："立你做皇帝。你若做皇帝呵，多敌行俺做前哨。但掳得美女妇人并好马，都将来与你。野兽行打围呵，俺首先出去围将野兽来与你。如厮杀时违了你号令，并无事时坏了你事呵，将我离了妻子家财，废撇在无人烟地面里者！"如张承志所指出，上述誓辞表明"贵族们以宣誓的形式正式承认汗的君主权。这种君主权规定无论在战争时期还是和平时期，各部贵族都绝对服从汗的命令，如违背誓言则甘愿被剥夺财产、沦作奴隶，以至处死。承认汗的国家统治者的绝对权力——这是盟誓时贵族们与汗之间最基本的契约"。②

不仅如此，汗权还与神权结合起来。北方民族中流行的原始宗教——萨满教认为万物有灵，特别是崇拜天神，"彼所欲为之事，则曰天教恁地，人所已为之事，则曰天识著，无一事不归之天"。③ 汗也被认为是承受"天命"来统治芸芸众生的，披上了"君权神授"的外衣。成吉思汗最初君临蒙古本部时，即通过萨满之口宣称"天地商量着，国土主人教帖木真做"。④ 这种神化使汗获得了"超人"的身份（卡里斯玛），其绝对权威更加巩固。波斯史家拉施特称成吉思汗即位以后"所有血亲与非血亲的蒙古氏族和部落，都成了他的奴隶和仆役"。⑤ 13 世纪前期访问蒙古的欧洲传教士加宾尼记载说："鞑靼皇帝对于每一个人具有一种惊人的权力。……不管他给予他们什么命令，不管什么时间，什么地点，不管这命令是要他们去作战、去生或去死，他们都绝对服从，没有一个字的反对。即使他要求他们的未婚的女儿或姐妹，他们也把她奉献给他，不出

---

① 拉施特：《史集》第一卷第二分册，余大钧、周建奇汉译本，商务印书馆，1983 年，第117 页。

② 参阅张承志：《关于早期蒙古汗国的盟誓》，载《民族研究》1986 年第 2 期。

③ 彭大雅、徐霆：《黑鞑事略》。

④ 《元朝秘史》第一二一节。萧启庆指出：北亚游牧民族自古便有君权神授的观念，并且由此发展出主宰世界的"普遍王权"思想。见其《北亚游牧民族南侵各种原因的检讨》，载同氏《元代史新探》，台北，新文丰出版公司，1983 年。又成吉思汗的"成吉思"尊号可能也有"天"的含义，参阅舒振邦《"成吉思汗"称号考释》，载《中国史研究》1980 年第 4 期。

⑤ 《史集》第一卷第二分册汉译本第 15 页。

一句怨言。……一切东西都掌握在皇帝手中,达到这样一种程度,因此没有一个人胆敢说这是我的或是他的,而是任何东西都是属于皇帝的。……不管皇帝和首领们想得到什么,不管他们想得到多少,他们都取自于他们臣民的财产。不但如此,甚至对于他们臣民的人身,他们也在各方面都随心所欲地加以处理。"①如果我们把大蒙古国汗权与元朝皇权视为一体的话,似乎就可以总结出元朝皇权不同于金朝皇权之处,那就是蒙元君主的个人权威一开始就非常突出,并未淹没于家族集体权力之中。并且元朝皇权之强,主要来自其统治民族原有的政治观念,对汉族社会的政治传统并无过多依赖。②

　　蒙元贵族政治的表现也与金朝不同。金朝贵族政治起初以宗室共治的形式体现出来,即使当宗室近属受到压制后,宗室疏属和外戚仍然在朝中占有优势地位。蒙元贵族政治的特点则可以概括为"宗亲分封、家臣治国"八字。"太祖皇帝初起北方时节,哥哥兄弟每商量定,取天下了呵,各分地土,共享富贵。"③成吉思汗立国漠北,大行分封,以大汗直辖的大"兀鲁思"为中心,将诸弟分封于左翼,称"东道诸王",诸子分封于右翼,称"西道诸王"。与汗族世代通婚的姻亲——弘吉剌、亦乞列思、斡亦剌、汪古诸部贵族作为外戚也获得分封,他们虽然一开始没有获得与宗室齐等的地位,但后来地位也逐渐上升,在各自封地内享有类似宗室的较独立权力。虽然在"家产制国家"色彩浓重的游牧帝国里分封普遍盛行,但可能由于古代草原游牧经济中家族经营的情况依然残存,同时也是出于维持政权统一以保持对外威势的需要,中国古代的漠北游牧帝国实行分封往往并不彻底,用于分封的仅是一部分"家产"。而帝国的核心部分仍由君主本人直辖,既属于家族公产,也是父家长权力的象征。大蒙古国的"公产"部分,即大"兀鲁思",在整个国家中就占有压倒性的比重。拉施特记载成吉思汗时蒙古军队共 129 000 人,其中分封给子弟

　　①　道森编:《出使蒙古记》,吕浦译,中国社会科学出版社,1983 年,第 26—28 页。
　　②　《元史》卷一四六《耶律楚材传》记载:元太宗窝阔台即汗位时楚材负责"定策、立仪制",劝说皇兄察合台等行礼拜,"国朝尊卑有拜礼自此始"。这可以看做汉族社会政治传统对元朝皇权强化的影响。但这主要是一种形式上的影响,实际作用是次要的。
　　③　《元典章》卷九《吏部三·官制三·投下·改正投下达鲁花赤》。

者仅 28 000 人,剩下 101 000 人皆由自己直辖。① 而且分封主要限于草原,新征服的大片农耕地区都作为家族公产,由大汗统一派官治理。一般情况下,宗室、外戚主要是在各自封地内行使统治权力,他们对国家政治生活的参与,主要表现为出席诸王大会(忽里台),决定立汗、征伐等大事,平时并不亲自参加国家日常行政事务的管理。② 而那些"家臣"阶层的次等异姓贵族,却在管理"公产"、管理国家日常政务方面发挥着重要作用。③

大蒙古国建国之初,国家机构非常简单。汗廷的最高行政长官称为大断事官(蒙古语称也可札鲁忽赤),掌管民户的分配,审断刑狱、词讼。同时,成吉思汗扩建了源于草原贵族亲兵的怯薛(蒙古语轮流宿卫之意)组织,并赋予它襄理国务的职能。怯薛成员各有不同的执役分工,其中为大汗主管文书的,称为必阇赤。他们因职掌的关系,有较多机会参与国家政务,其高层成员逐渐出现宰相化的趋势。大蒙古国的国家中枢机构,实际上就是以大断事官和高级必阇赤为主构成的。就今天可考的有关任职者而言,④其中基本上没有宗室外戚,而几乎全是属于家臣(或称伴当、那可儿)阶层的次等异姓贵族,甚至还不乏来自被征服民族的降附官员。⑤ 虽然如此,他们的权力却很大。如察哈札剌部人忙哥撒儿在宪

---

① 《史集》第一卷第二分册汉译本,第 362—384 页。

② 这是金、元早期政治当中一个同中有异的地方。金初的勃极烈会议和大蒙古国的忽里台会议都是部落联盟时期贵族议事会的残余,又都是宗室成员会议、负责国家重大事务的决策。但两者又有重大区别:勃极烈会议是一个常设组织,参加人数有限且固定,不仅有议政权,而且有行政权;忽里台会议则并非常设,只是当需要决定选汗、征伐等大事时才临时召集,参加人数较多,又与日常行政基本无关。造成这种区别的一个重要原因,应当是金无分封而元有分封。

③ 这种用异姓贵族管理汗室"公产"的做法在中国古代的漠北游牧帝国中早有渊源。如匈奴即以异姓大臣"左右骨都侯"辅政,突厥则有俟斤、俟利发等早期官僚。马长寿曾经精辟地将匈奴国家的管理方式概括为"同姓主兵封于外疆,异姓主政居于廷内",并指出这"是东方国家的宗法社会安排政治机构的一个特点"。见其《北狄与匈奴》,生活·读书·新知三联书店,1962 年,第 55 页。

④ 参阅姚大力《从"大断事官"制到中书省——论元初中枢机构的体制演变》的有关考证,载《历史研究》1993 年第 1 期。

⑤ 成吉思汗异母弟别里古台曾在 1202 年左右担任大断事官。但蒙古建国后,别里古台接受了自己的封地,大断事官一职改由塔塔儿人失吉忽秃忽担任。失吉忽秃忽幼年时被成吉思汗之母收养,号称成吉思汗"第六的弟",但毕竟血缘不通,因此分封时无法获得与成吉思汗亲生兄弟一样的"分子",只能与其他功臣一起领受"恩赐",其地位实际上仍相当于家臣。见《元朝秘史》第二〇三节。

宗蒙哥时任大断事官,史称其"位在三公之上,犹汉之大将军也。……帝
以其奉法不阿,委任益专。有当刑者,辄以法刑之,乃入奏,帝无不报可。
帝或卧未起,忙哥撒儿入奏事,至帐前,扣箭房,帝问何言,即可其奏"。
克烈部人孛鲁合于同时任必阇赤长,与忙哥撒儿共掌大权,"天下庶务,
惟决二人"。[①]

4. 元王朝的皇权与家臣政治

相对而言,草原社会的行政事务比较简单,因此在大蒙古国时期,异
姓贵族势力膨胀的趋势还不是很明显。到忽必烈即位以后,大蒙古国已
经演变为汉族模式的大一统中央集权王朝,"家臣"在国家政治生活中的
重要性遂更加突出。忽必烈行用汉法,建立起一整套汉式官僚机构。宗
室、外戚各居封地,不时领取朝廷的巨额赏赐,并在自己家族内进行封地
的再分配,过着养尊处优的生活。他们有时作为皇帝的代表,奉命统兵
作战或镇戍地方,有时奉召参加忽里台大会,参与拥立新君,但与国家中
枢的日常政务很少发生关系。他们可以在中书省、枢密院等中枢机构中
荐用私人、担任职务,但所任只是属官,并没有很强的独立性。就对朝政
的直接影响而言,这些"皇亲国戚"所起的作用远不及身份低于他们的
"家臣"。迄今还找不出元朝哪一位宗室成员曾任宰相,外戚拜相者也只
有寥寥数人。元成宗时郑介夫上书即云:"以今日之人事观之……秉国
钧者皆色目、汉儿,未尝一官任舅后之族,如吕、霍、上官之僭奢,无有
也。"[②]相反,由次等异姓贵族组成的怯薛,作为侍奉皇帝的宫禁组织依旧
保留下来,并且备受优遇。他们原则上世袭其职,其成员都是贵族、高官
子弟,由此出身被称为"大根脚",最为显贵,成为元朝高级官僚的主要来
源,即所谓"凡入官者,首以宿卫近侍"。[③] 宗室、外戚既然不可能离开封

---

① 姚燧《牧庵集》卷一三《高昌忠惠王神道碑》。
② 《历代名臣奏议》卷六八"治道"门引郑介夫奏议。按这里所讨论的元代外戚,主要是
指几个在蒙古建国前后被确立为汗室主要姻族的家族,如弘吉剌氏德薛禅家族、亦乞列思氏孛
秃家族、斡亦剌氏忽都合别乞家族、汪古部阿剌兀思剔吉忽里家族、畏兀儿高昌王亦都护家族
等。部分"家臣"阶层的次等异姓贵族,最初并没有与汗室通婚的资格,后因政治地位贵显,方
获联姻之荣。这种情况与我们所说的外戚与政问题性质有异,故不在讨论之列。
③ 朱德润:《存复斋文集》卷四《送强仲贤之京师序》。

地,投充怯薛,①自然也就极少有担任政府高官的机会。怯薛成员虽然只相当于君主的家臣,但实际地位因附翼君权而上升。成吉思汗扩建怯薛时即规定:"这些做我护卫的人,以后教做大中军者。""我的护卫散班,在在外千户的上;护卫散班的家人,在在外百户牌子的上。若在外千户与护卫散班做同等、相争斗呵,将在外的千户要罪过者。"②在代表君权的"家臣"面前,宗室、外戚有时也不得不仰其鼻息。大蒙古国时期,大断事官忙哥撒儿奉旨为宪宗蒙哥审讯反对他的宗王贵族,多所诛戮。这些人虽然怀恨但又无可奈何,只能在忙哥撒儿死后"咸腾谤言",称"尔亦有死耶"。蒙哥却为此专门降诏于忙哥撒儿之子表示安慰,说"人则虽死,朕将宠之如生"。忽必烈平定宗王乃颜叛乱后,右丞相安童奉命讯问卷入其事的宗室诸王,"多所平反",一天罢朝后"诸免死者争前迎谢,至有执辔扶公(安童)上马者,公毅然不顾"。于是有人向忽必烈告状说:"宗室虽有罪,皆太祖子孙,丞相虽尊,人臣也,奈何悖慢如此!"忽必烈虽略感不快,但仍然为安童开脱了一番。③ 在"家臣"权力恶性膨胀的特殊时期,宗亲贵族甚至完全处于人为刀俎、我为鱼肉的被动地位。如元末权臣伯颜专政,"构陷郯王彻彻笃,奏赐死,帝未允,辄传旨行刑。复奏贬宣让王帖木儿不花、威顺王宽彻普化,辞色愤厉,不待旨而行"。其中彻彻笃是蒙哥曾孙,在习惯上被称作伯颜家族的"使长",故时人称其事为"奴婢杀使长"。④ 从上面所述这些情况来看,我们也可以说元朝的贵族政治主要地表现为"家臣政治"或"次等异姓贵族政治"。

正是由于元朝的贵族政治主要表现为家臣政治,而不是宗室、外戚政治,因此我们看到,元朝皇帝与掌权贵族之间基本上是互为羽翼的关系,皇权在贵族辅翼下更为强大,而很少遇到贵族权力的挑战。按照游牧社会的主从等级观念,家臣(伴当、那可儿)与主人之间存在着严格的

---

① 这也是金、元制度区别之一。金朝宗室疏属常被选入宫中担任护卫、祗候等内廷杂职,并由此出任外廷职务,亦不乏仕至要职者,例子很多,散见于《金史》列传。而元朝则很难找到类似事例。

② 《元朝秘史》第二二六、二二八节。

③ 《元史》卷一二四《忙哥撒儿传》,苏天爵《元朝名臣事略》卷一《丞相东平忠宪王》引元永贞《东平王世家》。

④ 《元史》卷一三八《伯颜传》,权衡《庚申外史》已卯至元五年条。

世代隶属关系和不可逾越的名分，"一心奉事主人……别有心呵，便死"，①他们与失去人身自由的"奴婢"并没有截然不同的区分，主人有时也把他们称作奴婢。而另一方面，他们与主人的关系又十分密切，被看作主人家庭成员的一分子，甚至可以与主人兄弟相称。成吉思汗对脱斡邻说："你是我祖宗以来的奴婢，我唤你做弟的缘故如此。"他既称者勒蔑为"有福庆的伴当"，又说后者是"贴己奴婢"。② 家臣这种复杂的身份特征，一直保持到元朝高官身上。对于汉族社会而言，这些高官是"大根脚"出身的特权贵族，"承籍阀阅功，官爵纡青紫"，③其社会地位远非一般汉族官员所能企及（当然其中仍有少量汉族勋贵）。而在熟悉蒙古传统的元朝上层统治集团（包括皇帝和这些高官自己）看来，他们的显贵仅仅因为他们是皇帝的世仆家臣，是"老奴婢根脚"，所以"不比别个的有"。④ 元朝制度，"诸省部官名隶宿卫者，昼出治事，夜入番直"。⑤ 他们在出任朝官后，原有怯薛执事身份依旧保留，要按规定的日期入宫服役。姚燧《牧庵集》卷一五《董文忠神道碑》记载怯薛给侍内廷的状况说："公……从始至终，实三十年，征伐蒐田，无地不从。凡乘舆、衣服、鞶带、药饵，大小无虑数百十橐，靡不司之。中夜有需，不需烛索，可立至前。……后或长直，四十日不至家，夜杂妃嫔候侍，休寝榻下。上呼之，方愈，熟寐不应。命妃蹴兴之，妃不敢前。上詧曰：'董八诚爱之专，敬慎之至，事朕逾父，汝以妾母蹴之何嫌，而为是拘拘？'"董文忠出自"于国家有大勋劳，非他汉人比"⑥的藁城董氏，故能够充任怯薛，并担任金书枢密院事的要职，其背景和经历在元朝高官当中应当是有代表性的。周良霄先生分析这段史料时指出："观此，知这个身任怯薛的朝廷大员，在内廷完全是操宦竖之所行。大臣体貌，已扫地无存。"他进而认为元朝的"君臣关系也就是主奴关系，这无疑也增益了皇帝的专制权威"。⑦ 这一看法

① 《元朝秘史》第一九七节。
② 《元朝秘史》第一八○节、二一一节。
③ 陈高：《不系舟渔集》卷三《感兴》。
④ 《永乐大典》卷二六○八引《宪台通纪·加脱欢答剌罕大夫散官》。
⑤ 《元史》卷一○二《刑法志》一。
⑥ 黄溍：《金华集》卷二六《陕西行御史台御史中丞董公神道碑》。
⑦ 周良霄、顾菊英：《元代史》，第470—471页。

是有道理的。

　　也正因元朝君臣关系中这种特有的私人隶属色彩和身份差异,导致元朝政治中出现了一个与上文论点看似矛盾的现象,即大臣权重。明太祖朱元璋代元而立,曾对这个问题非常敏感。他一再批评"元氏昏乱,纪纲不立,主荒臣专,威福下移";"元氏之有天下,固由世祖之雄武,而其亡也,由委任权臣,上下蒙蔽故也……人君不能躬览庶政,故大臣得以专权自恣"。[①] 朱元璋所说的情况,与我们关于元朝皇权膨胀的论点矛盾吗?并不矛盾。由于元朝高官基本上都出自皇帝"家臣"这一阶层,所以他们的权力在大多数时候都被看作皇权的外化和延伸,与皇权并无明显冲突。皇帝委任责成,大胆放权,大臣勇于任事,不加避忌,这种现象在元朝历史当中是非常突出的。与操切、聪察的金朝皇帝相比,元朝皇帝的个人权力欲明显不强,大多只满足于深居宫中,垂拱而治,对亲自处理政务并没有太大兴趣;即使一些较为勤政的皇帝(如忽必烈等),其统治方式也是重在执赏罚之柄,并未越俎代庖,强行揽权。这里面固然有个人性格的因素,但对"家臣"的充分信任无疑也是一个重要原因。[②] 而"家臣"们也大都具有勇于任事的从政态度,在关键时刻能够不避嫌疑。忽必烈临终时,大臣月鲁那颜(名玉昔帖睦尔)、伯颜、不忽木等同受遗诏。死后,太后(忽必烈皇后南必)召见他们询问有关情况。月鲁那颜回答说:"臣受顾命,太后但观臣等为之。臣若误国,即甘伏诛。宗社大事,非宫中所当预也。"[③]即是这方面的一个显著例子。元朝以中书省为一元化的宰相机构,特别强调其"政本"地位,因而中书省中出了不少权相。然而这些权相中的大部分人,其权势都是建立在皇帝宠信的基础之上,可以说滋生于皇权。只有在元朝后期皇位争夺激烈的特殊背景下,才有燕帖睦尔、伯颜二人获得了能对皇权构成威胁的权力,但也是"才智短拙,

---

　　① 《明太祖实录》卷一四甲辰年正月戊辰,卷五九洪武三年十二月己巳。

　　② 相比之下,元朝皇帝对与自己身份接近、并无人身役属关系的宗室成员就较为猜忌,尽管后者并未掌握实权。例如武宗时有越王秃剌之狱、宁王阔阔出之狱,仁宗时有魏王阿木哥之狱,英宗、泰定帝放逐怀王图帖睦尔(文宗),文宗放逐其侄妥欢帖睦尔(顺帝)等。

　　③ 《元史》卷一三〇《不忽木传》。

谋不逮心,旋即败灭",①皇权受到的挑战为时很短。②

在前文当中,我们曾经指出了金朝两个值得注意的历史现象,一是君臣关系的变化,二是佞幸和近侍的活跃。它们的背后,都隐含着皇权膨胀的趋势。在元朝,这两个现象都继续有所发展。君臣关系方面,由于带有主仆、主奴的色彩,皇帝对臣下施以责罚更为方便。大臣被杖之例时有所见,有的是犯罪受罚,有的则是借刑立威。如仁宗时身居宰相(中书平章政事)的张珪,因反对皇太后滥授官职,即被加以杖责,"创甚",因而辞职,"贤人士大夫祖饯感叹,以为公之身可辱,公之名不可辱"。③ 皇帝的尊严、权威愈增,稍微冒犯就可能召来横祸。英宗时,监察御史锁咬儿哈的迷失等四人上疏谏修佛寺,结果被政敌诬以"讪上以扬己直,大不敬",两人被杀,两人被杖流。出身怯薛世家的上都留守贺胜在政争中被杀,罪名也仅仅是"乘赐车迎诏,不敬"。④ 有的大臣虽曾一度得到皇帝宠信,权势赫然,但一旦形势变化、失宠之后,下场可能就十分悲惨。如忽必烈时长期把持大权的宰相阿合马,遇刺后罪状败露,被"发墓剖棺,戮尸于通玄门外,纵犬啖其肉"。另一个理财之臣卢世荣被杀后"刳其肉以食禽獭"。⑤ 虽然二人之死可能是罪有应得,但对其尸体的残酷处置方式还是表现出了君臣关系的冷酷性。对这种冷酷性,我们在随后的明朝可以看得更为清楚。金朝的佞幸、近侍实际上是一个内朝集团,而元朝的内朝集团——怯薛的势焰可以说又大大超出金朝。他们凭借着"天子左右服劳侍从执事之人"和"世家大臣及其子孙生而贵者"⑥的双重身份,参与御前奏议决策,以内驭外,挟制朝臣,甚至介入皇位更迭,形成了一个紧靠权力源头、超越于政府机构之上的决策团体。⑦值得注意的是,怯薛参与决策,献替可否,通常都被视为他们作为皇帝亲信"家臣"所应尽的一种义务。即如答失蛮所说:"犬马思报其主,臣世荷

① 叶子奇:《草木子》卷三下《杂制篇》。
② 参阅张帆:《论元代相权》,载《学人》第四辑,江苏文艺出版社,1993 年。
③ 虞集:《道园学古录》卷一八《中书平章政事蔡国张公墓志铭》。
④ 《元史》卷一二四《锁咬儿哈的迷失传》,卷一七九《贺胜传》。
⑤ 《元史》卷二〇五《阿合马传》《卢世荣传》。
⑥ 《元史》卷九九《兵志二》,卷二〇四《宦者传》序。
⑦ 参阅李治安:《怯薛与元代朝政》,载《中国史研究》1990 年第 4 期。

国恩,事有关于治乱,安敢坐视而不言?"①另外,怯薛受人嘱托,朦胧奏请,甚至假传敕旨,交付中书省等机构施行,这种情况在元朝称为"隔越奏事",屡禁不止,是造成朝政混乱的一个重要原因。作为内朝官,元朝的怯薛有一个特点(金朝的近侍也有近似之处),即与外朝官并无截然界限,而是保持彼此之间的相互流动。事实上,元朝皇帝正是通过这种内外朝人员不断的往来流动,对庞大的官僚机器实施了有效的控制。这与明朝皇帝在朝廷内外遍设宦官机构的做法,颇有异曲同工之妙。

总之,同金朝相比,元朝皇权与贵族政治的同一性较为突出。至于在皇权的卵翼下,元朝的贵族政治色彩(相对于官僚政治而言)如何浓重,蒙古、色目贵族如何凭借自己的特殊身份垄断国家重要职务,如何仅凭出身就骤列高位、拔置要津,汉族士大夫在仕进过程中如何被予以不平等的待遇,理性化、知识化、专业化的传统选官标准如何受到漠视,这些问题学术界的研究已经比较透彻,这里就不再赘言了。

5. 余论

贵族政治通常被看作官僚政治的对立物,而实际上官僚政治往往又是由贵族政治演变而来的。由于有这种承袭关系,官僚政权当中总是很难完全消除贵族政治的因素,会保留不少的贵族制残余。但官僚政治自身的长期、稳定发展,必然对各种特定的亲缘、地域或世袭的身份群体形成排斥,限制他们在政治领域中发挥作用,使贵族制残余逐步减少,甚至趋于消灭。中国古代官僚政治前半期的发展线索即大体如此。贵族作为一个有政治影响力的社会阶层,到宋代已几乎绝迹,宋代政治成为一种相当"纯粹"的官僚政治。然而金、元的统治使这种趋势发生了变化。女真、蒙古统治者在入主中原以前,即处于"前官僚制"的贵族政治形态,贵族力量强大,地位重要。入主中原之后,贵族作为"征服王朝"的主要依赖力量受到保护,被赋予种种特权,在官僚制王朝中仍占据显赫地位。魏特夫指出:"征服社会往往引起社会阶层的奇怪重叠现象。一般的情况是:外来的上层阶级(原注:贵族)凌驾于当地的官僚阶级之上。""居

---

① 《金华集》卷二四《定国忠亮公神道碑》。

于土著官僚之上的外来贵族则形成为一个社会显要阶层……他们是政治侦探,和太监一样忠诚地维护征服王朝的利益——王朝的利益和他们自己的利益完全是一致的。"①金、元的情况基本上就是这样。

皇权与官僚政治之间也存在着对立统一的关系。中国古代的官僚政治基本上是伴随着专制君主同时出现的,从属并服务于皇权是它首要的特征。但另一方面,它也具有自主性的政治目标,有强调公共服务和自我扩张的趋向。随着历史的正常发展,这种自主性趋向会在适度范围内逐渐强化,与专制皇权形成一定程度的对立。宋代政治就是这方面的典型例子。士大夫集团成为社会上主导性的政治力量,对皇权形成约束和限制。皇帝号称"与士大夫治天下","家天下"的色彩已被减弱到相当低的程度,既无"内朝",又无"内乱"。②金、元的统治改变了这种局面。女真、蒙古入主中原以前,其政权基本上都属于"家产制国家"的政治形态,君权由父权制家长权力演变而来并大幅度外延,统治缺乏系统的科层体系,政治领域的自主性还极不发达。在这种情况下,"行政官员总是被视为君主、某些领主或氏族的私人官员,官员对他们及其资源的重大依赖,使之无法成为自主的组织"。统治者的政治目标往往"代表的是皇族、王室或其等级的特殊利益,而不是整个共同体的利益"。③ 在进入中原、建立官僚制王朝之后,这种状况依然长期存在并发挥影响。皇权至高无上,"家天下"色彩浓重,官僚机构对皇权的约束和限制明显减小,士大夫集团在政治领域中的活跃程度大大降低,官僚政治的成熟程度与宋代相比大为削弱。

相对于汉族官僚和社会来说,金、元贵族与皇权互为保障,两者有同一性。但另一方面,两者的发展趋向并不完全一致,终究会产生矛盾。由于女真、蒙古两族所处自然环境不同,经济和生活状况也存在较大差

① K.A.魏特夫:《东方专制主义:对于集权力量的比较研究》,徐式谷等译,中国社会科学出版社,1989 年,第 341、374 页。

② 近人柳诒徵云:"宋之政治,士大夫之政治也,政治纯出士大夫之手。"见氏著《中国文化史》(东方出版中心,1996)下册,第 516 页。参阅张邦炜《宋代皇亲与政治》,四川人民出版社,1993 年,第 334—360 页。

③ S.N.艾森斯塔得:《帝国的政治体系》,阎步克汉译本,贵州人民出版社,1992 年,第 25—26 页。

异,导致其早期政权表现为两种不同的"家产制国家"形态,因而在皇权与贵族的关系上,金、元两朝也有各自不同的表现形式。比较而言,金代矛盾的一面较明显,而元代同一的一面较突出。但这一区别并不妨碍我们将贵族政治回归与皇权膨胀作为金、元官僚政治的共同特点。

就纵向历史范围进行考察,我们可以看到金、元贵族政治回归与皇权膨胀的历史现象对明朝产生了影响。明朝的统治者并非外来民族,因此其贵族政治存在的基础大为削弱,贵族基本退出行政舞台,官僚政治又一次恢复到了汉族传统社会的"常态"。然而明朝毕竟存在着一个包括宗室、勋戚在内的庞大的贵族集团,他们参预政治虽然受到限制,但在经济、社会地位等方面受到国家优厚的待遇,享有种种特权。他们倚仗自己的特殊身份,胡作非为,鱼肉百姓,给社会造成相当大的祸害。这种情况与宋代相比,无疑是一个倒退,而金、元政治在其间肯定是发挥了影响的。皇权问题更是如此。明朝皇权及其附属物——宦官权势恶性膨胀,"果于戮辱,视士大夫若仆隶",①这种政治气氛与宋代真有天壤之别,而与金、元存在着一脉相承的联系。周良霄先生通过对元朝历史的考察指出:"元朝的专制皇权已远较前代少所约束","所有这些,都导致皇帝的尊严愈增,专制主义皇权也进一步膨胀,这对于明初极端专制主义皇权制度的成形无疑有它的影响"。② 其实不仅有元朝的影响,宏观上看还有金朝的影响。女真、蒙古两个民族虽然来自不同的环境和地域,受汉文化熏陶的程度也有很大差别,但对中国历史的发展却在同一方向上进行了推动。金的推动不足,蒙元又复继之,遂使汉族社会发展的本来趋势有所改变。联系金、元历史来看,似乎可以认为,朱元璋之出现、朱元璋之成功,并非偶然。当然,由于金、元两朝(特别是元朝)具体政治环境与明朝的差异,我们也不能把明朝政治的各种细节都看作是对金、元的继承。就皇权膨胀问题而言,金、元对明朝的影响更主要的是在观念方面,而非制度方面(仅就制度来看,则明朝的一些制度变化倒是对元朝的反动,如废罢宰相)。对这一点,也是不应该忽视的。

---

① 邓之诚:《中华二千年史》卷五,中华书局,1983年,第12页。
② 周良霄、顾菊英:《元代史》,第470—471页。

二 以一省制为核心的中央官制

1. 一省制的确立

金元中央官制实行一省制,它是由三省制简化而来的。三省并立的分权体制,就严格意义上说在唐朝后期已经破坏,逐渐向一省制转化。北宋前期,沿袭中晚唐以来的官、职、差遣分离趋势,独立于三省之外的中书门下(政事堂)成为宰相机构,三省有名无实。神宗元丰改制,一度重建唐朝前期的三省制度,充实三省的机构和编制,三省长官成为名实合一的宰相。不过这一"三省制"真正存在的时间很短,改制不久三省长官即由分班奏事改为合班奏事,到南宋初年更定宰相名称,使"三省之政合乎一",孝宗时又改相名,完全"删去三省长官虚称"。① 从唐朝后期到宋朝的历史可以看出,三省的简化、合并已成为制度发展的必然趋势。但在宋朝,至少是北宋,显然也还没有形成严格意义上的一省制。元丰改制之前,三省的虚名并未废除,其机构仍然存在,因此当时的中书门下虽然实为一元化的宰相机构,毕竟名不正言不顺。即使到南宋,三省"合一"也并不是完全彻底,中书、门下两省的主要官员虽已并入尚书省,但其属吏仍有很大一部分被各自保留,包括录事、主事、令史、书令史、守当官、守缺守当官等。② 相比之下,三省的简化、合并在金、元则是比较彻底的,真正完成了向一省制的转变。

作为北方民族政权,金、元两朝立国之初,国家制度皆以本族传统制度为主。以一省制为核心的汉式官僚机构,是随着政权的汉化逐步建立的。具体而言,金朝一省制的确立过程大约可分为四个阶段。③

第一阶段,太祖天辅七年(1123)至太宗天会四年(1126)。当时金初定辽地,在辽境的汉人聚居区沿用辽南面官制度,以汉官左企弓等行枢密院事。《金史》卷七八《韩企先传》载:"太祖定燕京,始用汉官宰相赏

① 《宋史》卷一六一《职官志》一。
② 《宋史》卷一六一《职官志》一,李心传《建炎以来系年要录》卷二二建炎三年四月条。
③ 参阅三上次男:《金朝初期的三省制度》,载同氏《金史研究》第二册;张博泉:《金天会四年"建尚书省"微议》,载《社会科学辑刊》1987年第4期。

左企弓等,置中书省、枢密院于广宁府,而朝廷宰相自用女直官号。太宗初年,无所改更……移置(中书、枢密)燕京,凡汉地选授调发租税皆承制行之。"枢密院是辽代的宰相机构,金初在新占领的汉地设枢密院负责当地行政事务,受女真军事统帅宗翰、宗望等人统辖,并不直隶中央。中书省(可能还有门下省)也是沿辽旧名,附属于枢密院,实际上并没有单独的机构。① "朝廷宰相自用女直官号"则是指中央的勃极烈辅政体制,这些勃极烈才是真正的国家宰相。

第二阶段,太宗天会四年至天会十二年(1134)。此时金朝新占领了宋朝境内的大片地区,虽然对汉地实行间接统治的基本方针并未改变,但需要将原辽境、原宋境两类不同背景汉地的有关统治制度加以调整,使之稍为整齐划一。《金史》卷五五《百官志》一:"天会四年,建尚书省,遂有三省之制。"但根据现有材料来看,此时的"三省"仍然不是中央宰相机构,而是设于汉地的地方统治机构,"朝廷宰相自用女直官号"的勃极烈旧制并未废除。另外,旧有的汉地枢密院依然存在,尚书等三省在治理汉地方面与其如何分工,史料中并没有很明确的反映,似乎它们对枢密院还是有某种程度的依赖性。尽管如此,天会四年的制度变化仍有很大意义。自此三省之名齐备,同时"立尚书省以下诸司府寺",金廷且专门为此"诏中外"。② 虽然新添设的实际上并非中央机构和官员,其编制也称不上完善,但表明了进一步向汉制靠拢的改革方向。而且此次变化确立了尚书省在三省中的主导、核心地位,对随后的制度发展具有重要影响。

第三阶段,太宗天会十二年至海陵王正隆元年(1156)。到这一阶段,金朝的中央官制发生了重大变化,勃极烈制度被废止,代之以汉族模式的三省制度。《金史》卷三《太宗纪》:天会十二年正月"甲子,初改定制度,诏中外"。卷四《熙宗纪》:天眷元年"八月甲寅朔,颁行官制"。卷五四《选举志》四:"自太宗天会十二年,始法古立官,至天眷元年,颁新官制。"新官制的主要内容,在洪皓《鄱阳集》卷四《跋金国文具录札子》、李

---

① 参阅李涵:《金初汉地枢密院试析》,载《辽金史论集》第四辑,书目文献出版社,1989 年。

② 《金史》卷七八《韩企先传》,卷七六《宗干传》。

心传《建炎以来系年要录》卷八四绍兴五年正月条、熊克《中兴小纪》卷一八绍兴五年条、宇文懋昭《大金国志》卷九《纪年·熙宗孝成皇帝一》当中都有记载,大同小异,亦间有疏误。结合《金史》的具体史料概言之,即废勃极烈会议,代以三省,以旧任勃极烈的一些元勋重臣挂三师(太师、太傅、太保)头衔"领三省事"。三省之中,尚书省机构最为完备,设左右丞相、平章政事、左右丞、参知政事共同组成宰相集团,下设左右司为僚属机构,六部负责具体行政事务。门下、中书两省则基本上是徒有虚名,其长官侍中、中书令分别由尚书左、右丞相兼任,其余官员极少见除授的记载。枢密院、御史台、大宗正府、翰林学士院等机构,也在这次改革中正式设立。这次官制改革的关键人物是被扣留的宋朝使节宇文虚中。他被任命为"规划三省使","遣官制礼,凡百与议"。① 因此虽然金朝有人称"自古享国之盛,无如唐室,本朝目今制度,并依唐制",②但宋制(元丰改制后的三省制度)对金朝制度可能有更直接的影响。例如,宋元丰改制后三省之长尚书令、侍中、中书令因为官高,并不除授,而是以左、右仆射为尚书省实际长官。同时左仆射兼门下侍郎,以行侍中之职;右仆射兼中书侍郎,以行中书令之职。金则以尚书左丞相兼侍中,右丞相兼中书令,这与宋制的因袭关系十分明显。另外尚书左、右丞在唐朝协助仆射主持尚书都省事务,本身并非宰相,级别也低于六部尚书,到宋元丰改制始进入宰相行列,位于六部尚书之上。在这方面金制与宋制也是相同的。

第四阶段,海陵王正隆元年以后。金朝三省制在中央的确立,就政权汉化的角度而言意义非常重要,但仍存在一些问题。首先,三省的设置带有盲目照搬唐宋制度框架的痕迹。对一个新占中原的民族政权来说,中枢权力的分割、制衡并非当务之急,相反提高行政效率、遇事迅速决策并行动的要求更为迫切。更何况就唐宋历史来看,三省的简并亦已呈现出必然趋势。实际上,金初的三省也的确是有名无实,中书、门下二省职官不备,附属于尚书省,形同虚设。随着时间的推进,三省的框架越

---

① 洪皓:《鄱阳集》拾遗《使金上母书》。
② 《三朝北盟会编》卷一六三炎兴下帙六十三引王绘《绍兴甲寅通和录》。

来越显得多余。其次，金朝三省制当中还留了一个女真旧制的尾巴——领三省事。它主要是为安置金初贵族政治的代表诸勃极烈而设立的，位尊权重，与强化皇权的要求不相适应。这些问题在海陵王的改革中得到了解决。正隆元年正月，海陵王诏罢中书、门下省，仅保留尚书一省，同时废除领三省事一职，改设尚书令。这一年五月，"颁行正隆官制"，①金朝中央官制的基本框架遂告奠定。《金史·百官志》称自此"职有定位，员有常数，纪纲明，庶务举，是以终金之世守而不敢变焉"。

由于有金朝的制度体系作参考，所以元朝一省制的确立过程相对简明。1260 年三月，忽必烈即汗位于汉地，推行"汉法"，建立起了汉族模式王朝。他登位仅仅七天，即下诏设立中书省，任命平章政事、左丞等官（后又增设左右丞相、右丞、参知政事等）。"内立都省，以总权纲，外设总司（宣抚司），以平庶政"，②仿照前代中原王朝的中央集权统治，由此开始建立。但元朝"都省"的名称是中书省而非尚书省，其原因则要到大蒙古国的历史背景当中去寻找。

上节已经谈到，大蒙古国建国之初，国家制度非常简单。其中枢机构，实际上就是以大断事官（也可札鲁忽赤）和高级必阇赤（怯薛中掌文书者）为主构成的。这套组织并非汉制，而是与当时蒙古国家本位政策相适应的草原制度。在太宗窝阔台时期，必阇赤地位上升，权限扩大，出现某种机构化的趋势。因为他们的基本职掌为起草文书，故而被汉地的文人比附为汉制中的"中书省"，其主要负责人耶律楚材则被称为"中书令"。稍后金朝灭亡，蒙古开始在中原、中亚等地设立大断事官的分支机构进行统治，又被汉人按照金朝制度比附为"行尚书省"。其中设在燕京的"燕京行尚书省"，代表汗廷统管汉地民、刑、财政等事务，权力很大。但任其职者多为蒙古、色目贵族，昧于政事，热衷搜刮聚敛，统治残暴，导致出现"汉地不治"③的局面。忽必烈即位后，中央官制基本照搬金朝体系，但新设立的宰相机构却定名为中书省，而不是像金朝一样称尚书省，原因大致有二。一是此前被比附为"尚书省"系统的大断事官机构在汉

---

① 《金史》卷五《海陵纪》。
② 苏天爵编：《元文类》卷九王鹗《中统建元诏》。
③ 《元史》卷一五五《史天泽传》。

地声誉很坏,忽必烈及其汉族谋士不愿再用尚书省作新宰相机构的名称,以免有损其"文治""变通"①的新形象。相反窝阔台时的"中书省"曾由耶律楚材主持推行一系列汉化改革,在中原地区较受怀念。二是窝阔台时的"中书省"不仅负责起草文书,还曾主管汉地财政,统领十路课税所,并监督地方行政,铸造官印,进行考绩,具有一定的行政权力。② 用它来命名新宰相机构,也是很自然的事情。当然,如从唐宋三省的概念来考虑,中书省是出令机构,并不直接统辖百官,处理政务,因此元朝制度在形式上的确具有自身的特点。清人云:"历代宰相虽综理三省,而中书省宣命令,尚书省承之以行政事,其职仍分,不相紊也。元代……尚书、左右两司曹属变为中书省官,其制视前代为特异。"③实际上如果超越概念,仅就实质而言,元制与前朝制度谈不上有什么"特异"。元朝中书省的地位、性质、官职名称、权力运行方式,与金朝尚书省几乎完全相同。

但在元朝历史当中,并非始终只有中书一省,尚书省曾三度与中书并设。设立的时间,第一次在世祖忽必烈至元七年(1270)正月到八年十二月,第二次在至元二十四年(1287)闰二月到二十八年五月,第三次在武宗至大二年(1309)八月到四年正月,设官名目仿中书省,亦有丞相、平章、左右丞、参政等职。元朝的尚书省带有自身的特点。它三次设立的直接目的都是为了理财,似乎性质与分宰相财权的北宋三司相近,而实际上又几乎尽揽中书行政、人事大权,直接指挥六部,节制地方诸行省,权力要比三司大得多。在尚书省与中书省并设期间,前者已成为事实上的国家宰相机构,后者则"唯署制敕","仅同闲局,居其职者俯焉食禄而已"。④ 它们之间的关系,与前代中书出令、尚书执行,彼此分工并制衡的情况有很大差别。考虑到元朝尚书省设置时间较短(三次合计不到八年)以及设立期间中书基本被架空的状况,可以认为它与元朝官制整体上的一省制特点并不矛盾。

---

① 《元文类》卷九王鹗《即位诏》。
② 《元朝名臣事略》卷五《中书耶律文正王》,《元史》卷一三〇《张荣传》。卷一四六《粘合重山传》。
③ 《历代职官表》卷四《内阁》下。
④ 《牧庵集》卷一九《参知政事贾公神道碑》,《道园学古录》卷三四《翰林学士曾君小轩集序》。

元朝还曾几次出现过设立门下省的方案。第一次在至元六到七年，当时正准备在中书省外另立尚书省，故而有人提出同时设门下省从而恢复前代三省制度的计划。以大臣高鸣为代表的意见认为："方今天下大于古，而事益繁，取决一省犹曰有壅，况三省乎！且多置官者，求免失政也，但使贤俊萃于一堂，连署参决，自免失政，岂必别官异坐，而后无失政乎？故曰政贵得人，不贵多官，不如一省便。"其议遂辍。① 但根据另外的材料记载，其时曾一度"用前代三省属官制"设置了给事中二员（由于门下省事实上并未设立，所以他们在编制上属于中书省），一年后即罢。② 过了大约十年，又有人提出立门下省的建议，忽必烈甚至初步决定了其长官侍中的人选，但因权臣中书平章政事阿合马的反对而中止。元武宗时，第三次立尚书省，宣徽院官贾廷瑞趁机"请以宣徽院为门下省"，遭到尚书省臣攻击"擅易官制"，几乎被杀。③ 门下省在元朝最终未能出现。

2. 宰相及其僚属

金、元一省制在宰相设置方面，级别划分较为复杂。具体而言分四级：左右丞相（各一员、金从一品、元前期升正一品），平章政事（金二员、元四员、均从一品），左右丞（各一员、正二品），参知政事（二员、从二品）。平章和参政实际上也有左、右之分，元朝平章超出二员时，则有为首（第一）、第二、第三等区别。金朝以左为尊，而元朝则因为蒙古习俗尚右，故右在左上。丞相和平章合称宰相，左右丞和参政合称执政，今天我们在广义上将其统称为宰相。与唐宋制度的差异，一是宰相名号杂用前代官名（丞相、丞）和差遣名（平章、参政），二是宋朝的"执政"概念中包括枢密院长官，金、元则无。三是人数较多，金朝宰执定制八人，号称"八府"，元前期亦沿其制，后又增加平章员额，总数达十人。但这仅是制度

---

① 《元史》卷一六〇《高鸣传》。

② 《析津志辑佚》"朝堂公宇"门欧阳玄《中书省左司题名记》，《牧庵集》卷一九《参知政事贾公神道碑》。后来到至元中期，复设给事中一职，兼起居注，"掌随朝诸司奏闻事"，已与前代给事中性质完全不同。见《元史》卷一〇《世祖纪》七至元十六年四月癸巳，卷八八《百官志》四。

③ 《元朝名臣事略》卷七《平章廉文正王》，《牧庵集》卷一五《董文忠神道碑》，《元史》卷一六九《贾秃坚里不花传》。

上的规定,实际上往往又超出其数。①

除上述宰执名目外,金、元的一省还有地位更高的首长——尚书(中书)令,但不常置。金朝曾任尚书令者共七人,皆为元老重臣。其性质比较复杂,大致海陵王初设此职取代领三省事时,设置比较固定,实际作用也较为重要,能够参与政务,具有首相的地位。但从世宗时起,尚书令不常设置,其实权日趋下降,逐渐过渡为一个安置老臣的荣誉头衔。如李石"有定策(拥立世宗)功,世宗厚赏而深制之,宠以尚书令之位,而责成左右丞相以下"。完颜守道任左丞相久,进拜尚书令,但因缺乏合适的继任者,"丞相之位不可虚旷",又重回左丞相之任,显然左丞相的实际作用要比尚书令重要得多。② 元朝的中书令则更有特点,皆以成年皇储兼任,且非常设(任其职者仅四人)。任中书令的皇储,如非另颁命令,也并不参与朝政。总之,金、元一省的真正负责首长,在金主要为尚书左丞相(仅海陵王时期和世宗初年除外),在元则一直是中书右丞相。

宰相的职掌,一是辅助皇帝决策,二是监督百官执行政务。辅助决策的主要方式是省内议政,即宰相每天到省中共同议事,根据统治需要,拟定有关政策、措施、用人方案,报请皇帝批准。议政的具体规定,见于元朝中书省初立时所制定的十条"省规"。由于金朝有关史料阙略,而元初制度基本上都是参照金朝旧制而定,所以这十条"省规"对理解金朝尚书省的议政制度应当也具有重要的参考价值。具体内容见于王恽《秋涧集》卷八一《中堂事记》中。其一"凡三日一奏事,军国急务不拘此限"。其二"置勤政簿一扇,凡公议已定事,详见于簿。读一译,不得增减言。得日标题于逐款之上,还省立检,圆覆定行"。其三"圆议定时,首领官先拟定其事,自下而上,相次剖决,议定题押批判。若事关利害,情见不同者,各具奏禀"。其四"圆议时,非定员不与,知本房者不在回避之限。若事涉机密者,已次请退"。其五"同僚赴省,日出为期,停午乃起,旬一日暇,事遇急连不拘此限。有疾故者须令报知,庶免延待而已"。其六"省府官并属官各家,不许受词讼公文"。其七"如遇阙员,圆议公选,不得用

---

① 参阅张帆:《元史百官志宰相部分记事笺证》,载《原学》第五辑,中国广播电视出版社,1996 年。

② 《金史》卷六四《元妃李氏传》,卷八八《完颜守道传》。

门下人补充"。其八"省府通译史,额定选充,余者不与"。其九"奏事上前,宣读通译人各一员"。其十"凡告事说事者,听毕避其人,公议定然后回答"。另外《中堂事记》随后还记载了议定文件的署押方法:"右丞相史公(天泽)与(左)丞相忽鲁不花五日轮番一秉笔,长官从上,押右者处外边,一左一右,以次而下,圆坐亦然,所谓庙坐庙画也。"概言之,凡议定事务,由左右司僚属(即"首领官")草拟文件,各级宰相相继签署,丞相最后署定,然后每三日入宫奏禀一次(军国急务除外)。皇帝对宰相所奏政务,有时加以否决,但大多数情况下都是"有奏皆准,言无不听"。① 即使以"聪察"著称的金世宗,也只是责备宰相"每奏皆常事","所奏事皆依条格,殊无一利国之事",并称"卿等凡有奏,何尝不从"。②

　　由于金、元宰相人数较多,因此议政时常有不同意见出现,这时就要由首相(通常金为左丞相、元右丞相)负责定议。《金史》卷九四《内族襄传》:任左丞相时"重厚寡言,务以镇静守法。每掾有所禀,必问曰'诸相云何',掾对某相如是,某相如是。襄曰'从某议'。其事无有异者。识者谓襄诚得相体"。《元朝名臣事略》卷七《丞相史忠武王》引《史天泽行状》:"自中统建元以来,中书省官少即五、六员,多则七、八员,列坐一堂。凡政事议行之际,所见异同,互相轩轾。待其国相(按指通常由蒙古大臣担任的右丞相)可否之,然后为定。"可见,金、元宰相人数虽多,但相权并不平均分配,而是主要体现在丞相(尤其是首相)身上。金朝皇帝权力欲较强,与臣下接触也相对频繁,曾经要求宰执中地位较低的参知政事等官在议政时多发挥作用,"凡在卿上者,行事或不当理,咨禀不从,卿以所见奏闻",鼓励他们"莫倚上有宰相而自嫌外……但有所见悉心以言,勿持嫌以为不知"。③ 然而平章政事完颜守贞却因为"与丞相不协"补外,复职后仍被告诫"与丞相议事宜相和谐"。④ 与金朝相比,元朝因无常朝之制,⑤皇帝的权力欲和勤政态度也明显逊色,故而他们与臣下的接触较

---

① 《历代名臣奏议》卷六八"治道"门引郑介夫奏议。
② 《金史》卷六《世宗纪》上。
③ 《金史》卷八四《耨盌温敦兀带传》,卷九五《粘割斡特剌传》。
④ 《金史》卷七三《内族守贞传》。
⑤ 参阅王恽:《秋涧集》卷七九《元贞守成事鉴·勤政》,马祖常:《石田集》卷七《建白一十五事》,吴师道:《礼部集》卷一九《国学策问四十道》。

少。"百官入见,岁不过宴贺一二日,非大臣近侍鲜得望清光者。"①即使在宰执当中,往往也是"奏事多则三人,少则一人,其余同僚皆不得预,有一人得旨而出,众人愕然不知者,有众人欲奏,而得入之人抑不上闻者。"②能够入宫奏事的通常只有包括丞相在内几名出身于怯薛(即所谓"近侍")的宰相,汉族宰执(他们一般只能担任左右丞、参政之职)多在被排斥之列。如何荣祖任参政时"条中外有官规程,欲矫时弊",右丞相桑哥却"抑不为通"。元末右丞相脱脱奏事时,因为"事关兵机",即命汉族出身的左丞韩元善、参政韩镛"退避,勿与俱"。③这种情况使省内宰相集体决策的原则常常受到破坏,也使首相(丞相)的地位变得更加重要。钱大昕指出"元代政事之柄,一出中书左、右丞相",④诚为确论。

除省内议政外,金、元宰相还有一种重要的辅助决策方式,即主持百官集议。百官集议,指召集朝廷上、中级官员共同讨论、商议国家政务,然后由皇帝最后裁断。与省内议政相比,百官集议的参加人员更多,范围更为广泛,多用于典礼、征伐、理财等重大问题的决策,人事除拟、钱粮出入、造作工役等日常事务一般不在其讨论之列。其施行频率在时间上也有变化。金朝前期,国家政务基本上都只由皇帝与宰相讨论决策,自章宗时始大力推行百官集议制度。究其原因,主要是由于王朝由盛转衰,棘手问题增多,皇帝感到有必要更加集思广益,同时似乎也带有削弱宰相权力的意图。⑤然而集议地点设在尚书省,皇帝并不出席,宰相是集议的召集、主持人,还要负责将结果汇报皇帝,因而他们在集议过程中的作用和影响仍然是不容忽视的。金宣宗向致仕老臣胥鼎等咨询朝政,起

---

① 《礼部集》卷一九《江西乡试策问》。

② 张养浩:《归田类稿》卷二《时政书》。

③ 《元史》卷一六八《何荣祖传》,卷一八四《韩元善传》。

④ 《廿二史考异》卷九二《元史》七。按元以右丞相为首相,位尊权重,有时为突出其地位,甚至特意罢左丞相不设。右、左丞相并置时,左丞相虽位置居次,毕竟地位相去不远。其中有人因得到皇帝信任,权势可能还一时超出右丞相。其余宰执中,平章政事只不过"间有用事者",右丞以下"虽曰与闻国政,其委任已轻矣"。参阅钱大昕《潜研堂文集》卷三四《三答袁简斋书》。

⑤ 参阅三上次男:《金代尚书省制度及其政治意义》一文第六章第三节第一项"百官合议制的采用",载同氏《金史研究》第二册。

初打算让他们到尚书省参加集议,但"恐与时相不合,难于面折",所以只好派近侍"就第延问"。① 元朝百官集议的制度基本上沿袭金朝,由于中后期皇帝多不勤政务,宰相(特别是首相)在集议中的重要性更加突出,甚至常由首相当场定议,即时人所谓"事势有缓急,施行有先后,在丞相所决耳"。② 如元顺帝时曾举行几次大规模的百官集议,所议皆为关系国家前途的大事,包括更钞法、修治黄河等,结果全由右丞相脱脱一人做主,百官大都附和其意,反对者则受到贬黜、打击,"集议"事实上已有名无实了。③

金、元宰相的辅助决策方式,还包括接受咨询、谏诤封驳等,有关材料散见史籍,不复胪列。

作为百僚之长,宰相在辅助皇帝作出决策之后,还要负责监督这些决策的执行。金、元制度在这一点上与其他朝代相近,同时也有自己的特色。由于宰相级别划分较细,其职掌的侧重点也有所不同,大致丞相的辅助决策职能更为突出,平章政事以下(特别是左右丞和参知政事)的监督执行职能更为明显。同时因为后者人数较多,往往会就监督范围进行一些分工,继而过渡到亲自参与处理有关具体事务。④ 如金朝粘割斡特剌任参政,即主治"狱讼簿书",李蹊历任参政、左丞,"专掌财赋"。⑤《元史》卷一四《世祖纪》十一:至元二十三年三月"乙亥,以麦术丁仍中书右丞,与(参政)郭佑并领钱谷,(参政)杨居宽典铨选"。卷二〇五《铁木迭儿传》:延祐二年任右丞相时上奏:"天下庶务虽统于中书,而旧制,省臣亦分领之。请以钱帛、钞法、刑名,委平章李孟、左丞阿卜海牙、参政赵世延等领之;其粮储、选法、造作、驿传,委平章张驴、右丞萧拜住、参政曹从革等领之。"具体的"分领"方式,可以铨选为例。金、元制度:官员除

① 《金史》卷一〇八《胥鼎传》。
② 《元史》卷一八六《张翥传》。
③ 参阅《元史》卷九七《食货志五·钞法》,卷一八五《吕思诚传》,卷一八六《成遵传》,卷一八七《贾鲁传》。
④ 这种根据宰相级别不同而职掌各自有所侧重、低级别宰相超越单纯"监督"界限直接参与具体行政事务处理的状况,在前朝也偶有所见。参阅俞钢《唐后期宰相结构研究——专论六部侍郎平章事职权的变化》,载《上海师大学报》1993年第3期。
⑤ 《金史》卷九五《粘割斡特剌传》,《归潜志》卷六。

授从七品以下由吏部拟注,称部选;正七品以上呈省听制授,称省选。①
省选人数较少,由吏部准备有关材料,上呈宰相除拟,"岁一或再,而不必
其时"。部选人数繁多,吏部每月为一铨,定拟后仍要呈省由宰相(主要
是左右丞和参政)复查,"地之远迩,秩之高下、用之从违,按其籍而校,听
之少戾,则驳使后拟"。② 这一工作相当繁重,已超出了简单意义上的
"监督"范畴。

　　宰相亲自处理政务,原意为检查、督促有关行政部门的工作,提高效
率,减少失误,但同时也造成了上下权限划分不清、省务繁冗的弊端。金
世宗即一再批评宰相说"夫听断狱讼、簿书期会,何人不能",要求他们不
要"止以案牍为功"。③ 到元朝,"中书亲细务而宰相失体"的情况更加严
重,省中经常是"案牍纷填,剖决不暇","终日倥偬,特一繁剧大有司
耳"。④ 针对这种状况,元廷曾数次下令"减繁冗还有司,以清中书之
务",⑤但宰相多级多员的总体制度既然未变,"清省务"的目的也就很难
完全达到。

　　金、元一省制中,四级宰相以下,还有一个庞大的宰相僚属集团。这
个集团的主干部分是左、右司。《金史》卷五五《百官志》一载其职掌云:
左司"郎中一员,正五品,员外郎一员,正六品,掌本司奏事,总察吏、户、
礼三部受事付事,兼带修起居注官,回避其间记述之事。每月朔朝,则先
集是月秩满者为簿,名曰阙本,及行止簿、贴黄簿并官制同进呈,御览毕
则受而藏之。每有除拜,凡尚书省所不敢拟注者,则一阙具二三人以听
制授焉。都事二员,正七品,掌本司受事付事,检勾稽失,省署文牍,兼知
省内宿直、检校架阁等事。右司所掌同"。右司"郎中一员,正五品,员外
郎一员,正六品,掌本司奏事,总察兵、刑、工三部受事付事,兼带修注官,

　　① 《金史》卷五二《选举志二·文武选》,《元史》卷八三《选举志三·铨法》中。
　　② 许有壬:《至正集》卷三八《记选目》。按许氏所言为元朝的情况,金朝在这方面缺乏具
体材料,但应当有制度上的承继关系。据《金史》卷五四《选举志》四,金朝部选为每季一铨,此
为与元不同之处。
　　③ 《金史》卷六《世宗纪》上,卷七《世宗纪》中。
　　④ 《金华集》卷二七《御史中丞徐公神道碑》,《历代名臣奏议》卷六七"治道"门引郑介夫
奏议,刘敏中《中庵集》卷一五《奉使宣抚言地震九事》。
　　⑤ 《道园学古录》卷一八《中书平章政事蔡国张公墓志铭》。

回避其间记述之事。都事二员,正七品"。这套制度是在唐宋基础上演变形成的。唐尚书省设左、右司郎中各一人,并从五品上,员外郎各一人,并从六品上,都事共六人,从七品上,其职掌主要是协助左、右丞处理都省事务,分督六部二十四司文案,举正稽违。① 他们作为左、右丞的助手,在当时地位还不是很突出。北宋前期的中书门下设检正官为主要僚属。元丰改制后,其职分归三省属官。尚书省设左、右司郎中、员外郎各一人,都事共设三人,职掌基本与唐相同。虽然此时左右丞已升入宰执行列,左右司官在省务管理、纠检六部方面的作用应当更加重要,但实际上其品级却比唐朝下降(郎中正六品,员外郎从六品,都事正八品),而且省吏处理文书多绕过他们"径禀宰、丞请笔",导致"都司浸以旷官"。② 相比之下,金朝左、右司官不仅官品超过唐宋,其实际地位和作用也大为提高。

在基本职掌上,金朝左、右司分督六部文案,其中左司分督吏、户、礼三部之事,右司分督兵、刑、工三部之事,与唐宋相同。金末在尚书省任职的刘肃描述金朝左、右司的具体工作情况说:"省府各房(按左、右司分房治事,详下)止立钩旨簿,无行卷。六部应呈事务,左、右司官议定可否,粘方帖于部呈,上书送字,得都座准议,省杂批钩旨于后。其左右司元书送帖亦不揭去,用省印傅其上,盖上下互为之防,然后送部施行。"③ 另外金朝左、右司官还有"奏事"职掌,为唐宋所未见。大致六部上呈事务,既先经左、右司审议,则将有关问题报告皇帝的任务,也就由后者完成。海陵王在位后期"废朝,常数月不出,有急奏召左、右司郎中省于卧内"。章宗时规定"左、右司官五日一转奏事"。④ 由于奏事的关系,皇帝与左、右司官接触频繁,对他们有较深的了解。如马惠迪任左司郎中时即博得世宗的好感,被认为"聪明而朴实……五品以下朝官少有如者"。而张亨任同职,却因"奏事多有脱略",被世宗评价"亦谬庸人也"。⑤ 事

---

① 《唐六典》卷一《尚书都省》,《旧唐书》卷四三《职官志》二。

② 《宋史》卷一六一《职官志》一,孙逢吉《职官分纪》卷八"左右司郎中员外郎""都事"条。

③ 《秋涧集》卷八一《中堂事记》中。

④ 《金史》卷五《海陵纪》,卷一一《章宗纪》三。

⑤ 《金史》卷九五《马惠迪传》,卷九七《张亨传》。

实上左、右司官中有很多人在日后拜相,其直接原因就是皇帝"取其奏对详敏"。① 左、右司不仅负责奏事,也同时兼管传达皇帝的命令。《金史》卷一〇《章宗纪》二:明昌四年五月"谕左司遍谕诸路,令月具雨泽田禾分数以闻"。卷一五《宣宗纪》中:兴定三年八月敕台臣"朕处分尚书事,或至数日不奉行,及再问则巧饰次第以对。大臣容有遗忘,左、右司玩弛,台臣当纠"。可见左、右司在尚书省的行政工作中实具有某种枢纽作用。金朝前期,中央机构皆无宿直制度,唯左、右司官宿直,②也可说明这一问题。

左、右司官员作为宰相的首要僚属,负责对六部事务进行文案督察,又与皇帝十分接近,因而在朝政中具有相当重要的地位。金初左、右司初立,萧斛律为左司郎中,赵德恭为右司郎中,即以"除吏议法多用己意"著称。③ 而左司的人事权之重,尤为前代所不及。如上文所述,金朝官员任命分部选、省选两大类。由吏部主持的部选要接受左司督察,吏部的拟注结果左司有权改动,④同时省选的大量具体工作也要由左司负责完成,故而《百官志》在"左司"条下专门记述了它在人事方面的职掌。贾益谦任左司郎中,章宗即谕以"凡百官行止、资历固宜照勘,勿使差谬"。左司官员利用有关制度,颇可上下其手,借机弄权,其权势在吏部官员之上。所以海陵王说"朕闻女直、契丹之仕进者,必赖刑部尚书乌带、签书枢密遥设为之先容,左司员外郎阿里古列任其事;渤海、汉人仕进者,必赖吏部尚书李通、户部尚书许霖为之先容,左司郎中王蔚任其事"。⑤

元朝左、右司官的设置基本与金相同,唯两司郎中、员外郎均各增一员。一个重要变化,是左、右司官不再是宰相的首要僚属,在他们上面又增设了一个职务——参议中书省事。其员额为四员,秩正四品,"典左、右司文牍,为六曹之管辖,军国重事咸预决焉"。⑥ 其办事机构称为参议府,下有直属令史二人。参议中书省事之职,为元朝所创设,在中书省号

---

① 《归潜志》卷七。
② 参阅《金史》卷一〇〇《孟铸传》。
③ 《金史》卷七六《萧玉传》。
④ 参阅《金史》卷九〇《高衎传》。
⑤ 《金史》卷一〇六《贾益谦传》,卷一二九《李通传》。
⑥ 《元史》卷八五《百官志》一。

称"幕长",并且"特设席僚佐之上"。① 他们的具体工作,包括入宫奏事、参加中书议政、总领左右司文牍、协助宰相处理政务等,职掌重要,升迁前景也十分优越,由之晋身相位,"雍容庙廊,扬历华要"者不在少数。② 由于参议中书省事的设置,元朝左、右司官的职掌有了一些变化,主要是基本上不再有入宫奏事之权,与皇帝的接近程度降低。但就处理省内日常政务的工作而言,他们除了多受参议中书省事的一层领导外,职权变化不大,所谓"左右郎署,毗赞大政","切近论思,周旋宰辅","董正六曹,弥纶省闼,纪纲百司,举正文书之稽失",③无不说明元朝的左、右司官依然具有相当重要的政治地位。左、右司的分工原则也没有变化。左司"凡陶冶四海之官,与夫经国之赋,议礼制者皆出乎手";右司"付受兵、刑之政,最号雄繁,而百工之事尤为丛剧"。④ 在升迁方面,虽然左、右司官直接拜相的机会极少,但仍被称作"学为宰相者",通过升任参议中书省事、六部尚书、御史台官等途径"至执政者,班班可见"。⑤

金、元左、右司分房治事。这一制度源于宋代。《宋史》卷一六一《职官志》一:"左司治吏、户、礼、奏钞、班簿房,右司治兵、刑、工、案钞房,而开拆、制敕、御史、催驱、封桩、印房则通治之。"据此则左、右司下共设十五房。另外中书、门下两省亦曾分设若干房。金朝沿袭了左、右司分房的传统,其分房具体情况缺乏全面的记载,只能从零星的材料中窥其一斑。史料中所见有关房名,有刑房、知管差除房(此名最多见)、粮草房、边关房等,⑥这些分房名目似已与宋制有较大区别。元朝左、右司分房的情况则见于《元史》卷八五《百官志》一,并且诸房下面又划分为若干科。现将具体划分情况列表如下:

---

① 《元史》卷一七六《刘正传》,《金华集》卷二六《集贤大学士史公神道碑》。

② 《析津志辑佚》"朝堂公字"门危素《中书参议府题名记》。参阅张帆《元代的参议中书省事》,载《北大史学》第三辑,北京大学出版社,1996年。

③ 《元史》卷一六三《马享传》,《秋涧集》卷四五《答客问》,许有壬《圭塘小稿》卷八《河南省左右赞治堂记》。

④ 《牧庵集》卷一七《布色君神道碑》,《金华集》卷三《中书省右司题名记》。

⑤ 《金华集》卷三《中书省右司题名记》,《圭塘小稿》卷八《河南省左右赞治堂记》。

⑥ 参阅《金史》卷五二《选举志二·文武选》,卷九五《王蔚传》,卷一○○《完颜闾山传》,卷一○四《郭俣传》,《遗山集》卷二○《吏部尚书张公神道碑》,卷二一《聂元吉墓志铭》,卷三九《曹南商氏千秋录》,等等。

房名及所属司		所辖科数	诸科名称
左司	吏礼房	9	南吏、北吏、贴黄、保举、礼、时政记、封赠、牌印、好事
左司	知除房	5	资品、常选、台院选、见阙选、别里哥选
左司	户杂房	7	定俸、衣装、羊马、置计、田土、太府监、会总
左司	科粮房	6	海运、儹运、边远、赈济、事故、军匠
左司	银钞房	2	钞法、课程
左司	应办房	2	饮膳、草料
右司	兵房	5	边关、站赤、铺马、屯田、牧地
右司	刑房	6	法令、弭盗、功赏、禁治、枉勘、斗讼
右司	工房	6	横造军器、常课段匹、岁赐、营造、应办、河道

以上共九房、四十八科。与上文提到的金朝房名相比较,能看出一些继承关系,如知除房实际上就是金朝的知管差除房(金朝史料中已经常见"知除"之简称①),边关在金为房名,在元则为科名。值得注意的是元朝诸房下面科的划分,似为前代所未见,它表明左、右司在参与行政方面分工更加细密。

金、元左、右诸房(科)的具体办事人员称为令史,或称掾史、省掾。他们本身并非品官,但作为一省制下行政中枢机构的主要办事人员,其实际作用非常重要。金章宗戒谕朝官说"今纪纲不立……至于徇情卖法,省、部令史尤甚"。泰和四年(1204),专门"定省令史关决公务诡称已禀、擅退六部大理寺法状及妄有所更易者罪"。② 元人则称"中书为天下政本……相府受其成,宰士提其纲,至于究物理、审事情、折中以道德、参酌以典章、据案具牍、与夺轻重,则皆属之曹掾"。③ 由于所处机构和自身职掌的重要性,令(掾)史实际地位之显赫,远非一般衙门的吏员可比。金朝尚书省令史除用宗室疏属、宰执子弟试补外,较多地选用进士出身的地方下级官员充任,任满出职后升迁前景非常优越,号称"仕进者以此

---

① 参阅《金史》卷九九《孙即康传》,卷一〇六《贾益谦传》。又《秋涧集》卷八〇《中堂事记上》系元初燕京行省僚属完颜良辅原为"亡金省知除房令史"。

② 《金史》卷一〇《章宗纪》二,卷一二《章宗纪》四。

③ 宋褧:《燕石集》卷一二《上都分省左司掾题名记》。

途为捷径"。① 元朝的中书省掾则只能从正、从七品文资职官和枢密院、御史台、六部、诸行省等重要机构的令史当中选任,考满即出职从六品,很多人由此"不数年位至公卿"。② 按令史在唐、宋尚书省中早已设立,但其地位和作用似乎均无法同金、元相比。

除左、右司系统,金、元都省还拥有另外许多僚属组织,比较而言其机构和官员设置远不如唐宋的尚书都省简明(元朝尤甚)。就金、元二史《百官志》所见,金朝尚书省僚属除上面提到的左右司官、吏外,还有架阁库、提点岁赐所、堂食公使酒库、直省局等机构,以及通事、曳剌、走马郎君等吏属。元朝中书省的机构更为庞大。除上述参议府以及左、右司外,较重要的僚属还有断事官四十一员,他们是蒙古旧制在元朝的遗存,主要由贵族属下怯薛人员构成,负责省内监察、覆勘疑狱等事。另外又有负责传达、差遣的客省使、直省舍人、宣使,有勾检六部和左右司文书的检校官,以及管勾(掌收发、保管文件)、照磨(掌复核左右司账目)、知印(掌保管省印)、省医(掌医务)、玉典赤(掌守门、侍卫)、怯里马赤(掌口头翻译)等。仅就左右司系统而言,金、元的吏员人数也多于唐、宋。据《唐六典》卷一《尚书都省》,唐朝尚书省共设令史十八人、书令史三十六人,加上统领令史的都事六人、主事六人,这样从事文书工作的吏属共有六十六人。《宋史》卷一六一《职官志》一记载宋元丰改制后,尚书省设都事三人、主事六人、令史十四人、书令史三十五人,共五十八人。在金、元的都省中,都事作为"首领官",地位提高,通常不被视为吏属,而主事一职未设。令史人数则大增。金朝设女真省令史三十五人、汉令史三十五人,仅此即七十人,加上负责文字翻译的译史三十二人,则尚书省中从事文书工作的吏属共达一百零二人。元朝中书省中,共设蒙古必阇赤(即令史、掾史)二十二人、汉人省掾六十人、回回省掾十四人,共九十六人,其余参议府、断事官等僚属单独直辖的令史尚不计在内(如合计则近一百二十人)。③ 总之,宰相僚属数量膨胀,其分工趋于细密,在政治生活中发挥的作用较之前代更为突出,这是以一省制为核心的金、元中央官

---

① 《归潜志》卷七。
② 《析津志辑佚》"朝堂公宇"门载危素《中书左司省掾题名后记》。
③ 参阅《金史》卷五五《百官志》一,《元史》卷八五《百官志》一。

制的一个重要特点。

3. 六部与寺监

六部与寺监共同构成了唐朝三省制下的中央行政机构。由于唐后期到北宋使职差遣盛行,六部寺监行政体系受到破坏,直至元丰改制才得以重新建立。金、元两朝也沿用了六部与寺监组成的中央行政体制,但具体制度有一些变化,其中六部变化较小,寺监变化较大。

金、元六部较之唐宋的主要变化,是废止了六部下面二十四司的划分,尚书、侍郎之下仅笼统设郎中、员外郎数名,其名称并无区别。《金史》卷五五《百官志》一载六部郎中、员外郎设置情况及职掌如下:

吏部"郎中二员,从五品。员外郎,从六品(引者按:此处漏载员外郎员额,据上下文判断,当亦为二员)。……郎中掌文武选、流外迁用、官吏差使、行止名簿、封爵制诰,一员掌勋级酬赏、承袭用荫、循迁、致仕、考课、议谥之事。员外郎分判曹务及参议事,所掌与郎中同"。

户部"郎中三员,从五品。员外郎三员,从六品。郎中而下,皆以一员掌户籍、物力、婚姻、继嗣、田宅、财业、盐铁、酒曲、香茶、矾锡、丹粉、坑冶、榷场、市易等事,一员掌度支、国用、俸禄、恩赐、钱帛、宝货、贡赋、租税、府库、仓廪、积贮、权衡、度量、法式、给授职田、拘收官物、并照磨计帐等事"。

礼部"郎中一员,从五品。员外郎一员,从六品。掌凡礼乐、祭祀、燕享、学校、贡举、仪式、制度、符印、表疏、图书、册命、祥瑞、天文、漏刻、国忌、庙讳、医卜、释道、四方使客、诸国进贡、犒劳张设之事"。

兵部"郎中一员,从五品。员外郎二员,从六品。掌兵籍、军器、城隍、镇戍、厩牧、铺驿、车辂、仪仗、郡邑图志、险阻、障塞、远方归化之事"。

刑部"郎中一员,从五品。员外郎二员,从六品。一员掌律令格式、审定刑名、关津讥察、赦诏勘鞫、追征给没等事,一员掌监户、官户、配隶、诉良贱、城门启闭、官吏改正、功赏捕亡等事"。

工部"郎中一员,从五品。掌修造营建法式、诸作工匠、屯田、山林川泽之禁、江河堤岸、道路桥梁之事。员外郎一员,从六品"。

根据上述记载,金朝六部仅吏、户、刑三部郎中、员外郎有简单的职权划分,其分工的细密程度要大大低于唐宋的二十四司体制。

元朝中央职官中,六部郎中、员外郎员额多于金朝(一般均为二员),但其职权划分情况完全不见于《元史·百官志》,分工似乎比金朝更为粗略。元成宗时,儒臣王结上书"请参酌唐人遗制,立二十四司以为六部统属",①实则终元一代,二十四司体系一直没有重建起来,只是在个别时期局部部门有过恢复。《元文类》卷六八所收字术鲁翀《平章政事致仕尚公神道碑》即记载尚文于世祖至元十九年(1282)冬"召拜户部司金郎中"。据《元史》卷八五《百官志》一,至元十九年户部郎中、员外郎俱增至四员,二十三年复降为二员。疑此时曾仿唐宋户部分立四司,尚文所任"司金郎中"即唐宋户部之金部郎中,但为时较短(最多延续到至元二十三年),因而史籍中罕见他例。各部具体职掌当中,吏部的考课因其重要性备受统治者关注,曾几度设立专官。《金史》卷七《世宗纪》中:大定十七年(1177)正月"庚戌,诏诸大臣家应请功臣号者,既不许其子孙自陈,吏部考功郎其详考其劳绩,当赐号者即以闻"。此处提到"吏部考功郎",当即上引《金史·百官志》中"掌勋级酬赏、承袭用荫、循迁、致仕、考课、议谥之事"的吏部郎中。单以"考功"名之,适见其考课职掌之重要。元朝六部郎中以下职掌划分情况基本不见于史载,但却两度专设考功司。一次在武宗至大三年(1310)到四年,当时新立尚书省,完善考课制度是尚书省"新政"的一部分,亦随尚书省之罢而废止。② 另一次在文宗至顺三年(1332)到顺帝在位前期。③ 除考功司外,唐宋六部的其他子司司名在金、元史料中更是几乎绝迹。

但另一方面,二十四司体系的废止并不说明金、元六部缺乏分工。事实上,作为国家主要行政机构的六部,内部没有分工或分工过于简单都是不可能的。金、元六部虽未分司,但却有"科"的划分,大致相当于唐宋司的级别,有些科下面还有更低一级的分工层次。遗憾的是史志对此

---

① 王结:《文忠集》卷四《上中书宰相八事书》。

② 参见《元史》卷二三《武宗纪》二,卷一七四《郭贯传》,《道园学古录》卷三四《翰林直学士曾君小轩集序》。

③ 参见《析津志辑佚》"朝堂公宇"门载欧阳玄《中书省吏部考功堂记》,《元史》卷三九《顺帝纪》二。

未予记载，连私人著述都很少提到。幸好元人富大用在其所编《事文类聚》新集中就此为我们勾画了一个粗略的轮廓。根据他的记载，元朝六部的分工情况大致如下：

吏部"掌天下文武官吏选授勋封、考察廉能、出给制诰等事，吏部令史分掌名头，尚书为之长"。下有封诰科，掌"应给制诰、应封荫、赠迁"，并注明"旧司封"；勋封科，掌"应封食邑食封"，注明"旧司勋"；考选科，掌"诸科选、文资选、右职选、宫中选、诸司选、除由、磨由、司计、监当官别置外选"，注明"旧考功"。各科皆"以令史分头掌之"。

户部"掌民籍、贡赋、官吏俸禄、府库仓廪、岁计支用、权衡度量法式、坑冶、钱币、宝货、恩赐之事，置令史分掌名头，尚书为之长"。下有金科，注明"旧金部"；仓科，注明"旧仓部"；内度科、外度科，注明"旧度支"；粮草科，掌"转运天下粮草急阙规画等事"，注明"旧属粮料院"；审计科，掌"审计天下见在钱帛可支年月"，注明"旧属审计院"。各科皆由"令史分掌"。

礼部"掌凡礼乐、祠祭、燕享、贡举、释道、四方使客、诸蕃进贡、犒设账设之事，置令史分掌名头，以尚书为长"。其中分掌"祠祭、燕享、山陵致祭、司天、医卜、释道、度牒、忌辰、庙讳、旌表"，注明"旧祠部"；分掌"四方使客"，注明"旧主客"。均"以令史分名头掌之"。

兵部"掌兵籍、军器、镇戍、厩牧、铺驿、车辂仪仗、郡邑图志、险阻障塞之事，置令史分掌名头，尚书为之长"。其中分掌"仪仗"，注明"旧库部"；分掌"紧慢置铺驿走递马数、承发司文字、车辂、合给牌札、厩牧"，注明"旧驾部"。皆由"令史分掌名头"。

刑部"掌律令格式、审定刑名、奴婢配隶、关津讥察、城门启闭之事，置令史分掌名头，以尚书为长"。其中分掌"关津讥察、城门启闭"，注明"旧司门"，由"令史分掌名头"。

工部"掌修造营建法式、诸作工匠、屯田、山林川泽之禁、江河堤岸、道路桥梁之事，置令史分掌名头，以尚书为长"。其中分掌"山林川泽之禁"，注明"旧虞部"；"都水监都水"，注明"旧水部"。均"以令史分掌"。①

---

① 以上见《事文类聚》新集卷一一至一六《六曹部》。

按《事文类聚》又名《古今事文类聚》,是南宋人祝穆编的一部类书,分前、后、续、别四集。元人富大用(字时可,生平事迹不详)又为其增编新集、外集,内容皆为官制,材料截止于元朝前期,其中宋制尤详,元制较为简略。但上面关于六部的记载不见于他书,十分珍贵。清敕撰《历代职官表》曾加引用,此外似未引起学者注意。需要指出的是,《事文类聚》新集、外集所记元朝官制实际上是金、元制混杂。如新集中所载中书省、行省、集贤院大学士、昭文馆大学士、大司农司,外集中所载两都留守司、肃政廉访使、总管府达鲁花赤、路儒学教授等,皆属元朝制度;而新集中所载登闻检院、登闻鼓院、东西上阁门使、谏院、记注院、太学、殿前都点检,外集中所载睦亲府、防御使,皆为元朝所无,属于金朝制度。部分材料的文字(如上文所引兵、刑、工部职掌)甚至与《金史·百官志》的有关记载非常接近,很可能出自同一史源。名为元制而实含金制的原因,可能是由于编者富大用为南方草野士人,不谙元廷掌故,在材料缺乏的情况下误将金朝官制史料厕入元朝制度,或是出于正统观念,贬损金朝的地位,将金制的材料概以元制名之。考虑到元初官制基本照搬金制框架这一事实,上述解释完全可能成立。

对我们来说,上引关于六部的材料究竟属于金制还是元制并不重要,因为两朝制度本来就有密切的联系,元朝六部的职掌规定和内部分工肯定是仿效金朝六部的。关键是现在尚能找到几条史料与其记载相印证,可以证明它并非无根之谈。元初人魏初《青崖集》卷四《奏议·至元九年七月十三日》云:"窃见天下之事具在于省,省之事责之六部,六部之事,其呈复出纳,在于各科分令史。"这里明确提到当时六部下面有"科"的划分。王恽《秋涧集》卷八一《中堂事记》中引用中统二年(1261)燕京路宣抚使徐世隆之言,称"旧日户部设审计科,以料周岁所入几何、经费几何,遇有支发至十万贯,部方呈省"。此时元朝六部尚未完全分立,所谓"旧日户部"指的是金制,其"设审计科"之说与《事文类聚》合,①而且几乎可以肯定它对行将分立的元朝户部会有影响。此外《青崖集》

---

① 　又《金史》卷五五《百官志一》"三司"条:"泰和八年,省户部官员置三司,谓兼劝农、盐铁、度支,户部三科也。"这里也提到金朝户部下面有"科"的划分,唯科名与《事文类聚》所载有出入。

卷四《奏议·至元九年十月六日》提到"户部盐粮科令史燕珍",《元典章》卷一四《吏部八·公规二·案牍》在至元九年（1372）四月一份题为"禁治虚检行移"的文书中提到"户部支度科令史杨贤"。这两条材料皆记元初户部事，所载科名虽不能与《事文类聚》完全对应，但显然也有联系（《事文类聚》载有"内度科""外度科""粮草科"）。宋濂《宋文宪公全集》卷二七《故翰林侍讲学士危公新墓碑铭》载元末吏部"有行止科，吏主之，日具内外官十名上中书，中书借以迁擢"。此科名不见于《事文类聚》，可能属于漏载，也可能元初尚无此科，后来才增立或更名。又《永乐大典》卷七二三五引宋本《至治集·礼部主事厅才士堂记》载"礼部曹案，朝贺、祭祀、燕享、岁赐、科举、贡献、释老、灾祥等凡十有三"，提到礼部内部分工不称"科"而称为"曹案"，可能是更低一级的分工层次，即《事文类聚》中所谓"令史分掌名头"。宋朝六部下分二十四司，每司下面又分若干"案"，金、元当亦受其影响。对比《事文类聚》所载礼部令史"分掌名头"和宋本所述曹案名，并不完全相同，可能也是制度变化所致。可以肯定的是，"曹案"一级分工在元朝六部当中应当普遍存在，《事文类聚》所载各部"令史分掌名头"不一定完全齐备。因为礼部在六部当中是事务比较闲散的（详下），尚分十三曹案，其余各部，如事务庞杂的户、工部之类，下分曹案应当更多。惜史料阙略，无由详考。

　　总之，金、元六部与前代的一个重要不同之处，是废止了二十四司的划分，而代之以更加灵活的"科"和"曹案"分工体系。这一变化有一定的必然性。在由北方民族创建的金、元王朝初期，其官僚制度是比较简单的。即使像六部这样的主要行政机构，最初也并未——分设。金朝六部在一开始"与左、右司通署"，随后置吏、户、礼三部，分兼兵、刑、工三部事，最后才过渡为真正的"六曹"。[1] 元朝中书省初立时，下面只有两部：吏、户、礼合为左三部，兵、刑、工合为右三部，也简称为左、右二部。[2] 随后分为四部：吏礼部、户部、兵刑部、工部。到至元七年（1270），也就是中

---

① 《金史》卷五五《百官志》一，《鄱阳集》卷四《跋金国文具录札子》。

② 《元史》卷一六三《马亨传》：中统四年奏疏云"六曹之职，分理万机，今止设左、右二部，事何由办"。

书省建立十年后，"始列尚书六部"。① 六部的分立过程尚且如此曲折，更加复杂的二十四司体制，肯定也是金、元统治者难以骤然领会和接受的。② 而就二十四司体制本身而言，它虽然在表面上显得严整规范，但从另一角度看也有僵化、死板之弊。六部当中，各部职掌的繁简区别很大。如礼部主要从事文化、教育方面的工作，而朝中与其相关的寺监又设置较多，因此素称清闲，其属下祠部司在唐朝即号为"冰厅"，"言其清且冷也"。③ 又如兵部在枢密院成为最高军事机构之后也是"遂为冗员，长贰多不备官"。④ 这类事务比较闲散的部门，与事务繁杂的吏、户诸部同样分立四司，在形式上固然整齐划一，实际上却不尽合理。也正因如此，宋朝在元丰改制时虽然仿照《唐六典》的模式重建起二十四司体制，但在以后的行政实践中却又不得不根据实际情况将一些司加以归并、调整，礼部、兵部、工部都出现以一司"并行四司之事""四司合为一"的情况。⑤ 考虑到这些因素，金、元两朝没有再沿用二十四司的划分，而代之以更加灵活且较为实用的科、曹案等划分方法，似乎也就可以理解了。当然也不容否认，这种划分在细密和规范性上与唐宋（特别是宋朝）相比，还是明显逊色的，反映出北方民族统治者学习汉制不彻底的一面。另外部以下虽分科但不设专官，只"以令史分名头掌之"，这一做法也与金、元两朝不甚注重官、吏区别及吏员地位上升的背景相吻合，而与汉族社会鄙视胥吏的传统观念不一致。可能由于上述原因，明朝六部并未继承金、元之制，而是重新恢复了唐宋二十四司制度，并进行若干调整（主要是户部、刑部不分四司而按省分十三司），沿用至清末不变。

金、元六部的职掌繁简同样有较大差异。从前引《金史·百官志》所载六部郎中、员外郎员额来看，户部人数最多，证明其事最繁，⑥ 礼部人数

---

① 《元史》卷八五《百官志》一。

② 按辽代南面官中有二十四司的若干官名，但就辽国家体制的整体而言，尚书省六部并不具备主要行政机构的地位，因此六部下面的诸司很可能只是简单照搬唐制，仅为虚衔，有名无实。如刑部虽有都官、比部、司门诸司官，但与司法职掌基本无涉。参阅唐统天《辽代鞫狱机构研究》，载《辽金史论集》第四辑。

③ 赵璘：《因话录》卷五《征部》。

④ 《历代职官表》卷一二《兵部》。

⑤ 《宋史》卷一六三《职官志》三。

⑥ 金朝户部不仅郎中、员外郎设置较多，侍郎也比其他各部多设一员（二员，其余五部均一员），见《金史》卷五五《百官志》一。

最少,其事当最简。金世宗时大理卿阙官,宰臣举荐唐括贡"可任以闲简部分而兼领是职",于是授礼部尚书兼大理卿。[①] 元朝六部则以户、工二部事最繁,礼、兵二部事最简,吏、刑二部居中。《秋涧集》卷八九《论六部职掌繁简事状》云:"伏见朝廷设立六部,其官吏品秩相同,而职掌繁简有异。如礼、兵二部,礼以祭祀为大,而有太常寺,兵以军旅为重,而有枢密院。今者钱粮、造作一切等事尽归户、工,至甚繁剧。若曹务不有所分,则缓急难于办集。"宋褧《燕石集》卷一二《吏部主事厅题名记》称吏部"其曹局职掌,无春官(按指礼部)、司马(指兵部)简静之优,视版曹(指户部)、考工(指工部)若稍逸",但却可以"与大司寇(指刑部)对待而立,切要之柄有甚重焉者"。另外,元初划分四部时,户、工部皆独立,吏礼、兵刑分别合一。世祖至元二十三年七月"铨定省、院、台部官",六部尚书以下至员外郎均各设二员,次年五月户、工两部即破例各增尚书二员。二十八年五月又于户部增置司计官,工部增置司程官。[②] 按户部事繁宋、金已然,唯工部事繁为元朝特色。南宋时由于"宫室、器甲之造浸稀,且各分职掌,(工)部务益简",故工部四司以郎中一员兼领。[③] 金朝工部也设官甚少。而元朝工匠皆单立户籍,隶属于各类人匠总管府管理,同时蒙古统治者也特别重视官手工业,分行业设立了大量的局、院、场、所之类机构。这些总管府和局院场所等都由工部统辖,因而工部事务以"繁冗""烦剧"著称。[④] 世祖时董文用任工部侍郎,被政敌汇报"工部侍郎不给鹰食,鹰且瘦死矣",几乎获罪。[⑤] 此类琐事都要由工部兼管,则其事繁可以想见。

在一省制体系之下,金、元六部直属于省长官——宰相的领导,就各自职权范围内的事务对宰相负责。而宰相监督百官执行政务的职能,最主要也是针对六部,省、部之间的上下级关系非常明显。金世宗时刑部尚书高德基议狱与宰相不合,世宗得知后特地召见诸尚书说"自朕即位

---

① 《金史》卷一二〇《唐括贡传》。

② 《元史》卷一四《世祖纪》十一,卷一六《世祖纪》十三。

③ 《宋史》卷一六三《职官志》三。

④ 《元史》卷八五《百官志》一,卷一三四《唐仁祖传》。

⑤ 《道园学古录》卷二〇《翰林学士承旨董公行状》。

以来,以政事与宰相争是非者,德基一人而已"。要求"自今部上省三议不合,即具以闻"。章宗也鼓励礼部尚书、侍郎等"议事毋但附和尚书省"。① 与金朝相比,元朝皇帝的权力欲和猜忌心理都明显逊色,史籍中很难看到他们要求六部保持自身独立性的言论。相应地,元朝六部的实际地位也比金朝更低。桑哥任相时"钟初鸣即坐尚书听事,六曹官后至者笞"。兵部尚书忽都答儿"不勤其职,桑哥殴罢之而后奏"。元武宗时左丞相三宝奴"言省部官不肯勤恪署事",得旨"苟或怠弛,不必以闻,便宜罪之"。② 六部长贰按制度虽为三、四品官,但其选用大都要由宰相拟定,又不能直接奏事,有意见只能由宰相转呈皇帝。元成宗大德三年二月宰相"奏铨定省部官,以次引见",成宗谕六部官曰:"汝等事多稽失,朕昔未知其人为谁。今既阅视,知其姓名,其洗心涤虑,各钦乃职。复蹈前失,罪不汝贷。"皇帝居然不认识六部官员,后者的地位可见一斑。泰定帝致和元年正月御史疏言:"时享太庙,三献官旧皆勋戚大臣,而近以户部尚书为亚献,人既疏远,礼难严肃。"也说明相同问题。③

　　就在国家行政体系中的地位而言,金、元六部不但不能与以后的明清相比,比唐、宋(元丰改制后)似亦有所下降。得出这一认识的根据有二。首先,如上文所述,由于金、元宰相所分级别和总人数较多,他们在监督执行政务时往往超出简单的"监督"范畴而过渡到亲自参与执行政务,从而在很大程度上侵夺了六部的权力。这种情况在元朝尤为明显。元初,胡祗遹即指出"大臣当决大政,不可烦劳,困以细事","事有定例者,当各归之六部与各属有司"。元中期人王约也奏请"中书去繁文,一取信于行省,一责成于六部"。④ 元廷也数次就此下达文件,大德七年四月"以中书文移太繁,其二品诸司当呈省者,命止关六部";皇庆二年二月"诏以钱粮、造作、诉讼等事悉归有司,以清中书之务"。⑤ 但命令屡颁,

----

① 《金史》卷九〇《高德基传》,卷一〇五《王翛传》。
② 赵孟頫:《松雪斋文集》附录《翰林学士承旨赵公行状》(杨载撰);《元史》卷二〇五《桑哥传》,卷二三《武宗纪》二至大三年十月辛酉。
③ 《元史》卷二〇《成宗纪》三,卷三〇《泰定帝纪》二。
④ 胡祗遹:《紫山集》卷二二《即今弊政》,《元史》卷一七八《王约传》。
⑤ 《元史》卷二一《成宗纪》四,卷二四《仁宗纪》一。

说明收效不大。其次,左、右司地位上升和权力膨胀也相应削弱了六部的重要性。金、元左右司的职掌首先是督察六部行政事务,但其督察之细、参与之多,事实上已在相当程度上分担了六部的有关工作。就史料所见,左司侵夺吏部人事权最明显,而右司侵夺刑部司法权最突出。金朝左司人事权之重,已见于上文。元承金制,其左司在人事方面同样有很大权力,故与吏部同被称为"权要之地,敛怨获谴,甚不易处",且排名在吏部之前。① 在右司负责督察的兵、刑、工三部事务当中,刑部的司法工作最重要,故右司参与其事也最多,以至有"右司所掌刑名,责任非轻"的说法。②《元朝名臣事略》卷一〇《尚书刘文献公》载刘肃于金末任尚书省掾,"科属刑禁(按当指隶属于右司刑房)",时宫中失窃连逮十一人,"刑部、大理皆欲处以极刑",刘肃"独执而不行……辩论月余,咸释出之"。《元史》卷一八六《成遵传》:元末任右司郎中,"时刑部狱按久而不决者积数百,遵与其僚分阅之,共议其轻重,各当其罪,未几无遗事"。其余户、礼、兵、工四部职掌被左、右司分割的部分相对小一些,但类似问题都不同程度地存在。总之,由于金、元宰相机构及其僚属集团的发达,六部权力受到一定的削弱,地位也有所下降。

与六部相比,金、元寺监的设置变化更大。唐朝九寺(太常、光禄、卫尉、宗正、太仆、大理、鸿胪、司农、太府)和五监(国子、少府、军器、将作、都水)的设置在北宋前期多徒存虚名,到元丰改制始有具体职掌。但金朝在建立汉式官僚体制时,并未全盘照搬九寺五监系统。尚书省、枢密院、御史台、六部以外的中央机构,不完全以寺监命名,而有名为府、院、司者,名称比较混乱。与金相比,元朝又新设了大量的皇室家政机构和官署化的怯薛执事机构,中央官制显得异常混乱芜杂,有十五院、十寺、十二监、三司、五府之称。③ 至于唐宋原有九寺五监在金、元两朝的演变情况,则可根据金、元二史《百官志》的记载列为下表:

---

① 《燕石集》卷一五《集贤直学士兼国子祭酒宋公行状》。
② 危素:《危太朴集》续集卷七《江浙行省平章月鲁帖木儿公行状》。
③ 参阅丹羽友三郎:《关于元朝诸监的一些研究》,载《法制史研究》第 20 辑,1971 年 3 月;汉译文载内蒙古大学蒙古史研究所编:《蒙古史研究参考资料》新编第 40、41 合辑,1986 年 1 月。

唐宋寺监名	金朝情况	元朝情况
太常寺	存,名称、职掌基本未变	存,更名太常礼仪院,职掌基本未变
光禄寺	不设,职掌归礼部、宣徽院	存,隶于宣徽院,职掌基本未变
卫尉寺	存,更名卫尉司,职掌基本未变	不设,职掌归礼部属下拱卫直都指挥使司
宗正寺	存,更名大宗正府(又名大睦亲府),职掌基本未变	有大宗正府,名同实异
太仆寺	不设,职掌归兵部、殿前都点检司	存,名称、职掌基本未变
大理寺	存,名称、职掌基本未变	一度设立,名同实异
鸿胪寺	不设,职掌归礼部	不设,职掌归礼部属下会同馆
司农寺	有劝农司、司农司,名同实异	有大司农司,名同实异
太府寺	存,更名太府监,职掌基本未变	存,更名太府监,职掌基本未变
国子监	存,名称、职掌基本未变	存,隶于集贤院,职掌基本未变
少府监	存,名称、职掌基本未变	一度设立,后并入大都留守司,将作院亦分其职掌
将作监	不设	有将作院,名同实异
军器监	存,名称、职掌基本未变	存,更名武备寺,职掌基本未变
都水监	存,名称、职掌基本未变	存,名称、职掌基本未变

从上表可见,唐宋的九寺五监系统到金、元已经面目全非。其演变类型有三种:

一、保留设置。如太常、大理寺、国子、少府、军器、都水监之于金,太仆寺、都水监之于元。这里面还包括两种情况,一种是名称稍有变动而实际职掌未变,如卫尉寺在金改称司、宗正寺改称府、太府寺改称监,太常寺在元改称太常礼仪院、太府寺改称监、军器监改称武备寺。另一种是上面增加更高一级的管理机构而本身制度未变,如光禄寺在元隶属宣徽院、国子监隶属集贤院。

二、废置,职掌并入其他机构。如光禄、太仆、鸿胪三寺和将作监不设于金,卫尉、鸿胪两寺不设于元,其职掌大多并入六部和其他相关机构。

三、实亦废置,但另有名称相同或相近之机构存在,其职掌则与唐宋制度有异。例如唐宋司农寺主管粮食储备出纳,而金设劝农司、司农司掌劝农兼及地方监察,元大司农司掌劝农兼管水利、学校之事,均与仓储关系不大。元大宗正府掌蒙古、色目人刑狱及汉人奸盗诈伪等事,与刑部分工,性质也不同于前代主管皇族事务的宗正寺。元朝掌管畏兀儿事务的都护府一度称为大理寺,更与前代掌司法之大理寺大异。另外唐宋少府、将作两监中,少府在元朝寻设即罢,将作之名则一直有将作院相对应。但唐宋少府监掌百工技巧之事,将作监掌土木工程营建之事,元朝"凡土木营缮之役悉隶工部,金玉珍宝服玩器币,其治以供御者专领之,将作院是",[①]将作院履行的恰是唐宋少府监的职掌。这类情况如不加细察,很容易造成误解。

唐宋寺监设置在金、元的变化,从宏观角度看同样具有一定的必然性。唐朝的寺监体系,是在秦汉以来列卿机构及其职掌逐渐分化组合的基础上形成的,随着三省六部制的定型,寺监在国家机构中的角色也逐步确立,即配合主管政务的六部,分工负责一些专门事务。这样的体制是制度长期发展的结果,它以层级控制、分工和相互牵制、配合为主要特点,在一定程度上与现代行政学的原理相符。但另一方面,其中也孕育着继续发生变化的因素。因为其职权划分比较细密,层层牵制,环环相扣,对不同机关之间配合和协调的要求未免过于严格。特别是诸寺监与六部二十四司的承受对应关系在事实上又相当复杂,有时一司对应多寺监,有时多司对应一寺监,辗转纷繁,这样就更使行政效率容易受到影响,难免文字繁冗、行遣迂回之弊。唐中叶以后国家多事,事简而权专的使职系统得到发展并在政务中发挥主要作用,一定程度上是势所必至。不过使职系统毕竟有很重的"权宜"色彩,非正规经久之制,与旧框架并存而不是完全取代旧框架,因此又带来了官署重叠、名实不符的问题,成为北宋元丰改制的主要原因。但北宋元丰改制盲目照搬《唐六典》,全盘恢复唐朝的省部寺监体制,结果其弊端重现。"百司申陈必经寺监,而长贰鲜敢予夺,悉禀六曹,不惟虚烦文移,淹留旬月,而又省、寺旨挥间多异同,内外有司艰于遵守。"因此大臣提出"凡寺监之职可以归六曹者,宜尽

---

① 胡行简:《樗隐集》卷二《将作院题名记》。

省之"。① 南宋初年,废光禄、卫尉、太仆、鸿胪四寺和少府、都水二监入六部,司农、太府二寺和国子、将作、军器三监亦曾一度废置。② 可见九寺五监的框架的确已没有多少实际意义。

了解了上述情况,我们对金、元寺监系统的设置变化就会比较容易理解。金、元王朝初建之时,机构比较简单,尚书(中书)省、枢密院、御史台、六部以外的中央机构,并不是一次齐备,而是分期分批、根据具体统治需要随时设立的。如金熙宗改革官制、正式确立三省制度时,唐宋诸寺监最初得到建立的只有大宗正府和太常寺。③ 事实上,统治者并没有刻意恢复唐宋的九寺五监体制。金朝中央官制的一大特点是以"院"命名的机构很多(据《金史·百官志》统计前后达十一所,枢密院除外)。这里面一部分是唐后期到北宋新出现的机构,如翰林学士院、宣徽院、审官院;另一部分是由唐宋中书、门下两省的附属机构演变而来的,包括谏院、国史院、记注院、弘文院、集贤院等。这些机构除宣徽院外,与唐宋的寺监系统基本无关。唐宋寺监在金朝一部分被废置(或名同实异),那些保留下来的,其职掌是否像唐宋一样与六部形成"事务"和"政务"的分工,史料中并没有充分的反映。这种分工在实际上或许可能存在,但制度上似乎并无明确的界定。由于宰相人数、级别增加及其僚属机构的发达,金朝六部在"掌政务"方面的职权受到了一定的侵夺,其日常工作恐怕要更多地向"掌事务"方向发展。因此寺监与六部之间的关系,在很多情况下更可能表现为一些特殊职掌的分立,是一种同层次的分工。

与金朝相比,元朝的中央官制显得更加混乱芜杂,这种混乱芜杂在一定程度上是蒙古统治集团汉化不彻底的产物。金朝院、寺、监、司的设置虽未直接照搬唐宋的框架,但具体机构基本上都可以在唐宋找到渊源。元朝的情况则不然。一方面,唐、宋、金诸朝的很多重要机构不复设置(如谏院、大理寺);另一方面,元朝的十五院、十寺、十二监、三司、五府当中却有大量属于创设,在前代很难找到职掌近似的机构。这些新出现

---

① 《历代名臣奏议》卷一二九"用人"门引刘安世论寺监官冗状。
② 《建炎以来系年要录》卷二二建炎三年四月条,《宋史》卷一一七《职官志》四,卷一一八《职官志》五。
③ 《大金国志》卷九《纪年·熙宗孝成皇帝》一。

的机构大致可分三类。一是为适应元朝新形势下统治需要而创设的机构,如掌管佛教和吐蕃事务的宣政院、负责用蒙古文译写诏令文书的蒙古翰林院、掌管也里可温(指基督教徒)事务的崇福司、负责畜牧业饲料管理的度支监、掌管出纳皮货衣物的利用监等。二是皇室家政机构,如掌管中宫财赋营造供给诸事的中政院、掌管诸帝斡耳朵(宫帐财产及私属人口)事务的中尚监和长信、长秋、承徽等七寺。三是官署化的怯薛(近侍)执事机构,如掌管皇帝鞍辔舆辇马匹之事的尚乘寺、掌管御服宝带的章佩监、掌管宝玺和金银符牌的典瑞监。另外各机构的隶属关系也较为复杂,寺监分独立和隶属于"院"者两类。所谓十寺、十二监仅指前者,另外还有一些寺监是隶属于某"院"的(包括光禄寺、国子监),这种情况也为前代所无。就自唐宋发展而来的诸寺监(包括个别改称院者)而言,它们与六部的关系也不能以事务、政务之分概括。只要翻阅《元史·百官志》中关于六部的记载,就可以看到其下大都拥有为数庞大的附属机构(尤以户、工二部为然),足见政务、事务合于各部之趋势。即使像并没有多少下属机构的刑部,也兼掌前代大理寺之事,从以前复审纠正的后台工作向前台过渡,并为明朝刑部断案、大理复审的制度(此制恰与唐宋相反)埋下伏笔。如沈家本所指出:"唐宋以前,刑部不置狱而大理有狱。元不设大理寺,而于刑部置狱,此刑制中之一大关键也。夫刑部隶于尚书省……惟有详议纠正之权,而初不干预审断之事。……自大理裁而刑部置狱,司法、行政遂混合为一,不可复分。迨明初权归六部,设置大理以稽查刑部,盖与唐宋之制正相反矣。"[1]

如果说刑部置狱是因为大理寺不设而不得已为之,那么可以看一下工部与都水监的关系。《元史》卷九〇《百官志》六谓元都水监置于世祖至元二十八年(1291),据《元文类》卷五〇所载齐履谦《知太史院事郭公行状》,实则至元前期都水监已经设立,至元十三年(1276)并入工部,其长官郭守敬改任工部郎中,至元二十八年又重新分置。故记载元朝前期制度的《事文类聚》新集卷一六"工部尚书"条下记载工部"分掌名头"有"都水监都水"一项,下注"旧水部"。分置时的分工情况,据《元文类》卷

① 沈家本:《历代刑法考·历代刑官考》下。

四二《经世大典序录·工典·桥梁》所载,为"都水监计料,工部应付工物,委官董工修理"。据此则"凡兴作仍领于工部,都水监不过司其料估程式",①水利方面的事务性工作并非由都水监专门承担。其他寺监,当亦类似。

另外,从元人对中央机构设置的评论来看,没有人提到寺监与六部属于层次不同、事务与政务的分工关系,相反却大都认为是同一层次的简单分工,可以并应当予以合并。元中期人王结上书说:"今既建立省部矣,有户部,又有大司农司,有礼部,又有太常寺、光禄寺、侍仪司、会同馆,有兵部又有通政院、太仆寺、尚乘寺,有刑部(——按原文脱此三字,今据文义补),又有伊克扎尔固齐(按即大宗正府长官也可札鲁忽赤),有工部,又有将作院、武备寺、少府监、中尚监、利用监。各寺监长官资品,视尚书有加焉。如此则不相统属,政事纷裂,虚费廪禄,多设掾吏,实为冗长之甚。"②元末苏天爵在论述冗官问题时也说:"夫文翰之职既同,何为复列数职?造作所司既一,不应又置数司。掌军政者亦既俱分,奉祭祀者似太重复。"③由此,亦可见元朝寺监与六部关系之一斑。

附带谈一个元朝制度的特点,即长官多员制,这在六部与寺监的官员设置中即很突出。胡祗遹《紫山集》卷二三《民间疾苦状》云:"天无二日,民无二王,尊无二上,人无二首。故设官分职,省部以降,崇卑虽不同,为长之官止合一员,佐贰僚属视事之繁简则或倍蓰焉。长官一员,则裁决归一而不分竞,僚佐倍之,则常务烦多足以代劳。即今六部尚书八、九员,侍郎、郎中、员外郎各一二;宣慰使七、八员,同知、副使各一人。正如人二身八首而一足,贻笑千载。举此一二,他可类推。"此言为元朝前期事。后来各机构长官稍有缩减,但通常仍都不止一员,且往往多于每级佐贰僚属各自的人数。④ 例如据《元史·百官志》所载制度,六部尚书

① 《历代职官表》卷一五《工部》下。
② 《文忠集》卷四《上中书宰相八事书》。
③ 苏天爵:《滋溪文稿》卷二六《灾异建白十事》。
④ 元朝机构不仅长官多员,同时各长官地位也并非完全平等,而有次序之分。如翰林国史院的长官翰林学士承旨定置六员(见《元史》卷八七《百官志》三),元末欧阳玄、张起岩同任承旨,欧阳位第四,张位第六,欧阳因张为科举同年榜首固让之。见《危太朴集》续集卷七《翰林学士承旨欧阳公行状》。

均设三员,侍郎、郎中、员外郎通常只各设二员;光禄寺卿四员,少卿、丞各二员;将作院院使七员,同知、同佥、院判各二员;太府监太卿、太监各六员,少监、丞各五员;等等。这种情况似为元朝所独有。究其原因,可能出于蒙古草原制度中原有的合议、轮流值班等习惯的影响,也可能与元朝多民族并用的用人政策有关。① 长官多员制加剧了元朝官员冗滥的倾向,从某种程度上说,也是蒙古统治集团汉化不彻底的表现。

4. 一省制下的枢密院与御史台

金、元中央官制以一省制为核心,朝廷百官在原则上都要受都省宰相的领导和节制。金宣宗说:"凡系国家者,岂得不由尚书省乎?"元人何中则云:"今天下之事归于中书,中书之务统于宰相。宰相犹周之冢宰也,群公百辟,俯首奉约束,奔走不暇。"② 从宰相与百官相见的礼仪上,也可以看出前者的特殊地位。金朝前期制度,"尚书省宰执上日,分六品以下别为一班揖贺,宰执坐答揖,左右司郎中五品官廷揖,亦坐答之……其礼乃重于皇太子"。后因为有人就此提出反对意见,乃改为"三品以下官同班贺,宰执起立,依见三品官仪式通答揖"。③ 元朝很难找到这方面的制度规定,当与元不行常朝有关。不过从个别事例来看,元朝宰相(特别是首相)所受礼遇是相当高的。如拜住"退朝,诸佐皆送至私第,习以为常",燕铁木儿"礼绝百僚,威焰赫赫",伯颜任相时"省台院官皆出其门下,每罢朝皆拥之而退,朝廷为之空矣"。④ 但另一方面,都省并非完全事无不统,它主要是作为全国最高行政机构发挥作用,军事、监察则相对独立于行政系统之外,最高军事机构枢密院和最高监察机构御史台地位之显赫仅次于都省。特别是在元朝,"中书总庶政,枢密领兵戎,而台谏司纠察",⑤省、院、台三大机构往往并称。因此在金、元一省制体制之下,枢密院、御史台两所特殊机构的具体状况以及它们与都省的关系,都是值

---

① 参阅丹羽友三郎前引文。

② 《金史》卷一四《宣宗纪》上,何中《知非堂稿》卷八《贺元参议明善书》。

③ 《金史》卷一〇六《张行简传》。

④ 宋濂:《宋文宪公全集》卷四一《陕西行省平章政事康里公神道碑》,《庚申外史》癸酉元统元年条,丁丑至元三年条。

⑤ 蒋易:《鹤田集》卷上《建阳县学上分司诗序》。

得考察的。

枢密院原非盛唐制度,它出现于唐朝后期,起初是一个掌文书的宦官机构,五代时改用士人任职,掌管军政。至宋,与中书门下对掌军事、行政,号称"二府"。按照元丰改制的基本原则,枢密院既为《唐六典》所不载,自应废置而归军权于兵部。但出于维护皇权的需要,枢密院作为一个例外,在元丰改制以后仍然得到保留。金朝也沿用了枢密院制度。不过金初史料中的"枢密院"却并非宋制,而是辽南面官制度的遗存,是管理新征服汉地的行政事务的地方机构,于熙宗官制改革后取消。① 金初的最高军事机构称为都元帅府,设都元帅、左右副元帅、元帅左右监军、元帅左右都监等官,是伐宋战事的总指挥部。左、右副元帅还曾单独开府于汉地,实际上掌握了汉地的统治权。直到海陵王天德二年(1150)年底,始将都元帅府改称为枢密院,至此金朝枢密院制度遂与宋制接轨。但都元帅府之名亦未完全废除,此后一段时期"枢密院每行兵则更为元帅府,罢则复为院"。② 不过这是特殊情况,非有大战事不会出现。

金朝枢密院长官为枢密使一员,"从一品,掌凡武备机密之事"。以下设枢密副使、签书枢密院事、同签枢密院事等官。③ 金朝中期(世宗、章宗时期)国家形势比较稳定,枢密院事务稀简。徒单克宁由尚书左丞相改任枢密使,世宗谕曰"卿昔在政府,勤劳夙夜,除卿枢密使,亦可以优逸矣"。④ 丞相与枢密使虽在制度上官品相同,然劳逸大异。同时,尽管在原则上政、军分权,尚书省却可以对枢密院事务实施节制。"金制,枢密院虽主兵,而节制在尚书省。"金后期人陈规也说"尚书省提控枢密院"是"大定(按为世宗年号)、明昌(章宗年号)故事"。⑤ 金朝后期蒙古入侵,战事绵延,枢密院的军务繁忙起来,独立性明显增强。"诏军旅之务,专委枢府,尚书省坐视利害,泛然不问","枢密院专制军政,蔑视尚书省……军旅之事,宰相或不得预闻"。⑥ 枢密院在这段时期的独立倾向,

---

① 参阅李涵:《金初汉地枢密院试析》,载《辽金史论集》第四辑。
② 《金史》卷四四《兵志》。
③ 《金史》卷五五《百官志》一。
④ 《金史》卷九二《徒单克宁传》。
⑤ 《金史》卷一一四《白华传》,卷一〇九《陈规传》。
⑥ 《金史》卷一〇九《陈规传》,《遗山集》卷一八《内相文献杨公神道碑铭》。

与金宣宗个人多疑、猜忌的性格有很大关系。由于客观形势的变化,枢密院的地位变得更加重要,宣宗不愿意再让宰相插手军务,一方面害怕他们的权力过度膨胀,另一方面也对他们的能力不信任。他宁可将军务"专委枢府",由自己直接控制。这种意图可以从他相继任命两个儿子守绪、守纯担任枢密使的举措上略见端倪。后来守绪立为皇太子,仍兼"控制枢密院事"。① 这也使守绪即位后(即哀宗)枢密院的特殊地位依然如故。"凡在军事,省官不得预,院官专任独见,往往败事。"时人既将日益窘迫的军事形势归咎于枢密院的"专任独见",金廷遂于天兴元年(1232)四月并枢密院归尚书省,此时金朝灭亡大局已定,更张制度亦已无济于事。不过,对于以上史料所述金朝后期的省、院关系,似亦不能作绝对化理解。首先,金朝后期尚书省宰执兼任枢密院官的事例仍时有出现。如胥鼎拜尚书左丞,兼枢密副使;赤盏合喜拜参知政事,权枢密副使。② 其次,据《金史》卷一一四《白华传》所载,金朝枢密院奏事官中有一人专主"省院议事","其赴省议者,议既定,留奏事官与省左右司官同立奏草,圆覆诸相无异同,则右司奏上",这一制度在金朝后期也没有变化。

元朝枢密院设于世祖中统四年(1263)五月。"秩从一品,掌天下兵甲机密之务。凡宫禁宿卫、边庭军翼、征讨戍守、简阅差遣、举功转官、节制调度,无不由之。"③其名义上的长官为枢密使,但这一职务与中书令相同,只能由成年皇储兼任,实为虚衔。实际长官为知枢密院事(简称知院),以下还有同知枢密院事(同知)、枢密副使(副枢)、佥书枢密院事(佥院)、同佥书枢密院事(同佥)等官。后有人建议将枢密院并入中书省,儒臣许衡上疏反对,称"兵之于国,在古已重,在后世为尤重。故枢密之设,特与中书对峙,号称二府,兵兴则宰相主之,事宁则枢密任事。盖宰相平章军国,兵事可知也,而兵之籍则不与;枢密兼总兵马,兵籍可掌也,而兵之符则不在。体统相维,无有偏失,制虽近代,而意实仿古"。④ 其事遂不行。成宗即位后,江南三省请罢行枢密院,勋臣伯颜赞同其议,

① 《金史》卷一七《哀宗纪》上。
② 《金史》卷一〇八《胥鼎传》,卷一一三《赤盏合喜传》。
③ 《元史》卷五《世祖纪》二,卷八六《百官志》二。
④ 许衡:《许文正公遗书》卷七《论枢密不宜并中书疏》。

认为"外而军、民分隶不便",但同时又强调"内而省、院各置为宜"。① 终元一代,省、院一直并立,有皇帝左、右手之称。

元朝枢密院在制度上具有一定的独立性,上奏军务、举荐官属都不需要通过中书省,可以自行其事,但其地位仍不能与中书省平等。元初关于中书省、枢密院、御史台三大机构之间往来文书的体裁曾展开争论,院、台官员主张定为平级往来的"咨禀",但许衡认为"中书佐天子总国政,院、台宜具呈",就是说院、台送省文书的体裁要用自下行上的"呈",其议得到采纳。② 省、院并立,号称"治民者不与兵事,治兵者不与民事",③但事实上两机构的职权并非截然互不相犯。《元史》卷二一《成宗纪》四:大德七年二月壬申诏"枢密院、宗正府等,自今每事与中书省共议,然后奏闻"。三月庚寅"都城火,命中书省与枢密院议增巡防兵"。卷九九《兵志二·巡逻军》:皇庆元年三月丞相铁木迭儿奏增大都巡逻军人数,制可,"仍命枢密与中书分领之"。宰相干预枢密院事务的状况十分常见。如南宋灭亡后,议水战陆战功赏,"密院所拟,中书每抑之"。阿合马当政时,"枢密院定夺军官赏罚不当,务听阿合马风旨"。卢世荣任中书右丞,"不与枢密院议,调三行省万二千人置济州,委漕运使陈柔为万户管领,以沙全代万户宁玉戍浙西吴江"。武宗朝,尚书省宰相甚至"弗遵成宪",擅自易置枢密院官员。④ 金朝后期宰相不与兵事、枢密院专制军政的情况,在元朝可以说并未出现过。

元朝中后期,枢密院下属的卫军也较多地由宰相兼领。卫军即侍卫亲军,是蒙古统治者仿照汉地制度建立的中央常备精锐部队,其具体指挥机构累计接近三十,总人数达到二十余万。在正常情况下,它们都要接受枢密院管辖调度。但从元武宗时起,开始将一些卫军交给宰相统领。如床兀儿拜平章政事,兼知枢密院事,并领钦察卫、左卫亲军,阿沙不花以平章政事兼广武康里卫亲军都指挥使,伯颜以尚书平章政事领右

---

① 《元史》卷一二七《伯颜传》。
② 《元史》卷一五八《许衡传》。
③ 《至正集》卷七七《正始十事》。
④ 吴澄:《吴文正公集》卷四二《江西行省平章李公墓志铭》;《元史》卷一七三《崔彧传》,卷二〇五《卢世荣传》,卷二三《武宗纪》二至大三年三月己卯朔。

卫阿速亲军都指挥使司达鲁花赤。① 对于这种做法，先后有不少大臣提出反对意见，但并未得到重视。元文宗时燕铁木儿以拥立之功拜相，仍自统"左右钦察、龙翊三卫、哈剌鲁东路蒙古二万户府、东路蒙古元帅府"。枢密院官员阔彻伯、脱脱木儿等人策划发动政变搞掉燕铁木儿，反而被后者手下的钦察兵一网打尽。后来伯颜任相，也是"自领诸卫精兵……导从之盛，填溢街衢"；脱脱两次拜相，均兼领、提调若干支卫军。② 宰相直接统领卫军，对枢密院来说无异于釜底抽薪。对于这些手握政、军大权的宰相，枢密院事实上根本无法起到分权的作用。

御史台作为最高监察机构，历史比枢密院要长得多。它的建制在金、元两朝继续得到沿用，同时其地位更加提高。就品级而言，金朝御史台秩从二品，与唐（正三品）、宋（从二品）接近或相同，似乎地位无大变化。然从唐后期到宋朝，御史台的长官御史大夫常阙而不除，仅由正四品（唐）、从三品（宋）的御史中丞主持台事。《旧唐书》卷四四《职官志》三载武宗会昌二年十二月敕谓"中丞为大夫之贰，缘大夫秩崇，官不常置，中丞为宪台长"。《文献通考》卷五三《职官七·御史台》则云："宋不除大夫，以中丞为台长。元丰更官制，神宗欲以司马光为之，宰相蔡确、王珪以为不可，遂止，卒不除人。"这种状况影响了唐宋御史台的实际地位。金朝御史台初设时，置御史大夫、御史中丞、侍御史、监察御史等官，御史大夫"不除"，③可能是受到了宋制的影响。但过了不久，到熙宗皇统七年（1147）即任命仆散太弯为御史大夫。此后终金一代，除个别时期外，御史大夫一职都有人担任，在主持监察事务方面发挥着重要作用。如高桢任御史大夫，"久在台，弹劾无所避，每进对必以区别流品、进善退恶为言"。世宗时御史大夫李石奏事，"宰相下殿立，俟良久。既退，宰相或问石奏事何久，石正色曰：'正为天下奸污未尽诛耳。'闻者悚然"。④御史大夫的常设，从一个侧面反映了御史台地位的提高。

---

① 《道园学古录》卷二三《句容郡王纪绩碑》，《金华集》卷二八《敕赐康里氏先茔碑》，《元史》卷一三八《伯颜传》。

② 《元史》卷一三八《燕铁木儿传》《伯颜传》《脱脱传》。

③ 《大金国志》卷九《纪年·熙宗孝成皇帝》一。

④ 《金史》卷八四《高桢传》，卷八六《李石传》。

金朝皇帝对御史台的监察工作十分重视,多次加以训诫。御史台最主要的监察对象当然是最高行政机构尚书省,其监察首先是在行政工作方面。世宗时"敕御史台检察六部文移,稽而不行,行而失当,皆举劾之"。宣宗时"定御史上下半月勾检省中制敕文字"。① 但仅仅如此显然是不够的。海陵王对御史大夫赵资福说:"汝等多徇私情,未闻有所弹劾,朕甚不取。自今百官有不法者,必当举劾,无惮权贵。"世宗也诏谕御史台称"卿等所劾,惟诸局行移稽缓及缓于赴局者耳,此细事也。自三公以下,官僚善恶邪正,当审察之。若止理细务而略其大者,将治卿等罪矣"。世宗还要御史充当"人君耳目",鼓励他们"风声弹事"。② 这种纠劾"不法"和分别"善恶邪正"的职掌是针对全体官员的,宰相当然也不能例外。世宗时御史大夫张景仁劾奏平章政事乌古论元忠"辄断六品官,无人臣礼",世宗遂专门降诏戒敕元忠,"朝廷肃然"。监察御史完颜伯嘉弹劾平章政事仆散揆,有人劝告"与宰相有隙,奈何?"伯嘉答以"职分如此"。③ 但就御史台对宰相的监督纠劾而言,金朝的有关制度仍不够完善。一个主要漏洞是选用御史台官的人事权掌握在宰相手里。《金史》卷八四《高桢传》:海陵时任御史大夫,"久在台,弹劾无所避……当路者忌之,荐张忠辅、马讽为中丞。二人皆险诐深刻,欲令以事中桢"。所谓"当路者",显然是指宰相。世宗时梁肃上疏谓"台官自大夫至监察,谏官自大夫至拾遗,陛下宜亲择,不可委之宰相,恐树私恩、塞言路也",④所说的就是这种情况。在金朝绝大部分时间里,尚书省在御史台官的任命方面都起着重要作用。这当然要严重影响御史台官对尚书省长官——宰相的监督纠劾。特别是在某些权相当政时,"职当言责"的御史台官"迫于凶威,噤不敢忤"的现象也就更为常见。⑤

元朝御史台设于世祖至元五年(1268)。其官员设置基本沿袭金制,但总体地位比金更高。首先,在品秩上,元朝御史台秩从一品,超出金朝

① 《金史》卷六《世宗纪》上,卷一五《宣宗纪》中。
② 《金史》卷五《海陵纪》,卷六《世宗纪》上,卷九六《梁襄传》。
③ 《金史》卷八四《张景仁传》,卷一〇〇《完颜伯嘉传》。
④ 《金史》卷八九《梁肃传》。
⑤ 《金史》卷一〇九《完颜素兰传》。

及以前其他朝代。其次,从长官御史大夫的选授来看,元朝对居于"台端"的这一职务更加重视。金朝的御史大夫人选在资历、地位方面通常还不是很高,民族成分要求也不是很严格。皇帝称"御史大夫与宰执不相远",①将它当作进拜宰执的阶梯之一。但由御史大夫进拜宰执通常只能担任执政官——参知政事和左右丞,也有自参政等罢为御史大夫者。而元朝御史大夫"非国姓(按主要指蒙古人,亦间及色目人)不以授",②任职者多出自勋臣世家。御史大夫调任宰执一般都直接任平章政事甚至丞相,丞相、平章亦常改授御史大夫,如首任御史大夫塔察儿即由中书左丞相改任。这充分表明了御史大夫地位的上升。就连御史台的副长官御史中丞,在元朝也是"非勋旧德望,不轻授之",③与中书参政、左右丞互调的例子相当多见。金朝则"故事无自中丞拜执政者",偶有即被作为"不次之恩"。④ 再次,也是最重要的一点,元朝比较严格地实行了台官自选制度。世祖中期御史中丞崔彧上言:"选用台察官若由中书,必有偏徇之弊,御史宜从本台选择",诏准。⑤ 此后台官自选成为元朝定制,历任皇帝都一再加以重申,虽有个别时期受到破坏,亦很快恢复。武宗时尚书省新立,恃宠跋扈,"奏用台臣"。监察御史张养浩说:"尉专捕盗,纵不称职,使盗自选可乎?"上疏力陈其失。至大三年十一月遂有诏谕尚书省"凡宪台除官事,后勿与"。⑥ 台官自选之制对于提高御史台的地位、维护其监察权力,显然具有非常重要的作用。

元世祖忽必烈曾说:"中书朕左手,枢密朕右手,御史台是朕医两手的。"这一论述被当作元朝的"立台之旨"。⑦ 中书省(或尚书省)宰相是御史台的一个主要监察对象,元人对此议论甚多。《秋涧集》卷三五《上御史台书》:"中书政本,机务所出,整肃纠绳之者,不可阙也。"《中庵集》卷一五《皇庆改元岁奏议》:"中书,所以行天子之令而裁理万物者也,其

① 《金史》卷七六《萧玉传》。
② 《元史》卷一四〇《太平传》。
③ 《滋溪文稿》卷一二《御史中丞冀国董忠肃公墓志铭》。
④ 《金史》卷八九《孟浩传》。
⑤ 《元史》卷一七三《崔彧传》。
⑥ 《元史》卷一七五《张养浩传》,卷二三《武宗纪》二。
⑦ 《草木子》卷三下《杂制篇》。

事权不可不专,犹虑有阙焉,于是置御史台执宪以绳之。"《归田类稿》卷二《时政书》:"人主苟欲保全宰相,莫若精选言官。言官得人,则宰相必恒恐惧修省,不至颠危;言官不得其人,则宰相必肆行非度,卒与祸会。"元朝中书省权力很重,而皇帝从制度上对宰相专权所作的限制却比较少,御史台的监察就是这方面为数不多的限制机制之一。它在官制系统上独立于中书省之外,可以自行奏事、自行举荐官属,宰相很难插手台内事务。御史台劾免宰相的例子也的确相当多。特别是当面对一些地位高、权势重的宰相时,御史台官员往往能发起大规模的集体弹劾行动,张大声势,获取舆论同情,从而达到目的。如仁宗朝太师右丞相铁木迭儿专权,"怙势贪虐,凶秽滋甚"。延祐四年六月,内外监察御史四十余人共同劾奏其"桀黠奸贪,阴贼险狠,蒙上罔下,蠹政害民,布置爪牙,威詟朝野"等诸多罪状,称"四海疾怨已久,咸愿车裂斩首,以快其心"。章上,仁宗震怒,下诏逮问。因皇太后包庇,铁木迭儿免于被逮,但终被罢相。①这次弹劾行动,是御史台官员有计划、有准备、协调统一地进行的,在当时造成了非常大的影响。② 又如顺帝至正七年,监察御史劾奏右丞相别儿怯不花,不报。御史大夫亦怜真班"反复论奏不已",忤旨,被外放江浙行省平章。中丞朵尔直班以下台臣"皆上印绶辞职",顺帝不得已罢别儿怯不花为太保。但御史们并不善罢甘休,陕西、江南两行御史台及各道廉访司言章交至,别儿怯不花最终被贬到渤海县安置。③

然而,在更多的情况下,御史台要想正常行使监督纠劾宰相的职能,往往又是十分困难的。宰相作为最高行政首脑,位尊权重,绝不会对御史台俯首帖耳,被动接受弹劾,而总是要充分利用自己的地位和权力,对御史台进行抗拒和打击。胡祗遹说:"御史台、按察司弹纠贪污,申明冤滞,实省部储司之药石也。省不知与己为助,反视之如仇雠,百端沮抑。"王恽则说:"惟(御史台)职专纠弹,不悦者众。又近年已来被核者欲缓己

① 《元史》卷二〇五《铁木迭儿传》。

② 参阅《元史》卷一八〇《赵世延传》,《道园学古录》卷一六《御史中丞杨襄愍公神道碑》,《滋溪文稿》卷九《御史中丞马文贞公墓志铭》,卷一五《辽阳行省郎中黄公神道碑》等。

③ 《元史》卷一四〇《别儿怯不花传》,卷一四五《亦怜真班传》,卷一三九《朵尔直班传》,《永乐大典》卷二三四三邹鲁《也儿吉尼公德政碑》。

罪,返行诬告,权臣因之沮抑,靡所不至。究其无实,多不抵坐,致使邪气转盛,正人结舌,根本内拨,枝叶外瘁,甚失风宪大体。"①省台矛盾是元朝一百余年历史中常见的现象,而大部分时间里,宰相一方总是在省台矛盾中握有主动权、占有优势。忽必烈设立御史台时,要求台官"毋惮他人,朕当尔主",但他任用阿合马、桑哥为相,二人专权跋扈,顺昌逆亡,百般"沮抑台察",御史台官员"不得行其职,惴惴忧畏",始终没有得到"朕当尔主"的实际支持。② 结果"台官以下,察院之属,闭口吞声,见如不见,安居高坐,罔若不闻"。"迨其事败,然后接踵随声,徒取讥笑。"③即使宰相在省台斗争中暂时受挫,也会伺机对监察官员施加报复。如铁木迭儿虽然被御史集体劾罢,但到英宗朝又东山再起,重任右丞相,"毫发之怨,无不报者"。当年领导弹劾的两位御史中丞杨朵儿只和赵世延首当其冲,前者被杀害,后者被逮下狱,长期囚禁。④ 泰定帝时中书参知政事杨庭玉受贿案发,在御史一再弹劾下被杖免。左丞相倒剌沙"欲逭其罪","急奏贷之,弗及,于是益怒"。不久借御史因灾异论时事之机,以"诬诋大臣、惑乱朝政"的罪名激怒泰定帝,中丞、侍御史等台官皆下狱,久系后免官还乡。⑤ 另外,自元朝中叶起,宰相还开始较多地采用一种新手段来对付御史台,即力图将自己的势力伸入台内,控制并引导它为自己服务。铁木迭儿在英宗时复相后,即援引自己的党羽铁失为御史大夫,又设法安排自己的儿子锁南任治书侍御史。到元朝后期,这种情况愈加严重。顺帝时撒敦任相,其侄唐其势为御史大夫;伯颜任相,其弟马札儿台为御史大夫;脱脱任相,其弟也先帖木儿为御史大夫;哈麻任相,其弟雪雪为御史大夫。元末人叶子奇在《草木子》卷三下《杂制篇》中就此发表评论说:"嗟乎!世祖之设是官(按指御史台),本以防权奸胶固、

①　《紫山集》卷二三《民间疾苦状》,《秋涧集》卷七九《元贞守成事鉴·重台谏》。
②　《元史》卷六《世祖纪三》至元五年七月癸丑,卷二〇五《阿合马传》,《道园学古录》卷四二《燕南河北道肃政廉访司金事赵公神道碑》。参阅郝时远《元世祖时期台察与权臣的斗争》,载元史研究会编《元史论丛》第四辑(中华书局,1992)。
③　《历代名臣奏议》卷一六二"建官"门引赵天麟奏议,《元史》卷一七三《崔彧传》。
④　《元史》卷一七九《杨朵儿只传》,卷一八〇《赵世延传》。
⑤　《燕石集》卷一四《陕西行台治书侍御史仇公墓志铭》,《滋溪文稿》卷一六《高邑李氏先德碑铭》。

党与盘结之患,使之有所防范,击刺以正国势。及其末世,台省要任,乃皆萃于一门,殊失养猫捕鼠、畜狗防奸之意。"在这种情况下,御史台已完全成为统治集团上层权力斗争的工具,其监督纠劾宰相的职能,更是无法正常发挥了。

综上所述,金、元在中央官制方面确立了一省制,但"一省"并非完全事无不统。唐后期出现的枢密院,到宋代发展为国家最高军事机构,并为金、元所承袭。虽然政务方面出令、封驳、执行权力的合一趋势较为明显,但政、军分权的传统保持时间较长,宋代如此,金、元亦然。[①] 同时,作为国家最高监察机构的御史台,地位在金、元也趋于上升,渐与省、院并重,鼎足而立。就品级和在政治生活中发挥的作用而言,院、台与中央其他机构相比较明显居于更重要的地位,其相对独立性也表现得更为突出。然而所谓省院台的"并重",并不意味着地位完全平等。一方面行政、军事、监察三权分立,相互制衡;另一方面行政系统的主导地位仍然不可动摇,宰相的事权相对集中,一人之下、万人之上的特殊地位并未改变。元初人陈祐在上疏论述"中书政本、责成之任宜专"时,对省、院、台三大机构各自的作用和地位有一段精辟的分析。他说:"夫……修军政,严武备,辟疆场,肃号令,谨先事之防,销未形之患,士马精强,敌人畏服,此枢密之任也。若夫屏贵近,退奸邪,绝臣下之威福,强公室,杜私门,纠劾非违,肃清朝野,非御史不能也。如斗之承天,斟酌元气,运行四时,条举纲维,著明纪律,总百揆,平万机,求贤审官,献可替否,内亲同姓,外抚四夷,绥之以利,镇之以静,涵养人材,变化风俗,立经国之远图,建长世之大议,孜孜奉国,知无不为,作新太平之化,非中书不可也。"[②]省、院、台并立而又以省为核心,可以说是金、元中央官制的一个基本特点。

---

① 按金章宗泰和八年曾"省户部官员置三司",宣宗贞祐时罢(见《金史》卷五五《百官志一》)。三司之名显然是仿用宋制。北宋三司下辖二十余案,又统十余子司,权力范围除包括唐朝户部原有职掌外,还兼及过去兵、刑、工等部的若干职掌,在约束地方财政方面权力也很重,故而号称"计相",地位仅次于"二府"。而根据现有材料来看,金朝三司并无如此大的权力,似乎仅是户部的简单重复。故时人批评说"今三司所掌即户部前日之事,官属又皆户部旧员,椽属亦户曹旧吏,岂有愚于户部而智于三司者?唯当复户部之旧,无骇民听可也"(《遗山集》卷一八《陕西东路转运使刚敏王公神道碑铭》)。因此不能把金朝三司看作像北宋三司那样分宰相财权的机构。

② 《元文类》卷一四陈祐《三本议》。

三 地方行政制度的变化

1. 金朝的路制

金、元在地方行政制度方面最主要的变化是行省的出现。它最初是临时性的中央派出机构，后来过渡为常设的地方大行政区。我们知道，北宋地方行政分州（府、军、监）、县两级，州（府、军、监）之上又划分若干称为路的中央派出辖区，掌管财赋、监察等事务。路的建制在金、元一直存在，并成为新出现的行省的下属，其过渡为常设地方行政机构当然也比行省更早。因此在叙述行省的出现和演变之前，有必要先讨论路的有关问题。而与受人瞩目的行省相比较，路过去引起学者的注意相对较少。金朝路级机构名目繁多，性质也较复杂，在此先作简要概括。[①]

早在征服中原之前，金朝即有路的设置。当时在女真人聚居区设蒲与、胡里改、耶懒三路，统领女真人的社会基层组织——猛安谋克，其长官为万户。对辽用兵后，随着战事的节节胜利，又在新占领地区设立咸州、保州、曷懒、上京、中京、西南、西北等路进行统治，其长官为都统或军帅。总体来看，此时的路制主要是对辽朝制度的采纳和继承。[②] 太宗时兴兵伐宋，占领中原大片土地，随之在北宋路制的基础上稍作调整，设路加以管理。经过置废刘豫伪齐的一番变更，到熙宗皇统元年（1141）与南宋签订和议，金朝疆域基本奠定。此时全境共分十七路，后来又略有增减，至章宗泰和时定为十九路，这也就是《金史·地理志》所记金朝路制。十九路的区划渊源大致如下：

上京路（治会宁府，今黑龙江阿城南），为女真故土，属辽东京道，金初号为"内地"。

东京（治辽阳府，今属辽宁）、北京（治大定府，今内蒙古宁城西）、西

---

① 学术界关于金朝路制比较全面的研究可以谭其骧《金代路制考》一文为代表（载同氏《长水集》下册，人民出版社，1987年）。此文在地理沿革方面考证精详，但从政治制度史方面对各类路级机构的性质、职掌等问题叙述不多。

② 参阅三上次男：《关于金朝初期的路制》，载同氏《金史研究》第三册；程妮娜：《试论金初路制》，载《社会科学战线》1989年第1期。

京(治大同府,今属山西)、中都(治大兴府,今北京)、咸平(治咸平府,今辽宁开原北)五路,为辽旧境。前四路大体即辽之东京、中京、西京、南京四道。咸平路在辽为咸州,属东京道,金朝置路。

南京路(治开封府,今属河南),即宋河南地,在北宋主要属京西北路。

河北东路(治河间府,今属河北)、河北西路(治真定府,今河北正定)、大名府路(治大名府,今河北大名东),为宋河北东、西两路地(安抚司路分四路)。河北西路因于北宋河北西路,河北东路、大名府路为北宋河北东路辖区,金朝分置两路。

山东东路(治益都府,今属山东)、山东西路(治东平府,今属山东),分别因于北宋京东东路、京东西路。

河东北路(治太原府,今属山西)、河东南路(治平阳府,今山西临汾),为北宋河东路辖区,金朝分置两路。

京兆府路(治京兆府,今陕西西安)、凤翔路(治凤翔府,今属陕西)、鄜延路(治延安府,今属陕西)、庆原路(治庆阳府,今属甘肃)、临洮路(治临洮府,今属甘肃),为宋陕西地,北宋分永兴军路和秦凤路(安抚司路分六路),金朝分为五路。

概言之,金朝十九路中,六路属原辽境,由辽诸京道演变而来;十三路属原北宋境,在北宋北方八路的基础上进一步划分而成。可以说就主体而言,金朝的路制继承了北宋制度。[①] 北宋路级机构有四"监司",路的概念以转运司路为主。金朝情况则有所不同,虽也有转运司、提刑司(近似于宋之提点刑狱)等路级机构,但提到"路"却通常首先不是指这些机构,而是指总管路,路的首要机构为兵马都总管府。《金史》卷二四《地理志》上:"建五京,置十四总管府,是为十九路。"严格说来,金朝的地方行政制度也是实行州、县二级制,级别与州相同(下辖县)而实际

_____

① 金初在原辽境内所设诸万户、都统(军帅)司路,辖区都相对较小,后来大都不再见于记载,为辖区较大的上京、东京等六路所取代。但在女真人聚居的上京路,下面仍辖有蒲与、合懒、恤品(一作速频)、曷苏馆、胡里改五路。此五路所属居民皆女真猛安谋克户,虽号为路,却要受更高一级的上京路统辖,其实际地位只相当于内地的府、州。它们即为金初万户、都统(军帅)司路的遗存。

地位稍高者为府。① 府品秩为正三品,长官为府尹(或知府),下有同知、少尹等官,但地位不完全相同。其中地位最高者为首都——中都大兴府以及五所陪都——上京会宁府、东京辽阳府、北京大定府、西京大同府和南京开封府,称为京府。五陪都长官皆称留守,兼带本府尹。其余府中,大部分都是金朝境内各地区的政治、军事中心,地位也较重要,称为总管府(广义上总管府亦包括京府)。金朝的路主要就是围绕着京府和总管府设立的。每个京府和总管府同时又是一路的治所,其长官府尹(留守、或知府)兼任本路长官兵马都总管,"总管府"之名亦得于此。京府、总管府合计共十九所,故亦有十九路。京府和总管府之外,还有少量的府虽有府名,但地位相对次要,并非一路的治所,称为散府。总之,金朝路的建置与府有着密切的联系,其长官都总管同时也是本路首府的长官府尹(或知府)。这是金朝路制的基本特点。《金史》卷七三《完颜守贞传》载:守贞出知东平府事,章宗对宰臣曰"以彼之才,治一路诚有余矣"。东平府为山东西路首府,故完颜守贞任东平知府,同时也必然是山东西路的兵马都总管,尽管本传在谈到他任知府时对后一点并未明确交待。

金朝总管府路制度的形成经历了一个过程。它们在辖区划分上固然受到宋朝路制的影响,而其管理制度也与宋制有关。宋朝地方设有马步军都总管、兵马钤辖、兵马都监等官职,总治屯戍军旅之政令。其设置比较复杂,"有止一州者,有数州为一路者,有带两路三路者",或以路安抚使兼任,亦常以知府、知州兼之。② 这一制度直接影响到金朝。刘豫以济南降金,"遂为京东东、西、淮南安抚使,知东平府兼诸路马步军都总管"。张中彦"从下熙、河、阶、成州,授彰武军承宣使,为本路兵马钤辖,迁都总管"。郑建充以延安降,"改京兆府路兵马都监"。③ 上述官名即全袭宋制。另外,金初在征服战争过程中随时设路管理新定地区,路制较为混乱,原用于辽朝统治区的都统官职也曾在中原行用。《金史》卷八

---

① 此亦源于宋制。宋朝的府、州、军、监,名目虽然复杂,级别却基本相同,其中又以府为最高。故洪迈云"州郡之名,莫重于府"(洪迈《容斋四笔》卷一二"州升府而不为镇"条)。参阅聂崇岐《宋代府州军监之分析》,收入同氏《宋史丛考》,中华书局,1979 年。

② 《文献通考》卷五九《职官》三,《宋会要辑稿》职官四一之九七"安抚使"条。

③ 《金史》卷七七《刘豫传》,卷七九《张中彦传》,卷八二《郑建充传》。

〇《大㚟传》:"既破汴京,㚟为河间路都统。"卷八一《王伯龙传》:"从元帅府复收河南,权武定军节度使,兼本路都统。"统一的总管府路制度自太宗时开始在中原推行,天会六年(1128)诏"诸路各设兵马都总管府",到海陵王天德二年(1150),"改诸京兵马都部署司为本路都总管府"。①至此路级长官一律使用"兵马都总管"的官称,钤辖、都监等职从史籍中消失,都统亦不再见于中原路制。

学术界目前通常不将宋朝的路看作一级地方行政区,这种看法对金朝的路来讲同样适用。就广义而言,金朝与宋朝一样,路级机构较多,除总管府外,还有转运司、提刑司、统军司等(详下)。它们不仅互不统属,其辖区亦不完全重叠。就狭义来说,即使我们按照金人的观点将总管府路作为金朝路制的代表,它本身也的确算不上一级行政机构,而主要是一种军事、治安建置。路的长官兵马都总管并非专设,而只是其首府府尹的兼职。府尹的职掌首先是处理本府辖区内的民政,其次才是作为"兵马都总管"负责一路(不仅包括本府辖区)的军务和治安。如果说北宋设路首重财赋反映出财政问题在宋朝的重要性,那么金朝设路首重军务和治安则反映了金廷作为一个民族征服政权的背景。就总管府在一路的地位而言,它主要是在军事、治安方面发挥作用。《金史》卷五《海陵纪》:正隆四年三月"遣使分诣诸道总管府督造兵器"。五年二月"遣引进使高植、刑部郎中海狗分道监视所获盗贼……仍戒屯戍千户谋克等,后有获者并处死,总管府官并决罚"。此处所谓"道"实即"路"的另外一种称呼,唐宋以来两称即常混用。又卷七九《徐文传》:"东海县人徐元、张旺作乱,县人房真等三人走海州,及走总管府上变。州、府皆遣使效随真等诣东海观贼形势,皆为贼所害。州、府合兵攻之,累月不下。"按东海为海州属县,海州又属山东东路(治益都府),故文中"总管府"当指山东东路兵马都总管府。东海县发生叛乱后,当地人先后至海州、总管府上变,海州与总管府共同处理其事。

另外,从属官的设置及职掌上也有助于观察总管府的性质。《金史》卷五七《百官志》三记载总管府属官职掌云:"总管判官一员,从六品,掌

① 《金史》卷四四《兵志》。

纪纲总府众务,分判兵案之事。府判一员,从六品,掌纪纲众务,分判吏(按原文脱此字,据中华书局点校本校勘记补)、户、礼案,仍掌通检推排簿籍。推官一员,正七品,掌同府判,分判工、刑案事。"三名属官分判吏、户、礼、兵、刑、工六案,可以说一府的主要事务已基本囊括在内。其中总管判官一职值得注意。它与府判官名近似,品秩相同,顾名思义,其区别当在于前者为兵马都总管之判官,①后者为府尹之判官。《百官志》三下文记散府属官,仅有府判、推官而无总管判官(兵案之事由推官兼掌),即可为证。总管判官地位列前,却仅掌兵案一案之事,少于掌三案之府判、掌两案之推官,是因为它作为兵马都总管的属官,负责的是一路的军事、治安事务,范围较广,非如府判、推官所掌仅限于本府辖区。《金史》卷六八《蒲查传》:"正隆初,为中都路兵马判官(按当即总管判官)。是时京畿多盗,蒲查捕得大盗四十余人,百姓稍安。"又卷七四《内族文传》:任德州防御使,造兵仗谋反。"家奴重喜诣河北东路上变,府遣总管判官字特驰往德州捕文。……文知本府使至……亡去。河间府使奏文事,诏遣右司郎中纥石烈哲典、翰林修撰阿不罕讹里也往德州鞫问。"在此案中,告发者至河北东路上变,路兵马都总管府派总管判官由本路治所河间府驰至德州拘捕疑犯,但疑犯在逃不获,总管府遂不得不将案情上报朝廷,由朝廷查办。这条材料较典型地反映了总管府路在弹压地方、维持治安方面的作用和总管判官的职掌。②

然而,除上述一类事例之外,我们很难看到总管府路就日常行政事务对下属府州县进行督责号令的记载,很难看到府州县就所属行政事务上禀路兵马都总管府、或总管府差遣下属府州县办理政事之类材料。总管府路无论就名称(兵马都总管府)还是就实际事例来看,都主要只在军

---

① 总管判官的全称当为某路兵马都总管(府)判官。如《金史》卷五《海陵纪》:天德三年九月"以东京路兵马都总管府判官萧子敬为高丽生日使";卷一二四《马庆祥传》:金末"拜凤翔府路兵马都总管判官"。

② 按《金史》卷二五《地理志》中载德州隶于山东西路,不隶河北东路,似与上述材料矛盾。然上引材料为世宗大定十二年事,《地理志》所载为章宗泰和五年以后情况(参阅谭其骧前揭文),相隔三十余年。据《元丰九域志》卷二《河北路》,德州在北宋即隶属河北东路。《内族文传》既称河北东路兵马都总管府为德州的"本府",则金朝前期仍沿袭北宋区划,后来才将德州改隶山东西路。

事、治安方面与下属府州县发生关系，况且它没有专职长官，仅是由首府府尹兼领其事。根据这些情况来看，金朝的总管府路的确不具备一级行政机构的条件。

除总管府之外，金朝还有另外一些路级机构，如转运司、提刑司（按察司）、统军司（招讨司）、宣抚司等。下面分别作简单介绍。

（一）转运司　转运司主掌一路财赋，在北宋是最重要的路级机构。金朝亦沿其制，分路设立转运司（起初设于诸京路者为都转运司，后仅中都路设都转运司，余并为转运司），"掌税赋钱谷、仓库出纳、权衡度量之制"。转运司以转运使（正三品）、同知、副使为正副长官，下分都勾、户籍、盐铁、支度、开拆诸案，设都勾判官、户籍判官、盐铁判官、支度判官、都孔目官等属官。① 转运司路的划分与总管府路并不完全相同，且前后有变化。《大金国志》卷三八《京府州军》和范成大《揽辔录》均记转运司分十四路，《金史·地理志》提到十五路，皆为金朝前期制度。《金史·百官志》所载分十三路，系章宗后期之制。以《百官志》十三路与同为章宗后期制度的总管府十九路进行比较，有九路转运司的辖区、治所与总管府路相同，它们是中都路、南京路、西京路、北京路、河北东路、河北西路、河东北路、河东南路和山东东路。其余四路的辖区均分别相当于总管府二到三路。其中，山东西路转运司（治东平府）相当于山东西、大名府二总管府路，辽东路转运司（治咸平府）相当于东京、咸平、上京三总管府路，陕西东路转运司（治京兆府）相当于京兆府、鄜延两总管府路，陕西西路转运司（治平凉府，今属甘肃）相当于凤翔、庆原、临洮三总管府路。②

金朝转运司的设置很早。《金史》卷七五《沈璋传》："丁母忧，起复山西路都转运副使，加卫尉卿，从伐宋。汴京平，众争趋宝货，璋独无所取。"据此则北宋灭亡前夕，金朝已有转运司的设置。卷一二八《范承吉传》：天会六年（1128）"改河东北路转运使。时承宋季之弊，民赋繁重失当，承吉乃为经画，立法简便，所入增十数万斛，官既足而民有余"。此为北宋灭亡不久的材料。按北宋转运司的主要职掌是经度财赋，同时也负

---

① 《金史》卷五七《百官志》三。
② 参阅谭其骧前引文。

责监察本路官吏,有一定的行政权,其权力最大时"边防、盗贼、刑讼、金谷、按廉之任皆委于转运使……于一路之事无所不总"。① 诸路提点刑狱等官设置后,转运司权力受到削弱,但监察权始终在其职权范围之内。相比之下,金朝转运司的职掌仅限于单纯的财政事务,与监察无涉,故而宋人记述金朝官制时特地提到"外道置转运使而不刺举",认为是一个奇怪现象。② 转运司主要是就财赋的征调、出纳等事务与所属州县发生联系。如《金史》卷九二《李偘传》:为沂州防御使,"转运司牒郡输粟胸山,调急夫数万人,是时久雨泥泞,挽运不能前进。偘遣吏往胸山刺取其官廪,见储粮数可支半岁,即具其事牒运司,请缓期,毋自困百姓"。章宗泰和八年(1208),金廷以"转运司权轻,州县不畏,不能规措钱谷",诏除中都路外,余路转运使并以按察使(由提刑使改称,负责一路监察)兼其职,"欲假纠劾之权以检括钱谷"。③ 这就接近了北宋转运司的职权范围。但仅过了七年,到宣宗贞祐三年(1215),按察司被废罢,转运司职掌仍复其旧。实际上,仅就督办一路财赋而言,转运司的日常工作仍然是比较繁重的。赵曦瑞任中都转运同知,"在职应钱谷利害文字多不题署,但思安身",降授积石州刺史。韩铎任中都路都转运使,则以"不任繁剧"改顺天军节度使。④ 并且转运司作为路级机构之一,也要对辖区(特别是治所)的治安等方面事务负一定责任。海陵王贞元三年南京宫殿失火,留守冯长宁及都转运使左渊各杖一百除名。世宗大定十六年南京宫殿再度失火,仍然是"留守、转运两司官皆抵罪"。⑤

(二)提刑司(按察司) 提刑司主管一路的刑狱、监察,兼掌劝农,其性质接近于宋朝的诸路提点刑狱。它创设于大定二十九年(1189)章宗初即位之时,章宗承安四年(1199)更名按察司,宣宗贞祐三年(1215)废罢。置使(正三品)、副使、签事、判官等官。初设时分九路,辖区大多相当于总管府路数路之地。其中,上京曷懒路(治会宁府)、北京临潢路

① 《文献通考》卷六一《职官》十五。
② 《建炎以来系年要录》卷八四绍兴五年正月条。
③ 《金史》卷五七《百官志》三,卷一〇四《王扩传》。
④ 《金史》卷八《世宗纪》下,卷七八《韩铎传》。
⑤ 《金史》卷八二《郭安国传》,卷七《世宗纪》中。

（治临潢府，今内蒙古巴林左旗）、南京路（初治许州、今河南许昌，后移治开封府）辖区分别同上京、北京、南京三总管府路，东京咸平府路（初治辽阳府，后移治咸平府）、中都西京路（治大同府）、山东东西路（治济南府，今属山东）、河东南北路（治汾州，今山西汾阳）各自相当于两总管府路，河北东西大名府路（治河间府）相当于三总管府路，陕西东西路（治平凉府）相当于五总管府路。不久上京曷懒路与东京咸平府路合并为上京东京路，治会宁府，于是仅有八路。章宗泰和八年以按察司兼转运司事，此后将河北东西大名府、山东东西、河东南北、陕西东西四路按察司各一分为二，以适应转运司路制。自此直至被废罢，按察司即分为十二路。[①]

提刑（按察）司在金朝虽存在时间不长，但地位很重要。《金史》卷七三《宗雄传附蒲带传》载章宗立提刑司诏曰："朕初即位，忧劳万民，每念刑狱未平、农桑未勉、吏或不循法度以斁吾治，朝廷遣使廉问，事难周悉。惟提刑劝农采访之官，自古有之。今分九路专设是职，尔其尽心，往懋乃事。"又记提刑使临行章宗训诫云"凡军民事相涉者，均平无遣，钤束家人部曲，勿使沮扰郡县事，今以司狱隶提刑司，惟冀狱犴无冤耳"。卷五七《百官志》三则载按察使（时已改名）职掌为"审察刑狱、照刷案牍、纠察滥官污吏豪猾之人、私盐酒曲并应禁之事，兼劝农桑"。概括言之，该机构的职能主要包括以下三方面：

审理刑狱——顾名思义，司法应当是提刑司职掌的重要内容，而且金朝最初设立提刑司的建议就是从这方面提出的。[②] 提刑司要负责对本路州县已经审断并上报的刑事案件进行复审，核查疑狱，平反冤狱。《金史》卷九《章宗纪》一：明昌三年四月"遣御史中丞吴鼎枢等审决中都冤狱，外路委提刑司处决"。卷九七《李完传》："迁同知广宁府。初，辽滨民崔元入城饮不归，求得尸于水中，有司执同饮者讯之，皆诬服。提刑司疑其冤，以狱畀完。完廉得其贼乃舟师也，遂免同饮人。"按辽滨为东京路沈州属县，广宁府为东京路所属散府，其司法同属上京东京路提刑司节制。在此提刑司复查案件时发现疑狱，遂交由属下另一地方的官员审

---

① 参阅谭其骧前引文。

② 《金史》卷四五《刑志》：世宗大定"十七年，陈言者乞设提刑司，以纠诸路刑狱之失"。

理,终得平反。这可能是提刑司履行其司法职能的一个典型例子。提刑司更名按察司后,审察刑狱仍是主要职掌之一,"诸疑狱并令按察司从正与决"。①《金史》卷一二八《蒲察郑留传》:"改顺义军节度使,西京人李安兄弟争财,府县不能决,按察司移郑留平理。"据此则民事诉讼亦在其管辖范围之内。

举刺官吏——这是宋朝路级"监司"的重要职掌。金朝前期虽设有兵马都总管府、转运司等路级机构,但均无举刺的职能,金廷主要采取派中央官员巡行州县、进行"廉察"的办法来整肃吏治。② 提刑司设立后,承担了这方面的工作。首先是按劾,"察老病不任职及不堪亲民者,如得其实即改除他路,若他路提刑司复察得实,勿复注亲民之职"。但行之过甚,也出现了"徒事细碎,致州县畏缩不敢任事"的弊端。③ 其次是举荐,"采访可用之才,减资考而用之",以破除"资格之滞"。同时还负责察访"草泽隐逸"。④ 仆散揆任临洮知府,陕西提刑司举其"刚直明断,狱无冤滞,禁戢家人,百姓莫识其面,积石、洮二州旧寇皆遁,商旅得通",于是进官一阶,获得褒谕。高竑"调贵德县尉,提刑司举任繁剧,迁奉圣州录事"。⑤ 但后来一些大臣认为提刑司这方面的权力过重,提出反对。《金史》卷九八《完颜匡传》载其奏称"圣朝旧无提刑司,皇统、大定间每数岁一遣使廉察,郡县称治。自立此官,冀达下情,今乃是非混淆,徒烦圣听。自古无提点刑狱专荐举之权者,若陛下不欲遽更,不宜使兼采访廉能之任"。章宗从其议,遂另遣监察御史负责体访、举荐廉能官吏,提刑司更名按察司,单一纠劾,有刺无举。此后对按察司所颁命令,基本都集中在纠劾方面。如泰和四年八月敕"诸按察司体访不实,辄加纠劾者,以故出入人罪,仍勒停,若事涉私曲,各从本法"。五年二月谕"各路按察以因循为事,莫思举刺,郡县以贪黩相尚,莫能畏戢。自今若纠察得实,民无冤滞,能使一路镇静者为称职;其或烦紊,使民不得伸诉者,是为旷废"。这

---

① 《金史》卷一○○《孟铸传》。
② 《金史》卷五四《选举志四·廉察》。参阅《廿二史札记》卷二八"金考察官吏"条。
③ 《金史》卷九《章宗纪》一,卷一○《章宗纪》二。
④ 《金史》卷五四《选举志四·荐举》。
⑤ 《金史》卷九三《仆散揆传》,卷一○○《高竑传》。

一变动在一定程度上使按察司"权削而望轻",地位略受影响。①

劝农及有关事务——提刑司、按察司都有劝农任务。这项工作在金朝具有其他朝代所不具备的一层意义,即监督女真屯田军户猛安谋克,督促他们习农讲武,并调解其与汉族居民的关系,维持社会稳定,保证经济正常发展。提刑司初立时即规定"屯田、镇防诸军皆属焉"。明昌六年五月"诏诸路猛安谋克农隙讲武,本路提刑司察其惰者罚之"。置于女真人原居住区的上京东京路提刑司同时兼安抚司事,"仍专管猛安谋克,教习武艺,及令本土纯愿风俗不致改易"。② 后来猛安谋克事务一度改由中央所遣监察御史监督,但到泰和元年仍命"猛安谋克并隶按察司"。③ 此外,提刑(按察)司还曾广泛参与通检推排、常平仓、赈济、税务、钞币、榷场关防等经济事务,有关内容在《金史·食货志》中有较多的反映。泰和八年以诸路按察司兼转运司事,更使其经济职权进一步延伸。

总体来看,尽管职掌范围前后略有变化,但提刑(按察)司在金朝一直具有相当重要的地位,可以说是金朝最接近北宋"监司"的路级机构。而与北宋诸"监司"并立、监察事权不一的状况相比较,它又是唯一的地方监察机构,其监察范围兼及政治、经济、司法、军事领域,权力相对集中。初设提刑司时,"命提刑官除后于便殿听旨,每十月使、副内一员入见议事,如止一员则令判官入见",后来又规定提刑司官每十五月一朝。④ 首任河南路(即南京路)提刑使张万公,为"御史台奏课为九路之最",仅一年即擢拜御史中丞。而张亨任河东南北路提刑使,"在职每事存大体,略苛细",结果被御史"以宽缓不事事劾之,降授蔡州防御使"。⑤ 除御史台主持对提刑(按察)司官员的考察工作外,尚书省还要遣官覆察。后鉴于烦琐,改为台、省共同派官考察。⑥ 从统治者的重视程度,也可以看出这一机构的重要性。不过,该机构毕竟出现较晚,存在不到三十年又因

① 《金史》卷一二《章宗纪》四。
② 《金史》卷九《章宗纪》一,卷一〇《章宗纪》二,卷五七《百官志》三。
③ 《金史》卷一〇《章宗纪》二,卷一一《章宗纪》三。
④ 《金史》卷九《章宗纪》一。按关于后一次规定,《纪》原文作"十五日一朝",日当为"月"字之误。参阅蒋松岩《金代提刑司与按察司初探》,载《平顶山大学学报》1987年第3期。
⑤ 《遗山集》卷一六《平章政事寿国张文贞公神道碑》,《金史》卷九七《张亨传》。
⑥ 《金史》卷一一《章宗纪》三,卷一二《章宗纪》四。

战乱而废罢,发挥作用的时间是较为有限的。

（三）统军司（招讨司）　金朝又有统军司、招讨司的设置,置使（正三品）、副使、判官等官。它们只设于南北边境地区,不像前三类路级机构那样涵盖金朝全境。金初战事频繁,且制度未能划一,曾在中原设置了不少原行用于辽统治区的路都统司、路军帅司（上文已述）,对新征服地区实施军事管理,亦间或以统军、招讨司名之。后来随着总管府路的普及,上述军事机构相继罢去,但仍在南北边境存留数处,其名称也逐渐固定,南为统军司,北为招讨司。到金朝中期,统军、招讨司已各定置为三处。南边设河南路（治开封府）、陕西路（治京兆府）、山东路（治益都府）三统军司,其中河南路辖境相当于总管府南京路,陕西路相当于总管府陕西五路,山东路相当于总管府山东东、西二路。北边设西南路（治丰州,今内蒙古呼和浩特东）、西北路（治桓州,今内蒙古正蓝旗西北）、东北路（治泰州,今吉林洮安东）三招讨司,其中西南、西北二路隶属于总管府西京路,东北路隶属于总管府北京路。与统军司单掌军事、不辖民户有别,招讨司在负责边防事务的同时,自己有直属的土地、人民。唯其所辖皆边境居民——女真人（猛安谋克）和北方草原诸部族（蕃部）,下面又有诸部族节度使、乣详稳、群牧所等管理层次。[1]

统军（招讨）司与路兵马都总管府同为军事性质的机构,但职掌侧重不同,前者对外而后者对内。正如三上次男所概括:“金的军政机关分为缓急两种,即一般内地由总管府、节度使统辖,特别需要经常戒备的各边境地方则由统军司、招讨司统辖。”[2]《金史》卷五七《百官志》三:统军司掌“督领军马、镇摄封陲、分营卫、视察奸”,招讨司掌“招怀降附、征讨携离”。统军司的防御对象为南宋。《金史》卷八五《独吉义传》:任武胜军节度使时“边郡妄称寇至,（河南）统军司徙居民于汴,义独不听,日与官属击毬游宴。统军司使人责之,义曰:‘太师梁王南伐淮南,死者未葬,亡者未复,彼岂敢先发? 此城中有榷场,若自动,彼将谓我无人。’既而果无事,统军谢之,请以沿边唐州等处诸军猛安皆隶于义”。世宗时,南宋于

---

①　参阅谭其骧前揭文。
②　三上次男:《金代女真研究》,金启孮译,黑龙江人民出版社,1984 年,第 298 页。

襄阳汉水之上造浮桥以运输木材,亦被河南统军司作为战争预兆上报金廷,引起一场虚惊。① 招讨司的任务则是镇抚羁縻草原诸部族。契丹窝斡之乱平定后,世宗谕西北路招讨使夹谷查剌曰"今诸部初附,命汝抚绥,当使治声达于朕听"。② 章宗时蒙古诸部日渐强盛,东北路招讨司原设治泰州,"去境三百里,每敌入,比出兵追袭,敌已遁去",于是被迫一度将治所移至金山(今大兴安岭)一带以加强防御。③

(四)宣抚司(安抚司) 金朝后期在地方复设有宣抚(安抚)司。《金史》卷五五《百官志》一"宣抚司"条载:"泰和六年置陕西路宣抚使,节制陕西右监军、右都监兵马公事。八年,改陕西宣抚司为安抚司。山东东西、大名、河北东西、河东南北、辽东、陕西、咸平、隆安、上京肇州、北京凡十处置司。使,从一品;副使,正三品。"宣抚使虽亦分路设置,但与上文所述几类路级机构有明显区别。上文所述路级机构品秩皆为正三品,见载于《金史》卷五七《百官志》三,是被作为地方建置记述的。而宣抚司品秩从一品,又被《金史》记载在《百官志》一,列于省、院、台等中枢部门之后,显然被划为中央派出机构。然《百官志》所言含混不确,施国祁曾对其进行补正。谭其骧先生也作了扼要的考述,但又因其"非泰和盛世之典制"未予详考。④ 此处在他们的基础上简单作些概括、补充。

宣抚司之名源于宋朝,"不常置,掌宣布威灵、抚绥边境及统护将帅、督视军旅之事",多以高官充任。⑤ 金朝宣抚司最初设于章宗泰和五年(1205)。时南宋韩侂胄策划北伐,金廷闻讯遂于河南设宣抚司备边,以平章政事仆散揆为宣抚河南军民使。不久以为无事而罢。次年宋军果然来攻,仆散揆奉命行省河南,主持战事。河南既有行省,未再立宣抚司,但其两翼陕西和山东却分别设立了宣抚司,以镇遏地方,协同作战。《金史》卷九九《徒单镒传》:"(泰和)六年,徒知河中府,兼陕西安抚使。

① 《金史》卷八九《魏子平传》。
② 《金史》卷八六《夹谷查剌传》。
③ 《金史》卷九三《内族宗浩传》。
④ 施国祁:《金史详校》卷四《百官志》一"宣抚司"条,谭其骧前揭文。按上引《百官志》材料在中华书局点校本中"上京"与"肇州"被断为两处,如此则宣抚司即达十一处。今改用谭文标点。
⑤ 《宋史》卷一六七《职官志》七。

仆散揆行省河南,陕西元帅府虽受揆节制,实颛方面,上思用谋臣制之,由是升宣抚使一品,镒改知京兆府事,充宣抚使,陕西元帅府并受节制。"据此则陕西先设安抚司,又改宣抚司。《遗山集》卷一六《平章政事寿国张文贞公神道碑》:泰和"六年,南鄙用兵,上以山东重地,须大臣镇抚之,手诏起公(张万公)判济南府、山东东西路宣抚使,便宜行事"。《金史》卷九五《张万公传》则记其职务为"知济南府、山东路安抚使"。综合上述材料与《百官志》的记载,可知最初宣抚司的名称并不十分固定,时名宣抚,时名安抚。[1] 而充使的三人仆散揆、徒单镒、张万公都是金朝重臣、现任或前任宰相,反映出该机构地位之重要。《百官志》云泰和八年陕西宣抚司改安抚司,又称"凡十处置司",则此后名称定为安抚,且广泛设置。史载徒单镒于卫绍王时任东京留守,"充辽东安抚副使",高竑"大安中……改同知河南府,充安抚使,徙同知大名府兼本路安抚使",纥石烈执中于大安间"为西京留守、行枢密院,充安抚使",皆为其例。[2] 有关具体制度,史料阙略不明,但从上面几个例子来看,安抚司多以京、府正官兼掌,似乎其临时建置的色彩还是比较浓重。

宣宗贞祐二年(1214),复广置宣抚使。《金史》卷一四《宣宗纪》上:贞祐二年四月"命仆散安贞等为诸路宣抚使,安集遗黎"。卷一〇二《仆散安贞传》:"贞祐初,改右副点检兼侍卫亲军副都指挥使,迁元帅左都监。二年,中都解严,河北州郡未破者惟真定、大名、东平、清、沃、徐、邳、海州而已。朝廷遣安贞与兵部尚书裴满子仁、刑部尚书武都分道宣抚。于是除安贞山东路统军安抚等使。"当时华北地区经蒙古兵洗劫,郡县残破,故有大臣宣抚之举。此宣抚司与此前的安抚司关系如何,不很清楚。颇疑宣抚司之分路即直接继承安抚司,特以朝廷大员充使而已。上引《仆散安贞传》载安贞官衔为"统军安抚等使",似可为证。宣抚(安抚)司因出现较晚,《金史·地理志》及《大金国志》卷三八《京府州军》皆不

---

[1] 《金史》卷五七《百官志》三:章宗"承安三年,以上京、东京等提刑司并为一提刑使,兼宣抚使劝农采访事,为官称"。不久"复改宣抚为安抚……掌镇抚人民、讥察边防军旅、审录重刑事"。卷一一《章宗纪》三则径称当时"提刑使、副兼安抚使、副"。提刑兼宣抚的原因是该地区所统主要为女真猛安谋克户,为特例。此处的宣抚(安抚)使品同提刑(正三),地位不如后设者高。

[2] 《金史》卷九九《徒单镒传》,卷一〇〇《高竑传》,卷一三二《纥石烈执中传》。

载其分路情况。根据《金史》列传的材料,除《百官志》所记十处路名外,又有山西(西京)、中都、河南诸处,盖其所置已遍于金朝全境。与以前的路级机构相比较,宣抚司品级既高,权力也较重,军民之政无所不总,可以"从宜行事""从宜措画"。① 但与其同时出现而地位更高的另一类中央派出机构——行省也在不断增设,致使宣抚司在当时战局中发挥的实际作用越来越小。如陕西宣抚司起初主持对西夏战事,"有能临阵立功者,五品以下并听迁授",但不久左丞相仆散端行省于陕西,宣抚司兵即改隶行省。② 宣抚使、副之职亦渐由一般地方官员兼任,地位日趋低下。上京宣抚使海奴由于"不迎制使,坐而受诏",即被行省完颜阿里不孙械系。③《金史》卷一四《宣宗纪》上:贞祐四年六月"罢河北诸路宣抚司,更立经略司"。这里只提到河北诸路,但事实上其余地区的宣抚司此后也基本不再见于史载,仅有安抚司之名偶尔出现。④ 河北诸路的经略司到后来更是以"职卑"见称。⑤ 兴定四年(1220)封河北诸路军阀为"九公",令其开府自专一方,九公又"皆兼宣抚使"。⑥ 但这里的宣抚使只是一个次要头衔,实际意义已经不大了。

2. 路在元朝的变化

综上所述,金朝路制比较复杂,路级机构名目繁多,不同系统路级机构的辖境并不完全相同,治所亦未必在一地。这种情况与北宋路制较为接近,因此同样也不宜将金朝的路看作一级地方行政建置。即使以金朝"路"的狭义概念——总管府路而言,它也仅仅是一种军事、治安建置,不具备在辖区内施政牧民的职能。上述路制到元初发生了重大变化。首先,路正式过渡为一级地方行政机构。"其牧民者,则曰路,曰府,曰州,曰县";"司养百姓曰牧民,盖牧者,能守养之义,路、府、诸州是也"。⑦ 路

---

① 《金史》卷一〇二《完颜弼传》,卷一〇九《陈规传》。
② 《金史》卷一四《宣宗纪》上。
③ 《金史》卷一〇三《完颜阿里不孙传》。
④ 参阅《金史》卷一〇八《把胡鲁传》,卷一二二《侯小叔传》。
⑤ 《金史》卷一一七《靖安民传》。
⑥ 《金史》卷一一七《苗道润传》。
⑦ 《元史》卷八五《百官志》一,徐元瑞《吏学指南》"官称"门。

已与传统的"牧民"之官府、州、县并称,仅级别稍高而已。其次,唐宋以来两个彼此基本通用的概念路和道发生分化,在路定型为地方行政机构的同时,另一类辖区较大、带有监临或监察性质的机构则专门以道名之。以下分别作简要叙述。

路向行政机构转化的一个重要原因是元朝路的设置大大增多,与此相对应其辖区却日趋缩小,已不具备昔日代表中央监临地方的地位,而降至与府、州大致同等的水平。这样它变成普通行政机构也就很自然了。元朝路设置的增多,首先又是与金元之际混乱的局势分不开的。自13世纪初蒙古南下侵金起,双方展开近三十年的拉锯战,最后以蒙古灭金告终。其间蒙古统治者大量招降纳叛,利用降附的金朝官员和地方豪强来与金朝作战,并授予他们世代统治地方的实际权力。"凡纳土及始命之臣,咸令世守。""方事进取,所降下者,因以与之,自一社一民,各有所主,不相统属。"[1]于是随着金朝的衰亡,其原有的地方行政体制也逐渐瓦解,被大大小小、割据一方的"世侯"所取代。蒙古统治者昧于中原制度,忽视地方政权建设,听任贵族、军阀"随所自欲而盗其名"。[2] 战争期间,归降者多"增户口田赋数,以夸大为胜"[3],而蒙古贵族为笼络降附、奖励功勋,也往往慷慨地提高归降地区的行政级别,如县升州、州升府之类事例,不胜枚举。所谓升府大都又是升总管府,以"某某路总管府"名之,实际上也就是升路。一些地盘稍大的世侯的辖区,基本都成为路级政区。与此同时蒙古在中原实行分封,将一些贵族食邑单立官府,亦多名为路总管府。《元史》卷五八《地理志》一称太宗七年(1235),也就是金亡次年统计户口时,在原金统治区共有"燕京、顺天等三十六路",路的数字已超出金朝近一倍。[4]

元世祖忽必烈即位后,罢世侯,置牧守,建立起汉族模式的中央集权王朝。世侯割据的问题虽然得到解决,但各世侯原统治区的行政建置却

---

① 《元史》卷一二六《廉希宪传》,《元文类》卷五七宋子贞《中书令耶律公神道碑》。

② 《黑鞑事略》。

③ 《常山贞石志》卷二三虞集《元故怀远大将军洪泽屯田万户府万户董公神道碑》。

④ 张金铣曾对这段时期二十多个路的建置情况进行考述。参阅氏著:《元代地方行政制度研究》,安徽大学出版社,2001年,第25—29页。

基本未变,由金朝散府和州升格而成的诸路依旧保留。不仅如此,元廷在对贵族食邑(时称"投下")进行调整时,又进一步增加了路的数量。当时为便于管理,以较重要的贵族食邑为单位,采取分设、新立、改置及维持原状等方式,众建路州,尽可能使拥有较多封户的诸王贵族独占一路一州,或在该路、州占主导地位,同时尽可能减少同一路、州之内数名贵族封户纷杂交织的现象。于是又产生了一批新路。[①] 昔日的散府和州在大量升格为路的同时,还有不少升格为并非某路下属、而是与路平级的直隶府、州。这样,元初绝大部分路的辖区与金朝相比都大大减少,所统府、州寥寥,少者户数不过万余,仅相当于县的水平。时人胡祗遹即针对这种状况呼吁"户口鲜少,不宜立总管府者,亦当合并",并批评说:"其实一县也、一州也,强名之为一路,是蒙虚名而受实费也。……使田野不辟、户口不增,虽升县为郡,升州为京,张夸名而无实用,然则何益矣?"[②]经过半个世纪的发展,路的性质已经发生了重大变化。路总管府与辖境内散府、州的关系,不再是像在金朝那样仅从军事、治安角度进行节制,而是直接从行政上统领。这一变化是与大蒙古国时期世侯割据的背景分不开的,而路的分割和辖区缩小,也成为促成这一变化的有利条件。在新的路制之下,总管府成为路级官署的正式名称,与在金朝仅为府之一等不同;总管(通常不再全称兵马都总管)成为路级行政长官,也与金朝时仅为总管府府尹之兼职有异。虽然还有少量的路沿袭金朝传统,其长官以路总管兼某府府尹系衔,但其府尹一衔并无实际意义,因为昔日作为一路治所的首府已经不复存在,原来首府下辖州、县均由路直接统领。元朝路总管府设官多员,以达鲁花赤为监临官(主要由蒙古人担任),总管为长官,同知、治中、判官、推官等为佐贰官。又按户数将路分等,上路秩正三品,下路从三品。[③]

至元十三年(1276),元军进占临安,南宋灭亡。南宋地方原亦实行路制,基本上沿袭北宋制度,但以安抚司取代转运司作为路的首要机构,

---

① 参阅李治安:《元代中原投下封地置路州发微》,载中国蒙古史学会编《蒙古史研究》第三辑,内蒙古大学出版社,1989年。

② 《紫山集》卷二三《论并州县》。

③ 《元史》卷九一《百官志》七。

提到"路"通常均指安抚司路而言。具体辖区亦屡有分合,最多时共有十七路。就辖区面积与机构性质而言,南宋的路与同时期金朝的十九路比较接近。到元灭南宋时,北方路制已与金时大异,元廷也同样将它推广到南方,用以改造南宋路制。改造的第一步是立宣慰司以取代南宋诸路。随着军事行动的进展,元廷在新占领地区逐一设置宣慰司,起一种过渡性的军事管制作用,长官多以随军将领充任。各宣慰司辖区起初基本上就是南宋诸路的辖境。① 第二步是将南宋的府、州大量升格为路,按北方制度设达鲁花赤、总管、同知等官进行治理。即所谓"升江南州军为路,壮邑为州"。② 随着军事控制的逐步稳定,这种升级举措往往成批实施。如至元十六年十二月"改惠州、建宁、梧州、柳州、象州、邕州、庆远、宾州、横州、容州、浔州并为路",十七年十二月"改建宁(按疑为一事再书)、雷州、封州、廉州、化州、高州为路"。③ 在人口稠密的江南贯彻北方置路的标准,则置路更加繁多,路的平均辖境也更小,几乎形成"每州皆为路"④的局面。后来由于江南路的设置过于泛滥,也曾将一部分路重新降为散府或州,但为数有限。到南方局势基本稳定后,元朝新设立的路已达到一百二十多个,远远超出南宋路的数目。南北合计,再加上在金、宋未曾控制的边陲地区(如云南)所设之路,元朝路的数量载于《元史·地理志》者共达一百八十五之多。

与数量剧增伴随而来的是地位降低。与金、宋时期相比,元朝的路失去了代表中央监临地方的地位,演变为一般的地方行政机构,要接受级别更高的行省(或宣慰司、在"腹里"地区者由中书省直辖)领导。同时,路又不是惟一直属于行省的机构。府、州亦有直隶于行省(或腹里中书省)者,其实际地位与路相当。路以下的统属关系也比较复杂。大部分领若干州(或府)兼领县,或其下并无州(府)一级建置而直接统县,亦有仅领州(府)及府州县均不领的情况。《元史》卷五八《地理志》一云:

---

① 参阅史卫民:《元朝前期的宣抚司与宣慰司》,载《元史论丛》第五辑,中国社会科学出版社,1993 年。

② 邵亨贞:《野处集》卷二《送张令尹序》。

③ 《元史》卷一〇《世祖纪》七,卷一一《世祖纪》八。

④ 《草木子》卷三下《杂制篇》。

"唐以前以郡领县而已,元则有路、府、州、县四等。大率以路领州、领县,而腹里或有以路领府、府领州、州领县者,其府与州又有不隶州而直隶省者。"相对于唐、宋、金的地方行政制度来说,元制显得层次复杂、统属混乱。① 由于路的地位实际上已降到宋、金的州(府)一级,其单立一名的意义也就不大了。元中期人王结上书说:"国家幅员之广,前古莫及,方面会要既立行省⋯⋯又各州领数县,上属省部,又有总管府,是古人所谓又当重并者也。⋯⋯州府之官请依唐宋故事大略,不设总管府,大都会处立为府,其余去处止置州、军,各领数县,直隶省部,令廉访司官监治按察之。"②王结所说的"总管府",就是指路。其议当时虽未获采纳,但明初改行省为十三布政使司,下统府或直隶州,其下又统属州或县,形成新的三级行政体制,其思路同王结十分接近。变化的主要代价,就是行用于地方数百年的"路"这一建置从此消失,而其消失又是以它在元朝的泛滥为前提的。

除总管府路转变为正式地方行政机构之外,金朝其他路级机构在元朝也有发展变化。其中首先为蒙古统治者所继承的是转运司。太宗二年(1230),采纳耶律楚材建议,设立十路课税所,任用汉族士人为长贰,对新征服的中原地区进行有计划的财政管理,改变起初竭泽而渔的剥削状况。据时人记载,课税所是"举近世转运司例""易司为所,黜使称长"而设立的,有时也直接被称作转运司。③ 初设时共分燕京、宣德、西京、太原、平阳、真定、东平、北京、平州、济南十路,后来随着战局的发展又增加河间、益都、河南等路。其辖区似与金朝的转运司路有一定渊源,或径沿其制(尽管名称不同),或一析为二。元世祖忽必烈即位后,正式设立转运司。中统三年(1262)十二月"立诸路转运司,以燕京路监榷官曹泽等为之使"。次年正月复命"改诸路监榷课税所为转运司"。当时还在中央

---

① 由于元朝地方行政的层次已相当繁多,故就某些具体层次而言其设置规定比前朝相对简单。这主要表现在州的设置上。宋、金两朝的州作为最主要的一级地方行政机构,其分类较复杂。宋朝分节度州(长官称节度使)、防御州(防御使)、团练州(团练使)、刺史州(刺史)四等,金朝去团练州,仅分三等。元朝则无类似区分,仅有直隶州和属州之别。

② 《文忠集》卷四《上中书宰相八事书》。

③ 《元朝名臣事略》卷一三《廉访使杨文宪公》,《元史》卷一六三《马亨传》。

设立诸路都转运使一职,统领各路转运司,以阿合马担任。[①] 但具体分路情况如何,史无明文。此后阿合马以理财之能为元世祖宠信,专权近二十年,各路转运司一直是他推行敛财政策的得力工具,"怙势作威,害民干政",据称"至有税人白骨,使民间藁殡不得改葬者"。[②] 在反对派的一再攻击之下,至元八年(1271)二月"罢诸路转运司入总管府"。到至元十二年,阿合马以伐宋国用不足为名,又一次"奏立诸路转运司",十四年四月复废。[③] 阿合马死后卢世荣当权,奏请改地方监察机构按察司为"提刑转运司",兼主钱谷,朝臣集议以为不可,未行,遂以真定、济南、江淮等处宣慰司兼都转运司事。[④] 随着几个敛财之臣相继倒台,转运司之名也渐从史籍中消失,不复设立。元朝中后期,地方财政权力基本由各行省掌握,但仍设有两浙、两淮、福建等数处都转运盐使司,专掌盐政。

宣抚司系统对元朝也有影响。如上文所述,金朝后期在地方上设宣抚司,掌军民之政,品秩较高,可便宜行事,并曾改用安抚司、经略司等名。大蒙古国时期,忽必烈以亲王身份总领漠南汉地军国事务,先后设立邢州安抚司、河南经略司、陕西宣抚司等机构,进行政治改革试点。这些机构就名称看显然都是对金制的沿袭。忽必烈即位后,"内立都省,以总权纲,外设总司,以平庶政",[⑤]建立起汉族模式的中央集权官僚统治。所谓"总司",主要即指宣抚司。中统元年(1260)五月,诏设燕京、益都济南、河南、北京、平阳太原、真定、东平、大名彰德、西京、京兆十路宣抚司,分别任命了使和副使。这十路宣抚司基本囊括了金朝原有的十九路之地,它们总领各自辖区内民政、财政、刑法等事务,权力较重,在强化中央对地方的控制方面起了很大作用。但由于蒙古贵族的阻挠等原因,十路宣抚司仅仅存在了十九个月,就在中统二年十一月被废罢了。中统三年十二月,作为削夺汉地世侯权力的配合措施之一,元廷又设立了"十路宣慰司",分掌地方民政,见于记载的路名有燕京、西京、北京、河东、东平、

① 《元史》卷五《世祖纪》二,卷二〇五《阿合马传》。
② 《元朝名臣事略》卷七《左丞张忠宣公》,卷一二《内翰王文忠公》。
③ 《元史》卷七《世祖纪》四,卷二〇五《阿合马传》,卷九《世祖纪》六。
④ 《元史》卷一三《世祖纪》十至元二十二年二月,卷二〇五《卢世荣传》。
⑤ 《元文类》卷九王鹗《中统建元诏》。

大名、河南、真定顺德、顺天和开元。① 就名称、职掌和部分辖区的划分看，宣慰司与此前的宣抚司有着明显的继承关系。② 但它并未像宣抚司那样普遍设置，而是与另一种监临地方政务的机构——行中书省并存，陕西、益都等地区因设有行省，故未设宣慰司。此后已设宣慰司的地位也不很稳定，基本上是与行省迭相置废。在随后开始的伐宋战争中，宣慰司得到比较广泛的设立。当时以几支元军主力为核心形成了若干军事性质的行省，对范围稍小的新占领区则随时设宣慰司进行管理。至元十三年(1276)六月，正式在南方"设诸路宣慰司，以行省官为之，并带相衔。其立行省者，不立宣慰司"。③ 它们作为一种过渡性的军事管制机构，大都是按南宋诸路的辖区设立的。其设立反过来影响了北方的地方行政，致使北方又重立了一批宣慰司。到至元十九年前后，元朝共设有宣慰司三十余处。后来，随着行省制度在全国范围内的定型，宣慰司又逐渐被削减，存者演变为行省(或腹里中书省)的派出机构，多置于省内离省治较远的地区，"掌军民之务，分道以总郡县，行省有政令则布于下，郡县有请则为达于省，有边陲军旅之事，则兼都元帅府"。④

至元十三年以后的宣慰司出现了一个值得注意的变化：虽然号称"设诸路宣慰司"，但新设的宣慰司却基本上是以"道"命名的，即所谓"分道以总郡县"。如是年十二月"除浙西、浙东、江西、江东、湖北五道宣慰使"。⑤ 在此以前，元朝"路"的概念比较混乱。一种概念指总管府路，如上文所述，它们在金元之际数目剧增，而辖区大为缩减。另一种概念指宣抚司、宣慰司路，它们的辖区则相对广阔，一宣抚司或宣慰司下面都

---

① 参阅史卫民前揭文。

② 金宣宗时一度设置过宣慰司。《金史》卷一〇〇《李复亨传》：兴定四年拜参知政事，"河南雨水害稼，复亨为宣慰使，御史中丞完颜伯嘉副之，循行郡县。凡官吏贪污不治者得废罢推治。复亨奏乞禁宣慰司官吏不得与州府司县行总管府及管军官会饮"。又卷一六《宣宗纪下》：兴定五年九月"以京东岁饥多盗，以御史大夫为宣慰使往抚之。……诏州府及军官捕盗慢职，四品以下宣慰使决之，三品以上奏裁"。此时的宣慰司具有明显的中央派出机构性质，因事而设，未形成定制。但就其以中央大员任职和可以便宜行事两点而言，与稍前的宣抚司比较接近，基本上可归入一类。

③ 《元史》卷九《世祖纪》六。

④ 《元史》卷九一《百官志》七。

⑤ 《元史》卷九《世祖纪》六。

统属若干总管府路。这样同一"路"的名称,同为行政性质的工作,却有大小两种概念,显然会造成很大不便。可能由于这一缘故,元廷在江南广置宣慰司时,开始采取另一个与路近似的名称——道,而以后路则基本上被用来专指总管府路。这样过去长期通用的路和道两个概念就此分化,路的名称虽在明朝废止,而道作为一种区域性派出机构则仍长期存在。

金朝的提刑(按察)司在元朝演变为地方监察机构——肃政廉访司(简称宪司、监司)。肃政廉访司初名提刑按察司,从名称一看即知是对金制的模仿。元世祖至元六年(1269)正月,立山东东西等四道提刑按察司,各置使、副使、金事等官,隶属于御史台,后又逐年增设。与金朝不同的是,元朝提刑按察司一开始即以"道"命名,以区别于已专指行政机构的路。灭宋以后,又将它推广到南方。到至元后期,共设立二十余道。由于世祖朝阿合马、桑哥等权臣连续专政,监察机构迭受打击,未能正常行使监察职能。至元二十八年桑哥倒台后,"内外宪府始得伸其职",于是元廷将各道提刑按察司更名为肃政廉访司,"以振起之"。① 经过个别置废分合的变动,肃政廉访司最后定置为二十二道。其中,山东东西、河东山西、燕南河北、江北河南、山南江北、淮西江北、江北淮东、山北辽东八道直隶于中央御史台,江东建康、江西湖东、浙东海右、江南湖北、岭北湖南、岭南广西、海北广东、海北海南、福建闽海、江南浙西十道隶属于江南行御史台,陕西汉中、河西陇北、西蜀四川、云南诸路四道隶属于陕西行御史台,共同构成全国性的监察网络,终元之世基本未变。② 值得注意的是,元朝前期各道提刑按察司的设立大致上是与各路(很快也改称"道")宣慰司相对应的。这似乎表明当时有一种将"道"作为居于路府州县之上、统一的地方监临区划(相当于宋、金的路)的倾向,只是这种倾向由于行省的迅速发展而被打断了。③

统军司仅在元初有过设置。中统三年(1262)十二月,"立河南、山东

---

① 《道园学古录》卷四二《金燕南河北道肃政廉访司事赵公神道碑》。

② 参阅郝时远:《元代监察制度概述》,载《元史论丛》第三辑,中华书局,1986年;同氏《元代监察机构设置辑考》,载《中国民族史研究》第一辑,中央民族学院出版社,1987年。

③ 参阅史卫民前揭文。

统军司。以塔剌浑火儿赤为河南路统军使,卢升副之,东距亳州、西至均州诸万户隶焉;茶不花为山东路统军使,武秀副之,西自宿州、东至宁海州诸万户隶焉"。这两处统军司的设置,是与当时罢世侯兵权的政策相联系的。统军司设立后,分统河南、山东与宋对峙前线各汉军万户的军队,负责边防事务。至元五年(1268)四月,又在对南宋的另一个前沿战场四川设立"东西二川统军司"。当时在陕西也已设置了统军司。① 至元九到十年,随着伐宋战事的进展,诸统军司相继被废置,改立行枢密院。此后在伐宋战争中又设立过少量统军司,②但地位似不高(应当隶属于行枢密院),而且也渐不再见于史载。

3. 行省的出现与定型

行省的出现与定型是中国古代地方行政制度史上的一件大事。它出现于金朝后期,而定型则在元朝。金朝后期的行省又可追溯到北朝、隋及唐初的行台尚书省(简称行台)。当时曾于地方临时设行台以代行中央尚书省职权,官名亦与中央尚书省相同,但不必全备,其设置大多出于军事需要。唐太宗以后,行台不再设立。金初统治中心远在东北,为加强对中原地区的控制,一度又采用了行台尚书省的建置。熙宗天会十五年(1137),废罢刘豫的伪齐傀儡政权,置行台尚书省于汴梁(今河南开封),次年又将置于燕京的汉地枢密院也改为行台尚书省,华北遂有两行台并存。天眷三年(1140)两行台合并,仍设于汴梁,以宗室勋臣都元帅完颜宗弼(兀术)领之。时都元帅府亦随宗弼设于汴梁,与行台分掌军、民事务。"诸州郡军旅之事,决于帅府;民讼钱谷,行台尚书省治之。"③行台官名同中央,然不全备,与北朝隋唐之制同。在金初朝廷一时无力对中原实施直接统治的情况下,行台尚书省作为一个拥有相对独立行政权力的中央派出机构,在稳定局势、治理汉地方面起了重大作用。海陵王即位后,在进行官制改革、强化中央集权的同时,计划将国家本位移到

---

① 《元史》卷五《世祖纪》二,卷六《世祖纪》三。

② 如《元史》卷八《世祖纪五》载至元十二年正月遣唐永坚等人招谕郢州,"仍敕襄阳统军司调兵三千人卫送永坚"。其具体设置情况不详。

③ 《金史》卷七七《宗弼传》。

中原,对汉地实施直接统治。这样行台尚书省失去了存在的意义,遂于天德二年(1150)十二月被废罢。金初的行台尚书省具有"间接统治"的历史背景,其设置比较单一稳定,与北朝隋唐的行台和金朝后期的行省不同。它在绝大多数场合都简称为行台,但也偶尔有"行省"之称。① 因此不妨说它是金朝后期行省的直接渊源。

金朝后期的行省最早出现于章宗明昌五年(1194)。时黄河屡为水患,都水监丞田栎上治河策,金廷遂派朝官前往黄河沿岸进行考察,分别以行尚书省事和行户、工部事系衔。不久河决于阳武(今河南原阳),复命参知政事马琪、胥持国以行省名义往督河工,节制行户、工部、都水监及沿河地方官员,"许便宜从事"。次年河防工毕,乃罢行省。② 但几乎就在同时,金朝又在北边与漠北草原诸部族发生了战争,章宗以左丞相夹谷清臣行尚书省事于临潢府,督理军务。此为金朝后期行省治军的最早记载。后来南宋北伐,金廷亦命平章政事仆散揆行省于南京,节制河南、山东、陕西诸路兵马,全面指挥对宋战事。另外,章宗一朝为括地、修筑界壕等原因,均曾设立行省,以朝廷大员主其事。

卫绍王时,面对蒙古的威胁和入侵,又几度设立行省进行抵御,但在蒙古的打击下,大都兵溃省废。宣宗即位后,被迫放弃中都,迁都至南京,金蒙双方在河北、陕西、山东等战场形成相持局面。鉴于战争形势瞬息万变,信息传递困难,不可能完全由金廷居中调度指挥,故而行省应运发展,得到大量的设置。所谓"金有军事,辄署行省,盖假便宜",③以这一时期最为突出。据统计,自宣宗即位直至金亡的二十余年中,设置行省可考者共有十九处,分别是中都、大名、河北、山东、益都、河东、陕西、关陕、辽东、上京、巩昌、徐州、卫州、京东、邓州、河南、中京、息州、陈州行省。其存在时间长者十余年,短者不过月余。④ 各行省长官均带宰执头衔,或是中央宰执出行省事,或是临时给地方官员加宰执称号以重其权。

---

① 如《金史》卷一二八《张奕传》:天眷"三年,宗弼复取河南,征奕赴行省,既定汴京,授汴京副留守"。此处"行省"即指行台尚书省。

② 《金史》卷二七《河渠志》,卷九五《马琪传》,卷一二九《胥持国传》。参阅鲁西奇《金末行省考述》,载《湖北大学学报》1995年第1期。

③ 吴廷燮:《元行省丞相平章政事年表》自序。

④ 参阅鲁西奇前揭文。

长官之下又有左右司郎中、员外郎、都事以及参议等属官。

金朝后期,除行省外,还临时设置过不少其他的权宜性派出机构,如行枢密院、行元帅府、行六部等,[①]包括宣抚司亦有类似性质(详见上文)。相比较而言行省地位最高。《金史》卷九九《徒单镒传》载其上奏卫绍王称"辽东国家根本,距中都数千里,万一受兵,州府顾望,必须报可,误事多矣。可遣大臣行省以镇之"。卫绍王以"无故置行省,徒摇人心",未予采纳。可见起初金廷在设置行省方面是相当慎重的。通常一旦设立,就要予以"承制""便宜"之类比较大的机动权力。赵秉文《滏水集》卷一〇载作者于宣宗时所起草《谕陕西东西两路行省诏》云:"进退军之密谋,朕不从中制也;安危国之大计,卿其以身任之。可守可攻,各度其势;或犄或角,一从所长。其毋失事机,以勉图成功。"胥鼎行省陕西时,宣宗也对他说"卿专制方面,凡事得以从宜规画,又何必一一中覆,徒为逗留也"。[②]除指挥军事行动外,行省在人事上也拥有较大权力。如兴定三年二月"诏陕西行省,从七品以下官许注拟,有罪许决罚,丁忧待阙随宜任使"。三月"诏太原等路,州县阙正授官,令民推其所爱为长,从行省量与职任"。完颜阿里不孙行省辽东,则得以"承制除拜刺史以下"。[③]

总体来看,金朝后期的行省是一种非正规的临时建置。其广泛且长期设立、集军政之权于一身、便宜行事,是与当时特殊的形势分不开的,对统治者来说属于不得已而为之。宣宗诏责大臣把胡鲁云"卿昔行省陕西,擅出系囚,此自人主当行,非臣下可专。人苟有言,其罪岂特除名"。[④]事实上何止擅出系囚,行省"以便宜杀人",[⑤]在金末也是常见的事。宣宗的责备看似小题大做(他对把胡鲁印象不佳,早已"恶之"),但也反映

---

① 金朝行六部亦出现于章宗时,主要负责军事后勤工作,与行省或行枢密院有所分工。虽然在中央六部为尚书省下属,但在外行六部的设置却有一定的独立性,未必与行省配套设置。如章宗承安元年因北边战事以签书枢密院事完颜匡行院于抚州(今河北张北),同时由河北西路转运使温昉"行六部事,主军中馈饷",昉因"屈意事匡"受到御史弹劾。见《金史》卷九八《完颜匡传》。

② 《金史》卷一〇八《胥鼎传》。

③ 《金史》卷一五《宣宗纪中》,卷一〇三《完颜阿里不孙传》。

④ 《金史》卷一〇八《把胡鲁传》。

⑤ 《金史》卷一〇九《陈规传》。

出此时的行省与传统中央集权体制之间存在着某种不协调之处。只是由于战争环境的影响,也由于行省制度尚远未定型,致使权力分配的矛盾在很大程度上被掩盖了。

蒙古在灭金的同时,也从金朝学来了行省这一建置。但因为蒙古政权"初未有除授及请俸,鞑主亦不晓官称之义为何也",[①]故行省名号的使用相当混乱。概言之,大蒙古国的"行省"至少有三种不同概念。首先,凡归降蒙古的金朝官吏及地方军阀,辖土稍广者即往往被授以行省之号。这些"行省"只是沿袭金朝名称,实际上并非蒙古汗廷派出机构,亦多不带宰相职衔。其辖区通常只相当于金朝一路之地甚至更小,日本学者前田直典形象地称之为"路的行省"。[②]一些奉命镇抚被征服地区的蒙古将帅,也常被加上行省称号,性质当属同类。其次,汗廷负责处理文书的怯薛必阇赤机关——中书省在中原设立过若干派出机构,有行省之称。如太宗七年(1235)诏皇子阔出、诸王口温不花等伐宋,同时派必阇赤粘合重山、杨惟中到军前"行中书省事"。[③]其职责大概主要是承担军中的文书工作,参与指挥作战、绥辑降附。其时还曾一度在平阳(今山西临汾)设立行中书省,长官名为胡天禄,可能也是汗廷必阇赤班子中的一员。[④]第三种行省则是汗庭最高行政长官大断事官(蒙古语称也可札鲁忽赤)的派出机构,承担着对漠北以外的被征服地区实施间接统治的任务,在汉地被比附为"行尚书省"。金朝灭亡不久,蒙古汗廷为加强对中原地区的统治,任命原大断事官失吉忽秃忽为中州断事官,驻于燕京,"主治汉民",汉族文人称之为燕京行省(或行台)。[⑤]宪宗蒙哥即位后,将除漠北本土之外的大汗直辖地划分为三个大行政区,派断事官进行治理。汉文史料均称之为"行尚书省"。[⑥]其中"燕京等处行尚书省"治中

---

① 《黑鞑事略》。

② 参阅前田直典:《元朝行省的成立过程》,载同氏《元朝史研究》,东京大学出版会,1977年。

③ 《元史》卷一四六《粘合重山传》《杨惟中传》。

④ 李道谦:《祖庭内传》卷下《披云真人》,同恕:《榘庵集》卷五《中书左右司郎中李公新阡表》,李俊民:《庄靖集》卷八《孟氏家传》。

⑤ 《圣武亲征录》甲午年条,《牧庵集》卷二四《谭公神道碑》。

⑥ 《元史》卷三《宪宗纪》。

原汉地,"别失八里行尚书省"治畏兀儿至河中地区,"阿母河等处行尚书省"治阿母河以西波斯之地。这一类行省的性质与金初的行台尚书省相当接近,不仅辖区广阔,而且机构较复杂,权力也很重,非前两类"行省"可比。如失吉忽秃忽作为汗廷派出的中原最高行政长官,亲自主持了括户口、定赋税、划定贵族分地的艰巨工作。与其共事者尚有断事官多人,以下还设有左右司郎中、员外郎、都事等属官,名目与金朝行省相同。宪宗派皇弟忽必烈统领漠南汉地军国庶事,但忽必烈实际上"惟持兵权,供亿之需取之有司"。"有司"即指燕京行尚书省。后来忽必烈针对"汉地不治"的状况,在河南设经略司进行改革试点,事先还需专门请示宪宗,希望不要让燕京行省长官牙老瓦赤"有所钤制"。①

忽必烈即位后,改行汉制,设中书省为最高行政机构,随即也沿袭大蒙古国传统在外设置行省,其名从中央,称行中书省(以后凡中央设尚书省时,行省亦改称行尚书省)。中统元年(1260)四月,置中书省于上都开平(今内蒙古正蓝旗东),七月即于燕京设行中书省,"以燕京路宣慰使祃祃行中书省事,燕京路宣慰使赵璧平章政事,张启元参知政事"。八月,又"立秦蜀行中书省,以京兆等路宣抚使廉希宪为中书省右丞、行省事"。② 这两处行省的设置,都与当时的政治局势密切相关。与忽必烈即位几乎同时,其幼弟阿里不哥也在漠北称汗,双方形成军事对抗。忽必烈随后亲自北征阿里不哥,遂将中书省从开平移至燕京,称燕京行中书省。"留都所谓行中书省者,不别设官,因都省之留者而已。"换句话说,当时的燕京行省与中央中书省其实是一回事。③ 秦蜀行中书省则是真正意义上的"行省",但它设置的直接目的也是为了对付盘踞于陇右的阿里不哥党羽。中统二年,阿里不哥及其党羽被击败,局势基本稳定,但此后一段时间秦蜀行省并未罢撤,相反还因事设置了若干其他行省。在这段时间里,元廷又在地方设立了一批宣慰司,与行省共同成为居于路府州县之上的监临机构(参阅上文)。很多地区的宣慰司与行省迭相废置,反

---

① 《牧庵集》卷一五《中书左丞姚文献公神道碑》,《元朝名臣事略》卷七《丞相史忠武王》。
② 《元史》卷四《世祖纪》一。
③ 《元文类》卷四〇《经世大典序录·治典·各行省》。参阅唐长孺《蒙古前期汉文人进用之途径及其中枢组织》,载同氏《山居丛稿》,中华书局,1989年。

映出蒙古统治者在究竟采取哪一种形式来统辖地方这个问题上，还没有明确的想法。而与宣慰司相比较，行省的设置灵活性更大，往往因需临时处理地方重大事务而设，事毕裁撤，或因军事目的而设，工作重点在为战事服务。虽然也有行省以统辖路府州县、综理地方政务为主要工作，但总体而言这并不是行省的单一职能。因此，尽管此期在治理地方方面，宣慰司或许只是行省的一种补充形式，但与宣慰司相比，行省地方化的程度是明显不够的。

至元十一年（1274），元廷准备大举伐宋，于三月改指挥前线作战的荆湖、淮西二行枢密院为行省，以重其权。八月，复以"荆湖、淮西各置行省，势位既不相下，号令必不能一，后当败事"，仍改淮西行省为行枢密院，前线仅存荆湖一行省（亦称河南行省），由伯颜以中书左丞相领行省事，"所属并听节制"。[①] 荆湖行省是一个军事性质的行省，在当时成为伐宋战争的前敌最高统帅部。史料在谈到伐宋战争时，往往径以"行中书省"名之，或称之为"大行省"。元军渡江后，并未遇到强有力的抵抗，可以说所向披靡，南宋的统治土崩瓦解。面对转瞬间到手的江南大片土地，元廷自然地采取了设置行省的办法，实施简便有效的管理。而其具体设置过程，又是随战事的进展几乎同步进行的。至元十二年上半年，元军主力沿江而下，基本粉碎了南宋的长江防御体系。七月，元廷部署新的作战计划，"敕左丞相伯颜率诸将直趋临安，右丞阿里海牙取湖南，蒙古万户宋都带、汉军万户武秀、张荣实、李恒、兵部尚书吕师夔行都元帅府，取江西。罢淮西行枢密院，以右丞阿塔海、参政董文炳同署行中书省事"。[②] 随着各路军队对所向地区征服的完成，南方的几大行省也就诞生了。伯颜与原淮西行院的阿塔海等人合兵，平定了以临安为中心的两浙地区，加上此前由淮西行院平定的两淮地区，形成江淮行省。阿里海牙由湖北南下，相继征服湖南、广西，在这一占领区形成了湖广行省。宋都带等行都元帅府所统部队，从江西打到福建、广东，在此基础上形成了江西行省和福建行省。西南战场四川也在这段时间设置行省。由于各

---

① 《元史》卷八《世祖纪》五，卷一二七《伯颜传》。

② 《元史》卷八《世祖纪》五。

行省控制的区域都很大,对一些局部地区又设立宣慰司进行管理。至元十三年六月规定"设诸路宣慰司,以行省官为之,并带相衔。其立行省者,不立宣慰司"。① 这样与北方行省、宣慰司大致平级的状况不同,南方的宣慰司则成为行省的派出机构,或者说是下属机构,各宣慰司与各行省之间形成了明确的隶属关系。② 同时,两者在一段时间内都具有明显的军事管制性质,仅范围大小有异。

尽管江南地区宣慰司的广泛设立一度又推动了它在北方的重新发展,尽管元廷似乎也有一种将"道"作为统一的地方监临区划的倾向,③但行省设置的长期保持仍然成为不可逆转的趋势。这在很大程度上是由平宋以后江南的动荡局势所造成的。南宋虽已灭亡,但其残余力量长期坚持抵抗,后来江南人民又因不堪赋役重负而纷纷起事。至元二十年大臣上奏称"江南盗贼……凡二百余所"。二十六年二月的另一份报告则说已达"四百余处"。④ 在这样的背景下,位尊权重的行省不但不能罢撤,反而需要进一步强化事权、明确责任,以便及时而有效地镇压反抗行动,维护元朝在江南的统治。至元二十三年(1286)七月,元廷"铨定省、院、台、部官,诏谕中外:……行中书省,平章政事二员,左、右丞并一员,参知政事、金行省事并二员"。⑤ 这一规定意义重大。此前行省长官皆以中书省"宰执行某处省事系衔",虽然长期在地方任职,名号却与中央宰执无别,其权宜、临时色彩仍然十分浓重。而新规定颁布后,行省长官的正式名号皆"改为某处行中书省平章、若右丞、左丞、参政,而其体始不与都省侔矣"。⑥ 这也象征着行省将要演变为常设的地方最高行政机构。至元二十五年,元廷又颁布了一系列授权行省总领管内政务的命令。正月,"诏江淮省管内并听(平章政事)忙兀带节制";三月,"诏江西管内并

① 《元史》卷九《世祖纪》六。

② 在此以前,行省与宣慰司的上下级关系已在边远的云南地区确立。至元十一年置云南行省(此前已有宣慰司),十二年正月,鉴于云南"蛮夷未附者尚多",应行省负责人赛典赤赡思丁的请求,"命宣慰司兼行元帅府事,并听行省节度"。见《元史》卷八《世祖纪》五,卷一二五《赛典赤赡思丁传》。

③ 参阅史卫民前揭文。

④ 《元史》卷一七三《崔彧传》,卷一五《世祖纪》十二。

⑤ 《元史》卷一四《世祖纪》十一。

⑥ 《元文类》卷四〇《经世大典序录·治典·各行省》。

听行尚书省（按当时中央设尚书省,故各行省改称行尚书省）节制";五月,"诏湖广省管内并听平章政事秃满、要束木节制","诏四川管内并听行尚书省节制";十一月,"诏福建省管内并听行尚书省节制"。① 当时为镇压江南的反抗活动,曾设立数处行枢密院专管军务。但很多大臣持不同意见,以为"一旦遇有调遣,号令不相统一","兵民政分,势不相营"。故行院旋置旋废,设罢不常,到成宗即位后终于彻底废罢,使"兵柄一归行省"。②

　　总体而言,元朝的行省是从北方推广到南方的,但它在南方以及西南边陲的四川、云南却体现出更强的生命力,首先得到了充分发展。这与南方和西南距离元朝中央相对较远、中央难于直接控制不无关系。当元朝新定江南、连续设立行省之际,行省在北方却一度萎缩。河南（或荆湖）行省随着元朝大军的南下不复存在,原设于东北的北京（或东京）行省也被废罢。至元十五到二十三年,北方只有陕西、甘州（或宁夏）两行省,且置废不常。然而在南方趋于成熟的行省管理体制终于反过来又对北方产生了影响。至元二十三年二月,"廷议以东北诸王所部杂居其间,宣慰司望轻,罢山北辽东道、开元等路宣慰司,立东京等处行中书省"。东京行省后改称辽阳行省。四月,中书省臣又请立"汴梁行中书省",圣旨以河南"户寡盗息"未予批准。③ 河南虽未设省,但陕西、甘州（寻改甘肃）两行省的建置却在这段时间内基本稳定下来。到至元二十八年（1291）十二月,"立河南江北行中书省,治汴梁"。河南行省的最终设立,又使南方的江淮、湖广行省辖区发生变化,两省的"江北州郡"除个别地区外都被"割隶"河南,江淮行省也因而更名为"江浙等处行中书省"。④至此,无论从职官设置上看,还是从辖区划分上看,元朝的行省制度都可以说已基本定型。到至元三十一年（1294）世祖忽必烈去世时,元朝共有辽阳（治辽阳）、甘肃（治甘州,今张掖）、陕西（治安西,今西安）、河南（治

---

① 《元史》卷一五《世祖纪》十二。
② 《秋涧集》卷三五《上世祖皇帝论政事书》,《元文类》卷二五刘敏中《丞相顺德忠献王碑》,卷二四元明善《丞相淮安忠武王碑》。
③ 《元史》卷一四《世祖纪》十一。
④ 《元史》卷一六《世祖纪》十三。

汴梁,今开封)、四川(治成都)、云南(治中庆,今昆明)、湖广(治鄂州,今武昌)、江西(治隆兴,今南昌)、江浙(治杭州)、福建(治福州)十行省。此后仅小有变化。成宗大德三年(1299),将福建行省并入江浙行省。大德十一年武宗即位,又于漠北设和林行省(治和宁,今蒙古国哈尔和林),后更名岭北行省。这样行省之数仍为十,终元之世不变(元末乱亡之际除外)。元朝中后期人所谓"都省握天下之机,十省分天下之治",[1]说的就是后面的十个行省。在行省制度定型的同时,一度设立比较广泛的宣慰司重被裁减,通常只设于离行省治所较远的地区,作为行省的派出机构发挥作用。

在至元二十三年"铨定省、院、台、部官"之时,行省正官定为平章政事、左右丞、参知政事、佥行省事四级。早期行省曾设丞相,此时废罢。至元二十五年正月,大臣上奏云:"初以行省置丞相与内省无别,罢之,今江淮省平章政事忙兀台所统,地广事繁,乞依前为丞相。"于是升忙兀台为行省左丞相。[2] 此后若干重要行省亦偶有置丞相者,然不为常制,设亦只设左丞相。武宗立和林行省,以太师月赤察儿为行省右丞相,太傅、中书右丞相哈剌哈孙改任行省左丞相,这是由漠北的特殊地位所决定的。漠北不仅是蒙元政权的"龙兴之地",也是诸王勋戚最集中的地区,作为元廷昔日与西北叛王作战的前沿阵地,驻有重兵(武宗本人即位前即在此统兵)。因此设省时才以资历、威望都极高的月赤察儿等二人分任右、左丞相,以示重视。但这似乎也是一时之制,以后即不再见该省设丞相的记载。到文宗时定制"每省设丞相一员,从一品;平章二员,从一品;右丞一员,左丞一员,正二品;参知政事二员,从二品,甘肃、岭北二省各减一员"。此时虽有设丞相的规定,但其品秩仅为从一,与平章同,低于中央的丞相(正一品),而且实际上仍然是"或置或不置,尤慎于择人,故往往缺焉"。至元二十三年定制设立的佥行省事(简称佥省)一官,则很早就废罢不设了。[3]

行省宰执之下,设左右司为办事僚属机构。与中央中书省左、右司

---

① 《至正集》卷三二《送蔡子华序》。
② 《元史》卷一五《世祖纪》十二。
③ 《元史》卷九一《百官志》七。

分设不同,行省左右司合为一体,通设郎中(从五品)、员外郎(从六品)、都事(从七品)各二员,下辖掾史、蒙古必阇赤、回回令史、通事、知印、宣使等吏属。一省之内,"凡外廷之谋议、庶府之秉承、兵民之号令、财赋之简稽,左右司实赞其决,而宰相(按指行省长官)质其成焉"。[①] 此外,行省还设有一些附属机构,包括负责检查文书稽失的检校所(从七品)、负责检查财务账目的照磨所(正八品)、负责保管档案的架阁库(正八品)。行省下辖的职能部门,则主要有掌管审理刑狱的理问所(正四品)、掌管军务的都镇抚司(正四品)和掌管学校教育的儒学提举司(从五品)。

元朝行省制度的定型,标志着行省作为常设地方大行政区地位的确立。然而从另一方面看,即使在制度定型、行省已地方化之后,它也仍然具有中央派出机构或者说是中书省分支机构的性质。行省者,代行中书省职权也。行省与中书省的关系是双重的:一方面,行省可以说是中书省的下属,要接受后者的节制和领导;另一方面,从统领路府州县的角度以及官名、品秩等侧面来看,行省与中书省又具有某种"平等"关系。就全国范围而言,行省并未覆盖全部路府州县,离首都大都较近的"山东西、河北之地,谓之腹里",共二十九路、八直隶州(以下又辖三属府、九十一属州、三百四十六县)的大片土地(元朝前期还包括漠北草原),是由中书省直辖的。[②] 换句话说,作为国家最高行政机构的中书省,将全国路府州县的大部分交给自己的分支机构——行中书省统领,但仍保留了一小部分由自己直辖。在管理层次上,中书省统行省、行省统路府州县的三级关系并未完全普及于全国,而更全面地看毋宁说是中书省与行省共统路府州县的两级关系。因此我们才说行省始终具有中央派出机构的性质。

实际上,对于行省制度化以后仍然具有的中央派出机构性质,元、明两朝人已经有过很清楚的表述。如元后期人虞集云:"国家置中书省以治内,分行省以治外,其官名品秩略同,所以达远迩、均劳逸,参错出入,

---

① 柳贯:《待制集》卷一七《江浙行省左右司题名记》。
② 《元史》卷五八《地理志》一。

而天下事方如指掌矣。"许有壬说："国制中书总庶政,是为都省,幅员既广,机务日繁,相天下重地,立行省而分治焉。"①再联系上文所引的"都省握天下之机,十省分天下之治",元人谈到行省与中书省的关系时,总是比较多地用一个"分"字,颇为耐人寻味。《元史》卷五八《地理志》一在叙述全国行政区划称"立中书省一,行中书省十有一",两者并列。卷九一《百官志》七则谓"行中书省凡十一……与都省为表里"。②《大明一统志·图序》亦称元朝"内立中书省一,以领腹里诸路;外立行中书省十,以领天下诸路"。中书省不仅要从大局上节制、领导诸行省,同时还要亲自处理腹里二十九路八直隶州上禀的政务。这是它"勾当繁冗,不能守着纪纲,从朝至暮押文书有"③的一个重要原因。元世祖末年,行省制度定型不久,赵天麟上疏云:"窃见中书内省,密迩皇宫,统余省于上游,弼圣君于中域。但当坐而论道,据槐府以秉钧;宽以宅心,守台司而助化。今也汴梁以北,北京以南,西界长安,东穷辽海,毫厘细务,靡不相烦,升斗微官,亦来取决,岂非管辖兼辕衡之用,要领兼衽袯之资乎?……更望陛下于腹内取中,别立一省,谓之燕南等处行中书省,以间汴梁、北京、辽阳、安西四省之间。凡外路受敕牒以下官,行省注之,然后咨呈都省,乞颁敕牒可也。凡随朝诸有司当受付身者,委都省出之;凡外路诸有司当受付身者,行省出之。如此,则上廉邐地而堂陛愈高,都省增崇而天王益重矣。或者以为国家因四远及蛮荆之新附,故立行省以镇之,腹内不须立也。殊不知汴梁有省,岂汴梁亦新附之城哉?事在不疑,惟陛下察其可否而行之。"④这篇奏疏反映出对行省的两种不同理解。赵天麟将行省真正理解为地方行政中的第一级层次,所以要求将其设置完全普遍化,增立"燕南等处行中书省",使中书省彻底高踞于诸行省之上,脱离路府州县的具体事务。但按照当时上层统治集团中比较常见的看法,行省只

---

① 《道园学古录》卷三四《江西行省平章政事伯撒里公惠政碑》,《圭塘小稿》卷八《河南省左右赞治堂记》。

② 按元朝曾于高丽置征东行省,《元史·地理志》和《百官志》将其与国内十行省合计,故云十一行省。然征东行省丞相例由高丽国王兼任,得自辟官属,高丽原有机构、制度均不改变,财赋亦不入都省。因此它并非一个真正"实体化"的行省,不在我们的考察范围之内。

③ 《元典章》卷四《朝纲一·政纪·省部纪纲》。

④ 《历代名臣奏议》卷一六二"建官"门引赵天麟奏议。

是从中书省分离出去、镇抚"四远"及"新附"之地的派出机构,距中央较近的地区没有必要再立行省。直到元朝后期官修政书《经世大典》,仍然说"夫外之郡县,其朝廷远者则镇之以行中书省"。① 这样赵天麟所建议的"燕南行省"终元一代也没有得到建立,就不奇怪了。

既然行省是从中书省"分"出去"治外"的机构,当然就要予以与中书省一样相应集中的权力。元人陈旅云:"国家置行省以莅外服,体势侔中书,以所制者远,所统者众,所寄者甚重也。"②具体而言,行省"掌国庶务,统郡县,镇边鄙……凡钱粮、兵甲、屯种、漕运,军国重事,无不领之";"自人民、军旅、赋役、狱讼、缮修,政令之属,莫不总焉"。③ 就一地区范围而言,行省权力集中的程度,比中央中书省也略有过之(中书省至少在制度上不掌军权)。同样作为中央派出机构,行省一出现时就被赋予了比较全面的权力,级别较高,机动性较大,且职在抚治而不仅是监察,这是它与前朝道、路之类存在的明显区别,也是它制度化以后权力较重的重要原因。但这与总体上的中央集权体制是否矛盾呢? 应当说行省产生后与中央集权体制的确有某种不协调之处,这在金朝后期即可见其端倪(参阅上文),甚至在更早的行台身上亦已有体现。《文献通考》卷五二《职官》六记述北朝隋唐行台之制后,引用南宋胡寅之论云:"是政出于朝廷,又出于行台,夫岂国无异政之体哉!"随后作者马端临自己也评价说:"然则行台省之名,苟非创造之初,土宇未一,以此任帷幄腹心之臣;则必衰微之后,法制已隳,以此处分裂割据之辈,至若承平之时,则不宜有此名也。"很难说马氏此言是否有针对元朝制度的含义,但当时汉族士大夫对行省的非议的确是比较多的。典型的例子可以程钜夫为代表。他在世祖末年奏称:"窃谓省者,古来宫禁之别名,宰相常议事其中,故后来宰相治事之地谓之省。今天下疏远去处亦列置行省,此何义也? 当初只为伯颜丞相等带省中相衔出平江南,因借此名以镇压远地,止是权宜之制。今江南平定已十五年,尚自因循不改,名称太过,威权太重,凡去行省者皆以宰相自负,骄倨纵横,无敢谁何。所以容易生诸奸弊,钱粮羡

---

① 《元文类》卷四〇《经世大典序录·治典·官制》。
② 陈旅:《安雅堂集》卷五《江浙省郎中沙剌班伯温之官序》。
③ 《元史》卷九一《百官志》七,《道园学古录》卷五《送文子方之云南序》。

溢则百般欺隐,如同己物,盗贼生发则各保界分,不相接应,甚而把握兵权,伸缩由己,然则有省何益,无省何害? ……今欲正名分,省冗官,宜罢诸处行省,立宣抚司,……凡旧日行省、宣慰司职事,皆以宣抚司责办。"① 程钜夫为南宋降臣,而宋朝原无行省之制,这或许可以部分地解释他反对设行省的原因(他建议设立的宣抚司实际上也是以南宋制度为范本的)。但生长于北方原金统治区的王恽也认为"既远阙廷,岂容别置省府? 所以然者,盖亡金南渡后一时权宜,不可为法"。② 程、王二人虽来自不同地区,站在各自不同的角度上追溯了行省出现的背景,但却殊途同归地强调行省只是一种"权宜"产物,不应成为经久之制。这只能说明行省制度与唐宋以来逐渐强化的中央集权观念确实有很大的抵触性。

然而,尽管有类似的反对言论,行省并未遭到撤废,相反却继续发展并趋于定型。这是因为它的确适应元朝的统治需要。作为历史上第一个由北方民族建立的全国统一王朝,加强中央集权固然重要,稳定地方统治的任务则更为迫切。如上文所指出,平宋以后江南长期动荡的局势,致使元廷必须予各军事占领区以相对集中的事权,以便遇到紧急事变能够迅速决策并付诸行动。任何扯皮、掣肘、推诿现象都可能造成严重的后果。因此行省才在南方得到了比较充分的发展,为其在全国范围内的定型奠定了基础。即使在江南形势基本稳定、大一统局面完全告成之后,元朝政权的民族色彩也仍然长期保持,民族隔阂长期存在,民族压迫、民族歧视的政策终元一代基本没有改变。这样行省在稳定地方统治方面的特殊价值,显然也并未消失。另外元朝沿用大蒙古国以来的游牧分封制,大量宗室外戚被分封于漠北和东北地区,在中原又各自领有大小不等的投下分地。对于这些天潢贵胄及其狐假虎威的家臣,一般的地方官府难以治理,非设立位高权重的行省不足以压制。如至元二十三年二月东京行省(即辽阳行省)之设,就是因为"廷议以东北诸王所部杂居其间",而原有的宣慰司"望轻"不足镇压的缘故。③ 和林(岭北)行省的

---

① 程钜夫:《雪楼集》卷一〇《论行省》。
② 《秋涧集》卷七九《元贞守成事鉴·重名爵》。
③ 《元史》卷一四《世祖纪》十一。

设置,很大程度上也是出于这方面的考虑。① 最后,元朝疆域辽阔,为汉唐所不及,路府数量繁多,中央很难一一统属。设立数目有限的行省,代替中书省对其力所不及的地区进行管理,中央再从大局上对诸行省实施节制,提纲挈领,纲举目张,确实也是一种具有明显优点的统治模式。凡此种种,都导致过去主要出现于"创造之初"或"衰微之后"的行省(行台),到元朝演变为"承平之时"的正规典制,从而在中国古代地方行政制度史上产生了重要影响。

不仅如此。尽管行省在元朝的制度化具有某种"不得已"的背景,但它与传统中央集权政治体制之间存在的不协调因素并未在其制度化以后得到进一步发展。相反,在以后的历史进程中,行省极少扮演体现地方独立性、代表地方利益的角色,而主要起到了巩固中央集权体制、维护大一统局面的作用。就中央与各行省的关系而言,我们较少看到双方发生权力冲突的材料,相反更常见的却是中央责令各行省充分发挥自身作用,批评它们"不详事体轻重,无问巨细,往往作疑咨禀,以致文繁事弊",要求"除重事并创支钱粮必合咨禀者议拟咨来,其余公事应合与决者,随即从公依例与决,毋得似前泛咨,若不应咨而咨者,定将当该首领官吏取招治罪施行"。② 中央官员出任省宰执,被称为"均逸于外"。③ 在朝廷政治斗争中失意的高级官员,时而外调行省宰执,也被视为一种贬黜和打击。④ 并且元朝之灭亡,主要是亡于社会矛盾尖锐化所造成的下层人民反抗,而并非亡于地方的分裂割据。对上述现象应当如何解释? 总体来看,主要有以下两个方面的原因:

第一,从制度上讲,虽然就地方局部范围而言行省权力相当集中,但在中央与地方的关系上,元廷仍然能够通过许多制度杠杆对行省进行约

① 参阅陈得芝:《元岭北行省建置考(下)》,载南京大学历史系元史研究室编《元史及北方民族史研究辑刊》第 12—13 期,1989 年 10 月—1990 年 2 月。

② 《元典章》卷四《朝纲一·政纪·外省不许泛滥咨禀》。

③ 《元史》卷一七四《郝天挺传》。

④ 参阅《元史》卷一三六《哈剌哈孙传》,《宋文宪公全集》卷四一《陕西行省平章政事康里公神道碑》。

束和控制。① 首先，各省人事权即严格掌握在中央手里。行省权力虽重，"独不得承制署置属吏"。"十省之属自筦库而上皆命于朝，非若古藩镇僚佐得自辟也，得自辟独掾耳，而复确有定式。"②行省所统属的机构，从其直属的左右司、理问所等直到地方的宣慰司、路府州县，其官员的任命、迁调、考课必须由朝廷执行。行省只能辟署少量直属吏员，也还需要严格遵守朝廷在这方面制定的人事规则。某些边远行省可参与本省官员的铨选，但通常只限于下级官员，而且要与朝廷所遣使臣共同进行。一行省之内的官员，虽然在日常工作上要接受行省的领导和节制，但因其任用管理权由朝廷掌握，所以行省对他们的领导、节制只能属于公务性而非私人领属性的范畴。其次，行省的某些重要权力也受到中央比较严格的限制。如财政上"诸行省用及千定（锭），必咨都省"；司法上"决大狱，质疑事，皆中书报可而后行"；③军事上在批准调军程序、委任统军人选等方面要受中央节制，布置调换戍兵、整点军队等事宜更是由朝廷直接掌握。再次，元廷建立了针对行省的一些监督机制。其中主要是御史台、行御史台和各道廉访司对行省的工作进行严密监察，另外常以宗王出镇统军，也起到对行省的监督作用。最后，行省机构内部实行群官负责和圆署会议制，官员的任用上实行种族交参的原则，这样就在行省官员内部形成互相牵制、分权制衡的状态，一定程度上限制了专权现象的出现。总之，如李治安所说："元代继承和沿用了郡县制的一系列基本制度和规则，秦汉以降郡县制中央集权模式下中央控制地方的一些常用方法，诸如军民分治，中央直接掌握官吏的选举、铨调、考课，军事、财政等方面的居重驭轻，兼职或专职的地方监察等等，也多半被元统治者自觉不自觉地吸收和利用了。"④我们在上文曾经谈到行省作为中央派出机构具有某种与中书省"平等"的色彩，那只是问题的一个方面。有的外国学者对这一方面过于强调，而完全忽视了中书省对行省进行领导、节制

---

① 李治安主编：《唐宋元明清中央与地方关系研究》，南开大学出版社，1996 年。书中第四章"元代行省制下中央与地方关系"在这方面有精辟论述。此处主要概括该书的有关论点。

② 《道园学古录》卷五《送文子方之云南序》，《至正集》卷三二《送蔡子华序》。

③ 《常山贞石志》卷二一赡思《甘肃行省平章政事荣禄公神道碑》，《至正集》卷四二《陕西行中书省题名记》。

④ 李治安前揭书第 252 页。

的巨大作用,忽视了元朝在中央集权方面的种种设施,于是就认为元朝中央政府的有效统治大体上只局限于"腹里"地区,各行省应视为相对独立于中书省的平行政府机构,①这种观点显然是不能成立的。

第二,就元朝具体的历史状况而言,行省的采用及其制度化具有很强的民族征服背景,行省权力主要掌握在蒙古、色目官员手中,这些人更多的是元朝中央集权统治的忠实维护者,很难成为地方割据势力的代表。行省宰执当中,丞相不常设,平章政事在多数情况下为一省之长。元朝统治者对这一职务非常重视,"虽德望汉人,抑而不与",②通常只能由蒙古、色目贵族担任。而实际上,行省总制一方的权力主要就表现在平章政事(设丞相时当然还有丞相)身上。以最关键、最敏感的统军权为例。"各省制,其省官居长者二员,得佩虎符,提调军马,余佐贰者不得预",仅西南边陲的云南行省例外。③ 元制,行省平章设二人,故"省官居长者二员"即指两名平章,或丞相、平章各一名。大德十一年(1307)十月的一条命令说得更清楚:"以行省平章总督军马,得佩虎符,其左丞等所佩悉追纳。"又如至治元年(1321)十二月,"以金虎符颁各行省平章政事"。④ 行省官员中只有平章以上得掌军权,而平章以上又不准汉人担任,说到底只是为了体现一个原则:"汉人不得与军政。"⑤可以看出,元朝统治者在防范汉人掌握行省大权方面是煞费苦心的。比较而言,将行省的主要权力交给蒙古、色目贵族显然就保险得多,因为这些人几乎全都出身于怯薛,属于皇帝(大汗)的世仆家臣,皇帝可以比较放心地对他们"委任责成"。而他们对皇帝、对朝廷的忠心,在一般情况下是无可怀疑的。作为一个异族身份、文化背景迥然不同的行省长官,即使大权在握,也很难想象他会得到某一汉族地区的拥戴来策动分裂。元朝个别时期曾出现行省官员对抗中央的军事行动,如仁宗时的"关陕之变"和文宗即位以后四川省臣的叛乱,但那都是由皇位争夺引发的上层统治集团内

---

① 戴维·法夸尔:《元帝国政府的结构和职能》,收入兰德彰主编:《蒙古统治下的中国》,Now York,Princeton Univ. Press,1981。

② 《元史》卷一八六《成遵传》。

③ 《元史》卷九八《兵志》一。

④ 《元史》卷二二《武宗纪》一,卷二七《英宗纪》一。

⑤ 《元史》卷一八四《王克敬传》。

部矛盾,并非地方势力自然成长导致与中央的冲突。总之,元朝统治的民族色彩,在很大程度上决定了行省主要代表朝廷的意志和利益行事,成为中央控制地方的得力工具,而不会走向中央的对立面。萧启庆云:"对蒙古统治者而言,地方分权之弊可由种族控制之利来弥补。"①说的也是这层含义。元朝中央分权与地方,与皇帝放权于宰相一样,不能完全从汉族社会历史发展的自然趋势去解释,而更要从当时特殊的历史环境、从蒙古统治集团特有的统治意识当中寻找原因。尽管行省在元朝并未造成"内轻外重"现象,并且为巩固大一统发挥过重要作用,但明初朱元璋仍然将其权力一分为三,根源应当也在于此。

---

① 萧启庆:《元代的镇戍制度》,收入同氏《元代史新探》。

分化与重组

——明[*]

何朝晖

朱元璋推翻元朝,将蒙古势力逐回漠北,再度建立起由中原汉族主宰的王朝。明朝恢复了汉族正统,制度上远追唐宋,而于元朝亦多所因袭。在政治风格上,恢复了汉家制度严密精微的传统,摒弃了元代制度所体现的草原民族简约与粗放的作风。而元代中央的高度集权体制,则为明初所承继,太祖废相后更把所有权力集于皇帝一身,使皇权之高涨达到前所未有的程度。洪武以后虽对这种极端倚赖皇帝个人能力的体制作了调整,建立了新的以内阁为中心的辅政机制,但大体仍在太祖所确定的框架内进行。明代皇权之膨胀是理解明代官僚政治的一个出发点。中国古代官僚政治是一种与专制统治相联系的政治形态,是不可能离开皇权孤立地加以考察的。围绕宰相制的废除和皇权的扩张、巩固,在制度上形成了明代的许多特点。宰相制的废除打破了皇权与官僚体系的原有平衡,形成了一种新的关系。中央形成以内阁-六部为核心,互不统属、相互制约的决策行政体制,更便于皇帝对官僚集团的掌控;另一方面,虽然失去了宰相这一制衡皇权的重要机构,以廷议、廷推等制度为

* 本部分受益于王天有《明代国家机构研究》(北京大学出版社,1992年),杜婉言、方志远《中国政治制度通史》(人民出版社,1996年)第九卷张治安《明代政治制度研究》,关文发、颜广文《明代政治制度研究》(中国社会科学出版社,1995年),谭天星《明代内阁政治》(中国社会科学出版社,1996年)等书甚多,以下除引用作者观点外,不再一一注明。

代表的官僚集团对皇权的集体制约机制却逐渐形成,在中国古代官僚政治发展史上给人以耳目一新之感。地方制度方面,在元代确立的行省制度基础上进一步发展成熟,形成三司与督抚相互补充的制度,在权力的分化与整合中力图兼顾防范尾大不掉与维持统治效率。监察网络从中央到地方多管齐下,纵横交错,空前繁密。从制度建设上看,明代是唐宋以来在理性化道路上高度发展的士大夫官僚政治的延续,从中央到地方,机构设置之完整,分工之细密,官员任用、考核之复杂规范,政务运作机制之有序,都反映了中国古代官僚政治在明代达到的新高度。

从官僚政治的主体——士大夫官僚集团的角度来说,学校和科举的兴盛使官僚集团的产生更加有序和合理,其来源更为广泛和平民化。由于科举与学校的紧密结合及对身份和特权的强调,士大夫官僚作为一个社会群体,其角色界定日益清晰,较之唐宋,其数量和规模有了令人瞩目的发展和壮大。与此相适应,其自我意识和政治人格日渐成熟,在朝在野都表现出一些新的行为特征。政治上,面对皇权的高压,一部分士大夫官僚在抗争中表现出较强烈的牺牲精神和独立意识;社会生活中,绅士作为一个新兴的社会阶层发挥着举足轻重的作用。

以下不求面面俱到,不就制度细节作过多纠缠,而从宏观角度通过几条主线剖析明代官僚政治本身的矛盾与运动,就明代制度中若干具有特色的问题试作论述。

一 中央决策机制中诸因素的演变与作用

1. 宰相制的终结

宰相制的废除无疑是中国官僚政治发展史上的一场剧变,同时也是明代中央政制改革的一个开端。

朱元璋建立政权之初,沿用了元代的制度,在中央设中书省和丞相。元至正二十四年(1364),朱元璋即吴王位,建百司官属,置中书省。设右左相国为正一品,平章政事从一品,左右丞正二品,参知政事从二品。吴元年(1367),命百官礼仪俱尚左,改右相国为左相国,左相国为右相国。洪武元年(1368)正月,以李善长、徐达为左右丞相。[①]

①《明太祖实录》卷一四,正月丙寅。

元中书省权大,"诸大小机务必由中书,惟枢密院、御史台、徽政、宣政诸院许自言所职,其余不由中书而辄上闻,既上闻而又不由中书径下所司行之者,以违制论"。① 明初中书省"综理机务",诸司奏事,必"先关白中书省",皇帝诏旨亦须经由中书省下达。太祖亦明示:"国家之事,总之者中书,分理者六部,至为要职。"②可见明初移植元代制度,宰相机构权力巨大。不仅如此,明初由于制度上的简约和立国之初治繁理剧的需要,宰相权力更胜于元朝。元代中书省设中书令,以太子兼领,以弹压丞相,明初则不设,丞相权力少受限制。元代中书省设员较多,有左右丞相各一,平章政事二,左右丞各一,参知政事二,号称"八府宰相",太祖于洪武九年撤平章政事、参知政事,仅留左右丞相、左右丞后,丞相权力反更为集中。且明初丞相大都由元勋宿将担任,如李善长、徐达、胡惟庸等,更使丞相之权重上加重。

至洪武十三年(1380),为什么忽然间废掉中书省,将千余年来行之已久的宰相制度断然抛弃呢?史称左丞相胡惟庸"宠遇日盛,独相数岁,生杀黜陟,或不奏径行,内外诸司上封事,必先取阅,害己者辄匿不以闻"③,并欲图谋不轨,太祖因而杀之,从此严立规制,不设宰相。"以后嗣君并不许立丞相,臣下敢有奏请设立者,文武群臣即时劾奏,处以重刑。"④宰相作为秦始皇混一海内以来历代沿用的辅政制度,早已为士大夫官僚集团所认同和接受,有其巨大的制度惯性。明太祖斩断这一制度的延续性,除了要有超人的胆识、魄力和威信外,还需要下巨大的决心,进行周密的考虑,而绝非一个模棱两可的胡惟庸案所能解释。

太祖创制立法之初,虽因袭元制,但对元代权相祸国早有警惕。认为"元氏昏乱,纪纲不立,主荒臣专,威福下移,由是法度不行,人心涣散,遂至天下骚乱"。⑤ 又说"前元之世,政专中书,凡事必先关报,然后奏闻。其君又多昏蔽,是致民情不达,寻至大乱,深可为戒"。⑥ 从洪武初年

① 《元史》卷一〇二《刑法志》。
② 俞汝楫:《礼部志稿》卷七《行在礼部》。
③ 《明史》卷三〇八《胡惟庸传》。
④ 《明太祖实录》卷二三九,己丑。
⑤ 《明太祖实录》卷一四,正月戊辰。
⑥ 俞汝楫:《礼部志稿》卷一《达民情之训》。

开始,太祖即采取各种措施限制和削弱宰相的权力。如压缩中书省正官和椽属编制、废行中书省、扩充六部官制、皇太子预政,采取各种方式侵夺宰相知情权、用人权等,以削弱相权为中心,进行有计划、有步骤的政治改革。① 洪武十年(1377)六月,"诏天下臣民言事,得实封直达御前";十一年(1378)三月,禁部院"奏事关白中书省"。② 中书省逐步被架空。

不容否认,君相之争是自宰相制度产生以来中国古代官僚政治中一个不可回避的矛盾因素。历史上在时机成熟的时候,不断涌现出权倾一时、侵夺主上威福的权相,引起君主的疑忌。内朝官不断外转成为外朝宰相,而后又不断为皇帝更亲信的侍从组织所取代,如此循环往复,就是这种矛盾存在的明证。如何摆脱这种轮回,必是欲开一代伟业的雄猜之主朱元璋日夜思虑的问题。而近在咫尺,元代权臣乱国,寻至于亡的教训,无疑使他坚定解决君相之争的决心。扬汤止沸,莫若釜底抽薪,根本的办法是消除权臣得以产生的制度基础。而现实的政治态势,和他本人的性格、能力以及强有力的君主意志,为他采取这一大胆的举措提供了条件。胡惟庸案与其说是明太祖废除宰相制度的原因,不如说是他采取行动的契机和借口。

宰相制的废除解除了皇权的一大威胁,皇权得到空前的增强。而废相仅仅是明太祖稳固皇权的一步棋,朱元璋要在他在位时就为子孙后代从制度上消除对皇权的各种隐患。明初政制改革的精神就体现在太祖"上下相维,大小相制,防耳目之壅蔽,谨威福之下移,则无权臣之患"③的构想中。以维护皇权为中心对官僚集团设计的各种制衡措施,是理解明代制度的一把钥匙。

2. 内阁制的确立

废相的同时,明太祖提升了六部的权力和地位。部尚书由正三品升为正二品,侍郎由正四品升为正三品。六部从中书省之曹属变为独立的

---

① 赵毅、罗冬阳:《朱元璋废丞相述论》对此有独到论述,《东北师大学报(哲社版)》1996年第1期。

② 谷应泰:《明史纪事本末》卷一四,开国规模。

③ 《明太祖实录》卷一一〇,十一月辛巳。

机构,由皇帝直接指挥。六部分理庶政,事权分散,在不可能对皇权构成威胁的同时,也无法对全国纷繁的政务作统一的协调和部署。事无巨细,都要汇集到皇帝那里做出最后决断,对皇帝的个人能力提出很大挑战。就是朱元璋这样精力充沛、断事果决的君主,也不免感到力不从心。史载洪武十七年(1384)九月十四至二十一日,内外诸司奏札达1660件,3391事。① 朱元璋每天要处理数百项事务,这是任何人都难以长期承受的。

作为数代沿用不移的一种重要制度,宰相制度自有其存在的合理性。即,在君临天下的皇帝和百官庶僚之间,需要有一个转承过渡的中枢机构,协调百司运作,处理日常政务。在传统体制下,皇帝是国家元首,宰相则是政府首脑。废宰相后,皇帝实兼国家元首与政府首脑于一身。从皇帝的产生机制和个人能力来说,这是不合理的;从实际运行来看,也必定是难以长久的。朱元璋自己也认识到:"人主以一身统御天下,不可无辅臣。"②

寻找一种新的辅政机制势在必行,而唐宋之时的翰林学士、殿阁之制又为废相之后的政务矛盾提供了一种解决模式。废相后,明太祖即开始尝试宰相制度的替代物。洪武十三年(1380)九月,太祖设置春、夏、秋、冬四辅官协理政事。可能出于对相权的威胁心有余悸,四辅官尽由老弱淳朴儒士充当,既无从政才干,又无充沛精力,于政事少有补益,仅存一年左右即被废除。第一次尝试遂告失败。

洪武十四年(1381),太祖又"令编修、检讨、典籍同左春坊左司直郎、正字、赞读考驳诸司奏启,平允则署其衔曰'翰林院兼平驳诸司文章事某官某'列名书之"。十五年(1382)十一月,太祖仿宋制设殿阁大学士,秩五品,备顾问,却又无与机务,"不得平章军国事"。③ "帝方自操威柄,学士鲜所参决。"④ 这些翰林官和殿阁大学士地位较低,又无事权,同四辅官一样,辅政能力十分有限。太祖很快否定了这类尝试,自洪武十八年文

---

① 《明太祖实录》卷一六五,己未。
② 《明太祖实录》卷一三三,戊申。
③ 孙承泽:《春明梦余录》卷二三《内阁》。
④ 《明史》卷七二《职官》一。

渊阁大学士朱善致仕后,终洪武朝再未设立过殿阁大学士。

建文帝短暂的统治之后,明成祖在太祖的基础上继续进行建立新的中枢辅政机制的探索。成祖从洪武时的殿阁大学士之制入手,登位之初,即以解缙、黄淮、杨士奇、胡广、金幼孜、杨荣、胡俨等为翰林官,入值文渊阁,参与机务。入值"诸臣,从容密勿,随事纳忠,固非仅以文字翰墨为勋绩已也"。① 解缙、黄淮等人精明强干,深得成祖信任,"诸六部大政,咸共平章"。而以翰林官入阁,秩皆五品以下,职位之重与官品之卑形成鲜明对比。

解缙等人得以重用的原因之一是成祖以藩邸入继大统,方孝孺、齐泰、黄子澄等建文重臣多不降附,因而只得从低级官员中选拔精干之才,组成新政权的基干力量。这些低级官员足供任事,而又易于控驭,正是废相后辅佐皇帝治理国家的合适人选。一种新的制度化的中枢辅政机构正在形成。

这个机构"以其授餐大内,常侍天子殿阁之下",名曰内阁。与宰相制相比,不仅品秩低微,事权相去亦远。主要职责是草拟诏敕,行代言之职;建言献纳,备顾问之需。即辅助天子进行决策。重要的是,内阁不得与诸司交接,不参与政务的执行。"其时,入内阁者皆编、检、讲读之官,不置官署,不得专制诸司。诸司奏事,亦不得相关白。"②这是成祖秉承太祖遗训,避免内阁向宰相化道路发展而必然采取的防范措施。

成祖威柄自操,颇具乃父之风,章疏直达御前,政令多出宸断,因此内阁的权力十分有限。仁宗至英宗,阁职渐崇。仁、宣二帝优礼前朝老臣,给阁臣加以尚书甚至公孤之衔,阁臣品秩、地位明显提高。仁、宣之后,以侍郎、尚书入阁者越来越多。"居内阁官,必以尚书为尊。"③诸入文渊阁者皆相继晋尚书,于是阁职渐崇。英宗以冲龄即位,内阁"三杨"——杨士奇、杨荣、杨溥,与吏部尚书蹇义、户部尚书夏原吉并称辅弼重臣。更重要的是,这一时期内阁设置了诰敕、制敕两房作为办事机构,并获得了对内阁权力发展具有决定性意义的票拟之权。

---

① 《明史》卷一四七《解缙等传赞》。
② 《明史》卷七二《职官》一。
③ 同上。

关于票拟的由来,史载:"永乐、洪熙二朝,每召内阁造膝密议,人不得与闻。虽倚毗之意甚专,然批答出自御笔,未尝委之他人也。宣庙时,始令内阁杨士奇辈及尚书詹事蹇义、夏原吉,于凡中外奏章,许用小票墨书贴各疏面以进,谓之条旨。中易红书批出,上或亲书或否,及遇大事大疑,犹命大臣面议,议既定,即传旨处分,不待批答。"[①]其中"条旨"即为票拟。永乐时臣下章奏帝皆亲览,径作批答,发诸司执行,不假手他人。票拟之制则是皇帝将章疏先发内阁草拟处理意见,如所拟当意,即以朱笔就所拟议批于原疏发出,又称"批红"。

可以看到,票拟权力的获得是内阁制度的一个里程碑。此前内阁不过随事备顾问而已,政务与闻与否全随皇帝喜好。票拟制的实行,使内阁从制度上获得了普遍与闻朝政的权力,基本上打破了"诸司奏事不相关白"的限制。从决策程序上看,虽然最后的决定倚赖皇帝披红,但内阁通过拟旨可以在很大程度上影响和左右皇帝的决策,尤其是明初以后越来越多地出现幼主、庸主和怠政之君。虽然内阁与宰相制不可同日而语,但经过明初几朝的试验和调整,一个新的制度化的中枢辅政机构终于在明太祖严格限定的制度框架内成长起来。

宣宗时任票拟之事者除三杨外,吏部尚书蹇义、户部尚书夏原吉亦与其事。英宗时蹇、夏相继去世,票拟遂成为内阁的专职。内阁职权的扩张亦与当时的政治局面有关,英宗年幼,"凡事启太后,太后避专,令内阁议行"。[②] 正统时"纶言批答,裁决机宜,悉由票拟"。[③] 形成"政在三杨"的局面,成为内阁权力的第一个高峰。

3. 司礼监

票拟批答可以看作是皇帝和内阁在中央决策机制中的权力分配,而从票拟制确立后不久,这种权力结构中又加入了一个新的因素——太监机构司礼监。

司礼监为明代宦官二十四衙门之一,设于洪武年间,职责本为"掌管

---

① 黄佐:《翰林记》卷二。
② 《春明梦余录》卷二三《内阁》。
③ 《明史》卷一〇九《宰辅年表》一。

宫廷礼仪,凡正旦、冬至等节,命妇朝贺等礼,则掌其班位仪注,及纠察内官人员违犯礼法者",①无与机要。明初对宦官有严格的控制。太祖鉴于前代宦祸之烈,三令五申,严禁宦官干政。洪武二年(1369)令:"自今内臣不得知书识字,著为令。"②十七年(1384)铸铁牌于宫门内,上铸"内臣不得干预政事"八字。有宦官偶尔言及时政,太祖立斥之,终身不叙用。但另一方面,太祖却又自坏成法,多次派遣宦官出使、观军。这种自相矛盾的做法,实开后代宦官干政之滥觞。

成祖于靖难之役中多赖京中宦官通风报信,手下一些宦官亦立有战功,即位后对宦官信任有加。成祖派郑和数使海外,又遣中官多人出镇西北,宦官日益得到重用。

宣宗时,宫内设内书堂,命大学士专授小内使书,太祖不许宦官读书识字之令从此废,为宦官干政创造了条件。随着皇帝对宦官态度的改变,宦官又通文墨,皇帝把批答这件繁重的工作交给自己的家奴去做,也就是顺理成章的事了。而承担代皇帝批红的,就是作为二十四衙门之首的司礼监秉笔太监。宣宗时,"凡每日奏文书,自御笔亲批数本外,皆秉笔内官遵照阁中票拟字样,用朱笔批行。遂与外廷交结往来矣"。③

通过代皇帝"批红",司礼监从制度上合法地加入了中枢决策程序,分享了一定的权力。原则上内监批红只能依阁臣票拟照录,票拟的改易或否定权在皇帝。但同时太监在批红时,"间有偏旁偶讹者,亦不妨略为改动"。④ 这就给了太监上下其手的空间。皇帝厌政怠政之时,往往把批红之事尽托太监,疏于过问,更是为太监窃权提供了方便。正德时太监刘瑾专权,辅臣刘健等"有所拟议,竟从改易"。⑤ 阁臣李东阳"凡调旨撰敕,或被驳再三,或径自改窜,或持回私室,假手他人,或递出誊黄,逼令落稿,真假混淆,无从别白"。⑥

司礼太监获得了代皇帝批红之权,也同时有了议论朝政的机会,可

---

①　王世贞:《弇山堂别集》卷九〇《中官考》一。

②　《明通鉴》卷二,太祖洪武二年八月。

③　《明通鉴》卷一九,宣宗宣德元年七月。

④　刘若愚:《酌中志》卷一六。

⑤　《明史》卷一八一《刘健传》。

⑥　《明史》卷一八一《李东阳传》。

以直接向皇帝进言,影响皇帝的决策。成化年间,司礼太监怀恩被从凤阳"召还预政","恩素知万安谀佞,王恕刚正,力言于上,请去万安,而召恕用之",于是宪宗降旨召前南京兵部尚书王恕为吏部尚书,加太子太保。① 天启初,"起用邹元标、王德完诸贤,亦由司礼监王安听汪文言之言"。② 这两个例子里宦官起了正面的作用,但从中可以看出其对决策的渗透。

明初诸帝勤政,凡有事与臣僚面议,君臣不隔。"(内阁)政务与百司庶府职掌不同,中间事情,诚为秘密。在祖宗朝,凡有咨访论议,或亲赐临幸,或召见便殿,或奉天门,或左顺门,屏开左右,造膝面谕,以为常制。"③皇帝直接与阁臣商议、决定政事的处理意见,内阁按皇帝的旨意进行票拟。成化以后,皇帝怠政越来越普遍,渐少临朝,至万历数十年不见大臣,内阁与皇帝的直接交流渠道堵塞,而须仰赖中间环节进行。这个中间环节就是宦官。

失去与皇帝的见面机会,内阁与皇帝的沟通就主要通过书面方式进行。这些方式主要有票拟、密揭、题本,这些文件均由司礼监下属之文书房接收,再由太监转呈皇帝。而皇帝有旨,则通过御帖札子或由太监口头传出,再经过文书房达至内阁。弘治时内阁首辅刘健抱怨道:"朝廷有命令,必传之太监,太监传之管文书官,管文书官方传至臣等。内阁有陈说,必达之管文书官,管文书官达之太监,太监乃达之御前。"④

文书房不光转呈内阁票拟,凡通政司接收的百司章奏,均由文书房收登,再进呈御览。宦官掌握了皇帝与朝廷百官之间公文上传下达的一个关键环节,与闻机要,为其对中枢权力的渗透提供了方便。章奏本应由皇帝亲启,中叶以后司礼太监往往私启先睹,君臣"札子往来……先经内官之手,拆视而后进"。⑤其间不免作弊。天启时魏忠贤专权,其党司礼监掌印、秉笔太监等将朝臣奏章皆拆开看过,暗作印记,使魏阉对朝臣

---

① 徐学聚:《国朝典汇》卷三四《吏部》。
② 赵翼:《廿二史札记》卷三三《明吏部权重》。
③ 《明孝宗实录》卷一五四,丙戌。
④ 同上。
⑤ 《明经世文编》卷三〇二,高拱《论辅臣面对》。

举动了如指掌。臣下章奏,皇帝或疏于览省,命太监宣读,太监得以好恶取舍,扭曲原意。杨涟上疏劾魏忠贤二十四大罪,司礼太监王体乾御前读奏,"置疏中切语不读"。太监口传圣旨,更可夹以私意,便宜取舍。"学士在阁下者,只闻内臣传说,不得面陈所见。"①"传天语者,一字抑扬,便关轻重",阁臣所望者,惟"皇上慎重口传,酌为札记","更赐面对,一一仰质",②可见其中弊端。

宦官对中枢决策的干扰发展到极端,就是假传圣旨,擅权乱政。明代宦官乱政首先是利用了宦官具有代皇帝接收章奏、代皇帝批红、替皇帝口传圣旨等权力的制度化基础,一旦皇帝幼弱或昏聩即可乘机把持朝政,为所欲为。正德时刘瑾专权,"每奏事,必侦帝为戏弄时。帝厌之,亟麾去曰:'吾用若何事,乃溷我!'"刘瑾"遂专决,不复白"。③ 天启"帝性机巧,好斧锯髹漆之事,积岁不倦"。魏忠贤每趁熹宗引绳墨时奏事,"帝厌之,谬曰:'朕已悉矣,汝辈好为之。'"忠贤遂"恣威福为己意",屡次矫诏迫害弹劾自己的大臣。嘉靖、崇祯两朝,皇帝权力意志强烈,能够有力地掌控宦官,宦官专权的局面得到断然遏止,这从另一方面说明宦官制度上的权力也是很有限的,宦官专权只是一种变态,但由此而付出的社会代价已经十分巨大了。

作为皇帝的近侍,宦官对皇权具有不可低估的影响力,因此廷臣为稳固权位,或实现自己的政治意志,往往须结纳宦官。大臣"其未进也,非夤缘内臣则不得进;其既进也,非依凭内臣则不得安"。④ 尤其对身处决策中枢的阁臣来说更是如此。"大臣入阁,例当投刺司礼大奄,兼致仪状,是司礼之尊,久已习为故事,虽首辅亦仰其鼻息也。究而论之,总由于人主不亲政事,故事权下移。长君在御,尚以票拟归内阁,至荒主童昏,则地近者权益专,而阁臣亦听命矣。"⑤正统时徐有贞、李贤入阁办事,乃太监曹吉祥所引;正德时焦芳、刘宇、曹元与太监刘瑾沆瀣一气,甘为

---

① 《明孝宗实录》卷一一,乙未。
② 《牧斋初学集》卷四七下《大学士孙公行状》。
③ 《明史》卷三〇四《刘瑾传》。
④ 《明史》卷一八〇《李俊传》。
⑤ 《廿二史札记》卷三三《明内阁首辅之权最重》。

其私党;杨廷和逐刘瑾,用内臣张永方可成事;隆庆时高拱二次入阁,赖宦官陈洪之助;万历时张居正大权独揽,以内廷冯保为内援;天启年间,阁臣顾秉谦、魏广微等更沦落为阉党。宦官竟可左右大臣进退,在朝官中结党成势,这反映了宦官在中枢权力结构中的地位和影响。

4. 九卿和科道

在明代九卿是指吏、户、礼、兵、刑、工六部,及都察院、大理寺和通政司九个衙门长官;科道为吏、户、礼、兵、刑、工六科给事中和都察院十三道御史之合称。明太祖废宰相和中书省后,把六部从宰相机构的曹属变成了直属皇帝领导的独立机构,提升了六部的地位,部尚书的品级由正三品改为正二品,扩充了六部的权力。将"中书之政,分于六部"。① 原来宰相机构的决策权力,除了大部分流向皇帝及其禁直侍从机构内阁和司礼监之外,一部分也流向了以六部为主的其他中央政务部门。

九卿和科道对决策权的分享体现在明代独特的决策机制——廷议和廷推上。集体议事制度并非明朝所独有,秦汉以来各代朝会时的朝议,唐宋时的宰相会议等,都是集体议事制度。朝议在明代仍然存在,但廷议与廷推在明代作为一种独特的制度,其特点一在于基本没有皇帝或宰相的参与,是中央各部门的平等议事制度;二在于其所议事项、参与人员都有明确的规定,是一种比较规范的制度。另外,朝议中百官无论尊卑皆得与议,以卑抗尊者不论,廷议和廷推的主要成员则为部院堂上官和科道掌印者,官尊者为会议之主导。其参加范围小于朝议,而大于唐宋时的宰相会议。

廷议的议题是朝端大政的处理,廷推的议题是重大人事安排。"朝廷有大政及推举文武大臣,必下廷议。"②廷议和廷推无疑是废相后的产物。此前宰相机构承担了大部分的中央决策职能,太祖废相后朝廷事无巨细,皆决于皇帝一身,势难持久,故而九卿、科道与内阁参与到决策中来也就是必然的了。九卿、科道会议提出决策方案,内阁则协助皇帝决

① 《万历会典》卷二《官制》。
② 《明史》卷一九九《李承勋传》。

定取舍、可否。廷议、廷推制度从另一方面弥补了废相后六部各自为政，缺乏一个强有力的中枢协调机构的缺陷，为决策过程增添了重要一环，使之趋于完整、流畅。

廷议可追溯至洪武二十四年（1391），令"今后在京衙门有奉旨发放为格为例及最紧要之事，须会各官计议停当，然后施行"。[①] 太祖至仁、宣，帝皆勤政，每日御朝，遇有大事大疑，皆与群臣面议，传旨施行。英宗嗣位幼冲，面议遂废，皇帝乃不参加廷议。廷议之范围甚广，凡立君立储、建都、郊祀、宗庙、典礼、宗藩、民政、漕运、边事等，皆在可议之列。廷议的参与者，前后有所变化，但总的趋势是范围不断扩大。宣德三年（1428）定，"官民建言，六部尚书、都御史、六科给事中会议奏闻"。[②] 正统十年（1445）定，重要政事"内阁与六部、都察院、通政司、大理寺堂上官，六科掌印官会议"。[③] 至天顺五年，应阁臣李贤之再请，内阁不再参加廷议。以后阁臣虽间有与廷议者，但只是在集议有关礼仪事项时以翰林院官身份参加。内阁参与廷议的时间不过十数年，旋即退出。关于内阁的不与议，宪宗曰："内阁儒臣，所以辅朕裁处万机者，如举官论狱亦令参预，事有可否，谁更商榷……先帝著令，宜永遵守。"[④] 从制度上说，内阁只具有辅助皇帝参决可否的功能，而不具备形成决策的功能。这从内阁的职掌主要为票拟即可看出，同时阁臣向皇帝进言的方式是密揭、题本，陈述的只是自己的意见，而不是决策方案。

九卿科道是通常情况下廷议的参加者，此外，根据所议事情的不同，翰林院、詹事府、左右春坊、司经局、国子监、五军都督府、锦衣卫、宗室、勋戚等皆时或参与，皇帝有时也派太监参加或监视会议，人数可达数十甚至上百。

廷议由有关各部尚书主持。有关官吏人事黜陟调补之议，由吏部堂官主持；诸司、军民建言及有关礼制典章者，由礼部长官主持；其他各部主管事宜，由该部长官主议；归属不明者，由吏部尚书主持。廷议时间，

---

① 《万历会典》卷八〇《会议》。

② 《万历会典》卷八〇《会议》。

③ 《翰林记》卷二《会议》。

④ 《明宪宗实录》卷九，丁巳。

正统十二年（1447）定："今后群臣言事有切于政治者，尔等月一集议行之。"①如有紧要事情，可临时召集。地点在皇城内端门之左，即所谓东阁。廷议一般程序为，议前由主管部将拟议事项及时间通知有关人员，后又将拟议事项以揭帖备述原委分送，以便准备，"凡事机重大，会官议拟，先备揭贴送该议官，人各一本。如紧急，亦将略节先送传看毕，方才请会"。② 至期该部尚书主持，侍郎宣布议事内容，与议者发言。议毕侍郎拟稿，与议者署名封进呈览，供皇帝裁决。③ 有不同意见者可不署名，个别上疏陈述意见。

廷推者，形式与廷议大体相同，所异者，一为议题专为人事，二者主持人一定是吏部尚书。廷推之官员为朝廷大僚，关于廷推之范围，《明史·选举志》曰："内阁大学士、吏部尚书由廷推或奉特旨，侍郎以下以及祭酒，吏部会同三品以上廷推……在外官惟督抚廷推，九卿共之，吏部主之。"④明代高级官员的任用，分为特简和廷推两种途径。特简是由皇帝亲自挑选。明初诸帝勤政，悉臣下才具，大臣皆自简用。至正统，英宗以冲龄即位，赖三杨辅佐，人才多三杨荐用。天顺复辟后，任用大臣多与首辅李贤、吏兵二部尚书王翱、马昂议决。宪宗时，李贤卒官，帝耽于晏安，阁臣柔靡，君臣面议之制渐废，而将大臣任用之事转付廷议。史云："自宪宗纯皇帝以来，始不召见大臣面议，止令吏部会推才望相应者二三员，疏名请旨，点用一员。"⑤近有研究者认为，严格来说，广义的廷推（会推）应包含狭义的廷推与敕推，⑥二者的区别主要在于：前者的推举对象为一般九卿和巡抚，后者的推举对象则为内阁大学士、吏部尚书、兵部尚书和总督等最重要的中枢职位和封疆大吏；前者官缺，例由廷推产生，后者则可由皇帝特简，或"敕九卿堂上官会推"，即有皇帝之敕命会推方可举行。

---

① 《明英宗实录》卷一五二，甲辰。
② 《万历会典》卷八〇《会议》。
③ 张治安：《明代政治制度研究》，台湾联经出版事业公司，1992年，第20页。
④ 《明史》卷七一《选举》三。
⑤ 《西园闻见录》卷二六《宰相》上。
⑥ 潘星辉：《明代文官铨选制度研究》，北京大学博士学位论文，2001年7月，第四章第二节《会推制补论》二，"廷推与敕推"。明代政书中"会推"与"廷推"常互用，本文特以"广义的廷推"和"狭义的廷推"区分之。

廷推和敕推的区分表明，皇帝保留了一定的对重要高级官员的直接用人权，但愈到后来，廷推作为制度对皇帝这种残存的特简权力也发起了挑战。隆、万以后，阁臣不经廷推入阁者，往往引起争议。

参加廷推之范围与廷议相类，其人数之多寡视廷推对象职位高低而定，总的来说因议题单一，较廷议为少，基本限定于九卿和科道：

> 祖宗典制，内阁、吏兵二部尚书，会同九卿各堂上官及科道掌印官推举；各部尚书、侍郎、左右都御史、副、佥都御史、通政使、大理卿、各处巡抚，则会部、院、通、大三品以上堂上官推举，两京祭酒照巡抚例会推。①

廷推之一般程序："每遇员缺，先一日移会大九卿掌科掌道，集于阙东，九卿东西立，科道北向立。选司致词，推某缺，递一空册于冢宰，冢宰云：推某正某陪，各画题而本不列名，此旧例也。"②先由吏部文选司宣布员缺，再由吏部尚书宣布推举人选若干，其中排首位者为正推，余为陪推，供皇帝选择，若众无异议即联署于册，吏部将名单进呈上裁。有时吏部事先开列被推者名单，供廷推时与会者传阅，如有不同意见可当场提出，或单独具疏奏闻。

科道对决策过程的参与还有一个重要的方面，即六科给事中的封驳。凡内外所上章奏及制敕诏旨，经内阁票拟、起草，皇帝或太监批红后，即付六科抄发各部执行。六科对这些章奏诏旨分类抄出，进行审查，大事须复奏，以确认无误，小事则签署后交发行政部门执行，称为"科抄"或"科参"。如有违误，可以封还执奏。尤其对皇帝不经内阁而通过太监发出的中旨、内批，六科更有监督之职，可以封驳或复奏。如：

> （嘉靖二年（1523）二月乙酉）先是都察院差御史巡盐，批答稍误，以未下阁臣票拟也。刑科给事中黄臣谏曰："我朝设立内阁，处以文学之臣，凡百章奏，先行票拟。今使内阁虚代言之职，中贵肆专擅之奸，关系匪轻，渐不可长。容臣封还原本，以重命令。"疏入，即

---

① 《明神宗实录》卷一五五，壬寅。
② 《春明梦余录》卷三四《吏部》。

改批如制。①

关于复奏,《明会典》"六科"条载:"凡内官内使传旨,各该衙门补本复奏,再得旨,然后施行。"②大小诏令皆须经六科审核,未经科抄者,均不能生效,"诏旨必由六科,诸司始得奉行"。③

给事中本为前代门下省之官,明代不设门下省,而保留了给事中继承门下省的封驳功能。六科的封驳,对保证决策的合理性起了积极作用。顾炎武对明代六科的封驳给予很高的评价:

> 明代虽罢门下省长官,而独存六科给事中,以掌封驳之任,旨必下科,其有不便,给事中驳正到部,谓之科参(若曰抄出驳之,抄出寝之是也),六部之官无敢抗科参而自行者,故给事中之品卑而权特重。万历之时,九重渊默,泰昌以后,国论纷纭,而维持禁止,往往赖科参之力。④

5. 皇帝

皇帝作为一国之主,对大小政事拥有最终的裁决权。洪武废相后,威权在上,事皆亲决。成祖时一应章奏帝皆亲览,径自批答,不假手他人。宣宗时始有票拟之制,然明初诸帝皆勤政,凡有大事皆与群臣商议,面决可否。英宗犹"每得章奏,无不亲阅,易决者即断,有难决者付卿(李贤)等计议,期必当而后出"。⑤ 宪宗以后帝渐疏于政事,于是票拟、廷议、廷推等决策方式日益重要,成为制度。这些制度的成立,对皇帝的行为构成一定的制约,而皇帝为了维护皇权,一方面保留了种种"制度"之外的权力和手段,其行为经常可以突破制度规范的界限,另一方面对制度本身施以严格的控制。

《翰林记》云:"自正统后,始专命内阁条旨。然中每依违,或径由中出……英宗复辟,每事与内阁面议,然后批行。弘治末,上揽乾纲,内阁

---

① 《明世宗实录》卷二三。
② 《万历会典》卷二一三《六科》。
③ 《明史》卷二一五《骆问礼传》。
④ 《日知录》卷九《封驳》。
⑤ 《明英宗实录》卷二九六,戊辰。

条旨多出御笔,事属重大,至廑宣问,几复祖宗之旧。……今之建议者,徒知批答当依内阁所条,而不知有面议传旨故事。"①虽然内阁票拟成为制度,但权力意识强的皇帝是可以随时收回交给"制度"的权力的,所以才有孝宗的"几复祖宗之旧"。这说明了制度服从于皇权的本质。

在中国古代专制体制下,"王言即为法",任何制度都须服从于皇权之下。制度只是"故事",而不是必须强制执行的法律条文,对皇帝来说,更没有约束力。皇帝可以凭自己的喜好对现行制度进行取舍,而当他违反制度的时候,虽然会遭到廷臣的反对和抵制,却不会受到任何制裁。

皇帝有超越制度行使权力的种种手段。皇帝可以通过"中旨""内批",不经过内阁直接向外廷发号施令,使票拟之权落空;可以通过特简、"传奉",不待会推和吏部执行升转程序而直接任命朝廷官员。虽然这些做法都是"违制"行为,会遭到廷臣的反对,但皇帝仍经常采用。成化时滥封传奉官,弘治帝登极即欲有所改正,然亦不时采用,弘治时传奉官的数量仍很可观。② 同时,皇帝控制着制度的结果。前述各种决策行为,无论是内阁的票拟,还是外廷的廷议、廷推,没有皇帝的批准,都不具有法律效力。最终的决策权始终掌握在皇帝手中。

内阁的票拟,本质上是"代王言",即根据皇帝的旨意起草诏旨。明初诸帝凡事与阁臣面议,阁臣退而据帝意票拟。后皇帝鲜与阁臣见面,亦时通过书面或太监口传指示内阁票拟。"凡本章进御,固由内阁票拟,或因事降旨,不召阁臣面谕,则令司礼监粗写事目,送阁撰拟。"③"入阁办事者,职在批答。……而批答之意,又必内授之而后拟之。"④阁票若合帝意,即由司礼监批红发下。皇帝如不满意,可发回重拟,直至皇帝满意为止;或者径自改易,发部执行。皇帝对于不合己意的阁票还可以迁延不睬,不予批红,"或稽留数月,或竟不施行"。⑤ 阁臣都无可奈何。

---

① 《翰林记》卷二《传旨条旨》。

② 徐学聚:《国朝典汇》卷五一《请乞传升》:"(弘治十五年)吏部尚书马文升言:'京官额一千二百余人,传奉官乃至八百余人,内实支俸者九十一人,冗官莫甚于今日。请因灾汰罢。'上从之。"

③ 赵翼:《陔余丛考》卷二〇。

④ 黄宗羲:《明夷待访录·置相》。

⑤ 《明史》卷一八一《徐溥传》。

对于廷议和廷推的结果,皇帝亦有充分的转圜余地。廷议的结果皇帝若不满意,可令廷臣再议,直至满意为止,或径颁诏旨付部执行。正德元年(1506),吏部尚书马文升奉遗诏汰传奉官,下廷议,皆以文升为是,而以事涉近幸,帝终不听。[1] 正德八年(1513),太监谷大用为其弟侄请荫,下廷议,廷臣以为不可滥封,集议者再,帝皆不许,最后径由内批封大用弟侄为伯。[2] 世宗即位,"议追崇所生父兴献王。廷臣持之,议三上三却",仍不能满意,最后干脆"自排廷议定大礼"。[3]

对廷推结果,皇帝同样可有多种选择。或点用正推,或点用陪推,若人选不称帝意,则可令重推至再三,甚至径自推翻廷推,以内批点用。陪推使皇帝有较充分的选择余地,虽然"遗正取陪"通常被廷臣认为"非制",但皇帝点用陪推的情况并不少见,甚至有点用列末位者。嘉靖二十八年(1549)廷推阁臣,廷推正、陪多人中各有张治、李本二人,而李居最末,适时言官奏疏中有以重"治""本"事起语者,世宗迷信道教,径点张、李二人。天启二年(1622)廷推阁臣,熹宗为魏忠贤所蛊惑,弃用首选孙慎行,而点用谄事阉党列陪推之末的魏广微。崇祯时,帝性刚愎苛察,疑廷臣结党,每广陪推数额,又行枚卜、亲策之制,以削弱廷推的作用。一官屡推者:正德三年(1508)吏部左侍郎缺,廷推凡三上,共八人,皆不用,后至户部右侍郎王琼乃止,"盖琼赂瑾(太监刘瑾),必欲得此耳"。[4] 推翻廷推、径用内批者:崇祯元年(1628),会推阁臣,廷臣上成基命、钱谦益等十一人,礼部侍郎周延儒以望轻不与,而思宗独属意于周,乃尽罢廷推不用,以特旨令延儒入阁。[5] 或干脆不举行廷推,径以特旨或大臣荐举简用。明人沈德符论之曰:

> 传奉升官,本非治朝佳事,至于传升大僚,尤为非体。先朝正德间不必言,即成弘两朝号称盛世,亦不免此,如倪文僖谦之为南大宗伯,王端毅恕之以尚书抚南直隶,屠襄惠滽之得太宰,徐宫保琼之得

① 《明史》卷一八二《马文升传》。
② 《明武宗实录》卷九七,丙午。
③ 《明史》卷一九六《张璁传》。
④ 《明武宗实录》卷三四,己未。
⑤ 《明史》卷三〇八《周延儒传》。

宗伯,皆是也。至于辅臣以中旨入阁,虽先朝皆有之,惟世宗庙为多,而臣下不敢议。今上(神宗)辛卯,申吴县(时行)谢事,中旨用赵兰豁(志皋)、张新建(位)二公入阁,实申所揭荐也。①

皇帝绝对权力的消极性还体现在,他可以将政务简单地搁置起来,使政府机构运转陷于停顿、瘫痪,在这种情况下,"制度"就显得颇为尴尬。明代天下章奏由通政司接收后交由皇帝亲览,再发内阁票拟。皇帝认为章疏不利于己时,可以"留中不发",不交内阁票拟,使之胎死腹中。内阁票拟不利于己时,则"留中不报",不予批复,不予执行,同样使"制度"失去作用。明万历时皇帝怠政发展到极点,"百凡奏请,一切留中,即内阁密揭,亦不报闻"。② 内阁几成虚设,阁臣"尝闲坐终日,福清(叶向高)曰:'安得票一疏,全我体乎?!'"③同时缺官不补,"曹署多空"。④ 皇帝以此达到弱化外廷、便于操纵的目的。

6. 中央决策机制中诸因素之地位与关系分析

以上几个因素构成了明代中央决策体制演进和运行的几个方面。可以看到,明代中央决策体制是以皇权为中心,多种因素构成的一种复杂的决策体制。诸因素在政务运行中的地位作用如何,如何相互作用,其间权力消长情况,是本节所关心的问题。

明代皇权相对于唐宋,无疑达到了一个高峰。宰相制的废除,及皇帝对中枢决策权力的牢固控制和掌握,都使明代皇权在中国古代各朝中占有较突出的地位。在观念上,从明太祖以严刑峻法重典治吏开始,明代帝王对士大夫官僚实行的是高压政策,奴视臣僚,恣意折辱,与宋代对士大夫的尊崇和礼遇形成鲜明对照。皇权的膨胀使明代皇帝的心态发生了变化,以天下为朱家资产,任意胡为。明代中后期出现的几个历史上个性十分典型的皇帝,如荒唐之武宗,执拗之世宗,贪婪之神宗,就是这种心态的反映。

---

① 《万历野获编》卷九《太宰推内阁》。
② 于慎行:《谷山笔麈》卷五。
③ 谈迁:《枣林杂俎》《智集》,《分票》。
④ 《明通鉴》卷七四。

但从另一方面说,皇帝的行为也不能完全不考虑在朝廷士大夫中的影响。虽然明代皇帝已经不提"与士大夫治天下",但也明白必须得到士大夫官僚的合作才能坐稳江山。皇帝与官僚集团的关系中必然存在妥协的一面。皇帝在坚持自己意志的同时也要考虑廷臣的态度而有所顾忌和收敛。明代不少士大夫不惜舍官弃爵以维护制度,坚持"以道事君",直至以身殉道的行为,在一定程度上制约了皇帝的行为。制度和道统的存在本身就是对皇权的制约。

对于皇帝的一意孤行,官僚集团每每以不合作的方式加以抵制。对于皇帝"不合理"的诏旨,内阁可以拒绝草拟,封还执奏。皇帝不满内阁票拟发下重拟时,如内阁认为自己的意见正确,可以拒绝重拟,以原票封进。对不经内阁票拟之中旨、内批、传奉,视为违制,六科可以封还,部院可以执奏。

明世宗即位,欲尊生父兴献王为皇考,以手敕付阁臣杨廷和等,杨廷和等以于礼不合,"不敢阿谀顺旨",封还手诏。"当是时,廷和先后封还御批者四,执奏几三十疏,帝常忽忽有所恨。"①世宗以廷臣反对者众,一直不敢冒然从事,后得张璁、桂萼等人相助,历经三年才达到自己的目的。其间群臣屡次冒死伏阙抗议,世宗以廷杖相威慑,杖死多名大臣,遭遇了空前的阻力,付出了很大代价。

嘉靖二年(1523)都察院差御史巡盐,批答未下阁臣票拟。刑科给事中黄臣即封还原本,世宗改批如制。②部臣执奏的例子:弘治时贾俊为工部尚书,中官奏修沙河桥,请发京军二万五千,及长陵五卫军助役;内府宝钞司乞增工匠;浙江及苏、松诸府方遭水灾,而织造锦绮至数万匹;俊皆执奏,并得寝。③隆庆时马森为户部尚书,帝尝命中官崔敏发户部银六万,市黄金。森持不可,且言:"故事,御札皆由内阁下,无司礼径传者。"事乃止。④天启时,谕旨封秦王存枢次子为郡王,违制,礼部尚书孙慎行坚决不奉诏,三次上疏力争,均无效,遂辞职引归。

① 《明史》卷一九〇《杨廷和传》。
② 《明世宗实录》卷二三,乙酉。
③ 《明会要》卷三一《职官》四,工部尚书、侍郎。
④ 《明会要》卷三一《职官》三,户部尚书、侍郎。

有时皇帝为达到自己的目的,不惜对诸臣进行威胁、利诱,甚至采取贿赂等手段。土木之变后,景泰帝即位,久欲易储,虑廷臣非议,隐忍未发,及得黄𬭊易储之疏,大喜曰:"不意万里外乃有此忠臣",下廷臣议。议前赐阁臣陈循等白金,廷议时又派太监兴安厉声恫吓,群臣只好署议。① 易储后又赐陈循黄金。世宗大礼议时礼部尚书毛澄反对以兴献王为皇考,再三疏辩。"帝尝遣中官谕意,至长跪稽首",并"出囊金畀澄"。毛澄奋然曰:"老臣悖耄,不能黩典礼。独有一去不与议已耳。"抗疏引疾,至五六上,帝乃许。②

　　就皇帝与制度的关系而论,虽然制度对皇帝没有强制性的约束力,皇帝时常违反制度,但制度对皇权的制约力量是存在的。票拟、廷议、廷推等制度被写进国家的行政法典(《明会典》),具有一定的刚性,皇帝违制行事,就要冒遭到廷臣抵制的风险。以廷推为例,廷推确立后,高级官吏不由廷推而进者,往往被舆论认为是不合法的。弘治九年(1496),"中旨"命徐恪为南京工部右侍郎,"恪上疏曰:'大臣进用,宜出廷推,未闻有传奉得者。臣生平不敢由他途进,请赐罢黜。'"③连受益者本人也不敢接受皇帝的任命,可见制度的力量。同年,左都御史缺,孝宗不用吏部会推四人,而传奉王越,立即"人心惊骇,众论沸腾",科道群起上书反对,孝宗只好让王越致仕。隆庆时,殷士儋以中旨入阁,被劾"始进不正,求退不勇",殷只好致仕而去。④ 天启时孙如游以特旨入阁,遭言官攻击,只得屡疏乞休而去。⑤ 在这些事件中,虽然皇帝本人不可能受到什么追究,但是舆论的反对和朝臣的不合作态度使皇帝的意志难以贯彻下去,制度通过一种迂回的方式制约了皇帝的行为。

　　司礼监批红和文书房转发文书权力的存在,在制度上为明代宦官弄权提供了一定条件。太祖不许太监识字,严禁宦官干预朝政,但从洪武后期开始,又逐渐为宦官干政打开了方便之门。从本质上来讲,宦官的

---

① 《明英宗实录》卷二一五,乙酉。
② 《明会要》卷三一《职官》三,礼部尚书、侍郎。
③ 《明史》卷一八五《徐恪传》。
④ 《明穆宗实录》卷六三,己巳。
⑤ 《明史》卷二四〇《孙如游传》。

权力不过是皇帝权力的延伸。批红原则上只不过是代皇帝执笔而已,票拟的改易或否定权应在皇帝,前面已经说过,内监批红原则上只是照录票拟,可改动者,不过"偏旁偶讹者"而已;文书房也只有转承文书的作用,都不具有实实在在的权力。除此之外,宦官弄权乱政,都是非法的,是对皇权的窃取。

明代宦官干政有几种方式:一是皇帝厌政怠政时,把批红之事尽付太监,大权旁落,情况最为严重。如武宗时的刘瑾乱政,熹宗时的魏忠贤专权。宦官亦充分利用了皇帝的弱点窃取权力。刘瑾每于武宗晏戏时进奏,魏忠贤常趁熹宗耽于木艺之时捧章请裁,使皇帝愈加厌烦政事,宦官遂可以暗操威柄,矫旨行事。二是作为日夜随侍皇帝左右的近幸,以言行影响皇帝的态度,如英宗时之王振、成化时之怀恩。三是利用宦官沟通内外廷的作用以欺瞒手段从中作弊。如为皇帝朗读章奏时故意取舍以扭曲原意,口传圣旨时夹以私意,利用机要经手的机会向外廷泄漏消息等,以控制信息的方式干扰决策,影响朝局。

明季宦官为祸虽烈,与东汉、唐并称中国古代宦祸最烈的三个朝代,但从维护皇权的角度来讲,明代对宦官的控制基本上是成功的。即使在宦官最为猖獗的时候,也没有对皇帝构成本质上的威胁。刘瑾、魏忠贤等虽然权倾一时、不可一世,而一旦皇帝有所醒悟或逢新君即位,灭顶之灾立至,没有酿成汉唐宦官长期把持朝政甚至操纵皇帝废立的严重后果。只要皇帝稍有自主意识,宦官就没有太多的弄权空间。究其原因,宦官在决策链条中的法定权力是十分有限的,更重要的是,明代宦官自始至终没有像汉唐时那样掌握军权,尤其是中央禁军。

司礼监与内阁,在明代有"内相""外相"之称。实际对宦官权力之估计,似不宜过大。有一种看法认为明代"有宰相之实者,今之宫奴也"。[①]"内阁之票拟,不得不决于内监之批红,而相权转归寺人。"[②]"明代首辅权虽重,而司礼监之权又在首辅之上。"[③]皆有言之过当之嫌。首先,宦官制度上的合法权力极为有限,宦官专权皆法外弄权;其次,宦官

---

① 黄宗羲:《明夷待访录》,置相。
② 《明史》卷七二《职官》一。
③ 赵翼:《廿二史札记》卷三三。

之批红以内阁票拟为据,须皇帝首肯,与宰相之议政决策权性质相去甚远;最后,明代从制度上对宦官的乱政制定了一些预防措施。太监一般情况下不敢擅自改票、歪曲章奏,因为难以掩人耳目,会遭到廷臣激烈反对。太监传奉除官,明代规定内阁须复奏,以防欺蔽。① 太监向外廷所传中旨,六科、部院复奏后方可施行。《典故纪闻》载:"宣德时,有中官奉旨传之六科,辄令径行诸司。宣宗闻之,即下法司治。因谕给事中曰:'尔等近侍,职在记注,凡朕一言一令,或令内使传出者,尔当备录复奏,再得旨后可行,庶几关防欺弊。不然,必有诈伪者。'"②

《明会典》亦云:"宣德三年(1428),令凡内官除授,不问职之大小,有敕无敕,皆须复奏,然后施行。"③《明史·职官志》"兵部"载:"凡除授出自中旨者,必覆奏而行之。"④

以上这些措施都限制了宦官作弊弄权的空间。总的来看,宦官的权力是很有限的,其得势全赖皇帝宠信,一旦失宠,登时委顿。宦官干预朝政向来为士大夫所痛恨,诸端夸大宦官之权,或称司礼监为"内相"者,毋宁视为愤激之词。

内阁本"职司票拟",应该说它在初期只是一个秘书禁直机构,协助皇帝览省章奏,为皇帝的最终决策提供参考意见。而自三杨以后,阁臣渐具相体,嘉靖之后,权相迭现,竟至于产生有明内阁"无宰相之名,而有宰相之实"的说法。《明史》云:"地居近密,而纶言批答,裁决机宜,悉由票拟。阁权之重,俨然汉唐宰辅,特不居丞相名耳。"⑤《春明梦余录》亦云:"内阁之职,同于古相。而所不同者,主票拟而不身出与事。"⑥

明代内阁权力的发展的确超出了纯秘书机构的范畴,有宰相化的趋势。内阁无疑继承了宰相制的某些职能,票拟制即是对宰相议政权的一种

---

① 《国朝典汇》卷五一《请乞传升》:成化二十三年十二月,"命中官袁珂传旨,今后内阁传奉除官,不论有无敕书,俱复奏明白方行"。

② 余继登:《典故纪闻》卷九。

③ 《万历会典》卷一一八《升除》。

④ 《明史》卷七二《职官一·兵部》。

⑤ 《明史》卷一〇九《宰辅年表》一。

⑥ 《春明梦余录》卷二三《内阁》。

保留。① 而明代中后期出现的某些"权相",如杨廷和、张璁、夏言、严嵩、徐阶、高拱、张居正等人,总揽朝政,钳制百僚,俨然为宰相再世。

而另一方面,对明代内阁的权力又存在一种相反的认识。明代即有人认为:"我朝阁臣,只备论思顾问之职,原非宰相。"②"祖宗设立阁臣,不过文学侍从,而其重也亦止于票拟,其委任权力与前代之宰相绝不相同。"③"高皇帝罢中书省,分置六部,是明以六部为相也。阁臣无相之实,而虚被相之名。"④

如何认识这种矛盾的现象?有学者认为必须把内阁作为一种权力结构来认识才能获得正确的理解。内阁的权力有两种含义:一是内阁结构的权力,一是阁臣所具有的实际权力。⑤从内阁结构的权力来说,内阁不可能具有宰相的权力,也不可能发展成宰相。内阁是废相的产物,明代皇帝在制度设计中不可能再赋予内阁以宰相的权力,而把它限制在秘书型、顾问型机构的水平上。内阁所有拟议必须经过皇帝(或内监)批红才能成为决策,而内阁亦无权对六部诸司发号施令。这就是明代制度上对内阁职权的规定。

而明代内阁权力之所以能达到高峰,达到"有宰相之实"的地步,实由于阁臣实际权力的发展。阁臣要突破制度上对内阁权力的限制,必须通过"利用皇权、抑制宦权、侵夺部权"来实现。⑥也就是说通过向上取得决策权,向下取得决策执行权来获得宰相完整的权力。从这个意义上讲,明代权相确乎具有前朝宰相的风采。

正、嘉之际首辅杨廷和"自信可辅太平,事事有所持诤"。⑦张璁宣称"今之内阁,宰相职也",以"部院为内阁之府库",⑧剥夺部院权力,遇

---

① 王天有认为,前代宰相的权力,在明代洪武时期为皇帝和六部分解,仁宣以后为司礼监、内阁、六部所分解。《明代国家机构研究》,北京大学出版社,1992 年,第 52 页。

② 《明神宗实录》卷五〇一,乙未。

③ 《明神宗实录》卷五一一,庚寅。

④ 《明经世文编》卷四六一,叶向高《与申瑶老第二书》。

⑤ 谭天星:《明代内阁政治》,中国社会科学出版社,1996 年,第 13—15 页。

⑥ 谭天星:《明代内阁政治》,第 15 页。

⑦ 《明史》卷一九〇《杨廷和传》。

⑧ 《明世宗实录》卷八一,辛未。

事专决。严嵩"事无大小,咸专于己,人有少违,必中以祸",①"凡府部题复,必先禀然后起稿"。徐阶"立朝有相度,保全善类,嘉、隆之政多所匡救"。② 高拱说内阁"虽无宰相之名,有其实矣",③"秉成于揆席,复取柄于铨衡,慷慨有为"。张居正更以宰相自居,"吏、兵二部迁除必先关白"。④ 其考成法,以内阁控制六科,以六科控制六部,想从制度上把内阁操纵六部的格局固定下来。

然而明代阁权的高涨,基本上限于嘉靖至万历这段时间,张居正时达于顶峰后阁权又渐次回落。其中的原因就在于内阁的制度化权力与阁臣权力欲之间的张力。从制度上来讲内阁的权力仅限于票拟,其他威柄自操、侵夺部权的行为都是违法的,必然遭到皇帝的猜忌和部院的反对。正如万历时阁臣叶向高所云,内阁不过"供票拟之役"而已,凡百政事,非下部必不可行,不能行。"臣等拟旨,故事:不过曰某部知道;其急者则曰该部看了来说;其最急者则曰该部上紧履行。如是而不行,则臣等之说穷。而每当票拟,亦自知其虚文而厌苦之矣。"⑤内阁的本分在于,"百凡皆奉圣断,分毫不敢欺负;部务尽听主者,分毫不敢与闻"。⑥ 严嵩、张居正正是因为跨越雷池,擅作威福,遭到惩罚。"我朝阁臣,只备论思顾问之职,原非宰相。中有一二权势稍重者,皆上窃君上威灵,下侵六曹之职掌,终以取祸。"⑦徐阶掌阁之初,以"以威福归朝廷,以事权归六部,以公论付台谏"自警,提醒自己夏言、严嵩因专权而败死的教训。内阁和六部的权力制度上是泾渭分明的,"部院即分职之六卿,内阁即论道之三公。未闻三公可尽揽六卿之权,归一人掌握,而六卿又俯首屏气,唯唯听命于三公,必为请教而后行也"。⑧ "明制,六部分莅天下事,内阁不得侵。至严嵩,始阴挠部权。迨张居正时,部权尽归内阁,逡巡请事如属

---

① 《世庙识余录》卷一七。
② 《明史》卷二一三《徐阶传》。
③ 高拱:《本语》卷五。
④ 《明史》卷二一三《张居正传》。
⑤ 叶向高:《纶扉奏稿》卷二《条陈要务疏》。
⑥ 《明神宗实录》卷五〇一,乙未。
⑦ 《明神宗实录》卷五〇一,乙未。
⑧ 《明史》卷二三一《钱一本传》。

吏,祖制由此变。"①变乱"祖制",当然罪不容诛。

从内阁的法律地位来看,终明一代,内阁一直与其母体翰林院保持着至少是名义上的隶属关系。内阁公文往来,嘉靖、隆庆以前很长一段时间犹自称翰林院,此后才称为内阁。② 拥有独立的印信是一个机构制度化的重要标志,宣德中曾特赐内阁文渊阁银印,然只用于"机密文字,钤封进至御前开拆,其余公务行移各衙门,皆用翰林院印。而各衙门章奏文移,亦止曰翰林院。……于是内阁、翰林称同官"。③ 万历修《会典》时,仍将内阁职掌附录于翰林院条下,也颇能说明问题。从与翰林院的关系可以看出,内阁是一个带有浓厚秘书近侍性质的机构。

阁臣颇有以宰相自任者,他们极力打破制度上对阁权的限制,扩张自己的势力,其成败与否须视周遭情势而定,取决于内阁与皇帝、司礼监、部院之间力量的消长。阁臣要成为权相,必须得到皇帝充分信任,上无宦官之掣肘,下无六部之颉颃。

"三杨"之崛起,适逢英宗年幼无法理政,宦官势力尚未抬头。宦官王振、汪直、刘谨等猖獗之时,内阁一无作为。嘉、万时内阁权力的高峰,与宦官势力削弱密切相关。"世宗习见正德时宦侍之祸,即位后御近侍甚严,有罪挞之至死,或陈尸示戒。……故内臣之势,惟嘉靖朝少杀云。"④世宗的即位又曾得到阁臣杨廷和的帮助,使他十分信任内阁,才有嘉靖时阁权的高扬。万历初年又出现主幼臣强的局面,张居正遂得以成就一代名相事业。神宗成年之后厌恶张居正独断擅权,对他进行了清算,内阁"权相"迭兴的势头即被遏止。在阁部之争中一直处于劣势的吏部此时也起而对抗内阁。魏忠贤乱政之时,阁臣顾秉谦、张瑞图、魏广微等堕落为阉党,内阁在宦官势力的压迫下已毫无尊严、廉耻可言。崇祯帝刚愎自用,内阁成员频繁更迭,阁臣百般曲承帝意,仍是杀的杀,罢的罢,已全无半点"宰相"威风。

明代九卿部院主要以廷议、廷推等形式参与中枢决策,其中六部,尤

---

① 《明史》卷二二五《杨巍传》。
② 《明史》卷七三《职官》二。
③ 《万历会典》卷二二一《翰林院》。
④ 《明史》卷三〇四《宦官》一。

其是吏部的权力最为重要。除了以集议方式参决朝端大政外,宰相制的废除,使六部从宰相的曹属变为直属皇帝的国家最高行政机构,事权大为扩大。部院的权力主要受内阁权力变化的影响。关于明代六部的职掌和权力,是下节要重点讨论的问题。

综观明代中央决策体制,是以皇帝为中心,各种因素互相牵制、互相制约的复杂机制。对于这一机制,可从两方面进行评价。

首先,贯彻了明初统治者集权于上、分权于下的思想。

通过废除宰相,皇帝把大小政事的最终裁决权全部收归于己。另一方面,皇帝又通过众多的决策环节和复杂的决策程序把决策权分散于九卿、内阁、司礼监等部门,而由皇帝总其成。从明代的历史来看,在这种体制下皇帝对权力的控制基本上是成功的,达到了制度设计的初衷。无论是内阁、六部还是内臣司礼监,尽管权力各有消长,但无论是谁,都不能对皇权构成威胁。它们彼此牵制,无论哪种力量坐大,皇帝都可以运用调控手段比较容易地打压下去。明代历史上多次出现过君主幼弱或荒淫废政的情况,但皇位始终岿然不动。因此不能不承认这套制度对维护皇权具有相当的合理性。

其次,这种体制中出现了对皇权的新的制约因素。

明代皇权前后期有一个变化过程。太祖废宰相后,乾纲独断,事无不统,皇权达到一个顶峰。永乐时亦威柄自操,权不下移。仁、宣之后,皆为守成之君,皇帝的能力、经验与祖辈已不可同日而语,因而作为辅政机构的内阁发展起来,廷议、廷推等各项制度亦渐次形成。这些机构和制度本来是因辅助皇帝处理政务而产生,但在这个过程中逐渐获得了一部分权力,一些习惯性的做法形成具有一定刚性的制度,反过来对皇权形成了制约。

明代以前,延续千余年的宰相制度一直是代表官僚集团制约皇权的重要力量,君相之争是时或出现、长期存在的矛盾,无怪乎明太祖必欲除之而后快。宰相废除后,皇权对于官僚集团一度居于绝对优势,而这些制度的形成,则在皇权与官僚政治之间建立了一种新的平衡。从权力结构上看,废相后原属宰相的权力一部分收归皇帝(含司礼监),一部分流向内阁,一部分流向九卿。后两部分权力多以制度化的形式表现出来。

从性质上看,这些制度是对皇权的一种集体制约机制,相对于前代来说,具有新的积极的意义。此前宰相机构对皇权制约的局限性在于,宰相是由皇帝来任命的,其他高级官员的任命则由宰相提名报皇帝批准。通过控制人事权,皇帝削弱了宰相机构的制约能力,加强了对官僚集团的控驭。而在明代,从制度上来说,阁臣、九卿等高级官员须经朝廷官员联合推举产生,尽管皇帝保留了某些手段(如特简),并通过各种方式控制廷议、廷推之结果,但其至关重要的用人权已受到制度的很大限制。集体制约机制的形成,使官僚政治的制度化、客观化倾向明显增强了。这无疑是具有进步意义的。

二　明代的六部——中央行政体制的主体

1. 明代六部的地位与权力

六部是明代国家最高行政机关。明代六部之地位,较前代显著提高。

首先,自隋唐三省六部制形成以来,六部一直是宰相机构的曹属。唐代"都堂居中,左右分司。都堂之东有吏部、户部、礼部三行,每行四司,左司统之。都堂之西有兵部、刑部、工部三行,每行四司,右司统之。凡二十四司,分曹共理,而天下之事尽矣"。① 北宋元丰改制后,门下、中书、尚书三省皆设有吏、户、礼、兵、刑、工六房,掌六部事。元代中书省权重,六部为中书省之具体办事机构,六部官员一般由宰相推荐人选,皇帝批准任命。一般情况下,六部官奏事都要通过宰相,皇帝甚至可以不认识六部官员。宰相对六部工作可直接监督,对不合格者给予处罚。

明初承元制,六部属中书省,"权轻,多仰丞相意旨"。洪武十三年(1380)罢宰相,革中书省,"析中书省之政归六部"。六部直接对皇帝负责,权力和地位大大提高。首先,提升六部品秩,部尚书之品级由正三品升为正二品,成为公孤傅保等荣衔外品级最高的实官,侍郎则由正四品升为正三品。建文时,还曾一度改六部为正一品衙门。形成"官必以尚

---

① 《通志》卷五三《尚书省》第五上。

书为尊"的局面,实前所未有。

其次,六部机构设置大为完备。明代六部机构设置的特点主要有:(1)吏、礼、兵、工四部,仍沿前代按工作性质各分为四司,而户部和刑部则按全国十三布政司范围分为十三个清吏司进行分区管理,反映了职权的扩展。吸收金元六部"科"和"曹案"的分工体系,于司下设科,形成部—司—科三级系统,机构设置更加完善。① (2)人员的品级和素质显著提高。如主事一职,洪武时改为司官,与郎官并列。② 中期以后,主事以上官员均以进士选用,极精华之选。(3)各部创设司务厅,以司务为首领官,负责文书收登转发、催督办事程限、管理吏员杂役等日常事务。

再次,六部职权大为扩展。

废中书省后,六部官奏事无须再通过宰相,连六部司官也可以直接向皇帝上疏。皇帝发布政令后,直接交由六部执行。在参与决策上,六部、尤其是吏部,在廷推、廷议等活动中居于主导地位;皇帝如将事情下部议,则由该部直接向皇帝提出决策方案。在政务运行中,除重大事项需奏报皇帝批准外,日常事务可自行处理。

由于明代六部分割了宰相很大一部分事权,因此各部在其管辖范围内权力都有很大扩展。其中又以吏、兵、户、礼等部最为突出。

六部中以掌管文官用人权的吏部地位最高。吏部尚书地位之尊,在朝臣中首屈一指。"吏部尚书,表率百僚,进退庶官,铨衡重地,其礼数殊异,无与并者。"③享有"赞天子之治"的特殊地位。以至有人说,"今吏部之职,拟古宰相。而其黜陟之柄,有宰相所不及者。如前代人主有所简拔,或不关中书。祖宗时用人,亦往往出亲擢。今凡不由吏部拟上而特旨迁除者,谓之传奉官,必不久而罢。人亦耻为之。又如有降黜官,虽奉特旨,他日尚可复起。独由吏部考察者,永不叙用。其体势之重,古未有也"。④

---

① 张帆:《金元六部及其相关问题》,《国学研究》第六卷,第 141—170 页。潘星辉:《明代文官铨选制度研究》,北京大学博士学位论文,2001 年 7 月,第 8 页。
② 《明会要》卷三一《职官》三。
③ 《明史》卷七二《职官》一。
④ 《续通典》卷二二《选举·杂议论》下。

明代吏部用人权之广泛,在各代无出其右。对高级官员之选任,唐代五品以上由宰相提名,皇帝任命,称"制授";宋代高级官吏由中书门下(政事堂)"堂除"。明代内阁大学士,吏、兵二部尚书等重要职位的人选,虽然存在特简和廷推(敕推)两种途径,但前者越到后来越受非议,被舆论认为是违制的行为。其余九卿等高级官员,则例由廷推产生。在廷推中,"九卿共之,吏部主之",吏部是当仁不让的主导者。"会推名虽公,主持者止一二人,余皆不敢言","明日廷推,今日传单,其人姓名不列,至期吏部出诸袖中,诸臣唯唯而已"。① 可以看出,对于高级官员的铨选,吏部起了最重要的作用。原属宰相的相当一部分高级官吏铨选权为吏部所继承。

对九卿以下的中央和地方官,吏部通过部推和大选、急选等常规选法遴选。部推由明初之保举法发展而来,主要适用于小九卿、布按二司官及知府等,②由吏部具名推荐,皇帝点用。大选、急选属常规铨选,吏部照章办事,皇帝一般不加干涉。

吏部分为文选、验封、稽勋、考功四司,每司下设若干科。各司中以文选、考功二司最重要。文选掌官员选任,考功负责官员黜陟之典,即考满、考察。

考满是官员任满一个期限后对其进行考绩。明代规定,四品以上京官,任满由皇帝决定升降去留。外官布政司四品以上,按察司、盐运司五品以上,任满由都察院考核,吏部复考,吏部提出黜陟意见,皇帝裁定。在京各衙门五品以下属官考满,先由各衙门正官写出评语,送监察御史考核,吏部复考。科道官分别由都御史、都给事中考核,都给事中由各部正官考核,送吏部复考。在外各官考满均须送吏部复考。

考察是定期对所有官员进行审查,分为京察与外察(大计)。京察中四品以上官员采取自陈方式。各衙门属官首领官由本衙门堂上官考察,吏部审核确定黜陟。外察中,布按二司考察其属官及所辖府州县正官,布按二司官由巡抚、巡按考察,最后由抚按通核考察事状造册报吏部定

---

① 《廿二史札记》卷三三《明吏部权重》。
② 潘星辉:《明代文官铨选制度研究》,第 126 页。潘文认为,明代部推制由保举发展而来,其关节点在成化年间。

夺。凡在大计中遭处分者,规定永不叙用。而以中旨被降者,他日尚可复起,可见考察的分量。

明代吏部无论在官员的选任还是考核上,都扮演了极为重要的角色。正因为如此,吏部成为中央最重要的衙门。吏部尚书为百僚之首,吏部侍郎可与他部尚书均礼,吏部司官、尤其是掌管官员选任的文选司,亦为人所尊礼。"故事:卿贰大臣考满,诣吏部,与堂官相见讫,即诣四司门揖。司官则南面答揖。"①文选司郎中地位重要,有时吏部尚书亦不能左右之。②

与吏部负责文官选任相对,兵部负责武职选授。明前各朝兵部属尚书省或中书省,不掌握军政实权。明初,兵部权力受中书省和大都督府制约。洪武十三年废中书省后,大都督府一分为五,兵部权力崛起。明代无枢密院之设,兵部的权力更为突出。除掌武职选授、后勤、驿站等事外,还负责军队训练、调遣、战事谋划,甚至可以直接统帅军队。兵部武选、职方、车驾、武库四司中,武选掌除授,职方掌军政,其职尤要。

如吏部文选司一样,武选亦为"剧司",在兵部职责最重,"掌卫所土官选授、升调、袭替、功赏之事"。凡五军都督府掌印、金书等官缺,由兵部具奏,会官推举,奏请简用。地方各都司掌印、金书等官有缺,由兵部议拟奏请简用。③ 武官之考察,成化二年(1466)定每五年举行一次。五府、锦衣卫堂上官、各地总兵官上疏自陈,皇帝裁夺去留。都司卫所官由抚按考核,武选司会同兵科参详去留,奏请圣裁。

职方司"掌舆图、军制、城隍、镇戍、简练、征讨之事"。明代设五军都督府与兵部相互制衡,都督府掌军籍,兵部掌制令。"合之则呼吸相通,分之则犬牙相制。"④兵部为"军令自所出",凡军队调遣,皆从兵部题奏、议准。明代为防军权旁落,凡重大军事决策,发布军令、任命将帅等,由兵部题奏后,均须通过廷议,请旨而后行。职方司"征讨请命将出师,悬

---

① 《明会要》卷三一《职官》三。
② 《明史》卷一五八《黄孔昭传》:孔昭为文选郎,"(吏部尚书尹)旻欲推故人为巡抚,孔昭不应。其人入都谒孔昭,至屈膝,孔昭益鄙之。旻令推举,孔昭曰:'彼所少者,大臣体耳。'旻谓其人曰:'黄君不离铨曹,汝不能迁也。'"
③ 《万历会典》卷一一九《推举》。
④ 《春明梦余录》卷三○《五军都督府》。

赏罚,调兵食,纪功过,以黜陟之"。① 负责征伐中调遣、监纪、赏罚等各种具体事宜。

兵部的权力除了掌握军令之外,另一个重要方面是作为文臣直接控制军队。明代采取以文制武的军事领导体制,地方镇守或命将出师,武臣为总兵官之外,每派文臣提督军务。以中央直接掌握的军事力量京营而言,永乐初,设京军三大营,由武将统领。土木之变后,于谦对京营进行了改革,于景泰元年设十团营,由兵部尚书兼领提督团营。这是兵部直接控制京军的开始。嘉靖二十年(1541),命兵部尚书刘天和辍部务,另给关防,专理京营戎政。二十九年(1550)以武臣为"总督京营戎政",改设兵部侍郎协理戎政,不给关防。此后兵部侍郎与武将共同管理京营的制度大致确定下来,终明之世变化不大。②

兵部官员以文臣身份外出提督军务的情况十分普遍。明初永乐、宣德两朝就有兵部尚书刘俊、陈洽在征交趾之役中战殁。③ 正统间麓川之役,王骥以兵部尚书总督军务。④ 成化三年,贵州山都掌蛮作乱,襄城伯李瑾、尚书程信发川、广、云、贵、番汉兵讨之。⑤ 兵部左右侍郎亦可外出,如嘉靖间兵部左侍郎潘珍曾提督两广军务,右侍郎张经总督两广军务。⑥

吏、兵二部在六部中权力最重。其他各部:

明初设六部时,号称"吏部体至尊,户部权最重"。户部掌国家财计,辖十三清吏司,各司下属四科:民科、度支科、金科、仓科。职能有管理天下人口、田土,征收赋税,供给禄饷,管理库藏、仓场等项。明代户部不再受宰相节制,也不像宋代那样财权三司分立,户部仅得其一,而享有独立完整的财权,从这个意义上讲,明代户部的权力之大是前所未有的。但在古代中国,财政管理制度较欠发达,而且受专制皇权的侵蚀亦较严重。皇帝以天下财货为私产,任意掠夺挥霍,万历年间税监矿使四出,天下骚动,成为明朝衰亡的一个重要原因。户部的日常工作,只是忙于烦琐的

---

① 《明史》卷七二《职官》一,兵部。

② 同上。

③ 杜婉言、方志远:《中国政治制度通史》第9卷,人民出版社,1996年,第147页。

④ 《明英宗实录》卷七五,乙卯。

⑤ 《明会要》卷六十,兵三,调发。

⑥ 《明史》卷二〇三《潘珍传》、卷二〇五《张经传》。

田土税粮统计和仓储管理,不能做出宏观的财政决策,更谈不上实施有效的措施改善国家财政,推动经济发展。与发达的人事制度相比,财政管理显得十分原始。户部"从来没有变成决策部门",更像是"一个大型的会计管理部门而不是一个执行机构","户部尚书管理日常财政事务,但没有皇帝的同意,他们无法行事"。① 因此从这个意义而言,户部的权力与作用难以突出,与具有文、武两方面实权的吏、兵二部无法相比。

明代礼部职责范围甚广,《明史·职官志》云:"周宗伯之职虽掌邦礼,而司徒掌邦教,所谓礼者,仅鬼神祠祀而已。至合典乐典教,内而宗藩,外而诸蕃,上自天官,下逮医师、膳夫、伶人之属,靡不兼综,则自明始。"礼部设仪制、祠祭、主客、精膳四司,以仪制司最为重要。礼部地位之重要是由于意识形态的需要,中国古代君主崇尚"以礼治国"。礼部尚书身份华贵,"成、弘以后,率以翰林儒臣为之。其由此登公孤任辅导者,盖冠于诸部焉"。② 由于这个特点,礼部尚书与皇帝的关系较为密切,明代礼部尚书得公孤荣衔之多,辅导太子、入阁人数之多,都居六部之首。礼部尚书人数在各部中最多,多为加官,而部事却"视他部为简"。可以说,礼部尚书之尊,实因其"清望",而非实权。

刑部尚书"掌天下刑名及徒隶、勾复、关禁之政令"。明代六部之中,刑部职权受干扰最大,权力相对较小。刑部、都察院、大理寺称"三法司","刑部受天下刑名,都察院纠察,大理寺驳正"。重大案件要由三法司或九卿会审,朝审(秋审)的执笔者竟为吏部尚书,可见明代司法权力分割之一斑。此外宦官、锦衣卫亦侵蚀了一部分司法职权。刑部职责主要是受理地方上诉案件,覆审地方大案,审理中央百官案件。民间狱讼非经通政司转达,刑部不得受理。"京师自笞以上罪,悉由部议";布政司及直隶府州县"徒流、迁徙、充军、杂犯解部"处理。

工部为六部中之"冷居","素号繁猥",地位最低,尚书、侍郎有以工匠出身者。又因钱粮过手,易以起谤,故为清流所薄。掌工程营建,下设营缮、虞衡、都水、屯田四司。营缮司掌经营兴作之事,虞衡司掌山泽采

---

① 黄仁宇:《十六世纪明代中国之财政与税收》,生活·读书·新知三联书店,2001年,第12—13,15,4页。

② 《明史》卷七二《职官》一。

捕、陶冶之事,都水司掌川泽、桥道、舟车、织造、券契、量衡等事,屯田掌屯种、薪炭、夫役、坟茔等事。

明代六部在历代中地位最高,与前代相比自不待言,与清代相比亦复如此。清代设满、汉两尚书相互牵制,事权已分。体制上,更以亲王或大学士管理部务。具体职权方面,军政大事均由皇帝亲自过问,六部职权大为减小。以吏、兵二部为例,明代吏部掌天下官吏选拔,高级官员可廷推、部推,清雍正后在京高级官员和地方大员出缺,由军机大臣开列名单请旨特简,道府缺亦由军机处进单钦定,侵削吏部很大一部分权力。清代命将出师,均由皇帝掌握,对八旗兵兵部更无权管辖,所司不过绿营兵籍、武职升转、马政驿传等事务性工作。

2. 阁部之争

明代六部地位如此尊崇,而明初以来内阁作为皇帝的决策辅助机构在宰相化进程中地位逐渐崛起,两者不可避免地产生了冲突。由此形成了明代官僚政治中一种独特的现象——阁部之争,它从一个侧面反映了明代六部地位的提高及其与传统相权的冲突。

洪武十三年废宰相,"是明以六部为相也",是时无人可望六部项背。永乐是内阁制度形成的时期,其时阁臣虽受信用,但吏部尚书蹇义、户部尚书夏原吉亦参与机务。从品级上说,阁臣为翰林官,官止五品,地位无法与部尚书相比。洪、宣时"三杨"加至公孤,兼尚书衔,阁体始尊,但品序仍在吏部尚书蹇义之下。宣宗时始有票拟制,而当时蹇义、夏原吉皆与其事,"名位先于三杨""军国事皆倚办",然已"希阔不敌(杨)士奇等亲"。总体来看,蹇、夏以前六部对内阁处于优势地位。

至正统时,票拟专任阁臣,形势发展渐有利于内阁。内阁的权力在扩大,同时阁臣的出身也在发生变化,自景泰中王文以左都御史进吏部尚书,入内阁后,以部尚书、侍郎入阁者越来越多,阁臣的地位显著提高。阁部关系进入相持阶段。景泰二年(1451),在皇帝经筵中,内阁开始位列六部、都御史之上。[1] 成化五年(1469)己丑科读卷,兵部尚书兼翰林学

---

[1] 王其榘:《明代内阁制度史》,中华书局,1989 年,第 98 页。

士直内阁商辂,位次居吏部尚书崔恭之前,又开读卷时内阁学士居吏部尚书上之先例。① 至弘治年间,丘浚以礼部尚书入阁,朝班中吏部尚书王恕按旧例居丘之上,为丘所憎,被谤以去。同时从正德时焦芳起,阁臣开始有兼吏部尚书之例,如方献夫、严讷、吕本等,至隆庆间高拱以大学士兼掌吏部竟达三年,直接攘夺部权。②

此间虽然内阁地位渐隆,但六部仍然受到皇帝眷顾,有时在参与机要上竟获得比内阁更多的信任。弘治时刘大夏为兵部尚书,"因得非时召见,造膝三接,恩礼出诸贵上。即三相(阁臣刘健、李东阳、谢迁)所调旨,有不当上意,亦与商榷审定。三相有时反从刘问上今日何语,意不无怏怏"。③

嘉、万间,阁势大张。张璁、夏言、严嵩、徐阶、高拱、张居正相继用事,颐指百僚,"无敢与抗者"。④ 在这些"权相"的压制之下,六部不得不屈服。史称"六曹文武之柄,政为极重,其轻则始于嘉靖初"。⑤ 严嵩为首辅,"操权自利,六卿皆束手"。⑥ 张居正时,"政事一决居正","六卿伺色探旨"而已。⑦ 一时阁权之炽,"遂赫然为真宰相,压制六卿矣"。阁部之间的平衡态势被打破,阁权全面压制部权。嘉靖以后,阁臣"朝班位次,俱列六部之上",标志着在阁部之争中内阁优势的确立。

张居正之后,没有再出现有作为的阁臣,而且张居正由于专权而被清算,阁臣对六部的干预较为收敛,六部的地位有所回升。几任吏部尚书宋纁、陆光祖、孙铖都欲于部权有所振作。六部在受到阁权压制的时候,敢于从制度出发,理直气壮地加以抗辩。宋纁为吏部尚书,"时部权为阁权所夺,纁力矫之,遂遭挫,(陆)光祖不为慑。尝以事与大学士申时行忤,时行不悦,光祖卒无所徇"。⑧ 孙铖掌吏部,"守益坚。故事,冢宰与

---

① 《万历野获编》卷七《阁部列衔》。
② 《万历野获编》卷七《辅臣掌吏部》。
③ 《万历野获编》卷七《阁部形迹》。
④ 《明史》卷一九六《夏言传》。
⑤ 《万历野获编》卷九《阁部重轻》。
⑥ 李贽:《续藏书》卷一二。
⑦ 《明史》卷二一三《张居正传》。
⑧ 《明史》卷二二四《陆光祖传》。

阁臣遇不避道,后率引避。光祖争之,乃复故"。① 正是在这几任吏部尚书期间,张居正时"部权尽归内阁"的局面有所扭转,"权始归部"。天启初,吏部尚书周嘉谟、赵南星与阁臣叶向高、刘一燝等颇能各守其分,同心相济,阁部关系趋于均衡。

虽然六部权力一度被内阁所侵夺,但从制度规定上,内阁不具有干预六部行政的权力,这是内阁与宰相制度的深刻区别所决定的。内阁虽然在权力和地位上逐渐建立起对六部的优势,但并不能够最终直接控制六部,六部仍享有独立的行政权力。内阁只能利用其在政务处理和决策程序上的相对有利地位来达到干扰和牵制六部权力的目的。

廷推本为以吏部为首的六部九卿之权,亦是制度上认可的用人程序。阁臣入阁,亦以由廷推为正途。天启时孙如游以特简入阁,为廷臣交章论列,只好屡疏求去。② 内阁为削弱吏部权力,主张特简。因为特简"事虽上裁,旨由阁拟",自然有利于内阁。

内阁还建议通过荐举、保举等方式推举官员,以分散吏部廷推之权。万历二十年(1592),大学士赵志皋、张位建议,"凡会议会推,并令廷臣类奏,取自上裁,用杜专权"。③ 廷推时吏部不再预先提名,由九卿各举所知,吏部将所有名单汇总上报,由皇帝简任。这种办法使"九卿皆得举笔而书,冢宰惟拱手而听,此为溺职,彼为越俎"。④ 可以有效地起到瓦解吏部权力的作用,便于内阁插手用人权。

廷议、廷推结果都直接上呈皇帝裁决,皇帝则每每付之阁臣票拟,使内阁得对其结果之采纳与否施加直接的影响。这种影响对皇帝最终的裁决,有着不可小视的作用。"移转圣意,外廷千言,不如禁密片语。"万历元年(1573)吏部尚书缺,廷推葛守礼、朱衡、张瀚,帝问阁臣张居正,居正善张瀚,帝遂点用之。万历二十九年(1601),阁臣员缺,吏部推冯琦、朱国祚、沈鲤、朱赓等八人,神宗已点用冯琦、朱国祚,阁臣沈一贯密揭

---

① 《明史》卷二二四《孙铳传》。
② 《明熹宗实录》卷六,庚戌,壬子。
③ 《明史》卷二三一《史孟麟传》。
④ 《明神宗实录》卷四一八,壬戌。

曰:"二人年未及艾,盍少需之,先用老成者。"乃改用沈鲤、朱赓。①

对吏部与都察院共同主持的官员考察事宜,阁臣亦可以利用手中票拟的权力对官员去留施加影响。"六年京官大计,吏部都察院主之,及事毕,纠拾大僚,属科道为政,而阁臣票拟去留,或下之部院复议罪状当否,以听上裁。则太宰、御史大夫与内阁辅臣,是三官者俱主持大计之人……"②

在阁、部各守其分的情况下,内阁对部权的干涉是有限的。反过来说,六部制度上具有的权力对内阁是一个很大的限制。内阁的票拟,须在六部所上章奏的基础上做出,而不能自行以内阁的名义提出议案(阁臣密揭只能代表阁臣的个人意见)。进而言之,票拟中如事涉某部,即拟"某部知道",由该部看详题复,提出处理意见,内阁再审署拟议。对此,隆庆时内阁首辅徐阶有云:"我朝革丞相,设六卿,兵事尽归之兵部。阁臣之职,止是票拟,亦犹科臣之职,止是建白。凡内外臣工疏论边事,视其缓急,拟请下部看详,及兵部题复,观其当否,拟请断处。间值事情重大,拟旨上请传行。盖为阁臣者,其职如此而已。"③

内阁可能在实际权力上超过六部,但官品上,六部远较隶属关系上属翰林官的内阁为高,内阁学士须领部尚书或保、傅衔以自重,学士署衔例须先言某部尚书、次言某某殿阁大学士。

阁部之争,实际上反映了原属宰相的权力被分割的现实:谁也不可能在分权体制下获得绝对的优势。

三　地方行政体制中的分化与整合

与中央废中书省和宰相相一致,明代在地方对省级制度进行了改造。明代将沿袭于元代的行中书省一分为三,以弱化地方权力。在实际政务运作中,三司体制事权不一、遇事牵制的弊病逐渐暴露,于是又从中央派出巡抚、总督加以统率和协调。在省以下,明代在继承元代经验的

① 《明史》卷二一六《冯琦传》。
② 《万历野获编》卷一二《大计纠内阁》。
③ 《明穆宗实录》卷二二,乙丑。

基础上,发展出了沟通省级机构与府州县的桥梁机构——道,初步解决了行省制度省区过大、下辖单位过于分散的问题,为后代甚至近代以来的地方行政管理开创了一条新路。

1."三司六道"

所谓"三司六道",指的是明代废行中书省后的省级行政组织及其派出机构。"三司"为承宣布政使司、提刑按察使司、都指挥使司,分掌一省之行政、监察、司法、军事。"六道"是布政司属官左右参政、左右参议和按察司属官副使、佥事,分掌分别属于布政司和按察司的派出机构分守道、分巡道。三司与守巡道之制为明代所开创。

明初沿元制,于各地置行中书省。洪武九年,太祖废行中书省,改设承宣布政使司,与明初设立的提刑按察使司、都指挥使司构成三足鼎立之局。三司是一种新的省级体制,三权分立,分别直接向中央负责,彼此相互制衡,难以形成合力,地方不致坐大。

省与府之间有道一级机构的设置。分守道为布政司派出机构,以布政司官左右参政、左右参议掌之;分巡道为按察司派出机构,以按察司官副使、佥事掌之。此外布按两司下还设有名目繁多的各种专务道,如粮储道、兵备道、提学道、驿传道、清军道等。

元代的道是地方监察区。元初,设提刑按察司四道:山东东西道、河东陕西道、山北东西道、河北河南道。[①] 以后逐年增设。至元三十年(1293),天下共二十二道肃政廉访司,道长官为按察使、廉访使,下设副使、佥事等官,副佥以下定期出巡。

明代分巡道之设先于分守道。朱元璋至正十六年(1356)攻克集庆,即仿元制置提刑按察司。吴元年(1367)正式设置御史台及各道按察司,设按察使正三品,副使正四品,佥事正五品。洪武十四年(1381)在各按察司下分设各按察分司,全国共五十三按察分司。[②] 此按察分司即分巡道之前身。洪武二十九年(1396),改置天下按察分司为四十一

---

① 《元史》卷八六《百官》二。
② 《明太祖实录》洪武十四年三月丁亥条。

道,①分巡道制度正式确立。

洪武九年(1376),改行中书省为承宣布政使司,设左、右参政,洪武十四年(1381)设左右参议。② 关于分守道设立之时间,《明史·职官》四载:"分守起于永乐间,每令方面官巡视民瘼,后遂定右参政、右参议分守各属府州县。"《续通志》亦云:"永乐间令方面官巡视民瘼,遂令参政、参议分理各属州县。"但将每省划分为若干固定区域,指定参政、参议领之,并名之为分守道,是以后逐渐形成的。陆容《菽园杂记》云:"布政分司正统七年(1442)以后始有之。……布政司职理民事,非奉部符不出。至宣德、正统以来,添官稍多,有司始议置分司。"③布政分司出现即意味着分守道的形成。布政分司所在地开始只是参政、参议出巡地方时的临时署衙,以后随着二参常驻地方,便演变为分守道治所。

明代每省分守道与分巡道之数量大体相当,其辖区或重叠,或交错,它们分属两个系统,共同负责对省内各府州县事务的管理与监察,相互补充、相互制约,可说是明代地方政治中的一种双重体制。

专务道的形成过程比较缓慢。明初布按二司机构设置较为精简,监司官员额很少,后天下大定,庶务繁杂,对省级行政机构的粗放分工提出了挑战。加以遇有突发事件,出现新的矛盾和问题,需派人专理,而原有之监司官却不敷使用。因此明初以后便不断添置参政、参议、副使、佥事等官,指派他们专门管理某一项事务,如粮储、兵备、盐法、学政等,于是便有专务道的产生。这种道不同于分守道和分巡道,不按所辖地域来划分,而以所担负的具体事务来划分。

明代的道制有着双重的意义。首先,守巡道作为地域道,最初是为了加强布按两司对庞大省区的控制而设置的,以协调和监察职能为主。分巡道本来就属于地方监察系统,分守道则是行政系统内对官员实施监察的机构。明中后期,守巡两道监察职能逐渐削弱,所担负的行政职能却不断增多,最终向省与府之间的一级行政实体转化。这种转化的完成在清代。道一级地方机构的出现及转化为行政组织,与省制的缺陷有很

①　《明史》卷七五《职官》四。
②　同上。
③　《国朝典故》卷八二,陆容《菽园杂记》十。

大关系。自元代行省制度确立后,存在着省区过大与府州县过于分散的矛盾,如何加强省与府州县的联系成为省制下的新问题。元代在二者之间有路一级机构的设置,明代则通过设立道来解决这一问题。道对加强省与府州县的联系起了重要作用。

其次,专务道是省制发展的全新内容。兵备、驿传、清军、粮储、水利、屯田、提学等道,每种道承担省内某一项专门事务,是一种省级职能部门。这种程度较高的地方行政机构专业化分工,是前代所没有的,具有开拓的意义,体现着中国古代地方行政体制发展的一个新高度。

2. 巡抚与总督

废行中书省后的三司体制使省一级行政、司法、军事三个系统各自独立,难以形成与中央抗衡的力量。但同时地方的稳定是以牺牲行政效率为代价的。地方上缺乏一个强有力的权威,遇事各个系统之间难以协调,容易造成互相推诿,拖延不决。这是废行中书省后明代省制的一大缺陷。

为解决这一问题,经过长期的尝试和发展,逐渐形成了总督、巡抚制度。

"巡抚"这一名称的出现,始于洪武二十四年(1391)朱元璋派懿文太子朱标巡抚陕西。但其时主要是派太子巡视陕西,与以后的巡抚并不相同。真正意义上的巡抚是从永乐十九年(1421)派遣尚书蹇义等二十六个朝廷大臣巡行天下,安抚军民开始的。这一时期不定期地派朝廷大员巡察地方,"不拘尚书、侍郎、都御史、少卿等官,事毕复命,即或停遣"。①《明史·宣宗本纪》载:"洪熙元年(1425)八月癸未,大理卿胡概、参政叶春巡抚南畿、浙江。设巡抚自此始。"这里说的实际上是巡抚久驻地方的开始,不久各省即普遍设置。② 宣德五年(1430)九月,"擢监察御史于谦、越府长史周忱等六人为侍郎,巡抚两京、山东、山西、河南、江西、浙江、湖广等处。各省专设巡抚自此始"。③ 除了在十三布政司设置之外,

① 《春明梦余录》卷四八《西垣笔记》。
② 《明史》卷九《宣宗本纪》。
③ 《明通鉴》卷二〇,宣德五年九月。

在一些军事要冲或事务繁杂、易生事端的地带也有设置。

巡抚的职责主要是巡视地方、抚安军民、考察官吏、提督军务。初期提督、赞理军事职责较重，但其民事行政权力在不断发展。"凡徭役、里甲、钱粮、驿传、仓廪、城池、堡隘、兵马、军饷，及审编大户粮长、民壮快手等项，地方之事，俱听巡抚处置。"[1]可见明中期以后巡抚职权已经甚广，涉及地方政治的方方面面。巡抚在沟通中央与地方、加强地方行政效能方面起到了积极作用，因此巡抚的制度化进程较快，制度化程度也较高。一方面辖区趋于稳定，一方面逐渐收揽三司事权，其作为总领一省的地方行政首脑的角色渐具雏形。

总督的形成晚于巡抚，与巡抚制存在一定联系。所谓"巡抚……所辖多事重者加总督"。[2] 总督又有"总理""总制"等名目。总督之地位高于巡抚，事权更重。与巡抚普遍参与地方各项行政事务不同，总督职能的专指性较强，或专管某一方面事务，或具有浓厚的军事色彩。其辖区不限于省，根据所任职掌的需要，或专注于一两个战略要地，或跨越数省。

总督可分为专务总督和地方总督两类。专务总督出现于宣德年间，有总督税粮、总督漕运、总督河道等名目，以所辖事务为主，辅以提督军务。地方总督则军事色彩强烈，一般设于军事要冲、边地或发生动乱之处，以利于调动各方力量协同行动。地方总督出现于正统六年(1441)，时值西南麓川之役，朝廷以兵部尚书王骥总督军务。"此设总督之始。"[3]这时的地方总督尚属临事派遣，事毕还朝，还未专设定制。《明史·职官志》载有地方总督14处，均设置于景泰以后。嘉靖是总督设置制度化的重要时期，一些地方的总督在此期成为"定设"，变成常设差遣。如蓟辽、宣大、陕西三边、两广等。天启、崇祯时，时局危殆，遍地烽火，广设总督，总督的权力和管辖范围越来越大，辖区有的达五省、七省之多，名称又有经略、督师、总理等名目。

巡抚设置之初有每年回京议事之例，中期以后渐渐停止。整体来

---

① 《万历会典》卷二一一《抚按通例》。

② 《续文献通考》卷五四《职官考·御史台》。

③ 《明会要》卷三四《职官》六。

说,巡抚的地方化程度要比总督高得多,一则其辖区较为固定,且与原有省级行政区划基本吻合;其次巡抚已广泛参与地方各项行政事务的管理。总督由于专门化色彩较浓,辖区和设置都缺乏稳定性,许多是旋置旋废,职能的发展也不够全面,因而其向地方官转化还需更长的过程。

明后期虽然巡抚、总督已具有地方官员的某些特征,但在制度上、形式上,他们仍是中央官,是一种差遣。督抚皆带宪衔,《明史·职官志》和《明会典》均把督抚列入中央都察院系统内。在官员考察中,督抚参加的是京察,而不是朝觐考察。督抚只有中央官出差的关防,而没有地方官的印信。督抚作为握有地方实权的军政长官,其建制很不完备。督抚无固定品秩,"奉命莅事,故无一定之品"。① 其职权由皇帝以敕书形式规定。督抚没有自己的佐贰官,只有几名令史、典史辅助工作,明中叶以后,督抚多自辟参佐,开置幕府。

巡抚和总督是明代中央联系地方的纽带,它是在行省制度改革后调节中央和地方关系的新形式。废行中书省后,它在相当程度上弥补了三司体制的不足。在地方分权的条件下,督抚相对集中的权力有利于提高地方行政效率和应变能力,同时作为一种差遣官,又便于中央的控制。但督抚在清代终于完成地方官化,没有摆脱监察官外化为行政官员的历史轮回。

四 繁密的多重监察体制

明代官僚政治在决策、行政系统设计上体现了分权、制衡的精神,这种精神进一步强化,形成了明代繁密的官僚监察体系,这是明代官僚政治成熟性的又一体现。监察系统在明代政治中占据着相当重要的地位,科道与内阁、六部鼎足而立,形成台谏与政府的对峙之势,对行政系统起着有力的监督和制约作用。都御史与最高行政长官六部尚书并为七卿,注入了以对等权力相互制约的原则。② 明人称治平有三要,"内阁掌印一

---

① 《续通志》卷一三九《官品》。
② 张薇:《明代的监控体制》,武汉大学出版社,1993 年,第 22 页。

要,吏部尚书一要,左都御史一要";①又有称科、道、翰林院、吏部为"四衙门"者,"以其极清华之选也"。② 就体现了这种关系。明代监察体系的多重性表现在,在中央,六科、都察院共司纠举百官之职;在地方,中央派出的巡抚、巡按和地方按察司共同承担对外省各级官员的监察,纵横交错,多管齐下,既相互补充又相互制约,组成一张繁密的监察网。

1. 科道

都察院御史分十三道监察中央和地方官吏,与六科给事中同为监察官,合称"科道"。都察院十三道御史既负责对中央官吏的监察,也通过向地方点差御史对地方官吏进行监察。六科则主要负责对六部进行对口监察,也可对中央其他部门的官吏行使监察权。

都察院的前身是吴元年(1367)建立的御史台,洪武十五年(1382)十月改都察院。明太祖有鉴于元代灭亡的教训,十分重视吏治,以"台官职掌风纪,品秩太轻",不断提高都察院官地位。洪武十七年(1384),升都御史正二品,副都御史正三品,佥都御史正四品,监察御史正七品。"自此台职与部权并重。七卿之名,遂为一代定制。"③

都察院设监察御史,御史按全国十三布政司分为十三道,各道御史分省巡察方面官。同时将中央各部门分别划归于十三道之下,由各道御史进行监察。

御史通过露章面劾和封章奏劾两种方法纠察百官,秩卑而权重,足以震慑百僚。为了保持充分的监察效力,明代赋予御史很大的独立性。御史虽在行政系统上隶属都察院,但在行使职权时则不受都察院的控制,而直接向皇帝本人负责。"十三道监察御史,出则巡视方岳,入则弹压百僚,虽与都御史相涉,而非其属官,直名某道,不系之都察院,事得专达,都御史不得预知也。"御史与都察院的这种松散关系,从其公文行文上亦可看出:"六部官皆书部,如吏部属,则曰吏部文选清吏司;兵部属,

---

① 《西园闻见录》卷二六《宰相》上。

② 《万历野获编》卷一〇《遍历四衙门》。

③ 《明通鉴》卷八,洪武十七年,正月。

则曰兵部武选清吏司之类是也。惟监察御史则书其道,而不系于都察院焉。"①都察院的长官都御史只负责对御史进行回道考察,在监察职权上不能干涉御史,他们自身甚至亦在御史的纠弹对象之列。"御史与都御史,例得互相纠绳,行事不宜牵制。"②都察院官划归河南道御史考察。"凡都察院、按察司堂上官及首领官,各道监察御史吏典,但有不公不法,及旷职废事、贪淫暴横者,许互相纠举。"③监察机构内部相互制约,而制约双方都直接向皇帝负责,一方面有利于监察效力的充分发挥,一方面也有利于皇帝对官僚集团的严密控制。

六科是中央的另一套监察系统。明初太祖在中央统设给事中,洪武六年分为六科。所谓六科,即按照吏、户、礼、兵、刑、工分为六科,监察六部。六科亦可对官员的违法行为进行纠弹,这与都察院的一部分职能是重叠的。六科原则上对口监察六部,但这种分工是相对的,"其事属重大者,各科皆得通奏。但事属某科,则列某科为首"。④ 与御史和都御史的关系类似,给事中遇事可单独上疏,无须请示都给事中。给事中亦可纠劾都给事中,"若都谏贤则敬之,都谏奸则纠之……"⑤

六科的一项重要职能是对公文的监察,即所谓"封驳"和注销之制。"封驳"之"封"是封还皇帝不当之诏旨,"驳"乃驳正臣下违误之章奏。封还的职能前面已经谈过,这里重点谈六科对臣僚章疏和公文处理情况的监察。"凡中外所上章疏下,分类抄出,参署付部,驳正其违误。"⑥此谓"科抄"或"抄参"。即章疏虽已经内阁票旨、禁中发下,六科仍可在发部执行时令其改正违误,重新改拟。注销是指圣旨与奏章每日归附科籍,五日一送内阁以备编纂,执行机关须在限期内奉旨处理事务,由六科核查后五日一注销。"各衙门题奏过本状,俱附写文簿,后五日,各衙门具发落日期,赴科注销,过期延缓者参奏。"⑦通过科抄和注销,六科对朝

① 丘濬:《大学衍义补》卷八《重台谏之任》。
② 《明史》卷一八八《陆昆传》。
③ 《万历会典》卷二〇九《纠劾官邪》。
④ 《明史》卷七四《职官》三。
⑤ 李清:《三垣笔记》中,崇祯。
⑥ 《明史》卷七四《职官》三。
⑦ 《万历会典》卷二一三《六科》。

廷公文和日常政务的处理实施了有效的监督,为封建国家日常政务的正常运作提供了一个制度上的保证。"诏旨必由六科,诸司始得奉行。脱有未当,许封还执奏,如六科不封驳,诸司失检察者,许御史纠弹。"①经过六科、御史的层层把关和效率监督,很大程度上保证了朝政的正常运转。"万历之时,九重渊默,泰昌以后,国论纷纭,而维持禁止,往往赖科参之力。"②在皇帝长期荒政的危局下,国家机器没有发生重大的紊乱,科抄与注销在其中起了重要的作用。

2. 巡按与按察司

都察院十三道御史分道出京,巡察地方官吏,称为巡按御史。巡按之渊源可追溯到汉之十三部刺史、唐之贞观十道御史或开元十五道按察使。汉刺史秩仅六百石,却可"奉诏条察州",与明之御史秩卑权重相类。明代的御史巡按制度比起汉唐有了更大的发展,制度更加完备:明代"御史巡按,岁一更代,正以防上下稔情之故"。③汉刺史则无固定任期,唐神龙二年才正式置十道巡按使,任期两年。明代巡按对地方府州县官吏兼有考察、荐举、纠劾之权,职能较前代更全面。汉刺史察而不举,其"六条问事",一条针对不法豪强,五条针对郡国守相,其余不问。唐代巡按巡察州县,职责偏重狱讼,且巡按一职除御史之外,他官亦可为之。明代对巡按御史的管理比前代更加严密,选任比前代更严,一般御史都要先历小差、中差后方可担任,又有回道考察之制对其加以考核,称职者回道管事,不称职者处罚。

洪武十年(1377)七月,朱元璋派监察御史巡按州县,此御史巡按之始。永乐元年,"遣御史分巡天下,为定制"。④标志着御史巡按制度正式确立。巡按御史以一省为一道,分道出巡,为期一年,事毕还京。

巡按御史身仅七品之官,监察对象却是地方上布政使、按察使等二、三品大员,位卑而权重。巡按出巡曰"行部"或"按部","代天子巡狩",

---

① 《明史》卷二一五《骆问礼传》。
② 《日知录》卷九《封驳》。
③ 《天府广记》卷二三《事典》。
④ 《明史》卷六《成祖纪》二。

大事奏裁,小事立断。巡按御史虽为都察院属官,但具有相当的独立性,《宪纲事类》:"凡差御史出巡,并追问、审理等事,都察院具事目,请旨点差,回京之日,不需经由本院,径赴御前复命。"正因为中央赋予御史如此重要的权力,所以从它诞生之日起,巡按的实际地位就不断上升,直至超越三司。最初,御史出巡皆骑驴,到宣德年间,已经可以和三司一样骑马了,而且巡方时序于三司之上。巡按以贱履贵,多有压制地方、作威作福之事。弘治以后,巡按颇有"秉权太重,行事太过"之嫌,"藩臬守令,皆不得专行其职,而事皆禀命于巡按矣。……相见之际,知府以下长跪不起,布政以下,列位随行。甚者答应之际,皆俯首至膝,名曰拱手,而实屈伏如拜跪矣"。"至于审刑议事,考核官吏之际,与夺轻重,皆惟巡按出言,而藩臬唯唯承命,不得稍致商榷矣。"①巡按权力之重,甚至随意凌辱、责打地方守令,嘉靖间巡按直隶御史蒋旸以小过杖杀真定知县丛芝,而旸仅得降级处分而已。品秩卑微的巡按拥有如此的权威,体现了明朝官僚政治以小制大、以内制外的特点,便于中央对地方的控制。

在地方监察体系中的另一个系统是按察司。按察司与御史同称"风宪官"。省级地方"三司"中,按察司是专司监察的机构,掌"纠官邪,戢奸暴,平狱讼,雪冤抑,以振扬风纪,而澄清其吏治"。② 按察司位于省城,省内划分为若干区域,称为分巡道,是按察司的下属派出机构。每个分巡道辖数个府州县,由按察司派出副使、佥事等官定期分道巡察。按察司作为地方监察机关,其职能与巡按有一部分是重叠的。

明初巡按与按察司两套监察系统地位相对平等,"国初监察御史及按察司分巡官巡历所属各府州县,颉颃行事"。③ 巡按御史与各省按察司在地方监察上是相互配合、平等协作的关系,可互相纠弹。宣德时,巡按已"以朝廷所差,序于三司之上"。④ 明中叶以后,由于重内轻外风气的形成,中央差遣官日益凌驾于地方官之上,地方双重监察体系的这种平衡逐渐被打破,权力向中央派出的巡按御史倾斜。正统以后,巡按御史

---

① 《明经世文编》卷一三六,胡世宁《守令定例疏》。
② 《明史》卷七五《职官》四。
③ 《万历会典》卷二一〇《出巡事宜》。
④ 《典故纪闻》卷十。

逐渐取得了对布按二司的考察、举劾之权,在朝觐考察中对布按二司的考察开始倚重巡按。此前由于布按为方面重臣,考察方式为本人述职,巡按并不参与其事。与此同时,巡按日益侵夺按察司对府州县官吏的监察权。弘治时,地方官的考察已主要"委之抚按俾报贤否",仅"参之布按及直隶州郡之长俾究其实"。① 以至明后期按察司对地方的监察权几乎被完全剥夺,"天下司府州县官吏贤否,独在抚按"。②

除了巡按与按察司外,巡抚与巡按的关系也可看作明代地方监察体系中的又一个双轨制。

3. 抚按之争

巡抚以中央官名义派驻地方"抚安军民",从权力结构上来说,一定程度上是为了解决地方上三司分立、事权不一之弊,长期看其职能有向地方行政系统转化的意味。但巡抚也有巡察地方的职能,又多带都察院衔,故不无"执持风宪"之意,③对地方官也握有一定的监察权。其中一个表现就是在外官考察中,巡抚与巡按的考语对于官员的陟黜是同样重要的。

巡抚多以尚书、侍郎、都御史、少卿等官为之,地位较高;巡按虽品级低微,但实际权力却日益增长,两者职权交叠,逐渐发生矛盾。于是授巡抚以都御史衔,以确立其在地方的权威。景泰四年,"布政使许资言:'侍郎出镇,与巡按御史不相统,事多拘滞,请改授宪职便。'乃转右副都御史。大臣镇守、巡抚皆授都御史,自(耿)九畴始"。④ 巡按御史为都察院官,巡抚授都御史衔,建立了名义上的上下级关系。但随着巡按权力的不断上升,与巡抚分庭抗礼,抚按矛盾仍趋于激化。嘉靖时,抚按"职掌相侵,礼文失体,甚者酿成嫌隙,互为奏讦;往往两败俱伤,得罪公议"。⑤"皆巡按御史无礼不逊致之。"⑥张居正也认为抚按之争主要是巡按权力

---

① 徐学聚:《国朝典汇》卷三九,弘治八年四月。
② 《明经世文编》卷三六六,叶春及《审举劾疏》。
③ 《春明梦余录》卷四八《都察院》。
④ 《明史》卷一五八《耿九畴传》。
⑤ 《明世宗实录》卷一四五,甲戌。
⑥ 《明臣奏议》卷二二,王廷相《遵宪纲考察御史疏》。

扩张所致:"直指使者(巡按)往往舍其本职而侵巡抚之事,违道以干誉,徇情以养高,此大谬也。"①

然而在不断升级的抚按之争中,中央渐渐支持巡按。这是因为明中叶以后巡抚逐步趋于地方化,"或四五年,或八九年,株守一方",有同方面官。面对巡抚逐渐成长为地方大员的趋势,中央要用巡按牵制巡抚的权力。巡抚与巡按虽都有监察权,但毕竟有所分工和侧重,"巡抚主拊循,巡按主纠察",巡按的监察色彩较巡抚为浓厚。中央要利用巡按对不断地方化的巡抚进行监视和牵制。因而"神庙以来,抚按执奏,大抵抚臣见屈,按臣见伸,故属吏之畏按臣甚于抚臣也"。②万历以后,带都御史衔的巡抚已对七品巡按甘拜下风了,"彼此俱称侍生,文移毫无轩轾,相与若寮寀,抚臣反伺巡方频笑逢迎其意旨矣"。③

从巡按以七品卑秩在地方监察体系中所处的核心地位,鲜明地体现出明代监察制度中以小制大、以内制外的特征。从制度设计来看,明代中央对地方的监察是严密而成熟的;从实际政治运作来看,也基本上达到了牢固控制地方的目的。

五　明代的官僚士大夫

士大夫官僚集团是官僚政治的主体。明代士大夫官僚集团呈现出两个较显著的特点。第一,专制皇权与士大夫官僚之间的关系表现出强烈的主奴色彩,而较少尊重与平等。皇帝通过严刑峻法、特务政治等手段,对士大夫官僚加以严密控制,在其意志与官僚集团发生矛盾时,则往往采取高压政策,肆意施以暴虐和淫威。士大夫集团在与专制皇权的对抗中处于极端弱势的情况下,其中一部分人表现出了强烈的独立意识和捍卫道统的牺牲精神。对专制皇权的不同态度,成为明末士大夫党争的一个重要因素。第二,明代学校与科举的鼎盛及其与选官制度的密切结合,对官僚集团的产生和构成,进而对其行为特征和社会角色产生重大

---

① 《明经世文编》卷三二六,张居正《答苏松巡按曾公士楚言抚按职掌不同》。
② 《明经世文编》卷一三六《守令定例疏》。
③ 《万历野获编》卷二二《巡抚之始》。

影响。官僚集团的产生途径更加制度化和社会化,其构成更为平民化,将知识阶层和社会精英更完整地纳入官僚政治体系。同时,由于科举与学校在入仕途径中的垄断性地位,对科举身份的强调贯彻到官僚体制的各个方面。由学校和科举制度产生的准官僚集团,与在职、居乡官僚一道形成一个庞大的具有特殊身份的社会群体,对明代政治和社会生活产生了深刻的影响。

1. 专制皇权与官僚士大夫

中国古代的君臣关系,从秦汉至明清,大致经历了"从共存到共治,降而为奴"①的过程。总的来说,在古代前期,官僚集团有着较强的贵族背景,保持了较高的政治独立性,因而能与皇帝共存、共治。唐末五代以后,科举制度成为官僚集团产生的主渠道,官僚的组成日益平民化,缺乏对抗皇权的强大社会基础,其权力来自皇帝,对皇权有一定的依附性,地位逐渐下降。到明代,由于皇权大张及科举和学校制度的发达,官僚士大夫更缺乏与皇权抗衡的实力,君臣关系中笼罩着一层浓厚的主奴色彩。

有明一代,但知尊君,不知礼臣,"君之视臣如狗彘"。从明太祖开始,"务为深刻之律,不闻平恕之条",不顾大臣体面,随意侮辱、杀戮朝士,开有明一代之风。洪武八年,刑部主事茹太素"陈时务累万言……言多忤触,帝怒,召太素面诘,杖于朝"。② 洪武十五年,大理寺卿李仕鲁因谏佛事,触朱元璋怒,命武士摔搏,立死阶下。

明代皇帝专门设置锦衣卫以处置钦犯;设东厂、西厂、内行厂,以宦官领之,监视、迫害朝臣,行特务政治;以廷杖为私刑,作为弹压、威慑士大夫的手段。

廷杖"不丽于法",为皇帝私刑,而频繁施之于国家官员。廷杖时朝廷大臣陪列于午门外西墀下,受杖者俯卧于地,由锦衣卫校尉持木棍杖于股上。皇帝通过这种方式使冒犯皇帝的大臣当众受到羞辱。大臣常被杖得血肉横飞,昏死过去,甚至毙命。"成化以前,凡廷杖者不去衣,用

---

① 吴晗、费孝通等:《皇权与绅权》,天津人民出版社,1988年,第4、54页。
② 《明史》卷一三九《茹太素传》。

厚绵底衣重毡叠帕,示辱而已,然犹卧床数月,而后得愈。正德初年,逆瑾用事,恶廷臣,始去衣,遂有杖死者。"①

正德、嘉靖两朝皇帝荒唐暴虐,廷杖大臣最多。正德元年(1506),朝臣因刘瑾逐正直大臣刘健、谢迁集体请命,21人被杖。正德十四年(1519)佞臣江彬诱帝南巡,朝臣劝阻,武宗罚翰林院修撰舒芬等107人午门外跪5天,然后廷杖,此次共打死大臣15人。嘉靖初年大礼议,廷臣反对浪潮汹涌,嘉靖三年(1524)世宗杖廷臣134人,死17人。嘉靖23年,"正旦朝贺,怒六科给事中张思静等,皆朝服予杖,天下莫不骇然"。②通计嘉靖一朝,受杖者不下数百人。

皇帝滥施淫威有时确能达到目的,"使人皆自救不给,莫敢进言","大小臣工靡不神丧魄夺,天日晦速,狐鼠啸张"。但很多时候却适得其反,皇帝愈是暴虐无道,臣下以道事君之风愈炽。《明史》评论道:明代科道官"天顺以后居其职者,振风裁而耻缄默。自天子、大臣、左右近习无不指斥极言。南北交章,连名列署。或遭谴谪,则大臣抗疏论救,以为美谈。顾其时门户未开,名节自励,未尝有承意指于政府,效搏噬于权珰,如末季所为者。故其言有当有不当,而其心则公。上者爱国,次亦爱名"。③ 这可以看作是士大夫官僚集团对皇权压制的反抗。受杖大臣因为维护封建道统而遭廷杖,不以为辱,反以为荣。诚如孟森先生所论:"明之廷杖虽酷,然正人被杖,天下以为至荣,终身被人倾慕,此犹太祖以来,与臣下争意气,不与臣下争是非所养成之美俗。清则君之处臣,必令天下颂为至圣,必令天下视被处者为至辱,此则气节之所以日卑也。"④明朝士大夫官僚中形成了一股敢言直谏的风气。

群臣冒死净谏,场面虽然看起来慷慨悲壮,但实际作用却是十分有限。皇帝对滥施廷杖的后果可以不负任何责任,如果皇帝坚执己意,仍然可以达到自己的目的,嘉靖帝在大礼议中最终获胜就是对那些死于杖下的大臣的巨大嘲讽。

---

① 朱国祯:《涌幢小品》一二《廷杖》。
② 《明史》卷九五《刑法志》三。
③ 《明史》卷一八〇"赞"。
④ 孟森:《明清史讲义》上,中华书局,1981年,第78页。

2. 学校、科举与选官制度

（1）科举必由学校

明代官学体系之完备为以往历代所不及，"学校之盛，唐宋以来所不及也"。宋代国家学校系统只发展到地方府、州级，明代则扩展到县级。中央有国子学，地方上有府州县学，基层有社学、书塾，宗室有宗学，卫所有卫学，此外还有武学以培养军事人才，学校的设立遍及社会各个角落，"无地而不设之学，无人而不纳之教"。官学无所不在。与官学的兴盛相比，明代私学式微。学校教育的绝大部分领域为政府所垄断，只为私学留下很少的发展空间。民间书院时禁时兴，发展时断时续，无论从规模还是影响上都远逊于官学。

官学的垄断地位使将学校教育纳入科举体系成为可能。学校教育从内容和形式上都与科举制度紧密结合，成为科举链条中的一个环节。参加科举必须由学校出身，学校也以培养适应科举制度的人才为目的，此即所谓"科举必由学校"。

明代科举考试分为童试、乡试、会试、殿试几个级别。童试为府州县学的入学考试，其参加者为未进学的士子——童生，考中后入府州县学读书，称为生员，又称秀才。秀才同时也是最低一级科举功名，已经脱离普通百姓身份，可以享受国家给予的种种优待和特权。生员优异者可选送京师国子监就读，成为贡监生。生员经选拔可参加在省会举行的乡试。乡试中虽也有个别"充场儒士"，即未进学的童生，但数额极少。乡试合格者即为举人。举人赴京参加会试、殿试，被录取者为进士。监生、举人、进士都享有选官资格。明代的学校制度、科举制度和选官制度紧密地结合为一体，学校教育不仅是科举的预备阶段，同时也成为选官制度的一部分。

明代学校的普及和科举入仕规模的扩大，使大量平民得以通过学校和科举进入官僚层，官僚政治的社会基础进一步扩大。官僚选拔中"先赋地位"的因素进一步减弱。据何炳棣统计，明代进士有近一半、地方生员中近四分之三出身寒微。①

---

① Ping-Ti Ho, *The Ladder of Success in Imperial China—Aspects of Social Mobility, 1368-1911*, New York: Columbia University Press, 1980, pp. 114, 123-124.

（2）从"三途并用"到科举独尊

明代选官制度有"三途并用"之说，但其说法则不尽一致。《明史·选举志》说："进士为一途，举贡等为一途，吏员等为一途。"顾炎武《日知录》则说："荐举为一途，进士、监生一途也，吏员一途也。"[1]《明会要》说三途为荐举、进士举贡、吏员。徐学聚《国朝典汇》又说是科举、岁贡、荐举。诸种综合起来，明代入仕不外乎科举、学校、荐举、吏员几种途径。进士、举贡、监生实际上都属于科举与学校制度的范畴。

所谓"三途并用"，其实说的不过是"国初之制"。明朝初年，战乱之后学术文化有待恢复，人才匮乏，科举制度还没有完备起来，而刚刚立国的明朝迫切需要大量人才充实到政权中来，这样荐举和吏员就成为入仕的两条重要途径。随着经济的恢复，文化的发展，学校教育和科举制度的完善，通过科举入仕的比例不断增加。永乐至正统，学校和科举逐渐成为官员选任中压倒一切的主要途径。官员的选任渐循程序和资格，作为破格用人举措的荐举，在明中叶以后只作为礼贤姿态而存在，实际上已废而不行。吏员终明之世虽仍是入仕途径之一，但像明初以吏员做至尚书的事情，明代中期以后已不可想象，大多只能升任杂职官。

学校与科举出身中，又以后者为重，而尤以进士为尊。监生在明初的政治舞台上曾经相当活跃，而在后期，进士则垄断了几乎所有高级官职。进士被称为"甲科"，举人为"乙科"，以下是国子监生，又可细分为举监（举人会试落第后入监读书）、贡监（从地方府州县学选贡入监）、荫监（官生、恩生）、例监（纳粟入监）等。根据出身高低，所选官职亦不相同。《明史·选举志》："京官六部主事、中书、行人、评事、博士，外官知州、推官、知县，由进士选；外官推官、知县及学官，由举人、贡生选；京官五府、六部首领官，通政司、太常、光禄寺、詹事府属官，由官荫生选；州县佐贰、都布按三司首领官，由监生选；外府、外卫、盐运司首领官，中外杂职、入流未入流官，由吏员、承差等选。"[2]科举与学校出身者几乎垄断了上至朝廷公卿，下至府州县正官的所有职位，只有少数杂职为吏员保留。

---

① 《日知录》卷一七《通经为吏》。
② 《明史》卷七一《选举》三。

科举和学校之外，"非是途也，虽孔、孟无由而进"。

明代统治者通过将官学教育、科举制度与国家官吏的选拔紧密地结合在一起，力图从思想上达到对官僚集团的严密控制。客观上则使官僚集团的产生途径更趋程序化和理性化，标志着中国的传统文官制度走向高度成熟。

（3）官、吏殊途与重内轻外

独重科举的选官制度造成了明代官僚体系中一些引人注目的现象，科举出身者与非科举出身者（正途与杂途）、科举中甲科与乙科的仕途前景截然不同，体现出明代官僚政治极其注重科举身份的特征。官与吏泾渭分明和仕途取向上的重内轻外就是这种特征的反映。

自隋唐科举制诞生后，官与吏的界限日渐分明。至明代由于科举制的高度发达和完善，及其占据选官途径的绝对垄断地位，更是在官与吏之间划出了一道鸿沟。明初受元代重吏的影响，吏员是入仕的一条重要途径，虽然对吏员为官也作了一些限制，但仕途前景相对较为广阔。吏员出身升至九卿和方面大员的并不少见。

明中期以后确立了科举在选官制度中的压倒地位，吏员入仕境况每况愈下。成化年间，吏部尚书商辂说："吏员考满，冠带听选，有经十二三年未得除授者。"[①] 弘治时，"吏员需选者，人多缺少，计其资次，有老死不待得一官者"。[②] 到万历，吏员不但不能担任府州正官，就是升为知县也被看作是破格用人。在没有出身就难以为官的情况下，吏员却被剥夺了参加科举考试的资格。这一规定肇始于明太祖，他目睹元末吏胥的险恶，认为"吏胥心术已坏，不许应试"。[③] 这种偏激的做法使有明一代大量有才干的吏员被挡在了官僚集团之外。

明后期官、吏分立严重，吏员迁转出职只能担任一些杂职官，官与吏之间的交流渠道基本被隔断。官与吏在国家机器中担任不同的角色，所谓"官主行政，吏主事务"。同时由于"官无封建，而吏有封建"，官为流官，吏则土著，形成"官弱吏强"的局面。官长于文学，吏则历练政务。官

① 商辂：《商文毅疏稿》，政务疏。
② 丘濬：《大学衍义补》卷十，《公铨选之法》。
③ 王世贞：《弇山堂别集》卷八一，《科试考》一。

从学校、科举出身，缺乏基层实际行政经验，吏长期供事于衙门，熟悉政务运作程序和公文处理；官由于回避制度和频繁调动，难以了解治内民情，吏则源于本乡本土，熟知当地情况。如此官要治理地方，必须依靠吏的配合，同时也就难免受到吏的左右和控制。吏员欺上瞒下、把持基层行政为非作歹是明后期地方政治中的一大公害。这与明代体制上官与吏严重隔离不无干系，为明代基层行政体制的一大弊端。

重内轻外是明代官僚政治中另一个比较突出的现象。"内"指京官，"外"指地方官，重内轻外即士人以选任京职为优，以放外任为畏途。其中原因，一方面明朝实行强干弱枝政策，废行中书省，立三司，地方事权分散，中期以后又不断向地方派遣巡抚、巡按、总督等监临官，三司权力更为削弱，因而外职渐为人所轻。另一方面，明初官员选拔多途并用，同时政府重视地方吏治和地方官的选任，人才在中央和地方的分布比较均衡，地方官多称得人，外官之升迁前景亦较好，因此人不以外任为耻。中期以后，单重科举、尤重甲科，进士一、二甲者多留任京职，三甲外放为知县者几年后亦旋即调京，文化精英的流动日益向中央倾斜，地方官的整体素质下降，州县官多以举人、监生等为之，因而受到轻视。重内轻外局面的形成除了明朝加强中央集权政策的负效应外，强调身份性的选官制度的形成也是很重要的原因。

明初地方官与中央官地位均等，常互调。《明史》云："初置藩司（布政司），与六部均重。布政使入为尚书、侍郎，副都御史每出为布政使。宣德、正统间犹然。"①按察司亦然："明初置提刑按察司，谓之外台，与都察院并重。故大明令，按察司、都察院并列，不视之为外官也。"②至万历间，沈德符生动地记载了外官由重变轻的情况：

> 祖宗朝最重布按二司官。知府凡有缺，必大臣保举部寺科道官有才望者居之。以故天顺以前，凡布政司、按察司见朝，俱序京官二品、三品之末。今明降本阶一级立矣。又俱坐轿开棍，今则导以尺棰策马带眼纱，与京师幕僚无异矣。……今言路视外转如长流安

① 《明史》卷七五《职官志》四。
② 《春明梦余录》卷四八《提刑按察使》。

置,动色相争,且以此定秉铨之邪正。即己丑年,今司徒张元冲(养蒙)以户科都给事升河南参政,亦不免稍见颜面。此公非计官爵者,但重内轻外,其势积成耳。若辛丑年,御史赵文炳以升副使郁死。乙巳年,给事钟兆斗以升参议,抗疏自辩,纷纷屡言,又不足言矣。①

以七品之给事中、御史,竟不愿外转为三、四品之参政、副使,甚至抑郁而死,可见重内轻外到了相当严重的地步。内外官的仕途前景,不啻天壤之别,"一升之后,低昂顿隔,内者不数年而建牙,又不数年而卿贰。而后者栖迟藩臬,或至十数年鞅掌浮沉,而且有风波之险"。② 尽管升任外官品级较高,但此后则淹滞地方,升迁难望,所谓"官升七级,势减万分"。③

重内轻外的仕途心态导致了一些颇为有趣的现象,如进士之出任州县官,前后悲喜就有几番反复。明初之《翰林记》载,庶吉士(进士优等入翰林院实习者)散馆(实习结束)后,优异者留翰林院任编修、检讨,次者出为给事中、御史,或外任州县官。④ 中期以后,外官日轻,进士视州县为畏途。"人中进士,上者期翰林,次期给事,次期御史,又次期主事,得之则忻。其视州县守令,若鹓鸾之视腐鼠。"⑤

另一方面,明中期后有从地方推官、知县中考选科道官之制,为外放州县官者带来一线转机。明代以科道官钳制政府,科道的势力呈上升之势,仕途前景亦看好。明初御史三考无过,仅升主事。弘治时,科道升迁犹只得府通判、州同知等"冗散外僚"。正、嘉以后则例升参政、副使等职。⑥ 万历后期,内阁权力收敛,地位下降,科道言官则借皇帝怠政之机鼓动风潮,参与党争,左右朝局,势力更为煊赫。"台省雄剧,迥出词林(翰林院)上。"庶吉士散馆的选择有了变化,以出为御史为上,六科次之,而以留馆为耻。⑦ 起初科道官多来源于新科进士,"给事、御史,多从新进

① 《万历野获编》卷二二《布按二司官》。
② 《明经世文编》卷四一二,钟羽正《条举科中事宜以明职守疏》。
③ 《万历野获编》卷一二《都给事转升》。
④ 《翰林记》卷三《庶吉士铨注》。
⑤ 《万历野获编》卷二二《邑令轻重》。
⑥ 《万历野获编》卷一一《科道升州府》、《科道俸满外转》。
⑦ 《万历野获编》卷一〇《吉士散馆》。

士除授,以故外官极轻"。① 中期以后兴考选法,规定监生及新科进士不得预选科道,"台省二地,非评博中行及外知推不得入"。嘉靖、万历年间,常令中央部曹不许改授科道,至此科道几乎为州县推官及知县所垄断。② 自此"外吏骤重,而就中邑令,尤为人所乐就"。二甲进士多授部曹,三甲进士出京放外,后者却受到前者钦羡。"二甲之为主事者,积资待次,不过两司郡守,方折腰手板,仰视台省如在霄汉。其清华一路,惟有改调铨曹,然必深缔台省之欢,游扬挤夺,始得入手。而三甲进士,绾墨绶出京者,同年翻有登仙之羡,亦可以观世变矣。"③到崇祯时,新科进士除知县,"受任时竟以科道自居,谓异日能举劾人,能荣辱。及至守巡司府,竟以科道相待"。④ 说到底,邑令之重还是因为将来能转清要京职。

3. 绅士阶层

关于"绅士",相近的概念还有"乡绅""缙绅""绅衿"等多种,定义和内涵不尽一致。这里使用"绅士"这一概念,作为明代官僚集团与准官僚阶层的合称,它比较明晰和全面地概括了形成于明代的这一新兴社会阶层的特征。"绅"是指现任或离职官僚,"士"则为举人、监生、生员等拥有科举功名而有待入仕者。⑤

"乡绅"一词虽然在宋代文献中已经出现,但相关称谓大量出现并成为固定用语则是在明代,尤其是明代中期以后。它是明代科举制度高度发达和学校、科举、选官制度三者紧密结合的结果。在明代科举制度步入正轨、走向鼎盛之际出现此类称谓,绝非偶然。大量通过科举制度获得身份、在政治和经济上享受特殊待遇的士人,形成了一个特殊的社会群体。

明代士人成为官学生,也同时取得了科举的第一级功名,获得了伴随终身的身份。具有这种身份的士人地位高于一般百姓,享有政府赋予

---

① 《万历野获编》卷二二《邑令轻重》。

② 关文发、颜广文:《明代政治制度研究》,中国社会科学出版社,1995 年,第 192 页。

③ 《万历野获编》卷二二《邑令轻重》。

④ 《甲申朝事小计》初编,陈启新《朝廷有三大病根疏》。

⑤ 参见〔韩〕吴金成:《明清时代绅士层研究的诸问题》,见《中国史研究的成果与展望》,中国社会科学出版社,1991 年。

的种种政治、经济、法律特权。府州县学生员可贡入国子监成为监生，生员、监生可通过乡试成为举人，监生和举人可直接授官。举人也是一种终身的身份，可直接参加下次会试。举人通过会试、殿试，成为进士，就获得了通向高官厚禄的进身之阶。

这与宋代有显著的不同。宋代官学不够普及，也没有形成非常完整的体系，官学生不具有终身身份，举人只具有一次性资格，如会试下第则下次需重新参加乡试以取得会试资格。官学生和举人也不能参加选官。所谓士庶之别，在明以前还只是观念上而不是制度上的。明代则将科举身份固定化，具有科举身份的人成为官僚集团的直接候选人，享有与官僚集团类似的种种特权，具有准官僚集团的特征，在士庶之间划了一条明确的界限。由于官学的普及和身份的终身性，这一集团的人数随着时间的推移不断增多，遂形成庞大的绅士阶层。学校和科举制度的完备在绅士阶层的形成中起了关键性的作用。

绅士之上层为官，下层为士。实际上举人、监生、生员等下层绅士占了这一阶层数量上的主体。举人身份必须通过严格的乡试才能获得，人数相对较少。监生、生员等官学生，则管理相对宽松，数量增长很快。从景泰时起，准许捐钞入监，据记载明末的例监生所占比例达到惊人的地步。① 生员数量增长也很迅速。明后期大县大致有生员一二千人，小县七八百人，下县二三百人。② 据顾炎武估计，全国每县生员以三百人计，则共有约五十万生员。③

绅士不同于一般庶人者，在于其享有种种特权。明代在议罪、定刑、礼仪、居处、舆马、器用、服饰、冠婚、葬祭、宴会、蓄奴等方面，有明确的等差规定，士庶之间存在森严的等级界限。政治方面的特权自不待言，经济、法律方面的特权也很突出。

绅士可以减免税粮和徭役。明初规定，京官之家除税粮及里甲正役

---

① 谢肇淛：《五杂俎》卷一五《事部》三："国朝设太学以结天下英才，最重其选，铨选京职方面与进士等。乃后来贡举之外，一切入赀为之，谓之援例。其有子弟员屡试不利于乡，而援入成均者，犹可言也。民家白丁，目不识字，但有余资，即厕衣冠之列，谓之俊秀。大都太学之中，举贡十一，弟子员十二，而此辈十之七也……"

② 《涌幢小品》卷一《雍政》。

③ 顾炎武：《亭林文集》卷一《生员论》。

外,优免一应杂泛差役,外官按品递减。中叶以后发展为论品限额优免丁、粮或丁、田,限额之外之丁、粮、田"与庶民一体当差"。嘉靖二十四年(1545)定:京官一品免粮 30 石,二品免 24 石,以下递减,九品免 6 石,地方官减半,致仕者免十分之七,闲住者免半,举人、监生、生员各免 2 石。关于免役,洪武十年(1377)二月诏:"自今百司现任官员之家有田土者,输租税外,悉免其徭役,著为令。"洪武十二年(1379)八月定,官员致仕者,"复其家,终身无所与"。① 绅士在法律上的特权表现为,在与普通百姓发生纠纷时,司法部门无权擅自拘审。太祖时曾定令,科举为官者,死罪至三宥。正是由于这些特权使绅士与百姓判然分别,读书人进学为生员,"一游黉序,即为地方官长所敬礼,乡党绅士所钦重,即平民且不敢抗衡,厮役隶人无论已"。② 顾炎武说:"一得为此(生员),则免于编氓之役,不受侵于里胥,齿于衣冠,得以礼见官长,而无笞捶之辱。故今之愿为生员者,非必其慕功名也,保身家而已。"③

实际上,除杂泛差役外,绅士往往还利用种种手段,违制优免里甲正役。在税粮方面,通过飞洒、诡寄等手段进一步逃避征收,将赋税转嫁到普通百姓身上。绅士上层利用其经济特权,通过买田、投献、公开掠夺等方式大规模兼并土地,成为官绅大地主。④ "明季兼并之势极矣,贫民不得有寸土,缙绅之家,连田以数万计。"⑤

绅士居于乡里,则为"乡绅",不包括现任在职官员。乡绅由闲住、守制、致仕等居家官员,和举、监、生员等有科举功名而未入仕者组成。明代官员退休后一般归乡终老,一来政治局面比较安定,民间流寓之风渐息,二来明代对休致官员还籍有严格规定。另一方面学校系统完备,士人都可在本地官学入学。地方上举、监待入仕者多,官缺少,有的需要等上一二十年,生员则绝大部分终身与仕途无缘,因而大量壅滞于乡。他们社会地位相近,同样享有特权,都有着较高的文化修养和社会声望,遂

---

① 《明太祖实录》卷一二六,辛巳。
② 叶梦珠:《阅世编》卷四。
③ 《亭林文集》卷一《生员论》。
④ 许大龄:《试论明代的封建地主阶级及其历史作用》,《北京大学学报》1984 年第 4 期。
⑤ 《清经世文编》卷三四,储方庆《荒田议》。

形成一个独特的社会群体。

　　由于乡绅政治、经济上所处的优越地位,对明中后期的基层社会产生了巨大影响。明中期以后里甲制的解体与乡绅阶层的成长有关,乡绅的出现与里甲制的瓦解互为表里。乡绅利用经济上的优免特权及种种超经济的非法手段使大量乡居中小地主和农民破产,是导致里甲制崩溃的重要因素。乡绅大量兼并土地,形成"乡绅的土地所有"。① 明中叶以后以一条鞭法为中心的赋役制度改革,一方面以均平赋役为中心,通过向乡绅分摊赋役以对其进行限制,另一方面则是对乡绅建立的新的大土地所有制的承认。有学者指出,明中叶以后"商业资本、地主、官僚形成三位一体,其具体的存在形式就是乡绅阶层"。②

　　伴随经济势力的成长,乡绅继汉代的豪族、魏晋南北朝隋唐的士族、唐后期的衣冠户和举人层、宋代的形势户和士人家族及明初的里长、粮长之后逐渐成为基层社会新的支配力量。乡绅为"官之在民者",既是官僚集团在基层社会的代理人,相对于国家来说又是基层社会的代表,具有两重性,充当国家与社会的中介。

　　一方面,乡绅是国家统治民众的工具。对此日本学者提出了"乡绅统治论"。③ 乡绅借由国家赋予的地位和特权,达到对中小庶民地主和农民的控制,国家则笼络乡绅以统治百姓。由于国家政权只延伸到县一级,在基层社会需要有辅助国家权力的力量。国家一面控制乡绅的势力,一面利用乡绅,对其在地方的势力有限度地予以容忍。依仗国家权力的支持,乡绅常有专横跋扈、渔肉乡民的劣迹,"或强买宅田,或凌逼债息,或嘱托官府,或把持市行,或纵子弟仆隶横于乡邻,或恃知旧衙门快心仇敌,或阻抗钱粮,或滥希优免,或多役人夫,或讨占便宜,州县畏其凭社,莫敢谁何"。④

　　另一方面,乡绅处于民间,又是地方利益的代表、基层社会的领导

---

① 由日本学者小山正明提出,参见檀上宽《明清乡绅论》,见《日本学者研究中国史论著选译》,中华书局,1993年,第453—483页。

② 田中正俊,转引自《日本学者研究中国史论著选译》,中华书局,1993年,第457页。

③ 重田德:《乡绅支配的成立与结构》,见《日本学者研究中国史论著选译》,中华书局,1993年,第199—247页。

④ 吕坤:《实政录》卷一《科甲出身》。

者。在地方利益受到国家权力侵害时乡绅可以充当乡民的代言人、保护伞。乡绅所以能充当乡民的代表,是因为一来乡绅在当地一般拥有较高的社会声望,也有与官府打交道的能力和经验;二来由于乡绅具有优免待遇和特权,乡民在受到国家过重压榨的情况下可以借助乡绅的羽翼获得保护。乡绅扩张土地的途径之一就是接受乡民"投献"。"官与民疏,士与民近。民之信官,不若信士。"乡绅也每每以地方表率自居,"凡郡县有一善政及一切禁令,士夫皆当率先遵行,以为百姓之望"。① 许多乡绅也利用自己的地位和经济实力为地方谋福利,举办公共工程、慈善机构等公益事业。

如前所述,乡绅并非铁板一块,而有层次之别。上者为乡居的高官显宦,下者则为生员等低级功名士人。其中后者又占大多数。由于他们的政治地位不尽相同,政治态度也有所分别。下层绅士较能反映基层民众的呼声,有时甚至与民众结合共同反对为非作歹的上层乡绅。有学者认为,下层士人与民众存在精神上的结合关系。② 下层士人的言论往往反映基层民众的呼声,代表了社会舆论,日本学者称之为"乡评共同体"。③ 在明末轰动一时的"民抄董宦"事件中,下层士人自发地起来反对作恶乡官董其昌父子,史称"难发于士子,而乱成于奸民"。④

绅士阶层的崛起是明代官僚政治的一个重要特色,它反映了官僚集团的膨胀和向基层社会的渗透,是官僚政治高度发达和社会化的产物。士大夫官僚作为一个社会群体,其独立意识和政治性格日渐显露。中国古代官僚政治在走向成熟的同时,也在内部滋生着微妙的异己因素。

① 何良俊:《四友斋丛说》卷一六《史》十二。
② 宫崎市定把仕途无望的下层士人称为"市隐",参见前引檀上宽《明清乡绅论》。
③ 森正夫,参见前引檀上宽《明清乡绅论》。
④ 《明神宗实录》卷五四六,己未。

帝国终结时期的官僚政治体制与运作系统
——清

郭润涛

一　绪　论

　　对于清代官僚政治制度的研究,学术界已取得了世人瞩目的成就。近年来更是论著迭出,成绩斐然。本篇作为"中国古代官僚政治制度研究"课题的一部分,对清代官僚政治制度将再作考察和探讨,以期对清代政治有一个更进一步的认识和理解。

　　清代官僚政治制度的内涵究竟包括些什么? 这似乎是一个不成问题的问题。大抵所有关于国家政治的设置,诸如从皇帝到朝廷,再到地方衙门的决策、司法、财政、教育、考试、铨选、监察、军事、封赏、祭祀,以及内务、宦官、皇后、妃子、宫女等,都包含其中。简言之,《大清会典》所记载的方方面面,都属于清代官僚政治制度。这种无所不包的观念,有其历史依据。因为清代的宫殿、王府和大小的衙门与民间的烟户人家存在着泾渭分明的界线。一方是掌握政权,统治百姓,而享受国帑,过着为所欲为的生活;另一方则被统治,受控制,而遭受剥夺,过着缺乏保障的生活。这是当时国家与社会之间的本质关系状况。当然,作为政权体系的国家和作为政治对象的社会,它们各自的内部都存在着高下不同的等级;而且,在国家与社会之间也存在着互相利用、具有统治与被统治两重性,甚至统治与反统治两面性的"中间势力",如书吏、衙役、乡绅、地保等;再者,国家官僚或通过科举,或通过捐纳,或通过军功保举而从社会中来,二者之间极富融通性。然而,在清代,国家这个政权体系与社会这个民众体系之间的基本关系是一种敌视的、对抗的关系。惟其如此,方可理解当时国家在民间设置以连坐为手段的保甲制度,和社会民众以投献、诡寄、飞洒等为手段的逃避赋役的现象。

因此,对于清代官僚政治制度史的研究,应当放到当时的国家与社会关系中加以考察。诚然,这样的要求应该是政治史的规范。政治制度史作为政治史的一个分支或者层面,有它自身的规范。它侧重于国家政治的运作方式。然而,国家政治运作的根本对象是社会民众,或者说,政治制度史毕竟是政治史的一个层面,因而在考察政治制度时,需要关注它的运作对象。只有这样,才能将政治制度中的各种设置,区分出其行政性与生活性、职能性与寄生性、实质性与事务性等差异。

恰如紫禁城内宫与殿相区别的格局,清代国家也应该分成皇族集团与政府体系两个部分加以研究。清代的皇族集团是由满洲八旗为主体的贵族势力。政府体系是这个集团统治社会的行政组织。清代国家政权体系即由这两部分构成。这两个部分,都有相应的机构设置。但是,属于皇族集团的机构设置,如宗人府、内务府、詹事府、光禄寺、太仆寺、钦天监、銮仪卫、太医院、各旗营侍卫处、十三衙门等,其职能主要在于直接为皇族人员服务,也就是说,它们是生活性的,而不是行政性的。皇族集团成员是坐享国帑的贵族,而不是行政的官僚。当然,对于皇族成员而言,他们是家国一体的。或者说,他们是国家的所有者。这个国家的空间范围内,或者说疆域内的一切资源,都是他们的所有物,都要受他们的支配。皇族集团支配它的所有物是由政府体系来实现的。但他们并非完全信任主要由汉人充任的政府体系。他们除了坐享天下,当然也不想放过直接控制与操纵政府的机会。于是有了"满汉合璧"的制度。从中央到地方,行政的要害处都有满人当政。在中央,有一满官一汉官的配置。中枢机构中,也有"王大臣"议政。这些都是皇族集团对政府体系的控制与渗透。

政府的职能是行政。而行政的本质在于实现皇族集团的支配。由皇族集团支配的资源,大体包括两个方面:一是物的资源,另一是人的资源。物的资源可分为自然资源和人们的劳动产品。而统治者所获得和利用的物的资源实际上都是劳动产品。在这些产品上都凝结着民众的劳动。人的资源则包括国家以强制的力量而役使的劳役、兵役和用科举、金派等手段获得的官僚及其他行政人员。这些资源有一部分是由皇族集团直接掌握的,但极大部分是作为政权的"对立物"即以社会的形式而存在的。皇族集团为了获得和利用社会资源,必须建立一个运作体系,这就是政府。政府人员,除一部分来自皇族集团之外,极大部分也来自社会。而当社会上的一些人员经过考试、招募等途径进入政府体系之后,这些人员也就成为国家政权的有机组成部分。他们一方面为政权服务,另一方面则成为依附于这个政权的利益集团,而与皇族集团休戚相关。政府官吏是皇帝的御用人员,也是皇族集团的雇佣人员。在本质上说,他们都是为皇族服务的。然而,他们与单纯地服务于皇族或者宫廷的人员存在区别。他们是帮助皇帝和皇族治民的人员,他们的工作对象是社会民众。清代政府官僚中的一部分来自皇族集团。这部分人既是皇帝的御用之人,又是皇族利益的代表者,具有官僚与贵族的二重性。清代政府的大部分官吏则来自汉族社会。虽然其中有少数人受皇帝的恩赐,而跻身于贵族的行列,但他们在总体上始终是受御用或受雇佣的行政人员。

清代政府体系大体上包括军政和民政两个部分,即所谓"国家大政有二:曰行政,曰治兵"。[①] 不过,清朝的军队有"八旗",有"绿营",后期则有"防军",末期又有"新军"。其中八旗兵由满洲八旗、蒙古八旗和汉军八旗组成,而以满洲八旗为基干。按照其驻扎守卫的区域和任务不同,大体上分为"禁旅八旗"和"驻防八旗"两部分;前者负责保卫宫廷和京师,后者则负责各省的防务。八旗兵制在清朝入关前已形成,入关以后,八旗兵成了当朝的贵族。虽然在清代初期,它是一支有效的武装力量,但他们与绿营兵不仅分属于两个不同的系统,而且在身份上也存在贵贱之分。"绿营"是清朝入关以后招募汉族人所组成的军队,分驻在京

---

① 陈夔龙:《梦蕉亭杂记》卷一。

师和各直省,但以驻守直省为主。自清代初期至乾、嘉之际,国家驻守在各省的军队实际上惟有绿营;平三藩和镇压川、楚白莲教,所用也无非绿营。咸、同年间,绿营不足任用,曾国藩等在老家团练乡兵,以抵御太平天国,始有"湘军"之名;各省督抚纷纷效仿,而成"防军"之制。防军在制度上不是常备军,不过是一种"差使"而已;直到光绪末年,它才改制为常备军,有所谓"续备军"之称,意思是补绿营之不足。实际上,绿营在同、光年间已趋腐败,加上防军直隶于各省督抚,在地方驻防上已取代了绿营的地位。甲午战争后,清朝命袁世凯以新式军制编练"新军",各省也纷纷响应,编练新军。各省开始大抵在防军中挑选精锐编练,旋即从各州县征兵,而以武备学堂和军官速成学堂,以及日本士官学校的毕业生为各级军官。不过,等到各省新军练成之际,清朝已在湖北新军的枪声中瓦解了。此外,同治末年,清朝政府筹办海防,于光绪年间成立北洋水师和南洋水师。北洋舰队在甲午战争中覆没,南洋水师则在此后分编为长江舰队和远洋舰队,存在至清末。清朝的军队,从其职能上说,无论八旗,还是绿营、防军和新军,都是镇压人民、抵抗外侮、保卫国家,但是清朝的八旗兵是不能不与绿营、防军等相区别的。八旗兵虽然以军队的形式存在,但他们属清朝贵族的一部分。正因为他们是贵族,养尊处优,才导致日后的"生计问题"。事实上,从康熙以后,八旗兵尤其是驻防八旗,已不是一支有效的武装力量。如果说八旗贵族化有一个过程,这个过程在顺治年间已基本完成,虽然作为军制,它一直延续到清朝垮台。按照本文的观点,八旗兵属于皇族集团,而不属于政府体系。八旗兵在清朝前期驻防各省,也主要是作为弹压和监视绿营兵的武装力量而存在的;而驻守京师,保卫朝廷,乃皇帝任用亲兵或私兵,不仅与上述划分不矛盾,反而更有力地说明上述划分的合理性。

官府方面,朝廷有六部、寺院,地方有督、抚、司、道、府、州、县,还有河、漕、盐等专职衙门。这是一张上下相维的行政网络。大体而言,政府行政可分为中央与地方两大块,也就是通常所谓"中央行政"与"地方行政"。但是,一般所谓地方行政,主要是指督、抚、司、道、府、州、县这个系列,也就是所谓"民政"。河、漕、盐等在清代则与地方行政相对独立,属于另外一个系统。虽然它们之间是互有联系的,或者说两个系统之间存在着部分的交叉或重合,但正与民政系统与军政系统之间一为军一为民的关系一样,地方行政一般以州或县为单位,侧重于治民;而一些非一州一县乃至一府一省管理得了,或者关系到国家财政、工程等的特殊事务,则另设专官管理之,两个系统的对象一系民,一为事,其区别也很清楚。

皇帝是皇族集团的代表。他代表皇族集团的利益组织政府,并领导政府的行政,因此他又是政府的最高首脑。皇权或曰君权,是皇族集团势力的最高表现,或者说是国家所有权的最高表现;政府的行政权力则是这种权力自上而下的一种运作力量。当然,政府毕竟是皇族集团意志的实现者,而且政府官僚也是一个庞大无比的利益集团,其行政所面对的是一个纷繁复杂、充满矛盾且与政治权力形成对抗的社会,运作上也就有其自身原则和规律。因此,它不可能完全按照皇族集团的意志行事,甚至出现违背皇族集团利益的现象,从而影响行政的质量,甚至危及政权的存在。简言之,在国家体系内部的皇族集团与政府组织之间也存在矛盾。这些矛盾的存在,使得国家体系内部必须加强其行政控制和行政监察。御史制度是行政监察的一种方式。清代的监察御史和六科给事中即所谓"科道官"的制度,主要就是用于行政监察的。与明代相比,清代科道官的监察作用相对较弱,但清代在地方上设有督抚制度和守巡道等制度,这些官员的作用就在于控制地方行政,比起科道,他们有更直接有效的控制力量。他们在实现行政控制和行政监察的过程,不能不面对现实,也不乏爱民恤民的思想和措施,但他们的根本目的在于维护政权的存在,只是他们比起坐享其成的皇族集团更懂得调理国家与社会的关系,更会在官与民的对立关系中找平衡。

清代官僚政治制度主要是指政府行政的制度,包括政府体系的机构设置、设官分职和行政运作的规范等。自然,这套制度应当从皇帝处开始,尔后是中央政务机构,再底下是地方行政系统。然而,本篇因为篇幅所限,同时也为突出国家从上向下的行政运作制度,皇族集团不在考察之列。虽然在皇族集团中,也有非贵族的官僚存在,但他们与政府组织中的行政官僚大异其趣,他们与治国安民不直接相关。宦官制度是皇族集团内的设置,与政府组织不存在必然联系。当然,宦官擅权现象可以说是官僚政治的一种变态,但这是皇族集团与政府体系之间矛盾冲突的结果,更直接点说是皇族集团势力控制或者干预政府行政的具体表现。它的根源在皇族集团而不在政府体系。因此,本文也不讨论宦官的问题。

本篇讨论的主题是清代官僚政治制度,而且我们将焦点集中在政府体系。但这并不意味忽视与国家政权构成政治关系的另一方——社会民众的存在。讨论政治制度,只有将它放在国家与社会的互动关系之中,才能见到其活生生的内容。具体地说,本篇从政府行政运作的角度,来观察清代官僚政治制度在机构职能、人员配备和行政运作的状况。谋篇布局仍然沿用从中央到地方自上而下的叙述方法。大体分下列三块:一、直接辅佐皇帝的制度;二、中央政务制度;三、地方行政制度。同时由于篇幅所限,本篇将军政部分和专职衙门的具体内容,略而不叙。

二 中枢机构

与以前的朝代一样,清朝政治也是以君主为顶点。皇帝贵为天子,在政治上拥有至高无上的权力。皇帝借助于官僚体系,用人行政,最终实现国家控制社会的目的。在此意义上,清代的整个官僚体系,或者说所有的官员,其功能皆在于辅佐皇帝治国理民。但官僚体系在辅佐皇帝治国理民的过程中,又分若干层级。大者言之,有朝廷,又有直省。而在朝廷,部、院是具体负责实施国家政治的机构;内阁和军机处等,则直接辅佐皇帝日理万机。从行政关系看,这些机构介于皇帝与部、院之间。但由于其处在赞机务、备顾问的地位,在具体的工作中参与最高决策,而与以奉旨行政为主要职能的部、院机构有所区别。以此而言,它们拥有最高的政治权力,是皇帝权力的组成部分。但它们又不是皇权本身,不过是直接为皇帝御用而已。在体制上,它们属于官僚体系。

清朝中枢机构的核心当然是皇帝。但作为一个决策机构,它也有一整套的理事机关。其中又有核心机构、辅助性机构之分别。内阁、军机处以及南书房是核心机构,翰林院、通政使司和中书科,是辅助性的机构。

1. 内阁和军机处

内阁和军机处是清代直接辅佐皇帝治国理民的最重要的机构。这就是通常所谓中枢机构或决策机构。大体上说,乾隆以前,内阁起主要作用;乾隆之后,军机处则在辅佐皇权方面取内阁而代之。

一般认为,内阁制度沿自明代。明代自洪武十三年(1380)罢丞相不设,析中书省之政归六部之后,殿阁大学士只备顾问,中枢决策之权完全操于皇帝一人之手。但到洪、宣之世,内阁大学士身兼部职,阁权渐崇。景泰中,又有吏部尚书入内阁者,自后诰敕房、制敕房俱设中书舍人,六部反而承奉内阁的意旨,而阁权益重。嘉靖以后,内阁大学士的朝位班次,俱列部臣之上;六部则完全承奉其意旨行事。于是,阁臣的职权又大体恢复到原来丞相的地位。清朝于顺治元年(1644)入关之后,定内外文武官制,内自阁、部以至庶司,外官藩臬守令、提镇将弁,略仿明制而损益之。然而,这个内外文武官制的制定,有一个过程。明朝意义上的内阁之制是在顺治十五年(1658)才确立的。此前辅佐皇帝理政的中枢机构,则是从关外带来的"内三院"。这也就是说,清朝的内阁之制还有一个从"内三院"到"内阁"的转变。

内三院,即"内国史院""内秘书院"和"内弘文院",系由"文馆"改制而来。天聪三年(1629),金建文馆于盛京,以儒臣分直,与诸贝勒共同商议军国重事。天聪十年(1636),改文馆为内三院,以内国史院掌记注诏令、编纂史书及撰拟诸表章之属,内秘书院掌撰外国往来书状及敕谕祭文之属,内弘文院掌释历代行事善恶、劝讲御前、侍讲皇子,并教诸亲王、及德行制度之属。① 顺治元年,清军入关,定鼎燕京,仍然以"内三院"为辅佐皇帝理政的机构。顺治十五年,则将内三院更名为"内阁"。② 然而,这不仅仅是"更名"而已,内阁在设置上也仿明旧制,以大学士分兼殿阁,或者说,大学士俱加殿阁衔,而有"中和殿大学士""保和殿大学士""文华殿大学士""武英殿大学士""文渊阁大学士"和"东阁大学士"之称。四殿二阁之制,沿自明代。清代于乾隆十三年(1748),省中和殿,增体仁阁,而以三殿三阁为定制;同时针对以前内阁大学士未有定员,而出现康熙年间满汉大学士率用四员,雍正年间以来多用至六员,更或增置

<hr>

① 光绪《大清会典事例》卷一一,《内阁一·建置》。
② 《清史稿》卷一一四《职官》一。

一二人协办的情况,规定:大学士满、汉各二员;协办大学士满、汉或一员,或二员,因人酌派。①

内阁"掌议天下之政"。② 其具体的职掌为:"进本""票拟""票拟加签""御门进折本""巡幸发递本报""勾到""收发红本""收存揭帖""颁发书籍""收存副本""恭拟谥号""撰拟制诰""撰拟匾额字样""承宣谕旨""纪载纶音""请用御宝""稽察各部事件""稽察钦奉上谕事件""增修世爵谱册""翻译清汉字谕旨""翻译外藩各部落文字""进呈实录""收藏起居注匣""收藏经略将军印信""庶吉士散馆引见"和"稽察俄罗斯馆课程"等。③ 在这些职掌中,核心事务在于处理题奏本章。当本章送达内阁之后,由阁臣看阅、票拟和进呈。

清代内阁设大学士、协办大学士、学士、侍读学士、侍读、典籍和中书等职。大学士掌钧国政、赞诏命、厘宪典、议大礼大政,裁决可否入告;协办大学士佐之;学士掌敷奏;侍读学士掌典校;侍读掌勘对;典籍掌出纳文移;中书掌撰拟、翻译。④ 而具体地办理本章事务,实际上由侍读学士、侍读管理,由中书分办。

中书办理本章,分为五个办事处:(1)满本房,专司缮写满字、校正满文;(2)汉本房,专司翻译满汉文;(3)蒙古本房,专司翻译外藩奏章,及缮写颁行西番属国诏敕;(4)满票签处,专司满票签记谕旨及撰文之事;(5)汉票签处,专司汉票签记谕旨及撰文之事。⑤ 其他诸如撰拟制诰、稽察各部事件、收发红本、收存副本和收发进本等职事,也有相应的机构,如诰敕房、稽察房、收发红本、副本处和批本处等。⑥

内阁大学士因办理本章而"赞理机务",因参与议大礼而"表率百僚",是以朝位班次俱列六部之上。然而,当雍正年间设立军机处之后,内阁大学士"必充军机,始得预政事",⑦其地位每况愈下。内阁大学士

① 光绪《大清会典事例》卷一二,《内阁一·建置》。
② 光绪《大清会典》卷二,《内阁》。
③ 光绪《大清会典事例》卷一三一一五,《内阁》三一五。
④ 《清史稿》卷一一四《职官》一。
⑤ 《清朝通典》卷二三《职官》一。
⑥ 《清朝通典》卷二三《职官》一;《清史稿》卷一一四《职官》一。
⑦ 《清史稿》卷二九四《张廷玉传》。

辅佐机务的地位和作用,不再是因为其身为阁臣,而是因为其职兼部务。于是,内阁作为辅佐皇帝的机构,其地位与作用也渐渐为军机处所取代。

军机处的设置,据《清史稿》记载:"雍正十年(1732),用兵西北,虑僚直者泄机密,始设军机房,后改军机处。"①乾隆帝莅政,取消军机处,改设总理处。乾隆二年(1737),又因为"军务尚未全竣","且朕日理万几亦间有特旨交出之事",恢复军机处,并诏令"永为定制"。②

军机处的设立与军事有关。赵翼《军机处述》云:"军机处本内阁之分局。国初承前明旧制,机务出纳悉关内阁,其军事付议政王大臣议奏。康熙中,谕旨或有令南书房翰林撰拟。是时,南书房最为亲切地,如唐翰林学士掌内制也。雍正年间,用兵西、北两路,以内阁在太和门外,僚直者多,虑漏泄事机,始设军需房于隆宗门内,选内阁中书之谨密者入直缮写。后名军机处。地近宫廷,便于宣召。为军机大臣者,皆亲臣重臣。于是承旨出政皆在于此矣。"③然而,在乾隆中叶以前,军机处尚不是全面辅佐皇帝治国理民的机构。乾隆初年的裁撤,说明其作用仅限于军事方面。乾隆帝复设军机处,是因为西、北两路的军务尚未全竣,而他当政的时期,又恰恰是军务繁兴的时期。这个被誉为"全盛"的太平之世,实际是以"十全武功"为背景的。从乾隆十九年用兵准噶尔部开始,到乾隆五十四年撤兵安南,其间军事不断,军国大计在皇帝的"万机"中压倒一切。军机处也就从参与军机,而渐渐成为全面辅佐皇帝治国理民的中枢机构。嘉庆年间,御史何良烺以"军机处承办一切事务,与兵部专司戎政者不同",上疏建议更定名目;嘉庆帝的答复是:自军机处创设以来,"一切承旨书谕及办理各件,皆关系机要,此与前代所称平章军国重事相仿,非专指运筹决胜而言",而对何氏严加驳斥。④终清之世,军机处一直与内阁并存。

从军机处设立的本意看,军机处是中枢机构的一个值班制度。由于

---

① 《清史稿》卷一一四《职官志》。

② 《清朝通典》卷二三《职官》一。又,王昶《军机处题名记》则云:"雍正七年(1729),青海军事兴,始设军机房,领以亲王大臣,予银印。印藏内奏事太监处,有事请而用之。后六年,宪皇帝晏驾,上谅暗,改名总理处。三年,丧毕,王大臣请罢之,诏复名军机处。"

③ 赵翼:《簷曝杂记》卷一《军机处》。

④ 《清仁宗实录》卷一四四,嘉庆十年五月壬寅。

宫廷的禁例和大臣理事的规矩,负有直接辅佐皇帝处理机务之责的内阁大臣便不能为皇帝方便地使唤;皇帝也无法随时召唤近在咫尺的内阁大臣,这样势必会出现皇帝与阁员之间难以随时配合的问题。解决这个问题的办法,在明代是由宦官实现的。宦官作为皇帝的近人,就在皇帝与内阁之间充当协调的工具,并由此衍生出宦官部分地取代内阁的职能(秉笔太监)。清朝吸取明朝的教训,严禁宦官擅权,也就杜绝了原来行之有效的办法。于是,启用近臣作为御前班子,入值内廷,以解决皇帝或内阁的不便,也就成为一条现实的途径。顺治时,皇帝亲至票本房,大学士在御前票拟,但这不是一个持久的办法。康熙帝选调翰林官入值南书房,有拟旨之例,就是一个"尝试"。雍正帝因为军机紧急,选调内阁学士等官"日值禁廷,以待召见",[1]而形成军机处制度,从而使原本的值班制度演变成一个新的中枢机构。

军机处"掌书谕旨,综军国之要,以赞上治机务",[2]其在办理机务、承写密旨方面的地位和作用取代了内阁。朱彭寿《安乐康平室随笔》云:"自军机处设立后,大学士即不参预机务。内阁承办事件,以逐日票拟各部各省所进题本之批旨,及承发明谕、发钞奏折为大宗,然皆中书分任之,侍读管理之,大学士特受成而已。如无大典礼或大会议,大学士可终年不至内阁,故必兼管一部,方有趋公之地耳。其有兼差甚多者,则以位高望重,别予管领,于阁务无异也。"而军机大臣每日入值禁庭,以待入见,召见无时,或一次,或数次;凡发下各处奏折,奉朱批"另有旨",即有旨,及未奉朱批者,皆捧入以候旨,承旨毕,乃出。宫内如此,驾游景山、雍和宫、驻跸圆明园、西苑等处,军机大臣也随往入值。[3] 由于军机大臣随时当值于皇帝近旁,自然形成"威命所寄,不于内阁,而于军机处"的格局,"军国大计,罔不总揽"的局面也势不可免。[4] 嘉庆五年(1800)的"上谕"说得很明白——"军机处为办理枢务、承写密旨之地",[5]说明军机处

---

① 王昶:《军机处题名记》云:军机处"始设于乾清门外西偏;继设于乾清门内,与南书房相邻;复于隆宗门西供夜值者食宿"。

② 嘉庆《大清会典》卷三《办理军机处》。

③ 同上。

④ 《清史稿》卷一七六《军机大臣年表序》。

⑤ 《清朝续文献通考》卷一一八《职官》四。

是一个最高的决策机构。

军机处设军机大臣,有"大臣""大臣上行走"和"大臣上学习行走"之别,由内阁大学士、六部尚书、侍郎特简。其属曰"章京",满、汉各十六人,分为二班,每班满、汉各八人,额外汉章京无定员。凡章京预期考取,以引见、记名、传补以其次。满章京以内阁中书、六部、理藩院郎中、员外、主事、笔帖式兼充;汉章京以中书、六部郎中、员外、主事、七品小京官由进士、举人、拔贡出身者兼充。[①]

《大清会典》记载,军机处大臣的职掌有:常日值禁庭,以待召见。凡谕旨明降者,既述,则下于内阁。谕军机大臣行者,既述,则封寄焉。凡有旨存记者,皆书于册而藏之,届时则提奏。议大政,谳大狱,得旨则与。军旅则考其山川道里与兵马钱粮之数,以备顾问。文武官特简者,承旨则进其名单、缺单;差特简者亦如之。凡大臣之换防于西北两路者,则稽其班,书其名以备览,旬有五日而更之。凡文武官记名者,遇缺则奏其名;道若府记名者,遇请旨缺则奏焉。凡赐予,得旨则进名单以候钦定;西北两路大臣赐果饵亦如之;外藩之朝正者,拟其颁赐;庆祝万寿来庭者亦如之。凡试题钦命者,预期以其上届之题缮单以进御。皇帝举钜典,纪成宪,有旨考证,则书其事之本末进焉。凡清字、汉字之档,岁久则缮。军机章京则掌清字、汉字之事。[②] 这些职掌,原来都属于内阁。而当军机处成为固定制度之后,原来属于内阁以及翰林院的职能,部分地转移到了军机处。

关于军机处与内阁以及翰林院辅佐皇帝的职责区分,王昶《军机处题名记》云:"本朝谕旨诰命,其别有四:凡批内外臣工题本常事,谓之'旨';颁将军、总督、巡抚、学政、提督、总兵官、榷税使,谓之'敕',皆由内阁撰拟以进。凡南北郊时享祝版及祭告山川、予大臣死事者祭葬之文,与夫后妃、宗室王公封册,皆由翰林院撰拟以进。然惟军机处恭拟上谕为至要。上谕亦有二:巡幸上陵、经筵、蠲赈,及内臣自侍郎以上,外臣自总兵、知府以上,黜陟、调补暨晓谕中外,谓之'明发上谕';诰诫臣工、

---

① 《清朝续文献通考》卷一一八《职官》四。
② 嘉庆《大清会典》卷三《办理军机处》。

指授兵略、查核政事、责问刑罚之不当者,谓之'寄信上谕'。明发,交内阁,以次交于部、科;寄信,密封交兵部,用马递……其内外臣工所奏事,经军机大臣定议取旨、密封递送亦如之。然内而六部、各卿寺暨九门提督、内务府太监之敬事房;外而十五省,东北至奉天、吉林、黑龙江将军所属,西南至伊犁、叶尔羌将军、办事大臣所属,迄于四裔诸属国有事,无不综汇。且内阁、翰林院撰拟有弗当,又下军机处审定。故所任最为严密繁巨。"①这里也表明了军机处与内阁、翰林院和部院的运作关系。以"明发"而言,军机处仍然保持着其值班制度的职能。皇帝的谕旨仍然交内阁具体处理,由内阁发部院施行。这种理事方式并未改变内阁的中枢地位。但"寄信",即所谓"廷寄",直接从军机处发交兵部,由兵部递达地方督抚。这种理事方式,则超越了内阁。军机处超越内阁的地方也主要体现于此。但无论明发或廷寄,是指发出谕旨而言。中央部院或地方督抚以及其他官员向皇帝题奏公私事务,仍例经内阁或经通政司,然后再达皇帝。这就是说,军机处并未完全取代内阁。因此,大体而言,军机处与内阁以及翰林院、通政司等构成清朝中枢机构一内一外两个部分。

《清史稿》云:"清大学士,沿明旧名,例称政府,实则国初有议政处,以掣其柄。雍正以后,承旨寄信有军机处,内阁宰辅名存而已。"②这里说清代内阁前有"议政处",后有军机处,故内阁徒有虚名。据《啸亭杂录》记载:"国初定制,设议政王大臣数员,皆以满臣充之。凡军国重务不由阁臣票发者,皆交议政大臣会议,每朝期坐中左门外会议,如坐朝仪。"③一般认为,"议政处"是最高的中枢机构。但按本文的观点,议政处属于皇族体系,不在政府体系之列。议政制度是清朝在关外已建立的制度。入关之后,仍然沿设这个制度。这是满族关外旧政权的一个遗制,也是满族人共享入关后新政权的一个标志。但从康熙之后,这个制度迅速衰落。雍正设立军机处之后,"皆系军机大臣每日如对承旨遵办",由满洲大学士、尚书例兼的"议政"因为"无事可办"而成为虚衔;乾隆五十六年

---

① 《清朝续文献通考》卷一一八《职官》四。
② 《清史稿》卷一七四《大学士年表序》。
③ 昭梿:《啸亭杂录》卷二《议政大臣》。

（1791），鉴于议政王大臣"有名无实"而取消了所有"议政空衔"。[①] 但是，从嘉庆以后，皇族势力再度抬头。皇族势力的抬头，固然未表现为议政制度的恢复，但从成亲王永瑆入值军机开始，其后咸、同、光三朝，恭忠亲王奕䜣、醇贤亲王载沣、礼亲王世铎、庆亲王奕劻先后入值机要，似可以说是原来议政处的一种变相恢复。这说明皇族势力正力图控制多少有些失控的属于满人的国家政权。当然，亲王的政治态度并不一致，但清末亲王入值军机处以及所谓"皇族内阁"与地方督抚的水火之势，以及"革命必先排满"的形势，表明了皇族势力与政府之间、满族建立的国家与汉族为主的社会之间的微妙关系。

2. 翰林院、南书房及詹事府

清朝于顺治元年五月定鼎京师之后，令原明朝的在京衙门悉仍旧制，并定翰林院为正三品衙门（明朝为正五品衙门）。顺治二年（1645），定内三院为二品衙门，令翰林官由内三院补授；又裁翰林院归内三院，称"内翰林国史院""内翰林秘书院"和"内翰林弘文院"。顺治十五年，改内三院为内阁，翰林院又独立。[②]

翰林院与内阁之间的分合，说明二者皆是直接辅佐皇帝治国理民的中枢机构，且在职能上有相同之处。翰林院职掌制诰、史册、文翰之事，以考议制度，详正文书，备天子顾问。这个职能也正是内三院所具有的。清代将内阁与翰林院分立之后，翰林院依然是直接辅佐皇帝治国理民的中枢机构。不过，二者职能不同。在为皇帝撰拟文书方面，"旨""敕"，由内阁撰拟；翰林院撰拟的是祭祀、封授的册文。更重要的是：内阁的日常事务在于办理本章；而翰林院的日常事务在于掌国史、图籍之事。这个职能的差异，使得二者的作用也就有所不同。内阁由于办理本章，有票拟之权，而对政治具有直接的决定作用；翰林院职在修史而"备天子顾问"，对政治具有影响力，但与内阁相比，其作用要间接一些。然而，翰林院的地位并未因为其在政治作用上不如内阁，而低人一等。相反，它在

---

① 《清朝续文献通考》卷一一八《职官》四。
② 光绪《大清会典事例》卷一〇四四《翰林院一·官制》。

468　中国古代官僚政治制度研究

清代政治中扮演了极重要的角色。由于其职掌文史之事,备天子顾问,而成了中枢最高级官僚的人才贮备库。

清代翰林院设掌院学士、侍读学士、侍讲学士、侍读、侍讲、修撰、编修、检讨、庶吉士等职,俱无定员。其属有主事、典簿、孔目、待诏和笔帖式等。① 其中典簿厅典簿,满、汉各一人,掌出纳文移;孔目,满、汉各一人,掌收贮图籍;待诏厅待诏,满、汉各一人,掌校对章疏文史;笔帖式,满洲四十人(初制四十八人,康熙三十四年省八人),汉军四人(初制八人,康熙三十四年省四人),掌翻译满、汉章奏文籍。翰林院不设司属,凡有陈奏及往来文牒,初以典簿、笔帖式具稿呈堂。雍正元年(1723),以官轻滋弊,令掌院学士于俸浅的编修、检讨内,择才守优长者满、汉各二人,充作司官,名曰"办院事"。后复增置"协办院事"二人,由掌院学士轮充。② 这是翰林院作为一个辅佐机构的人员配备。翰林官的本职在于"掌论撰文史之事",然而,翰林官如修撰、编修、庶吉士等俱无定员,掌院学士则"率在院之列而励其学行,以备任使,以充侍从"。③ 这"以备任使"和"以充侍从",正使翰林院的地位变得相当特殊。

明清两代,科甲都以入翰林为尤重。"向来士子,因词林地望资格,优于外任,第以得与是选为幸。"④科举在进士传胪后,一甲一名除翰林院修撰,二名、三名除翰林院编修。其余进士再经朝考,选考在前列者为庶吉士,入翰林肄业,谓之选馆。庶吉士肄业三年期满,经考试散馆。庶吉士散馆,除授与迁调皆异他官。朱克敬《翰林仪品记》云:"国朝仕路,以科目为正。科目尤重翰林。卜相非翰林不与;大臣饰终必翰林乃得谥文;他官叙资,亦先翰林。翰林入直两书房(上书房职,授王子读;南书房职,拟御纂笔札),及为讲官、迁詹事府者,人尤贵之。其次主考,督学。……初入馆为庶吉士,三年,更试高等者,授编修、检讨,为之'留馆';次者改六部主事、内阁中书;若知县,皆先除,不限常格,谓之'老虎

① 《清史稿》卷一一五《职官》二。
② 《清朝通典》卷二三《职官》一。
③ 嘉庆《大清会典》卷五五《翰林院》。
④ 光绪《大清会典事例》卷一〇四五《翰林院二·官制》。

班'。……翰林官七品,甚卑,然为天子文学侍从,故仪制同于大臣。"①
《清史稿·选举志》亦说:"有清一代宰辅,多由此选。其余列卿尹、膺疆
寄者,不可胜数。"②即以内阁大学士与翰林官的关系而言,清代"非翰林
出身,例不得至大学士"。③龚自珍《干禄新书序》云:"本朝宰辅,必由翰
林院官。卿贰及封圻大臣,由翰林者大半。其非翰林官,以值军机处为
荣选。军机处之职,有军事则佐上运筹决胜,无事则备顾问祖宗掌故,以
出内命者也。保送军机处有考试……"④所以,"翰林至荣之选也"。

翰林官的优遇还不止此。康熙十六年(1677),康熙帝选调翰林官入
乾清宫南书房当值,称"南书房行走"。"南书房行走"本为陪侍皇帝吟
诗作画、谈论学问之臣,但由于供职内廷,经常与皇帝在一起,渐成皇帝
的亲信;并因之介入机密,以至于参与决策。翰林官本为天子顾问,又掌
制诰之事,这使得他们在皇帝身边承担撰拟制诰、咨询庶政、访问民隐的
职能,⑤也是责有攸司。从制度上说,南书房不是一个正式的辅佐机构。
《清朝续文献通考》云:"康熙中,虽有南书房拟旨之例,而机事仍属内阁。
雍正以来,本章归内阁机务,及用兵,皆军机大臣承旨。"⑥被选之翰林官,
只称入直南书房,官衔也仍其原职。而且,自雍正以后设军机处,其参与
决策的地位和作用有所降低。但是,自康熙年间形成之后,它一直存在
到光绪二十二年(1896),前后存在时间达二百二十年;而且自康熙三十
五年(1696)康熙帝谕翰林院、詹事府和国子监等机构"每日轮四员入值
书房"以便"不时谘询"之后,⑦入值南书房的人员不再限于翰林院。所
以《清朝通典》说:"至翰林院侍从禁近,自康熙十六年命侍讲学士张英等
入直南书房始。嗣后供奉者率由词臣抢选,即擢至卿贰,亦称内廷翰林,
实为西清专职云。"⑧

① 朱克敬:《暝庵二识》卷二。
② 《清史稿》卷一〇八《选举》三。
③ 龚自珍:《龚自珍全集》第一辑,《明良论三》。
④ 龚自珍:《龚自珍全集》第三辑。
⑤ 徐珂:《清稗类钞》第三册《南书房供奉》,中华书局,1986 年,第 1298 页。
⑥ 《清朝续文献通考》卷一一八《职官》四。
⑦ 《清圣祖实录》卷一六三,康熙三十五年五月甲辰。
⑧ 《清朝通典》卷二三《职官》一。

清朝的詹事府,与翰林院类同。詹事府掌经史之事。凡充日讲官、纂修书籍、典试提学,皆与翰林官;凡遇秋审、朝审及奉旨下九卿翰、詹、科、道会议之事,咸入班预议。① 詹事府系沿前代旧制,原是东宫僚佐,因此属于皇族集团体系。然而,清朝的詹事府与前朝有异。

清朝自初年设詹事府之后,实际上与辅导太子之事已不相关。康熙时,太子屡立屡废,师、保已无事可做,东宫官属更不知附着于何处。康熙五十一年(1712),康熙帝将太子最终废黜;再加上一句"立皇太子事,未可轻定",②不立太子也就成了一代定制。事实上,詹事府始终是一个闲曹。乾隆帝的谕旨中说得很明白:"詹事乃东宫僚佐,储贰未建,其官原可不设,第以翰林叙进之阶,姑留以备词臣迁转地耳。"③由于詹事府职同翰林,嘉庆初年,上谕詹事府衙门事务由翰林院掌院管理。不过,当嘉庆亲政之后,詹事府又独立。④ 但詹事府并未获得实际的职掌。虽然詹事官也参与一些政务活动,但其本职不过是记注纂修。其职虽同于翰林,但地位又不及翰林,不过是华选的进身之阶而已。所以,到清末,詹事府就成了裁汰的头号对象。裁撤的方案是归并于翰林院。

3. 通政使司和奏事处

通政使司或简称通政司,其制承自明代。明代通政司为朝廷喉舌之总汇。"掌受内外章疏敷奏封驳之事。凡四方陈情建言、申诉冤滞,或告不法等事,于底簿内誊写诉告缘由,赍状奏闻;凡天下臣民实封入递,即于公厅启视,节写副本,然后奏闻";"凡在外之题本、奏本,在京之奏本,并受之,于早朝汇而进之";"凡议大政、大狱及会推文武大臣,必参预"。⑤ 所以,明代通政司,其权至重。《清史稿》记载:"顺治元年,诏:'自今内外章奏,俱由通政司封进。'"⑥《清朝文献通考》亦云:"通政使司掌受内外章疏、臣民密封申诉之事。凡在外之题本、奏本,在京之奏本,

① 纪昀:《历代职官表》卷二六《詹事府》。
② 《清史稿》卷二二〇《允礽传》。
③ 《大清会典事例》卷一〇五七《詹事府》。
④ 同上。
⑤ 《明史》卷七三《职官》二。
⑥ 《清史稿》卷一一五《职官》二。

并受而进之于朝,核其不如式及程途稽限者。凡大政大狱,咸得偕部院预议焉。"①可见,清代初年,通政司的职掌与明代无异。可是,就在顺治二年,上谕云:"凡陈奏本章,照故明例,殊觉迟误。今后部院一切疏章,可即速奏,候旨遵行。"②于是,通政司所掌也就不过收受"各省题本"而已。③

显然,这与明代通政司的职掌已不能相提并论。明代设通政使司"专掌书牍、表疏、章奏",以"审命令,达隐幽"。但由于"内外章疏,四方陈情,或告不法等事,总先由(通政)司启视,然后奏闻,甚至事关机密重大,亦必用本司印记乃入奏。若径自封进奏,则参驳随之。大政大狱、会推文武大臣,使司必皆参预。若视乎规条之密、事权之重,通政一司;且中外庶政之扼其要矣"。④ 清代则定制:"凡臣工封事,皆许诣宫门由奏事处直达御前。其陈事之疏,在内各部院径送内阁;惟在外督抚等章奏,由通政司校阅送阁",于是,通政使司已"无执奏之专,无封驳之重","名虽沿而实则异"。⑤

明代通政司掌受天下章疏,以此而言,它是皇帝的文书收发处。但自中叶以后,内阁当政,通政使司实际上已成为内阁的文书收发处。清代初期也以内阁(内三院)当政,部院本章可以直送内阁,统称为"部本";凡各省将军、督抚、提镇、学政、盐政、顺天府尹、盛京五部本章,则俱赍至通政司;由通政司送阁,称为"通本"。通本到阁,由汉本房翻译贴黄,满本房照缮清字(满文),移送票签处。⑥ 于是,通政司也不具备明代"誊写缘由"和"节写副本"的职能,而仅仅在于"校阅错讹",⑦并稽核程限、违式情况。⑧

与通本制度相应,清朝定制:各省设在京提塘官。提塘官隶于兵部,

① 《清朝文献通考》卷八二《职官》六。
② 光绪《大清会典事例》卷一三《内阁·职掌》。
③ 《清史稿》卷一一五《职官》二。
④ 《清朝文献通考》卷八二《职官》六。
⑤ 《清朝通典》卷二七《职官》五。
⑥ 光绪《大清会典事例》卷一三《内阁·职掌》。
⑦ 《清朝通志》卷六六《职官略》三。
⑧ 《清史稿》卷一一五《职官》二。

但由本省武进士及候补、候选守备充任，任期为三年。其职责是在接到本省邮递至京的疏章后，即送交通政司。当通政使司校阅封送内阁五天后，再从内阁领得"随疏赍到之牒、应致各部院者"，分投各部院。"若有赐于其省之大吏者，亦提塘官受而赍致之。"清朝与明朝一样，还允许提塘官将下达内阁的谕旨和奏疏的"事目"誊录下来，传示四方。这就是所谓"邸抄"。①

通政司的另一职能是遇"洪疑大狱，偕部、院预议"。② 这就是所谓"三法司"会审制度。这个制度，后文再述。与这个职能相联系的是清朝将原属于都察院系统的登闻鼓厅，划归通政司。登闻鼓厅原设于都察院门首，每日由御史一人轮流监直；顺治十三年（1656），移设于长安右门外，由满汉科道官轮流监直。康熙六十年（1721），停差科道，登闻鼓厅事务才交由通政司管理。雍正八年（1730），鉴于鼓厅自归并通政管理以来，未有专管之员，致有越过厅墙妄行击鼓等事，而令通政司每日由参议一人轮流掌管，并令该衙门知事委役昼夜巡察。遇有击鼓之人，由通政司讯取口供。果有冤抑确据，奏闻请旨，交刑部昭雪；若有诬妄诉等情，即送刑部按例治罪。③ 将登闻鼓厅之事由通政使司兼领，意在简化手续。因为由通政司直管，可以直接上达天听。这就与明代通政司"凡四方陈情建言、申诉冤滞，或告不法等事，于底簿内誊写诉告原由，赍状奏闻"④的职掌一脉相承。但这与明代制度也就有所不同。将登闻鼓厅划归通政使司，倒也顺理成章。通政就是将政情上通下达。而上通下达者，除日常政务和紧急事件之外，就是由此而产生的冤狱。冤狱既成，往往难以在各级政府中得以平反。清朝承前朝旧制，仍然保留可以上达天听的渠道，允许向皇帝击鼓鸣冤。但就通政使司言，这不是其本职，而是"兼领"。⑤

通政使司设通政使、副使、参议等官。光绪二十四年（1898），裁归内阁；旋复。二十八年（1902）又裁。"盖向来专管题本，见已改题为奏，故

① 纪昀：《历代职官表》卷二一《通政使司》。
② 《清史稿》卷一一五《职官》二。
③ 光绪《大清会典事例》卷一〇四二《通政使司·登闻鼓厅》。
④ 《明史》卷七三《职官》二。
⑤ 《清史稿》卷一一五《职官》二。

特裁之。"①

所谓"题""奏",是指清朝臣下上皇帝的两种文书。又称"疏""章""封事"等。"题"即题本;"奏"即奏折,俗称折子。清朝初期,奏事皆用本章,均系由通政司转送内阁呈递皇帝,奉旨之后亦交内阁转谕原奏官(无论京外官皆同)。本章分题本和奏本两种。雍正年间,始命众大臣皆用折奏,并设立奏事处。"凡臣工封事,皆许诣宫门,由奏事处直达御前。"②这种专折奏事制度,就是所谓"密折制度"。自专折奏事制度建立之后,清朝将原来的题本与奏本的区分概并为一,通称为题本。即自雍正之后,原来的题本与奏本演变成了题本与奏折,但公文中,往往沿用"奏本"一语,其实此奏本已非彼奏本。

题本与奏折的分别使用,时有严格的规定。第一在内容上,循例常件,用题本;特别要件,则用奏折。第二在包封上,题本不加函封,奏折则实封,此二者大抵就是古代"露布"与"封事"的区别。第三在传递方式,题本如果来自外省督抚等官,仍交通政司校阅送阁,来自部院则直送内阁,奏折则交奏事处直达御前。此外,地方军营兵事,则由驿站递交兵部捷报处,由该处转交奏事官按前例呈递。

奏事处分外、内两部分。乾清门内为内奏事处,由奏事太监管理;门外则为外奏事处,设奏事官管理。内奏事处大约有固定的处所,外奏事处则无专门处所,以九卿房为收奏之处。据记载,"内廷奏事之制:每日子正,部院各以笔帖式赍折至东华门外。少俟,门启,随奏事官入,至景运门内九卿房,以折匣及本衙门印片一纸,同交奏事官,奏事官登之于簿。少顷,乾清门启,奉之以入,至内奏事处,交奏事太监,以达御览,时不过丑正也。乾清门石栏上置白纱灯一,递事者以此灯为表缀,若灯移至阶上,则事下不久矣。少顷,奏事官徐捧折出,高呼'接事',则群集以俟。奏事官呼某衙门,则某衙门人前,奏事官手付口传曰'依议',曰'知道了',曰'另有旨',虽百十函,无一舛误,不需开匣视也。……后移西苑,则接事在西苑门外侍卫处檐下"。③

---

① 《清朝续文献通考》卷一二七《职官》十三。
② 《清朝通典》卷二七《职官》五。
③ 徐珂:《清稗类钞》第二册,中华书局,1984 年,第 491 页。

4. 中书科

中书科是专门为皇帝缮写授封亲王、亲王世子、亲王福晋、贝勒、贝子、镇国公、奉恩将军、蒙古王公及文武有功人员等的册、宝、诰、敕等文书的机构。清朝于顺治初年置中书科,设汉中书舍人十二员,内推资俸深者一员,掌理科事。顺治九年(1652),增设满洲记事官一员,同掌科事;康熙九年(1670),改满洲记事官为中书舍人。中书科内,在满、汉当政问题上,有一些变化。初为汉官掌科事。顺治十五年(1658),裁汉中书舍人四员;十八年定:以满洲记事官掌印。康熙六年(1667),仍于汉中书舍人内推资俸深者一人,同掌科事。乾隆十四年(1749),增设满洲中书一员,又裁汉中书四员,而定为满洲中书二员,推资俸深者一员掌印;汉中书四员,推资俸深者一员掌科。此后,又增设稽察科事满、汉内阁学士各一员,以稽察中书科内之事。①

三　中央政务部门

在传统时代,行政、立法、司法、监察等属于行政的范围。换言之,"政"这个概念几乎是包罗万象的。立法、司法、治安、监察、财政、教育等都是"政务"。中央的政务机构也是就禀承皇帝的指示,向地方政府和军队传达政令,以及处理由地方和军队反馈回来的政务。这也就是所谓"行政"。

清代中央政务,大体可以分以下四个部分论述:一、行政:六部;二、管理周边民族:理藩院;三、外交:总理各国事务衙门;四、监察:大理寺与都察院。

1. 行政:"六部"

自隋朝形成"三省六部"制以来,"六部"一直是中央主要的行政机构。清朝承明代旧制,设吏、户、礼、兵、刑、工六部,分别管理人事、财政、

---

① 光绪《大清会典事例》卷一六《中书科》。

礼仪、军政、工程等政务。从清代制度看,六部之中,以吏、户、兵三部为重。因为此三部各以大学士一人领之,合满汉尚书、侍郎,有所谓"七堂"之名。但此三部之中,吏部虽位于六部之首,但自设立军机处之后,重要官职的任免皆由军机处秉承皇帝的意旨直接发表,吏部的事务只限于稽考中级以下官员的资历,根据例案予以准驳。至于兵部,军政军令也因为军机处的"廷寄"制度而不能过问,实际上兵部已沦为收发军事命令与奏报的事务机构;常务工作,无非武职的任免,却由于重文轻武之价值观,而已经不为人所重视,与吏部不能相提并论。清朝六部中,最重要的是户部,这不仅是与其余部相比而言的,而且是因为它是当时惟一的财政机构,这一点与唐、宋时代有很大的不同。相比之下,刑部是政务较为繁重的政务机构,而且是一个专业性较强的部门。如果以政务论,而不是以权势论,户、刑二部是六部之中最重要的机构。这可以从六部的内部设置可以看出,吏、礼、兵、工四部所属皆四司,独户、刑两部十四司(刑部后增至十八司)掌分省之事;更重要的是,地方政务例分钱谷与刑名两大部分,这两大部分虽然包含吏、户、礼、兵、刑、工,但实质是财政和司法,因此从中央到地方或地方到中央的行政运作看,户部和刑部是最重要的政务机构。礼部掌礼仪,其重要之处则在于掌理科举考试,但这毕竟是选举,且岁、科二试有专差的学政,乡、会二试有专差的考官,礼部本身并无选举的决定权,更重要的是官员的任用权掌在吏部。工部的权力范围大抵限于朝廷的大建筑和宫廷典礼,直省河工虽属其管辖,但实际上并不由其经手。

六部设官分职,较为划一,例设尚书、左右侍郎,俱满、汉各一人。这就是所谓"堂官"。相对于尚书,侍郎有"副贰"之称,但与今天正职之下分管某项政务的副职不同,它"与尚书皆为敌体,题奏之草,有一不画,例不得上,奖赏罚过,皆所与同"。[①] 所以它属于一种集体领导、集体负责的体制。当然,这是就正、副之间而言的。在满、汉官之间,由于满官的特殊地位,其权力往往在汉官之上,赏罚之间自也不同。尚书、侍郎之下,则分司而理事,各司设郎中、员外郎、主事、笔帖式等官,通称"司员"。所

---

① 《清史稿》卷一七八《部院大臣年表序》。

谓六部堂司官,即指上述官员。

（1）吏部

吏部的职能是掌天下文职官吏之政令。凡品秩铨叙之制、考课黜陟之方、封授策赏之典、定籍终制之法,百司以达于部。尚书、侍郎率其属以定议。大事上之,小事则行,以布邦职。[①]

吏部设四司管理政务:[一]文选清吏司:掌考文职官之品级,与其开列考授、拣选、升调之事,掌月选之令。[二]考功清吏司:掌文职官之处分与其议叙,三岁京察及大计则掌其政令。[三]稽勋清吏司:掌文职官守职终养之事,凡官出继者,入籍者,更名复姓者,皆掌其政令。[四]验封清吏司:掌文官之封与其恤,文武官之恩荫皆掌之,掌凡吏之政令。[②]

（2）户部

户部的职能是掌天下之地政与其版籍。凡赋税征课之则、俸饷颁给之制、仓库出纳之数、川陆转运之宜,百司以达于部。尚书、侍郎率其属以定议。大事上之,小事则行,以足邦用。[③]

户部设十四司管理政务:[一]江南清吏司:掌核江南三布政司之钱粮,江宁、苏州织造之奏销。凡各省之平余,与其地丁之逾限而未结者,皆汇而察焉。[二]浙江清吏司:掌核浙江布政司之钱粮及织造之奏销。凡天下之民数、谷数掌焉。[三]江西清吏司:掌江西布政司之钱粮。凡各省之协饷,则稽其数。[四]福建清吏司:掌核直隶、福建两布政司之钱粮,与天津之海税。凡直隶之杂款札放于部者,皆核焉。[五]湖广清吏司,掌核湖北、湖南两布政司之钱粮,与其厂课。凡耗羡之政掌焉。[六]山东清吏司:掌核山东布政司及东三省之钱粮。凡八旗官之养廉察而给焉。掌盐课、参课之政令。[七]山西清吏司:掌核山西布政司之钱粮。凡各省岁入岁出之数掌焉。[八]河南清吏司:掌河南布政司之钱粮,及察哈尔之俸饷。凡硃批之下于户部者,汇而奏焉。掌报销之未结者。[九]陕西清吏司:掌陕、甘两布政司及粮储道之钱粮与新疆之经费。凡茶法掌焉。掌在京之支款(有官俸,有兵饷,有公费,有役食,余者为杂

---

① 嘉庆《大清会典》卷四《吏部》。
② 嘉庆《大清会典》卷六一九《吏部》。
③ 嘉庆《大清会典》卷十《户部》。

支）。[十]四川清吏司:掌核四川布政司之钱粮与其关税。稽草厂之出纳,纸硃核其奏销。掌入官之款。凡天下收成之数,汇而奏焉(凡岁收八分以上为丰,六分以上为平,五分以上为歉,皆核其实以闻)。[十一]广东清吏司:掌核广东布政司之钱粮,与八旗继嗣之政令。凡户差之更代、本部汉官之升补,皆掌焉。[十二]广西清吏司:掌核广西布政司之钱粮及其厂税。凡矿政皆核之。掌天下之钱法。内仓则稽其出纳。[十三]云南清吏司:掌核云南布政司粮储道之钱粮,稽其厂课。凡漕政皆掌之。[十四]贵州清吏司:掌稽贵州布政司粮储道之钱粮。凡门关之税,皆颁其政令。掌核貂贡。①

户部自十四司外,别领有井田科、俸饷处和现审处。井田科掌核八旗土田、内府庄户。凡入官房宅地亩及岁租敛给之数,悉以咨之。雍正十二年(1734)置。俸饷处掌核八旗官兵俸饷库银丁册,视所由牒请,划一而给受之。现审处掌治八旗户口、田房之讼,会刑部以听其成。皆铸给关防。乾隆十三年(1748)置。堂官遴司属分治其政令,无定员。②

户部掌国家财政,征收赋税是其一方面的职能,全国的赋税征运到京后,还需要贮藏和支发。为此,户部领有"三库"和"仓场"。

"三库"即银库、缎疋库和颜料库。银库系贮藏银钱之库,"凡直省田赋及关市、盐、茶诸税课咸入焉"。缎疋库系贮藏绸缎之库,"凡岁用缣帛纱縠咸入焉"。颜料库系贮藏杂物之库,"凡器用所需、百物之良,若铜、锡、铅、铁、丹青、赭绿、香、楮、茶、蜡之属咸入焉"。③ 可见,这是国家贮藏财物之所。由于其重要,朝廷特设"管理三库大臣",于大臣内简用,掌综理三库之政令,稽其财用出入之数,每月和年终都要向皇帝汇报。各库设郎中、员外郎、司库、大使等官,掌理一应事务;还有三库堂主事和三库笔帖式等官,掌理三库文案。皆由满洲人充当。"凡朝廷经费、官司庶物之待给者,所司籍其数移(户)部,(户)部稽其籍相符,乃牒诸三库主事;主事受其牒而收之,颁之承用之府核实而发之。每月则执其总以奏

---

① 光绪《大清会典》卷一三一—一六《户部》。
② 《清朝通志》卷六四《职官略》一。
③ 纪昀:《历代职官表》卷七《户部三库》。

焉。"①三库的地址是:银库在户部署内;缎疋库在东华门外;颜料库在西安门内。

"仓场"指贮藏漕粮、白粮的京通各仓。京仓十有四,城以内曰禄米仓、南新仓、旧太仓、富新仓、兴平仓,均在朝阳门内;海运仓、北新仓,在东直门内;恩丰仓,在东华门北。城以外曰太平仓、万安仓,在朝阳门外;本裕仓,在德胜门外清河;储济仓、裕丰仓,在东便门外;丰益仓,在德胜门外安河。凡八旗三营兵食、官军牧马豆,贮存在上述各仓。通州仓二:曰西仓和中仓,凡王公、百官俸廪米贮于此。管理这些仓场,设有专门的衙门,有总督仓场户部右侍郎、坐粮厅、各仓监督等官,皆满、汉各一人。具体负责仓场的官员是各仓监督,其职是掌漕、白二粮交纳上仓及收贮、支放之事。除丰益仓之粮系供守卫圆明园八旗军俸饷、恩丰仓系供内廷太监廪食,因而由内务府遣官主之外,其他十四仓监督均以内阁中书、部院寺监属官抡选,三年而代,由户部掣签以授。

此外,户部还有钱法堂和捐纳房。清代中央政府铸造钱币,共设二局。隶户部者曰宝泉局;隶工部者曰宝源局。宝泉局之政令,由户部右侍郎掌之。乾隆二十六年(1761),户部钱法堂又置掌稿司官、宝泉局监督、大使等官。捐纳房是专门管理捐纳事务的机构。

(3) 礼部

礼部的职能是掌考五礼之用,达于天下。凡班制抡材之典、达诚致慎之经、会同职贡之政、燕飨饩廪之式,百司以达于部。尚书、侍郎率其属以定议。大事上之,小事则行,以布邦政。②

礼部设四司管理政务:[一]仪制清吏司:掌朝廷府署乡国之礼,稽天下学校,凡科举掌其政令。[二]祠祭清吏司:掌考禋祀之典,以达诚敬,救眚、颁朔皆掌之,凡史祝医巫之官,则核其除授。掌凡恤事。[三]主客清吏司:掌四裔职贡封赉之事,霍茶(安徽六合州霍山产茶)则稽其岁额,颁实录、玉牒告成之赏。[四]精膳清吏司:掌燕飨廪饩牲牢之事,凡本衙门之题销,则汇而核焉。③

① 纪昀:《历代职官表》卷七《户部三库》。
② 嘉庆《大清会典》卷一九《礼部》。
③ 嘉庆《大清会典》卷二〇—二六,卷二八—三二《礼部》。

（4）兵部

兵部的职能是掌中外武职官之政令。凡除授封荫之典、乘载邮传之制、甄核简练之方、士籍军实之数，百司以达于部。尚书、侍郎庇其属以定议，大事上之，小事则行，以整邦本。[①]

兵部设四司管理政务：[一]武选清吏司：掌考武职官之品级，而核其铨选、封授、仪式之事。凡营制掌焉。掌上司之政令。[二]职方清吏司：掌武职官议处、议叙、议恤，与其甄别、考察、简阅、巡防之事。掌关禁、海禁。[三]车驾清吏司：掌颁天下之马政以裕戎备（颁马政于各省驻防及绿营，而定其额），凡邮驿皆掌之。[四]武库清吏司：掌稽天下之兵籍，凡军器掌其政令，掌武科之事。[②]

兵部初设督捕侍郎，理事郎中、员外郎、主事、司务、司狱等官，后俱省。其职事并入刑部督捕司。又初设有会同馆大使，亦省。又京城九门步军及巡捕营，初制以兵部职方司主事掌之，后归入步军统领衙门。前代兵权所属，俱归之兵部，易至废弛。凡当命将出师，无不恪承谟略。初置议政大臣，以参承军事筹画，自雍正初年以来，复设办理军机事务处，承旨书宣，乾纲独运，所至悉迅奏肤功。立法精详，实自来所未有也。[③]

（5）刑部

刑部的职能是掌天下刑罚之政令。凡律例轻重之适、听断出入之孚、决宥缓速之宜、赃罚追贷之数，百司以达于部。尚书、侍郎庇其属以定议，大事上之，小事则行，以肃邦纪。[④]

刑部初设江南等十四司，后增设为刑部十八司。顺治元年，设江南、浙江、福建、四川、湖广、陕西、河南、江西、山东、山西、广东、广西、云南、贵州十四清吏司。康熙三十八年（1699），省兵部督捕衙门，以督捕前司、后司及督捕厅改隶刑部，为十六司。雍正元年（1723），增置左、右二现审司，主鞫讯囚系。雍正十二年（1734），析江南司为江苏、安徽二司；罢督捕前司及督捕厅，并其事于后司，省后字，但称督捕司。乾隆二年

---

① 嘉庆《大清会典》卷三五《兵部》。
② 嘉庆《大清会典》卷三七—一四〇《兵部》。
③ 《清朝通志》卷六五《职官略》二。
④ 嘉庆《大清会典》卷四一《刑部》。

（1737），更右现审司为直隶司；七年（1742）又改左现审司为奉天司，而成一省一司之局，分别掌核该省刑名之事，分所理衙门之文移。① 此外，一些司还有特别的职掌：如直隶司与山西司分管察哈尔地区的刑名事件；江苏司遇恩赦则察案以具奏；浙江司负责本部汇题、汇奏之件，定稿以呈于堂，并管理本部书吏，役满者，行吏部而给以照；山西司管理各省年例咨报之件，察而汇题；四川司掌刑具之制；广西司朝审则负责具题稿；云南司负责管理堂印之封启。② 刑部除上述十七司之外，还有专掌督捕旗人逃亡之事的督捕清吏司。督捕司于康熙三十八年，由兵部并入，分前、后二司；雍正十二年，并督捕前、后二司为一。③ 雍正十二年之后，刑部计有十八司。

刑部在十八司之外，还有秋审处、律例馆和提审厅等机构。秋审之案原由四川、广西两司分掌。雍正十二年，始别选司属主其事，曰"总办秋审处"。乾隆十九年以后，凡核直省秋审册，辨实、缓、矜、疑之当否，以白于长官，皆以总办司员任之。④

（6）工部

工部的职能是掌天下造作之政令与其经费。凡土木兴建之制、器物利用之式、渠堰疏障之法、陵寝供亿之典，百司以达于部。尚书、侍郎率其属以定议，大事上之，小事则行。⑤

工部设四司管理政务：[一]营缮清吏司：掌营建之事。凡木税、苇税皆核焉。[二]虞衡清吏司：掌制器用。凡军装、军火皆核焉。[三]都水清吏司：掌天下河渠、关梁、川涂之政令。凡坛、庙、殿廷之供具皆掌焉。都水司最重的职责在于治理河道和海塘。河道治理分为三：一是北河，以永定河为主要工程；二是东河，专治黄河；三是南河，主治淮河和长江。而南北贯通的大运河，则由三河分治之。与此相应，各小的船政，由其负责；船税、贷税等也由其定额。[四]屯田清吏司：掌陵寝修缮之事。凡供

① 《清史稿》卷一一四《职官》一；《清朝通志》卷六五《职官略》二。
② 嘉庆《大清会典》卷四四《刑部》。
③ 《清史稿》卷一一四《职官》一。
④ 《清朝通典》卷二五《职官》三。
⑤ 嘉庆《大清会典》卷四五《工部》。

薪炭皆核焉。掌本衙门汉官之升补。治其匠役。① 此外,工部还有钱法堂:掌宝源局鼓铸之政令。凡铜铅之岁输于部者定其额,至则以时验收。凡鼓铸分其炉座,核其缗数,出卯则尽数报解户部,搭放兵饷。管理火药局:掌监造、存储火药,与其领给之数。直年河道沟渠处:掌京师五城河道沟渠的修浚。督理街道衙门:掌外城街道的修治。②

2. 管理周边民族:理藩院

理藩院是专门管理内外蒙古、青海、西藏、新疆及西南地区土司等少数民族事务的机构。其建置与六部基本相同。内设尚书、左右侍郎各一人,只是在此惟以满洲人为官(间亦有蒙古人为之),汉人不与。另外,又设额外侍郎一人,以蒙古人为之。《大清会典》记载:理藩院"掌外藩之政令,制其爵禄,定其朝会,正其刑罚。尚书、侍郎率其属以定议,大事上之,小事则行,以布国之威德"。③ 其属:堂主事,满档房满洲二人、蒙古三人,汉档房汉军一人;领办处,员外郎、主事,满、蒙各一人;司务厅司务,满、蒙各一人;笔帖式,满洲三十六人、蒙古五十五人、汉军六人。

理藩院下设六司:(1)旗籍清吏司:掌考内札萨克之疆理,叙其封疆与其谱系。凡官属、部众、会盟、军旅、邮传皆掌之。掌游牧之内属者。(2)王会清吏司:掌颁禄于内札萨克,而治其朝贡、燕飨、赏予之事。制外藩之禄。(3)典属清吏司:掌核外札萨克部旗之事。治其邮驿,互市则颁其禁令。凡内外之喇嘛皆掌之。掌游牧之内属者。(4)柔远清吏司:掌外札萨克、喇嘛禄廪、朝贡之事。(5)徕远清吏司:掌回部札萨克之政令。凡回番之年班(即每年朝正之班。札萨克朝正于京师,分编成二班至六班不等,轮流朝贡)皆掌之。掌外裔之朝贡。(6)理刑清吏司:掌外藩各部刑罚之事。④

---

① 嘉庆《大清会典》卷四五—四八《工部》。
② 嘉庆《大清会典》卷四八《工部》。
③ 嘉庆《大清会典》卷四九《理藩院》。
④ 嘉庆《大清会典》卷五〇—五三《理藩院》。

3. 外交:礼部会同四译馆和总理各国事务衙门

鸦片战争前,清朝管理外交事务的机构是礼部会同四译馆。清初,会同、四译分设两馆。会同馆自顺治初置,即隶礼部;四译馆则国初沿明制,置隶于翰林院,立回回、缅甸、百夷、西蕃、高昌、西天、八百、暹逻八馆,以译远方朝贡文字。乾隆十三年(1748),以四译馆闲冗无事,将其并入礼部,与会同馆合并,称为会同四译馆;①而以礼部郎中一人兼鸿胪寺少卿衔兼摄之,下设大使、序班、朝鲜通事等官。

会同四译馆的职掌,大体上说有两个方面:一是接待朝贡之国的贡使,包括安置贡使食宿,稽查贡使出入互市之事,若朝见及赐宴颁赏则率使臣以行礼等;二是翻译各国语言和文字。这也是原来会同馆与四译馆的职能。礼部会同馆的作用,在于接待外国贡使。而翰林院四译馆的作用,在于翻译各国语言文字。《历代职官表》云:"前代客馆、典客、诸令丞皆以接待人使为重,而译官之职则自西汉以后概未之见,至明始重其事,以翰林官领之。"②明代以翰林官领四译馆,实际上重在培养翻译人才。清代虽然在翰林院沿设四译馆,但培养翻译人才之职责在于会同馆,所以"无所事事",③曾拟裁省,最后定为归并于礼部会同馆。但在归并之时,将原来八馆改设为二馆:由于百夷已改土归流,事由川、广、云、贵各省;回回、高昌、西番、西天等国,以及洮岷河州、乌思藏等处番僧入贡,统隶理藩院,且高昌、西天语与蒙古、唐古特相同,所以高昌、西天二馆实无承办事务。因此,将回回、高昌、西番、西天合为一馆,曰西域馆;其中译字生只留回回、西番二语,人数也只留四人。将暹罗、缅甸、查夷、八百,以及苏禄、南掌为一馆,曰八夷馆;只将暹罗、百夷译字生酌留四人。其他职官也多经裁汰。④ 将四译馆裁归礼部,似乎是给了它用武之地。但乾隆年间,无论四译馆或会同馆,其在外交上的作用都渐趋丧失。这倒不是因为国家没有外交事务,相反,自乾隆以后,中国与俄罗斯、英国等

---

① 《清朝通志》卷六五《职官略》二。
② 纪昀:《历代职官表》卷一一《礼部会同四译馆》。
③ 《大清会典事例》卷五一四《礼部·朝贡》。
④ 同上。

欧洲国家的交往正日益加强。而这些国家的使臣来华,虽然在京由礼部接待,但迎送之事已由各省负责,而且更重要的是这些国家的语言,会同四译馆的官员也不通。总之,会同四译馆在乾隆以后,愈益显得不能适应形势;序班、通事等官以及译字生,不过相循旧制、取备官职罢了。而天朝大国的皇帝与政府,也未能及时做出适应形势变化的反应。

直到咸丰十年(1860),清政府才为了办洋务而设"总理各国事务衙门"。而这已是两次鸦片战争之后的事了。

总理各国事务衙门,简称"总理衙门"。咸丰十年(1860),清朝在京师设立总理各国通商事务衙门,派恭亲王奕䜣、大学士桂良、户部右侍郎文祥管理,下属司员则于内阁、部院、军机处各司员、章京内,满汉各挑八员,作为定额。

总理衙门"掌各国盟约、昭布朝廷德信"。凡水陆出入之赋、舟车互市之制、书币聘飨之宜、中外疆域之限、文驿传达之事、民教交涉之端、王大臣率属定议,大事上之,小事则行。[①] 下设五股:[一]英国股:掌英吉利、奥斯马加两国交涉往来之事,凡各国通商、各关权税均隶焉。[二]法国股:掌法兰西、荷兰、日斯巴尼亚、巴西各国交涉往来之事,凡保护民教及各岛招工诸务皆隶焉。[三]俄国股:掌俄罗斯、日本两国交涉往来之事,凡陆路通商、边防疆界诸务皆隶焉,同时还掌国家之庆赏、宾客之典礼,及官吏之迁转、考试甄录等事。[四]美国股:掌与米利坚合众、德意志、秘鲁、意大利、瑞典、那威、比利时、丹麻尔、葡萄牙各国交涉往来之事,凡设埔保工诸务悉隶焉。[五]海防股:光绪九年(1883)添设,掌南、北洋海防之事,凡长江水师,沿海炮台、船厂,购制轮船、枪炮、药弹,创造机器、电线、铁路,及各省矿务皆隶焉。[②]

光绪二十七年(1901),总理衙门改为外务部,并班列六部之前。

4. 监察:大理寺和都察院

(1) 大理寺

通常认为,大理寺相当于今天的最高法院。这种看法对于清朝并不

---

① 光绪《大清会典》卷九九《总理各国事务衙门》。
② 光绪《大清会典》卷九九——〇〇《总理各国事务衙门》;《清朝续文献通考》卷一一八《职官》四。

恰当。古称法官为"理"，秦汉时，廷尉为最高司法之官，中间偶改廷尉为大理。大理寺之设始于北齐，职掌决正刑狱。其后历朝皆沿其制。隋朝定六部之制，其中刑部之职系由南北朝都官尚书所改。纪昀《历代职官表》云："考列史所载，都官一曹自魏晋以后皆掌京师及畿外得失非违之事，颇似汉之司隶，而并无断狱议罪之责。故《六典》以为非唐时都官之任。推原其故，盖由魏晋诸朝尚书不依六官分职，故刑名政令自大理以外，八座则以三公、吏部尚书主之，郎官则以三公、郎中主之，而或领于吏部，或领于殿中，隶属参差，本无定制。隋文帝改都官尚书为刑部，而省三公郎不设，于是三公旧职遂悉归于刑部曹；又以都郎改掌簿录配没官私奴婢并良贱诉竞俘囚之事、弼教之任，自是始专之刑部矣。"①刑部的设立，是隋朝中央集权的措施之一。西汉时，守令权重，刑狱得自论决。东汉以后，朝廷遂实行"请谳"之制，也就是地方政府断狱要请示朝廷。隋朝设立刑部之后，地方政府刑名事件请示朝廷，归刑部管理。原设之大理寺的权力便随之削弱。后来，虽然保留了大理寺，但刑名之政归刑部管辖。唐、宋之时，大理寺一直保持着决正刑狱的职责。唐代刑名皆经大理寺审断，自杖以下得专决，其徒刑以上则送刑部质正。宋代大理寺分左右，以左寺断刑，右寺治狱，还延续着唐代制度。大理寺断天下奏狱，则送刑院详讫同署，以上于朝。② 在审讯、治狱的运作上，还以大理寺为主。元朝有刑部而无大理寺。明朝则较重视大理寺，以刑部受天下刑名，都察院纠察，大理寺驳正。凡刑部重囚，皆送大理寺复讯，大理寺拟复平允而后定案。这样似可以说，至明代，大理寺一直保持着最高法院的特征。但明代自弘治以后，情况发生了变化。大理寺止阅案卷，囚徒俱不到寺。虽然每年审录仍由大理寺，但其实权已为厂卫太监操纵。明朝在审讯决狱的运作上，与唐代已明显不同：唐代是"先寺而后部"，而明代则是"先部而后寺"。③ 这种先后程序大体上就是初审和复审。明代初审刑部主之，复审则大理寺主之。但这种变化，不仅不能说明处于后者即为最高机构，恰恰意味着大理寺在司法行政中地位的削弱。从清朝

---

① 纪昀：《历代职官表》卷一三《刑部》。
② 纪昀：《历代职官表》卷二二《大理寺》。
③ 同上。

大理寺的职能看,其"掌平反重辟,以贰邦刑",①似一直保持着从北齐以来的职能。但实际上,正如顺治十五年(1658)上谕所云:"朕思大理寺衙门所管事务无多,不过三法司会议",②其职责仅限于与刑部和都察院一起运作的"三法司"制度。

清朝司法中之"推鞫"悉主于刑部,大理寺不司治狱。③ 这样,刑部本为行政监察机构,在清代反而成为法院(不仅仅是法院);大理寺则相反,本系法院,却只能审核案牍,成为监察性机构。因此,如果非得按现代司法制度看问题,清朝的最高法院是刑部,而不是大理寺。纪昀《历代职官表》云:"我朝慎重邦刑,直省请谳,皆令三法司核拟,会疏具奏。盖以刑部核其实,以都察院、大理寺简其孚。"④大理寺、都察院与刑部的关系不过是"简其孚"而已。需要指出,上述类比并不恰当,因为清朝掌握最高司法权力的是皇帝,刑部不过是其执行机构而已;而当疑难重案需要皇帝裁定之时,就由大理寺、都察院以及九卿会议参与议决。这种合议制度,并不能归结为大理寺,当然也不能归结为刑部。从清代大理寺的职能看,它更接近于都察院,只是它的监察职能仅限于司法方面。

大理寺设大理寺卿、少卿、左右寺丞、左右评事、堂评事、司务、笔帖式等官。

由于大理寺实际上已丧失了在司法行政中的地位,清末旨在裁减冗员的官制改革中,它即成为裁撤的对象,具体的做法是归并刑部。

(2)都察院

都察院"专掌风宪,以整纲纪为职。凡政事得失、官方邪正,有关于国计民生之大利害者,皆得言之"。⑤ 所以它是朝廷之耳目,并有"言官"之称。都察院设左都御史、左副都御史二职,由其"率科道官而各矢其言责,以饬官常,以秉国宪;率京畿道以治其考察、处分、辨诉之事"。⑥ 都察院也有右都御史和右副都御史之职,但系总督、巡抚的兼衔,非都察院实

---

① 《清朝通典》卷二七《职官》五。

② 《清朝文献通考》卷七七《职官》一。

③ 纪昀:《历代职官表》卷二二《大理寺》。

④ 《清朝通志》卷六六《职官略》三。

⑤ 《清朝文献通考》卷八二《职官》六。

⑥ 嘉庆《大清会典》卷五四《都察院》。

际的职官。

都察院在都御史和副都御史之下,设有"科道官"。"科"指六科给事中,"道"指十五道监察御史。都御史提督各道,"为天子耳目风纪之司",系承明代的制度。明代设十三道监察御史,"主察纠内外百司之官邪,或露章面奏,或封章奏劾",①都察院之职责也就主要由十三道监察御史实现。明代都察院与六部等同在"大九卿"之列,但它与六部不同。六部职有专司,而"都察院惟所见闻得纠劾,无职司,乃总宪纲"。② 清代"六科"之制,也承自明代,但明代六科不属于都察院,而是与部院衙门平列的独立机构。明代罢中书省,并裁谏官,惟设六科以掌封驳。明朝寄大政于六部,六部之权至重,所以有"六科"专门纠察其行政情况。然而,六科也由此而有"谏官"之责。用孙承泽的话说,这是"言官、察官浑之为一"。③ 明代的都察院和六科,虽然职在监察,但还有以前台谏之官建言的作用,所以称之为"言官"。明代中叶之后,台谏之横是众所周知的,甚至有言论误国之目。但所谓"谏"系对上而言。都察院之御史则出为巡按,是为"天子狩",辖所按藩服大臣,若府、州、县官诸考察,举劾尤专,可以"大事奏裁,小事立断"。④ 清沿明制,初也是六科与都察院并立;但自雍正之后,六科归属于都察院,给事中与监察御史同为监察臣僚之官。然而其作为言官的"规正"之责,与明代已不可同日而语。其所谓"任以言事",已是"有纠劾而鲜规正"。

清代设都察院,分道而"纠察内外百司之官邪"。清初,御史分十四道,在明代设河南、浙江、山西、山东、陕西、湖广、江西、福建、四川、广东、广西、云南和贵州十三道的基础上,增设江南道。其中河南、江南、浙江、山西、山东、陕西六道授以印信,为"六掌道",分稽在京诸司及各直省刑名;其余八道则分别隶于六掌道,称"协道"或"坐道",不治事。仍依明代例,由河南道参治本院之事。顺治九年(1652),增设京畿道,专管照刷

---

① 《明史》卷七三《职官》二。
② 孙承泽:《春明梦余录》卷四八《都察院》。
③ 孙承泽:《春明梦余录》卷二五《六科》。
④ 孙承泽:《春明梦余录》卷四八《都察院》。

在京大小衙门文卷。① 于是有"十五道"。乾隆十四年（1749），各道并给印信。乾隆二十年，列京畿道于河南道之前，互易职掌，京畿道遂为要职。光绪三十二年（1906），按省分道，增设辽沈道；析江南为江苏、安徽二道，湖广为湖南、湖北二道；并增甘肃、新疆二道，总为二十二道。②

各道设掌印监察御史、监察御史等职。其职责大体分内外两个方面：在内"稽察在京各衙门之政事，而注销其限"。③《大清会典事例》记载，各道在监察方面的职掌如下：稽察部院事件；稽察军机处；稽核王公大臣名下太监；稽察都察院书吏；稽察户部三库；稽察工程；稽察宗人府事件；稽察内务府事件；稽察理藩院银库等处；稽察八旗事件；稽察五城事件；稽察普济堂；稽察步军统领衙门事件；稽察直省补参事件；稽察直省难结事件；稽察移咨直省事件；稽察咨取直省职名限期；稽察会议会审；监放兵饷钱文；京察；大计；军政和盐政考核；议叙议处；司坊官拣发拣补；司坊官俸满保题；司坊官获犯保题；乡会试监察；殿试监察；朝考监察；各项考试监察；监察考试供事；监察磨勘分卷；监视掣签；验看月官；验看孝廉方正；验看因公降革人员；笔帖式考试翻译，以及朝会纠仪和祭祀纠仪等。④ 各道具体分工是：京畿道稽察内阁、顺天府大兴县、宛平县；河南道稽察吏部、詹事府、步军统领衙门、五城；江南道稽察户部、宝泉局、三库、左右两翼税务衙门、在京十三仓；浙江道稽察礼部、都察院；山西道稽察兵部、翰林院、六科、中书科、总督仓场、坐粮厅、大通桥监督、通州二仓；山东道稽察刑部、太医院；陕西道稽察工部、宝源局；湖广道稽察通政使司、国子监；江西道稽察光禄寺；福建道稽察太常寺；四川道稽察銮仪卫；广东道稽察大理寺；广西道稽察太仆寺；云南道稽察理藩院、钦天监；贵州道稽察鸿胪寺。⑤

在外则奉命出差，巡察地方。御史分道，本为出巡而设，在清代各道虽以省为名，但各道的主要任务已不是巡察，而在于稽察在京衙门的行

① 光绪《大清会典事例》卷一〇一七《都察院二〇·各道》。
② 《清朝通志》卷六五《职官略二》；《清史稿》卷一一五《职官》二。
③ 嘉庆《大清会典》卷五四《都察院》。
④ 光绪《大清会典事例》卷一〇一七——〇二四《都察院·各道》。
⑤ 嘉庆《大清会典》卷五四《都察院》。

政情况。对于各省的监察,主要在于与刑部和大理寺相配合,稽核其刑名事件的处理情况。不过,清代初期,都察院尚设有巡按御史,省各一人,"专以察吏安民为要"。① 可是,御史巡按各省,往往"多受属员献媚,参劾无闻",而于顺治年间屡停屡复;②顺治十七年(1660),终于裁革。③雍正三年(1725),分遣满汉御史及部员巡察各省,专司稽察盗贼、巡查驿站、烟墩、操阅民壮等事,但规定"不干预地方事"。④ 这与清初以察吏安民为专职的巡按已不能相提并论。巡察之员实际上已成一种专门稽察某件事件的特遣之官。雍正十二年(1734),以"巡察官员,并无裨益,著限年停止,于应稽察时特遣"。⑤ 乾隆元年(1736),尚留存的山西巡察,也"著停止派往";并且鉴于"专差御史巡察,恐地方又添供应之繁",而将巡察之责责成各省原设之守道和巡道,"著为定例"。⑥ 于是,由御史巡察各省的制度不复存在。或者说,中央对地方行政的监察功能纳入了地方行政系统本身。此后,虽然仍有派监察御史出差者,但都属于"奉特旨钦差查办事件",而且是科、道并差,不以监察御史为限。

清代初期,与巡按并设者有巡盐御史、巡漕御史、巡视京通各仓御史、巡视上下两江御史、巡视屯田御史、督理陕甘洮宣等处茶马御史和巡视山东河南工务御史等。这些都系因事而差,而且事毕即罢,时间大多在三五年之间。其中较为重要者如巡盐御史、巡漕御史和巡视京通各仓御史等,也是停而复,复而停。盐差于雍正四年(1726)最后停止;漕差于道光二年(1822)停止。唯巡视京通各仓御史一职,时停时设至光绪二十八年(1902)。⑦

总之,清代御史对于行政的监察作用,愈益轻于地方而侧重于中央。其原因除由于所任之员腐败而强化了守、巡各道的监察作用外,还在于总督、巡抚在清代为地方常设之官,且皆带都察院都御史、副都御史衔,

---

① 《清朝文献通考》卷七七《职官》一。
② 光绪《大清会典事例》卷一〇二五《都察院·各道》。
③ 《清朝文献通考》卷八二《职官》六。
④ 同上。
⑤ 光绪《大清会典事例》卷一〇二五《都察院·各道》。
⑥ 同上。
⑦ 《清史稿》卷一一五《职官》二。

而对其所辖省份于行政权外兼行监察权。这就是说,清代地方行政系统的监察职能的存在,使都察院对于地方的监察作用趋于萎缩。

而在都察院的监察作用渐渐内敛于中央的同时,另一个变化是原来独立的"六科"归并于其中,而且"六科"的职能同样是以监察中央行政为主。

所谓"六科",即吏、户、礼、兵、刑、工六科。这是与六部相对应的。清代六科之设,初沿明制,自为一署,给事中无员限,并置汉军副理事官。顺治十八年(1661),定满、汉都给事中,左、右给事中,各一人,汉给事中二人,省副理事官。康熙四年(1665),六科只留满、汉各一人。五年(1666),改都给事中为掌印给事中。雍正元年(1723),以六科内升外转,始隶都察院。①

六科的职责,包括"传达纶音"和"稽考庶政"两个方面。清代内阁将本章每日进呈御批之后,例由六科赴阁亲领发钞,用印交部。②《清会典》记载:"凡科钞,给事中亲接本于内阁,各分其正钞、外钞而下于部。"③六科从内阁接到本章之后,事属某部,六科相应的科即用满、汉文钞出,交给某部,是为"正钞";如属涉数部,则将本章送别的相应的科转发,是为"外钞"。因此,六科是内阁与部院之间传送本章谕旨,即所谓"传达纶音"的机构。六科将本章谕旨钞出交发部院之后,如果部院及督抚本间已经奉旨,但确有不便施行之处,六科也拥有"封驳"之权,即由六科封还执奏。内阁票签批本有错误,以及部院、督抚本内事理未协,并听六科驳正。④ 六科职卑而权重,其因在此。

不过,清朝六科与明朝六科的情况有所不同。顾炎武论及明代六科给事中云:"明代虽罢门下省长官,而独存六科给事中,以掌封驳之任。旨必下科,其有不便,给事中驳正到部,谓之科参。六部之官无敢抗科参而自行者,故给事中之品卑而权特重。万历之时,九重渊默;泰昌以后,

① 《清史稿》卷一一五《职官》二;《清朝通典》卷二六《职官》四。
② 光绪《大清会典事例》卷一四《内阁四·职掌》。
③ 嘉庆《大清会典》卷五四《都察院》。
④ 同上。

国论纷纭,而维持禁止之力往往赖抄参之力……"①明代中叶以后,言官与执政之间,或结党,或水火,以至于党论纵横,莫可究诘,就是因为言官掌有封驳之权。可是,入清之后,六科虽然在职责上与明时大同小异,但它在"言事"方面的作用大为下降。顺治十三年(1656),定科道官奏折不得先送内院,而"悉照部例","径诣宫门陈奏"。② 这就使六科给事中失去了作为"言官"的特殊地位。康熙十八年(1679),有以"风闻言事"请者,但上谕认为:"如今之章奏已见施行者,虽不明言为风闻,何尝不是风闻! 今若开风闻之条,使言事者果能奉公无私,知之既确,言之当理,即当敷陈,何必名为风闻方入告也。倘生事之小人,恃为可以风闻入告,但徇己之好恶,必致擅作威福以行其私。彼言之者既无确见,听之者安能问其是非? 故曰无稽之言勿听,弗询之谋勿庸,正所以诫言之无据、谋之自专也。况天下之大,臣民之众,导之以理,晓之以法,待臣下须宽仁有容,不因细事而即黜之,所以体群工也。用人则随才器使,无求全责备之心,盖以人材有不齐也。若关天下之重,朋党徇私之情,皆国家可参可言之大事,不但科道而已,有志之臣民概可以言之。何在区区风闻之言,能敛戢奸贪之志气哉! 治国家者,以有治人,不患无治法耳。"③于是,六科身处朝廷,不能与都察院御史出巡地方,却要求与各道御史一样据实陈奏,也就限制了其言事的作用。雍正元年(1723),将六科归并到都察院,科官与道官一起轮流出差,内阁交发的本章到科,无暇细审,"封驳"之责也只好敷衍而已。道光十五年(1835),给事中曹一士奏云:"雍正元年以六科内升外转一事,奉旨著都察院管,乃一时权宜之法。然自此在后,台臣循照台例,一切城仓、漕、盐等差,与御史一体开列。于是六科各员奔走内外,朝夕不遑,或递相署理,至有本科只留一人者。本章到科,匆匆过目,即以付部,不及详细审读。又其甚不得已,则间阁雀鼠之腐杂进于内朝,簿书期会之吏,接迹于禁御,判署纷纭,轻重倒置……"④质言之,清朝六科在地位与作用上,与各道御史一样,都在于听命皇帝监察部院和

---

① 顾炎武:《日知录》卷九《封驳》。
② 光绪《大清会典事例》卷一三《内阁·职掌》。
③ 光绪《大清会典事例》卷九九八《都察院一·宪纲》。
④ 《清朝续文献通考》卷一二七《职官》十三。

地方衙门的行政情况。

清代与明代一样,国家将大政寄于六部,六部的职能基本上涵盖了朝廷的行政事务。六科与六部相对应,其职责就在于"稽察六部百司之事"。① 但其稽察的范围又不限于六部,在京各衙门皆在其稽察之列,其中:吏科稽察吏部和顺天府;户科稽察户部;礼科稽察礼部、宗人府、理藩院、太常寺、光禄寺、鸿胪寺、国子监和钦天监;兵科稽察兵部、太仆寺和銮仪卫;刑科稽察刑部、通政使司、大理寺及河南道刷卷(河南道参治本院事);工科稽察工部。在京各衙门每月两次将所办之事造册送科注销。其逾限有因者,册内注明;无故逾限者,由科指参,皆于月终具题,年终由河南道汇题。②

六科稽察部院,自然要涉及直省的行政情况。如钱粮和刑名,乃地方行政的主要任务。钱粮奏销,是地方衙门的一大政务。清代规定:凡直省解户部钱粮完欠,及田赋杂税、兵马钱粮各项奏销册,由户科察核;有蒙混舛错者,由户科指参;督抚奏报处岁收成分数,也由户科察核。③凡直省重案,无论已结、未结者,按察司各道年终具题,并造册送刑科察核。朝审情实人犯,由刑科三覆奏闻;秋审亦照朝审之例。④ 当然,对政务的稽察,最终都要落实到对职官的考核。清代文官由吏部铨选和考核,都察院的吏科和河南道(后改京畿道)则"赴吏部会同考察,公定去留,缮本具题"。⑤ 清代考核百官的制度,曰"京察"和"大计"。这是沿袭明代的制度,但考核的标准有所差异。"京察"是对京官的考核;"大计"是对外官的考核,例以三年一次,其权由吏部考功司掌之,都察院的吏科和河南道则参与其事,实际上是对吏部考绩的监察。与此相应,司道以下各官,在任命下达五日之内,由吏部文选司缮写文凭用印之后,也例送吏科填写到任程限,并由吏科定期各官到科画凭,再由吏科送吏部,由吏部颁领。后定经历以下杂职,皆寄文凭于该省督抚给发,该员领凭赴任,

① 《清朝文献通考》卷八二《职官》六。
② 光绪《大清会典》卷六九《都察院·六科》。
③ 光绪《大清会典事例》卷一〇一五《都察院一八·六科》。
④ 光绪《大清会典事例》卷一〇一六《都察院一九·六科》。
⑤ 光绪《大清会典事例》卷一〇一五《都察院一八·六科》。

也得取具地方官文结,报明吏科存案。① 然而,这些职能都不是通过巡方,而是通过参与部院行政,在行政程序上实现的。

六科与各道的监察重点都在中央行政机构,因而在职能上有许多重叠之处。清代在都察院虽然科、道并立,但在职能上渐趋混合。清代中期以后,奉特旨钦差查办事件科道官并差,也说明其职责的一致。因此,都察院内部机构的双重设置,不无叠床架屋之感,而对于朝政之监察也不可谓不密。当然,制度的安排与实际的结果总是有差距的。

(3)"三法司"和九卿会议制度

"三法司"指都察院、大理寺和刑部。俗语中所谓"三堂会审"的三堂,即指三法司。三法司制度不仅是会审,还包括会核、会题和热审等。《会典》记载:"凡重辟会审、会核,并热审减等,皆会刑部各司及大理寺覆议呈堂。"②

"三法司"之名,出于明代。但这个制度,唐代已形成。唐代叫作"三司使",以刑部、御史台和大理寺组成。清朝承明制,"凡刑至死者,则会三法司以定谳"。③《大清会典事例》记载:凡遇有应三法司会审事件,刑部即知会都察院和大理寺,都察院和大理寺堂官率属官至刑部衙门会审。会审限期为一个月。④ 另据《清朝通典》记载:"凡刑部重辟囚,先以御史、大理寺左右寺官会刑曹,察其辞,辨其死刑之罪,而要之曰'会小三法司'。及致辞于长官都御史、大理卿,乃诣刑部与尚书、侍郎会听之,各丽其法以议狱,曰'会大三法司'。"⑤一般说来,三法司会审的对象仅限于因案情重大而提系于刑部大牢的死囚,会审过程的关键在于"会小三法司"。刑部司官、大理寺左右丞和都察院御史,也就是部院司官一级官员的会审,是真正意义的审断。其狱成,才由小三法司向大三法司回报,由三法司堂官最后决定。之后,由三法司堂司官共同具疏奏请皇帝定夺。这叫做"会题"。但会题之事,不限于会审。大多数由直省送刑部的

① 光绪《大清会典事例》卷一○一五《都察院一八·六科》。
② 光绪《大清会典》卷六九《大理寺》。
③ 光绪《大清会典》卷五三《刑部》。
④ 光绪《大清会典事例》卷一○四三《大理寺》。
⑤ 《清朝通典》卷二五《职官》三。

案子,毋庸会审,但须三法司共同核拟,最后由三法司会题,奏请定夺。三法司共同核拟之案,一般由刑部具牍,送都察院和大理寺于十日内审允还部会题;也有由大理寺左右丞拟稿,由刑部定稿,最后质成于三法司堂官,并由三法司会题的情况。这种三法司共同核拟的方式,叫做"会核"。

清朝在司法行政中,有所谓"热审"。清朝定制:"每年于小满后十日起,至立秋前一日止,如立秋在六月内,以七月初一日为止,会小三法司,将刑部现审案件审拟呈堂,枷责等轻罪人犯照例减等发落,笞罪宽免。十日一次汇题(乾隆六年改为按季汇题)。其人犯交该旗该地方官暂行保释,俟立秋后再送部发落。如重囚内有可矜、可疑者,请旨定夺。其杖责人犯,无论题达重案及一应事件,统于减等之中递行八折发落。"①

清朝最重的刑罚是死刑,分斩、绞两种,又分立决和监候两种。凡于刑部大牢监候之囚,一般要等到秋后处决。八月初,刑部会同九卿、詹事、科、道,于天安门外金水桥西,公阅其爰书而核定"情实""缓决"和"可矜",分拟具题,称之为"朝审"。② 此外,各省具题到刑部的案件,刑部要逐一审查,给出"部拟"。对"外勘"与"部拟"不符的案件,刑部还要进行一系列的会议。议定,刑部将原案及法司、督抚各勘语刊印成招册;并于八月内,会同九卿、詹事、科道,于天安门外金水桥西,详核"情实""缓决"和"可矜",分拟具题,此为"秋审"。③ 这种朝审和秋审制度,时称"九卿会议"。④

四 地方行政

传统国家政治的实质,在于控制社会资源。大体上说,国家所要控制的社会资源可分为两大类:一是物质资源;一是人才资源。前者是维持皇族和政府生存与发展的物质基础;后者是政府人员的来源。然而,国家对社会资源的控制必须有一个前提,就是维持社会的秩序。因此,

---

① 光绪《大清会典事例》卷一〇四三《大理寺》。
② 《清朝通典》卷二五《职官》三。
③ 《清史稿》卷一四四《刑法志》。
④ 纪昀:《历代职官表》卷二二《大理寺》。

以行政为职能的政府,承担着以下三个方面的任务:一是维持社会治安;二是向社会征收赋税;三是从社会选拔官僚人才。这三个方面是互相依存的。从本质上说,从社会中选拔官僚人才是其首要任务。因为只有具备了行政人员,国家机器才能运作。这也就是清代国家依然将"吏部"作为六部之首的原因所在。然而,如果缺乏物质财富,国家机器同样无法运作,连最基本的选拔官僚人才的任务也不能完成;而如果没有社会的安定,那么一切都无从谈起。所以,上述三方面任务在实际行政中只有因时因事的缓急问题,而不是孰重孰轻问题。

清代国家在地方政治上,主要就是实现上述三方面的任务。然而,这三方面的任务又不尽是通常所称的"地方衙门"完成的。在治安方面,地方衙门职司治安,但更有常备军加以镇压。在选拔人才方面,掌有最高管理权的是由中央派到地方司其事的提督学政。对于军队方面的职能与作用,由于篇幅所限,本篇不加讨论。本篇专门讨论地方衙门以及提督学政的制度。

1. 地方行政体制

清代地方行政与前代一样,实际是分级而治的制度。《大清会典》记载:"总督、巡抚分其治于布政司,按察司,于分守、分巡道。司道分其治于府,于直隶州。府分其治于厅、州、县;直隶厅、直隶州复分其治于县。而治其吏、户、礼、兵、刑、工之事。佐贰而下皆任其弹压。"①这就是说,地方的最高行政当局是总督和巡抚,其次是布政司和按察司以及分守、分巡道,再下面是府、直隶厅和直隶州,基层政权是散厅、散州和县。

清代地方行政体制是对明朝制度的承续与发展。明代原本地方行政上,实行省、府、县三级制度。其中又有"州"的建置,"凡州二,有属州,有直隶州。属州视县,直隶州视府"。② 但自中叶以后,总督、巡抚等钦差职官渐渐固定下来,成了凌驾于都、布、按三司之上行政层级。清承明制,延续了这种设置,并加以整理,成为一代定制。与明代相比,清代地

---

① 光绪《大清会典》卷四《史部》。
② 《续文献通考》卷六一《职官》十一。

方行政体制中的"道"和"厅",是它的变化与发展之处。

地方政制的特点是分区而治。这是与中央行政的一个区别。当然,中央行政在内部管理也以分省或分道的方式进行,地方行政的内部管理也分吏、户、礼、兵、刑、工等方面,但从总体上看,中央行政以事为纲,以区为目;地方行政则以区为纲,以事为目。因此,对于地方行政,应当将政区的布局与相应的政治机构结合起来加以考察。

虽然清代地方行政以督抚为最高层级,但行政区划仍以省为最大区域。清初,沿明代之制,置浙江、江西、福建、山东、山西、河南、陕西、湖广、四川、广东、广西、云南、贵州十三省。顺治二年(1645),改南直隶为江南省,改应天府为江宁府,定为省会。同年,改北直隶为直隶。不过直隶称省是康熙初年之事。直隶因为近在京畿,不设藩、臬二司,以道员兼布政使或按察使衔,治其政务。康熙八年(1669),于保定府设守、巡二道,统领全省钱粮、刑名事务。是年,直隶巡抚从真定府迁驻于保定府,直隶始称省。顺、康之际,一些辖区较大的省份开始一分为二。首先是江南省分为江苏和安徽二省。江南省建于顺治二年,时置左、右二布政使司,统领全省政务。顺治十八年(1661),江南省的右布政使徙驻苏州府,辖江宁、苏州、松江、常州、镇江五府;左布政使司仍驻江宁府,辖凤阳、淮安、扬州、庐州、安庆、太平、池州、宁国、徽州九府,以及徐州、滁州、和州、广德四直隶州。这是江南省分为江苏省和安徽省的开端。康熙五年(1666),析左布政使司所属之淮安、扬州二府和徐州一直隶州,往属于右布政使司。六年,改左布政使司为安徽布政使司,寄治于江宁府;改右布政使司为江苏布政使司,仍治苏州府。于是有江苏省和安徽省之名。乾隆二十五年(1760),徙安徽布政使司于安庆府;江苏省增置江宁布政使司,驻江宁府,与驻苏州府之江苏布政使司并存,并析江苏布政使司所属之江宁、淮安、扬州、徐州四府,海州、通州二直隶州归江宁布政使司管辖。至此,江宁府和苏州府同为江苏省省会。其次是陕西省分出甘肃省。陕西省原承明代之旧,领西安、延安、凤翔、汉中、临洮、平凉、巩昌、庆阳八府和兴安一直隶州;省会西安。康熙二年(1663),分陕西布政使司为左、右布政使司。左布政使司驻西安府,分理西安、延安、凤翔、汉中四府和兴安一直隶州;右布政使司则迁至巩昌府,分理平凉、巩昌、庆阳、临洮四府。六年,改左布政使司为陕西布政使司,改右布政使司为甘肃布政使司,于是有甘肃省之名。八年,迁省会至临洮府属之兰州(乾隆三年,徙临洮府治于兰州,并改府名为兰州府)。到清末,甘肃省领府八:兰州、巩昌、平凉、庆阳、宁夏、西宁、凉州、甘州;直隶州六:安西、秦、阶、肃、泾、固原。最后是湖广省分为湖北和湖南二省。湖广省原辖十五府二州,以武昌府为省会。康熙三年(1664),分湖广布政使司为左、右布政使司,但仍称湖广省。左布政使司仍治武昌府,辖武昌、汉阳、黄州、安陆(顺治三年由承天府改)、德安、荆州、襄阳、郧阳八府;右布政使司则治在长沙府,分领长沙、衡州、永州、宝庆、辰州、常德、岳州七府和郴、靖二直隶州。康熙六年(1667),改左布政使司为湖北布政使司,右布政使司为湖南布政使司,始称湖北省和湖南省。[1] 至此,清代始成所谓"十八省"之制。

清末,省份再度增加。光绪十年(1884),新疆建省,以迪化直隶州(光绪十二年升为府)为省会;辖六府、九厅、三州、二十一县。光绪十一年(1885),改原属福建省的台湾府地区为台湾省,下辖三府、一州、三厅、十一县。光绪三十三年(1907),东北地区建奉天、吉林、黑龙江三省。其中奉天省辖八府、八厅(直隶厅五,散厅三)、六州、三十三县;吉林省辖十一府、五厅、一州、十八县;黑龙江省辖七府、六厅、一州、七县。[2] 于是,清代共有二十三省。

清代省一级的行政机构是布政使司和按察使司。这两个机构的设置沿自明代。但清代与明代不同的是,省级机构由三司变成为两司。明代改元行省为承宣布政使司,掌一省之政;同时设提刑按察使司和都指挥使司,分掌刑名法按劾和军政之事。从体制上说,布政使掌一省之政,为一省最高行政长官,但由于三司分治,按察使和都指挥使皆直接听命于部院,布政使实际上不过是与按察使和都指挥使平行的掌理赋税的官员,尽管他们在品级上依然保留原先定下的差别。清代承明代旧制,在省级行政机构上仍设布、按二司,但裁革了都指挥使司。都指挥使司的裁革,并不意味着地方政治中不再具备军政的内容。明代以都指挥使统领各省卫所

---

① 牛平汉主编:《清代政区沿革综表》,中国地图出版社,1990年。
② 刘子扬:《清代地方官制考》,紫禁城出版社,1994年,第7页。

军队。清代在各省置有八旗兵和绿营兵等驻守军队,这两支军队分别由驻防将军、副都统、协领、佐领、防御、骁骑校和提督、总兵、副将、参将、游击、都司、守备、千总、把总两个各自独立的系统的将领分级统领,而总领于驻直省的督抚。他们的职责相当于明代的卫所兵。清代将自明代以来由朝廷派出、责在监察地方行政或特殊军事任务的督抚,置为地方行政的常设官员,也就把都指挥使的职权收在其中。因此,在一定意义上,清代督抚制度是明代都司制度的一种变相存在。

清代由布、按二司掌理一省之民政(此所谓民政,与军政相对而言)。具体地说,布政使司掌一省之政,司钱谷之出纳。朝廷有德泽禁令,承流宣布,以达于有司;阖省僚属,以时颁其禄俸,满秩廉其称职、不称职,报督抚以达于吏部;十年会户版,均税役,登民数、田数,以达于户部。凡有大兴革及诸政务,会议,经画定,报于督抚而行之。按察使司则掌全省刑名、按劾之事。振扬风纪,澄清吏治,大者与藩司会议,以听于部院;理合省之驿传;三年大比,为监试官;大计,为考察官;秋审,为主稿官。① 由此可见,两司在职掌上的分合是很明确的。以分者言,布政使司为理财衙门,按察使司为司法衙门,即所谓一省之钱谷和刑名之总汇。与此相应的政务是:布政使司负责均税役、登民数田数,上达户部;而按察使司的振扬风纪、澄清吏治的监察之责,也主要侧重府、州、县官在刑名司法方面的纠察。以合者言,省内凡有大兴革及重大事件的处理,必须两司会议。按察使司处理到重大案件,要与布政使司会议;同样,布政使司对府、州、县官的考绩,例由按察使参与;由学政主持、布政使司主办的乡试,也由按察使充监试官。然而,由此也可以看到,两司分立也多少保留了明代布、按二司一主一分的色彩。布政使掌司一省之政,上承朝廷之政令,下达于有司,因此对于一省之政可以无所不管;并且掌握着阖省僚属的人事管理权,僚属官员从部院领凭赴任,例至藩司报到,僚属的禄俸、考职和迁调等,都由布政使管理。而按察使掌司刑名,其实不过管理一省政务中的刑事犯罪案件。当然,按察使也有专门的职掌,即一省的驿传交通,由其负责。在官品上,布政使为从二品;按察使正三品,也在

---

① 纪昀:《历代职官表》卷五二《司道》。

布政使之下。其衙门体制,也就有高下差别。不过,这里需要将上述职掌区分为两个部分:一是行政的实质性职能,即针对社会民众的旨在控制社会资源和社会秩序的职能;一是行政的事务性职能,即行政体系内部的旨在控制自身行政秩序的职能。清代布政使所以在品位上高于按察使,在于他在职掌上比按察使更全面,在行政上处于主导地位,也就是他掌有更多的事务性行政。然而,就实质性行政而言,布、按二司平分秋色:布政使司掌理钱谷,按察使司掌司刑名。

  清代初年,各省布政使司设左、右布政使司各一人。这是明代流传下来的制度。康熙六年(1667)定制:各省只设布政使一人;其属有经历、理问、都事、库大使、仓大使等,员额一般也是每职一人,但在各省又裁设不一。经历掌出纳文书;理问掌勘核刑名;都事掌受发文移;照磨掌照刷卷宗;库大使掌司库藏之出入;仓大使掌检稽仓庾。按察使司设按察使一人。其属有经历、知事、照磨、司狱等。经历、照磨的职掌与布政使司属同;知事掌勘察刑名;司狱掌管理狱囚。其员额也于康熙六年定,大抵每职一人,但后来也屡有裁设。

  直省布、按二司又分其治于府,或直隶州,或直隶厅。直隶州制度始于明代,而厅制是清朝的发明。清代在新开发地区,特别设置"厅",作为行政区划和机构。厅也有直隶厅和散厅的区分,"凡抚民同知直隶于布政司者,为直隶厅",[①]即其在行政层级上同于府。其余厅则为散厅,同于县。直隶厅很少有属县,"有属州县者,惟奉天凤凰、四川叙永厅",[②]所以,直隶厅实际上应当与散州和县一起,作为基层政权加以考察。

  清代沿明之制,以府为地方行政的二级分区;同时也以直隶州作为一种变通,大抵在原来府中分出若干州县作为一个独立的分区,实行以州领县,直隶于省的制度。这是国家政权对于社会控制逐步加强的表现,也是社会经济发展的反映。府与直隶州都直隶于省,也都有属县,所以它们是介于省与县之间的中间层级。在体制上,直隶州与府基本相同。二者的差别在于直隶州具有直接管理的相对于散州的治区。这就

---

① 光绪《大清会典》卷四《史部》。
② 同上。

是说,府分其治于县或州,是州县的上级机构,而直隶州除作为上级机构管领所属县之外,还要在本州"以知州行知县之事"。①因此,在一定意义上,直隶州尚保留着散州的属性。这在官品上也有体现,直隶州知州要比知府低一级,知府为从四品(初制正四品,乾隆十八年改),直隶州知州为正五品。直隶州的设置,或以府改设析置,或以府属州升。也有省并入各府的。因此,直隶州的数目时有增减。相应地,各省府的数目也有变化。

清代定制:每府设知府一人,"掌一府之政,统辖属县,宣理风化,平其赋役,听其狱讼,以教养百姓。凡阖府属吏,皆总领而稽核之"。其佐贰官有同知、通判。其中同知分掌督粮、捕盗、海防、江防、清军、理事、抚苗、水利诸务;通判分掌粮运、督捕、水利、理事诸务,以佐知府之治。清初,每府同知、通判或一二人,或三四人不等;后酌量繁简,因时裁设,无定员。在此,值得一提的是,清初知府佐贰官中尚沿明代之旧,设有推官,掌理刑名;康熙六年(1667),裁革不设。于是,自唐代出现的以推鞫狱讼为事的著名职官,在经过由节度使幕职到府的佐贰官一番演变之后,最终退出了历史舞台。其属有经历、照磨、司狱等官。经历、照磨掌受发文移、磨勘卷宗;司狱掌察理系囚。这些属官也与佐贰官一样,因事而设,无定员。直隶州每州设知州一人,掌直隶州一州之政令;佐贰官有州同、州判。其职同府之同、通,额因事繁简而设,无定员。其属有吏目、巡检、驿丞和税课使等。吏目掌禁戢奸宄,防护狱囚,典司簿籍;巡检、驿丞等各因所属分地而掌其职。②

县和散州是基本的行政分区。当然,作为行政分区,清代各州县还有乡、图、里、路等分区。也就说,各州县还要分区而治。这些分区,是后世国家基层政权下移的基础。但在清代,州县是国家正式的基本行政分区。州县也是国家的基层政权。考察基本行政分区和基层政权的依据,应是国家的设官分职。国家设官分职到州县,基层政权就是州县。不能把乡役如乡长、乡约、里长、保长作为基层政权的代表。地方行政的对象

---

① 纪昀:《历代职官表》卷五三《知府直隶州知州等官》。

② 同上。

是民众,州县行政就有一个从衙门到民间的过程。在这个过程中,州县政权还需要金充乡役,来实现其行政任务,但诸如乡长、乡约、里长、保长等乡役,并不是政府的职官,而是一种以赋役的形式招募的职役。他们是州县政权的延伸,不是一级独立的政权。

州由县之地大而事繁者升而置之,或由特设。因此一般地说,州在行政地位上比县为重。在知州、知县的品级上也有体现,知州系从五品,知县则为正七品。但二者皆为"亲民之官"。自秦汉以来,县一直是基本的行政分区和基层政权。然而,州在汉代统领郡国,与清制不同;隋唐时罢郡置州,宋以朝臣权知州事,皆以州领县,与清代的散州和直隶州制也都不同。"惟金代始以府统州者,其州多不领县,则遂与诸县同列。元代始升县为州,下州不及三万户,而县有在三万户以上,则直隶州与各州以渐而分。明遂因之,以州隶府,而州与县并称矣。"①清承明制,但升县建州,随地制宜,州又有升为直隶州和改为县的。因此,州的数目也时在变化中。县的情况则与之相应。

州设知州一人,掌一州之政治;又设州同、州判为佐贰官,分掌各州粮马、巡捕之事。其属,吏目:掌辅理各州之刑禁;巡检:掌捕盗贼、诘奸宄;驿丞:掌邮传迎送。佐贰以下各官,因事之繁简,裁设不一,无定员,惟吏目每州一人。县设知县一人,掌一县之政令;以县丞、主簿为佐贰官,分掌粮马、征税、户籍、巡捕之事。其属,典史:掌监察狱囚,如无丞、簿,则兼领之;巡检与驿丞:职与州同。与州还相同的是,丞、簿以下佐杂官,因事多寡无定员,惟典史每县一人。从总体情况看,州县职官除知州、知县和吏目、典史,每州县各一人之外,其佐贰官和杂职,多付阙如。

在清代地方行政系统中,省、府、州县的官僚设置大体如上述。而从其官僚体制说,各级政权的官僚可以分为以下四个层次:(一)正印官:省为布政使和按察使;府为知府;州县为知州和知县。所谓"官凭印信,私凭文书",虽然省、府、州县各级政府配有正属各官,但惟有正官掌有由朝廷颁发的官印,因此惟有正印官掌一省一府一州县的权力,而佐贰各官,皆由正印官"弹压"。因此,可以说当时实行的是印官负责制。(二)佐

---

① 纪昀:《历代职官表》卷五四《知州知县等官》。

贰官：布政使司为参政、参议，按察使司为副使、佥事，后改为守巡道而与布政使相对独立，是省无佐贰之官，具体情况，后文再述；府为同知、通判；直隶州和散州为州同、州判；县为县丞、主簿。从体制上，佐贰为副职，分正印官之职而佐治，包含着分权制约的意思，但实际上佐贰官不过具员而已，并无实际的职掌。尤其在州县，佐贰官既不备置，又不得擅理民间词讼，基本上没有日常行政工作；即使理事，也不过是仰印官的鼻息而给所谓"出息"的机会罢了。（三）首领官：布政使司为经历、理问、都事、照磨；按察使司为经历、知事、照磨；府为经历、知事、照磨；直隶州和散州为吏目；县为典史。首领官原本是办理文书案牍的各房书吏的"首领"，因而其职责在于文书的管理，如收发、分类、校对、保存等。清代省、府首领官还基本保留着其本来的职掌，但州县的吏目和典史已不再是书吏的首领，因而不再"典文移出纳"，而成了衙役的首领，其职在率领衙役巡捕盗贼和稽察监狱，所在通常称之为"捕官""捕厅"或"捕衙"。这种变化明代已然，但在清代则被固定下来。（四）杂职：布政使司的库大使、仓大使，按察使司和府的司狱，直隶州和州县的巡检、驿丞，以及隶属于各道、府和县的税官、仓官、闸官等，在清代称之为"杂职"。这些官员的品级在从九品、未入流，各有专门的职掌，实际上与州县的首领官无别，但他们因为职在管理库、仓、驿、税关和冲要等处，一般不参与日常行政。上述四个层次及其关系，构成了清代地方行政系统官僚体系的内在结构。

就设官分职的配置看，地方各级政权或政府的职官似"简"得不能再简了。以此而论，说其是"小政府"，也名符其实。再者，就日常行政而言，由于佐贰官设置不备，即使设置也不参与日常行政，不过具员而已；杂职则多属于管事而不理民，也与日常行政没有太多的关系。真正起作用的是正印官和首领官。因此，其行政人员也不可谓不"精"。然而，如果认为这些就是清代地方政府的全部情况，或者说将行政人员仅仅认定为官僚，那就不免贻笑大方。在清代地方政府中，实际的行政人员远不止这些。在衙门内，除政府招募书吏、衙役（包括与衙役相关的"挂名白役"）外，地方官私人还聘请和雇佣幕友和长随；在衙门外，政府还会充形形色色的乡役。这些人员所构成的队伍十分庞大。即以衙门内的吏役而言，人数就成百上千。把这些人员都考虑在内，清朝的地方政府不可谓"小"。也惟有将这些人员全部考虑在内,清代地方行政的体制与运作情况才能看得较为完整。

2. 督抚制度

清代在地方设总督和巡抚二官,为其疆臣。但是,督抚系常设之官,"专制地方",而以布政、按察二司为之属,也就是所谓"总督、巡抚分其治于布政司,于按察司",二者不仅是地方行政的最高长官,也是地方行政的最高层级。

督抚之官,肇置于明代。明初,命京官巡抚地方,有军事则命总督军务,因事而设,事已旋罢,原非一定官称。其后各省俱有之,且因事增置,遂为定员。因此,明代自中叶以后地方行政体制实际上已经发生了变化。清代继续在地方设置督、抚之官,而其成为地方行政的最高层级,也有一个过程。清初,督抚的设置及其所管辖的省份都未固定。在直隶、山东、河南以及山西地区,清初承明代之旧,设有保定巡抚(驻真定府,雍正元年,改真定为正定)、顺天巡抚(驻遵化州)、宣府巡抚(驻宣府镇)和宣大总督(驻山西大同镇);顺治二年(1645),于天津卫地置天津巡抚,析保定巡抚所领之河间府来属。顺治六年(1649),裁保定、天津巡抚,置直隶、山东、河南三省总督,驻大名府,兼理保定、顺德、真定、大名、广平五府及河南省所属怀庆、卫辉、彰德三府军务,原属天津巡抚所领之河间府归顺天巡抚管辖。顺治十五年(1658),裁三省总督,复置保定巡抚,仍领保定等五府,治大名府;又裁宣大总督,析其所领之延庆、保安二直隶州和宣府一镇,归属于顺天巡抚(此前之顺治八年,宣府巡抚裁,其所领之延庆、保安二直隶州归宣大总督管辖)。顺治十八年(1661),裁顺天巡抚,其所领顺天、永平、河间三府和上述二直隶州、一镇,统归保定巡抚管辖。是年,置直隶总督,治大名府;保定巡抚治所由大名府徙至真定府。康熙四年(1665),改直隶总督仍为三省总督。六年(1667),改保定巡抚为直隶巡抚。八年(1669),复裁三省总督;并将直隶巡抚治所迁至保定府。[1]

---

① 光绪《大清会典事例》卷二三《吏部七·官制》;牛平汉主编:《清代政区沿革综表》,中国地图出版社,1990 年,第 1—2 页。

五十四年(1715),直隶巡抚加总督衔。雍正二年(1724),改直隶巡抚为直隶总督。自此,直隶形成只设总督,不设巡抚之制。不过,到乾隆二十八年(1763),依四川例,直隶总督兼管巡抚事,也就形成为"一身二任"的体制。[①] 直隶总督所管辖的地区为直隶省,山东、河南二省则自康熙八年裁革三省总督以后,与直隶省在行政上不再相涉;其中河南省的南部地区清初隶属于江南、江西、河南三省总督管辖,此前由于江南、江西分置总督,不设三省总督,而不再归两江管辖。山东、河南二省,自顺治元年(1644)各设巡抚一人。当北、南"三省总督"裁撤之后,二省为"专置巡抚"、不设总督的省份。日后由东河河道总督专管的二省河务,也归二省巡抚分别管理。雍正二年(1724),清朝以河南武陟、中牟等县堤工紧要,设副总河一人,驻武陟,专理北河。七年,改副总河为总督河南、山东河道,驻济宁,分管南、北两河。自此,山东、河南二省河务由河东总督专管。[②] 河道总督与地方行政关系密切,但系专管河务,在体制上与二省或三省一督制下的督抚关系不同,不是一种直接的上下隶属关系。河南、山东二省以巡抚为最高行政长官,但在雍正年间出现过总督。雍正二年(1724),田文镜由河南布政使署理河南巡抚之职。五年(1727),特授田氏为河南总督,仍兼巡抚事。六年(1728),又著授河南山东总督,管理两省事务。其体制与后来的陕甘总督兼甘肃巡抚事,管理陕甘两省事务相同。不过,此系雍正时之特例。雍正时,朝廷用人往往因时制宜,随材任使。田氏于雍正十年(1732)逝于任上,此制也就结束。

　　清代专置总督,而以巡抚为兼衔的省份,除直隶外,还有甘肃和四

---

　　① 《清朝文献通考》卷八五《职官》九。

　　② 清代管治黄河、运河事务,专设治河之官,初曰总河,后改为河道总督。顺治元年,清朝设总河,以总理黄、运两河事务,驻济宁。康熙十六年(1677),由于江南河工紧要,移驻清江浦;二十七年,还驻济宁。雍正二年(1724),以河南武陟、中牟等县堤工紧要,设副总河一人,驻武陟,专理北河。七年,改总河为总督江南河道,驻清江浦;副总河为总督河南、山东河道,驻济宁,分管南北两河。八年,鉴于直隶河工关系重大,增置直隶正、副总河,为河道水利总督,驻天津。自此,北河、南河、东河为河道三督。乾隆二年(1737),裁直隶副总河,其河道事务,归并直隶总督兼辖。十四年,朝廷认为,"直隶河道事务,近来以总督兼理,不过于伏秋汛至之时,往来率属防护,工程俱已平稳,所有直隶河道总督,不必设为专缺",而将直隶(北河)河道总督由直隶总督兼任。自此,河道总督实存东河和南河二督。

　　河道总督和漕运总督都是清代总督制度的一部分,与作为疆臣的总督或者说地方行政具有密切联系,但由于其为专务总督,故在此不详加讨论。

川。顺治元年(1644),设陕西总督于固原,兼辖四川。十四年(1657),停陕西总督兼辖四川,专设陕西总督一人,并徙总督治于汉中;康熙三年(1664),山西总督裁并陕西,并更名为山陕总督,并迁其治所于西安。十四年(1675),复专设山西总督,而改山陕总督为陕甘总督。十九年(1680),裁山西总督和四川总督,山西省和四川省复归陕甘总督管辖,而又改陕甘总督为川陕总督。雍正九年(1731),谕川陕总督专辖陕西、甘肃两省,山西、四川不相统属。雍正十二年(1734),谕山西巡抚,"著管理山西提督事务,通省武弁,听其管辖"。自此,山西省也为"专置巡抚"的省份。不过,前面说的河南、山东二省"以提督为兼衔",倒是依山西之例方才形成(河南巡抚于乾隆五年加提督衔;山东巡抚于乾隆八年加提督衔)。雍正十三年(1735)定,陕甘总督复辖四川,而将陕甘总督更名为川陕甘总督。乾隆十三年(1748),西陲用兵,仍置陕西总督。十九年(1754),省甘肃巡抚,陕甘总督自西安驻兰州府,兼甘肃巡抚事。二十四年(1759),别置甘肃总督,驻肃州。二十五年,又改甘肃总督为陕甘总督。二十九年(1764),陕甘总督还驻兰州,仍兼巡抚事。是为定制。四川省与陕甘总督的关系,清初是时合时分,且与湖广还有一段分合关系,直到乾隆十三年(1748),改四川巡抚为总督,并兼巡抚事,遂为定制。四川原由陕西总督兼辖。顺治四年(1647),设四川总督一人,以独理一省政务。顺治十年(1653),因四川兵马钱粮皆从陕西调发,又由陕西总督兼督四川。十四年(1657),停陕西总督兼辖四川,又设四川总督一人,驻重庆府。康熙七年(1668),裁湖广总督,而将四川总督更名为川湖总督,统辖四川、两湖地区,并将治所移驻于湖北荆州府。九年(1670),复分设川湖总督各一人,还驻重庆。十三年(1674),四川省另设四川总督一人,驻成都。十九年(1680),改川湖总督复为湖广总督,仍驻武昌;又裁四川总督,四川省再度隶属于陕甘总督管辖。雍正九年(1731),复置四川总督。十三年(1735)又省。直到乾隆十三年(1748),以金川用兵,始定为专缺兼管巡抚事。四川总督为专职之后,于乾隆二十四年(1759)还兼管过陕西省。时因办理回部事务,甘肃省专设总督一员管理。不过,翌年(1760)甘肃总督即恢复为陕甘总督,四川总督也就不再兼管陕西。而四川总督兼巡抚事,也就成了以后直隶、陕甘二总督的样板(乾隆二十八年谕直隶总督官衔,照四川总督之例,兼管巡抚事务;二十九年,陕甘总督从肃州还驻兰州,即入原抚署办事,兼巡抚事,不再理设巡抚)。[1]

在江苏、安徽和江西地区以及其他省区,督抚之制也出现过一个变动更换的过程。清于顺治四年(1647)置江南、江西、河南三省总督,驻江宁。九年(1652),徙南昌,时称江西总督。不久,复驻江宁。十八年(1661),江南、江西分置总督。康熙四年(1665),复并为一。十三年(1674),又分置。二十一年(1682),仍合,而称之为江南江西总督,即所谓"两江总督"。顺治十八年之后,江南省实际上已析分为江苏和安徽二省,所以两江总督所管辖的地区是江苏、安徽和江西三省。这是清代自督抚之制基本规定之后、新疆建立行省之前,惟一以一总督而管三省的情况。清代于光绪八年(1882)建新疆省,而由陕甘总督兼辖之。而前述直隶、四川二省,只设总督不置巡抚,而以总督兼巡抚事,其总督不过管一省之事。而其他总督,则一般管辖两省,如湖广总督管辖湖北、湖南二省;两广总督管辖广东、广西二省等。不过,到清代末期,两江总督麾下的江西和安徽巡抚,事实上已不听其指挥,而与河南、山东、山西三省的情况差不多。而江苏省,在清代也一直具有特殊的地位,即有两个布政使司。江苏布政使司的所在地苏州,乃东南一大都会。属江苏布政使司管辖的上海,在清代后期勃兴,渐成江苏、浙江、安徽、江西等省的经济、文化中心。再者,盐、漕、河三大政及海防江防均属其职。因此,两江总督始终是一个最重要的官缺,非重臣不居此任,与处于各省领袖地位的直隶总督,可相提并论。

在浙江和福建,清朝于顺治二年(1645)置福建总督于福州,兼辖浙江。五年(1648),更名为浙闽总督,徙治所于浙江的衢州,兼辖福建。十五年(1658),两省分置总督,福建总督驻漳州,浙江总督驻温州。康熙十一年(1672),移福建总督驻福州。明年,省浙江总督。二十六年(1687)定总督员额,改福建总督为福建浙江总督。雍正五年(1727),复设浙江总督一人,特授李卫总督浙江,并兼巡抚事。十二年(1734),仍照旧制,又省浙江总督,以郝玉麟为浙闽总督。乾隆元年(1736),又设浙江总督,

---

① 光绪《大清会典事例》卷二三《吏部七·官制》;《清史稿》卷一一六《职官》三。

以李卫例,特授嵇曾筠为浙江总督;郝玉麟则仍专辖福建。三年(1738),嵇氏入阁,郝玉麟仍总督闽浙如故。闽浙或分或合,至此始为定制。浙江总督或设或废,雍正十二年(1747)谕中说得很清楚,乃"因时制宜,随材任使"的变通之政,但也与浙闽总督驻扎福建,与浙江"未免隔越"有关。清代在浙江设有巡抚,除个别由总督兼巡抚事外,无论闽浙或分或合,皆听命于总督。福建也设巡抚,直到光绪元年(1875)移驻台北,一直与总督同城。①

　　类似情况也出现在其他地区。前面业已提到的湖广总督,自康熙十九年(1680)改川湖总督复为湖广总督,还驻武昌后,总督治所一直在此。康熙二十六年(1687),改湖广总督为湖北湖南总督。不过,习惯上仍称之为"湖广总督"。清代在湖广分省以前,即于顺治元年(1644)置湖广巡抚,驻武昌;同时,又置偏沅巡抚,驻偏桥镇。此外,顺、康年间,还设抚治郧阳都御史,驻沅州,以控制湘、豫、蜀、晋四省交界的荆襄山区,康熙十九年(1680)省。康熙三年(1664),湖广分省,改湖广巡抚为湖北巡抚;同时将偏沅巡抚移驻长沙。雍正二年(1724),改名为湖南巡抚,令节制各镇。光绪二十四年(1898)以后,湖北巡抚屡有裁置;三十年(1904)后,湖北巡抚事由湖广总督兼理。两广地区,清朝于顺治元年(1644)设广东总督,驻广州,兼辖广西。十二年(1655),徙梧州。康熙二年(1663),别置广西总督,并移广东总督驻廉州。三年(1664),复并为一,驻肇庆。二十六年(1687)定总督员额,而称广东广西总督。雍正元年(1723),复分置。明年(1724)仍合。七年(1729),以苗患而以云贵总督兼辖广西。十二年(1734),苗疆事竣,广西仍隶于广东总督(两广总督)。广东、广西例设巡抚各一人,广东巡抚驻广州,广西巡抚驻桂林。后两广总督移驻广州,也成定例。云贵地区,顺治十六年(1659),置经略,寻改总督,两省互驻。康熙元年(1662),裁云贵总督,分置云南总督,驻曲靖;贵州总督,驻安顺。三年(1664),复并为一,驻贵阳。十二年(1673),仍分置,寻复故。二十六年(1687),徙云贵总督驻云南府。雍正十年(1732),雍正帝嘉鄂尔泰才,以云贵总督兼制广西,给三省总督印。十二年(1734),广西归隶

---

① 光绪《大清会典事例》卷二三《吏部七·官制》;《清史稿》卷一一六《职官》三。

帝国终结时期的官僚政治体制与运作系统——清　507

广东,云贵总督仍辖云南、贵州两省。乾隆元年(1736),因为经略苗疆,分置云南、贵州两总督,分辖两省事务,并以贵州总督兼巡抚事。十二年(1747),又归并为一,仍驻云南府;两省各设巡抚一人。①

这样,大抵到乾隆三十年,清代督抚制度形成了"八督十五抚"之制。八总督分别为:直隶一人,驻保定府;江南江西一人,驻江宁府;福建浙江一人,驻福州府;湖北湖南一人,驻武昌府;四川一人,驻成都府;陕西甘肃一人,驻兰州府;广东广西一人,驻肇庆府;云南贵州一人,驻云南府。十五巡抚分别为:河南一人,驻开封府;山东一人,驻济南府;山西一人,驻太原府;江苏一人,驻苏州府;安徽一人,驻安庆府;江西一人,驻南昌府;福建一人,驻福州府;浙江一人,驻杭州府;湖北一人,驻武昌府;湖南一人,驻长沙府;陕西一人,驻西安府;广东一人,驻广州府;广西一人,驻桂林府;云南一人,驻云南府;贵州一人,驻贵阳府。总督之设除直隶和四川二省为一省一督、两江为三省一督之外,其他皆为二省一督。巡抚之设原则为一省一抚,但清初沿明之制,直隶设有顺天巡抚、宣府巡抚、保定巡抚,后合并为直隶巡抚;江南设有凤庐巡抚,后定为安徽巡抚;江西设有南赣巡抚,湖北设郧阳巡抚,后俱省;湖南设有偏沅巡抚,后改为湖南巡抚;陕西设有延绥巡抚、宁夏巡抚,后俱省,终成一省一抚之制。然直隶、四川和甘肃三省巡抚由总督兼管。因此,到乾隆中期,全国十八省,而成八督十五抚之制。这种制度一直延续到清末光绪年间。光绪十年(1884),新疆建省,置甘肃新疆巡抚,驻乌鲁木齐,归陕甘总督管辖;十一年(1885),台湾建省,改福建巡抚为台湾巡抚,稍变其制。

在形成八督十五抚后,督抚所管辖的区域也就基本固定。在两种情况下——一是一省一督,如直隶、四川;二是一省一抚,如河南、山东、山西——虽然在省级两司之上出现了新的行政层级,但督抚所管辖的区域与省区重合,也可以说是原省的行政分区没有改变,并未产生新的更高级的分区。然而,在三省一督,如两江;二省一督,如浙闽、湖广、两广、云贵和陕甘等两种情况下,不仅在省之上形成了更高的行政层级,而且实际上产生了新的更高级的行政分区。

---

① 光绪《大清会典事例》卷二三《吏部七·官制》;《清史稿》卷一一六《职官》三。

与这种新的更高级的行政层级和分区相关,清代督抚关系也存在着下述三种类型:一是总督兼巡抚,如直隶、四川、陕甘,这实际上是只设总督,不设巡抚;二是只设巡抚,不设总督,如河南、山东、山西三省;三是总督与巡抚分开,除上述之外,清代大都以二省设一总督,所辖之省各设巡抚。在前两种类型中,行政权力总归一人之手,不存在总督与巡抚的分权、分治的问题。也就是说,总督或者巡抚直接分其治于司道。而在第三种类型中,存在着总督与巡抚的分权、分治关系。在这种关系中,又存在着两种情况:其一,督抚同城;其二,分省而驻。如浙闽总督驻福州,与福建巡抚同城,而浙江巡抚驻杭州,不在一省,自然不同城;湖广总督驻武昌,与湖北巡抚同城,而湖南巡抚驻长沙,与总督不同城。此外,两江和两广,虽总督和巡抚并设,但由于两江总督驻江宁,两广总督驻肇庆,而与江苏巡抚、广东巡抚不同城。无论分省或同城,巡抚"例受总督节度","军政民事皆听总督主裁"。[①] 因此,所谓督抚分其治于司道,实际上是总督分其治于巡抚,巡抚再分其治于司道。总督"掌综治军民,统辖文武,考核官吏,修饬封疆",[②]这是八督一致的职责。显然,总督掌有军、民两政的大权。史载巡抚"掌宣布德意,抚安齐民,修明政刑,兴革利弊,考群吏之治,会总督以诏废置;三年大比,献贤能之书,则监临之;其武科则主考试",[③]其职掌中与军政有关者唯主武科考试。这与明代巡抚已有所不同。明代巡抚虽职务不一,但有兼军者加提督、总兵地方者加赞理,往往有军政权力。其实,清代初年,巡抚与总督之间的权力关系也不像典章记载的那么泾渭分明。巡抚与总督一样,皆掌地方军、民两政,二者属平行之官。在督抚制度基本定型之后,在总督兼巡抚的情况下,无所谓平行;在只设巡抚的情况下,巡抚之权实际同于总督,也无所谓平行,督抚权力合一。而在督、抚并置的情况下,督抚之间的职权大抵以兵事归总督,以民事归巡抚。康熙十年(1671)规定,"各省巡抚,不必概令管兵",只是在"不设总督提督省分,副将以下武官,令巡抚兼辖"。[④] 巡抚不能管兵,其职即如上述,也就是以民政为主,而且要听总督节制。这

---

①　《清史稿》卷五六《职官》三。

②　纪昀:《历代职官表》卷五〇《总督巡抚》。

③　同上。

④　光绪《大清会典事例》卷二三《吏部七·官制》。

样,巡抚之权不仅小于总督之权,而且实际上隶属于总督之权。康熙年间,督抚制度是不协调的,既有平行,如一省之总督与不设总督省份的巡抚之间;也有上述之督抚上下隶属。然而,在雍正之后,巡抚的权力又有所回升,从而开始改变这种由于不管兵而导致的督抚隶属关系。雍正十二年(1734),上谕山西巡抚"著管理山西提督事务,通省武弁,听其管辖"。① 这是在督抚制度调整过程中的一个举措,也是对康熙十年政令的重申。乾隆五年(1740)和八年(1743),又谕河南和山东巡抚,"兼提督衔",以节制军务。② 自此以后,那些上有总督的分省巡抚,如江西、浙江、湖南等,也纷纷加提督衔,重新给予管兵的权力。于是,分省巡抚与总督之间也就恢复到二官平行的关系。虽然品级有高下差异,但在行政权力上不相上下。这也就是《清史稿》所谓"河南、山东、山西等省专置巡抚,无统辖营伍权,以提督为兼衔"③的情况。嘉庆以后,"命浙江、安徽、江西、陕西、湖南、广西、贵州各巡抚节制镇、协武职,总督兼辖分省,由巡抚署考会题,校阅防剿,定为专职",④分省巡抚的职权更为尊崇。"光绪季年,裁同城巡抚,其分省者,权几与总督埒,所谓兼辖,奉行文书耳。"⑤胡思敬《国闻备乘》云:"云贵总督驻云南,未尝问贵州事;两湖总督驻武昌,未尝问湖南事。推之两广、闽浙、陕甘,莫不皆然。江苏幅员不及四川四分之一,总督驻江宁,巡抚驻苏州,提督驻清江浦,兼兵部侍郎,专典制淮南,同于督、抚。江督节制三省,其实号令不出一城,遑问皖、赣?"⑥也说明了分省巡抚与总督之间的关系。大体言之,清代前期总督之权大于巡抚之权;中期以后,巡抚之权与总督之权不相上下。

不过,在督、抚同城的情况下,其关系却较为复杂。分省巡抚所以恢复其管兵的权力,从根本上说,是由于社会的治安状况。清代自康熙年间始,人口剧增,土地开发随之愈益频繁,社会矛盾也日益尖锐,整个社会变得治乱无常。政府除以行政手段在民间建立保甲制等政治控制制

---

① 光绪《大清会典事例》卷二三《吏部七·官制》。

② 同上。

③ 《清史稿》卷五六《职官》三。

④ 《清史稿》卷一一六《职官》三。

⑤ 同上。

⑥ 胡思敬:《国闻备乘》卷一《同城督抚不和》。

度外,必须以军事力量实行武力弹压。因此,分省之巡抚作为疆臣,就有必要赋予专制一方的权力。从行政关系而言,督、抚分驻二省,距离很远,限于当时的通讯条件,事事请示不仅有所不便,而且会延误时机。然而,同城之督抚,总督掌军、民两政大权,巡抚之职重在民政,又例归总督节制,不得自专。可是,巡抚毕竟在体制上与总督同为疆臣,各开幕府、行文书,不像六部的尚书、侍郎那样同治一事,所以同城之督抚不免形成"一山容不得二虎"的局面。

清代前期定制督抚同城者三,即福建、湖广和云南。后两广总督由肇庆移驻广州,也形成了督抚同城的情形。督抚同城的问题所在,是二者的权力矛盾。尤其是对于同城之巡抚而言,"军政既不得与闻,民政又须受成于总督",而形成"虚列其衔","名存而实去"的情形。这是由督抚之间的行政体制决定的。但巡抚与总督同为疆臣,在行政中的权力冲突不可避免,并导致官员之间的意气用事。《清朝续文献通考》云:"督抚同城,事事掣肘。……中材互相推诿,亦互相水火;不肖互相攻讦,亦互相掩覆,吏治民生益坏烂不可救药。"①在晚清时期,国家政治内外交困,其权力冲突更显突出,从而导致督抚之职两失的局面。郭嵩焘在广东巡抚任上,于同治五年(1866)奏议督抚同城之弊云:"从前督抚同城,名存而实去者。自顷数年,则督抚之名实两乖,而巡抚乃尤为失职。……臣自道光二十七年通籍,假归过武昌,目击吏治之偷、气习之深,心忧其将乱。其后五年,而乱作。前后督抚殉难三人,伏诛二人,被劾四人。赖胡林翼开立规模,风气为之稍变。云南之乱则既成矣。前督臣张亮基每言及抚臣徐之铭牵掣情形,辄至慨叹。而各直省吏治人心之弊,闽、粤为甚。细究其由来,数十年瞻顾因循,酿乱保奸,实以督抚同城之故,以言其事既如彼,以言其效又如此。历来同城督抚,互怀猜忌,相为敌仇。独至于公事,一切雍容坐视,求免于嫌怨。承平日久,循例守职,亦庶几可以寡过。处多事之时,承积疲之俗,而多所牵掣,苟安无事谓之和衷……"②所以,他提出裁总督而一事权的主张。显然,郭氏是站在巡抚的立场而

① 《清朝续文献通考》卷一三二《职官》十八。
② 同上。

立说的。就"一事权"来说,裁巡抚也同样能达到目的。光绪元年(1875),与闽浙总督同城的福建巡抚移驻台湾。十一年(1885),台湾建省,福建巡抚改为台湾巡抚,福建巡抚之事由总督兼理。这件因为台湾建省而造成的总督兼同城巡抚事的事件,成了后来裁撤与总督同城之巡抚的楷模。光绪二十四年(1898),上谕裁云南、广东三省总督同城之巡抚。不过,三个月之后,一度恢复。光绪三十年(1904)至三十二年(1906)间,云南、湖北、广东先后裁罢,由总督兼理巡抚之事。而至此,清朝也快寿终正寝了。

随着"八督十五抚"之制的形成,督抚与两司的行政关系也发生了改变。明代,藩司为一省之长,所以每隔三年,布政使例"率其府州有正官,朝觐京师,以听察典"。① 清代则由于各省设督抚,而于康熙年间废去此制,藩、臬不再有直达皇帝之权(特殊情况除外),论者谓"于是(督抚)变成正式长官,而藩、臬变成属员了"。② 在自上而下的行政体制下,废除藩司率外官朝觐之制,确实标志着其作为一方之长的地位的失去。但藩、臬为督抚之属吏的情形,实际上是清初就形成了。更远一点说,从明中期以后督抚成定员开始,督抚与两司之间已形成了长属关系。康熙年间废除布政使率其属朝觐之制,是这种长属关系的进一步明确。在乾隆十三年(1748)以前,一方面藩、臬二司多仍明代的体制,另一方面督抚之制也多在变化之中,二者在行政关系上不无交叉重复的情况。到乾隆十三年(1748),"外官官制向以布政使领之"的格局才最终改变。朝廷规定:外官官制"首列督、抚,次列布、按",地方由督抚"总制百官,布、按二司皆其属吏"。③ 这就从制度上分清了二者的隶属关系。

清代督抚虽然已成地方常设职官,但依然承明代旧制,例兼部院之衔。清朝规定:总督例兼都察院右都御史衔,其应否兼兵部尚书衔,由吏部请旨定夺;巡抚例兼都察院右副都御史衔,其应否兼兵部侍郎衔,由吏部请旨定夺。④ 但实际上,督抚除例兼右都御史或右副都御史衔之外,皆

① 《明史》卷七五《职官》四。
② 瞿蜕园:《历代官制概述》,黄本骥:《历代职官表》,上海古籍出版社,1980 年,第 68 页。
③ 光绪《大清会典事例》卷二三《吏部七·官制》。
④ 同上。

兼兵部尚书或侍郎衔。督抚例兼部院之衔,表示他们是朝廷特派之部院大臣,他们高居于所有外官之上。从制度上说,因为督抚带都察院衔,所以对所有外官具有监察权;因为带兵部之衔,所以握有军政之权。因此,不能因为其实系地方官员而忽略其"兼衔",或者说,不能因为其部院之衔系"例兼"而认为徒有其衔罢了。督抚之官在清代一直未设本衙门的属员,也无佐贰官,也说明其与其他地方官员有所不同。其既为朝臣又系地方官的双重属性,正是作为封疆大吏的特征。

从根本上说,督抚之制的确立是国家加强对社会的政治控制的产物。从理论上说,国家加强对社会的政治控制,在行政制度上有两种办法:一是在县级政权之下再设一级政权,也就是在县级分区之中再划分行政分区,以缩小行政分区的办法加强对社会的控制;二是在原有行政系统中增加更高的行政层级。清代采取了后一种办法。这种办法与前一种办法的不同点,在于它侧重于政府内部的行政控制,或者说,它是通过加强中央政府对地方政府的行政控制;来强化政府对于社会的政治控制。因此,督抚可以视之为介于中央与地方之间的一种特殊的行政制度。其既为朝臣又为地方官的双重属性,就是由这种政治地位所决定的。

督抚制度不是清朝的发明,乃清承明制。明代在地方实行都、布、按三司鼎立之制,虽能防止地方权力之坐大,但不免酿成运棹不灵之弊。再加上对于一些新开发地区,原设司道府县各官往往有鞭长莫及之势。于是明朝自中期以后,纷纷以部院大臣出任总督、提督、巡抚各差,以驾于三司之上。这些差务,本是临时性质,所以各处名称、范围都不同。清代则将督抚作为方面大吏,渐而形成八督十五抚,都有一定的管辖区域,其在国家政治的作用也就更加固定。其政治作用,《清史稿·疆臣年表序》说得很明白:"一国治乱,君相尸之;一方治乱,岳伯尸之。清制疆帅之重,几埒宰辅。……开国而后,戡藩拓边,率资其用;同治中兴,光绪还都,皆非疆师无与成功。"①这里已毋须赘述。然而,驾于二司之上的清代督抚,固然解决了地方衙门分权制约而导致的运棹不灵的流弊,却酿成

①《清史稿》卷一九七《疆臣年表序》。

了地方权力的坐大，以至于尾大不掉的局面。在清朝末年，似又出现了唐代后期藩镇割据的情形。同治中兴、光绪还都，固然有疆臣之功，但咸同军兴之后，督抚权力骤增，而当八国联军进攻北京之时，两江总督、湖广总督、两广总督以及山东巡抚等实行所谓"东南互保"，与晚唐之藩镇何其相似乃耳！前人论国家之颠覆，有两种情形：一是"土崩"；一是"瓦解"。[①]"何谓土崩？秦之末世是也。"用现今的话说，就是农民起义推翻政权。"何谓瓦解？吴楚齐赵之兵是也。"用大家熟知的话说，就是堡垒从内部攻破。"东南互保"虽未使清朝瓦解，史家甚至将还都之功归诸疆臣，但这实际上是清朝国家趋于瓦解的一个表现。当然，清朝国家的覆灭，有"土崩"和"瓦解"两大方面的原因，但疆臣的"瓦解"作用显而易见。宣统之后，朝廷削督抚之权，遭到督抚的强烈反对。督抚从朝廷控制地方政府的工具，最终演变为与朝廷分庭抗礼的地方政治力量，仿佛重现了历史上屡屡出现的局面。从秦汉至明清，县始终是政府的基层政权，国家对社会的控制都是在原有的行政制度上设置更高的行政层级，也就是在县与朝廷之间增加控制环节来实现。从汉代在地方设巡察之刺史开始，到魏晋南北朝的都督刺史制度，再到唐代的节度、观察诸使，都旨在控制地方政权；宋代之后，以强干弱枝为国策，但失之于积贫积弱。如何有效地实施国家对社会的政治控制，同时使中央政权与地方政权之间保持一种平衡的关系，是元明清时代国家政治的一个课题。但是，清朝依然没有逃脱像唐朝那样的命运。清朝之后，民国时期的军阀混战，从政治制度上说，正是清代督抚制度的流变。

3. "道"的体制与运作

《清朝通典》"各道"条记载："……分守、分巡及粮储、盐法各道，或兼兵备，或兼河务，或兼水利，或兼学政，或兼茶马、屯田；或以粮、盐兼分巡之事，皆掌佐藩臬、核官吏、课农桑、兴贤能、厉风俗、简军实、固封守，以倡所属而廉察其政治。"[②]这是对有清一代道制的概括。正如这段记载

---

① 徐乐：《论土崩瓦解之势》，引自唐顺之《荆川稗海》卷八七《总论》。
② 《清朝通典》卷三四《职官》十二。

所表述,清代道制较为复杂。文中一句"佐藩臬",似表明各道都是布政使或按察使的辅佐职官。分驻各地的道员,如分守道、分巡道、粮储道、盐法道、河工道、兵备道等,虽然在政务上互有联系,然而从体制上说,这中间存在区别。分守、分巡二道为治民之官,属地方行政系统;而其他诸道系治事之官,属理事衙门系统。理事诸道下文专述,这里只述分守、分巡二道。

直省守、巡道的制度始于明。明代于布政使下设左、右参政,左、右参议(无定员),分安各道;于按察使下设副使、佥事(无定员),分道巡察。① 清代承沿其制,在各省设布政司左右参政、参议,曰守道;设按察使副使、佥事,曰巡道。由于布、按二司的职责一为钱粮、一为刑名,作为藩、臬佐属的分守、分巡,其职责也就相应分别为一掌钱粮、一掌刑名。二者所管辖的范围,也与布、按相同,都是"通辖全省"。乾隆以前,分守、分巡二道"视何项官职推升者,即为何项道"。② 如由京堂等官补授者,为参政道;由掌印给事中、知府补授者,为副使道;由科道补授者,为参议道;由郎中、员外、主事、同知补授者,为佥事道。乾隆十八年(1753),省去参政、参议、副使、佥事等衔,定为分守道和分巡道,"职分乃专"。③

对于分守、分巡二道,在清代的行政体系中处于什么地位,向来有所争议。从上述制度看,守、巡二道是布、按二使之佐属,无疑属于司这个行政层级,只不过是"辅佐藩臬,监所领之府州",④也就是守、巡二道在职能上系佐布、按而分区(道)监察。所以,纪昀《历代职官表》云:"今各道为藩、臬之佐,亦称监司。"⑤然而,守、巡二道是分道而监,一般是每道分辖两三个府州。如直隶的通(州)永(平)道、江苏的苏(州)松(江)太(仓)道、浙江的宁(波)绍(兴)台(州)道,等等。它们对所领府州监管何项政务,视其本职而定。守道掌钱粮,巡道掌刑名。实际的设置,恰好倒

① 《明史》卷七五《职官》四。
② 《大清会典事例》卷二五《吏部九·官制》。
③ 《清朝通典》卷三四《职官》十二;《清朝续文献通考》一三四《职官考》二十。
④ 纪昀:《历代职官表》卷五二《司道》。
⑤ 同上。

过来,哪一个地区的政务以钱粮为重,即设分守道以监管之;以刑名为重,则设分巡道监管之。不过,这样一来产生了一个问题——道员与知府的关系如何处理? 乾隆十八年(1753),上谕云:"各省道员例以布政使司参政、参议,按察使司副使、佥事等衔兼带,但道员职司巡守,以整饬吏治、弹压地方为任,至于钱谷、刑名,则藩、臬司专责,各有攸司;且知府以下,悉其统属辖,兼参议、佥事衔者,阶秩反卑,其何以表率? 此皆旧例相沿,宜加变通,以归画一而重职守。嗣后……直省守巡各道,著俱为正四品,停其兼衔。"①但知府的品级也是正四品,与道员之间依然分不出尊卑。所以,乾隆二十八年(1763),上谕又说:"到外省知府向为正四品,而巡道各视兼衔为差等,则有三、四、五品之不同。今道员既经裁去兼衔,统为正四品,知府乃其所属,自应量为区别。著将各省知府改为从四品。"②这样,道、府之间的隶属关系才算最后理顺。至此,如果考虑道的分区管辖或者说分领二三府州的道员不再兼布、按副使之衔,因而道、府之间有一个官品的差别,似可认定:清代守、巡意义上的"道"是介于司与府(直隶州)之间的一个行政层级。

这里之所以强调是守、巡意义上的"道",是因为还有专设的理事道,如盐法道、河工道、督粮道、兵备道等。盐法道自有体系;河道也自成体系,至少直隶于督抚;督粮道、兵备道也直隶于督抚。因此,盐、河、粮、兵诸道就不能简单地归到省与府之间来考察,虽然它们在分辖范围、不再兼衔及为正四品官等方面,与守、巡道基本相同。

下面的问题也产生于此。清代的守、巡道往往有兼职。或兼河工,或兼驿传,或兼兵备,或兼水利,或兼学政,或兼海关,或兼茶马,或兼屯田等。茶马惟甘肃省有之,屯田也只甘肃、云南等边疆省份才有,海关则开港省份有之,这些道似可不论。兼领学政,也只在清初除直隶、江南之外的省份,也可不论。但盐法、河工、粮储、水利、驿传、兵备等,一旦兼领,情况就变得相当复杂。《清朝续文献通考》云:"国初设布政使左右参政、参议,曰守道;按察使司副使、佥事,曰巡道,无定员,类因事因地而设

---

① 《清朝文献通考》卷七八《职官》二。
② 同上。

之,如粮储、驿传、水利、提学、兵备、盐法之类。"①粮储、驿传、水利、提学、兵备、盐法等事,各省皆有,但各省情况各各不同,一省之中也不是县县一样。兵备道之设,主要是因为地方不靖,需要弹压。清代例由守、巡道兼领。由于这些事务既有侧重,又非一州一县甚至一府所能独理,所以各省一般派守、巡道分驻其地,以示弹压与管理。于是,原来通辖全省的守、巡道,也就演变为管理省内局部地区的职官。《清朝通典》说:"有通辖全省者,有分辖三四府、州者,各以职事设立于要地。"②其中所谓"通辖全省者",主要指盐法道和督粮道;由守、巡二道兼领的河工、兵备、水利等,一般是"分辖三四府州者"。③

　　"分辖三四府州者",都有一定的名称,如直隶的通永道、浙江的宁绍台道等。但这并不意味着直省所有府州之上都有道的建置。一般地说,各省一些重要的府州,或因为钱粮,或因为治安,或因为水利,方建道制。总之,各道"类因事因地而设之"。④ 纪昀《历代职官表》说:"古时未详分职,今则以事区别,所掌体制稍殊。"⑤因此,清代各省分驻各地的道员,虽然在体制上守、巡兼领其他职事,但其本职实际上已不重要,而以兼领之事为其责任。这样,原来辅佐布、按二司,以专司钱粮和刑名为职事的分守、分巡道,也就向理事道转化。

　　清代道制的这种演变,从制度上说,是由于在直省布、按二司之上有一个兼管军、民两政的督抚制度,和在地方行政系统之外还有一个以盐、河、粮等事为专职的理事衙门系统。司、道、府、州、县上下隶属的地方行政、督抚和理事衙门三个制度,都承自前代,但在清代有进一步的发展,三者相互补充、相互配合。督抚制度固定为地方政治制度,是为了加强和巩固中央政权对地方政治体系的控制。而理事衙门的设置,则在于弥补地方行政的不足。下一章将专门讨论理事衙门系统,我们可以看到"道"在这个系统的运作上实际处于核心地位。这样,由于督抚掌有兵

---

① 《清朝续文献通考》卷一三四《职官》二十。
② 《清朝通典》卷三四《职官》十二。
③ 同上。
④ 《清朝续文献通考》卷一三四《职官》二十。
⑤ 纪昀:《历代职官表》卷五二《司道》。

权,在未出现严重社会动乱事件的情况下,对于一些社会治安情况不太稳定的地区,设兵备道以弹压之。这在一定意义上可以说是赋予地方行政系统以军事的职能,但这个职能系直接来自督抚。从原则上说,清代司、府、州、县只理民,而不治军。而由于督抚的军事权力,加上驻防军队的有限,原来属于地方系统的道,兼领兵丁弹压地方,也就成为军队系统与地方系统之间的一种变通。理事衙门的出现,直接的原因是地方行政能力的不足,更深刻的原因在于清朝政府面临了新问题,如运河的治理和盐税的征收。这个问题的实质是国家(确切地说是中央政府)的财政需要量扩大了。这也就是说,中央政府对于地方政府的行政要求更高了、下达的行政任务更重了。而从社会方面看,由于人口的增长,土地关系的紧张,社会矛盾更加错综复杂,民事纠纷和刑事案件层出不穷,社会对政府处理这些矛盾关系的要求和任务也提高了。地方政府处于来自朝廷和社会两方面的压力之中。来自社会方面的压力,已使地方政府的行政能力有了显著的增强。来自朝廷方面的压力,也加强了地方政府的行政能力,但仍然有许多事情无法解决,也无力承担。比如治河和盐政,这些事情往往不是原来分州分县的体制下由一州一县可以解决,甚至不是一府一直隶州可以独立解决。因此,以道为单位(分辖三四府州)而治河、盐等事,就是在不触动原有体制的前提下而作出的变通。这也就是明代中叶以来出现分守、分巡和理事道的原因。当然,完全独立于地方行政系统,理事衙门就无法完成其所理之事。因此,理事衙门与地方衙门之间还必须配合合作。于是出现了分守、分巡兼领河、盐等事。这种格局的出现,可以说原本是理事衙门的要求,但一旦出现,分守、分巡与理事道之间的界限就模糊了,而成为介于地方衙门与理事衙门之间的,或者说是既属地方衙门又属理事衙门的中间机构。这种中间性就是它的特殊性。因此,说守、巡意义上的"道"是介于司与府(直隶州)之间的一个行政层级,又并不确切。从兵备道的角度看,由于它的权力直接来自督抚,超越了布、按二司,也就不能将它简单地视作介于司府之间的行政层级。

总之,道是一种特殊的行政制度。它是督抚制度、理事衙门制度和地方行政制度三者相互作用的产物。从根本上说,是为了适应中央与地方、国家与社会的政治关系而形成的以管理府州县政府难于治理之事的制度。清末改制,裁理事衙门而归入地方行政系统,道也就复归为二司之下的理事机构。

4. 学政制度

学政制度包括提督学政和府、州、县学及学官等方面。

清代学政制度承自明代。明代制度,生员入学原由巡按御史、布按两司及府州县官管理。正统元年(1436),始特设提学官。景泰元年(1450)罢。天顺六年(1462)复设。其后渐渐增加。提学之职,专督学校,不理刑名。但由于其为朝廷命官,民间多有词讼告理。提学可以接受词讼,但无权处理。重者,送按察司;轻者,发州县衙门处理。直隶则送巡按御史处理。同时,督抚及布按二司亦不允许侵权,干涉提学职事。然明代提学既带按察司副使、佥事衔,不得不少屈于督抚,往往阿附迁就,不能自举其职。清初,各省并置督学道,带按察使佥事衔,且多由守、巡道兼之。康熙二十三年(1684),御史张集疏请慎学政之选,诏下九卿、詹事、科道会议,停论俸补授之例。凡顺天学政缺,以侍读、侍讲、谕德、洗马等官简用;江南、浙江学政,以侍读、侍讲、谕德、洗马、中允、赞善等官简用;其余各省学道,将应升之五部郎中及参议、道、知府等官选择开列请用。嗣后不拘省份,凡由翰林、科道出者,即为"提督学政",又称"学院";由部属等官者,则为"督学道",又称"学道"。雍正四年(1726)定制,各省督学皆改为学院,其以部属简任者,依出身甲第,各加翰林院编修、检讨衔。[①] 自此提学直属礼部而无道衔,皆称"提督学政",简称"学政"。

清代于各省设提督学政一人,专督学校。惟直隶省一人,设于顺天府。此外,奉天府和福建台湾府,也各设学政一人。顺天府和各省学政,例由进士出身的侍郎、京堂、翰林、科道、部属等官充之,各带原衔品级;奉天府学政由奉天府丞充,福建台湾府学政,由台湾道充。

学政的职掌是"掌直省学校生徒考课黜陟之事,以岁、科二试巡历所

---

① 纪昀:《历代职官表》卷五一《学政》。

属府州,进诸生而抡文艺、程品行,升其贤者能者,斥其不率教者。凡兴革事,宜皆会督抚以行之"。① 众所周知,在清代,科举与学校两个制度是紧密联系在一起的。科举是入仕之途,也就是选拔官僚人才的制度;学校是培养官僚人才的制度。学政专督学校,其职责就在于管理学校。

清代国家的学校,也承明代制度,分国学和地方学。国学亦称太学,即国子监。清初承明旧制,国子监有南、北两监。顺治七年(1650)裁南京国子监为江宁府学,于是南监废,即以北监为太学。国子监置祭酒、司业等官管理,也就是由朝廷直接管理,不在学政的管辖范围。地方学,即府、州、县儒学,是国家设在地方以培养科举士子的制度,例有学额。顺治四年(1647)规定,各省儒学,视人文多寡,分大、中、小学。取进童生,大学四十名,中学三十名,小学二十名。顺治十五年(1658),地方儒学的学额裁减一半,大府为二十名,大州县为十五名,小学或四名或五名。康熙九年(1670),中、小学学额有所增加,中学为十二名,小学或八名或七名,大府州县仍旧。② 雍正二年(1724),鉴于"直省应试童子人多额少,有垂老不获一衿者"的情况,增加了学额人数,"以小学改为中学,中学改为大学,大学照府学额录取",即小学十二名,中学十五名,大学二十名。此后各朝即以此为定例。咸丰以后,由于军事兴起,政府劝谕绅士商民捐资备饷,而以增加直省各学学额为回报,各学学额略有增加。③ 清初,府、州、县学按照学额,大抵是三年二考,即在生员岁、科二试时考取童生。顺治十五年(1658)规定,"直省儒童止许岁试考取,其科试时停止考取",但康熙十二年(1673)鉴于"三年为时甚久,公行考试一次,储才不广",而仍照旧例,实行"三年岁、科两考"。从此,三年两考成为一代定制。考取童生的考试,叫做"童试"。童生取中,叫作"入学"或"进学"。这个"学",即指府、州、县学。进了府、州、县学,就成为"秀才",当时正式称谓是"生员"。每一次童试,由县(州)试、府(直隶州)试和院试三次考试组成。县试由知县主考,府试由知府主考,院试由学政主考。每一

---

① 《清朝通典》卷三五《职官》十三。

② 光绪《大清会典事例》卷三八九记载:"康熙十二年覆准……今三年内童子入学,府止二十名,大学止十五名,中学止十名,小学七、八名。"其中学学额与上引记载有出入。

③ 光绪《大清会典事例》卷三七〇《礼部·学校》。

次都录取一定名额的考生,最后由学政院试决定入学的考生。① 清初规定,县试录取的人数为本县学额的二倍,送府参加府试;府试录取为本府学额的一倍,由府送学政参加院试,最后由学政考取生员。② 康熙三十九年(1700)定,"州县府考取童生,不必限数"。③ 但州县府考取童生的录取率大体上沿袭了原来的制度。童试虽然由县、府、院试组成,州县府都有选拔权,但最终的决定权掌握在学政手里。考取生员就是学政的一大职责。

学政的第二大职责是考选生员。这有两个内容构成。一是岁试。岁试也叫岁考,三年一次,目的在于考核在学生员的学习质量,分定优劣,做出黜陟。二是科试,科试也叫科考,这是选拔参加乡试生员的考试。清代在八月乡试以前,还有一次"录遗"考试,也由学政主考。④ 实际上,岁试和科试才是学政的主要责任。因为学政到任之后,就需要亲自出巡各府州县,考校生员和衡文黜陟;朝廷对学政的考核,也主要侧重在岁、科二试。

学政的第三大职责是考核教官。学政于按临各府州县进行岁试和科试的同时,还要对教官做出考核,即所谓"教官计典,分别优劣,必由学政"。⑤ 学政对教官的考核大体分两个方面,一是文,一是行。文方面,是对教官进行"考试"。"学臣有考试教官之例……如全无文理者,即行题参。"乾隆七年(1742)议准,"各省学臣考试教官时,与寻常考试一体封门,不许携卷归寓,以杜代倩;并分别等次,移明督抚,以为大计考核之实据"。行方面,顺治九年(1652)题准:"提学案临之日,考其学行兼优、教有成效者,除礼待奖励外,仍据实列荐。其行履无过,但学问疏浅者,姑行戒饬,责令勉进,有老病不堪者,准令以礼致仕。若钻营委署、横索束修、卑污无耻者、素行不谨者,即行参奏,分别究革;其有学霸生员、书役、门斗行私惑诱者,一并究拟重治。"雍正七年上谕:"嗣后教官沽名钓誉,

---

① 参见郭润涛:《官府、幕友与书生》,中国社会科学出版社,1996 年,第 45—48、52—54 页。

② 光绪《大清会典事例》卷三八六《礼部·学校》。

③ 同上。

④ 参见郭润涛著:《官府、幕友与书生》,第 39 页。

⑤ 光绪《大清会典事例》卷三六九《礼部·学校》。

纵容劣生不举报者,经学臣指参,将教官照溺职例革职。若学臣瞻徇情面,不行纠参者,将学臣照徇庇例降调。永著为例。"①

府、州、县儒学所设立的官职或官员,总称教官或学官。府为教授、训导;州为学正、训导;县为教谕、训导,俱各一人。凡儒学学官,除江苏、安徽两省通用外,其余例用本省人,惟同府州者避不用。康熙三年(1664),裁各府州训导;又大县裁训导,小县裁教谕。十年(1671)均复设。其后县有析置者,则训导每移置所析县;而裁省之县,亦间存乡学教谕或训导。②

教授、学正、教谕的职责是"掌训迪学校生徒,课艺业勤惰,评品行优劣,以听于学政。训导佐之"。③ 学官既称"教官",其职责在于教育生员。清朝规定,"府州县卫教授、学正、教谕、训导,务立课程,令其(生员)时至学宫,面加考试。……至新进生员,成为进身之初,即照国子监坐监例,令在学肄业;俟下案新生至学为满"。④ 可见,如果按现在概念理解,生员进学"在学肄业"的时间大抵为一年半,当新生入学,老生也就可以"自学",不必"在学"。由于生员在清代是一种身份,也是一种地位,享有"免其丁粮,厚以廪膳",⑤且地方官不得"擅自扑责"⑥等特权,所以生员几乎是终身制的。除因故斥革外,这种身份的自动开除也就是乡试中举或中副榜,以及捐各项官职。笼统地说,所有具"生员"身份的人都是"在学生员",但实际上除新生外,老生都不在学。清朝允许新进生员,可以因游学、远馆、随任等情而不在学。教官教育生员,既然不在于教,便只得加强考课。仿佛现在的自学考试,清代生员例有"月课"和"季考"。清初大抵是按季考课生员。雍正五年(1727)定制:"嗣后令教官按月月课,四季季考。"⑦月课季考是"面加考试",内容是"照例用四书文一篇,

① 光绪《大清会典事例》卷三六九《礼部·学校》。
② 纪昀:《历代职官表》卷五一《学政》。
③ 《清史稿》一一六《职官》三。
④ 光绪《大清会典事例》卷三八二《礼部·学校》。
⑤ 光绪《大清会典事例》卷三八九《礼部·学校》。
⑥ 《钦定礼部则例》卷五八《仪制清吏司》。
⑦ 同上。

排律诗一首,或试以策,或试以论",由教官衡定等次。① 清朝对生员参加月课季考有严格规定,"生员除丁忧、患病、游学、有事故外,照定例严加考试,如有托故不到者,严加惩治。三次不到者,详革"。② 事实上,即使除上述诸因可以不参加月课季考外,要遵守上述规条也很不容易,所以乾隆元年(1736)有所放宽,规定:"嗣后月课三次不到者,该学教官严传戒饬;其或并无事故终年不到者,详请褫革。"③然后,即使如此,还是到者不多。其实有了"除丁忧、患病、游学、有事故外"这个"例外",不到学参加考课而逃避议处,已不是什么难事。教官方面,也是睁一只眼闭一只眼。所以,才出现了"各省设立学宫,月课久不举行,有师生之名,而无训诲之实"④的局面。

以职责而言,月课和季考是教官的责任之一。教官的全部责任是管理本府州县的生员和举人。《钦定礼部则例》规定:"教官所属士子内,除受诬被告及实有冤抑、切己不得已之事,许申诉控理外,其有倚恃衣顶抗欠钱粮,并捏辞生事、唆讼陷人等情,该教官纵容徇庇、不行申报者,事发,照溺职例革职";"教官董率无方,所属生员内有聚众罢考等事,照溺职例革职。其有畏惧处分、从中调处寝息者,照私和公事例议处";"教官举报优劣,如有通贿滥举及挟嫌妄报者,照祖庇营私例参处。或邀誉沽名、纵容劣衿,听其为害地方者,照溺职例分别参处"。⑤ 这些则例,明确地规定了教官的责任。清代教官,专督学校,不理钱粮、刑名等地方政务,《则例》也明确规定"不得干预地方事务",⑥但地方官也不得擅责生员,"如地方擅责生员,该学政纠参"。⑦ 如遇"比较生员拖欠钱粮,并州县全审案件有关戒饬生员处",则要令教官赴州县衙门,与地方官"公同办理"。⑧

---

① 《钦定礼部则例》卷五六《仪制清吏司》。
② 光绪《大清会典事例》卷三八二《礼部·学校》。
③ 同上。
④ 同上。
⑤ 《钦定礼部则例》卷五六《仪制清吏司》。
⑥ 同上。
⑦ 光绪《大清会典事例》卷三八三《礼部·学校》。
⑧ 光绪《大清会典事例》卷三六九《礼部·学校》。

论教官者,通常将教官列入府、州、县职官之中。明代儒学系府、州、县正官的所属衙门。然而,由于科举制度的发展,而有提学官之设,这原本是为了加强对地方学的管理。清代沿其制度,并进一步将地位提升为学政,成为朝廷的钦差,与督抚并列,专职管理地方学师生的考试与选拔。因此,原本属于地方行政系统的儒学,也就渐渐脱离了地方行政系统。换言之,学政、学官与学校在清代的地方政治中是一个相对独立的行政系统。① 当然,学政制度并未与地方行政系统完全脱离,二者还存在一定的隶属关系。就府州县学而言,考试童生仍然由府州县正印官主持。就教官而言,它们还受地方行政长官的考核与管辖。康熙四十三年(1704),鉴于"直省教职官内,不谙文学者甚多"的情况,规定教职由部选后,"赴抚臣考试,分别具题";五十年又定,"直省如系学道,令会同藩臬考核,送督抚具题;如系学院,藩臬二司造送督抚学院,会同考核具题"。②更重要的一点是,学政虽然在清代实际上已成为地方上固定的职官,但其"三年而代",不得留任,多少具有"钦差"的色彩。学政与督抚一样,都是由钦差演变而成的地方行政职官,且这种演变并未完成,而教官在清代则一直属于地方职官,与州县正印官也一直保持着上下正佐的关系,虽然它与学政相反,呈地方行政职官转向地方理事职官的趋势。就学政制度的独立性而言,"学校"也可作为"事"来看待,似应将其放在"理事衙门"一章中加以考察,但学政的本质在于"人",在于选拔官僚人才,当与河、漕、盐、关相区别,故而这里将其列在地方行政中讨论。

5. 特别行政管理

清代于末年建省之前,有一些特别行政区。

其一,顺天府。清代定都北京之后,将顺天府隶属于北直隶,定为京

---

① 光绪《大清会典事例》卷三六九《礼部·学校》记载:"康熙十八年题准:……各州县署印,毋得转委教官。即承乏委用,亦须申详学政批允方行。止守仓库,毋干别事。"又,"雍正七年议准:教官之职,专司训迪士子。除钱粮拆封、比较生员拖欠钱粮,并州县会申案件有关戒饬生员之处,仍令赴州县衙门公同办理外,其[他]一切地方事务,均不得干预。倘州县不遵定例,仍传教官同办地方事务,教官违例前往干预者,州县官照将事务交与不应交之人例议处,教官照不应得为之例议处"。

② 光绪《大清会典事例》卷三六九《礼部·学校》。

师。顺天府原属本只有附郭之大兴、宛平二县。康熙十五年（1676）之后，始以昌平、良乡等县改隶顺天府。至清末，顺天府领厅四：东、西、南、北；州五：通、昌平、涿、霸、蓟；县十九：大兴、宛平、良乡、固安、永清、东安、香河、三河、武清、宝坻、顺义、密云、怀柔、房山、文安、大城、保定、平谷和宁河。清代顺天府虽隶属于直隶，且属县较多，但是顺天府因为近在京畿，而处于特殊地位。其特殊性主要体现在如下方面：（一）顺天府的职官与其他府的职官相比，设置有异，品级较尊。顺天府设尹一人，系正三品官；又丞一人，正四品。其属有：治中、通判、经历、照磨、司狱等。普通府则为知府一人，从四品；同知，正五品，通判，正六品，无定员；其属为：经历、知事、照磨、司狱各一人。① 顺天府设府尹，而不曰知府，从名称上看，可算是承古代京兆尹之遗意。而其品级较高，待遇也就较普通知府为优，升迁之途往往为巡抚或布政使。顺天府府丞亦与京堂官具有相同的待遇。（二）顺天府因为近在京畿而具有特殊的职掌。如每年立春，府尹率僚属迎春于东郊，遂进春于宫门，退而颁春于民间，以劝东作；天子耕稷，则具末耜丝鞭，奉青箱播种，礼毕，率庶人终亩；主办顺天乡试，凡乡试，府尹充监临官，府丞充提调官，治中兼试场场务，其中府丞是专门负责学务之官；京师之粮价、银价，于每月终呈报。（三）与部院具有直接的行政运作联系。如刑部所定之案件，凡五徒三流即交顺天府定其地而发配。其附郭之大兴、宛平二县，有"京县"之称，其在正佐各官，品级较外县加一等。朝廷颁行的政令往往先施行于京县；顺天府的特殊职事也责成京县完成。（四）朝廷对顺天府派有钦派大臣一人，兼管府尹事务，称为"兼尹"。此外，还值得一提的是，顺天府府尹、府丞、治中、通判等官，皆由汉人为之。这在满汉兼用的清代，尤其在京师衙门，也算特例。

其二，东北地区。清朝入关以后，一直把东北地区视为龙兴重地，而严禁其他各民族尤其是汉人入内，关东地区也就成了满洲贵族占有的私产。在这个地区，清朝也实行了特殊的行政管理。清朝在关东地区的特别管理，可以概之曰一府三将军制。一府为奉天府；三将军即盛京驻防

---

① 《清史稿》卷一一六《职官》三。

将军、吉林驻防将军和黑龙江驻防将军。奉天府,治在盛京。天命十年,(明天启五年,1625),努尔哈赤将后金的都城自辽阳迁至沈阳;天聪八年(1634),皇太极尊之为盛京。入关之后,清朝定都京师,而以盛京为留都。顺治十年(1653),清朝于明辽东都司故地置辽阳府,置府之附郭县为辽阳县,并以故海城卫地置海城县来属。十四年(1657),于盛京置奉天府;裁辽阳府,析其原领之辽阳、海城二县来属。至清末,奉天府领厅一:金州;州二:辽阳、复;县七:海城、盖平、铁岭、开原、辽中、抚顺和本溪。因为清朝以盛京为留都,奉天府的职官设置与顺天府基本相同,设尹一人,掌留都治化与其禁令;丞一人,掌学校考试,以为之贰;其属有:治中、围场通判、库大使、经历、司狱巡检兼司狱,府学教授等。[①] 与顺天府一样,乾隆三十年(1765)朝廷也在奉天府设兼管府事大臣,由盛京侍郎兼之。不过,东北地区主要的行政管理制度是盛京、吉林和黑龙江三将军制度,奉天府虽然特派兼管府事大臣,但它与顺天府不同。顺天府的"兼尹"系朝廷特简部院大臣充任,而奉天府的兼管府事大臣是由盛京侍郎兼任。因此,它是盛京将军所辖地区内的一个特别行政区域。三将军各自所管辖的区域,虽然从乾隆年间始,在光绪三十三年正式建省之前,已有盛京省、吉林省和黑龙江省之目,而有"东三省"之称,但在行政管理上与其他省份不同。其他省份虽然设有总管军、民两政的督抚,但在督抚之下,军、民两政分为两个并立的系统:一是司、道、府、州县系列的地方行政系统;一是驻防将军、副都统等率领的八旗兵和提督、总兵等率领的绿营兵系列的军事系统。而在东三省,虽然从康熙之后,逐渐有府、直隶厅以及县等设置,如康熙三年(1664),清朝于广宁协领地置广宁府,置广宁县为府治,并析奉天府所属之宁远县、锦县来属。同年,迁广宁府治于锦县,改名锦州府,但绝大多数府、厅、县的设置,是光绪年间的事。在正式建省之前,东三省地区,实行的是以驻防将军、副都统、总管、协领、城守尉、防守尉等一系列的军、民两政混合在一起管理的制度。简单地说,清代在东北地区主要实行的是军事管制。这就是它的特别之处。

其三,少数民族地区。清代将少数民族地区分为五:(一)内蒙古地

---

① 《清史稿》卷一一六《职官》三。

区,辖科尔沁等二十四部共四十九旗,及察哈尔游牧八旗(属察哈尔都统)、达什达瓦额鲁特一旗(属热河都统)、蒙古土默特二旗(属归化城副都统)。(二)外蒙古地区,辖喀尔喀四部八十三旗、唐努乌梁海部五旗及三佐领、额鲁特二旗、辉特一旗(以上属定边左副将军),扎哈沁、杜尔伯特等八部三十一旗(属科布多参赞大臣)。(三)新疆地区,设伊犁将军,辖惠宁、惠远、乌鲁木齐、库尔喀喇乌苏、吐鲁番、巴里坤、古城、哈密、塔尔巴哈台、喀什噶尔、英吉沙尔、叶尔羌、和阗、阿克苏、乌什、库车、喀喇沙尔等城,及新疆回部伊犁、乌什、喀什噶尔等城。(四)青海地区,设八旗驻防大臣,辖青海蒙古五部二十九旗、青海和硕特部二十一旗、青海淖罗斯部二旗、青海辉特部一旗、青海土尔扈特部四旗和青海喀尔喀一旗;并设有西宁镇、道,兼管贵德、循化二地方。(五)西藏地区,以驻藏大臣统领前、后藏,以达赖驻拉萨、班禅驻日喀则,并设有各"边营"地。此外,在云南、贵州、广西、四川、湖南等省的少数民族聚居地区,另划定府、州、县,以土官治之。清代在这些地区的行政特点,主要在于根据各民族本身的治理方式而加以管理。其分区分级和设官分职,与直省具有很大不同。当然,这或许是表面的,实质问题似在于国家政权对于这些地区的控制尚未达到在汉族地区的程度。清朝中央设理藩院,对上述地区进行特别管理,也正是其对这些地区控制不够完善的表现。当然,上述地区的情况或者说中央政权之于这些地区的关系是不一样的。比较而言,蒙古地区由于与满族的关系较为亲密,蒙古人在清朝政权中又占有较为特殊的地位,因而更多地保留着其自己的治理方式。而在新疆地区,则更多采取强制的措施,具有军事管制的性质。对于西藏地区的控制,则相对较弱。而对于云南、贵州、广西、四川、湖南等省原本设土司管理的少数民族地区,清朝在雍正年间实行大规模的"改土归流",与内地府、县一样,实行以省控制府(直隶厅)、以府控制县的制度,政治控制力进一步加强。

五　理事衙门

理事衙门是清朝政府在地方上办事但又不属于地方行政系统的部分,由盐、河、粮、关等理事机构组成。

1. 盐政衙门

盐的生产与销售,清代依然由国家垄断。国家之所以要垄断盐的生产与销售,原因在于盐课是"国家岁入大宗"。在清代,盐课一直属于内务府的收入。清末,由于财政吃紧,而开征"厘金",盐也在其列,故"盐厘"成为清末政府财政的重要收入,尤其是军费的重要来源。

《清史稿·食货志》记载:"清之盐法,大率因明制而损益之。蒙古、新疆多产盐地,而内地十一区,尤有裨国计。十一区者:曰长芦,曰奉天,曰山东,曰两淮,曰浙江,曰福建,曰广东,曰四川,曰云南,曰河东,曰陕甘。"①长芦、奉天、山东、两淮、浙江、福建、广东之盐出于海,四川、云南之盐出于井,河东、陕甘之盐出于池。这些盐区所产之盐,除行销本省,还要供销邻近的省份。尤其是不产盐的省份,皆由周围盐区供销。其行销范围,当时称之曰"口岸",或简称"岸"。长芦之盐,行销直隶、河南两省;奉天之盐,行销奉天、吉林、黑龙江三省;山东之盐,行销山东、河南、江苏、安徽四省;两淮之盐,行销江苏、安徽、江西、湖北、湖南、河南六省;浙江之盐,行销浙江、江苏两省;福建之盐,行销福建、浙江两省;广东之盐,行销广东、广西、福建、江西、湖南、云南、贵州七省;四川之盐,行销西藏、四川、湖南、湖北、贵州、云南、甘肃七省;云南之盐,行销本省;河东之盐,行销山西、河南、陕西三省;陕甘之盐,行销陕西、甘肃两省。②

清政府为了控制盐课,对盐的产、运、销诸环节皆设盐官管理。清初,盐政在中央属户部山东司管理。各区则派遣巡盐御史,或由该省巡抚兼管。后废御史巡盐之制,改设"盐政"。据《清朝通典》记载,盐政,长芦、两淮各设一人。其他盐区如福建、甘肃、四川、两广,则以总督兼理;两浙、云南、贵州,以巡抚管理;河东以山西巡抚管理。③"盐政"的职责在于"掌理盐政,而纠其属吏征收督催之不如法者,以时审其价而酌剂之;凡盐赋之奏课与盐法之宜更者以闻。总督巡抚兼盐政者,亦如之"。④

---

① 《清史稿》卷一二三《食货》四。
② 同上。
③ 《清朝通典》卷三五《职官》十三。
④ 同上。

盐政和督抚之下,设"都转运盐使司运使";无运司各省,则设"盐道"。据《清朝通典》记载:都转运盐使司运使,长芦、山东、河东、两淮、两广各一人;盐道,两浙、福建、陕西、四川、云南各一人;其余各省行销地方盐法,多由驻扎省城守、巡道兼理。运使和盐道"掌督察场民之生计与商之行息,而平其盐价。水陆挽运,必计其道里,时其往来,平其贵贱,俾商无滞引,民免淡食,以听于盐政及监理盐政之督抚焉"。①

运司和盐道之下又设分司,有"运同""运副""运判"等官。《清朝通典》记载:"运同",长芦、山东、河东、两广各一人;"运副",两浙一人;"运判",长芦二人,山东、两浙各一人,两淮三人。其职责为"掌分司产盐之地而纠察之,辅运使、盐道,以分治其事"。②《清朝通典》记载:(一)长芦分司:天津运同、蓟永运判,各治盐场四;沧州运判,治盐场二。(二)山东分司:滨乐运同、胶莱运判,各治盐场五。(三)两淮分司:泰州运判,治盐场十一;通州运判,治盐场九;海州运判,治盐场三。(四)河东分司:河东运同,治山西解州安邑县盐池一、场三。(五)两浙分司:宁绍运副,治盐场二十;嘉松运判,治盐场十二。(六)广东分司:惠潮汀赣运同,治盐场十三。此外,两淮、云南等区还设有"监掣同知"和"盐课提举司提举"等官。③

分司之下,则设"盐课司大使""盐引批验所大使"和"库大使"等官。这是盐政系统的基层官员。《清朝通典》记载:盐课司大使,长芦、山东各十人,河东三人、两淮二十三人、两浙三十二人、陕西一人、广东十三人、福建十八人、四川七人、云南九人。掌盐场及池井之务。凡直省有沿海及有池之地,听民辟地为场,置灶开畦为盐,而授之商;或官出帑收盐,授之商而行之。以盐课大使掌其池场之政令,与场地之征收,其有井者,分掌其政令,皆治其交易、审其权衡而增准之,日稽其所出之数,以杜私败之源。盐引批验所大使:长芦、山东、两淮各二人,两浙四人、两广一人,掌批验盐引之出入。库大使:长芦、山东、两淮、两浙、福建、两广、四川、

---

① 《清朝通典》卷三五《职官》十三。

② 同上。

③ 同上。

云南各一人,掌盐课之收纳,而监理其库贮。①

此外,在长芦、河东、两淮、两浙等盐政较为繁杂的衙门,设有经历、知事、吏目、巡检等官,或稽核文书,或巡察盐场。②

如上所述,盐政衙门的管理系统大体上分为四层:一是盐政衙门或督抚衙门;二是运司、盐道;三是分司;四是直接经管各盐场(池、井)的盐课司和盐引批验所。这种分区治盐的体制,与分省而治的地方行政体制是相同的。但由于盐课为财政的重要来源,清朝承明代之旧,而设专官管理。与明代相比,清代在盐政系统的最高层级设"盐政"或由督抚兼管,因而其独立性更强一些。但盐政的实施也一直不能离开地方行政,一些省份的盐道由守、巡道兼管,大部分府县盐的运销基本上由地方衙门管理,尤其是私盐的禁运禁销,皆须依靠州县衙门;而督抚兼管盐政,也恰好说明这一点。道光十年(1830),两淮盐政归两江总督管理,而裁撤"两淮盐政";③咸丰十年(1860),"长芦盐政"也被裁撤,而归直隶总督管理。④ 盐政最后全部归督抚管理。清代后期,地方督抚权力膨胀,盐利就是其一个重要的支柱。所以在清朝的最后时刻,朝廷还欲将盐政之权收归中央,由户部尚书兼任督办盐政大臣,而设"盐政处",但为时已晚,并未起到多少作用。

从上述情况也可看出,虽然盐政或盐的产、运、销涉及全国各省,但盐政的重点在产地。长芦、两淮、两浙又是盐政的重中之重。在这些盐区,盐政专官的设置最为详备;其他省份,尤其是非产盐区的河南、湖南、湖北、江西等内陆省份,盐官的设置就简略一些,盐法道之下一般由地方佐杂官配合。

2. 河道衙门

清代的河工,简单点就是运河工程。运河之重要,毋庸申说,一句话,事关京城皇帝后妃、王公百官、八旗兵营以及内监、匠役的粮食。清

① 《清朝通典》卷三五《职官》十三。
② 同上。
③ 《大清会典事例》卷二二三《户部·盐法》。
④ 《大清会典事例》卷二二一《户部·盐法》。

朝从山东、河南、江苏、安徽、浙江、江西、湖南、湖北八省所征的漕粮,和从江、浙二省的苏州、松江、常州、嘉兴、湖州五府所征的白粮,都经运河运输。所以,运河的通畅,关系到朝廷的安危。为了漕运的通畅,除疏浚运河本身之外,还需要治理与运河密切相关的河流,如直隶境内的永定河、大清河、子牙河和滹沱河,山东境内的济水、山东境内的黄河,江苏境内的黄河和淮水。咸丰五年(1855)以前,黄河从河南境内南折经江苏徐州府境,再由淮安府洪泽湖南,并淮入海。运河从浙江杭州府起,经太湖,过长江,后由扬州北上,经淮安在清江浦入黄河,再北上过山东境,出德州而入直隶境内。运河的江南段一直较为平稳,河务较为简单。倒是河南省境内的黄河,直接关系到运河的安全。史载:"河自三代以后至宋时,渐徙而南,为患始甚。然其时河、淮犹未合也。至明而全河并注于淮,故为患视前代为犹甚。"①黄河之患,固然与它改南有关,因为黄河流域的过度开发,水土的流失与中原人口的众多,两相交织,使黄河动辄泛滥成灾;另一方面,也许是更重要方面,是与运河成了国家政治经济的命脉相关的。黄河之患是五代之后才渐渐凸显出来的,也正是五代之后,国家财政愈益仰赖江南地区。明清两朝,一方面以江南为财赋地,一方面则定都于北京,而又不采取元朝的做法实行海运,所以对于运河影响最大的黄河,也就成了心腹大患。因此,明清时代,治黄成了大事,运河工程也总是与黄河的治理纠缠不清。

由于运河工程主要在江苏的江北、山东省及河南省和直隶省三个地区,河工或河务也就分为三段,即南河、东河和北河。

清初,只设总河一人,驻扎山东济宁,综理黄、运二河事务。康熙十六年(1677),因为江南河工紧要,总河移驻江苏清江浦,而将河南省境内的治河工程划归河南巡抚管理。二十七年(1688),总河还驻济宁。四十四年(1705),因为山东河道与总河相距甚远,照河南例,令山东巡抚就近料理。于是,总河虽驻山东,名义上兼管南、北两河,实际上只管南河事务。雍正二年(1724),以河南武陟、中牟等县堤工紧要,设副总河一人,

---

① 纪昀:《历代职官表》卷五九《河道各官》。

驻武陟,专理河南省河务。四年(1726),鉴于河南省河务险工下移,堤岸完固,山东河务甚属紧要,山东河务不再由巡抚兼管,而由副总河兼管。七年(1729),改总河为总督江南河道,驻清江浦;副总河为总督河南、山东河道,驻济宁。南、北二河事务最终由二河道总督分别管理。八年(1730),增置直隶正、副总河,为河道水利总督,驻天津。于是,北河又分为北河和东河。前者指直隶境内河道,后者指山东和河南境内河道。河道三总督的制度最终形成。

不过,这个制度很快发生了变化。雍正九年(1731),河道官职又有所增置。置北河副总河,驻直隶固安;并置东河副总河;移南河副总河驻徐州。十二年(1734),东河总督从济宁移驻兖州。乾隆二年(1737),裁省所有副总河。乾隆十四年(1749),裁直隶河道总督,北河河务由直隶总督兼领。于是,专职的河道总督衙门,实际上只有东河总督和南河总督,北河总督例由直隶总督兼。这个制度一直延续到咸丰年间。

河道总督之下,分设河道。清初,总河之下七分司,即通惠河分司一人,驻扎通州;北河分司一人,驻扎张秋;地旺分司一人,驻扎济宁;夏镇分司一人,驻扎夏镇;中河分司一人,驻扎吕梁洪;南河分司一人,驻扎高邮;卫河分司一人,驻扎辉县,分管岁修、抢修等事。康熙初年,这些分司多所裁省。康熙十五年(1676),山东、河南二省特设管河道员,一应督修挑筑办料诸务,均令河道协同催趱。此为清代专设管河道之始。

据《大清会典事例》记载,清末河道制度如下:(一)北河设管河道五:(1)永定河道,驻固安,管永定河;(2)通永道,驻通州,管北运河(运河天津以北段)、通惠河及蓟、滦诸河;(3)天津道,驻天津,管南运河(运河天津以南至山东临清段)及子牙河;(4)清河道,驻保定,管猪龙、巨马、滹沱诸河,及东、西淀;(5)大顺广道,驻大名,管漳、卫诸河。(二)东河设管河道四:(1)运河道,驻济宁,管通惠河、泇河、卫河;(2)兖沂曹济道,驻兖州,管运、黄二河;(3)开归陈许道,驻开封;(4)河北道,驻武陟。此二道管黄河。(三)南河设管河道二:(1)徐州道,驻徐州,管中河、邳宿运河;(2)淮扬海道,驻淮安,管黄河、洪泽湖及海口,并山清高宝运河,兼管芦苇荡。其中南河二道、东河的运河道、北河的永定河道,皆专掌河务;其他东河和北河的道,则为巡道兼河道。① 另外,雍正九年(1731),设南河河库道,驻扎清江浦,专司出纳河帑。咸丰三年(1853),裁南河河库道,所管收放钱粮,归淮扬、淮徐、淮海各该管道分管。②

也就在康熙十五年(1676)以后,运河各省开始设置河营。河营设都司或守备或协备,下面的编制为汛,由千总或把总率领兵丁。康熙二十二年以后,运河沿岸府州县又开始设专管河务的管河县丞、管河主簿等职。雍正年间,河南省增设河官,凡岁修抢修,均令河汛各官专司其事。直隶省原设地方管河同知、通判、县丞、主簿等,也统归河道管辖。山东省运河一应修筑堤岸闸坝工程,也均责令管河厅汛等官分司修防。③ 这样的政策,在乾隆年间继续推行。总之,从康熙中期起至咸丰年间,河道官员一直是有增无减。这中间除新设河官之外,另一方面是将原属地方行政系统府州县的兼管河务的佐杂官,如同知、通判、州同、州判、县丞、主簿、巡检等,划归河道或由河道管辖。

这样做的目的,在于事有专司,以专责成。原来,设总河、分司或河道的情况下,总河和分司所指使的管河之官,大多是地方官员,也是职司河务的同、通、丞、簿等,管河虽然原本是这些佐杂官的职责,但他们属于地方,还有别的职掌,至少要听地方印官的调遣;更重要的是,他们的考成、升迁是由地方长官来决定的。所以,专设的河官几乎指挥不了他们,即所谓"呼应不灵"。因此,清朝运、黄二河,从设总河始,再设分司,后改河督和河道,下面是河厅和河营,再下面是"汛"。汛之下还有"堡"等编制,但这已不属官僚体系。

总而言之,清代河道衙门自雍正年间形成北、东、南三河总督以后,河工体系大体如下:总督—道—厅和营。河务由总督综揽其成,这个制度与地方的督抚制度是一致的。下设河道,分道治河。这与地方行政分道监督和弹压府州县的制度也是一致的。河道在河务体系中处核心地位,这与布、按二司在地方行政系统中处核心位置也相一致。当然,确切地说,河道与守、巡道的地位完全相等,而守、巡道系布、按二使的属官,

---

① 《大清会典事例》卷九○一《工部·河工》;《清朝通典》卷三三《职官》十一。
② 《大清会典事例》卷九○二《工部·河工》。
③ 同上。

所以河道在政治地位上比布、按二使低一些。这种格局，从渊源上说，是因为河道原系由守、巡道转化而来而保留了道的体制；从整个地方政治而言，河务固然关系到朝廷的粮饷以及地方的安定，但国家政治以治民之政为更重要。所以，虽然河道总督与各省总督同为正二品官，河道以下却都比司、府、州、县印官的官阶要低。这样也就可以与地方行政系统相洽。河道分道治河，与守、巡道一样，一般"分辖三四府州者"。① 分驻所领府州的河官，与府、州佐贰官建置一样，即所谓"河厅"，一般是同知，或通判。实际上直接负责治河者，并不是上述这些官员，他们是治官之官，治事之官是分驻于各州、县的州同、州判、县丞、主簿和巡检。河务是由这些河官率兵丁夫役治理的。从建置上说，厅以下设"汛"，即所谓"分汛防守"。每汛设一河官，或同或判或丞或簿或巡检。这些官职，原来与府佐贰官一样，也是由地方官转变而来。当府州县佐杂官转变为河官之后，他们就属于河道体系。为了与地方佐杂官相区别，他们一般加上"管河"二字，曰管河同知、管河县丞等。此外，运河上专司河闸启闭的地方设有专官，叫做闸官，也属于河厅系统。河道之下，除厅—汛之外，还有一个系统，即营—汛。河营、河汛是军队建置，也就是兵丁治河。河营设副将、参将、游击、都司、守备等领之，各视其河兵规模而定。清代后期河兵有所裁减，一般设守备或协备领之。各汛设千总、把总和外委，率河兵防守。所以，清代总河的全称叫"总督某某河道提督军务"。由于提督军务，河道总督例兼兵部尚书衔，乾隆四十八年（1783）后改兼兵部侍郎衔。②

清初，治河用民夫，且系徭役。康熙十二年（1673）以后，河夫为雇役。四十年（1701）后，河夫还可免差徭。③ 不过，从顺治十二年（1655）始，清政府在江南省始设河兵。此后，河工各省都置河兵，以重河防。从总体上说，清代治河，河夫与河兵兼用。以河兵为常备治河之役，而以河夫为临时应急之役。由于河兵由武职率领，河夫由文官率领，所以汛也分文、武二汛。然而，二者并非绝对分别。在河厅之下，也有河兵防守，

---

① 《清朝通典》卷三四《职官》十二。
② 《清朝通典》卷三三《职官》十一。
③ 《大清会典事例》卷九〇三《工部·河工》。

故有把总、协防等官。河营之下,由于抢守防险,也多有民夫。

清代的河道系独立于地方行政、以专理河务为职责的体系。但由于购料雇夫都必须仰仗地方,所以河官也有兼理地方政务的,地方佐杂兼管河工事务的也同样存在。咸丰以后,由于一些地方的河工已无事可干,又被裁归地方。到清末,治河无专官,仿佛回到了前代的状态。

3. 漕运衙门

清制,设漕运总督一人,驻扎淮安,掌督理漕运。凡收粮起运过淮安抵通州,皆以时稽核催趱,而综其政令。康熙二十年定制,粮船过淮后,总漕随运北上,率所属官弁,相视运道险易,调度全漕,察不用命者,以使粮船前后相接,毕度天津。尔后入觐述职。下设巡视漕四人,分地巡视,稽察所巡之地的运河挑浅疏滞情况和催趱漕船行程以及纠察漕运官兵的舞弊情况。①

治漕与治河,事本相资。明代,河道总督与漕督屡为分合。然至万历十六年(1588)之后,河、漕分离,各成体系。明景泰二年(1451),设漕运总督,驻扎淮安;嘉靖三十六年(1557),以倭警添设提督军务巡抚凤阳都御史;四十年(1561)归并,改总督漕运兼提督军务。② 清初沿明代之制,设漕运总督,驻淮安。又以御史巡漕。顺治七年(1650),裁巡漕御史,以粮道逐程分押。雍正七年(1729),以粮船过淮抵通多有陋规,分遣御史二人往淮安稽察,二人往通州稽察。乾隆二年(1737)定制,巡漕御史四人,一驻淮安,巡察江南江口至山东界;一驻济宁,巡察山东台庄至直隶界;一驻天津,巡察至山东界;一驻通州,巡察至天津。③

有漕各省则设督粮道。江南二人,山东、河南、江西、浙江、湖南、湖北各一人。江南江安粮道,驻江宁;苏松粮道,驻常熟。山东粮道,驻德州。河南以开归道兼理。江西、浙江、湖南、湖北粮道,并驻省城。各督粮道的职责是监察兑粮,督押运船。④ 江南、江西、浙江、湖南、湖北粮道,

---

① 《清朝通典》卷三三《职官》十一。
② 《明史》卷七三《职官》二。
③ 《清朝通典》卷三三《职官》十一。
④ 同上。

每年粮船起帮,督押过淮;盘验完毕,即回任料理新粮。山东、河南粮道则要押运抵通州。雍正四年(1726),令总漕于江苏二粮道内,每年委一人亲押过山东入闸,俟江南粮船尽数过淮,即回本任。乾隆四十八年(1783)定,各省粮道俱押本省粮船抵临清盘验,方回本任。惟山东粮道上下趱运,俟总漕押送尾帮抵临清,然后回任。①

清代除江南、山东、河南、江西、浙江、湖南、湖北等有漕省份外,福建、陕西、广东、云南、贵州诸省也设有粮道,甘肃有巴里坤粮道,然皆非总漕所辖,其粮不在漕项之中,所督与漕事无关,其官也不在漕运体系之中。

漕运体系之中,督粮道之下又设管粮同知六人、通判三十三人、押运同知十六人、领运守备五人、卫守备九人,以及守御所千总、千总若干人,随帮效力武举人每帮一人。

4. 税关

清政府的赋税之中有商税一项。各地市集的商品落地税和营业税等,例由地方衙门征收,此项税种属于地方政府所征收的"杂税"或"杂征";而"行商大贾挟赀货殖以牟利者,乃讥而征之",②也就是征收商品的通过税,则设税关。此项税种也就称之为"关税"。

关税由中央政府直接管理,由户部和工部分别负责。具体分工是"凡榷百货者,为户部分司;榷竹木及船钞者,为工部分司"。③这也就是说,关税大体分为"货税"和"木税"两种;货税解交户部,木税解交工部。因此,税关也就有"户关"和"工关"之分。④

税关皆设于水陆交通的要道或商品集散地。清代的税关,著名的有京师崇文门,直隶的天津关、山海关、张家口、杀虎口,山西的武元城、归化城,山东的临清关,江南的浒墅关、淮安宿迁关、扬关、凤阳关、芜湖关,江西的九江关,福建的闽安关,浙江的南新关、北新关,湖北的武昌厂、荆

---

① 《清朝通典》卷三三《职官》十一。
② 《清朝通典》卷三五《职官》十三。
③ 同上。
④ 《清朝文献通考》卷二七《征榷》二。

关,湖南的辰关,四川的夔关、打箭炉,广东的海关等。^① 在交通较发达的地方,在政府立定的税关之下,往往又分设"口岸",以保证商税的收取。上述税关,一般指户关;工关较少,大抵于临清、宿迁、龙江、芜湖和南新等处设立。

清初制度,关税各差,皆以户、工二部司员充之,寻改六部司员。朝中司员派到各关,"以一岁报满,则条析经征之数,具疏⋯⋯以册达部。部受其要而会之,定其殿最以闻"。^② 由于派到各关的官员系各部的司员,任期为一年,年初领任务而去,年终完成任务而回,因而称之曰"差"。其虽有"监督"之名,但并非职名。具体操办征税事务的人员,除差官从部中带去的书吏,就是其本人雇佣的家丁。清代康、乾之间,由于发现关差与地方官不相统属,得不到地方官的支持,加上差官任期一年,往往难以完成税收任务,所以改归地方官(督抚)管理。这中间也有反复,所谓"随时斟酌改定,或特简京员,或由部院司员抢选引见除授,或归督抚总理,或以将军、织造、盐政兼理。京差由部疏请,或更代或留任,候旨遵行;由督抚等兼管者,期满奏明接管,皆因地制宜"。^③ 但从乾隆中期督抚制度定型之后,除少数税关由部司员、内务府官员差充和将军、织造、盐政兼理外,大部分直省的税差由督抚兼管,各省再委道府州县监收。监收之官的职责与监督相同。

道光二十二年(1842),中英《南京条约》签订,实行五口通商,同时在上海、宁波、福州、厦门和广州五口岸,开设海关。时称这些新设的海关为"新关"或"洋关",以示与原先的四海关相区别。原先已设的税关则称为"旧关"或"常关"。现在我们一般以"海关"和"常关"相分别。其实,正如上文所表明,海关并非鸦片战争之后的新事物。清朝自定台湾之后,开放海禁,"听百姓海上贸易",并于康熙二十四年(1685)在江苏的云台山、浙江的宁波、福建的漳州和广东的澳门,设立四榷关。这就是所谓江、浙、闽、粤四海关。四海关直属户部,由朝廷派差管理。康、乾之际,"外洋"商人如葡萄牙人、荷兰人和英国人,在中国的经商范围已到了

---

① 《清朝通典》卷三五《职官》十三。
② 同上。
③ 同上。

浙江的定海(舟山)、宁波,但重心仍在广东的澳门、广州等地,税务也"收口"于粤海关。乾隆二十、二十一年间,由于洋商多至浙江舟山和宁波,而减少了粤、闽二关的税入,引起了闽、粤二督的不满。他们认为,洋商之所以如此,是因为浙海关的税率太低。于是,乾隆二十二年(1757),清政府更定浙江海关洋船税例,其科则视粤关加重一倍,以限制洋商的北上。接着,干脆"定制":洋商贸易归并于粤东一港。[①] 这就是所谓"一口通商"。鸦片战争之后,中国战败求和签约,英国人从乾隆后期起一直致力的扩大贸易区域要求,终于如愿以偿。五口通商,开设五处海关。除宁波系浙海关的原驻地外,上海、福州、厦门和广州原来都不是海关的驻地,故曰"新关"。而新关之新,还指它是专门管理洋商贸易税务的机构。新设海关的职能,是专门管理外洋各国的贸易税务,西洋各国的贸易税务归于其中,原来由"四海关"管理的与周边朝鲜、日本、琉球、吕宋、安南、暹罗等东南洋诸国的贸易税务,也由其管理;但旧设之"四海关",原来还管理沿海人民出海贸易的出入税务,这项职能在新关建立之后,不由新关管理,而归于常关。所以,新设海关称之曰"洋关"。当然,新设海关之所以曰"新",还有别的意义,如海关关税的税率要与英国"协定",也就是中国丧失了关税的自主权;后来又"邀请英国人帮办税务"等。这些都是鸦片战争后出现的新事物。当然,由于设于上海的海关、设于福州的海关和设于广州的海关,沿用了"江海关""闽海关"和"粤海关"的名称,原来的旧海关也就撤销。唯浙海关不变而已。

鸦片战争之后,税关中还有一件新事物,就是"厘卡"。一般认为,厘卡之设始于咸丰四年(1854)。是年,江苏布政使雷以諴奏请设立"厘捐"。实行厘捐的原因,据雷氏说是因为太平天国起义以来,"地已十省,时已四年,各处添兵,即各处需饷,兼之盐引停运,关税难征,地丁钱粮复间因兵荒而蠲免缓征",而"国家经费有常,入少出多,势必日形支绌",再加上太平军不知道何时能够"平定","有饷无兵尚可招募,有兵无饷更难支持",[②]总之亟需开辟财源,以保证军费。雷氏提出的办法是"商贾捐

---

① 《清朝文献通考》卷二七《征榷》二。
② 《清朝续文献通考》卷四九《征榷》二十一。

厘",即捐输的对象是商人,"捐率"是值百捐一,也就是银一两抽一厘或钱一文抽一厘。所以,这项捐输时称"厘金"。

劝捐助饷,是历朝政府的老办法。清朝因河工、军兴而劝绅、商捐输,因而有各种捐例,至少从康熙以来已存在。只是以往的劝捐,因事而兴,而事而罢,不为常例,而且民间报捐,政府也有相应回报,如官衔、官职等。清朝自道、咸军兴以后,捐例常开,捐种也愈益繁多。其中的"厘捐",本来也是出于同一思路。雷氏当时在江苏的做法,也是设局劝捐。但也就在雷氏所设计的办法之中,"捐"实际上是"抽",也就是"征"。而"征"也就与原来的商税无异。雷氏当时的做法,是在江北通、扬二府所属的市镇各大行铺户捐厘助饷,且"俟军务告竣,再行停止"。[①] 但由于"业有成效",而很快得到朝廷的推广。先是大江南北设立捐局,尔后很快遍及全国各省;先是在市镇中设局劝捐,继而在各交通要道上设卡抽分。形成了"一局多卡,一卡多人;只鸡尺布,并计起捐,碎物零星,任意扣罚"[②]的局面。"捐率"也由原来的值百抽一,增加到值百抽三。[③] 更严重的是,本来是因时制宜,可军事平息之后,厘金不去,厘卡有增无减,原来由绅商自办的厘金,统统改为官收。这样,当常关以及各地方政府的行政恢复之后,在原来的通过税(关税)和落地税(杂税)之上又增加了一层称之为"厘金"的商税。

清朝后期,对于商贾以及平头百姓,可谓是关卡林立。只是从政务上说,关是关,卡是卡。关税虽由督抚兼管,但须解交中央政府;而厘金完全由地方政府掌握,由各省督抚藩司委员征收,由各省统一使用。清代末年,一般是一省设一总局,由藩司总办,又委候补道员坐局总办、会办;下设分局于各府,也是委员充任,并延聘本地士绅为局绅;分局之下则设各卡,由分局直接管理。由此可见,这也是一个独立于府州县的税务系统,但与原来的税关系统不相关。前者直属中央,后者属地方政府。

---

① 《清朝续文献通考》卷四九《征榷》二十一。
② 同上。
③ 同上。

六　清末改制

　　清朝政府在其末年的改制或者变法,由于过去以鸦片战争为界将清代历史分为古代和近代两大部分,造成谈古代史者不及近代史,谈近代史者不关古代史的状况。这种情况对于了解和讨论有清一代的制度,显然是一种障碍。本文采取中国古代史的一般做法,大体以一个朝代为单位,作断代史的讨论。清朝立国始于 1636 年,由皇太极建国号曰"大清"。当然,清朝的历史可以追溯到由努尔哈赤于 1616 年建立的"金"。但治清史者一般将 1644 年,也就是清兵入关取明朝而定鼎燕京的那一年作为清代的开始。清代的终结,是众所周知的 1911 年。

　　1912 年,是中国历史上划时代的新纪元。从此,"人民""民主""共和""科学""自由""解放"等词汇开始写入历史的新篇章。然而,这一切并不是在 20 世纪初的几年里突然迸发出来的。它在中国出现或形成有一个过程。这个过程在清代的最后几十年里已经开始。虽然民国的政治制度与清末改制所形成的政制还有很大的不同,但前者是后者的一种发展,二者之间存在着递变关系。

　　就本篇所讨论的清代官僚政治制度而论,它在其最后的几十年里也发生了一些变化。这些变化,一方面是来自国外的思想影响,一方面则来自这个制度本身。这个制度在存在与发展了二百多年之后,特别是陷入了前所未有的内忧外患的困境之后,通过改变自身或吸取外来的新制度来适应新的形势,已成为必然的趋势。

　　当然,任何改革,都是不得已而为之的事。清代末期,官制的改革也不出例外。清朝到末年,其设官分职,无论是因事设职,还是因人设事,都已经有过几番变化了。从总体上看,这个制度在走向规范、走向成熟。虽然任何一个制度,按照中国人传统的眼光看,有一利总有一弊,得失之间,在乎人心。但是,如果没有鸦片战争以及此后出现的"三千年未有之变局",这个制度大抵也可应付裕如,至少可以在治弊补偏中得以延续相当长的时间。然而,清朝政府面临着许多史无前例的问题。而那个最令它感到棘手的问题,又与以前任何朝代所遇到的问题一样,就是财政匮乏。一个政府,与一个家庭、一个个人一样,没有了钱,日子那就难过。当然,政府毕竟是政府,它有四亿人民作为财政的来源,还有一些在很大程度上是它豢养起来的盐商、钱庄、票号等,可供它募捐、摊派,甚至可以将未来作为抵押,所以不至于走投无路。但时在咸、同之际,内忧外患,什么都要银钱来应付,清政府明显地感到,自身这个机体就是一个最大的负担。

以节流来解决财政困难,用裁撤冗官来节省开支,并非清朝的发明。但从咸、同之际开始,省官以节用的观点,在清朝的官场成了一种广泛的舆论。冯桂芬《汰冗官议》云:"国家多一冗员,不特多一縻廪禄之人,即多一朘民膏之人,甚且多一债国是之人,亦何苦而设此累民累国之一位哉?今之冗员多矣,不冗于小,冗于大;不冗于闲,冗于要;不冗于一二,冗于十百。"①接着,冯氏列举了"漕运衙门""河务衙门""各关监督""盐务衙门""督抚司道""京官""内外武职"七个部分,几乎涉及了官制的所有方面,总之冗员太多,必须裁省。

清末改革官制,大体上可分为两个阶段。第一阶段,以节约经费为主旨的裁省官职;第二阶段,吸取国外的思想与制度,而对清朝制度有了一些根本性改变的设计,有的也付诸了实施。这两个阶段似可以"戊戌变法"(光绪二十四年,1898)为划分标志。戊戌变法虽然失败了,但清朝的改革还在继续。改革是清朝的出路所在,这是大势所趋。所谓改良派与保守派,或帝党与后党之间的争斗与较量,不是要不要改革的问题,而是由谁来改、谁革谁的问题。

1. 中央政务制度

以裁汰冗官而节省经费为主旨的改革,中央政府是最后启动的。虽然诸如冯桂芬辈在道、咸之间已思考到"汰京官"的问题,认为科道官以及一些部院闲曹都可以"减额之半",詹事府可以归并于翰林院等。冯桂芬的议论于咸、同之际公开,得到了较为广泛的响应,也得到了曾国藩辈

---

① 冯桂芬:《校邠庐抗议》,《汰冗员议》。

的激赏,但与同时户部侍郎王庆云关于裁汰冗官的建议相比较,①则可以清楚地看出:裁地方官易,裁京官难;裁地方之理事官易,裁地方之行政官难。地方上职官一直在裁设之间变化。虽然总的趋势是越设越多,但自咸丰以后,由于财政吃紧,河道衙门就开始大规模的裁汰。更早一点,即于道光二十一年(1841),两淮盐政也裁撤了一部分冗职冗官。而京官,从清初以来,只见设,不见裁。京官的裁汰乃至根本性的改革,非有一种大形势不可。光绪二十四年(1898),就是中国农历的戊戌年,清朝发生了一场史称"维新"的运动。虽然这场新政不过持续了一百多天,但它在官制改革方面进一步推进了咸、同以来裁汰冗官的进程,尤其是触动了一些二百五十年来一直安之若素的闲曹:(一)詹事府归并于翰林院;(二)通政司归并于内阁;(三)光禄寺、鸿胪寺归并于礼部;(四)太仆寺归并于兵部;(五)大理寺归并于刑部。② 这是将职能相同的部门合并。合并的原则是将实际上不起作用的机构合并到日常行政的机构中。但是,这种合并的实质在于裁"缺",也就是将詹事府、通政司、光禄寺、鸿胪寺、太仆寺和大理寺的大小官职的编制一并撤销(应裁官员,听候另行录用),③而不是将两个部门的官员合并在一起,或者说将"两块牌子换成一块牌子"。上述改革在当时目为"新政",而与其他的措施相比,实在没有新意可言。但"戊戌变政,首在裁官。京师闲散衙门被裁者,不下十余处。连带关系,因之失业者,将及万人"。因此,"朝野震骇,颇有民不聊生之戚"。④ 虽然变法者很快注意到裁撤各官的安置问题,并打算在铁路、矿务总局等机构中酌设大小官缺,以便安置这些被裁撤下来的官员,⑤从而减轻最强烈的压力,但这种基于最基本的利益的力量,迫使变法很快失败,结果当然是一切"悉仍其旧"。光绪帝最后发的关于恢复旧制的谕旨,很值得玩味。其云:"所有见行新政中裁撤之詹事府等衙门,原议将应办之事分别归并,以省繁冗。见在详察情形,此减彼增,转多周

---

① 见《清朝续文献通考》卷一一五《职官》一。王氏之奏主要涉及河道和漕运两个系统。
② 《清朝续文献通考》卷一一五《职官》一。
③ 《光绪实录》卷四二四。
④ 陈夔龙:《梦蕉亭杂记》卷二。
⑤ 《清朝续文献通考》卷一一五《职官》一。

折,不如悉仍其旧。著将詹事府、通政司、大理寺、光禄寺、太仆寺、鸿胪寺等衙门,照常设立,毋庸裁并。"[1]他没有也不能直说,但除了废除新政,也别无他法。

戊戌变法的失败,不仅没有使原有的政治矛盾得到缓和,反而使矛盾更加尖锐、更加表面化。在变法失败不到两年之后,经过被皇族集团所利用的民团与八国联军的一番较量,清朝国家又一次陷入政治灾难之中,而且这次灾难比以往任何一次都要深重。所谓"庚子赔款"四亿五千万两,分三十九年(到 1940)还清,本利共计九亿八千余万两。毫无疑义,这既是一笔政治账,又是一笔经济账。两笔账,从不同的角度可以有不同的算法,但当时的情况已迫使清朝政府首先从经济账算起。当然,《辛丑条约》还有其他丧权辱国的条款,但那些条款都没有比这么大额的赔款更令人感到窒息的了。当时和议中争执的焦点问题也主要在此。一方是没有那么多钱来作赔,一方是至少这么多,否则不撤军。如果清政府真的有钱,不要说赔款事小,一切矛盾都会被掩盖起来。可是事实上,从甲午战争以来,清政府的财政收支已不再平衡,到光绪二十五年(1899),赤字就达一千三百万两。赔款十亿两(加上各省地方赔款),这个数字大约是清政府十二年财政收入的总和。因此,清朝在当时不仅没有钱弥补政治上的大窟窿,赔款使得财政上乃至在整个政治上产生了更大的漏洞。为了保证赔款,主要的税收如海关、常关、盐税都被列强指定为专供赔款之用。不足部分,就只能向各省摊派。从光绪二十八年(1902)起,清政府每年向各省摊派赔款二千三百五十万两,摊派最多的江苏省达二百九十余万两,最少的贵州省也达二十万两。众所周知,这些赔款最后都要人民来负担。这些姑且不说,就说对于各省的摊派,在常赋之外骤增派捐,也增加了行政的难度。个别省份出现如此问题犹可应付,全国普遍如此,事情就变得相当复杂。总之,国家政治体系内部的矛盾,包括中央与地方的矛盾、满臣与汉官的矛盾等,都因"经济"上的问题而激化。

就在庚子年(光绪二十六年,1900)的年底,也就是两宫西狩回京之

---

[1] 《清朝续文献通考》卷一一五《职官》一。

后不久,有"上谕"说:"母子一心,臣民共睹。今者恭承慈命,壹意振新。"还说:"法令不更,锢习不破;欲求振作,须议更张。"所以,"著军机大臣、大学士、六部、九卿、出使各国大臣、各省督抚,各就同在情弊,参酌中西政治,举凡朝章、国政、吏治、民生、学校、科举、军制、财政,当因、当革、当省、当并,如何而国势始兴、如何而人才始盛、如何而度支始裕、如何而武备始精,各举所知,各抒所见,通限两个月内,悉条议以闻"。① 这个谕旨虽然还说"康逆之讲新法,乃乱法也,非变法也",②但重新维新的信息是确切的,并且就如何维新征询大家的意见。这正是调和政治矛盾的一种办法。如何维新,最后要"上禀慈谟,斟酌尽善",尔后才能施行,但让上下臣工都来献计献策,至少让他们发泄心中的不满,除此之外实在没有更好的方法。这就是说,经济账已没法算,但又不能不算,最后只得算成政治账。清末的改制也就在这种经济与政治的关系中真正开始。

光绪二十七年(1901),清朝在朝廷设"督办政务处",简称"政务处"。由督办政务大臣主持其事。内设提调、章京各官,由督办政务大臣奏请简派。成立政务处的目的,在于处理新政事务。而新政已成当时的头等大事。因此,政务处是最高决策机构。《政务处开办条议》云:"向来军机处为政事统汇,今别设政务处,以军机大臣领之,并添派王大臣领之。"③似乎表明政务处与军机处是一而二、二而一的关系,但同时表明军机处已经不能适应新的形势。当然,正如《政务处条议》所说:"为政在人,千古不易。"军机处固然已不可用,军机大臣则摇身一变,成为督办政务大臣,而且在政务处还添派王大臣。这不能不使人们怀疑政务处能否担当起实行新政的重任。自嘉庆以来,亲王又在军机处行走。此后,诸王不断入值军机处。这表明皇族控制政权的迫切性。咸、同、光三朝,一方面是地方督抚势力日益膨胀,一方面是亲王在朝中执掌军机权柄,两相对照,不能不说清代后期政治存在剑拔弩张的形势。光绪后期,两方面的力量已成水火。当然,并非王大臣就全然代表旧势力,地方督抚就代表新力量,但清朝官僚政治中的满、汉分立,确实是一个不可忽略的基

---

① 《光绪东华录》卷一六四。
② 《光绪东华录》卷一六四。
③ 《清朝续文献通考》卷一一六《职官》二。

本因素。清朝政权为满族人所有,所以当国家社会出现政治危机之时,王大臣便入主枢要,这使满、汉之间的芥蒂昭然若揭;当时革命党人提出"驱除鞑虏,恢复中华"的口号,更使满、汉之间的民族矛盾暴露无遗。在满与汉、新与旧、地方与中央等错综复杂的关系之中,以满族王大臣为首的专制集权主义,与以地方督抚为代表的新政立宪主义,基本上是当时两大政治倾向。两大政治势力彼此利害相关,因此较量不可能一下子分出谁胜谁负,但天平的倾斜已经很明显。

就在成立政务处之后,中央政务部门也作了一些改革。内容如下:(1)改总理各国事务衙门为外务部;班列六部之前(光绪二十七年,1901)。① (2)设立商部(光绪二十九年,1903);②这个制度,实际上在戊戌变法中曾实行过,当时设立的机构叫"农工商总局"。三年之后,商部与工部合并,新部的名称就叫做农工商部。(3)设立巡警部,所有京城内外工巡事务,均归管理;其各省巡警,并著该部督饬办理(光绪三十一年,1905)。③ (4)设立学部,国子监事务归并学部(光绪三十一年,1905)。④

光绪三十二年(1906),清政府宣布预备立宪。为立宪作"始基",中央政务部门作了较大的改动。是年,清廷于前一年派出到国外考察政治的五大臣回国。考察的结论是:"国势不振,实由于上下相暌,内外隔阂。……而各国之所以富强者,实由于实行宪法,取决公论。"但认为:"目前规制未备,民智未开",故立宪还要"预备"。其中"亟应先将官制分别议定,次第更张"。⑤ 官制改革的方案如下:(1)改巡警为民政部;(2)改户部为度支部,以财政处税务处并入;(3)太常、光禄、鸿胪三寺并入礼部;(4)改兵部为陆军部,以练兵处、太仆寺归入,应行设立之海军部及军咨府,未设以前,均暂归陆军部办理;(5)改刑部为法部,责任司法;(6)改大理寺为大理院,专掌审判;(7)工部与商部合并,改为农工商部;

---

① 《光绪东华录》卷一六七。
② 《光绪东华录》卷一八一。
③ 《光绪东华录》卷一九六。
④ 《光绪东华录》卷一九七。
⑤ 《光绪东华录》卷二〇二。

（8）设邮传部，管理轮船、铁路、电线、邮政（戊戌变法时，曾设立邮传局）；（9）改理藩院为理藩部。除外务部官员缺照旧外，各部堂官均改设尚书一员，侍郎二员，不分满汉。此外，都察院本纠察行政之官，职在指陈缺失，伸理冤滞，改设都御史一员、副都御史二员；六科给事中则改为给事中，与御史各员缺仍暂如旧。其余宗人府、内阁、翰林院、钦天监、銮仪卫、内务府、太医院、各旗营侍卫处、步军统领衙门、顺天府、仓场衙门，均不作更改。[①] 这番更张，很大部分不过是改变机构的名称而已，没有实质意义；真正具有新政意义的是继设立商部之后，又设立了邮传、农工商等部，同时重新调整了各部门之间的权责关系。这是对新形势的适应。而将职能相近的机构加以合并，如光禄、鸿胪、太仆寺等在戊戌变法中曾一度被裁撤的机构，又被裁并到其他部门，说明这些机构确实是空无职能，无所用处。虽然谕旨中确认宗人府、内务府、太医院等皇族机构不作更张，但光禄、鸿胪、太仆三寺的裁撤，同时诸如商部、民政部、邮传部等新的政府机构的设立，说明皇族集团势力在国家政权体系中的地位与力量正在受到削弱。形势已不对皇族势力有利，或者说改革的大势已是皇族势力所难以扭转。就在光绪三十二年（1906），"督办政务处"改为"会议政务处"。同时，新订的内阁官制中也已提出将军机处并入内阁（宣统三年，裁军机处并于内阁）。[②] 光绪三十三年（1907），"所有军机大臣、大学士参预政务大臣会议事宜，改由内阁办理"，[③]也就是将会议政务处并入内阁。当然，皇族集团势力不会轻易放弃自己的权势，预备立宪遥遥无期，说明这种力量的顽强。宣布预备立宪的第二年，还在为"预备立宪"如何入手而讨论。受皇族势力把持的政务处认为"入手办法，总以研究为主。研究之要，不外编译东西洋各国宪法，以为借镜之资；调查中国各行省政治，以为更张之渐"。于是，于光绪三十一年（1905）因派五大臣出洋考察政治而设立、由政务处王大臣组成的"考察政治馆"，改为"宪政编查馆"，使之成为预备立宪的专门机构。[④] 总而言之，一切还得慢慢来。

---

① 《光绪东华录》卷二〇二。
② 《清朝文献通考》卷一一六《职官》二。
③ 《清朝续文献通考》卷一一七《职官》三。
④ 《光绪东华录》卷二〇八。

然而大势所趋,立宪之预备毕竟有所进展。光绪三十三年(1907),将会议政务处并入内阁的同时,设立了"资政院",以为议院之基础。①光绪三十四年(1908)八月,宪政编查馆与资政院联合提出建议:预备立宪从本年起,以九年为期。这样,立宪的预备总算有了一个时间表。同时,也提交了"立宪大纲""议院法"和"选举法要领"。② 至此,立宪预备工作的重心也就从中央转移到地方。"地方自治"成了一个热点。

应当说,从光绪三十二年(1906)起,清朝的改制已经走出了传统官制改革以裁省冗官、节约经费为宗旨的老路,而走上了政体改革的新路。走向立宪新路的根本原因,是清朝在 20 世纪初期陷入了空前的政治危机之中。问题似乎还是经费问题引起的,但庚子之役再一次使有识之士看到,在经费问题背后,还存在着更深刻的政治原因。国家的富强已不是裁汰冗官可以实现,何况裁汰冗官已经相当困难。在政治危急之际,只好采取新的措施。立宪问题在戊戌变法时已提及,但当时中国还不需要,或者说还不具备实行的条件,尤其是不具备对统治者下决心的足够压力。虽然实行立宪、改变政体,并不必然地解决冗官冗费的问题,相反,由于预备立宪所做的与日本和欧美国家的政府相衔接的工作,民政部、学部、农工商部、邮传部等新部门的设立,不仅使原来裁汰冗员的措施化解殆尽,而且助长了奔走私门、引用乡人之风;但在与列强的差距中,有识之士毕竟看到了中外政治制度不同的根源。其实,这种认识在19 世纪后期已渐渐成为有识之士的共识。但这种认识要成为政治改革的指导思想或者政治方略,或者说改变业已存在两千年的君主专制制度,非到万不得已之时不可。当然,"新政"不能用戊戌年的办法,用一班新进士子锐意更张,而是要有一个预备的过程。但不管如何,立宪已指日可待;而且清朝确实也做了一些前所未有的工作,比如"立宪大纲""选举法""议院法"和"地方自治"等。虽然在颁布"立宪大纲"三年之后,清帝"逊位",清朝土崩瓦解,中华民国建立,但清朝的这些工作不能抹杀。这是民国以后政治改革的起点。

---

① 《光绪东华录》卷二〇九。
② 《光绪东华录》卷二一九。

然而,清朝毕竟没在立宪的道路上走得更远。原定从光绪三十四年(1908)起至光绪四十二年止的九年预备,在改元宣统(1909)之后的第三年(1911),在"辛亥革命"的革命洪流中终止。

在很大程度上,清朝垮台可以说是"新政"或者说是"预备立宪"造成的。自颁布"立宪大纲"以后,清朝继续推进预备的工作。最重要的工作是推行了"地方自治"。虽然当时的地方自治基本上是在原来的组织制度中进行,活动的主体也主要限于官绅,但各地的议员选举活动,不仅使自治成为一项全国普遍的运动,而且更重要的是由此激发了人们的改制热情。很快,人们不再埋头于当地的自治工作,而将目光集中于朝廷,人们期待立宪的早日开始。而在朝廷,自戊戌以来,皇族势力一直想方设法控制政权。他们认为:"夫宪法者,国家之根本法也。……其最精之大义不外数端:一曰君主神圣不可侵犯;二曰君主总揽统治权;三曰臣民按照法律,有应得应尽之权利义务而已。"因此,虽然三权分立,但皇权依然至高无上;"议院只有建议之权,并无行政之责,所有决议事件,应恭候钦定后,政府方得奉行"。① 于是,一方面是维护皇权,慢慢预备;另一方面是游行请愿、速开国会。两相交锋,势成水火。鉴于请愿不断,朝廷将立宪的预备期缩短至五年,并申明"万不能再议更张",②但各省速开国会的请愿已成浪潮,不可抑制。尤其是东三省竟派代表"来京递呈,一再渎扰"。③ 宣统三年(1911),清朝推出内阁官制,作为符合立宪政体的一项重要举措,但其成员无非皇族人员,被各省咨议局议员称为"皇族内阁";各省督抚因为不满中央集权也多附和之。议员们认为,"皇族内阁不合君主立宪公例,失臣民立宪之希望",要求另行组织;而朝廷则以议院不得干预君上大权载在大纲,要求臣民禀遵宪法大纲,"不得率行干请"。④ 此时已是宣统三年的六月(农历)。八月间,武昌起义成功。以湖北省咨议局为军政府;称中国为"中华民国";改政体为五族共和;称中华年号为黄帝纪元四千六百零九年。九月间,各省先后起义,纷纷独立。

---

① 《光绪东华录》卷二九。
② 《宣统政纪》卷四五。
③ 同上。
④ 《宣统政纪》卷五五。

清廷所有,不过直隶、东三省、山东、山西、河南之地而已。其间,清廷曾布告天下:"誓与我国军民维新更始,实行立宪。"①并任命袁世凯为内阁总理大臣,组织"完全内阁";"所有大清帝国宪法,均著交资政院起草"。② 十月间,又告祭太庙,宣誓宪法信条。但其宣誓之诚心已不可问,立宪本身也信者无多。更重要的是,清朝所做的一切都为时已晚。革命洪流,浩浩荡荡。顺之者昌,逆之者亡。

2. 地方制度

（1）地方行政

清代地方行政系统的官制改革,也是在戊戌变法中开始的。

戊戌变法对于地方官制的改革,主要是基于冗官冗费的问题作出的。内容大抵分为四条:第一,将督抚同城之湖北、广东、云南三省巡抚一并裁撤,均以总督兼管巡抚事。第二,裁撤各省不办军务之粮道,向无盐场仅管疏销之盐道,其事归各藩司各巡道兼理。第三,裁撤各省府州县但兼水利、盐捕并无地方之责的佐贰官。第四,裁汰各省办公局所的冗员。③

第二条与第三条是联系在一起的,且事关地方衙门与理事衙门两个系统。改革的对象是无所事事的职官。"上谕"说:"各省漕粮多由海运,河运既属无多,应征漕粮亦多改折,淮盐所行省分亦各分设督销",④所以不兼兵备道的粮道和无盐场省份的盐道,都已成冗官闲员。将其裁省,也是理所应当。改革的方向,是将原来由这些理事衙门所处理的事务归并于属于地方衙门的守、巡道,由守、巡道兼理其事。清代的道,有地方道,有理事道。理事道又有粮道、盐道和河道等。这些道分属于不同的理事衙门。但这些道在实际的运作中,又往往相互兼理,甚至还兼理地方守、巡道,或者由守、巡道兼理粮、盐、河等。因此,裁省理事道,在许多情况下是将原来的道员职掌加以整顿,撤销其实际上已不起作用的部

---

① 《宣统政纪》卷六二。
② 《宣统政纪》卷六三。
③ 《清朝续文献通考》卷一一五《职官》一。
④ 同上。

分。而当粮、盐道被裁省之后，其下属之同、通、丞、簿等官，也就失去了隶属关系。这些佐贰官，虽然以府州县的佐贰官而名，但实际上属于理事衙门系统，并不在地方行政系统之内，所以裁省也就成为必然。

裁汰局所冗员，事实上已不是一个冗费的问题，而涉及整个吏治。清代自道、咸以后，各省地方衙门因为军需孔亟，纷纷劝绅商捐输。捐输本来是民间自愿的事情，虽官府倡导在先，但总应由民间自办为是。再者，即使官府要自己来办，原来的房科实难胜任。所以，一般总是设立一个专门的机构来办理。这些机构一般称之为"局"或"所"。大抵大者为局，小者为所。一事一局，事竣而罢。这也是清朝以来的老规矩。清代后期，最著名的局莫过于"厘金局"，前文说过，往往一省有总局，各府有分局，分局之下还有卡。厘金局原来系官督绅办，本来当军事平息之后也应该相应撤销，但由于是地方财政之所系，各省督抚已不愿意失去这块吃在嘴里的肥肉。所以，厘局不但没有因事罢而罢，反而成为常设之局，由官督绅办变成由官包办。虽然厘局之中还有几位乡绅的代表，但其意义在于劝捐，说白了就是跑腿，已没有局务的话语权。清末各省除厘局外，还有筹赈局、夫马局、三费局等。各省因事而兴，名目繁多，但目的和职能皆相同，都在于敛财。由于这些局都是与钱打交道，也就是成了地方官员的利薮。当时，地方候补官员莫不以厘金为优差。是时，由于捐例大开，捐纳一途的官员在地方候补，往往数百成千。这些人对于吏治的弊害——如时人所说"以钱买官，以官敛钱"，从而造成政以贿成的腐败局面——虽然不能一一对应，或者说非捐纳官员也并非都是洁身自好之士，但其对当时官场的腐败风气，起到推波助澜的作用，也是不可否认的事实。更有甚者，这些局所既成常设机构，且在地方督抚的掌握之中，中央政府则可望而不可及，实在已成为以督抚为代表的地方政治势力的重要财政支柱。因此，无论从"尾大不掉"的角度考虑，还是冗官必定冗费，多一官即多一害的角度考虑，裁省各省局所官员，都应是"维新"的题中之义。

裁撤三省巡抚，更与经费无关。这是一个老问题，至此，正好乘机解决。清代督抚同城者四：福建、湖广、云南和广东。光绪元年（1875），与闽浙总督同城的福建巡抚移驻台湾。福建的督抚矛盾也就由此化解。

十一年(1885),台湾建省,福建巡抚改为台湾巡抚,福建巡抚之事由总督兼理。这个事件大约就是戊戌变法中解决其他三省督抚问题的一个"成案"。不过,由于戊戌变法的失败,上述改制不过实行了三个多月而已。与中央政制改革一样,新一轮的改革,要待庚子事件之后。光绪二十七至三十一年(1901—1905)间,在中央设外务部、学部、农工商部、巡警部的同时,地方上也相应增设了交涉、提学二使,劝业、巡警二道。光绪三十至三十二年(1904—1906)间,云南、湖北、广东三省巡抚,也先后裁罢。与中央相比,地方政制改革的动作要小得多。裁撤三省巡抚,与中央将太常、光禄、鸿胪三寺并入礼部等新政是一致的,实际上不过是将戊戌变法的一些措施重新实行而已。戊戌变法的许多方案大抵胎死腹中,在此不赘。将清末新政与之比较,新政的一个最大特点,在于以立宪为指导思想。这是比戊戌变法进步的地方。虽然在光绪三十二年(1906)以前,清廷尚未宣布预备立宪,但立宪思想已然盛行。在原来的体制中实行政体的转变,只能是自上而下地进行。所以,中央的改制比地方的改制要先行一步,且幅度较大,也是自然而然的事。另一方面,对于地方的改制,阻力也更大。清末,地方政权几乎完全为督抚所把持,因此,要触动督抚所控制的地方行政系统几乎不可能。当时将河、漕、盐等理事衙门纷纷裁撤,归并到督抚司道的手中,虽然有裁省冗员冗费的意义,但这也正是督抚扩张权力的要求。裁撤云、鄂、粤三省巡抚,原本就是为解决督抚同城所造成的矛盾,只对三省所在的总督有利,而于别的省份的巡抚无涉。戊戌变法中提出裁汰各省各局所的冗官冗员,至此不再提及。一则因为改革的方向已变,新的机构正如雨后春笋,旧的显得多余的机构已不为人所关心;再则是清廷不敢轻易触犯督抚,除财政所系的盐政清廷下决心收归中央外,别的如军权等,已是心有余而力不足。

不过,光绪三十二年毕竟宣布了预备立宪,中央官制已经过一番改弦更张,地方政制中也开始建立新的制度,有关改革地方官制的方案也就于三十三年(1907)出台。外省官制改革的方案是由中央作出的。这个方案认为:"直省官制注重之处,不外两端:一曰分设审判各厅,以为司法独立基础;一曰增易佐治各员,以为地方自治基础。"考虑到"各省地方风俗不齐,人民知识未浚",这个方案提出地方政制的改革,先在东三省作试点,再是交通较便、风气已开的直隶和江苏两省,尔后在各省逐渐推广。①

这个方案所设计的设官分职制度如下:①一省或数省设总督一人,总理该管地方外交、军政,统辖该管地方行政事宜。②每省设巡抚一人(总督所驻省份不置巡抚,以总督兼管),总理地方行政,统辖文武官吏,外交、军政事宜则商承本管总督办理;无总督兼辖者,即由巡抚自行核办。③各省布政司设布政使一人,受本管督抚节制,管理该省户口、疆理、财赋,考核该省地方官吏。④各省提学司设提学使一人,受本管督抚节制,管理该省教育事务,兼督各种学堂、学会。⑤各省提法司(由原按察司改设)设提法使一人,受本管督抚节制,管理该省司法行政事务,监督各审判厅,并调度检察事务。⑥各省设劝业、巡警两道。劝业道专管全省农工商业及各项交通事务,并将按察司旧管驿传事务改归该道兼管;巡警道专管全省巡警、消防、户籍、营缮、卫生事务。两道各设一人,分科治事。原来管理地方行政的守、巡两道,一律裁撤(如距省较远之地,必须体制较崇之大员以震慑者,可仍留道缺,即名兵备道,或一员或二三员,专管督捕盗贼)。原设盐运司、盐法道或盐茶道,其盐法道有兼驿传者,一律裁撤。督粮道或粮储道,除江苏、浙江两省督运应留外,其余由各省督抚酌量裁并。⑦各省所属地方,因区划广狭繁简而分为三种:曰府,曰直隶州(即有直属行政区,又有属县),曰直隶厅(原设直隶厅有属县者,一律改为直隶州,故直隶厅无属县,而系基层政府)。各府设知府一人,直隶州设知州一人,直隶厅设同知一人,皆承该长官之命,监督指挥所属州县各官处理境内各项行政(知府),或处理所治州境内各项行政,并监督指挥所属各县(直隶州知州),或处理所治境内各项行政(直隶厅同知)。⑧各府所属地方分为两种:曰州,曰县;各直隶州所属地方曰县。各州设知州一人,各县设知县一人,各受本管知府或本管直隶州知州监督指挥,处理各该州县境内各项行政。②

从表面上看,这个设计几乎是一仍旧制,没有什么新意,依然是督、

---

① 《清朝续文献通考》卷一一五《职官》一。
② 同上。

抚、司、道、府、州、县的上下隶属的行政体制。但是,变化确实已经蕴含其中。

首先,督、抚被明确为各省地方的最高长官。《各省官制通则》第三条规定:"督抚于各部咨行筹办事件均有奉行之责。"这就明确了中央六部与地方督抚之间的统属关系。清朝承明之制,扩大了督抚制度,并成为一朝定制,从而在司道之上形成了更高一级的地方行政层级,但它一直保留了明代督抚制的"钦差"特色。清代督抚自乾隆之后,已明确不是"差",而是"职",但也一直没有配备相应僚佐。虽然督抚可以变通地差委地方属员(包括候补官员)为办理文案之员,但正式的配置除文武巡捕数员以司承宣之外,没有类似于两司的经历、知事等办理文牍的职官。虽然两司的佐官如经历、知事者不过具员而已,但督抚之不设此员,正说明其原本的"差"的性质。清朝与明朝一样,在地方设置督抚为封疆大吏,用意在于加强对地方的政治控制,尤其是对于地方行政系统的内部行政控制。它是皇帝的钦差大臣,也直接对皇帝负责。所以,虽然在行政的运作上有与中央的政务部门上下衔接的方面,但也有超越政务部门直接与皇帝的中枢机构相沟通的方面。这说明督抚在清代政制中的特殊性。它既是地方行政长官,又是中央的派出之官;它既属于中央系统,又属于地方系统,是介于中央与地方之间的一个政治与行政的环节。然而,清末的改制,则明确了其地方职官的地位。① 同时各省的布政司、提学司、提法司虽为一省之行政衙门,但各司其职,实际上已成为下设于督抚衙门的办事机构,从而失去了明代以来两司为一省之行政长官的地位。当然,督抚还保留了原来的特权,当奉行各部咨行筹办事件时,遇到"于地方情形窒碍难行政者",可以"奏明请旨办理"。②

其次,实行一省三司制,而又有"三司"之名。新的三司为布政司、提学司和提法司。布政司不仅名仍其旧,职能也无大的变化。三司之中变化较大者,是其他二司。提学司的设立,是与中央设学部相对应的。但设立学部和提学司的原因在于新式学校的普遍兴起。众所周知,新式学

---

① 《清朝续文献通考》卷一一五《职官》一。

② 同上。

校的兴起始于戊戌变法。戊戌变法的一个重要举措是于京师设大学堂，同时将各省、府、厅、州、县现有的大小书院，一律改为中学、西学之学校。庚子事变之后，清朝又继续推行这个举措，并进一步将宗室、觉罗、八旗等官学，改设为小学堂、中学堂，均归入大学堂办理；各省驻防官学、书院，也一律改为小学堂。在举国上下普遍办新式学校的形势下，创自隋朝，历唐、宋、元、明、清数朝长达一千三百年之久，对中国传统时代的政治与社会产生过巨大作用和深刻影响的科举制度，终于过时。光绪三十一年，（1905）因直隶总督袁世凯请立停科举，以广学校，清廷卒谕令各省督抚广设学堂的同时，著自丙午年（光绪三十二年，1906）始，"所有乡、会试一律停止；各省岁、科考试，亦即停止"。同时，鉴于"各省学堂已次第兴办，必须有总汇之区，以资董率而专责成"，即在中央设立学部，并将国子监并入之。[1] 由于废除科举，学政制度也就随之消失。光绪三十二年（1906），清朝于各省设立提学司，以"总理全省学务，考核所属职员功课"。提学司在三司中的地位是"在布政司之次，提法司之前"，而与其他二司一样，"归督抚节制"。[2] 从清朝制度的递变看，提学司承自提督学政。将二者相比较，则提学司的地位低于学政衙门；学政是"钦差"，与督抚的地位相仿佛，而提学司则纯粹为地方衙门，其内部职官也自成体系，且归督抚节制。不过，事实上，提学司是一个新事物，是在新式学校的基础上建立的。新式学校的教学思想和内容已与科举制下的地方学不可同日而语，因而提学司与学政也已不可相提并论。提法司系按察司改设，但与按察司不同。按察司的职能是处理刑名案件，并监察一省地方官员。这里需要说明，所谓刑名案件，大抵是今天所说的刑事案件。在传统中国的法制中，一般认为，只有"刑事"概念，没有"民事"概念，或者说，是将民事案件归入刑事案件一并处理的。将"民事"与"刑事"两个相区别的概念引入中国，确实是清末之事，但这不等于不存在按现代法学的眼光所看到的"民事案件"。中国有自己独特的司法行政概念，如"刑名"和"钱谷"，这就是两个基本的概念。"钱谷"这个概念，在司法上

---

[1] 《清朝续文献通考》卷一二二《职官》八。
[2] 《清朝续文献通考》卷一三三《职官》十九。

大体属民事性质,但其诉讼案件一般归布政司处理。清人常说藩司主钱谷,臬司主刑名。用今天的话,似可以说是藩司主财税,臬司主司法。但清代布政司除是一个财税机关外,也是一个司法机关,民事诉讼一般由它处理。这种情况,由清末具有西方法制思想的人看起来,就是司法不独立。清末在改革地方政制过程中,一个很重要的思想是司法独立,这就是将原来布政司处理的民事诉讼事务划归提法司。布政司成为一个单纯的行政机构,提法司则负责处理一省所有司法事务,与布政司完全分立。它虽与布政司一样,归督抚节制,但在性质上是中央法部的"分司"。① 因此,在设立提法司的同时,在提法司之下,还设立高等审判厅(省)、地方审判厅(府、州、县)、初级审判厅(乡镇)和相应级别的检察厅。而在府、州、县设立地方审判厅和检察厅,以及在乡镇设立初级审判厅和检察厅,又是与府、州、县的改制相联系的。

再次,取消了原来所有分守、分巡和理事道,而设巡警、劝业二道。清代的道制是一种特殊的制度。由于原来既有督抚衙门,又有河道、漕运、盐政等相当于督抚的理事衙门,道台衙门变成为一种由它们相互领属的办事机构。清末改制,巡警和劝业二道取代所有守、巡、兵、河、盐各道,一方面是由于要与中央设立的巡警部(后改为民政部)、工部、商部(后合并改为农工商部)和邮传等部相对应,另一方面是将河、漕、盐裁归督抚衙门的结果。至此,巡、劝二道,已不再是分区而治,而是统管全省,同时又继承了理事道的特点,成为直属于布政司的职能部门。

最后,是所谓"增易佐治各员,以为地方自治基础"。与上述情况相比,府、厅、州、县似未有大的变动,但清末改制的一个特点是督、抚、司、道衙门都配备或调整了佐属机构。督抚本没有佐官机构,佐理文案者是督抚私相聘用的幕友。《各省官制通则》第四条规定了督抚衙门分科治事,设交涉、吏、民、度支、礼、学、军政、法、农工商、邮传诸科,各科设参事员一人;此外,又设佐理文牍的秘书员一人为幕职。秘书员和参事员虽然保留聘请以充的传统,但已明确为职官。秘书员和参事员之下又设助

---

① 《清朝续文献通考》卷一三三《职官》十九。

理和缮写等人员,也由督抚酌定,毋庸奏咨。① 与此相应,三司也实行分科治事的制度,道则分课治事,具体情况各省不一,在此不一一罗列。相比之下,府、厅、州、县变化不大。

地方政制的改革方案,虽然是由中央作出的,但有一部分是对当时已推行的制度的一种认可,如提学使;有一部分是由地方督抚奏请而制订,如三司的佐属机构,这部分内容往往已先在地方着手推行。但总的来说,由于各省推行的情况参差不齐,施行部分多属草创,大部分内容则尚停留在方案层面,由于清朝的迅速垮台,来不及实施。然而,值得注意的是,清末改制不仅是因为"西风东渐",受外国政治制度和政治思想的影响,而且主要是针对几百年来的种种弊政,因而也是传统国家官僚政治制度的进一步演变和发展;进入民国以后,政制的改革基本上沿着上述方案进行,这中间并未因为辛亥革命这件划时代的大事而中断。改革是必然的,革命不过是为了加快改革的步伐。

(2)理事衙门

咸丰以后,由于财政吃紧,户部提出:"理财之方,首在节用。节用之要,首在省官。"他们认为,"今耗蠹最甚,亟宜分别裁并者,莫如河工、漕运两衙门。河工耗国,漕运耗民而因以耗国。然其弊总由于官多。如山东、河南,既有两巡抚兼管河务,而又设河东河道总督,专管黄、运两河,此河督之冗也。沿河道员,皆有管辖厅、汛之责,皆应管理钱粮,而又设河库道,司其出纳,此河道之冗也。自河夫改为河兵,沿河设营,统以裨弁。平时驻宿河干、熟谙水性者,弁兵也;抢险防护、云梯碛筑,以性命与水争者,弁兵也。乃厅官专管钱粮,汛官分司工段,以冒支多寡为缺分肥瘠;求其识水性之平险、谙修守之机宜者,百无一二,此厅、汛文员之冗也。至漕粮为天庾正供,凡有漕各督抚及各粮道,孰不当尽职掌,而专设漕运总督,此漕督之冗也。各省押运有粮道,有丞结,每帮领运、千总二人,本属人浮于事,且候补多人,但图委署、委催,以资养赡,此帮弁之冗也"。"治河本以为漕,我朝定鼎燕京,仰给东南粟米;因明制设漕运总督,责綦重矣。然臣考前代都燕者……皆未尝专设总漕也。臣尝核其职

---

① 《清朝续文献通考》卷一一五《职官》一。

掌,如签弁、造船、派单、兑运,本可由有漕各督抚就近督办;押重趱空、核勘漂没、督追漕欠,亦应由各粮道分任责成。今专属之总漕,徒使各督抚得以委卸。惟过淮盘掣、催趱重运,必须总漕。然使盘掣足凭,何以回漕难禁?催趱得力,何以频岁愆期?盖近年之总漕几同虚设,而与地方督抚动辄龃龉。事虽繁而实冗,权虽重而实分,徒使帮弁吏胥依为城社。"①

因此,户部针对河、漕各官,提出如下两项建议:一、河东河道总督拟援案裁并河南、山东两巡抚管理。认为可以按照康熙四十四年裁河东河道总督一缺,令山东、河南两巡抚分司本省河务的办法,再将河东河道总督所管事务分归河南、山东两巡抚管理。二、漕运总督请裁并江南河道总督管理。拟请将漕运总督一缺即行裁汰。所有过淮盘掣、催趱重运事宜,查总河驻清江兼管黄运,即归南河总督兼理,其余总漕所管签弁、造船、派单、兑运各事,即改归有漕各督抚率该各粮道分任责成。

就在户部提出上述建议的当年(咸丰三年,1853),太平天国占领了镇江和扬州,河运中断。两年之后,也就是咸丰五年(1855),黄河在河南兰阳县(今兰考县)境内改道,北入大清河,也就是变成今天黄河在山东境内的河道。治河本为运漕,运河的中断和黄河的改道,倒使设在江苏清江浦的南河总督失去了存在的理由。"江南河道总督统辖三道二十厅,文武员弁数百员,操防修防各兵数千名,原以防河险而利漕行。自河流改道,旧黄河一带本无应办之工,官多阘冗,兵皆疲惰,虚费饷需,莫此为甚。"②咸丰八年(1858),"上谕"裁南河河道总督。咸丰十年(1860),原南河河道总督所属的官兵,也作了很大的改革。其中,部分治河厅官裁撤,河兵也得到了裁汰。淮扬、淮海道两缺亦即裁撤;淮徐道,则改为淮徐扬海兵备道,仍驻徐州。清江浦,添设总兵一员,作为淮扬镇总兵,驻扎该处;俟军务平静,再行改驻扬州。所有河营兵丁,均由新设总兵统辖。③ 这样,原来亟议要裁的河东总督反而有了一个"喘息"的机会。不过,同治年间,为了裁减河工经费,河东河道总督一缺依然是议裁的对象。同治二年(1863),河督乔松年奏称将河东总督一缺裁撤。认为自黄

---

① 《清朝续文献通考》卷一一五《职官》一。咸丰三年户部侍郎王庆云奏。
② 《清朝续文献通考》卷一一五《职官》一。咸丰十年谕。
③ 《清朝续文献通考》卷一一五《职官》一。

河改归北道之后,山东河工已经全部裁汰,黄河河工只在河南一省(河南河工已裁了一部分),河督也常驻开封,所以黄河河工可由河南、山东巡抚分别兼理。① 但终因河势未定,河东河道总督一职一直得以保留。但河势未定,很大程度上不过是一种借口。咸、同以来,治黄的重点在河南,而不在山东;同治年间运河虽恢复漕运,但仅限山东一省,据乔松年说:"河运之米不过十万石,视从前只三十分之一",且漕船已改用小船,"船小人多,无复有匪徒藏匿,则弹压亦不须大员矣"。② 因此,屡议裁撤而迟迟裁撤不了,主要不是因为河、漕,而是因为"既得利益"。一个河道总督牵涉到多少官僚的利益,一缺之下又有多少缺分,加上多少吏胥巢穴于其中,一旦裁撤,这大大小小的官员怎么办? 后来在戊戌变法中裁而复设,其因亦在于此。光绪二十四年(1898)改制,裁撤河东河道总督是其中的一项内容。③ 这项改制由于众所周行的原因而实行不过数月,河东总督一职"著照旧设"。不过,三年之后(光绪二十八年,1902),这个已经议论了半个世纪的河东河道总督一缺,终于被裁。从此,"河务无专官矣"。④

漕运总督也于光绪三十年(1904)裁撤。是年,清朝将漕运总督改设为"江淮巡抚",仍驻清江浦,以江宁布政使所辖之四府二州(江宁府、扬州府、淮安府、徐州府和海州直隶州、通州直隶州)全归管理,与江苏巡抚分治,仍归两江总督兼辖。裁撤漕督的主要原因,是在光绪年间,运河已停漕运,因而漕督已失督漕之责。但裁旧总督而设新巡抚,不像河督之裁归两省巡抚,是因为"淮、徐盗警"。江北人张謇则由此"以徐州宜建行省"条陈两江总督端方代奏。朝廷决定,"顺治年间改设漕运总督,原兼管巡抚事,见在河运全停,著即改为江淮巡抚,以符名而资治理。即以原驻地方为行省"。⑤ 不过,这件事立即遭到非议。左都御史陆润庠等,即认为"以裁漕督而添巡抚,因设巡抚而议添行省,办法既疑乎倒置,定章

---

① 《清朝续文献通考》卷一三二《职官》十八。
② 《清朝续文献通考》卷一三二《职官》十八。
③ 《清朝续文献通考》卷一三二《职官》十八。
④ 《清史稿》卷一一六《职官》三。
⑤ 《清朝续文献通考》卷一三二《职官》十八。

必归于迁就"。划江分省，既无形势所制，又无旧制可依，于治理有诸多不便。裁设之间，似成两派。朝廷只好扩大讨论的范围，由各衙门会议。结果："主苏淮不必分省，另设大员者，四十二件；主专裁淮抚者，三十件；主苏淮仍议分省暨复设漕督者，共七件。"①不设江淮省的主张占据上风。与此同时，两江总督周馥"奏苏淮分行省详陈利弊"一折，也站到多数派方面，认为分设行省，不如改设提督驻扎为合宜。② 于是，江淮巡抚即行裁撤，所有江淮镇总兵，著改为江北提督，以资震慑。漕运总督似乎在这样一番争吵中而杳无声息。其实，漕督的裁撤与南河总督的裁撤一样顺理成章。因为首先漕运于光绪二十八年（1902）已停止。其次，漕运从嘉庆以来因为河道淤塞已渐趋萎缩；从道光二十八年（1848）开始，江苏省的漕粮已由海道北运。咸丰年间太平天国占领长江下游，使漕运中断，从而使漕粮改行海运成为定局。此外，咸、同年间，政府对湖南、湖北、江西、安徽、河南等省，采取减漕粮折色银的政策，又对江苏、浙江两省实行减漕粮本色米的政策。虽然这是清政府面对当时太平天国占领上述省份后，为解决财政问题的一个临时应急措施，但在太平天国被镇压之后，当中央政府欲恢复旧制的时候，却遭到了地方督抚的反对，漕运制度遂未恢复。③ 总之，漕运在清后期的半个多世纪里有一个渐渐式微的过程，加上在光绪二十八年已宣布河运完全停止，撤销漕督也就不会有什么反对的意见。再者，政府在裁漕督时，采用了有裁有设的办法。且不说起初裁漕督而设巡抚，即在裁江淮巡抚之时，也是以改淮扬镇总兵为提督以及一套相应的办法为代价的。当然，设提督在于震慑地方，但江淮提督有特权，即"文武并用节制"，"徐州镇及江北防练各营仍以淮扬海道兼按察使衔，凡江北枭贼重案、即时正法、军流以下人犯，归其审勘"，"旧有漕标官兵作为提标，以资震慑"。简言之，清代漕督这个系统，虽然因为漕运的停止而完成了历史使命，但它实际上不过是摇身一变而成为江淮提督而已，内部的体系并未有实质性的触动。

盐税是清朝财政的一个重要来源。"国家岁征盐税，同治以前，不过

---

① 《清朝续文献通考》卷一三二《职官》十八。
② 同上。
③ 李文治、江太新《清代漕运》，中华书局，1995 年，第 403—480 页。

帝国终结时期的官僚政治体制与运作系统——清　559

一千一二百万两；光绪季年，增至二千八九百万两；及试办宣统三年预算，各省盐务收入，乃增至四千余万两，与地丁钱粮相埒。"①清朝自光绪甲午以后，中央财政日益窘迫，其情况前文已述。光绪二十九年（1903），朝廷决定任命庆亲王奕劻等会同户部，整顿财政。三十年（1904），复命铁良往江苏等省查各省进出款项。三十一年（1905），又派柯逢时管理湖北、湖南、广东、广西、江苏、江西、安徽、福建八省土膏税捐事宜。三十二年（1906），改户部为度支部，以财政处税务处并入。三十四年（1908），度支部奏："清理财政，要义有二：曰统一，曰分明。"因此，将外债之借还、在京衙门所筹款项、各省官银号、各省关涉财政之事宜、各省藩司、各省财政造报等六项，都由度支部经管或考核。② 是年底，朝廷颁布"清理财政章程"。宣统元年（1909），命设财政监理官，各省就地筹款。这一系列措施，目的都在于筹集中央财政所需之款项。但效果不理想。中央政府财政无着，最后只好将目标集中于盐政。

鉴于各省盐务纠葛纷纭，疲玩日甚的情形，朝廷认为"非统一事权，修明法令，无以提挈纲领，维持全局"。宣统元年（1909），设"督办盐政大臣"一职，凡盐务一切事宜，统归督办大臣管理，以专责成。这就是由中央直接管理盐政。其产盐省份各督抚，因为本有兼管盐政之责，均授为"会办盐政大臣"。宣统二年（1910），督办盐政处会同度支部奏定暂行章程，具体地规定了在这种新体制下的盐政事宜。③ 然而，盐务归中央二年有余，税收却未见起色。各省又为盐利与中央争执不已，于是中央只好尽罢督抚"会办"之名，并改督办盐政处为盐政院，全国盐务均归管理，以一事权而重责成。

盐政院，设盐政大臣一员，管理全国盐政，统辖盐务各官；盐政丞，以襄理鹾纲；厅长，以承宣政令；参议、参事，以佐拟法制；佥事、录事，以执行事务。在外省，则于产盐区域设正监督，于行盐区域设副监督，各置属官分司榷政。凡关于盐务用人行政，均属盐政大臣专责，各省督抚毋庸再兼会办盐政大臣及会办盐政大臣衔；惟盐务与地方关系事件，仍由各

① 《宣统政纪》卷六一。

② 《宣统政纪》卷三。

③ 《清朝续文献通考》卷一二一《职官》七。

省督抚饬属办理。①

然而直到清王朝的最后一年(宣统三年,1911),内阁向皇帝的奏折中还是这样说:"今日盐务难以整理者有二:一在各省自为风气,不能祛官与商弊蠹;一由各省自保藩篱,不能谋国与民公益。是以销数则彼此悬殊,引地则动成争执。"盐政情况并未好转,问题还是在于地方政府自保藩篱,中央控制不了盐政。在同一奏中还指出:"军兴以后,各省多设督销局、官运局,运司之权既分,而盐道尤成虚设。故河南、江西、陕西各盐道,均经奏裁,以藩司及巡警道兼之;湖北、湖南、广西各盐道,则名存实去;甘肃宁夏道、平庆泾固化道,原兼管盐法,而见在并不知有盐法之职务;即江南盐巡道,亦仅管江宁食岸销数。至各省督销总办,多系一年瓜代,贤者循例奉公,不肖者侵蚀亏累。外此,官运各局及分销以下各员司,品流糅杂,职事丛脞,弊更不可究诘。尤甚者,湖南之川粤盐捐、湖北之川盐厘金,江西之粤盐口捐,河南之潞盐、东盐加价,均由行盐省份派员设卡征收,而主管产运之运司盐道及督销局不能过问。他如陕西、甘肃所收花马池等处盐厘盐捐加价,或归藩司,或归统捐局,并无专管经理。"②总之,中央政府在财政上的最后希望,也因为盐政实为地方政府所操纵而落空。

在大宗赔款面前,清朝又因形势所迫而进行政治体制的改革,两大方面,内外交困,无一不需要有巨大的财政收入作为拯救的手段。而事实上,由于"与地丁相埒"的盐税为地方政府所控制,清王朝背负着错综复杂的政治矛盾关系,终于陷于财政这个泥潭而不可自拔。王朝的垮台只是个时间问题。而公元1911年10月10日湖北新军的枪声,终于宣告了清朝的覆灭。继承前朝而有所发展的清朝官僚政治制度,又成为一个新时代、新制度的出发点。

---

① 《宣统政纪》卷六一。
② 《清朝续文献通考》卷一二一《职官》七。

后　记

　　现在呈现在读者面前的这部《中国古代官僚政治制度研究》,是北京大学历史学系中国古代史全体教师共同努力的产物。他们参加了有关中国古代官僚政治制度许多重大问题的研究,以及编写提纲的讨论,还撰写了许多相关的论文。特别值得提出的是,编写期间在校的中国古代史研究生,也参加了这项工作。他们检索与课题有关的论文,编写索引,并结合"中国古代史研究"课程,讨论了中国古代官僚政治、中国古代地方行政制度等问题。许多研究生并在参加讨论的基础上撰写了他们的学位论文。这些都为本书的编写提供了很好的基础。

　　本书初稿完成以后,又经过了反复的修改,一般都三易其稿,有的甚至五易其稿,因此拖了很长的时间才能和大家见面。即使是这样,我们还是感到很不满意,总是觉得还有许多地方需要进一步研究。

　　本书从官僚政治制度的起源开始,一直写到帝国官僚政治制度的终结。在宋元以前部分没有作全面的铺叙,而是根据各个时期的特点,有重点地探讨一些问题。这样做,一方面是为了避免和其他的有关论著重复,另一方面则是因为这些时期史料很不充分,根据我们目前的研究水平,对全面的情况很难做到准确的描述。明清时期,特别是清朝,流传下来的文献材料是非常丰富的,因此我们在明的部分对有些问题做了比较充分的论述,而在清朝部分则对当时的官僚政治体制和运作机制做了比较全面细致的描述,以期读者通过这一部分而对中国古代官僚政治制度有一个比较具体的了解。

本书的编写得到各方面人士的支持,北京大学历史学系的历届领导,始终关怀和支持本书的编写。北京大学出版社慷慨地应允出版本书,责任编辑刘方女士更是以极大的热情和认真负责的精神编辑本书。在本书出版的时候,我们向他们表示衷心的感谢!

吴宗国